Theresa Benecke

Digitalvertragsrecht in der Entwicklung

Schriften zum Europäischen und Internationalen Privat-, Bank- und Wirtschaftsrecht

EIW Band 66

Theresa Benecke

Digitalvertragsrecht in der Entwicklung

Eine rechtsvergleichende Untersuchung zu Entstehung, Konzept und Umsetzung in Deutschland und Frankreich

DE GRUYTER

Dr. Iur. **Theresa Benecke**, Berlin.
Dissertation Humboldt-Universität zu Berlin 2024

ISBN 978-3-11-148736-6
e-ISBN (PDF) 978-3-11-148838-7
e-ISBN (EPUB) 978-3-11-148948-3

Library of Congress Control Number: 2024936073

Bibliografische Information der Deutschen Nationalbibliothek
Die Deutsche Nationalbibliothek verzeichnet diese Publikation in der Deutschen Nationalbibliografie; detaillierte bibliografische Daten sind im Internet über http://dnb.dnb.de abrufbar.

www.degruyter.com

Für meine Eltern
und in Erinnerung an Professor Reimer von Borries

Vorwort

Die vorliegende Arbeit wurde im Mai 2023 von der Juristischen Fakultät der Humboldt-Universität zu Berlin als Dissertation angenommen. Die Disputation fand im Dezember 2023 statt.

Für die Betreuung meines Promotionsvorhabens danke ich an erster Stelle meinem Doktorvater Herrn Professor Dr. Dr. Grundmann, der mir während der Anfertigung der Dissertation stets mit wertvollen Anregungen und Hinweisen zur Seite stand.

Herrn Professor Dr. Singer danke ich ebenfalls ausdrücklich für die Erstellung des Zweitgutachtens.

Von ganzem Herzen danke ich außerdem meinen Freundinnen und Freunden sowie meinen Schwestern, die mich in allen Phasen dieses Projektes begleitet und mich stets mit motivierendem Zuspruch und Verständnis unterstützt haben.

Mein größter Dank gilt schließlich meinen Eltern für ihre uneingeschränkte Unterstützung in jeder Hinsicht. Für ihren Rückhalt kann ich ihnen nicht genug danken.

Ihnen und meinem Großonkel Reimer von Borries, der mich zu diesem Projekt ermutigt hat, ist diese Arbeit gewidmet.

Berlin, März 2024
Theresa Ann-Marie Florentina Benecke

https://doi.org/10.1515/9783111488387-001

Inhalt

Dritter Teil **Umsetzung der Digitale-Inhalte-RL: Gewährleistungsrecht als Kernregelung**

Abkürzungsverzeichnis

Abk.	Abkürzung
ABl.	Amtsblatt
Abs.	Absatz
AcP	Archiv für die civilistische Praxis
a.E.	am Ende
AEUV	Vertrag über die Arbeitsweise der Europäischen Union
a.F.	alte Fassung
AG	Amtsgericht
AGB	Allgemeine Geschäftsbedingungen
AGBG	Gesetz zur Regelung des Rechts der allgemeinen Geschäftsbedingungen
AGEC	Anti-Gaspillage et Economie Circulaire
AJ Contrats d'affaires	Actualité jurisdique Contrats d'affaires
Alt.	Alternative
Am.J.Comp.L.	American Journal of Comparative Law
Art.	Artikel
Aufl.	Auflage
B2B	Business-to-Business
B2C	Business-to-Consumer
BB	Betriebs-Berater
Bd.	Band
BDSG	Bundesdatenschutzgesetz
bearb.	bearbeitet
BeckOGK ZivilR	Beck-online.Grosskommentar zum Zivilrecht
BeckOK BGB	Beck'scher Online-Kommentar BGB
BGB	Bürgerliches Gesetzbuch
BGB-E	Bürgerliches Gesetzbuch in der Fassung des Regierungsentwurfs vom 13.01.2021
BGBl.	Bundesgesetzblatt
BGH	Bundesgerichtshof
BMJ	Bundesministerium der Justiz
BMJV	Bundesministerium der Justiz und für Verbraucherschutz
BReg	Bundesregierung
bspw.	beispielsweise
BT-Drucks.	Drucksache des deutschen Bundestags
BW	Burgerlijk Wetboek
bzw.	beziehungsweise
C. cons.	Code de la consommation
Cass. civ.	Cour de Cassation Chambre civile
COM	Commission
CR	Computer und Recht
CRA	Consumer Rights Act
DCFR	Draft Common Frame of Reference

https://doi.org/10.1515/9783111488387-002

DGCCRF	Direction Générale de la consommation et de la concurrence et de la répression des fraudes
d.h.	das heißt
Digitale-Inhalte-RL / DIRL	Richtlinie über bestimmte vertragsrechtliche Aspekte der Bereitstellung digitaler Inhalte und digitaler Dienstleistungen
Diss.	Dissertation
DuD	Datenschutz und Datensicherheit
E-Commerce	Electronic Commerce
ed./Ed.	edition/Edition
EDSB	Europäischer Datenschutzbeauftragter
EG	Europäische Gemeinschaft
EGBGB	Einführungsgesetz zum Bürgerlichen Gesetzbuche
EL	Ergänzungslieferung
EMRK	Europäische Menschenrechtskonvention
endg.	endgültig
EP	Europäisches Parlament
ePrivacy-RL	ePrivacy-Richtlinie
ERCL	European Review of Contract Law
et al.	et alii (und andere)
EU	Europäische Union
EuCML	Journal of European Consumer and Market Law
EU-DSGVO	EU-Datenschutz-Grundverordnung
EULA	End User License Agreements
EuGH	Europäischer Gerichtshof
EUV	Vertrag über die Europäische Union
EuZW	Europäische Zeitschrift für Wirtschaftsrecht
Erwgr.	Erwägungsgrund
f.	folgende(r/s)
franz.	französisch(e/er/es)
ff.	folgende (Mehrzahl)
FernAbsG	Fernabsatzgesetz
Fn.	Fußnote
gem.	gemäß
GEK / GEKR	Gemeinsames Europäisches Kaufrecht
GEK-VO	Vorschlag für eine Verordnung des Europäischen Parlaments und des Rates über ein Gemeinsames Europäisches Kaufrecht
ggf.	gegebenenfalls
GPR	Zeitschrift für das Privatrecht der Europäischen Union
GRCh	Charta der Grundrechte der Europäischen Union
GRUR	Gewerblicher Rechtsschutz und Urheberrecht
GRUR Int.	Gewerblicher Rechtsschutz und Urheberrecht International
Habil.	Habilitation
HGB	Handelsgesetzbuch
HK-BGB	Handkommentar Bürgerliches Gesetzbuch
h.M.	herrschende(r/n) Meinung
Hrsg.	Herausgeber
hrsg.	herausgegeben

Hs.	Halbsatz
insb.	insbesondere
InTeR	Zeitschrift zum Innovations- und Technikrecht
i.s.d.	im Sinne des
i.S.e.	im Sinne eine(r/s)
i.S.v.	im Sinne von
IT	Informationstechnik
ITRB	IT-Rechtsberater
IWRZ	Zeitschrift für internationales Wirtschaftsrecht
i.V.m.	in Verbindung mit
KMU	Kleine und mittlere Unternehmen
KOM	Kommission
Jahrg.	Jahrgang
JIPITEC	Journal of Intellectual Property, Information Technology and E-Commerce Law
JORF	Journal officiel de la République française
JURA	Juristische Ausbildung
jurisPK-BGB	juris PraxisKommentar BGB
JZ	Juristenzeitung
KG	Kammergericht
lat.	lateinisch
LG	Landgericht
lit.	littera (Buchstabe)
m.a.W.	mit anderen Worten
m.w.N.	mit weiteren Nachweisen
MMR	MulitMedia und Recht
Mod-RL	Modernisierungsrichtlinie
Mrd.	Milliarden
MüKo-BGB	Münchener Kommentar zum Bürgerlichen Gesetzbuch
No. / n°	Nummer
n.F.	neue Fassung
NJW	Neue Juristische Wochenschrift
NJW-Beil.	Neue Juristische Wochenschrift – Beilage
NJOZ	Neue Juristische Online-Zeitschrift
Nr.	Nummer
OdW	Ordnung der Wirtschaft
OECD	Organisation für wirtschaftliche Zusammenarbeit und Entwicklung
OGH	Oberster Gerichtshof
PECL	Principles of European Contract Law
RabelsZ	Rabels Zeitschrift für ausländisches und internationales Privatrecht
RDi	Recht Digital
RefE	Referentenentwurf
RegE	Regierungsentwurf
RIW	Recht der Internationalen Wirtschaft
RL	Richtlinie
Rn.	Randnummer(n)
Rs.	Rechtssache

Rspr.	Rechtsprechung
RTD Civ.	Revue trimestrielle de droit civil
RTD Com.	Revue trimestrielle de droit commercial et de droit économique
RTD Eur.	Revue trimestrielle de droit européen
S. / s.	Seite / Satz / siehe
SaaS	Software as a Service
sog.	sogenannt(e/er/es)
TGI	Tribunal de grande instance
TZWrG	Gesetz über die Veräußerung von Teilzeitnutzungsrechten an Wohngebäuden
u. a.	und andere
UCLA Law Review	University of California Los Angeles Law Review
UE	Union Européenne
Unterabs.	Unterabsatz
Urt.	Urteil
UWG	Gesetz gegen den unlauteren Wettbewerb
Überbl.	Überblick
v.	vom / vor
Var.	Variante
VerbrGK-RL	Verbrauchsgüterkaufrichtlinie
VerbrKrG	Verbraucherkreditgesetz
VRRL	Verbraucherrechterichtlinie
vgl.	vergleiche
VO	Verordnung
Vol.	Volume
Vorbem.	Vorbemerkung(en)
VuR	Verbraucher und Recht
vzbv	Verbraucherzentrale Bundesverband e.V.
Warenkauf-RL / WKRL	Richtlinie über bestimmte vertragsrechtliche Aspekte des Warenkaufs
z.B.	zum Beispiel
ZD	Zeitschrift für Datenschutz
ZEuP	Zeitschrift für Europäisches Privatrecht
ZfPW	Zeitschrift für die gesamte Privatrechtswissenschaft
zit.	zitiert
ZJS	Zeitschrift für das Juristische Studium
ZRP	Zeitschrift für Rechtspolitik
zugl.	zugleich
ZUM	Zeitschrift für Urheber- und Medienrecht
ZVglRWiss	Zeitschrift für Vergleichende Rechtswissenschaft

Einleitung

I. Hintergrund der Untersuchung

1. Rechtliche Entwicklung folgt technischem Fortschritt

Zu Beginn des 21. Jahrhunderts wird die Agenda der Politik, Wirtschaft und Gesellschaft durch den Begriff der Digitalisierung[1] dominiert.

Wir erleben ein „digitales Zeitalter", das durch die Bedeutung des Internets und sich stetig fortentwickelnde neue digitale Technologien geprägt ist, die unser Leben im Privaten, geschäftlich und im öffentlichen Raum verändern.[2] Infolge des technologischen Fortschritts und der Übernahme und zunehmenden Nutzung digitaler Technologien wirkt sich der gegenwärtige Digitalisierungsprozess in zahlreichen Bereichen der Gesellschaft und Arbeitswelt sowie Prozessen der Wirtschaft real aus.[3] Um für Gesellschaft und Wirtschaft positive Effekte zu erreichen, sollte dieser Digitalisierungsprozess gezielt reguliert werden – als eines dieser Steuerungsmittel kann das Recht, darunter das Privatrecht, spezifischer das Vertragsrecht, dienen.[4]

Die neuen rechtlichen Fragestellungen und Herausforderungen betreffen vor allem den Vertrieb digitaler Güter. Die Digitalisierung von Produkten und wachsende digitale Infrastrukturen sind vielfältig zu beobachten. Körperliche Güter und physisch erbrachte Dienstleistungen werden vielfach durch digitale Angebote ersetzt und in der Vertragspraxis haben die Phänomene der Digitalisierung zu massiven Umwälzungen geführt.[5] Statt ein haptisches Buch zu kaufen, kann dasselbe

---

1 Der Begriff „Digitalisierung" beschreibt „die Umstellung von Informationen oder Daten vom analogen auf das digitale Format", *Wissenschaftlicher Dienst des Europäischen Parlaments (EPRS), Negreiro/Madiega*, Der digitale Wandel, S. 12.

2 Siehe Europäische Kommission, Mitteilung der Kommission an das Europäische Parlament, den Rat, den Europäischen Wirtschafts- und Sozialausschuss und den Ausschuss der Regionen, Strategie für einen digitalen Binnenmarkt für Europa, Brüssel, den 6.5.2016, COM(2015) 192 final, S. 3 [nachfolgend: Mitteilung der Kommission, Strategie für einen digitalen Binnenmarkt für Europa, COM(2015) 192 final]; statt vieler hierzu auch *Arroyo Vendrell/Schulze*, in: Kindl/Arroyo Vendrell/Gsell, (Hrsg.) Verträge über digitale Inhalte und digitale Dienstleistungen, S. 21–36 (21).

3 Zum Ganzen und zur Abgrenzung der Begriffe „Digitalisierung" und „digitale Transformation" siehe *Wissenschaftlicher Dienst des Europäischen Parlaments (EPRS), Negreiro/Madiega*, Der digitale Wandel, S. 2ff., 12; *OECD*, Going Digital: Making the Transformation Work for Growth and Well-Being, p. 9; siehe ferner Mitteilung der Kommission, Strategie für einen digitalen Binnenmarkt für Europa, COM(2015) 192 final, S. 4ff.

4 Ähnlich *Staudenmayer*, IWRZ 2020, 147.

5 Dazu auch *Metzger*, JZ 2019, 577 (586).

https://doi.org/10.1515/9783111488387-003

Produkt zumeist auch als sog. E-Book elektronisch heruntergeladen werden, ursprünglich analoge Inhalte, wie zum Beispiel analoge Fotografien, können als Ergebnis einer Digitalisierung in Form von Daten vorliegen und unter dem Begriff Cloud-Computing haben sich neue Formen der Digitalwirtschaft, wie die Bereitstellung von Software (Software as a Service (SaaS)), herausgebildet. Der Trend liegt ferner beim bloßen Zugang zur Nutzung digitaler Medien (Streaming): zahlreiche sog. Streamingdienste – wie *Spotify*, *SoundCloud* oder *Apple Music* für Audioinhalte und Musik sowie *Netflix* oder *Amazon Prime* für Videos, Filme und Serien – ermöglichen eine trägerlose Nutzung kommerzieller digitaler Inhalte, ohne dass eine Speicherung auf dem Gerät des Nutzers erforderlich ist.[6]

Die Nutzung dieser digitalen Inhalte bzw. digitalen Dienstleistungen ist aus dem (Verbraucher-)Alltag nicht mehr wegzudenken.[7] Digitale Inhalte und digitale Dienstleistungen gehören zu den Hauptwachstumskräften der digitalen Wirtschaft[8] und ihr Vertrieb bildet inzwischen einen Kernbereich der grenzüberschreitenden Wirtschaftsbeziehungen.[9]

Jedoch trafen die neuen Formen der Digitalwirtschaft auf einen Rechtsrahmen aus der „analogen" Welt.[10] In den Rechtssystemen fanden die vertragsrechtlichen Aspekte bei der Bereitstellung digitaler Inhalte und digitaler Dienstleistungen bislang wenig Niederschlag. Die rechtliche Entwicklung hinkte dem technischen Fortschritt damit merklich hinterher.[11] Obschon digitale Produkte, namentlich vor allem Apps, Social-Media-Dienste, Software, E-Books sowie Musik- und Audiodateien, fester Bestandteil des täglichen Lebens sind, hatte ein Verbraucher bislang bei einem fehlerhaften digitalen Produkt nicht die gleichen Rechte wie beim Kauf eines physischen Produkts. „Mängel" digitaler Inhalte oder digitaler Dienstleistungen können jedoch gleichermaßen und in neuer und verschiedenster Gestalt auftreten. Bei Musik- oder Audiodateien kann es etwa zu Störungen der Funktionalität kom-

---

6 Dazu auch *Hilty*, CR 2012, 625 (626); *Druschel/Oehmichen*, CR 2015, 173 (174); *Pech*, in: Hennemann/Sattler (Hrsg.), Immaterialgüter und Digitalisierung, S. 121; *Gsell*, ZUM 2018, 75 (80); *Kumkar*, ZfPW 2020, 306 (313 ff.).

7 Siehe dazu auch den Referentenentwurf des Bundesministeriums der Justiz und für Verbraucherschutz, Entwurf eines Gesetzes zur Umsetzung der Richtlinie über bestimmte vertragsrechtliche Aspekte der Bereitstellung digitaler Inhalte und digitaler Dienstleistungen, (Stand: 3.11.2020), S. 1 [nachfolgend: Referentenentwurf DIRL, kurz RefE DIRL].

8 Siehe Mitteilung der Kommission, Strategie für einen digitalen Binnenmarkt für Europa, COM(2015) 192 final, S. 7.

9 *Schulze*, in: Kindl/Arroyo Vendrell/Gsell (Hrsg.), Verträge über digitale Inhalte und digitale Dienstleistungen, S. 123 – 141 (123).

10 *Druschel/Oehmichen*, CR 2015, 173 (174).

11 *Stieper*, in: Alexander/Bornkamm/Buchner/et. al. (Hrsg.), Festschrift für Helmut Köhler zum 70. Geburtstag, S. 729.

men und Streaming- oder Cloud-Dienste können vorübergehend nicht erreichbar sein oder zu geringe Übertragungsgeschwindigkeiten aufweisen. Die Ursache dessen kann einerseits in der Software selbst oder in Programmierfehlern liegen, anderseits kann der auftretende Fehler auch im Zusammenhang mit technischen Aspekten stehen, die durch Anwendungsfehler des Verbrauchers bedingt oder auf eine nicht angepasste „digitale Umgebung“ des Verbrauchers zurückzuführen sind.[12] Auftretende Probleme können damit unter Umständen auch in einem schlichten Verbraucher-Fehlverhalten begründet liegen. Angesichts dieser neu entstandenen rechtlichen Konflikte bestand die Notwendigkeit eines angepassten Rechtsrahmens und insbesondere eines (verbraucherschützenden) Gewährleistungsregimes für Verträge über digitale Inhalte und digitale Dienstleistungen. Es war also an der Zeit, das Verbrauchervertragsrecht im „digitalen Zeitalter“ neu zu überdenken.

2. Anpassung des (europäischen) Rechtsrahmens an das „digitale Zeitalter“

Vor dem Hintergrund des digitalen Wandels rückten Verträge über digitale Inhalte mehr und mehr in den Fokus nationaler Gesetzgeber, um bestehende Rechtsvorschriften an das „digitale Zeitalter“ anzupassen oder neue, passende Rechtsnormen zu schaffen und diese in die bestehenden Rechtsordnungen zu integrieren.[13]

Dies veranlasste den europäischen Gesetzgeber, sich der Vereinheitlichung der Rechte der Verbraucher im Zusammenhang mit digitalen Inhalten und digitalen Dienstleistungen anzunehmen. Mit der sog. „Strategie für einen digitalen Binnenmarkt für Europa“ hat die Europäische Union (EU) die Errichtung eines „vernetzten digitalen Binnenmarkts“ zu einer ihrer Prioritäten erhoben,[14] da sich digitale In-

---

12 Vgl. hierzu allgemein *Metzger*, JZ 2019, 577 (580).

13 Den Rechtsverkehr mit digitalen Gütern gesondert geregelt hatten bereits die Niederlande (Einbeziehung „digitaler Verträge“ in den Anwendungsbereich des Verbrauchsgüterkaufrechts durch Art. 7:5 Abs. 5 Burgerlijk Wetboek) und England (Artikel 33–47 Consumer Rights Act 2015, Part 1 Chapter 3).

14 Siehe *Juncker*, Ein neuer Start für Europa: Meine Agenda für Jobs, Wachstum, Fairness und demokratischen Wandel. Politische Leitlinien für die nächste Europäische Kommission, Rede zur Eröffnung der Plenartagung des Europäischen Parlaments, Straßburg, 15.07.2014, S. 5 f. [nachfolgend: *Juncker*, Ein neuer Start für Europa]; die anschließende Mitteilung der Kommission an das Europäische Parlament, den Rat, den europäischen Wirtschafts- und Sozialausschuss und den Ausschuss der Regionen, Arbeitsprogramm der Kommission 2015 – Ein neuer Start, vom 16.12.2014, COM(2014) 910, S. 7 [nachfolgend: Arbeitsprogramm der Kommission 2015 – Ein neuer Start, COM(2014) 910 final] und die Mitteilung der Kommission, Strategie für einen digitalen Binnenmarkt für Europa, COM(2015) 192 final. Die sog. „Strategie für einen digitalen Binnenmarkt für Europa“ skizziert die

halte als zunehmend wichtiger Wirtschaftsfaktor, insbesondere aber auch für den grenzüberschreitenden Handel eignen.[15]

Um einen geeigneten Rechtsrahmen für den elektronischen Geschäftsverkehr und den Kauf von Waren und Dienstleistungen zu schaffen und den Zugriff auf digitale Inhalte zu erleichtern, hatte die Europäische Kommission bereits 2014 neue legislative sowie nicht-legislative Initiativen angekündigt, darunter gemeinsame europäische Datenschutzbestimmungen, eine Reform der Telekommunikationsvorschriften, die Modernisierung des Urheberrechts unter Berücksichtigung der digitalen Revolution und des damit geänderten Verbraucherverhaltens sowie die Modernisierung und Vereinfachung der Verbraucherschutzvorschriften beim Online-Kauf und beim Kauf digitaler Produkte.[16] Denn, so die Kommission, anstelle vereinzelter nationaler Lösungen biete die europäische Ebene in vielerlei Hinsicht den richtigen Bezugsrahmen, um der Schnelllebigkeit der digitalen Wirtschaft sowie den Veränderungen der Arbeitswelt und des privaten, geschäftlichen und öffentlichen Lebens durch das Internet und die digitalen Technologien gerecht zu werden und die Herausforderungen und Begleitprobleme der Digitalisierung zu bewältigen.[17]

Schließlich verabschiedete der europäische Gesetzgeber nach einem langen Gesetzgebungsprozess im Mai 2019 zwei wegweisende Richtlinien, die das europäische Vertragsrecht reformierten: Zum einen die „Richtlinie über bestimmte vertragsrechtliche Aspekte der Bereitstellung digitaler Inhalte und digitaler Dienstleistungen"[18] (Digitale-Inhalte-RL, kurz: DIRL, im Folgenden auch als „die Richtlinie" bezeichnet) und zum anderen die „Richtlinie über bestimmte vertragsrechtliche Aspekte des Warenkaufs"[19] (Warenkauf-RL, kurz: WKRL). Erstere, die

---

erforderlichen auf EU-Ebene zu ergreifenden Maßnahmen für ein tragfähiges digitales Umfeld in Europa und ist auf drei, für den digitalen Binnenmarkt wesentlichen Pfeilern aufgebaut: (i) „Besserer Online-Zugang für Verbraucher und Unternehmen zu Waren und Dienstleistungen in ganz Europa" (*Access*); (ii) „Schaffung der richtigen Bedingungen für florierende digitale Netze und Dienste" (*Environment*); (iii) „Bestmögliche Ausschöpfung des Wachstumspotenzials unserer europäischen digitalen Wirtschaft" (*Economy & Society*).

15 Siehe dazu auch den Referentenentwurf DIRL, S. 1; *Arroyo Vendrell/Schulze*, in: Kindl/Arroyo Vendrell/Gsell (Hrsg.), Verträge über digitale Inhalte und digitale Dienstleistungen, S. 21–36 (21).

16 Siehe *Juncker*, Ein neuer Start für Europa, S. 5 ff.; vgl. auch das Arbeitsprogramm der Kommission für 2015 – Ein neuer Start, COM(2014) 910 final, S. 7 und die Mitteilung der Kommission zur Strategie für einen digitalen Binnenmarkt für Europa, COM(2015) 192 final, S. 4 ff.

17 Vgl. Mitteilung der Kommission zur Strategie für einen digitalen Binnenmarkt für Europa, COM(2015) 192 final, S. 3.

18 Richtlinie (EU) 2019/770 vom 20. Mai 2019 über bestimmte vertragliche Aspekte der Bereitstellung digitaler Inhalte und Dienstleistungen, ABl. EU L 136/1 [nachfolgend: Digitale-Inhalte-RL, kurz: DIRL].

19 Richtlinie (EU) 2019/771 vom 20. Mai 2019 über bestimmte vertragliche Aspekte des Warenkaufs, ABl. EU L 136/28 [nachfolgend: Warenkauf-RL, kurz: WKRL].

Digitale-Inhalte-RL, bildet einen vertragsrechtlichen Rahmen im digitalisierten Verbraucherrecht ab, regelt erstmals Gewährleistungsrechte des Verbrauchers für nicht vertragsgemäße digitale Inhalte und digitale Dienstleistungen und führt gesetzgeberische Neuerungen wie die Einbeziehung von Daten als Entgelt sowie Regelungen zu Updates ein. Letztere, die Warenkauf-RL, betrifft den Kauf von Waren und folgt inhaltlich und systematisch dem Konzept des Verbrauchsgüterkaufrechts.

Der Erlass der beiden Richtlinien reflektiert die aktuellen Entwicklungen im europäischen Vertragsrecht in zweierlei Hinsicht:[20] Einerseits die Harmonisierung des Kaufrechts, die mit der im Jahre 1999 verabschiedeten Verbrauchsgüterkauf-RL[21] begann. Andererseits eröffnen die Richtlinien eine gesetzgeberische Anpassung des Europäischen Privatrechts[22] an den Übergang zu einer digitalen Wirtschaft.[23] Beide Richtlinien beruhen auf dem Grundsatz der Vollharmonisierung, sodass die EU-Mitgliedstaaten grundsätzlich nicht von den Anforderungen abweichen können, wenn ihnen nicht ein gewisser Umsetzungsspielraum ausdrücklich eingeräumt wird.[24]

Die EU-Mitgliedstaaten standen nach Verabschiedung der Richtlinien damit vor der (systematischen) Herausforderung, diese bis zum 1. Juli 2021 umzusetzen, d. h. die erforderlichen Rechts- und Verwaltungsvorschriften zu erlassen und zu veröffentlichen.[25]

Seit dem 1. Januar 2022 wenden die Mitgliedstaaten diese Vorschriften an.[26]

---

20 Siehe auch *Staudenmayer*, ZEuP 2019, 663 (664).

21 Richtlinie 1999/44/EG des europäischen Parlaments und des Rates vom 25. Mai 1999 zu bestimmten Aspekten des Verbrauchsgüterkaufs und der Garantien für Verbrauchsgüter [nachfolgend: Verbrauchsgüterkauf-RL, kurz: VerbrGK-RL].

22 Zum Begriff des Europäischen Privatrechts siehe etwa *Jansen*, ZEuP 2005, 750.

23 In unmittelbarem Zusammenhang mit den vertragsrechtlichen Richtlinien stehen als Teil der Strategie für einen digitalen Binnenmarkt für Europa auch die Geoblocking-VO (Verordnung (EU) 2018/302 vom 28. Februar 2018 über Maßnahmen gegen ungerechtfertigtes Geoblocking und andere Formen der Diskriminierung aufgrund der Staatsangehörigkeit, des Wohnsitzes oder des Ortes der Niederlassung des Kunden innerhalb des Binnenmarktes, ABl. EU L 60 I/1) sowie der Erlass der Verordnung über Internet-Plattformen (Verordnung (EU) 2019 vom 20. Juli zur Förderung von Fairness und Transparenz für gewerbliche Nutzer von Online-Vermittlungsdiensten, ABl. EU L 186/57), die im Rahmen dieser Arbeit jedoch nicht näher beleuchtet werden können.

24 Siehe hierzu Kapitel 3.

25 Art. 24 Abs. 1 Unterabs. 1 S. 1 DIRL bzw. Art. 24 Abs. 1 Unterabs. 1 S. 1 WKRL.

26 Siehe die zwingenden Vorgaben zur Anwendbarkeit der Vorschriften gem. Art. 24 Abs. 1 Unterabs. 2 DIRL bzw. Art. 24 Abs. 1 Unterabs. 2 WKRL; differenzierend stellt Art. 24 Abs. 2 DIRL klar, dass die Richtlinienbestimmungen für die Bereitstellung digitaler Inhalte oder digitaler Dienstleistungen gelten, die ab dem 1. Januar 2022 erfolgt mit der Ausnahme der Art. 19 und 20, die nur auf Verträge Anwendung finden, die ab diesem Tag geschlossen werden; die Bestimmungen der Warenkauf-RL gelten einheitlich nicht für vor dem 1. Januar 2022 geschlossene Verträge (Art. 24 Abs. 2 WKRL).

II. Forschungsinteresse und Untersuchungsgegenstand

Forschungsinteresse dieser Arbeit ist die Harmonisierung des digitalvertragsrechtlichen Verbraucherrechts.[27]

Die rechtsvergleichende Untersuchung beleuchtet die Entwicklung des (europäischen) Digitalvertragsrechts[28] im Hinblick auf Entstehung, Konzept und Umsetzung. Der Rechtsvergleich am Beispiel von Deutschland und Frankreich soll Aufschlüsse über das Bestehen eines harmonisierten Digitalvertragsrechts nach Umsetzung der europäischen Vorgaben der Digitale-Inhalte-RL geben und insoweit dieses einen Mehrwert für die (weitere) Entwicklung des Digitalvertragsrecht bietet.

Grundlage und zentraler Untersuchungsgegenstand der Arbeit ist die Digitale-Inhalte-RL. Miteinbezogen wird außerdem die bereits seit Mai 2018 geltende europäische Datenschutzgrundverordnung (EU-DSGVO)[29]. Auf Vorschriften der Warenkauf-RL wird an geeigneter Stelle Bezug genommen. Dies ermöglicht eine auf

---

27 Klarstellend sei an dieser Stelle angemerkt, dass der Begriff der Harmonisierung im EU-Recht nicht legaldefiniert ist; allein im AEUV wird eine Vielzahl unterschiedlicher Begriffe – „Vereinheitlichung“, „Angleichung“, „Harmonisierung“, „Koordinierung“ – verwendet, ohne dass Legaldefinitionen benannt werden oder das Verhältnis der Begriffe zueinander geklärt wird. Mittlerweile besteht aber weitestgehend Einigkeit darüber, dass die Begriffe „Angleichung“, „Harmonisierung“ und „Koordinierung“ austauschbar sind und sich ihre Bedeutung aus dem EU-spezifischen Kontext und den im AEUV normierten Zielen ergibt, so *Schmeder*, Die Rechtsangleichung als Integrationsmittel der Europäischen Gemeinschaft, 5 ff.; siehe hierzu auch *Wagner*, Das Konzept der Mindestharmonisierung, S. 19; *Streinz*, in: Everling/Roth (Hrsg.), Mindestharmonisierung im Europäischen Binnenmarkt, S. 9 (17); *Roth*, in: Gsell/Herrestahl (Hrsg.), Vollharmonisierung im Privatrecht, S. 13 (18 f.) Sofern im Rahmen dieser Arbeit nicht anders gekennzeichnet, werden die Begriffe (Rechts-) Harmonisierung, (Rechts-)Angleichung und (Rechts-)Vereinheitlichung daher synonym gebraucht, vorzugsweise wird in Übereinstimmung mit der Terminologie der Digitale-Inhalte-RL aber der Begriff der Harmonisierung verwendet.

28 Der Begriff des „Digitalvertragsrechts“ wird im Rahmen dieser Arbeit als Oberbegriff synonym für das Recht für Verträge über digitale Inhalte und digitale Dienstleistungen verwendet. Es handelt sich hierbei weder um eine amtliche Bezeichnung noch um eine in der rechtswissenschaftlichen Literatur gefestigte Terminologie. Ebenfalls verwendet wird der Begriff des Digitalvertragsrechts, soweit ersichtlich, nur von *Rieländer*, GPR 2021, 257 und *Schmidt-Kessel*, Stellungnahme zu den Entwürfen eines Gesetzes zur Regelung des Verkaufs von Sachen mit digitalen Elementen und andere Aspekte des Kaufvertrags sowie eines Gesetzes zur Umsetzung der Richtlinie über bestimmte vertragsrechtliche Aspekte der Bereitstellung digitaler Inhalte und digitaler Dienstleistungen [nachfolgend: *Schmidt-Kessel*, Stellungnahme Kaufrecht und Digitalvertragsrecht].

29 Verordnung (EU) 2016/679 vom 27.4.2016 zum Schutz natürlicher Personen bei der Verarbeitung personenbezogener Daten, zum freien Datenverkehr und zur Aufhebung der Richtlinie 95/46/EG (Datenschutz-Grundverordnung), ABl. L 119/1 [nachfolgend: EU-DSGVO].

das Digitalvertragsrecht fokussierte Untersuchung, ohne die zentralen Zusammenhänge der Digitale-Inhalte-RL außer Acht zu lassen.

III. Methodik

Das europäische Mehrebenensystem und die Unterschiede und Diskrepanzen zwischen den Rechtsordnungen der EU-Mitgliedstaaten schaffen Anreiz für eine rechtsvergleichende Untersuchung. Das Ziel dieser Arbeit, die Entwicklung des (europäischen) Digitalvertragsrechts aufzuzeigen, soll daher anhand eines Rechtsvergleichs des deutschen und des französischen Rechts erfolgen.

Der Schwerpunkt des Rechtsvergleichs liegt auf der Herausarbeitung von Grundstrukturen. Zwar kann manches Detail hierbei nicht vertieft in den Blick genommen werden, indessen treten die strukturellen Unterschiede durch die rechtsvergleichende Methodik besser hervor.

Der Rechtsvergleichung und ihrer Methode sind bereits zahlreiche Darstellungen gewidmet worden. Um den Zugang zur Rechtsvergleichung im Rahmen dieser Arbeit zu öffnen, sollen in gebotener Kürze die Gründe für die gewählte rechtsvergleichende Methodik dargelegt und die Auswahl der zu vergleichenden Rechtssysteme Deutschlands und Frankreichs begründet werden.

1. Die Methodik der Rechtsvergleichung

Die Terminologie der „Rechtsvergleichung" hat sich im deutschen Sprachgebrauch in Anlehnung an das englische *„comparative law"* und das französische *„droit comparé"* eingebürgert.[30] Die theoretischen und methodischen Grundlagen der Rechtsvergleichung sind hinlänglich diskutiert worden,[31] ohne dass sich bislang ein

---

30 Vgl. *Rheinstein*, Einführung in die Rechtsvergleichung, bearb., hrsg. u. eingeleitet v. Reimer von Borries, S. 11. Im Deutschen bringe der Begriff der Rechtsvergleichung dabei klarer als die englische und die französische Terminologie zum Ausdruck, dass sich die Rechtsvergleichung mit dem „Verhältnis von Rechten" beschäftige, so *Michaels*, in: Basedow/Hopt/Zimmermann (Hrsg.), Handwörterbuch des Europäischen Privatrechts, Bd. II Kauf – Zwingendes Recht, S. 1265.

31 Inwieweit Rechtsvergleichung etwa eine Methode ist oder aber ein eigenständiges Gebiet der Rechtswissenschaft darstellt, ist nicht unstreitig, siehe zu der Frage des Charakters der Rechtsvergleichung die Grundlagenwerke der Rechtsvergleichung von *Zweigert/Kötz*, *Watson* und *Constantinesco*, die sich schon in der grundlegenden Bewertung, Herangehensweise sowie Definition des Problems und damit auch im Ergebnis vollkommen unterscheiden. Allerdings geht *Kischel* zu Recht davon aus, dass dieses Problem mangels praktischer Konsequenzen auf sich beruhen könne, bis sich

Konsens herausgebildet hätte oder die Diskussion über die unterschiedlichen methodischen Ansätze einer Rechtsvergleichung tatsächlich einen wesentlichen Einfluss auf die praktische Rechtsvergleichung ausübte.[32]

Innerhalb der Disziplin der herkömmlichen Rechtsvergleichung lassen sich neben weiteren Herangehensweisen und modernen Formen der Rechtsvergleichung im Wesentlichen zwei prominente methodische Ansätze unterscheiden: die Methode der funktionalen Rechtsvergleichung und die kulturelle Rechtsvergleichung.[33] Hinzuweisen ist auch auf die Disziplin der Grundlagenrechtsvergleichung.[34] Die Grundlagenrechtsvergleichung geht über den Vergleich von Rechtsordnungen hinaus, verglichen werden vielmehr „interdisziplinäre Umgänge" mit dem Recht in verschiedenen Rechtsordnungen und bei verschiedenen Rechtsproblemen.[35]

Die heute klassische Form der Rechtsvergleichung ist die funktionale Rechtsvergleichung, der eine Vielzahl rechtsvergleichender Untersuchungen – bewusst oder unbewusst – folgen.[36] Kern der funktionalen Rechtsvergleichung ist die Erkenntnis, dass Rechtsinstitute der Lösung gesellschaftlicher und wirtschaftlicher Probleme und damit konkreten Sachproblemen dienen.[37] Ausgangspunkt ist daher eine Untersuchung der zu vergleichenden Rechtsordnungen mit Blick auf das (gemeinsame) Ziel, das erreicht werden soll. Vergleichbar sind Rechtsinstitute, die trotz unterschiedlicher dogmatischer Ausgestaltung die gleiche Funktion erfüllen und damit funktionsäquivalent sind.[38] Die funktionale Ausrichtung der Rechtsvergleichung soll es so auch ermöglichen, das „bessere" Recht zu bestimmen.[39]

---

ein konkretes Forschungsproblem stelle, in dessen Rahmen die Antwort zwingend erforderlich ist, vgl. *Kischel*, Rechtsvergleichung, § 1, S. 28 ff. Rn. 55 ff.

32 *Michaels*, in: Basedow/Hopt/Zimmermann (Hrsg.), Handwörterbuch des Europäischen Privatrechts, Bd. II Kauf – Zwingendes Recht, S. 1265 (1266).

33 Siehe hierzu die Darstellung der unterschiedlichen methodischen Ansätze der Rechtsvergleichung bei *Michaels*, in: Basedow/Hopt/Zimmermann (Hrsg.), Handwörterbuch des Europäischen Privatrechts, Bd. II Kauf – Zwingendes Recht, S. 1265 (1266).

34 Siehe dazu die Beiträge in: Grundmann/Thiessen (Hrsg.), Recht und Sozialtheorie im Rechtsvergleich; Grundmann/Thiessen (Hrsg.), Religiöse Werte im Recht; sowie Grundmann/Thiessen (Hrsg.), Von formaler zu materialer Gleichheit.

35 *Grundmann/Thiessen*, in: dies. (Hrsg.), Recht und Sozialtheorie im Rechtsvergleich, S. 3.

36 *Kischel*, Rechtsvergleichung, § 1, S. 6 Rn. 14; siehe dazu auch *Schwenzer*, Development of Comparative Law in Germany, Switzerland and Austria, in: Reimann/Zimmermann (Hrsg.), The Oxford Handbook of Comparative Law, S. 54 – 86.

37 Siehe *Kischel*, Rechtsvergleichung, § 1, S. 6 Rn. 14.

38 *Michaels*, in: Basedow/Hopt/Zimmermann (Hrsg.), Handwörterbuch des Europäischen Privatrechts, Bd. II Kauf – Zwingendes Recht, S. 1265 (1266).

39 Siehe dazu *Michaels*, ebenda.

Im Unterschied zur funktionalen Rechtsvergleichung lehnt die kulturelle Rechtsvergleichung die Reduzierung des Rechts auf seine Funktionen ab und versteht das nationale Recht stattdessen als Ausdruck und Ausprägung der allgemeinen Kultur einer Gesellschaft.[40] Angesichts unüberbrückbar unterschiedlicher Kulturen – etwa im Hinblick auf den Gegensatz zwischen Civil und Common law – wendet sich die kulturelle Rechtsvergleichung zumeist gegen die vergleichende Bewertung und gegen die Vereinheitlichung des Rechts und fordert Toleranz gegenüber dem fremden Recht sowie der Differenz an sich.[41] Gemeinsam haben beide methodischen Ansätze in ihren modernen Ausprägungen, dass sie sich gegen die Beschränkung der Analyse auf Rechtsregeln wenden und nach der Rolle des Rechts in der Gesellschaft suchen, denn auch die funktionale Rechtsvergleichung geht heute nicht von der Identität verschiedener Rechtsordnungen aus, sondern von einer Funktionsäquivalenz, also einer Gleichheit in der Problemlösung bei Verschiedenheit im Lösungsweg.[42]

Von der klassischen funktionalen Rechtsvergleichung abzugrenzen ist zudem die empirische/statistische Methode der sog. „Legal Origins Theory“.[43] Diese Form der Rechtsvergleichung dient der Herausarbeitung von Unterschieden zwischen Rechtsfamilien und wird herangezogen, um maßgebliche Zusammenhänge zwischen Rechts- und Wirtschaftsentwicklungen zu belegen.[44] Ausgangspunkt der Legal-Origins-These ist eine Klassifizierung von Staaten und eine scharfe Trennung von Common Law und Civil Law; Unterschiede in der Qualität der untersuchten Rechtvorschriften führt die Legal-Origins-Bewegung im Wesentlichen auf die Zugehörigkeit der untersuchten Rechtsordnungen zu einer der beiden großen Rechtsfamilien zurück.[45] Dabei proklamiert die Legal-Origins-Bewegung eine im Wege empirischer Rechtsvergleichung ermittelte Überlegenheit des Common Law gegenüber dem Civil Law.[46] Bedeutung erlangte der quantitativ-rechtsvergleichende Ansatz durch den Umstand, dass die (vermeintliche) Überlegenheit des Common Law von der Weltbank als Arbeitshypothese zugrunde gelegt und deren For-

---

40 Ibid.

41 Ibid.

42 Ibid.

43 Siehe dazu näher *Micklitz*, Comparative Law and Legal History, in: Grundmann/Micklitz/Renner (Hrsg.), New Private Law Theory: A Pluralist Approach, Chapter 5, S. 110–128; *Michaels*, Am.J.Comp.L. Vol. 57, Issue 4 (2009), 765–795; *Lieder*, ZVglRWiss 109 (2010), 216–264.

44 *Micklitz*, Comparative Law and Legal History, in: Grundmann/Micklitz/Renner (Hrsg.), New Private Law Theory: A Pluralist Approach, Chapter 5, S. 117 m.w.N. *Lieder*, ZVglRWiss 109 (2010), 216 (230).

45 Kritisch hierzu *Lieder*, ZVglRWiss 109 (2010), 216 (230, 241f.).

46 Siehe hierzu ebenfalls die Kritik bei *Lieder*, ebenda (241ff.).

schungs- und Förderungsmaßnahmen hierdurch maßgeblich beeinflusst wurde.[47] Wenngleich die Methode empirischer Rechtsvergleichung neue Forschungsperspektiven eröffnen kann, begegnet der Grundansatz der Legal-Origins-Bewegung und die quantitativ-rechtsvergleichende Methode als alleiniger Forschungsansatz erheblichen Bedenken.[48] Gegen die Kernthese des Legal-Origins-Ansatzes sprechen schon die Konvergenz zwischen den Rechtsfamilien und die zahlreichen parallel verlaufenden Rechtsentwicklungen.[49]

Hinzuweisen ist ferner auf den Ansatz einer „dekolonialen Rechtsvergleichung". Ein dekolonialer Ansatz in der Rechtsvergleichung versucht durch eine Abkopplung von der Kolonialität und einer Anerkennung von „Pluriversalität" teils problematische Annahmen, auf denen die herkömmliche Rechtsvergleichung beruht, zu korrigieren.[50] Anstelle einer Ausrichtung der Rechtsvergleichung am Ziel der Vereinheitlichung von Recht, zielt die dekoloniale Rechtsvergleichung darauf ab, Rechtsvergleichung dafür zu verwenden, das Rechtsdenken zu dekolonialisieren und die Voraussetzungen für das Konzept der Plurversalität, das davon ausgeht, dass mehrere Traditionen und Sozialordnungen gleichzeitig legitim sind, im Recht zu schaffen.[51]

Neben den beschriebenen Methoden der Rechtsvergleichung existieren zudem weitere Herangehensweisen und moderne Formen der Rechtsvergleichung, die nicht zwangsläufig im Gegensatz zur klassischen Rechtsvergleichung stehen, sich aber in ihrem Vorgehen unterscheiden.[52] Die konkrete Vorgehensweise der Rechtsvergleichung ist dabei stets aus der individuellen Problematik, den Funktionsbedingungen und der Kontextualisierung zu entwickeln und der spezifischen rechtsvergleichenden Thematik und Situation anzupassen.

Gerade für das europäische Recht entwickelte sich von einer (rein) funktionalen Rechtsvergleichung, die vor allem Unterschiede und (funktionale) Gemeinsamkeiten zwischen Rechtsordnungen konstatierte, eine stärker wertende Rechtsvergleichung, die der Vorbereitung einer Harmonisierung und supranationalen

---

47 Hierzu näher *Kern*, JZ 2009, 498 (499).

48 Zur Kritik siehe insbesondere *Michaels*, Am.J.Comp.L. Vol. 57, Issue 4 (2009), 765–795; *Lieder*, ZVglRWiss 109 (2010), 216 (241 ff.); *Kern*, JZ 2009, 498 (503 f.); überblicksartig hierzu auch *Micklitz*, Comparative Law and Legal History, in: Grundmann/Micklitz/Renner (Hrsg.), New Private Law Theory: A Pluralist Approach, Chapter 5, S. 126 f.

49 *Lieder*, ZVglRWiss 109 (2010), 216 (264).

50 Siehe zum Ansatz dekolonialer Rechtsvergleichung *Salaymeh/Michaels*, RabelsZ, Bd. 86, Heft 1 (2022), 166–188.

51 Siehe *Salaymeh/Michaels*, ebenda, S. 176 ff.

52 Überblicksartig hierzu *Kischel*, Rechtsvergleichung, § 3, S. 118 ff. Rn. 31 ff.

Vereinheitlichung und Kodifizierung dient.[53] Hinzutrat also eine rechtspolitische Bewertung der konstatierten Unterschiede und (funktionalen) Gemeinsamkeiten.[54]

Eine bewusst wertende Herangehensweise wird auch als dialektische Methode der Rechtsvergleichung beschrieben; sie schlägt ein integriertes Vorgehen von neutralen Länderberichten einerseits und der eigentlichen, auch wertenden Vergleichung andererseits vor und fordert in der Darstellung keine Neutralität.[55] Die dialektische Methode lehnt insbesondere ein künstlich systematisches Vorgehen ab, bei dem vorab und abstrakt das Untersuchungsziel, Vergleichskriterien und Begriffe festgelegt werden; Erkenntnisinteresse und Erkenntnisgegenstände bedingen und befruchten sich vielmehr gegenseitig in einem Kreisprozess.[56] Damit beschreibt die Idee einer dialektischen Rechtsvergleichung einen im Ansatz bereits praktizierten Aspekt der Rechtsvergleichung.[57]

Diese rechtsvergleichende Arbeit ist auf der Ebene der unionsrechtlichen Gesetzgebung aus mehreren Gründen sehr wesentlich. Schon die Frage, ob die EU überhaupt tätig werden soll und darf, hat regelmäßig eine rechtsvergleichende Komponente – ohne eine rechtsvergleichende Untersuchung der mitgliedstaatlichen Rechtsordnungen lässt sich kaum bestimmen, ob Rechtsunterschiede bestehen, die den europäischen Binnenmarkt behindern und ob das nationale Recht gemäß dem Subsidiaritätsprinzip zur Regelung bestimmter Inhalte unzureichend ist.[58] Insoweit dient Rechtsvergleichung hier als Bestandteil der Prozesse der Gesetzgebung, der Gesetzesharmonisierung und der Rechtsvereinheitlichung. Insbesondere das Harmonisierungsprojekt sog. Principles of European Contract Law (PECL)[59] zu erarbeiten, das die ersten Bemühungen von Seiten der Rechtswissenschaft um ein Europäisches Vertragsrecht prägte, war im Wesentlichen durch vergleichende Studien über die Rechte in den Mitgliedstaaten bestimmt und auch der Ausarbeitung des Entwurfs eines „Gemeinsamen Referenzrahmens" („*Draft Common Frame of Reference*") (DCFR)[60] lagen Arbeiten auf rechtsvergleichenden

53 Siehe *Grundmann/Thiessen*, in: dies. (Hrsg.), Recht und Sozialtheorie im Rechtsvergleich, S. 6.

54 Ibid.

55 Siehe *Kischel*, Rechtsvergleichung, § 3, S. 118 ff. Rn. 49 ff.

56 Ibid.

57 Ähnlich *Kischel*, ebenda, § 3, S. 119, Rn. 52.

58 *Michaels*, in: Basedow/Hopt/Zimmermann (Hrsg.), Handwörterbuch des Europäischen Privatrechts, Bd. II Kauf – Zwingendes Recht, S. 1265 (1268).

59 Statt vieler siehe hierzu *Zimmermann*, in: Basedow/Hopt/Zimmermann (Hrsg.), Handwörterbuch des Europäischen Privatrechts, Bd. II Kauf – Zwingendes Recht, S. 1177 (1177 ff.).

60 Ausführlich zum DCFR etwa *Eidenmüller et al.*, JZ 2008, 529; *Schulze*, ZEuP 2007, 130; *Reich*, ZEuP 2007, 161; *Magnus*, ZEuP 2007, 260; *Zoll*, in: Stürner, Vollharmonisierung im Europäischen Verbraucherrecht?, S. 133 (133 ff.).

Ausgangsüberlegungen zu Grunde.[61] Damit ist die Rechtsvergleichung nicht lediglich eine spezifische Disziplin, sondern zunehmend auch in das Recht selbst integriert.[62]

Darüber hinaus ist die Rechtsvergleichung auch in der Implementationsphase europäischer Rechtsvorschriften von wesentlicher Bedeutung. Da das mitgliedstaatliche Recht regelmäßig nicht schlicht durch europäisches Recht „ersetzt" werden kann, sondern mit diesem verzahnt ist, ist Voraussetzung einer erfolgreichen Implementierung des EU-Rechts und deren Überwachung durch die EU ein gutes Verständnis der nationalen Rechtsordnung im Vergleich mit anderen mitgliedstaatlichen Rechtsordnungen sowie mit dem europäischen Recht.[63]

Festhalten lässt sich daher, dass die Rechtsvergleichung von besonderer Relevanz ist, wenn unterschiedliche Rechtssysteme und Rechtsordnungen tatsächlich aufeinandertreffen.[64]

Als methodischer Ansatz einer rechtsvergleichenden Betrachtung geltenden Rechts eignet sich für die vorliegende Untersuchung die klassische funktionale Rechtsvergleichung – trotz berechtigter Kritik[65] in anderen Kontexten. Über eine Darstellung der jeweiligen Rechtsordnungen und eine rein formale Methode der Gegenüberstellung von Normen hinaus, steht der Vergleich in Form der Erkenntnis und Erklärung von Unterschieden und Gemeinsamkeiten im Mittelpunkt. Auch der Methode der funktionalen Rechtsvergleichung ist dabei eine gewisse Wertung schon inhärent, denn wer vergleicht, kann um eine Bewertung der verglichenen Rechtssysteme kaum umhinkommen. Dies ist aber auch nicht zwangsläufig notwendig, weil die Rechtsvergleichung zu einer fundierten Bewertung und Kritik befähigen und die Grundlage wertender Kritik bilden kann – Wertungen fließen in die rechtsvergleichende Untersuchung daher unweigerlich, aber auch bewusst mit ein.[66]

---

61 Näher hierzu *Schulze*, ZEuP 2007, 130 (131 ff.).

62 Vgl. *Glenn*, in: Smits (Hrsg.), Elgar Encyclopedia of Comparative Law, 2006, S. 65–74.

63 Vgl. *Michaels*, in: Basedow/Hopt/Zimmermann (Hrsg.), Handwörterbuch des Europäischen Privatrechts, Bd. II Kauf – Zwingendes Recht, S. 1265 (1268).

64 Ebenso *Kischel*, Rechtsvergleichung, § 2, S. 54 Rn. 17.

65 Zur Kritik an der funktionalen Rechtsvergleichung siehe die umfassende Darstellung bei *Kischel*, § 3, S. 95 ff. Rn. 7 ff.; zur generellen Kritik an der herkömmlichen Rechtsvergleichung siehe *Salaymeh/Michaels*, RabelsZ, Bd. 86 (2022), 166–188.

66 Siehe dazu auch *Kischel*, Rechtsvergleichung, § 3, S. 119 Rn. 54.

2. Auswahl der zu vergleichenden Rechtssysteme

Auf dem Gebiet des Privatrechts und insbesondere in der Rechtsvergleichung wird oftmals eine Einteilung in sog. Rechtskreise vorgenommen, um Gemeinsamkeiten und Unterschiede herauszuarbeiten. Die sog. Rechtskreislehre ist eine typisierende Zusammenfassung von Rechtsordnungen verschiedener Staaten, die prägende gemeinsame Merkmale aufweisen.[67] Die Einteilung erfolgt anhand von verschiedenen Faktoren, wie die historische Herkunft und Entwicklung einer Rechtsordnung, vorherrschende spezifische juristische Denkweisen, besondere kennzeichnende, stilprägende Rechtsinstitute und die Art der Rechtsquellen und ihrer Auslegung sowie ideologische Faktoren.[68] Charakterisierend sind neben der historischen Entwicklung einer Rechtsordnung mithin vor allem die dogmatischen und systematischen Eigenheiten in der Rechtsschöpfung sowie der Rechtsanwendung.

Die verschiedenen Versuche einer Rechtskreiseinteilung existieren in großer Anzahl, unterscheiden sich in der Regel aber nur im Detail oder in der Terminologie. Verbreitet, aber nicht zwingend, ist eine Einteilung in den romanischen Rechtskreis, dem etwa Frankreich angehört, den germanischen Rechtskreis, zu dem Deutschland zählt, den skandinavischen/nordischen Rechtskreis und den Rechtskreis des Common Law und darüber hinaus das Recht im Fernen Osten sowie religiöse Rechte.[69]

Die beiden ersten Rechtskreise, der romanische sowie der germanische Rechtskreis, werden vielfach zu einem Rechtskreis zusammengefasst oder unter dem Begriff des kontinentaleuropäischen Rechts, im englischen Sprachgebrauch auch als Civil Law bezeichnet, erfasst.[70] Kontinentaleuropäische Rechtsordnungen sind unter anderem durch die Existenz von Kodizes, d.h. von Gesetzbüchern und insbesondere durch ihre (Privatrechts-)Kodifikationen gekennzeichnet. Die typische Eigenheit der kontinentaleuropäischen Rechtordnungen liegt aber nicht ausschließlich in einem traditionellen Kodifikationsverständnis, sondern vielmehr in dem hinter der Existenz von Kodizes stehenden Grundgedanken, nämlich der systematischen und begrifflichen Durchdringung des Rechts.[71] Gemein hat das heutige kontinentaleuropäische Recht also ein Bedürfnis nach Systematisierung und nach

---

67 Siehe *Zweigert/Kötz*, Einführung in die Rechtsvergleichung auf dem Gebiete des Privatrechts, S. 62 ff.

68 Siehe *Zweigert/Kötz*, ebenda, S. 68 ff.

69 Diese wohl international bekannteste Rechtskreiseinteilung geht auf *Zweigert* und *Kötz* zurück, siehe ebenda, S. 73.

70 Kritisch hierzu *Kischel*, Rechtsvergleichung, § 6, S. 389 Rn. 2.

71 *Kischel*, ebenda, § 6, S. 416 Rn. 58.

Fundierung von Entscheidungen und infolgedessen das Streben nach Kodifikation, in deren Konsequenz wiederum die Schaffung von Gesetzesbüchern liegt.[72]

Für das deutsche und das französische Rechtsdenken wird aus der Außenperspektive, insbesondere aus der Perspektive des Common Law, daher eine relative Ähnlichkeit beobachtet, die historisch zu erklären ist, und zwar nicht nur vor dem gemeinsamen Hintergrund des römischen Rechts, sondern auch mit Blick auf die inhaltlichen Kontakte und die gegenseitige Befruchtung zwischen deutscher und französischer Rechtswissenschaft etwa im 19. Jahrhundert.[73]

Aus der deutsch-französischen Binnenperspektive bestehen aber durchaus wesentliche Unterschiede in der (dogmatischen) Herangehensweise; Denk- und Argumentationsweisen unterscheiden sich, ebenso wie das Selbstverständnis der Rechtswissenschaftler und Rechtspraktiker.[74] Aus der Binnensicht lassen sich diese (dogmatischen) Unterschiede – im stark vereinfachten Sinne – dahingehend zusammenfassen, dass das französische Rechtsdenken zwar auch, aber im Vergleich zum Deutschen etwas weniger stark ausgeprägt systematisch und konzeptionell ist und damit empirischer und weniger abstrakt und doktrinär.[75]

Inhaltliche Angleichung erfahren die unterschiedlichen Rechtssysteme heute insbesondere auf dem Gebiet des Verbraucherrechts durch den gemeinsamen Prozess der europäischen Rechtsangleichung, der die Rechtsordnungen der EU-Mitgliedstaaten prägt. Dabei bilden die deutsche sowie die französische Rechtsordnung im europäischen Raum wichtige Rechtssysteme und werden als die beiden führenden und einflussreichsten (kodifizierten) Systeme angesehen.[76] Diese Prominenz des deutschen und des französischen Rechtssystems motiviert die Auswahl dieser Rechtsordnungen in der vorliegenden Arbeit. Die hier getroffene Länderwahl ist aber vor allem aufgrund der systematischen Unterschiede auf dem Gebiet des Verbraucherrechts – die Integrationslösung einerseits und die (Sonder-)Kodifikationslösung andererseits – begründet.[77] Diese Umstände laden zu einem Vergleich auf dem neuen Gebiet des Digitalvertragsrechts ein.

---

72 *Kischel*, ebenda, § 6, S. 405 f. Rn. 36.

73 Siehe hierzu *Kischel*, ebenda, § 6 S. 421 f. Rn. 70 m.w.N.

74 *Ranieri*, in: Beaud/Heyen (Hrsg.), Eine deutsch-französische Rechtswissenschaft? Une science juridique franco-allemande?, Kritische Bilanz und Perspektiven eines kulturellen Dialogs, Boal critique et perspectives d'un dialogue culturel, S. 183 (195 f.).

75 *Kischel*, Rechtsvergleichung, § 6, S. 422 Rn. 71; siehe hierzu auch *Fromont*, in: Fakultätsgruppe Saarbrücken der European Law Students' Association und dem Centre juridique franco-allemand der Universität des Saarlands (Hrsg.), Recht und Gesetz im deutsch-französischem Dialog. Loi et Droit dans le dialogue franco-allemand, S. 65 – 79 (76 ff.).

76 Vgl. *Grundmann/Schäfer*, ERCL 2017, 13(4), 459 (464).

77 Den unterschiedlichen systematischen Ansätzen wird im Rahmen eines allgemeinen systematischen Vergleichs in Kapitel 4 nachgegangen.

IV. Überblick über den Inhalt der Arbeit und den Gang der Untersuchung

Die Arbeit untersucht die Entwicklung des Digitalvertragsrechts im Wege einer rechtsvergleichenden Untersuchung zu Entstehung, Konzept und Umsetzung.

Im Rahmen des ersten Teils, dem Grundlagenteil zur Entstehung und zum Konzept der Digitale-Inhalte-RL (Kapitel 1 bis 3), widmet sich Kapitel 1 der Entwicklung hin zu einem europäischen Digitalvertragsrecht. Dabei soll zunächst auf die Rechtslage vor Erlass der Digitale-Inhalte-RL eingegangen und sodann der europäische Gesetzgebungsprozess beleuchtet werden.

Kapitel 2 untersucht anschließend das europäische Konzept für ein Digitalvertragsrecht. Hierzu werden zunächst der Anwendungsbereich und die relevanten Begriffsbestimmungen der Digitale-Inhalte-RL dargestellt sowie die Abgrenzung zwischen der Digitale-Inhalte-RL und der parallel erlassenen Warenkauf-RL erörtert. Anschließend wird der generelle Regelungsansatz der Digitale-Inhalte-RL untersucht. Der Fokus richtet sich hier auf die Thematik der vertragstypologischen Einordnung von Verträgen über die Bereitstellung digitaler Inhalte und digitaler Dienstleistungen. Sodann wird das Kernkonzept der Digitale-Inhalte-RL „Daten als Leistungsgegenstand“ problematisiert. Das Kapitel schließt damit ab, das Verhältnis der Digitale-Inhalte-RL zu anderen Unionsakten und die erforderlichen Anpassungen bestehender Richtlinien aufzuzeigen.

In Kapitel 3 wird die Digitale-Inhalte-RL sodann in den Kontext der Rechtsharmonisierung in der Europäischen Union eingeordnet. Nach einer Einführung zur Entwicklung der europäischen Rechtsharmonisierung richtet sich der Blick auf den Beitrag der Digitale-Inhalt-RL zur Fortentwicklung des europäischen Verbraucherschutzrechts.

Im Anschluss an den Grundlagenteil wird in einem zweiten Teil (Kapitel 4 und 5) die Umsetzung der Digitale-Inhalte-RL in nationales Recht im Hinblick auf Struktur und Grundkonzept untersucht.

Kapitel 4 widmet sich einem allgemeinen systematischen Vergleich. Dies richtet den Blick auf die Thematik der Systembildung im europäischen Mehrebenensystem. Im Vordergrund steht die systematische Einordnung des unionsrechtlich determinierten Verbraucherrechts in die nationalen Rechtssysteme. Aus diesem Grund werden die unterschiedlichen Umsetzungstechniken erörtert. Hierauf baut die anschließende Untersuchung der systematischen Umsetzung der Digitale Inhalte RL in Deutschland und Frankreich auf.

Kapitel 5 untersucht den Datenerwerb als Geschäftsmodell im Digitalvertragsrecht. Die Untersuchung bildet zunächst die europäische Vorgabe der Digitale-Inhalte-RL im Hinblick auf das Prinzip „Bezahlen mit Daten“ ab. Hieran schließt sich eine rechtsvergleichende Untersuchung zur Rechtslage und Umsetzung in

Deutschland und Frankreich an. Dabei wird insbesondere die Frage nach der rechtlichen Anerkennung von Daten als „Gegenleistung“ diskutiert. Einen Schwerpunkt der Untersuchung bildet zudem das Zusammenspiel von Vertrags- und Datenschutzrecht, respektive Digitale-Inhalte-RL und EU-DSGVO.

Der dritte Teil der Arbeit (Kapitel 6 bis 9) untersucht das digitalvertragsrechtliche Gewährleistungsrecht als Kernregelung der Digitale-Inhalte-RL.

Die thematisch gegliederte Untersuchung des Gewährleistungsrechts folgt stets einem dreigliedrigen Aufbau: Der europäischen Vorgabe schließt sich jeweils eine Untersuchung der Umsetzung in Deutschland und eine Untersuchung der Umsetzung in Frankreich an.

In Kapitel 6 werden zunächst die Bestimmungen zur Vertragsmäßigkeit digitaler Inhalte und digitaler Dienstleistungen untersucht. Ein weiterer Fokus liegt auf den Besonderheiten des Digitalvertragsrechts, namentlich den Anforderungen an eine sachgemäße Integration der digitalen Inhalte bzw. digitalen Dienstleistungen, der Aktualisierungspflicht und den Regelungen zu (nachträglichen) Änderungen (Kapitel 7). Einen Schwerpunkt bilden zudem die Rechtsbehelfe des Verbrauchers, einschließlich des Schadensersatzrechts (Kapitel 8). Anschließend werden Gewährleistungszeitraum, Beweislast und Rückgriffsregelungen im Digitalvertragsrecht untersucht (Kapitel 9).

Die Arbeit schließt mit einer Darstellung der wesentlichen Ergebnisse ab. Die Schlussbetrachtung soll insbesondere die (langfristige) Bedeutung der Digitale-Inhalte-RL hervorheben, bevor ein Ausblick auf die weitere Entwicklung des Digitalvertragsrechts gegeben wird.

Erster Teil **Grundlagen zur Entstehung und zum Konzept der Digitale-Inhalte-RL**

Kapitel 1: Entwicklung hin zu einem europäischen Digitalvertragsrecht

Dieses Kapitel soll den Entstehungs- und Entwicklungsprozess des europäischen Digitalvertragsrechts untersuchen. Dafür wird zunächst die Rechtslage vor Erlass der Digitale-Inhalte-RL erörtert und anschließend der europäische Gesetzgebungsprozess hin zur Digitale-Inhalte-RL skizziert.

I. Rechtslage vor Erlass der Digitale-Inhalte-RL

Mit einer Richtlinie für digitale Inhalte sollte, so die Europäische Kommission, die bestehende Rechtslücke im EU-Verbraucherrecht bezüglich bestimmter vertraglicher Aspekte, für die es bislang keine Vorschriften gebe, geschlossen werden.[1]

Jedenfalls die Verbrauchsgüterkauf-RL konnte auf Verträge zwischen Unternehmern und Verbrauchern über digitale Inhalte und digitale Dienstleistungen keine Anwendung finden, da die Definition des Begriffs „Verbrauchsgüter" nur „bewegliche körperliche Gegenstände" betrifft.[2]

Dennoch ließen sich zumindest erste rechtliche Regelungsversuche bzw. -ansätze zu digitalen Gütern auf europäischer sowie nationaler Ebene finden.

1. Rechtsetzung auf europäischer Ebene

a. „Verträge über die Bereitstellung von digitalen Inhalten" im Geltungsbereich der Verbraucherrechterichtlinie 2011/83/EU

Erste Ansätze zu digitalen Inhalten enthielt die Richtlinie 2011/83/EU[3] vom 25. Oktober 2011 (Verbraucherrechterichtlinie).[4] Die Verbraucherrechterichtlinie defi-

1 Vgl. die Begründung der Europäischen Kommission zum Richtlinienvorschlag, S. 3.

2 Vgl. Art. 1 lit. b VerbrGK-RL.

3 Richtlinie 2011/83/EU des Europäischen Parlaments und des Rates vom 25. Oktober 2011 über die Rechte der Verbraucher, zur Abänderung der Richtlinie 93/13/EWG des Rates und der Richtlinie 1999/44/EG des Europäischen Parlaments und des Rates sowie zur Aufhebung der Richtlinie 8/577/EWG des Rates und der Richtlinie 97/7/EG des Europäischen Parlaments und des Rates, ABl. L 304/64 vom 22.11.2011 [nachfolgend: Verbraucherrechterichtlinie, kurz: VRRL].

4 Die Verbraucherrechterichtlinie ist zuletzt durch die Richtlinie (EU) 2019/2161 des Europäischen Parlaments und des Rates vom 27. November 2019 zur Änderung der Richtlinie 93/13/EWG des Rates

https://doi.org/10.1515/9783111488387-004

nierte den Begriff „digitale Inhalte“ als „Daten, die in digitaler Form hergestellt und bereitgestellt werden“[5]. Erwgr. 19 VRRL zählte hierfür beispielhaft Computerprogramme, Anwendungen (Apps), Spiele, Musik, Videos oder Texte auf, unabhängig davon, ob auf diese durch Herunterladen (Download) oder Herunterladen in Echtzeit (Streaming) oder in sonstiger Weise zugegriffen werde. Verträge über die Bereitstellung von digitalen Inhalten sollten in den Geltungsbereich der Verbraucherrechterichtlinie fallen. Dabei sollten digitale Inhalte, die auf einem materiellen Datenträger bereitgestellt werden, als Waren betrachtet werden und die Regelungen für Waren weitgehend Anwendung finden; dagegen sollten Verträge über digitale Inhalte, die nicht auf einem körperlichen Datenträger bereitgestellt werden, für die Zwecke der Verbraucherrechterichtlinie weder als Kaufverträge noch als Dienstleistungsverträge betrachtet werden.[6] Über die vertragsrechtliche Einordnung der Überlassung digitaler Inhalte traf die Verbraucherrechterichtlinie damit aber keine Entscheidung; die Sonderregeln für unkörperlich überlassene digitale Inhalte waren deren besonderen Eigenschaften, nicht aber einer anderen vertragsrechtlichen Einordnung geschuldet.[7]

Im Übrigen behandelte die Verbraucherrechterichtlinie Verträge über digitale Inhalte und digitale Dienstleistungen weitgehend uneinheitlich.[8] Für Verträge über die Bereitstellung digitaler Inhalte, die nicht auf einem körperlichen Datenträger bereitgestellt werden, galt die Verbraucherrechterichtlinie unabhängig davon, ob der Verbraucher eine Geldzahlung leistet oder personenbezogene Daten zur Verfügung stellt.[9] Verträge über digitale Dienstleistungen, nach denen der Verbraucher dem Unternehmer statt der Zahlung eines Preises personenbezogene Daten zur Verfügung stellt, waren hingegen nicht von der Verbraucherrechterichtlinie erfasst, da die Richtlinie auf Dienstleistungsverträge, einschließlich Verträgen über digitale

---

und der Richtlinien 98/6/EG, 2005/29/EG und 2011/83/EU des Europäischen Parlaments und des Rates zur besseren Durchsetzung und Modernisierung der Verbraucherschutzvorschriften der Union, ABl. L 328/7 v. 18.12.2019 [nachfolgend: Modernisierungsrichtlinie, kurz: Mod-RL] geändert und ergänzt worden. Die Ausführungen im Rahmen dieses Kapitels beziehen sich auf die Fassung der Verbraucherrechterichtlinie vom 25. Oktober 2011; den Änderungen der Verbraucherrechterichtlinie, die Anpassungen im Hinblick auf Verträge über digitale Inhalte und digitale Dienstleistungen betreffen, ist in Kapitel 2 III. nachzugehen.

5 Art. 2 Nr. 11 VRRL; in der französischen Fassung: *„contenu numérique des données produites et fournies sous forme numérique“*.

6 Vgl. Erwgr. 19 VRRL.

7 Hierzu auch *Druschel/Oehmichen*, CR 2015, 173 (175).

8 Siehe hierzu auch *Rosenkranz*, in: Behme/Fervers/Hofmann/et. al. (Hrsg.), Perspektiven einer europäischen Privatrechtswissenschaft, S. 235 (136 f.); *Schmidt-Kessel et al.*, GPR 2016, 54 (61).

9 Dies stellt Erwgr. 31 Mod-RL nunmehr ausdrücklich klar.

Dienstleistungen, nur Anwendung finden sollte, wenn der Verbraucher einen Preis zahlt oder dessen Zahlung zusagt.[10]

Die Besonderheiten digitaler Inhalte berücksichtigte der europäische Gesetzgeber in der Verbraucherrechterichtlinie in Ansätzen und führte zumindest spezielle Vorschriften zur Produktbeschreibung und zu den Voraussetzungen und Rechtsfolgen des Widerrufsrechts des Verbrauchers ein. Über diese ersten Regulierungsansätze hinaus beabsichtigte die Verbraucherrechterichtlinie allerdings noch keine spezifische und umfassende Kodifikation des Rechts der Verträge über digitale Inhalte.

Eine entsprechende Rechtslage bildete sich daher auch nach Umsetzung der Verbraucherrechterichtlinie in den nationalen Rechtsordnungen der EU-Mitgliedstaaten ab. Die Richtlinienbestimmungen der Verbraucherrechterichtlinie einschließlich des Begriffs „digitale Inhalte" und die ersten Regelungen zum Rechtsverkehr mit digitalen Gütern sind von den nationalen Gesetzgebern umgesetzt worden:

In der deutschen Rechtsordnung ist die Begriffsbestimmung „digitale Inhalte" mit einer Legaldefinition des Begriffs im BGB wörtlich übernommen worden[11] und der deutsche Gesetzgeber nahm erstmals spezifische Regeln für „Verträge über digitale Inhalte" in das BGB auf. Mit der Umsetzung der Verbraucherrechterichtlinie im Jahr 2014 hielt die Digitalisierung somit Einzug in das deutsche Rechtssystem.[12] Über die Umsetzung der Richtlinienbestimmungen der Verbraucherrechterichtlinie hinaus verabschiedete der deutsche Gesetzgeber aber keine weiteren speziellen Vorschriften für (Verbraucher-)Verträge über digitale Inhalte.[13]

Das französische Verbraucherrecht ist in den Code de la consommation (C. cons.) ausgelagert.[14] Entsprechend erfolgte auch die Umsetzung der Verbraucherrechterichtlinie im Rahmen des Code de la consommation. Eine mit der europäischen Vorgabe der Verbraucherrechterichtlinie wörtlich übereinstimmende Definition des Begriffs „digitale Inhalte" fand sich in Art. L. 221-1 I. 4° C. cons. a.F.[15].[16]

---

10 Vgl. Erwgr. 31 Mod-RL.

11 Vgl. § 327f Abs. 3 BGB a.F.: „Daten, die in digitaler Form hergestellt und bereitgestellt werden (digitale Inhalte)".

12 Für eine Analyse der spezifischen Regeln für „Verträge über digitale Inhalte" im BGB nach Umsetzung der Verbraucherrechtrichtlinie siehe *Janal/Jung*, VuR 2017, 332.

13 Siehe hierzu auch *Rosenkranz*, GPR 2018, 28 (30 ff.).

14 Siehe hierzu Kapitel 4.I.2.c.

15 Fassung vom 1. Juli 2016 bis 1. Oktober 2021, geändert durch die Verordnung Nr. 2021–1247 vom 29. September 2021.

16 Vgl. Art. L. 221-1 I. 4° C. cons. a.F.: „*Contenu numérique: des données produites et fournies sous forme numérique*".

Verträge über digitale Inhalte waren aber ebenfalls keinen expliziten Regelungen unterworfen worden.

Somit existierten weder auf europäischer Ebene noch in den Rechtsordnungen Deutschlands und Frankreichs vertragsrechtliche Bestimmungen für Verträge über digitale Inhalte bzw. digitale Dienstleistungen und insbesondere keine gewährleistungsrechtlichen Regelungen zum Schutz der Verbraucher im Fall von nicht vertragsgemäßen digitalen Inhalten oder digitalen Dienstleistungen. Der Mangel an gesetzgeberischer Tätigkeit musste bislang durch die Rechtsprechung und Literaturbeiträge in den jeweiligen Mitgliedstaaten kompensiert werden.

b. Regelwerk für die Bereitstellung digitaler Inhalte im Gemeinsamen Europäischen Kaufrecht (GEK)

Den Weg zur Regulierung digitaler Inhalte fortsetzen sollte der „Vorschlag für eine Verordnung des Europäischen Parlaments und des Rates über ein Gemeinsames Europäisches Kaufrecht“[17] (GEK-VO). Die geplante Verordnung enthielt 16 Artikel, in denen es im Wesentlichen um Begriffsbestimmungen und um die Anwendbarkeit des Kaufrechts ging. Das eigentliche „Gemeinsame Europäische Kaufrecht“ (GEK) war im Anhang I zu dieser Verordnung enthalten. Mit dem GEK sollte den EU-Mitgliedstaaten ein einheitliches Vertragsrecht zur Verfügung gestellt werden, welches bei grenzübergreifenden Geschäften hätte verwendet werden können.[18]

Wenngleich das Vorhaben während des ordentlichen Gesetzgebungsverfahrens scheiterte und der Vorschlag am 16. Dezember 2014 von der EU-Kommission zurückgezogen wurde,[19] hatte die geplante GEK-VO durchaus Bedeutung für die spätere Digitale-Inhalte-RL.

Gem. Art. 1 Abs. 1 S. 2 GEK-VO hätte das GEK neben grenzübergreifenden Verträgen über den Kauf von Waren auch auf grenzübergreifende Verträge über die „Bereitstellung digitaler Inhalte“ als fakultatives europäisches Vertragsrecht Anwendung finden sollen.[20] Damit sah die geplante GEK-VO als einer der ersten Vorschläge weltweit vor, das Kaufrecht um ein Regelwerk für die Bereitstellung digitaler Produkte (zumindest punktuell) zu erweitern.[21] Den Begriff „digitale Inhalte“

17 KOM(2011) 635 endgültig, v. 11.10.2011 [nachfolgend: GEK-VO].

18 Vgl. Art. 1 GEK-VO, Art. 5 lit b) GEK-VO.

19 Siehe zur Entscheidung, den Vorschlag zurückzuziehen, das Arbeitsprogramm der Kommission 2015 – Ein neuer Start, COM(2014) 910 final, Anhang 2, Nr. 60 (Liste der zurückzuziehenden oder zu ändernden Vorschläge); siehe dazu auch Mitteilung der Kommission, Strategie für einen digitalen Binnenmarkt für Europa, COM(2015) 192 final.

20 Siehe auch Art. 3 GEK-VO, Art. 5 lit. b GEK-VO sowie die Erläuterungen in Erwgr. 17 GEK-VO.

21 Eingehend zum GEK und digitalen Inhalten: *Arnerstål*, GRUR Int. 2015, 882 (884); *Zahn*, ZEuP 2014, 77 (79 ff.); *Plaza Penadés*, in: Plaza Penadés/Martínez Velencoso, European Perspectives on the

definierte die GEK-VO als „Daten, die – gegebenenfalls auch nach Kundenspezifikationen – in digitaler Form hergestellt und bereitgestellt werden, darunter Video-, Audio-, Bild- oder schriftliche Inhalte, digitale Spiele, Software und digitale Inhalte, die eine Personalisierung bestehender Hardware oder Software ermöglichen (...)“[22]. Bestimmte Leistungen wie etwa elektronische Finanzdienstleistungen und auch elektronische Kommunikationsdienste waren von der Begriffsbestimmung ausgenommen.[23] Die GEK-VO hatte zudem klargestellt, dass das GEK unabhängig davon Anwendung sollte, ob die digitalen Inhalte auf einem materiellen Datenträger bereitgestellt werden.[24]

Mit der ausdrücklichen Nennung digitaler Inhalte als tauglicher Vertragsgegenstand erhielten digitale Inhalte im GEK somit (erstmals) eine hervorgehobene Stellung und die vorgesehenen Regelungen gingen inhaltlich weit über die der Verbraucherrechterichtlinie hinaus.[25] Jedoch verlangte die GEK-VO für die Anwendbarkeit des GEK auf Verträge über die Bereitstellung digitaler Inhalte einschränkend eine „kaufähnliche“ Situation[26] und beschränkte sich auf eine bloße additive Erweiterung der Bestimmungen über den Warenkauf. Die Regelungen zur Vertragsmäßigkeit[27] sowie teilweise auch die Bestimmungen zu den Abhilfen des Käufers[28] hätten gleichermaßen auf Waren und digitale Inhalte Anwendung finden sollen, ohne den Besonderheiten digitaler Inhalte bei der Vertragsmäßigkeit und den Rechtsbehelfen durch eine Ergänzung oder Modifikation der kaufrechtlichen Bestimmungen Rechnung zu tragen.[29]

Die EU-Kommission konnte im Hinblick auf Verträge über digitale Inhalte daher nur insofern an das gescheiterte Projekt eines GEK anknüpfen, als dieses als eines der ersten legislativen Projekte Regelungen über den Vertrieb digitaler Inhalte in das System des Allgemeinen Vertrags- und Kaufrechts integriert hatte.[30] Einige spezifische Kategorien für den Vertrieb digitaler Inhalte und Teile der Terminologie,

---

Common European Sales Law, S. 207–224; *Druschel*, GRUR Int. 2015, 125; *Druschel*, Die Behandlung digitaler Inhalte im Gemeinsamen Europäischen Kaufrecht (GEKR).

22 Art. 2 lit (j) GEK-VO.

23 Vgl. Art. 2 lit (j) Unterabsatz i) – vi) GEK-VO.

24 Vgl. Erwgr. 17 GEK-VO.

25 Vgl. Art. 1 Abs. 1, Art. 3 und Art. 5 lit. b GEK-VO; dazu auch *Rosenkranz*, in: Behme/Fervers/Hofmann/et. al. (Hrsg.), Perspektiven einer europäischen Privatrechtswissenschaft, S. 235 (237 f.).

26 Eingehend hierzu *Druschel*, Die Behandlung digitaler Inhalte im Gemeinsamen Europäischen Kaufrecht (GEKR), S. 79 ff.

27 Vgl. Art. 99 ff. GEK.

28 Vgl. Art. 106 ff. GEK und Art. 114 ff. GEK.

29 Siehe dazu auch *Rosenkranz*, in: Behme/Fervers/Hofmann/et. al. (Hrsg.), Perspektiven einer europäischen Privatrechtswissenschaft, S. 235 (237 f.).

30 Vgl. *Schulze*, ZEuP 2019, 695 (698 f.).

die sich im europäischen Vertragsrecht und insbesondere auf dem Gebiet des (Verbraucher-)Kaufrechts für digitale Inhalte herausgebildet hatten, dienten der Richtlinie für digitale Inhalte als Muster wie beispielsweise wesentliche Elemente der Definition der „digitalen Inhalte".[31]

Darüber hinaus trug die GEK-VO schon dem Umstand Rechnung, dass die Bereitstellung digitaler Inhalte vielfach nicht gegen Zahlung eines Preises erfolgt, sondern vermehrt gegen die Einräumung des Zugangs zu persönlichen Daten.[32] Der Gedanke einer Gleichbehandlung einer monetären Gegenleistung (Zahlung eines Preises) und der „Einräumung des Zugangs zu persönlichen Daten" kam vor allem in der Begründung zur GEK-VO sowie in der Regelung zum sachlichen Anwendungsbereich des GEK zum Ausdruck.[33] Mit Blick auf die besonderen Strukturen auf dem Markt für digitale Inhalte und die (daraus resultierende) Schutzbedürftigkeit des Verbrauchers (vgl. Erwgr. 18 GEK-VO) näherte sich der Vorschlag für ein GEK somit bereits dem Konzept des „Bezahlens mit personenbezogenen Daten" an.[34]

Die Erfahrungen aus den Verhandlungen über eine Verordnung über ein GEK konnten somit in den Gesetzgebungsprozess mit einfließen und die geplante GEK-VO leistete insoweit erste Vorarbeiten für den Richtlinienvorschlag über die Bereitstellung digitaler Inhalte.[35]

2. Rechtsetzung auf nationaler Ebene

Auf nationaler Ebene sind erste Rechtsvorschriften zu digitalen Inhalten und dem Rechtsverkehr mit digitalen Gütern von einzelnen EU-Mitgliedstaaten wie den Niederlanden (durch eine weitgehende Erstreckung des Verbrauchsgüterkaufrechts auf digitale Inhalte, Art. 7:5 Abs. 5 *Burgerlijk Wetboek (BW)*) sowie dem (inzwischen

---

31 Vgl. dazu ebenfalls *Schulze*, ZEuP 2019, 695 (698 ff.) ; *Druschel*, Die Behandlung digitaler Inhalte im Gemeinsamen Europäischen Kaufrecht (GEKR), S. 48 ff.

32 Vgl. Erwgr. 18 GEK-VO.

33 Vgl. Erwgr. 18 GEK-VO und Art. 5 lit. b GEK-VO. Siehe aber andererseits die Beschränkung der Abhilfen gem. Art. 17 GEK. Siehe hierzu *Leinemann*, Personenbezogene Daten als Entgelt. Eine Untersuchung anhand schuldvertrags-, datenschutz- und kartellrechtlicher Fragestellungen, S. 196 f.

34 Hierzu anschaulich *Leinemann*, ebenda, S. 196 ff. Dort findet sich auch eine Untersuchung ausgewählter Regelungsvorschläge des GEK das Konzept des „Bezahlens mit personenbezogenen Daten" betreffend.

35 Siehe hierzu auch *Metzger*, AcP 216 (2016), 817 (819); *Specht*, OdW 2017, 121; *Rosenkranz*, in: Behme/Fervers/Hofmann/et. al. (Hrsg.), Perspektiven einer europäischen Privatrechtswissenschaft, S. 235 (238 f.); *Schulze*, ZEuP 2019, 695 (698 f.).

aus der EU ausgetretenen) Vereinigten Königreich (vgl. Part 1 Chapter 3, Sec. 33–47 *Consumer Rights Act 2015 (CRA)*) getroffen worden.[36]

Diese ersten Bestimmungen zur Regulierung digitaler Inhalte auf nationaler Ebene gaben dem europäischen Gesetzgeber schließlich auch Anlass für eine schnellstmögliche Harmonisierung der wesentlichen vertragsrechtlichen Vorschriften für Verbraucherverträge über digitale Produkte.[37] Denn eine sich anbahnende fehlende Einheitlichkeit der nationalen Verbraucherschutz- und Vertragsrechtssysteme für digitale Inhalte hätte, so die EU-Kommission, dazu geführt, dass Unternehmen, die Verbrauchern aus anderen Mitgliedstaaten digitale Inhalte bereitstellen, mit unterschiedlichen verbindlichen Vorschriften des Verbrauchervertragsrechts konfrontiert wären.[38] Langfristig hätten diese Unterschiede im Vertragsrecht der EU-Mitgliedstaaten damit auch den Ausbau des digitalen Binnenmarkts gehemmt.[39] Die Entstehung eines einheitlichen europäischen Digitalvertragsrechts gestaltete sich allerdings als langwieriger Prozess.

II. Gesetzgebungsprozess des europäischen Digitalvertragsrechts

Nachdem der Vorschlag für eine Verordnung über ein GEK während des ordentlichen Gesetzgebungsverfahrens nach massivem Widerstand der Mitgliedstaaten endgültig gescheitert war und von der Kommission zurückgezogen wurde,[40] hatte die Kommission in der Mitteilung zur Strategie für einen digitalen Binnenmarkt für Europa bereits angekündigt, einen geänderten Vorschlag mit „harmonisierten EU-Vorschriften für den Online-Erwerb digitaler Inhalte“ sowie Vorschriften für den innerstaatlichen und grenzüberschreitenden Online-Handel mit Sachgütern vor-

36 Siehe für eine rechtsvergleichende Untersuchung der Regelungen in den Niederlanden und England *Wendland*, ZVglRWiss 118, 2019, 191 (216 ff.).

37 Siehe die Begründung zum Vorschlag für eine Richtlinie des Europäischen Parlaments und des Rates über bestimmte vertragsrechtliche Aspekte der Bereitstellung digitaler Inhalte, Brüssel, den 9.12.2015, COM(2015) 634 final, S. 3 [nachfolgend: Richtlinienvorschlag].

38 Siehe ebenda, S. 5.

39 Siehe hierzu die Mitteilung der Kommission, Strategie für einen digitalen Binnenmarkt für Europa, COM(2015) 192 final, S. 4 ff.

40 Siehe zu der Entscheidung, den Vorschlag zurückzuziehen, das Arbeitsprogramm der Kommission für 2015 – Ein neuer Start, COM(2014) 910 final, Anhang 2, Nr. 60 (Liste der zurückzuziehenden oder zu ändernden Vorschläge).

zulegen, um das Potential des elektronischen Handels im digitalen Binnenmarkt voll zur Entfaltung zu bringen.[41]

Um zunächst ein Meinungsbild zum konkreten Tätigwerden der EU einzuholen, waren die Gesetzesinitiativen zu harmonisierten Vorschriften für die Bereitstellung digitaler Inhalte und den Online-Verkauf von Sachgütern von einer umfassenden Konsultationsstrategie begleitet worden; neben einer öffentlichen Internet-Konsultation, gezielten Konsultationen verschiedener Organisationen sowie der Konsultation der EU-Mitgliedstaaten, wurden im Rahmen der Strategie für einen digitalen Binnenmarkt mit Hilfe einer Verbraucherumfrage sowie einer Unternehmensumfrage auch Daten über die größten grenzüberschreitenden Hindernisse für einen digitalen Binnenmarkt erhoben.[42]

Unter den Mitgliedstaaten begrüßten die meisten Maßnahmen zu digitalen Inhalten auf EU-Ebene, Uneinigkeit bestand aber darüber, ob eine vollständige Harmonisierung oder eine vollständige Harmonisierung ausgewählter Bestimmungen oder lediglich eine bessere Durchsetzung der bestehenden Vorschriften vorzugswürdig sei.[43] Von der Wirtschaft allgemein wurde mehrheitlich ein Tätigwerden der EU in Form einer vollständigen Harmonisierung für erforderlich gehalten.[44] Während eine vollständige Harmonisierung auch seitens Verbraucherorganisationen befürwortet wurde, sofern ein hohes Verbraucherschutzniveau gewährleistet sei, war die Meinung in der IT-Industrie und unter den Angehörigen der Rechtsberufe geteilt.[45]

Nach vergleichender Analyse der Folgen unterschiedlicher Optionen zum Tätigwerden der EU[46] kam der Bericht zur Folgenabschätzung schließlich zu dem Ergebnis, dass mit der Option einer vollständigen Harmonisierung ausgewählter

41 Mitteilung der Kommission, Strategie für einen digitalen Binnenmarkt für Europa, COM(2015) 192 final, S. 5 f., 20 ff.

42 Siehe hierzu die Erläuterungen zum Konsultationsprozess und die Zusammenfassung der Ergebnisse im Rahmen der Begründung zum Richtlinienvorschlag, S. 7 f.

43 Siehe die Begründung zum Richtlinienvorschlag, S. 8.

44 Siehe ebenda.

45 Siehe ebenda.

46 Neben der Option der vollständigen Harmonisierung ausgewählter Vorschriften für digitale Inhalte und Waren (Option 1) und der Prüfung der Folgen einer Beibehaltung des Status quo wurden zudem folgende Optionen geprüft: Option 2: vollständige Harmonisierung ausgewählter Vorschriften für digitale Inhalte und Anwendung des Rechts des Mitgliedstaats des Unternehmens in Verbindung mit bestehenden harmonisierten Vorschriften für Waren; Option 3: vollständige Harmonisierung ausgewählter Vorschriften für digitale Inhalte und Beibehaltung der bisherigen Regelungen für Waren; Option 4: Mindestharmonisierung der Vorschriften für digitale Inhalte und Beibehaltung der bisherigen Regelung für Waren; Option 5: freiwilliger europäischer Mustervertrag mit einem EU-Gütesiegel, siehe hierzu die Begründung zum Richtlinienvorschlag, S. 9 ff.

Vorschriften für digitale Inhalte und Waren die politischen Ziele am besten erreicht werden könnten.[47]

Die Kommission rückte daher von dem fakultativen Modell der GEK-VO ab und legte Vorschläge für zwei Vollharmonisierungsrichtlinien vor: einen Vorschlag für eine „Richtlinie über bestimmte vertragsrechtliche Aspekte der Bereitstellung digitaler Inhalte“[48] und einen Vorschlag für eine „Richtlinie über bestimmte vertragsrechtliche Aspekte des Online-Warenhandels und anderer Formen des Fernabsatzes von Waren“[49]. Die Richtlinienvorschläge waren als „Paket mit einer gemeinsamen Zielsetzung“[50] konzipiert mit dem übergeordneten Ziel, einen Beitrag zum raschen Wachstum des digitalen Binnenmarktes zum Nutzen der Verbraucher sowie der Unternehmen zu leisten und die größten vertragsrechtlichen Hindernisse für den grenzüberschreitenden Handel zu beseitigen.[51] Der Richtlinienvorschlag zum Online-Warenhandel wurde später durch einen geänderten Vorschlag für eine „Richtlinie über bestimmte vertragsrechtliche Aspekte des Warenhandels“[52] ersetzt, um der Notwendigkeit kohärenter Regeln für den Fernabsatz und den klassischen Einzelhandel gerecht zu werden. Der überarbeitete Richtlinienvorschlag beschränkte sich damit nicht mehr nur auf bestimmte vertragsrechtliche Aspekte des Online-Warenhandels und anderer Formen des Fernabsatzes von Waren,

---

47 Die aufgrund der Komplexität der Rechtsvorschriften bestehenden Unsicherheiten wären so verringert und das Vertrauen der Verbraucher gestärkt, da sie EU-weit die gleichen Rechte in Anspruch nehmen könnten; gleichzeitig wäre ein unternehmensfreundlicheres Umfeld geschaffen und die verbesserte Rechtssicherheit würde im Ergebnis den grenzüberschreitenden Handel erleichtern und zu gesamtwirtschaftlichen Vorteilen für die EU führen, siehe die Begründung zum Richtlinienvorschlag, S. 2, 6 sowie die Folgenabschätzung, S. 9 ff.; siehe auch die Mitteilung der Kommission, Strategie für einen digitalen Binnenmarkt für Europa, COM(2015) 192 final, S. 2 ff.

48 Siehe Kapitel 1 Fn. 37.

49 Vorschlag für eine Richtlinie des Europäischen Parlaments und des Rates über bestimmte vertragsrechtliche Aspekte des Online-Warenhandels und anderer Formen des Fernabsatzes von Waren, Brüssel, den 9.12.2015, COM(2015) 635 final [nachfolgend: Richtlinienvorschlag zum Online-Warenhandel].

50 So die Mitteilung der Kommission, Strategie für einen digitalen Binnenmarkt für Europa, COM(2015) 192 final, S. 2.

51 Vgl. die Begründung zum Richtlinienvorschlag, S. 2, 6.

52 Geänderter Vorschlag für eine Richtlinie des Europäischen Parlaments und des Rates über bestimmte vertragsrechtliche Aspekte des Warenhandels zur Änderung der Verordnung (EG) Nr. 2006/2004 des Europäischen Parlaments und des Rates und der Richtlinie 2009/22/EG des Europäischen Parlaments und des Rates sowie zur Aufhebung der Richtlinie 1999/44/EG des Europäischen Parlaments und des Rates, Brüssel, den 31.10.2017, COM(2017) 637 final [nachfolgend: Richtlinienvorschlag zum Warenhandel].

sondern regelte stattdessen einheitlich bestimmte vertragsrechtliche Aspekte des Warenkaufs.[53]

Nachdem der Rat[54] und das Europäische Parlament[55] ihre jeweiligen Standpunkte unterbreitet hatten und die sog. Trialog-Verhandlungen zwischen den drei am EU-Gesetzgebungsprozess beteiligten Organen – Kommission, Parlament und (Minister)Rat – geführt worden waren, wurden im Mai 2019 die endgültigen Richtlinien als Digitale-Inhalt-RL und als Warenkauf-RL erlassen.

Während die neue Warenkauf-RL dem Konzept ihrer Vorgängerin, der Verbrauchsgüterkauf-RL in inhaltlicher und systematischer Hinsicht folgt, betrifft die Digitale-Inhalte-RL einen neuen Bereich: das Digitalvertragsrecht.

Die Digitale-Inhalte-RL konzipiert dabei aber kein vom Vertragsrecht der „analogen Welt" völlig unabhängiges isoliertes Instrumentarium, sondern verbindet die konzeptionellen Grundlagen des Vertragsrechts mit neuen Ansätzen zum Handel mit digitalen Gütern.[56] Sie regelt bestimmte vertragsrechtliche Aspekte der Bereitstellung digitaler Inhalte und digitaler Dienstleistungen und legt gemeinsame Vorschriften für bestimmte Anforderungen an Verträge zwischen Unternehmern[57] und Verbrauchern[58] über die Bereitstellung digitaler Inhalte oder digitaler Dienst-

---

53 Siehe die Begründung zum geänderten Richtlinienvorschlag zum Warenhandel, S. 3 ff.

54 Rat der Europäischen Union, Betr. Vorschlag für eine Richtlinie des Europäischen Parlaments und des Rates über bestimmte vertragsrechtliche Aspekte der Bereitstellung digitaler Inhalte, Allgemeine Ausrichtung, v. 1.6.2017, 9901/17 ADD 1 [nachfolgend: Kompromissvorschlag Rat].

55 Europäisches Parlament, Bericht über den Vorschlag für eine Richtlinie des Europäischen Parlaments und des Rates über bestimmte vertragsrechtliche Aspekte der Bereitstellung digitaler Inhalte, v. 27.11.2017 – (COM(2015)0634 – C8 – 0394/2015 – 2015/0287(COD)), A8 – 0375/2017 [nachfolgend: EP-Bericht DIRL].

56 *Schulze*, ZEuP 2019, 695 (699).

57 „Unternehmer" ist gem. Art. 2 Nr. 5 DIRL „jede natürliche oder juristische Person, unabhängig davon, ob letztere öffentlicher oder privater Natur ist, die in Bezug auf von dieser Richtlinie erfasste Verträge selbst oder durch eine andere Person, die in ihrem Namen oder Auftrag handelt, zu Zwecken handelt, die innerhalb ihrer gewerblichen, geschäftlichen, handwerklichen oder beruflichen Tätigkeit liegen". Der Begriff des Unternehmers ersetzt den im Richtlinienvorschlag verwendeten Begriff des „Anbieters" (vgl. Art. 2 Nr. 3 des Richtlinienvorschlags). Erwgr. 18 DIRL stellt klar, dass im Rahmen der Digitale-Inhalte-RL Plattformanbieter als Unternehmer gelten, wenn sie bei der Bereitstellung von digitalen Inhalten oder einer digitalen Dienstleistung für die Zwecke ihrer eigenen geschäftlichen Tätigkeit und als direkte Vertragspartner des Verbrauchers tätig sind. Zudem steht es den Mitgliedstaaten frei, die Anwendung der Richtlinie auf Plattformbetreiber auszudehnen, die nicht den Anforderungen der Begriffsbestimmung für Unternehmer im Sinne dieser Richtlinie entsprechen (vgl. Erwgr. 18 S. 3 DIRL).

58 „Verbraucher" im Sinne der Digitale-Inhalte-RL ist „jede natürliche Person, die in Bezug auf von dieser Richtlinie erfasste Verträge zu Zwecken handelt, die außerhalb ihrer gewerblichen, geschäftlichen, handwerklichen oder beruflichen Tätigkeit liegen" (Art. 2 Nr. 6 DIRL). Nach Erwgr. 17 DIRL sollte die Definition des Verbraucherbegriffs natürliche Personen, die außerhalb ihrer ge-

leistungen fest (vgl. Art. 1 DIRL).[59] Regelungsschwerpunkt der Richtlinie ist damit ein digitalvertragsrechtliches Gewährleistungsregime für den B2C-Bereich.[60] Nationale Vorschriften, die nicht speziell für Verbraucherverträge gelten, bleiben von der Richtlinie unberührt.[61]

III. Resümee

Die Betrachtung der Entwicklung hin zu einem europäischen Digitalvertragsrecht hat gezeigt, dass bislang weder auf europäischer Ebene noch in den Rechtsordnungen Deutschlands und Frankreichs vertragsrechtliche Bestimmungen für Verträge über digitale Inhalte und digitale Dienstleistungen existierten.

Erste Ansätze zu digitalen Inhalten enthielt zwar die Verbraucherrechterichtlinie. Diese beabsichtigte über die ersten Regulierungsansätze hinaus aber noch keine spezifische und umfassende Kodifikation eines Digitalvertragsrechts für Verbraucher. Insbesondere fehlte es bisweilen an gewährleistungsrechtlichen Regelungen zum Schutz der Verbraucher im Falle nicht vertragsgemäßer digitaler Inhalte bzw. digitaler Dienstleistungen.

Als eines der ersten legislativen Projekte hatte die geplante GEK-VO Regelungen über den Vertrieb digitaler Inhalte in das System des Allgemeinen Vertrags- und Kaufrechts integriert. Mit der ausdrücklichen Nennung digitaler Inhalte als tauglicher Vertragsgegenstand erhielten digitale Inhalte im GEK (erstmals) eine hervorgehobene Stellung und die vorgesehenen Regelungen gingen inhaltlich weit über die der Verbraucherrechterichtlinie hinaus. Im Wesentlichen beschränkte sich die politisch gescheiterte GEK-VO jedoch auf eine bloße additive Erweiterung der Bestimmungen über den Warenkauf.

Nach Erlass der ersten Rechtsvorschriften zu digitalen Inhalten und dem Rechtsverkehr mit digitalen Gütern auf nationaler Ebene durch einzelne EU-Mitgliedstaaten wie den Niederlanden und dem Vereinigten Königreich, strebte der

---

schäftlichen, handwerklichen oder beruflichen Tätigkeit handeln, umfassen. Bei Verträgen, die teilweise für gewerbliche und teilweise für nichtgewerbliche Zwecke geschlossen werden (Verträge mit doppeltem Zweck) und der gewerbliche Zweck im Gesamtzusammenhang nicht überwiegt, sollte es den Mitgliedstaaten freistehen festzulegen, ob und unter welchen Bedingungen diese Person auch als Verbraucher betrachtet werden sollte. Der Ansatz der Verbraucherrechterichtlinie, diese Person stets als Verbraucher zu betrachten (vgl. Erwgr. 17 VRRL) wurde nicht in die Digitale-Inhalte-RL aufgenommen, ausführlich hierzu *Staudenmayer*, ZEuP 2019, 663 (674 f.).

59 Vgl. auch Erwgr. 11 DIRL.

60 Regelungen für den unternehmerischen Rechtsverkehr mit digitalen Produkten enthält die Richtlinie mithin nicht.

61 Vgl. Erwgr. 12 DIRL.

europäische Gesetzgeber schließlich eine schnellstmögliche Harmonisierung der wesentlichen vertragsrechtlichen Vorschriften für Verbraucherverträge über digitale Produkte an. Dabei rückte die EU-Kommission von dem fakultativen Modell der GEK-VO ab. Nach einem langwierigen Gesetzgebungsprozess wurde im Mai 2019 die endgütige Digitale-Inhalte-RL erlassen, die nunmehr einheitliche Regelungen für ein europäisches Digitalvertragsrecht trifft.

Kapitel 2: Europäisches Konzept für ein Digitalvertragsrecht

Kapitel 2 widmet sich detailliert dem europäischen Konzept für ein Digitalvertragsrecht.

Zunächst werden der Anwendungsbereich der Digitale-Inhalte-RL herausgearbeitet und die wesentlichen Begriffsbestimmungen der Richtlinie erläutert. Einen Schwerpunkt bildet zudem die Abgrenzung zwischen dem Anwendungsbereich der Digitale-Inhalte-RL und dem Anwendungsbereich der parallel erlassenen Warenkauf-RL.

Es folgt eine Untersuchung zum generellen Regelungsansatz der Digitale-Inhalte-RL. Vor dem Hintergrund der vertragsgegenstandsbezogenen Ausgestaltung der Richtlinie richtet sich der Fokus dabei auf die Frage nach einer vertragstypologischen Einordnung von Verträgen über die Bereitstellung digitaler Inhalte und digitaler Dienstleistungen. Darüber hinaus wird das Kernkonzept der Richtlinie „Daten als Leistungsgegenstand" problematisiert.

Abschließend wird auf das Verhältnis der Digitale-Inhalte-RL zu anderen Unionsakten und die Anpassungen der Verbraucherrechterichtlinie im Hinblick auf Verträge über digitale Inhalte und digitale Dienstleistungen eingegangen.

I. Anwendungsbereich und Begrifflichkeiten

1. Anwendungsbereich

Der Anwendungsbereich[1] der Digitale-Inhalte-RL ist in Art. 3 DIRL definiert. Die Richtlinie gilt gem. Art. 3 Abs. 1 Unterabs. 1 DIRL „für alle Verträge, auf deren Grundlage der Unternehmer dem Verbraucher digitale Inhalte oder digitale Dienstleistungen bereitstellt oder deren Bereitstellung zusagt und der Verbraucher

1 Der Anwendungsbereich einer Richtlinie ist der sachlich harmonisierte Bereich bzw. die Gesamtheit aller von der Richtlinie erfassten Sachverhalte, für welche die Richtlinie eine Regelungsaussage enthält und den Mitgliedstaaten eine Rechtsfolge vorgibt, vgl. *Riehm*, JZ 2006, 1035 (1038, 1045); *Gsell/Schellhase*, JZ 2009, 20 (22). Ausführlich zur Unterscheidung zwischen dem Anwendungsbereich von Richtlinien und ihrem Regelungsgehalt im Zusammenhang mit der „überschießenden Umsetzung" vollharmonisierender Richtlinien siehe ebenfalls *Riehm*, JZ 2006, 1035. Die Terminologie wird allerdings nicht immer einheitlich verwendet, siehe nur *Wendehorst*, in: Jud/Wendehorst (Hrsg.), Neuordnung des Verbraucherprivatrechts in Europa? Zum Vorschlag einer Richtlinie über Rechte der Verbraucher, S. 153 (162 ff.).

https://doi.org/10.1515/9783111488387-005

einen Preis zahlt oder dessen Zahlung zusagt“[2] und gem. Art. 3 Abs. 1 Unterabs. 2 DIRL auch „wenn der Unternehmer dem Verbraucher digitale Inhalte oder digitale Dienstleistungen bereitstellt oder deren Bereitstellung zusagt und der Verbraucher dem Unternehmer personenbezogene Daten bereitstellt oder deren Bereitstellung zusagt, außer in Fällen, in denen die vom Verbraucher bereitgestellten personenbezogenen Daten durch den Unternehmer ausschließlich zur Bereitstellung digitaler Inhalte oder digitaler Dienstleistungen im Einklang mit dieser Richtlinie oder zur Erfüllung der vom Unternehmer einzuhaltenden rechtlichen Anforderungen verarbeitet werden und der Unternehmer diese Daten zu keinen anderen Zwecken verarbeitet“.

Damit sind unter den genannten Voraussetzungen auch Geschäftsmodelle vom Anwendungsbereich der Digitale-Inhalte-RL erfasst, bei denen der Verbraucher statt einem monetären Entgelt seine personenbezogenen Daten preisgibt.[3]

Den Regelungsinhalt[4] der Digitale-Inhalte-RL definiert der europäische Gesetzgeber in Art. 1 DIRL und nennt insoweit drei Regelungsschwerpunkte.[5] Die Digitale-Inhalte-RL legt insbesondere Regelungen fest über
(i) die Vertragsmäßigkeit digitaler Inhalte oder digitaler Dienstleistungen;
(ii) die Abhilfen bei Vertragswidrigkeit oder nicht erfolgter Bereitstellung und die Art und Weise der Inanspruchnahme dieser Abhilfen, und
(iii) die Änderung digitaler Inhalte oder digitaler Dienstleistungen.

Die Regulierungsinstrumente der Digitale-Inhalte-RL sind also vorwiegend solche des Leistungsstörungsrechts. Die Richtlinienbestimmungen betreffen die schuldrechtlichen Unternehmerpflichten und Verbraucherrechte, die Regelung der Rechte des Unternehmers und der Pflichten des Verbrauchers bleiben demgegen-

---

2 Die Formulierung „digitale Inhalte oder digitale Dienstleistungen bereitstellt oder deren Bereitstellung zusagt“ bzw. „einen Preis zahlt oder dessen Zahlung zusagt“ hat der europäische Gesetzgeber hier bewusst verwendet, um sowohl nationalen Rechtsordnungen Rechnung zu tragen, die zwischen Verpflichtungs- und Verfügungsgeschäft trennen, als auch solchen, die dies nicht tun; dazu auch *Faust*, Stellungnahme zu den Entwürfen eines Gesetzes zur Umsetzung der Richtlinie über bestimmte vertragsrechtliche Aspekte der Bereitstellung digitaler Inhalte und digitaler Dienstleistungen und eines Gesetzes zur Regelung des Verkaufs von Sachen mit digitalen Elementen und anderer Aspekte des Kaufvertrags, v. 3.5.2021, S. 3 f. [nachfolgend: *Faust*, Stellungnahme Umsetzung DIRL u. WKRL].

3 Siehe dazu auch Erwgr. 24 und 25 DIRL.

4 Der Regelungsinhalt einer Richtlinie betrifft die jeweilige Sachverhalt-Rechtsfolge-Relation, vgl. *Riehm*, JZ 2006, 1035 (1038); siehe auch *Gsell/Schellhase*, JZ 2009, 20 (22); demgegenüber spricht *Wendehorst*, in: Jud/Wendehorst (Hrsg.), Neuordnung des Verbraucherprivatrechts in Europa? Zum Vorschlag einer Richtlinie über Rechte der Verbraucher, S. 153 (163 f.) in diesem Zusammenhang vom „inhaltlich harmonisierten Bereich“ (*functional scope*).

5 Vgl. auch Erwgr. 11 DIRL.

über den nationalen Gesetzgebern überlassen. Hervorzuheben ist, dass die Richtlinie neben allgemeinen gewährleistungsrechtlichen Fragen auch Sonderregeln für Dauerschuldverhältnisse trifft, wie sie auf unionsrechtlicher Ebene noch weitgehend unbekannt sind.[6]

Art. 5 DIRL bestimmt zunächst die Anforderungen an die Verpflichtung zur „Bereitstellung der digitalen Inhalte oder digitalen Dienstleistungen"[7] durch einen Unternehmer. In den Art. 6 ff. DIRL werden sodann die subjektiven und objektiven Anforderungen an die Vertragsmäßigkeit der digitalen Inhalte und digitalen Dienstleistungen umfassend definiert.

Für jede „nicht in Übereinstimmung mit Artikel 5 erfolgte Bereitstellung der digitalen Inhalte oder Dienstleistungen" sowie jede „Vertragswidrigkeit im Sinne der Artikel 7, 8 und 9" soll der Unternehmer haften, vgl. Art. 11 DIRL.

Die Richtlinie konkretisiert anschließend die Rechtsbehelfe des Verbrauchers – in der Terminologie der Richtlinie: „Abhilfen" (in der französischen Fassung: „*recours*") – bei nicht erfolgter Bereitstellung (Art. 13 DIRL) sowie bei Vertragswidrigkeit (Art. 14 DIRL).[8] Anders als die Warenkauf-RL und deren Vorgängerin, die Verbrauchsgüterkauf-RL,[9] beschränkt sich die Digitale-Inhalte-RL also gerade nicht auf Fälle der „Schlechtleistung", sondern regelt auch die Folgen einer „Nichtleistung".[10]

Mit diesem dualistischen Ansatz führt der europäische Gesetzgeber für das Digitalvertragsrecht beide Seiten der vertraglichen Leistungspflicht – die Pflicht zur Leistung in Form der Bereitstellung der digitalen Inhalte und digitalen Dienstleistungen (vgl. Art. 5 DIRL) und die Vertragsmäßigkeit (vgl. Art. 6 ff. DIRL) – in einem Regelwerk zusammen und vereint auch die Folgen für die Nichtleistung i. S. e. nicht erfolgten Bereitstellung (vgl. Art. 13 DIRL) und die Schlechtleistung i. S. e. nicht vertragsgemäßen Bereitstellung (vgl. Art. 14 DIRL) digitaler Produkte als dualistisches Haftungssystem.[11]

Gem. Art. 3 Abs. 2 DIRL finden die Richtlinienbestimmungen auch Anwendung, wenn die digitalen Inhalte oder digitalen Dienstleistungen nach den Spezifikationen des Verbrauchers entwickelt werden. Hervorzuheben ist zudem, dass die Digitale-

6 Vgl. *Schmidt-Kessel et al.*, GPR 2016, 54.

7 Zum Begriff der Bereitstellung vgl. auch Erwgr. 41 DIRL.

8 Siehe dazu auch Erwgr. 61 ff. DIRL.

9 Die Warenkauf-RL verzichtet (wie auch schon die Verbrauchsgüterkauf-RL) vollständig auf eine Regelung zur Nichtleistung und beschränkt sich auf die Seite der Vertragsmäßigkeit.

10 Zur Abgrenzung des „Nichtleistungsregimes" vom Gewährleistungsrecht der Digitale-Inhalte-RL siehe *Rieländer*, GPR 2021, 257 (261 ff.).

11 Ausführlich zum dualistischen Ansatz der Digitale-Inhalte-RL *Schulze*, ZEuP 2019, 695 (703 f.); *Rieländer*, GPR 2021, 257 (261 ff.).

Inhalte-RL unabhängig von der Art des für die Datenübermittlung oder der Gewährung des Zugangs zu den digitalen Inhalten oder digitalen Dienstleistungen verwendeten Datenträgers gelten sollte,[12] m.a.W. unabhängig von der Vertriebsform. Unerheblich ist somit, ob die digitalen Inhalte bzw. digitalen Dienstleistungen auf einem körperlichen Datenträger übermittelt werden oder ob diese zum Herunterladen (per Download) auf ein Gerät des Verbrauchers oder im Rahmen von Streamingdiensten bereitgestellt werden (sog. Gebot der Medienneutralität).[13]

Mit Ausnahme der Vorschriften über die Bereitstellung digitaler Inhalte und digitaler Dienstleistungen (Art. 5 DIRL) sowie über die Abhilfen, die dem Verbraucher bei nicht erfolgter Bereitstellung zur Verfügung stehen (Art. 13 DIRL) gelten die Richtlinienbestimmungen gem. Art. 3 Abs. 3 DIRL auch für alle körperlichen Datenträger selbst, sofern diese ausschließlich als Träger digitaler Inhalte dienen;[14] beispielhaft nennt der europäische Gesetzgeber hierfür DVDs, CDs, USB-Sticks und Speicherkarten.[15]

Art. 3 Abs. 5 lit. a bis h DIRL enthält eine Aufzählung einer Reihe von Verträgen, die vom Anwendungsbereich der Digitale-Inhalte-RL ausgenommen sind. Dies betrifft insbesondere Verträge über die Erbringung von Dienstleistungen, die ungeachtet ihrer digitalen Form oder der Erbringung mit digitalen Mitteln keine digitalen Dienstleistungen sind – die digitale Natur der Leistung muss vielmehr Hauptgegenstand des Vertrags sein.[16] Ferner gilt die Digitale-Inhalte-RL unter anderem nicht für Verträge über elektronische Kommunikationsdienste i.S.d. Art. 2 Nr. 4 der Richtlinie (EU) 2018/1972, ausgenommen nummernunabhängige interpersonelle Kommunikationsdienste i.S.d. Art. 2 Nr. 7 der genannten Richtlinie, für Verträge über Gesundheitsdienstleistungen i. S. d. Art. 3 lit. a der Richtlinie 2011/24/EU oder Finanzdienstleistungen i. S. d. Art. 2 lit. b der Richtlinie 2002/65/EG, für Glücksspieldienstleistungen sowie für Verträge, bei denen die digitalen Inhalte der Öffentlichkeit auf andere Weise als durch Signalübermittlung als Teil einer Darbietung oder Veranstaltung zugänglich gemacht werden und unter bestimmten Voraussetzungen ebenfalls nicht für Lizenzverträge bzgl. sog. Open Source Software.

Eine Sonderregelung trifft die Richtlinie in Art. 3 Abs. 6 DIRL für sog. Paketverträge. Werden digitale Inhalte oder digitale Dienstleistungen mit der Bereit-

12 Vgl. Erwgr. 19 DIRL.

13 Zum Gebot der Medienneutralität unter der Digitale-Inhalte-RL siehe auch *Kumkar*, ZfPW 2020, 306 (310); *Grünberger*, AcP 218 (2018), 213 (225 f.).

14 Ähnlich bereits der Vorschlag für ein GEK in Art. 5 lit. b GEK-VO und Erwgr. 17 GEK-VO, siehe hierzu *Arnerstål*, GRUR Int. 2015, 882 (884).

15 Siehe Erwgr. 20 DIRL.

16 *Lejeune*, ITRB 2021, 87 (88).

stellung von Waren oder anderen Dienstleistungen kombiniert und einem Verbraucher in demselben Vertrag angeboten (sog. Paketvertrag), gilt die Digitale-Inhalte-RL nur für die Elemente des Gesamtvertrags, die die Bereitstellung der digitalen Inhalte oder der digitalen Dienstleistungen betreffen; für die übrigen Elemente des Vertrags sollten die einschlägigen Vorschriften des jeweiligen nationalen Rechts oder gegebenenfalls des Unionsrechts gelten.[17] Ein solcher Paketvertrag liegt beispielsweise vor, wenn die Vertragsparteien neben einem Kaufvertrag über einen Fernseher die Bereitstellung eines Videostreamingdienstes vereinbaren, der mit diesem wiedergegeben werden kann. Die Vorschriften der Digitale-Inhalte-RL gelten dann nur für die Bereitstellung des Streamingdienstes, für den Verkauf des Fernsehers selbst bleibt es bei der Anwendbarkeit des Kaufrechts.

Von der Digitale-Inhalte-RL unberührt bleiben Aspekte des allgemeinen Vertragsrechts wie das Zustandekommen eines Vertrags, einschließlich der Ordnung des Vertragsschlusses,[18] die Wirksamkeit, die Nichtigkeit oder die Wirkungen eines Vertrags, einschließlich der Folgen der Vertragsbeendigung, soweit diese Aspekte nicht in der Richtlinie geregelt werden, sowie Bestimmungen zur Regelung des Rechts auf Schadensersatz (vgl. Art. 3 Abs. 10 DIRL und Erwgr. 12 DIRL).[19] Damit bleiben sämtliche Fragen des allgemeinen Vertragsrechts den nationalen Rechtssystemen überlassen. Der Verweis auf das nationale Recht bringt die allgemeine Tendenz der Digitale-Inhalte-RL zum Ausdruck, so wenig wie möglich in das allgemeine nationale Vertragsrecht einzugreifen, um die gewachsenen Strukturen des nationalen Vertragsrechts zu bewahren.[20]

Der Richtlinienvorschlag definierte den Begriff „Vertrag“ zunächst noch als „Vereinbarung, die darauf abzielt, Pflichten zu begründen oder andere rechtliche Wirkungen herbeizuführen“[21]. Die Begriffsbestimmung wurde jedoch nicht in die endgültige Richtlinie übernommen. Die Frage, was unter einem „Vertrag“ im Sinne der Richtlinie zu verstehen ist, ist mangels entgegenstehender Anhaltspunkte unionsautonom zu bestimmen.[22] Gleichwohl ist nicht davon auszugehen, dass der eu-

17 Vgl. Erwgr. 33 DIRL.

18 Die Regelung von Verträgen über digitale Inhalte und digitale Dienstleistungen in der Digitale-Inhalte-RL klammert die Ordnung des Vertragsschlusses aus und überlässt diesen Bereich weiterhin der sog. E-Commerce-Richtlinie (Richtlinie 2000/31/EG des Europäischen Parlaments und des Rates vom 8. Juni 2000 über bestimmte rechtliche Aspekte der Dienste der Informationsgesellschaft, insbesondere des elektronischen Geschäftsverkehrs, im Binnenmarkt („Richtlinie über den elektronischen Geschäftsverkehr“), Amtsblatt der Europäischen Gemeinschaften L 178/1 [nachfolgend: E-Commerce-Richtlinie]).

19 Die Vorschrift folgt dem Vorbild von Art. 3 Abs. 4 VRRL.

20 *Staudenmayer*, ZEuP 2019, 663 (670, 677).

21 Art. 2 Nr. 7 des Richtlinienvorschlags.

22 Siehe hierzu auch *Kramme*, RDi 2021, 20 (22).

ropäische Gesetzgeber mit der Freistellung der Regelung von Aspekten des allgemeinen Vertragsrechts, einschließlich der Bestimmungen über das Zustandekommens eines Vertrags, ein Auseinanderfallen des Anwendungsbereichs der Richtlinie in Kauf nehmen wollte.[23] Da für die Eröffnung des Anwendungsbereichs der Richtlinie das Bestehen eines Vertrags Voraussetzung ist und damit das Verbraucherschutzniveau in direkter Abhängigkeit hierzu steht, kann damit gerechnet werden, dass der EuGH zukünftig Vorgaben dazu machen wird, was unter einem Vertrag über digitale Inhalte oder digitale Dienstleistungen, der in den Anwendungsbereich der Digitale-Inhalte-RL fällt, zu verstehen ist und wann eine vertragsrechtlich nicht erfasste Austauschbeziehung vorliegt.[24] Die nationalen Regeln über das Zustandekommen eines Vertrags sind insofern unter Umständen richtlinienkonform auszulegen, um ein einheitliches Verbraucherschutzniveau zu gewährleisten.

2. Begrifflichkeiten

Um den Anwendungsbereich der Digitale-Inhalte-RL weiter abzugrenzen ist ein Blick auf die relevanten Begriffsbestimmungen der Richtlinie gemäß Art. 2 DIRL zu werfen.

Während der erste Richtlinienvorschlag der Kommission aus dem Jahr 2015 einheitlich den Begriff „digitale Inhalte" verwendete, wurden im späteren Gesetzgebungsverfahren „digitale Inhalte" von „digitalen Dienstleistungen" unterschieden.[25]

Ähnlich wie in der Verbraucherrechterichtlinie ist der Begriff „digitale Inhalte" in Art. 2 Nr. 1 DIRL als „Daten, die in digitaler Form erstellt und bereitgestellt werden" definiert, ohne weitere materielle Voraussetzungen anzugeben.[26] Ledig-

---

23 Ähnlich schon *Kramme*, ebenda.

24 Ebenso *Kramme*, ebenda.

25 Der Richtlinienvorschlag der Kommission hatte „Dienstleistungen" zunächst in den Rechtsobjekt-Begriff „digitale Inhalte" einbezogen, vgl. Art. 2 Nr. 1 lit. b und c Richtlinienvorschlag; siehe zudem Erwgr. 11 des Richtlinienvorschlags, wonach der in der Digitale-Inhalte-RL verwendete Begriff „digitale Inhalte" weiter gefasst werden sollte als in der Richtlinie 2011/83/EU: „Insbesondere sollte [der Begriff „digitale Inhalte"] Dienstleistungen umfassen, die die Erstellung, Verarbeitung oder Speicherung der Daten ermöglichen." Kritisch hierzu *Schmidt-Kessel et al.*, GPR 2016, 54, 55.

26 Eine detailliertere Definition des Begriffs mit Bezugnahme auf einzelne Beispiele sah Art. 2 (j) GEK-VO vor: „Daten, die – gegebenenfalls auch nach Kundenspezifikationen – in digitaler Form hergestellt und bereitgestellt werden, darunter Video-, Audio-, Bild- oder schriftliche Inhalte, digitale Spiele, Software und digitale Inhalte, die eine Personalisierung bestehender Hardware oder Software ermöglichen, jedoch ausgenommen: (...)".

lich das Verb „herstellen“ ist in der Digitale-Inhalte-RL gegenüber der bisherigen Fassung der Verbraucherrechterichtlinie durch den Begriff „erstellen“ korrigiert worden,[27] um die bereits digital erfolgende Entwicklung der Inhalte besser zum Ausdruck zu bringen, da der Begriff „hergestellt“ eher an eine analoge Produktion erinnere und um die digitalvertragsrechtlichen Vorschriften entwicklungsoffen im Hinblick auf zukünftige technologische Entwicklungen zu halten.[28]

Nach der Legaldefinition soll es zudem – anders als der Begriff „Inhalte“ vermuten lässt – allein auf das Vorhandensein von Daten in digitaler Form ankommen. Der „Inhalt“ ist nicht maßgeblich, es kommt ausschließlich darauf an, dass die Inhalte in digitaler Form festgehalten werden.[29]

Die Terminologie „digitale Dienstleistungen“ ist eine Neuschöpfung der Digitale-Inhalte-RL und greift, anders als der Begriff „digitale Inhalte“, nicht auf ein Vorbild in der Verbraucherrechterichtlinie zurück.

Der Begriff „digitale Dienstleistungen“ wird in Art. 2 Nr. 2 lit. a und b DIRL wie folgt aufgeschlüsselt: „Dienstleistungen, die dem Verbraucher die Erstellung, Verarbeitung oder Speicherung von Daten in digitaler Form oder den Zugang zu solchen Daten ermöglichen“ (lit. a) oder „Dienstleistungen, die die gemeinsame Nutzung der vom Verbraucher oder von anderen Nutzern der entsprechenden Dienstleistungen in digitaler Form hochgeladen oder erstellten Daten oder sonstige Interaktionen mit diesen Daten ermöglichen“ (lit. b). In Art. 2 Nr. 2 lit. b DIRL zielte der europäische Gesetzgeber wohl in erster Linie auf soziale Netzwerke ab, von der Definition erfasst sind aber auch zahlreiche andere Plattformkonstellationen.[30]

Um den rasanten technologischen Entwicklungen Rechnung zu tragen und sicherzustellen, dass die Begriffe „digitale Inhalte“ und „digitale Dienstleistungen“ nicht schon bald überholt sind, sollte sich der Anwendungsbereich der Digitale-Inhalte-RL mit diesen weiten Begriffsbestimmungen unter anderem auf Computerprogramme, Anwendungen, Videodateien, Audiodateien, Musikdateien, digitale Spiele, elektronische Bücher und andere elektronische Publikationen sowie digitale Dienstleistungen erstrecken, die die Erstellung, Verarbeitung oder Speicherung von Daten in digitaler Form sowie den Zugriff auf sie ermöglichen, einschließlich

---

27 Siehe die ähnlich lautende Definition des Begriffs „digitale Inhalte“ in Art. 2 Nr. 11 VRRL: „Daten, die in digitaler Form *hergestellt* und bereitgestellt werden“ [Hervorhebung hinzugefügt].

28 Vgl. hierzu die Erläuterungen zu § 327 Abs. 2 S. 1 BGB des Gesetzentwurfs der Bundesregierung, Entwurf eines Gesetzes zur Umsetzung der Richtlinie über bestimmte vertragsrechtliche Aspekte der Bereitstellung digitaler Inhalte und digitaler Dienstleistungen, Deutscher Bundestag, 19. Wahlperiode, Drucks. 19/27653, vom 17.3.2021, S. 38 f. [nachfolgend: Regierungsentwurf DIRL, kurz: RegE DIRL].

29 Siehe ebenda.

30 Vgl. *Schmidt-Kessel et al.*, GPR 2016, 54 (57).

Software-as-a-Service, wie die gemeinsame Nutzung von Video- oder Audioinhalten und andere Formen des Datei-Hosting, Textverarbeitung oder Spiele, die in einer Cloud-Computing-Umgebung und in sozialen Medien angeboten werden.[31] Hervorzuheben ist insofern auch der medienneutrale Ansatz der Digitale-Inhalte-RL: auf welche Art und Weise die digitalen Inhalte oder digitalen Dienstleistungen bereitgestellt werden – auf einem dauerhaften Datenträger, per Download oder durch Streamingdienste – ist für die Anwendbarkeit der Richtlinie, wie gezeigt, grundsätzlich unerheblich.[32]

Relevante digitalvertragsspezifische Begriffsbestimmungen der Digitale-Inhalte-RL sind zudem die Begriffe „Integration"[33], „digitale Umgebung"[34], „Kompatibilität"[35], „Funktionalität"[36], „Interoperabilität"[37] und „dauerhafter Datenträger"[38], auf die in der weiteren Untersuchung noch einzugehen sein wird.[39]

Im Zusammenhang mit Waren verwendet die Digitale-Inhalte-RL außerdem den Begriff der „digitalen Elemente". Sog. „Waren mit digitalen Elementen" definiert die Richtlinie als „bewegliche körperliche Gegenstände, die in einer Weise

31 Erwgr. 19 DIRL.

32 Siehe hierzu schon unter I.1.

33 Gem. Art. 2 Nr. 4 DIRL bezeichnet der Ausdruck „Integration" „die Verbindung und die Einbindung von digitalen Inhalten oder digitalen Dienstleistungen mit den bzw. in die Komponenten der digitalen Umgebung des Verbrauchers, damit die digitalen Inhalte oder digitalen Dienstleistungen gemäß den in dieser Richtlinie festgelegten Anforderungen an die Vertragsmäßigkeit genutzt werden können".

34 Gem. Art. 2 Nr. 9 DIRL bezeichnet der Ausdruck „digitale Umgebung" „Hardware, Software und Netzverbindungen aller Art, die von dem Verbraucher für den Zugang zu oder die Nutzung von digitalen Inhalten oder digitalen Dienstleistungen verwendet werden".

35 Gem. Art. 2 Nr. 10 DIRL bezeichnet der Ausdruck „Kompatibilität" „die Fähigkeit digitaler Inhalte oder digitaler Dienstleistungen, mit Hardware oder Software zu funktionieren, mit der digitale Inhalte oder digitale Dienstleistungen derselben Art in der Regel genutzt werden, ohne dass die digitalen Inhalte oder digitalen Dienstleistungen konvertiert werden müssen".

36 Gem. Art. 2 Nr. 11 DIRL bezeichnet der Ausdruck „Funktionalität" „die Fähigkeit digitaler Inhalte oder digitaler Dienstleistungen, ihre Funktionen ihrem Zweck entsprechend zu erfüllen"; vgl. auch Erwgr. 43 DIRL.

37 Gem. Art. 2 Nr. 12 DIRL bezeichnet der Ausdruck „Interoperabilität" „die Fähigkeit digitaler Inhalte oder digitaler Dienstleistungen, mit anderer Hardware oder Software als derjenigen, mit der digitale Inhalte oder digitale Dienstleistungen derselben Art in der Regel genutzt werden, zu funktionieren"; vgl. auch Erwgr. 43 DIRL.

38 Gem. Art. 2 Nr. 13 DIRL bezeichnet der Ausdruck „dauerhafter Datenträger" „jedes Medium, das es dem Verbraucher oder dem Unternehmer gestattet, an ihn persönlich gerichtete Informationen derart zu speichern, dass er sie in der Folge für eine für die Zwecke der Informationen angemessene Dauer einsehen kann, und das die unveränderte Wiedergabe der gespeicherten Informationen ermöglicht".

39 Siehe hierzu Kapitel 6 II., III.; Kapitel 7 I.

digitale Inhalte oder digitale Dienstleistungen enthalten oder mit ihnen verbunden sind, dass die Waren ihre Funktionen ohne diese digitalen Inhalte oder digitalen Dienstleistungen nicht erfüllen könnten" (vgl. Art. 2 Nr. 3 DIRL).[40] Für digitale Inhalte oder digitale Dienstleistungen, die in diesem Sinne in Waren enthalten oder mit ihnen verbunden sind und gemäß einem diese Waren betreffenden Kaufvertrag mit diesen Waren bereitgestellt werden, gilt die Digitale-Inhalte-RL jedoch nicht (vgl. Art. 3 Abs. 4 DIRL). Verträge über den Verkauf von „Waren mit digitalen Elementen" sollen vielmehr in den Anwendungsbereich der Warenkauf-RL fallen.[41] Vor diesem Hintergrund folgt eine detaillierte Analyse zu der Abgrenzung zwischen den Anwendungsbereichen beider Richtlinien.

3. Abgrenzung und Bezüge zur Warenkauf-RL

Die Digitale-Inhalte-RL und die Warenkauf-RL sind als „Paket mit einer gemeinsamen Zielsetzung"[42] konzipiert. Beide Richtlinien behandeln vornehmlich Fragen der Gewährleistung, eingeengt auf den Bereich des Verbraucherschutzes und sollen einander ergänzen.[43] Die Anwendungsbereiche der beiden Richtlinien gehen nahezu nahtlos ineinander über. Aus gewährleistungsrechtlicher Perspektive stellt sich also die Frage, nach welchem Gewährleistungsregime sich die Haftung richtet und wer für einen Mangel an digitalen Elementen einzustehen hat.

Entscheidend für die Anwendbarkeit der jeweiligen Richtlinie ist der Vertragsinhalt: Die Warenkauf-RL findet Anwendung auf den Erwerb von Waren, einschließlich „Waren mit digitalen Elementen" (vgl. Art. 3 Abs. 1 i.V.m. Art. 2 Nr. 1, 5 WKRL), die Digitale-Inhalte-RL findet Anwendung auf die Bereitstellung digitaler Inhalte und digitaler Dienstleistungen (vgl. Art. 3 Abs. 1 DIRL). Der grundlegende Unterschied besteht letztlich darin, dass es bei der die Warenkauf-RL um die Eigentumsverschaffung an einem körperlichen Gegenstand geht, während die Digitale-Inhalte-RL (auch) unkörperliche Leistungen betrifft.[44]

---

40 Siehe auch Art. 2 Nr. 5 lit. b WKRL. Digitale Inhalte, die in einer Ware enthalten sind oder mir ihr verbunden sind, können alle Daten sein, die in digitaler Form erzeugt oder bereitgestellt werden, einschließlich Betriebssystemen, Anwendungen und andere Software; zu digitalen Dienstleistungen, die mit einer Ware verbunden sind, zählen Dienstleistungen, die die Erstellung, Verarbeitung, die Speicherung von oder den Zugang zu Daten in digitaler Form erlauben, vgl. Erwgr. 14 WKRL.

41 Siehe Erwgr. 21 und 22 DIRL.

42 Vgl. Mitteilung der Kommission, Strategie für einen digitalen Binnenmarkt für Europa, COM(2015) 192 final, S. 2.

43 Vgl. Erwgr. 20 DIRL und Erwgr. 13 WKRL.

44 *Tonner*, VuR 2019, 363 (369).

Inhaltlich war der europäische Gesetzgeber bemüht, die Digitale-Inhalte-RL und die Warenkauf-RL soweit wie möglich kongruent auszugestalten; beide Richtlinien sind lediglich im B2C-Verhältnis anwendbar und ihre Begriffsbestimmungen sind identisch.

Mit der Zerlegung in zwei getrennte Richtlinien treten jedoch Abgrenzungsschwierigkeiten auf. Da die Richtlinien nicht überall deckungsgleich sind, sind die Abgrenzungsfragen und damit letztlich die Frage, welche Richtlinienbestimmungen Anwendung finden, auch nicht nur von theoretischer Natur.[45] Insbesondere kann die Nichtanwendbarkeit der Digitale-Inhalte-RL für den Verbraucher unter Umständen nachteilig sein, insofern beim Kauf von „Waren mit digitalen Elementen" für diesen nützliche Regelungen aus der Digitale-Inhalte-RL nicht greifen.[46]

In der Praxis können die Abgrenzungsfragen zwischen der Digitale-Inhalte-RL und der Warenkauf-RL in mehrfacher Hinsicht Schwierigkeiten bereiten:[47]

Eine erste Abgrenzungsfrage betrifft digitale Inhalte, die aber auf körperlichen Datenträgern bereitgestellt werden. Diese fallen, wie gezeigt, in den Anwendungsbereich der Digitale-Inhalte-RL.[48] Die Regelungen der Digitale-Inhalte-RL – und nicht die der Warenkauf-RL (vgl. Art. 3 Abs. 4 lit. a WKRL) – sind darüber hinaus auch auf den körperlichen Datenträger selbst anwendbar, sofern dieser ausschließlich als Träger digitaler Inhalte dient, allerdings mit Ausnahme des Art. 5 DIRL, der die Bereitstellungspflicht des Unternehmers betrifft, sowie Art. 13 DIRL (Abhilfe bei nicht erfolgter Bereitstellung) (vgl. Art. 3 Abs. 3 DIRL). Anstelle dieser Bestimmungen der Digitale-Inhalte-RL sollten die Bestimmungen der Verbraucherrechterichtlinie über Pflichten im Zusammenhang mit der Lieferung von Waren und über Abhilfen bei nicht erfolgter Lieferung gelten.[49]

Eine weitere Abgrenzungsfrage betrifft „Waren mit digitalen Elementen".[50] Grundsätzlich gilt die Warenkauf-RL gem. Art. 3 Abs. 3 S. 1 WKRL nicht für Verträge

45 *Kumkar*, ZfPW 2020, 306 (320); *Spindler/Sein*, MMR 2019, 415 (416).

46 Siehe zu den (für den Verbraucher nachteiligen) Konsequenzen der Nichtanwendbarkeit der Digitale-Inhalte-RL auch *Tonner*, VuR 2019, 363 (369). Dies gilt nicht zuletzt für Fälle des „Bezahlens mit personenbezogenen Daten", die lediglich von der Digitale-Inhalte-RL, nicht jedoch von der Warenkauf-RL aufgegriffen werden, siehe hierzu Kapitel 5.

47 Siehe zu den Abgrenzungsproblemen statt vieler auch *Kumkar*, ZfPW 2020, 306 (320); *Tonner*, VuR 2019, 363 (363, 367 ff.); *Spindler/Sein*, MMR 2019, 415 (416 ff.).

48 Siehe hierzu schon unter 1.

49 Siehe den expliziten Verweis auf die Anwendbarkeit der Bestimmungen der Verbraucherrechterichtlinie in Erwgr. 20 DIRL; zusätzlich sollten auch die Bestimmungen der Verbraucherrechterichtlinie z. B. über das Widerrufsrecht und die Art des Vertrages, nach dem diese Waren bereitgestellt werden, weiterhin für diese körperlichen Datenträger und die auf ihnen bereitgestellten digitalen Inhalte gelten (Erwgr. 20 letzter Satz DIRL).

50 Zur Begriffsbestimmung siehe Art. 2 Nr. 3 DIRL. Hierzu schon unter 2.

über die Bereitstellung von digitalen Inhalten oder digitalen Dienstleistungen. Gleichwohl finden die kaufrechtlichen Vorschriften auf digitale Inhalte bzw. digitale Dienstleistungen Anwendung, die i. S. d. Art. 2 Nr. 5 lit. b WKRL in Waren enthalten oder mit ihnen verbunden sind und gemäß dem Kaufvertrag mit diesen Waren bereitgestellt werden (vgl. Art. 3 Abs. 3 S. 2 WKRL). Eine entsprechende Regelung findet sich, wie gezeigt, in Art. 3 Abs. 4 DIRL, wonach die Digitale-Inhalte-RL nicht für digitale Inhalte oder digitale Dienstleistungen gilt, die im Sinne des Art. 2 Nr. 3 DIRL in Waren enthalten oder mit ihnen verbunden sind und gemäß einem diese Waren betreffenden Kaufvertrag mit diesen Waren bereitgestellt werden. Dies gilt unabhängig davon, ob die digitalen Inhalte oder digitalen Dienstleistungen vom Verkäufer oder von einem Dritten bereitgestellt werden.[51]

Ob die Bereitstellung enthaltender oder verbundener digitaler Inhalte oder digitaler Dienstleistungen Bestandteil des Kaufvertrags ist, hängt vom Inhalt des Kaufvertrags ab.[52] In Zweifelsfällen wird aber vermutet, dass die digitalen Inhalte oder digitalen Dienstleistungen in entsprechenden Fällen vom Kaufvertrag umfasst sind (vgl. Art. 3 Abs. 4 S. 2 DIRL, Art. 3 Abs. 3 S. 3 WKRL). Die Warenkauf-RL findet dann einheitlich Anwendung, um eine Unsicherheit bei Händlern sowie Verbrauchern zu vermeiden.[53] Damit hat sich der europäische Gesetzgeber für eine verbraucherfreundliche Lösung entschieden, denn der Verkäufer eines vernetzten Produkts haftet schlicht für alle Mängel des Produkts, auch für Mängel an den von Dritten bereitgestellten digitalen Bestandteilen des Produkts, und der Verbraucher muss nicht verschiedene Personen für Mängel an den jeweiligen Bestandteilen in Anspruch nehmen.[54]

Etwas anderes gilt, wenn der Vertrag über die Bereitstellung digitaler Inhalte oder digitaler Dienstleistungen unabhängig von dem Kaufvertrag über die Ware zu bewerten ist. Sofern das Fehlen der enthaltenen oder verbundenen digitalen Inhalte oder digitalen Dienstleistungen die Ware nicht daran hindert, ihre Funktionen zu erfüllen oder wenn der Verbraucher einen Vertrag über die Bereitstellung der digitalen Inhalte oder digitalen Dienstleistungen abschließt, der nicht Bestandteil eines Kaufvertrags über Waren mit digitalen Elementen ist, sollte dieser Vertrag als getrennt vom Vertrag über den Verkauf der Waren angesehen werden, selbst wenn der Verkäufer als Vermittler dieses zweiten Vertrags mit dem Drittanbieter fun-

51 Vgl. Art. 3 Abs. 4 S. 1 DIRL, Art. 3 Abs. 3 S. 2 WKRL. Siehe dazu kritisch *Metzger*, JZ 2019, 577 (578), der diese Regelung als eine der „umstrittensten Regelungen der Richtlinie“ bezeichnet.

52 Vgl. Erwgr. 21 DIRL (mit einschlägigen Beispielen).

53 Vgl. Erwgr. 21 DIRL und Erwgr. 15 WKRL.

54 Siehe auch *Kumkar*, ZfPW 2020, 306 (322), allerdings kritisch mit Blick auf das Festhalten an der Vorstellung eines Kaufvertrags als zweiseitiges Austauchverhältnis vor den Hintergrund der zunehmenden Anzahl multipolarer Vertragskonstellationen.

giert.[55] Die Warenkauf-RL gilt dann nur für den Kaufvertrag über die Ware, während die Bereitstellung des digitalen Inhalts oder der digitalen Dienstleistung unter die Digitale-Inhalte-RL fällt, sofern deren Bedingungen erfüllt sind. Ob der Anwendungsbereich der Digitale-Inhalte-RL eröffnet ist, ist im Einzelfall zu prüfen.

Nach dieser Abgrenzung fällt beispielsweise der Kauf eines Endgeräts inklusive Software in den Anwendungsbereich der Warenkauf-RL, der spätere, gesonderte Kauf einzelner Softwareanwendungen hingegen nicht, auch dann nicht, wenn diese auf einem Datenträger verkauft werden. Mit anderen Worten ausgedrückt, „nicht der Datenträger macht die Software zur Sache, sondern die Software den Datenträger zum digitalen Inhalt“[56].

Beide Richtlinien enthalten zudem spezifische Regelungen für Mischsituationen bzw. typengemischte Verträge.[57] Wie gezeigt gilt die Digitale-Inhalte-RL gem. Art. 3 Abs. 6 DIRL bei einem einzigen Vertrag zwischen demselben Unternehmer und demselben Verbraucher, der in einem „Paket“ neben der Bereitstellung digitaler Inhalte oder digitaler Dienstleistungen Elemente der Bereitstellung anderer Dienstleistungen oder Waren enthält, nur für die Elemente des Vertrags, die die digitalen Inhalte bzw. die digitalen Dienstleistungen betreffen.[58] Bei der Behandlung gemischter Verträge, die sowohl digitale als auch sonstige Inhalte enthalten, trennt die Digitale-Inhalte-RL insoweit die jeweiligen Elemente und findet lediglich auf die digitalen Elemente Anwendung.[59]

II. Regelungsansatz und Kernkonzept „Daten als Leistungsgegenstand“

Bei der Untersuchung der Digitale-Inhalte-RL ist ein besonderes Augenmerk auf den generellen Regelungsansatz der Richtlinie und das Kernkonzept „Daten als Leistungsgegenstand“ zu richten.

Während die Warenkauf-RL einen bestimmten „Vertragstyp“, den Kaufvertrag, betrifft und gemeinsame Vorschriften über bestimmte Anforderungen an Kaufverträge zwischen Verkäufern und Verbrauchern festlegt (vgl. Art. 1 WKRL), gilt die Digitale-Inhalte-RL für zwischen Unternehmern und Verbrauchern geschlossene

55 Vgl. Erwgr. 22 DIRL und Erwgr. 16 WKRL.

56 *Bach*, NJW 2019, 1705 (1706).

57 Siehe dazu auch *Bach*, NJW 2019, 1705 (1706); *Spindler*, MMR 2016, 147 (150 f.).

58 Siehe zu diesen sog. „Paketverträgen“ schon unter I.1.

59 Den nationalen Gesetzgebern ist aber weiterhin die Regelung der Auswirkungen, die die Beendigung eines Elements eines Paketvertrags auf die übrigen Elemente des Paketvertrags haben kann, überlassen (vgl. Art. 3 Abs. 6 Unterabs. 3 DIRL), siehe hierzu Kapitel 8 I.1.b.

„Verträge über die Bereitstellung digitaler Inhalte oder digitaler Dienstleistungen“ (vgl. Art. 1 DIRL).

Konkretisiert wird der Anwendungsbereich der Digitale-Inhalte-RL in Art. 3 Abs. 1 DIRL. Die Richtlinie gilt danach für alle Verträge, auf deren Grundlage der Unternehmer dem Verbraucher digitale Inhalte oder digitale Dienstleistungen bereitstellt oder deren Bereitstellung zusagt und der Verbraucher entweder einen Preis zahlt bzw. dessen Zahlung zusagt oder dem Unternehmer personenbezogene Daten bereitstellt bzw. deren Bereitstellung zusagt.

Damit knüpft die Anwendbarkeit der Digitale-Inhalte-RL, anders als die Warenkauf-RL, an einen spezifischen Vertragsgegenstand an und die Bestimmungen der Richtlinie sind entsprechend vertragsgegenstandsbezogen ausgestaltet. Mit anderen Worten legt die Digitale-Inhalte-RL Regelungen für eine bestimmte „Vertragsart“ fest, im Hinblick auf eine Vertragstypologisierung der in den Anwendungsbereich der Digitale-Inhalte-RL fallenden Verträge lassen sich hingegen keine direkten Rückschlüsse ziehen. Die vertragstypologische Einordnung der Bereitstellung digitaler Inhalte oder digitaler Dienstleistungen kann insoweit Schwierigkeiten bereiten. Ferner besteht sich im Kontext des Digitalvertragsrechts die Problematik hinsichtlich der Leistung des Verbrauchers im Wege der Bereitstellung seiner personenbezogenen Daten.

Damit sind bereits zwei herausstechende Charakteristika der Digitale-Inhalte-RL angesprochen: Die Konzentration der Richtlinie auf die Regelung vertragsrechtlicher Pflichten ohne eine bestimmte Typologie vorzunehmen und die Bereitstellung personenbezogener Daten als vertragliche Leistung des Verbrauchers und damit das Kernkonzept der Digitale-Inhalte-RL „Daten als Leistungsgegenstand“.

1. Bereitstellung digitaler Produkte – Vertragstypologische Einordnung

Vor dem Hintergrund des beschriebenen Regelungsansatzes der Digitale-Inhalte-RL stellt sich die generelle Frage, ob und inwiefern Verträge über die Bereitstellung digitale Inhalte bzw. digitale Dienstleistungen einer vertragstypologischen Einordnung zugänglich sind.

In der Regel konkretisieren Vertragstypen die geschuldete Leistungshandlung und bestimmen damit (auf idealtypische Weise), was mit den einzelnen in Bezug genommenen Rechtsobjekten konkret geschehen soll.[60] Durch das Zusammenspiel

60 *Rosenkranz*, in: Behme/Fervers/Hofmann/et. al. (Hrsg.), Perspektiven einer europäischen Privatrechtswissenschaft, S. 235 (243 ff.); *Wendland*, ZVglRWiss 118, 2019, 191 (202).

von Rechtsobjekt und Leistungshandlung wird der vertragstypische Pflichtenkreis als einheitlicher Vertragsgegenstand bestimmt, der wiederum dem jeweiligen spezifischen Vertragstyp sein charakteristisches Gepräge verleiht.[61] Eine vertragstypologische Einordnung und damit ein dogmatischer Zugang zu Verträgen betrifft die Systematik und die Grundstrukturen einer (jeden) Rechtsordnung und berührt die Grundlagen eines Rechtssystems.[62]

In den nationalen Rechtsordnungen kann einer solchen Vertragstypeneinordnung eine ganz unterschiedliche Bedeutung zukommen, sodass eine Einordnung von Verträgen über digitale Inhalte und digitale Dienstleistungen in einen spezifischen Vertragstypenkontext aus europäischer Perspektive schon erschwert ist.[63]

Die unterschiedliche Bedeutung der Vertragstypologisierung spiegelt sich auch insofern wider, als die Frage einer vertragstypologischen Einordnung von Verträgen über digitale Inhalte und digitale Dienstleistungen in der nationalen Literatur sehr unterschiedlich stark diskutiert wird und die Thematik, soweit ersichtlich, vornehmlich in der deutschen Rechtswissenschaft ein vertieftes Forschungsinteresse begründet.[64]

Vor diesem Hintergrund konzentrieren sich die Ausführungen zum Aspekt der vertragstypologischen Einordnung von Verträgen über digitale Inhalte und digitale Dienstleistungen zunächst auf den Regelungsansatz der Digitale-Inhalte-RL. Unter rechtsvergleichenden Gesichtspunkten soll die Problematik zudem im zweiten Teil der Arbeit im Rahmen des allgemeinen systematischen Vergleichs mit Blick auf die Bedeutung der vertragstypologischen Einordnung für die systematische Verortung des Digitalvertragsrechts in den nationalen Rechtsordnungen nochmals aufgegriffen werden.

---

61 *Wendland*, ZVglRWiss 118, 2019, 191 (202).

62 Zur Bedeutung der Vertragstypologie im deutschen Recht siehe *Druschel/Oehmichen*, CR 2015, 173 (176 f.); siehe ferner *Wendland*, ZVglRWiss 118, 2019, 191 (216 f.) für einen rechtsvergleichenden Ausblick auf das digitale Vertragsrecht in England (*Consumer Rights Act 2015 (CRA)*), das von einem vertragstypübergreifenden Ansatz ausgeht (vgl. Sec. 33 (1) CRA) und den dogmatischen Zugang zu Verträgen über digitale Güter von einer vertragstypspezifischen Differenzierung entkoppelt.

63 *Schmidt-Kessel et al.*, GPR 2016, 54 (61).

64 In der deutschen rechtswissenschaftlichen Literatur wird insbesondere die vertragstypologische Einordnung datengetriebener Austauschverhältnisse über digitale Inhalte bzw. digitale Dienstleistungen in zahlreichen Beiträgen diskutiert, siehe nur die kürzlich erschienenen Monografien von *Langhanke*, Daten als Leistung. Eine rechtsvergleichende Untersuchung zu Deutschland, Österreich und der Schweiz; *Leinemann*, Personenbezogene Daten als Entgelt. Eine Untersuchung anhand schuldvertrags-, datenschutz- und kartellrechtlicher Fragestellungen; *Scheibenpflug*, Personenbezogene Daten als Gegenleistung. Ein Beitrag zur rechtlichen Einordnung datengetriebener Austauschverhältnisse; *Walker*, Die Kosten kostenloser Dienste. Personenbezogene Daten als neues Zahlungsmittel und *Drabinski*, Die vertragsrechtliche Datenüberlassung und das Kaufrecht.

a. Verträge über digitale Inhalte: Ein neuer Vertragstyp?

Der europäische Gesetzgeber hat klargestellt, dass die Digitale-Inhalte-RL auf eine klare Einordnung von Verträgen über digitale Inhalte und digitale Dienstleistungen in die klassischen Vertragstypen verzichten sollte: Die Richtlinie sollte die Rechtsnatur von Verträgen über die Bereitstellung digitaler Inhalte oder digitaler Dienstleistungen nicht bestimmen, vielmehr sollte die Klärung der Frage, ob solche Verträge einen Kauf-, Dienstleistungs- oder Mietvertrag oder einen Vertrag sui generis darstellen, dem nationalen Recht überlassen bleiben.[65] Diese ausdrückliche Klarstellung in den Erwägungsgründen wurde nach einem Hinweis des Rates im Rahmen des Kompromissvorschlags vom 1. Juni 2017 aufgenommen.[66]

Teilweise wurde im Vorfeld der Richtlinienumsetzung allerdings argumentiert, dass auch dieser funktionale und von den bestehenden Vertragskategorien unabhängige Ansatz des europäischen Gesetzgebers nicht verhindere, dass angesichts des weiten Anwendungsbereichs und des autonomen Rechtssystems der Digitale-Inhalte-RL ein eigener neuer Vertragstypus außerhalb der bislang geregelten Vertragstypen entstehe, der unterschiedslos sowohl für digitale Inhalte als auch für digitale Dienstleistungen anwendbar sei.[67]

Angesichts des breiten Begriffs der „digitalen Inhalte", den der Richtlinienvorschlag noch zugrunde legte,[68] der fehlenden Differenzierung zwischen der einmaligen und endgültigen oder der nur zeitweiligen Überlassung digitaler Inhalte sowie der einheitlichen Anwendung der Vorschriften unabhängig davon, ob der Verbraucher zu einer Einmalzahlung oder zu regelmäßigen Zahlungen im Rahmen eines Dauerschuldverhältnisses verpflichtet ist oder seine personenbezogenen Daten preisgibt, wurde von einem „neuen, generischen Vertragstypus" bzw. einem „einheitlichen, neuartigen Vertragstypus"[69] der Richtlinie gesprochen, dem Verträge über die Überlassung von Software und anderen digitalen Gütern allesamt zugeordnet werden dürften.[70]

Der konzeptionelle Regelungsansatz der Digitale-Inhalte-RL ist jedoch ein anderer: Art. 3 Abs. 1 DIRL definiert die Tatbestandsmerkmale zur Bestimmung des Anwendungsbereichs der Digitale-Inhalte-RL, konzipiert aber keinen eigenen Ver-

65 Vgl. Erwgr. 12 DIRL.

66 Vgl. Fn. 31 des Kompromissvorschlags des Rates, S. 14.

67 So *Arroyo Vendrell/Schulze*, in: Kindl/Arroyo Vendrell/Gsell (Hrsg.), Verträge über digitale Inhalte und digitale Dienstleistungen, S. 21 (24) (noch zum Kompromissvorschlag Rat).

68 Art. 2 Abs. 1 Nr. 1 Richtlinienvorschlag definierte den Begriff „digitale Inhalte" als Oberbegriff, bezog aber durch Nr. 1 lit. b und c Dienstleistungen in den Rechtsobjekt-Begriff mit ein, vgl. hierzu *Schmidt-Kessel et al.*, GPR 2016, 54 (55).

69 So *Metzger*, AcP 216 (2016), 817 (820, 836) (noch zum Richtlinienvorschlag).

70 Vgl. *Metzger*, ebenda, (835 ff.).

tragstyp.[71] Vielmehr stellt die Richtlinie digitale Inhalte bzw. digitale Dienstleistungen als Bezugsobjekt in den Mittelpunkt des Regelungskonzepts[72] und legt sodann gemeinsame Vorschriften über bestimmte Anforderungen an Verträge über digitale Inhalte und digitale Dienstleistungen fest. Der europäische Gesetzgeber beabsichtigt mit der Digitale-Inhalte-RL also gerade nicht, einen neuen „Vertragstyp", also einen spezifischen „Vertrag über digitale Inhalte und digitale Dienstleistungen" zu kreieren, sondern für die unterschiedlichen im Anwendungsbereich der Richtlinie liegenden Verträge einzelne vertragsrechtliche Aspekte unionsweit zu regeln, um so Probleme anzugehen, die speziell bei Verträgen über digitale Inhalte und digitale Dienstleistungen auftreten.[73]

Entsprechend ihres weitgreifenden Anwendungsbereichs und ihrer dogmatischen Weite erfasst die Richtlinie regelungstechnisch sämtliche Vertragsverhältnisse, die digitale Inhalte oder digitale Dienstleistungen zum Gegenstand haben und damit eine Vielzahl unterschiedlichster Vertragsgestaltungen.[74] Terminologisch mag es sich bei Verträgen über digitale Inhalte oder digitale Dienstleistungen zwar um eine (neue) „Vertragsart" handeln, nicht aber um eine rechtliche Qualifizierung als „Vertragstyp". Je nach ihrem Inhalt und Klassifizierungen der nationalen Rechtsordnungen lassen sich Verträge über digitale Inhalte bzw. digitale Dienstleistungen daher (weiterhin) verschiedenen Vertragstypen zuordnen.

b. Anknüpfungspunkte einer Vertragstypologisierung

Obschon der europäische Gesetzgeber einen funktionalen und von den bestehenden Vertragskategorien unabhängigen Ansatz verfolgt und hinsichtlich der Kategorisierung oder Identifizierung der Rechtsnatur der von der Digitale-Inhalte-RL erfassten Verträge neutral bleibt, lassen sich dem Richtlinientext gewisse Differenzierungen im Hinblick auf eine Vertragstypologie entnehmen.

Im Folgenden soll versucht werden, dieses „vertragstypologische Labyrinth"[75] der Digitale-Inhalte-RL zu entschlüsseln.

---

71 So auch *Wendland*, GPR 2016, 8 (13); *Druschel*, GRUR Int. 2015, 125 (128 ff.).

72 Vgl. *Stürner*, JURA 2017, 171 (173).

73 Vgl. *Kindl*, in: Kindl/Arroyo Vendrell/Gsell (Hrsg.), Verträge über digitale Inhalte und digitale Dienstleistungen, S. 63 (67) (zum Kompromissvorschlag Rat); siehe auch *Wendehorst*, NJW 2016, 2609–2613 (2611); *Stürner*, JURA 2017, 171 (173) und *Rosenkranz*, in: Behme/Fervers/Hofmann/et. al. (Hrsg.), Perspektiven einer europäischen Privatrechtswissenschaft, S. 235 (239 ff.) (noch zum Richtlinienvorschlag).

74 *Wendland*, GPR 2016, 8 (13) ; *Rosenkranz*, Spezifische Regelungen der Bereitstellung von digitalen Inhalten im europäischen Recht? – Ein Beitrag zur europäischen Vertragstypenlehre, 235, 238 ff.; *Rosenkranz*, GPR 2018, 28 (36); *Kumkar*, ZfPW 2020, 306 (308 ff., 314).

75 So *Sattler*, CR 2020, 145 (153) Rn. 63; *Stürner*, JURA 2017, 171 (173).

aa. Anwendungsbereich der Digitale-Inhalte-RL, Art. 3 Abs. 1 DIRL

Erste Aufschlüsse über eine vertragstypologische Einordnung von Verträgen über digitale Inhalte bzw. digitale Dienstleistungen könnten dem Anwendungsbereich der Digitale-Inhalte-RL zu entnehmen sein.

Regelungsansatz der Digitale-Inhalte-RL ist, wie gezeigt, das Vorliegen eines Vertrags über die Bereitstellung digitaler Inhalte oder digitaler Dienstleistungen (vgl. Art. 1 DIRL). Konkreter gilt die Digitale-Inhalte-RL nach der Definition des Anwendungsbereichs in Art. 3 Abs. 1 DIRL für alle Verträge, „auf deren Grundlage der Unternehmer dem Verbraucher digitale Inhalte oder digitale Dienstleistungen bereitstellt oder deren Bereitstellung zusagt und der Verbraucher einen Preis zahlt oder dessen Zahlung zusagt“ bzw. „wenn der Unternehmer dem Verbraucher digitale Inhalte oder digitale Dienstleistungen bereitstellt oder deren Bereitstellung zusagt und der Verbraucher dem Unternehmer personenbezogene Daten bereitstellt oder deren Bereitstellung zusagt“.

Die Richtlinie differenziert hier nicht, ob der Unternehmer die digitalen Inhalte oder digitalen Dienstleistungen einmalig oder dauerhaft bereitstellt bzw. ob der Verbraucher zu einer einmaligen Zahlung verpflichtet ist, oder aber im Rahmen eines Dauerschuldverhältnisses regelmäßige Zahlungen erbringt. Anders als die GEK-VO soll die Digitale-Inhalte-RL jedenfalls nicht lediglich „kaufähnliche“ Verträge über digitale Inhalte erfassen. Vielmehr betrifft die Digitale-Inhalte-RL mit ihrem weitgreifenden Anwendungsbereich sämtliche Vertragsverhältnisse, die digitale Inhalte oder digitale Dienstleistungen zum Gegenstand haben.

Anknüpfungspunkte für eine Vertragstypologisierung von Verträgen über die Bereitstellung digitaler Inhalte und digitaler Dienstleistungen sind der Definition des Anwendungsbereichs der Digitale-Inhalte-RL daher nicht zu entnehmen.

bb. Der Bereitstellungsbegriff i. S. v. Art. 5 Abs. 2 DIRL

Aufschlüsse über eine vertragstypologische Einordnung von Verträgen über die Bereitstellung digitaler Inhalte oder digitaler Dienstleistungen könnte der Begriff der „Bereitstellung“ i. S. d. Art. 5 Abs. 2 DIRL geben.

Als rechtlicher Terminus wird der Begriff des Bereitstellens auch in Art. 20 EU-DSGVO verwendet; hier im Zusammenhang mit dem sog. Recht auf Datenübertragbarkeit einer betroffenen Person, die einem Verantwortlichem personenbezogene Daten „bereitgestellt“ hat und insoweit ein Recht auf (Rück-)Übertragbarkeit hat.

Im vertragsrechtlichen Kontext ist der Begriff im Unionsrecht bislang nicht besetzt gewesen.

Im Rahmen der Digitale-Inhalte-RL wird der Begriff der Bereitstellung digitaler Inhalte oder digitaler Dienstleistungen nunmehr als unspezifischer Begriff zur

Umschreibung der Verpflichtung des Unternehmers genutzt (vgl. Art. 5 DIRL). Im Grundansatz hat der europäische Gesetzgeber mit der Leistungshandlung des Bereitstellens damit einen neutralen Begriff gewählt, der die vertragstypologische Einordnung nicht determinieren soll.[76] Denn die Pflicht des Unternehmers zur Bereitstellung digitaler Inhalte bzw. digitaler Dienstleistungen lässt sich rein terminologisch nicht eindeutig in das Schema einer dauerhaften oder zeitweiligen Überlassung einordnen.[77]

Dennoch könnten sich aus dem Begriff der Bereitstellung i. S. v. Art. 5 Abs. 2 DIRL gewisse Anhaltspunkte für eine vertragstypologische Differenzierung ziehen lassen:

Der Unternehmer hat die Verpflichtung zur Bereitstellung gem. Art. 5 Abs. 2 DIRL erfüllt, sobald „die digitalen Inhalte oder jedes Mittel, die/das für den Zugang zu den digitalen Inhalten oder deren Herunterladen geeignet ist, dem Verbraucher oder einer von ihm zu diesem Zweck bestimmten körperlichen oder virtuellen Einrichtung zur Verfügung gestellt oder zugänglich gemacht worden ist“ (Art. 5 Abs. 2 lit. a DIRL) bzw. „die digitale Dienstleistung dem Verbraucher oder einer von ihm zu diesem Zweck bestimmten körperlichen oder virtuellen Einrichtung zugänglich gemacht worden ist“ (Art. 5 Abs. 2 lit. b DIRL). Bei einer „körperlichen oder virtuellen Einrichtung“ i. S. d. Art. 5 Abs. 2 DIRL dürfte es sich typischerweise um Cloud-Server oder virtuelle Plattformen Dritter handeln, auf denen der Verbraucher die digitalen Inhalte abspeichert.[78]

Der Begriff des Zurverfügungstellens (*making available; disponible*) i. S. v. Art. 5 Abs. 2 lit. a Var. 1 DIRL umfasst Fälle, in denen die digitalen Inhalte dem Verbraucher einmalig oder durch eine Reihe einzelner Bereitstellungen im Rahmen eines kaufähnlichen Austauschvertrages auf einem Datenträger oder durch Bereitstellung eines Download-Links dauerhaft überlassen werden.[79] Charakteristisch ist hier die Einräumung einer umfassenden Verfügungsmacht über die digitalen Inhalte und die Gewährung von Ausschließlichkeitsrechten.[80] Der Begriff der Zugangsverschaffung (*making accessible; accessible*) i. S. v. Art. 5 Abs. 2 lit a Var. 2 und lit. b DIRL betrifft hingegen in der Regel die zeitlich begrenzte, aber fortlaufende Gebrauchsüberlassung digitaler Inhalte oder digitaler Dienstleistungen im Rahmen von Dauerschuldverhältnissen und damit insbesondere mietähnliche Konstellationen.[81]

---

76 Vgl. *Sattler*, CR 2020, 145 (150) Rn. 39.

77 Vgl. auch *Metzger*, JZ 2019, 577 (585).

78 *Metzger*, ebenda (580).

79 So schon *Wendland*, ZVglRWiss 118, 2019, 191 (208).

80 Siehe auch *Wendland*, GPR 2016, 8 (13); *Schmidt-Kessel et al.*, GPR 2016, 54 (56); *Wendland*, ZVglRWiss 118, 2019, 191 (208).

81 *Wendland*, ZVglRWiss 118, 2019, 191 (208) nennt hierfür beispielhaft Abonnementmodelle für Anwendungssoftware sowie Streaming-Angebote.

Sofern dem Verbraucher lediglich der Zugang zu den digitalen Inhalten oder digitalen Dienstleistungen verschafft wird, ist die tatsächliche Verfügungsgewalt über die digitalen Inhalte bzw. digitalen Dienstleistungen beschränkt.[82]

Weiterhin genügt für die zweite Bereitstellungsalternative des Art. 5 Abs. 2 lit. a DIRL, dass das dem Verbraucher zur Verfügung zu stellende oder zugänglich zu machende Mittel „für den Zugang zu den digitalen Inhalten oder deren Herunterladen geeignet ist“. Die Begriffe des „Zugangs“ und des „Herunterladens“ bilden insofern ebenfalls das Begriffspaar der Zugangsverschaffung und Zurverfügungstellung ab, welches die Leistungshandlung damit für beide Alternativen des Art. 5 Abs. 2 lit. a DIRL konkretisiert.[83]

In zeitlicher Hinsicht umfasst der Begriff der Bereitstellung somit das dauerhafte Zurverfügungstellen („Herunterladen“) und die entsprechende dauerhafte Nutzbarkeit ebenso wie eine beschränkte Zugangsverschaffung und damit zeitlich begrenzte Nutzungsüberlassungen digitaler Inhalte oder digitaler Dienstleistungen.[84] Die Dauerhaftigkeit der Bereitstellung ist mithin nicht vorausgesetzt.[85]

Im Hinblick auf eine vertragstypologische Einordnung von Verträgen über die Bereitstellung digitaler Inhalte oder digitaler Dienstleistungen lässt sich festhalten, dass ein Zurverfügungstellen digitaler Inhalte die für einen Kaufvertrag charakteristische Einräumung von Verfügungsmacht und die Verschaffung einer Nutzungs- und Verwertungsbefugnis, die in zeitlicher Hinsicht und ihrem Umfang nach uneingeschränkt ist, impliziert; mit einem bloßen Zugänglichmachen digitaler Inhalte oder digitaler Dienstleistungen wird hingegen regelmäßig eine mietähnliche, temporäre Gebrauchsüberlassung assoziiert, die nicht auf die Verschaffung permanenter Nutzungs- und Dispositionsrechte angelegt ist.[86] Damit lassen sich zumindest Fallgruppen bilden, die auf nationaler Ebene verschiedenen Vertragstypen zugeordnet werden können.

Im Ergebnis gibt der Begriff der Bereitstellung i. S. v. Art. 5 Abs. 2 DIRL somit durchaus Anknüpfungspunkte für vertragstypologische Differenzierungen; eine vertragstypologische Einordnung von Verträgen über die Bereitstellung digitaler Inhalte oder digitaler Dienstleistungen determiniert der Bereitstellungsbegriff allein jedoch noch nicht.

---

82 Siehe auch *Wendland*, GPR 2016, 8 (13); *Wendland*, ZVglRWiss 118, 2019, 191 (208).

83 *Wendland*, ZVglRWiss 118, 2019, 191 (209).

84 *Wendland*, ebenda (209); *Sattler*, CR 2020, 145 (Rn. 40).

85 Zweifelhaft sei dies hingegen noch bei der vergleichbaren Regelung in Art. 5 lit. b GEK-VO gewesen, siehe dazu *Wendland*, GPR 2016, 8 (13).

86 Ähnlich *Schulze*, ZEuP 2019, 695 (705); *Wendland*, ZVglRWiss 118, 2019, 191 (208).

cc. Haftung des Unternehmers, Art. 11 DIRL

Wenngleich die Digitale-Inhalte-RL die dogmatische Ausgestaltung der Rechtsnatur und damit die vertragstypologische Einordnung der Verträge über die Bereitstellung digitaler Inhalte bzw. digitaler Dienstleistungen ausdrücklich den Mitgliedstaaten überlässt, kommt die Richtlinie naturgemäß nicht ohne eine zumindest implizite dogmatische Grundstruktur aus, also ein „inneres System", das den Regelungen der Richtlinie als inhaltliches Konzept zugrunde liegt.[87]

Die Digitale-Inhalte-RL unterscheidet verschiedene „Kategorien" der Bereitstellung digitaler Inhalte oder digitaler Dienstleistungen[88] und differenziert im Zusammenhang mit der Haftung des Unternehmers gem. Art. 11 DIRL zwischen Verträgen über die „einmalige Bereitstellung"[89] bzw. „eine Reihe einzelner Bereitstellungen"[90] digitaler Inhalte oder digitaler Dienstleistungen sowie Verträgen über eine „fortlaufende Bereitstellung über einen Zeitraum"[91].

Im Grunde verweist die Digitale-Inhalte-RL damit auf verschiedene von der Richtlinie umfasste Fallkonstellationen bzw. (indirekt) auf verschiedene Grundvertragstypen.[92] Diese (zumindest konzeptionellen) Differenzierungen sind im Hinblick auf eine vertragstypologische Einordnung von Bedeutung und sollen daher im Folgenden näher untersucht werden.

(1) „Einmalige Bereitstellung" oder eine „Reihe einzelner Bereitstellungen"

Das Regelungsregime der Digitale-Inhalte-RL umfasst zunächst Fälle, in denen ein Vertrag eine „einmalige Bereitstellung" oder eine „Reihe einzelner Bereitstellungen" der digitalen Inhalte oder digitalen Dienstleistungen vorsieht (in der englischen Fassung: *„single act of supply" or „a series of individual acts of supply"*; in der französischen Fassung: *„une opération de fourtinure unique" ou „une série d'opérations de fourniture distinctes"*).[93]

Die Bereitstellung digitaler Inhalte im Rahmen einer einmaligen Bereitstellung liegt beispielsweise vor, wenn der Verbraucher ein E-Book herunterlädt und auf seinem persönlichen Gerät abspeichert.[94] Aus einer Reihe solcher einzelnen Vor-

87 *Wendland*, ZVglRWiss 118, 2019, 191 (198, 210 ff.).
88 Siehe dazu auch Erwgr. 56 und 57 DIRL.
89 Vgl. Art. 11 Abs. 2 S. 1 Alt. 1 DIRL.
90 Vgl. Art. 11 Abs. 2 S. 1 Alt. 2 DIRL.
91 Vgl. Art. 11 Abs. 3 S. 1 DIRL.
92 Vgl. auch *Schmidt-Kessel et al.*, GPR 2016, 54 (61 f.); *Wendland*, ZVglRWiss 118, 2019, 191 (194, 210 ff.).
93 Siehe Erwgr. 56 DIRL, Art. 8 Abs. 2 lit. b und Art. 11 Abs. 2 DIRL.
94 Erwgr. 56 DIRL.

gänge besteht die Bereitstellung etwa, wenn der Verbraucher wöchentlich einen Link für das Herunterladen eines neuen E-Books erhält.[95]

Geschäftsmodelle, bei denen digitale Inhalte oder digitale Dienstleistungen im Rahmen einer einmaligen Bereitstellung bzw. in einer Reihe solcher einzelnen Vorgänge bereitgestellt werden, sind auf die einmalige Leistungserbringung und eine dauerhafte (permanente) und endgültige Überlassung respektive Verschaffung gerichtet und dadurch gekennzeichnet, „dass die Verbraucher danach unbefristeten Zugang auf und unbefristete Nutzungsrechte für die digitalen Inhalte und digitalen Dienstleistungen haben“[96]. Die Kategorie der einmaligen Bereitstellung bzw. einer Reihe einzelner Bereitstellungen entspricht damit im Grunde kaufähnlichen Konstellationen, sodass diese auch als das „klassische Kaufszenario“ bezeichnet wird.[97] Die betreffenden Richtlinienvorgaben orientieren sich weitgehend an den Regelungen über Waren und Warenkäufe, insbesondere hinsichtlich der geschuldeten Qualität.[98] Die Vertragsmäßigkeit der digitalen Inhalte oder digitalen Dienstleistungen ist zum Zeitpunkt der Bereitstellung zu prüfen und der Unternehmer ist entsprechend nur für eine Vertragswidrigkeit haftbar, die zu dem Zeitpunkt besteht, zu dem die einmalige Bereitstellung oder jede einzelne Bereitstellung erfolgt (vgl. Art. 11 Abs. 2 DIRL).[99] Der zeitliche Bezugspunkt der „Sollbeschaffenheit“ bei punktuellen Austauschverträgen über digitale Inhalte oder digitale Dienstleistun-

95 Ibid.

96 Erwgr. 56 DIRL; ähnlich bereits der Kompromissvorschlag des Rates, S. 24, Fn. 52, wonach es darauf ankommen soll, „dass der Verbraucher anschließend die Möglichkeit hat, für einen unbegrenzten Zeitraum auf die digitalen Inhalte zuzugreifen und sie zu nutzen“.

97 So *Bach*, NJW 2019, 1705 (1706); siehe auch *Wendland*, ZVglRWiss 118, 2019, 191 (211).

98 Siehe Art. 7 DIRL und Art. 6 WKRL zu Parallelen bzgl. der subjektiven Anforderungen an die Vertragsmäßigkeit sowie Art. 8 Abs. 1 lit. a und b DIRL und Art. 7 Abs. 1 lit. a, Abs. 2 WKRL zu Parallelen bzgl. der objektiven Anforderungen an die Vertragsmäßigkeit; die Orientierung an den Regeln über Waren und Warenkäufe bereits aufzeigend *Schmidt-Kessel et al.*, GPR 2016, 54 (61 f.), die sich in der weiteren Untersuchung jedoch noch auf die Regelungen des Richtlinienvorschlags beziehen.

99 Siehe dazu auch Erwgr. 56 DIRL; ähnlich bereits der Kompromissvorschlag des Rates, S. 24 f., Fn. 52. Hinzuweisen ist auf die Richtlinienvorgabe des Art. 11 Abs. 2 Unterabs. 2 DIRL: In Bezug auf Verträge, die eine einmalige Bereitstellung oder eine Reihe einzelner Bereitstellungen der digitalen Inhalte oder digitalen Dienstleistungen vorsehen, sollten die nationalen Gesetzgeber sicherstellen, dass Unternehmer, wenn sie gemäß dem jeweiligen nationalen Recht nur für Vertragswidrigkeiten haftbar sind, die innerhalb eines bestimmten Zeitraums nach der Bereitstellung offenbar werden, für nicht weniger als zwei Jahre ab dem Zeitpunkt der Bereitstellung haften (siehe auch Erwgr. 56 DIRL). Der Unternehmer trägt zudem bei einer Vertragswidrigkeit, die innerhalb eines Jahres nach Bereitstellung der digitalen Inhalte oder digitalen Dienstleistungen offenbar wird, die Beweislast dafür, dass die digitalen Inhalte oder digitalen Dienstleistungen zu dem Zeitpunkt der Bereitstellung in vertragsgemäßem Zustand waren (vgl. Art. 12 Abs. 2 DIRL); eingehend hierzu Kapitel 9 II.

gen ist somit nicht auf eine angemessene Nutzungsdauer hinaus erweitert worden und die Richtlinie enthält keine gesonderten Regelungen zur Gewährleistung einer angemessenen Nutzungsdauer.[100] Eine andauernde „Qualitätsverantwortung" des Unternehmers besteht in diesen Fallkonstellationen somit grundsätzlich nicht. Allerdings sieht Art. 8 Abs. 2 lit. b DIRL auch im Falle einer einmaligen Bereitstellung digitaler Inhalte oder digitaler Dienstleistungen „nachhängende Pflichten"[101] in Form einer Aktualisierungspflicht des Unternehmers vor, die Teil der objektiven Anforderungen an die Vertragsmäßigkeit sind und damit auch kaufähnliche Konstellationen im Ergebnis um eine gewisse dauerschuldrechtliche Komponente ergänzen.[102] Art. 8 Abs. 2 lit. b DIRL ist hinsichtlich der Aktualisierungspflicht des Unternehmers gegenüber dem Kompromissvorschlag des Rates zwar zurückhaltender formuliert,[103] in Fällen, in denen der Vertrag eine einmalige Bereitstellung oder eine Reihe einzelner Bereitstellungen vorsieht, muss der Unternehmer aber zumindest sicherstellen, dass dem Verbraucher „Aktualisierungen, einschließlich Sicherheitsaktualisierungen, die für den Erhalt der Vertragsmäßigkeit der digitalen Inhalte und digitalen Dienstleistungen erforderlich sind" während des Zeitraums bereitgestellt werden, den der Verbraucher aufgrund der Art und des Zwecks des digitalen Produkts und unter Berücksichtigung der Umstände und der Art des Vertrages vernünftigerweise erwarten kann. Auch wenn „nachhängende Pflichten" des Unternehmers nicht wirklich in das Bild eines typischen Kaufvertrags passen,[104] sind jedenfalls Aktualisierungspflichten – also die (kontinuierliche) Bereitstellung von „Updates" – somit auch bei der Kategorie der einmaligen Bereitstellung und damit bei kaufähnlichen Situationen nicht ausgeschlossen.[105]

---

100 Siehe hingegen *Riehm/Abold*, ZUM 2018, 82 (88), die sich dafür aussprechen, auch für punktuelle Austauschverträge gesonderte Regeln für fehlende Sicherheits- und Funktionalitätsaktualisierungen zur Gewährleistung einer angemessenen Nutzungsdauer und für nachträgliche Verschlechterungen von Sicherheit und Funktionalität durch Updates vorzusehen und damit letzlich den zeitlichen Bezugspunkt der Sollbeschaffenheit auch bei punktuellen Austauschverträgen über die Bereitstellung hinaus auf eine angemessene Nutzungsdauern zu erweitern und hierfür entsprechende Rechtsfolgen vorzusehen; kritisch dazu *Wendland*, ZVglRWiss 118, 2019, 191 (211 ff.); *Schmidt-Kessel et al.*, GPR 2016, 54 (62).

101 So *Metzger*, JZ 2019, 577 (585).

102 Zur Aktualisierungspflicht siehe Kapitel 7 II.

103 Vgl. Art. 6a Abs. 1 lit b und die ergänzenden Erläuterungen in Fn. 43 des Kompromissvorschlags des Rates, wonach digitale Inhalte oder die digitale Dienstleistung über Merkmale wie Sicherheit einschließlich Sicherheitsaktualisierungen verfügen sollte, die für die Nutzung gleichartiger digitaler Inhalte oder einer gleichartigen digitalen Dienstleistung üblich sind.

104 *Metzger*, JZ 2019, 577 (585).

105 Andere Ansicht *Wendland*, ZVglRWiss 118 (2019), 191 (212).

(2) „Fortlaufende Bereitstellung über einen Zeitraum“

Neben der Kategorie digitaler Inhalte bzw. digitaler Dienstleistungen, die im Rahmen einer einmaligen Bereitstellung oder einer Reihe einzelner Bereitstellungen bereitgestellt werden, können dem Verbraucher die digitalen Inhalte oder digitalen Dienstleistungen auch „fortlaufend über einen Zeitraum“ bereitgestellt werden.[106]

Die Kategorie digitaler Inhalte oder digitaler Dienstleistungen, die „fortlaufend über einen Zeitraum bereitgestellt werden“, die sog. „fortlaufende Bereitstellung“ (in der englischen Fassung: *„continuous supply over a period of time“*; in der französischen Fassung: *„la fourniture continue“*) erfasst Fälle, in denen der Unternehmer dem Verbraucher digitale Inhalte oder digitale Dienstleistungen für einen bestimmten oder unbegrenzten Zeitraum bereitstellt.[107]

Gekennzeichnet ist die Kategorie der fortlaufenden Bereitstellung dadurch, dass die digitalen Inhalte oder digitalen Dienstleistungen dem Verbraucher so lange zur Verfügung stehen oder zugänglich sind, wie die festgelegte Vertragslaufzeit oder der unbefristete Vertrag in Kraft ist; nicht vorausgesetzt ist, dass es sich um eine langfristige Bereitstellung handelt.[108] Eine fortlaufende Bereitstellung über einen bestimmten Zeitraum erfasst zudem Fälle, in denen bestimmte Elemente der digitalen Inhalte oder der digitalen Dienstleistungen während des Zeitraums, in dem die festgelegte Vertragslaufzeit andauert oder der unbefristete Vertrag in Kraft ist, regelmäßig oder wiederholt bereitgestellt werden.[109] Damit ist klargestellt, dass von der Konstellation einer fortlaufenden Bereitstellung nicht nur befristete Verträge umfasst sind, sondern ebenfalls unbefristete, aber eben nicht auf ewig abgeschlossene Vertragsverhältnisse. Die Richtlinie führt für den Fall einer fortlaufenden (kontinuierlichen) Bereitstellung beispielhaft einen Zweijahresvertrag für eine Cloud-Speicherung oder eine unbefristete Mitgliedschaft bei einer Plattform für soziale Medien an.[110]

In vertragstypologischer Hinsicht lässt sich die Kategorie der fortlaufenden Bereitstellung als eine vorübergehende Gebrauchsüberlassung (im Sinne einer Miete oder Pacht) einordnen, bei der der Unternehmer dem Verbraucher regelmäßig die Verschaffung der Nutzungsmöglichkeit schuldet.[111] Ob die Gebrauchsüberlassung dabei die Übertragung der digitalen Inhalte erfordert oder die bloße Nutzungsmöglichkeit ohne Verschaffungspflicht genügt, hängt von der konkreten

---

106 Vgl. Erwgr. 56 und 57, Art. 8 Abs. 2 lit. a, Abs. 4 und Art. 11 Abs. 3 DIRL.
107 Vgl. Erwgr. 57 DIRL.
108 Siehe ebenda.
109 Ibid.
110 Ibid.
111 Vgl. *Schmidt-Kessel et al.*, GPR 2016, 54 (62); *Wendland*, ZVglRWiss 118, 2019, 191 (213 f.); siehe auch *Bach*, NJW 2019, 1705 (1706).

Nutzungssituation und der vertraglichen Vereinbarung zwischen Unternehmer und Verbraucher ab.[112]

Für die fortlaufende Bereitstellung digitaler Inhalte bzw. digitaler Dienstleistungen trifft die Digitale-Inhalte-RL im Hinblick auf die Anforderungen an die Vertragsmäßigkeit, die Haftung des Unternehmers und zu der Frage der Beweislast vereinzelt Sonderregelungen, die an das Konzept der Gebrauchsüberlassung angepasst sind:

Im Falle der fortlaufenden Bereitstellung digitaler Inhalte oder digitaler Dienstleistungen über einen Zeitraum müssen diese während des gesamten Zeitraums vertragsgemäß sein (Art. 8 Abs. 4 DIRL). Den Unternehmer trifft insoweit eine andauernde Verantwortung für die Qualität des digitalen Inhalts bzw. der digitalen Dienstleistung während des gesamten Zeitraums der Bereitstellung; dies entspricht im Grunde einer mietähnlichen Situation.[113]

Sieht der Vertrag eine fortlaufende Bereitstellung über einen Zeitraum vor, hat der Unternehmer zudem sicherzustellen, dass dem Verbraucher die Aktualisierungen, einschließlich der Sicherheitsaktualisierungen, die für den Erhalt der Vertragsmäßigkeit der digitalen Inhalte oder digitalen Dienstleistungen erforderlich sind, während des gesamten Zeitraums, in dem die digitalen Inhalte oder digitalen Dienstleistungen im Rahmen des Vertrags bereitzustellen sind, auch bereitgestellt werden (Art. 8 Abs. 2 lit. a DIRL).

Der Unternehmer haftet entsprechend für Vertragswidrigkeiten, die während des Zeitraums, in dem die digitalen Inhalte oder Dienstleistungen aufgrund des Vertrags bereitzustellen sind, eintreten oder offenbar werden (Art. 11 Abs. 3 DIRL). Er trägt für Vertragswidrigkeiten, die während des maßgeblichen Zeitraums offenbar werden, zudem die Beweislast dafür, dass die digitalen Inhalte oder digitalen Dienstleistungen während dieses Zeitraums in einem vertragsgemäßen Zustand waren (Art. 12 Abs. 3 DIRL).[114]

Im Übrigen findet nach den Vorgaben der Digitale-Inhalte-RL aber ein einheitliches Regelungsregime Anwendung; dies betrifft insbesondere auch die Rechtsbehelfe des Verbrauchers bei Nichtleistung oder vertragswidriger Leistung.

Die Richtline enthält ferner keine Sonderregelungen zu Vertragslaufzeiten oder Kündigungsfristen, obwohl mit der Kategorie der fortlaufenden Bereitstellung digitaler Inhalte oder digitaler Dienstleistungen offenbar Dauerschuldverhältnisse

---

112 *Wendland*, ZVglRWiss 118, 2019, 191 (213); *Schmidt-Kessel et al.*, GPR 2016, 54 (56, 62).

113 Vgl. *Schmidt-Kessel et al.*, GPR 2016, 54 (62).

114 Dies gilt gem. Art. 12 Abs. 4 DIRL nicht, „wenn der Unternehmer nachweist, dass die digitale Umgebung des Verbrauchers in Bezug auf die technischen Anforderungen der digitalen Inhalte oder digitalen Dienstleistungen nicht kompatibel ist, und wenn er den Verbraucher vor Vertragsschluss in klarer und verständlicher Weise von diesen Anforderungen in Kenntnis gesetzt hat".

erfasst sind. Der Richtlinienvorschlag sah hingegen für Fälle der fortlaufenden Bereitstellung mit dem „Recht auf Beendigung langfristiger Verträge" noch eine Kündigungsmöglichkeit vor (vgl. Art. 16 des Richtlinienvorschlags). Danach war der Verbraucher, wenn die digitalen Inhalte dem Vertrag zufolge unbefristet bereitgestellt werden sollten oder bei einer einmaligen Laufzeit des Vertrags oder dessen Verlängerungen von zusammengenommen mehr als 12 Monaten berechtigt, den Vertrag jederzeit nach Ablauf des ersten 12-Monats-Zeitraums mit einer vierzehntätigen Frist zu beenden.[115] Die Regelung eines solchen ordentlichen Kündigungsrechts bot ein besonderes Flexibilisierungsinstrument in Fällen einer längeren Nutzung der digitalen Inhalte.[116] Das spezielle Recht auf Beendigung langfristiger Verträge wurde in der endgültigen Richtlinie jedoch gestrichen. Diese sieht vielmehr einen einheitlichen Anspruch auf Beendigung des Vertrags als „Abhilfe bei Vertragswidrigkeit" vor, unabhängig von der Art der Bereitstellung der digitalen Inhalte oder digitalen Dienstleistungen (vgl. Art. 14 Abs. 1, 4, 6 und Art. 15, 16, 17 DIRL).

c. Resümee

Hinsichtlich des Regelungsansatzes der Digitale-Inhalte-RL lässt sich festhalten, dass die Richtlinie digitale Inhalte und digitale Dienstleistungen als Bezugsobjekt in den Mittelpunkt des Regelungskonzepts für ein Digitalvertragsrecht stellt und gemeinsame Vorschriften über bestimmte Anforderungen an Verträge über die Bereitstellung digitaler Inhalte oder digitaler Dienstleistungen festlegt.

Anders als bei der Warenkauf-RL ist Gegenstand der Digitale-Inhalte-RL nicht die Regulierung eines spezifischen Vertragstyps. Die Richtlinie harmonisiert vielmehr einzelne wesentliche vertragsrechtliche Aspekte der Bereitstellung digitaler Inhalte und digitaler Dienstleistungen, um so Probleme anzugehen, die speziell bei Verträgen über digitale Inhalte und digitale Dienstleistungen auftreten. Der europäische Gesetzgeber verzichtet dabei ausdrücklich auf eine vertragstypologische Einordnung von Verträgen über digitale Inhalte und digitale Dienstleistungen. Die digitalvertragsrechtlichen Vorgaben konzentrieren sich im Wesentlichen auf eine abstrakte Regelung von bestimmten Pflichten und Gewährleistungsrechtsbehelfen.

Nichtsdestotrotz ist das Regelungsregime der Richtlinie (implizit) an verschiedene Grundvertragstypen angelehnt. Der Begriff der Bereitstellung i. S. v. Art. 5 Abs. 2 DIRL enthält Anknüpfungspunkte für vertragstypologische Differenzierungen und mit der Unterscheidung zwischen der „einmaligen Bereitstellung" bzw.

115 Vgl. Art. 16 Abs. 1 des Richtlinienvorschlags; die Formvorschriften und die Abwicklungsfolgen der Kündigung richteten sich nach Art. 16 Abs. 2–5 des Richtlinienvorschlags, siehe dazu *Schmidt-Kessel et al.*, GPR 2016, 54 (61 f., 70).

116 *Schmidt-Kessel et al.*, GPR 2016, 54 (70).

„einer Reihe einzelner Bereitstellungen" und der „fortlaufenden Bereitstellung über einen Zeitraum" digitaler Inhalte oder digitaler Dienstleistungen lassen sich zumindest Fallgruppen bilden, die auf nationaler Ebene verschiedenen Vertragstypen zugeordnet werden können.

Der Richtlinie liegt somit eine Orientierung an den klassischen Vertragstypen zugrunde – ohne die in den Rechtsordnungen der Mitgliedstaaten verankerten weiteren Differenzierungen innerhalb dieser Vertragstypen abzubilden.[117]

Jedenfalls unter dem Gesichtspunkt des einheitlichen Gewährleistungsregimes für digitale Inhalte und digitale Dienstleistungen lässt die Digitale-Inhalte-RL die Unterschiede zwischen Kauf und Dienstleistungen im Bereich des Vertriebs digitaler Güter allerdings vermehrt zurücktreten.[118] Dies betrifft insbesondere die übergreifenden Maßstäbe im Hinblick auf die Vertragsmäßigkeit oder Vertragswidrigkeit der Leistung des Unternehmers und die Rechtsbehelfe des Verbrauchers bei Nichtleistung oder vertragswidriger Leistung. Eine „klassische" Unterteilung in Kaufverträge und Dienstleistungsverträge scheint unter diesem Aspekt an Bedeutung zu verlieren.[119] Insoweit nimmt auch die praktische Bedeutung der Frage nach der vertragstypologischen Einordnung von Verträgen über digitale Produkte ab.[120]

Im Ergebnis überzeugt die Entscheidung des europäischen Gesetzgebers, eine vertragstypologische Einordnung von Verträgen über digitale Inhalte und digitale Dienstleistungen den Mitgliedstaaten zu überlassen, insbesondere aufgrund des Umstands, dass der Vertragstypeneinordnung in den nationalen Rechtssystemen unterschiedliche Bedeutung zukommt. Der europäische Gesetzgeber greift mit der Wahl einer Richtlinie und dem Verzicht auf eine vertragstypologische Einordnung insofern nicht mehr als notwendig in die Entwicklung der Vertragstypenlehre der Mitgliedstaaten ein.[121] Grundsätzlich lassen sich Verträge über digitale Inhalte bzw. digitale Dienstleistungen je nach Inhalt des Vertrags und der Klassifizierungen der nationalen Rechtsordnungen damit (weiterhin) verschiedenen Vertragstypen zuordnen. Den EU-Mitgliedstaaten steht es frei, die Richtlinienvorgaben innerhalb bestehender Vertragstypologien umzusetzen oder aber die Umsetzung der Richtlinie zum Anlass zu nehmen, einen ganz neuen Vertragstyp zu schaffen oder auch die vertragstypologische Einordnung der von der Richtlinie erfassten Verträge offen zu lassen. Beschränkt wird die Freiheit der Mitgliedstaaten bei einer typologischen

117 Ähnlich auch *Riehm/Abold*, ZUM 2018, 82 (83); *Wendland*, ZVglRWiss 118, 2019, 191 (194); *Schmidt-Kessel et al.*, GPR 2016, 54 (61 f.).

118 Ebenso *Arroyo Vendrell/Schulze*, in: Kindl/Arroyo Vendrell/Gsell (Hrsg.), Verträge über digitale Inhalte und digitale Dienstleistungen, S. 21 (32).

119 So auch *Arroyo Vendrell/Schulze*, ebenda.

120 Siehe auch *Riehm/Abold*, CR 2021, 530 (532).

121 *Schmidt-Kessel et al.*, GPR 2016, 2 (3).

Einordnung der von der Digitale-Inhalte-RL erfassten Verträge lediglich durch das Erfordernis, die von der Richtlinie vorgegebenen Ergebnisse auch im nationalen Recht zu erreichen und den nationalen Gesetzgebern ist es auferlegt, Wertungsdifferenzen und entstehende Kohärenzprobleme im nationalen Recht auszugleichen.[122]

2. Problemaufriss: „Daten als Leistungsgegenstand"

In der digitalen Wirtschaft treten Geschäftsmodelle, bei denen digitale Inhalte oder digitale Dienstleistungen bereitgestellt werden, ihr „Nutzer" aber keinen monetären oder in Geld zu bemessenden Preis zahlt, sondern stattdessen Zugang zu seinen Daten gewährt – mit anderen Worten für die digitalen Inhalte oder digitalen Dienstleistungen mit seinen Daten „bezahlt" – in verschiedensten Formen in einem erheblichen Teil des Marktes auf.[123]

Dieser wirtschaftlichen Realität konnte sich das Vertragsrecht nicht länger verschließen. Es bedurfte daher einer vertragsrechtlichen Regulierung, um insbesondere sicherzustellen, dass einem Verbraucher, der mit seinen personenbezogenen Daten „bezahlt", in Fällen, in denen Unternehmer vertragswidrige digitale Inhalte oder digitale Dienstleistungen liefert, ebenfalls Gewährleistungsrechte zustehen, die die Äquivalenzbeziehung zwischen Leistung und Gegenleistung wiederherstellen.[124]

Die Anerkennung von Daten als „Zahlungsmittel" und damit als Leistungsgegenstand stellt eine der größten Neuerungen im europäischen Vertragsrecht dar. Reguliert wird der Datenerwerb durch den Anbieter digitaler Güter in Form sog. datenbasierter (auch: datengetriebener) Geschäftsmodelle nunmehr erstmals im Rahmen der Digitale-Inhalte-RL.

Das Digitalvertragsrecht findet gem. Art. 3 Abs. 1 Unterabs. 2 DIRL auch Anwendung, wenn der Unternehmer digitale Inhalte oder digitale Dienstleistungen bereitstellt oder deren Bereitstellung zusagt und „der Verbraucher dem Unternehmer personenbezogene Daten bereitstellt oder deren Bereitstellung zusagt, außer in Fällen, in denen die vom Verbraucher bereitgestellten personenbezogenen Daten durch den Unternehmer ausschließlich zur Bereitstellung digitaler Inhalte

---

122 Vgl. *Rosenkranz*, in: Behme/Fervers/Hofmann/et. al. (Hrsg.), Perspektiven einer europäischen Privatrechtswissenschaft, S. 235 (269); *Schmidt-Kessel et al.*, GPR 2016, 2 (3).

123 Siehe hierzu statt vieler *Metzger*, AcP 216 (2016), 817 (818); *Schmidt-Kessel et al.*, GPR 2016, 54 (57 ff.); *Franceschi*, in: Schmidt-Kessel/Kramme (Hrsg.), Geschäftsmodelle in der digitalen Welt, S. 113 (115); *Hacker*, ZfPW 2019, 148-196.

124 *Staudenmayer*, IWRZ 2020, 147 (148 f.).

oder digitaler Dienstleistungen im Einklang mit dieser Richtlinie oder zur Erfüllung von vom Unternehmer einzuhaltenden rechtlichen Anforderungen verarbeitet werden und der Unternehmer diese Daten zu keinen anderen Zwecken verarbeitet“.

Nach Maßgabe der Digitale-Inhalte-RL öffnet sich das Vertragsrecht damit dem Geschäftsmodell des Datenerwerbs, um dem Verbraucher in Fällen, in denen er keinen „Preis“ zahlt, aber seine personenbezogenen Daten zur Verfügung stellt, ebenfalls vertragliche Rechtsbehelfe zur Verfügung zu stellen.[125]

Diskussionsbestimmend ist in diesem Zusammenhang die (problematische) Charakterisierung personenbezogener Daten als „Gegenleistung“ des Verbrauchers.[126] Die Thematik begleitete und dominierte den Gesetzgebungsprozess der Digitale-Inhalte-RL. Insbesondere unter datenschutzrechtlichen Gesichtspunkten ist eine Anerkennung von Daten als „Gegenleistung“ erheblicher Kritik ausgesetzt.[127]

Das Kernkonzept „Daten als Leistungsgegenstand“ soll Gegenstand einer umfassenden Untersuchung aus rechtsvergleichender Perspektive sein. Aus diesem Grund wird die Thematik im zweiten Teil dieser Arbeit näher untersucht.[128] So kann das Konzept der Digitale-Inhalte-RL im Zusammenhang und im direkten Vergleich zu den Lösungen der nationalen Gesetzgeber dargestellt werden.

III. Auswirkungen auf bestehende Rechtsakte

Die Digitale-Inhalte-RL ist im Verhältnis zu anderen Rechtsakten der EU streng subsidiär ausgestaltet,[129] denn Art. 3 Abs. 7 DIRL legt fest, dass bei der Kollision einer Bestimmung der Digitale-Inhalte-RL mit Bestimmungen eines anderen Unionsrechtsaktes, der einen spezifischen Sektor oder Gegenstand regelt, dieser vorrangig ist.

---

125 Zum Hintergrund der Vorschrift vgl. Erwgr. 24 DIRL.

126 Statt vieler siehe hierzu bspw. auch *Metzger*, AcP 216 (2016), 817; *Metzger*, JZ 2019, 577 (579) *Hacker*, ZfPW 2019, 148–196; *Zoll*, in: Schulze/Staudenmayer/Lohsse (Hrsg.), Contracts for the Supply of Digital Content: Regulatory Challenges and Gaps, S. 179; *Sattler*, JZ 2017, 1036.

127 Siehe insbesondere die Stellungnahme des Europäischen Datenschutzbeauftragten: *Europäischer Datenschutzbeauftragter* (*EDSB*), Stellungnahme 4/2017 zu dem Vorschlag für eine Richtlinie über bestimmte vertragsrechtliche Aspekte der Bereitstellung digitaler Inhalte, v. 14. März 2017 [nachfolgend: EDSB, Stellungnahme 4/2017].

128 Siehe Kapitel 5.

129 Zum Verhältnis der Digitale-Inhalte-RL zu anderen Rechtsakten siehe auch *Linardatos*, in: Specht-Riemenschneider/Werry/Werry (Hrsg.), Datenrecht in der Digitalisierung, S. 506 (153 Rn. 7 ff.).

Insbesondere lässt die Digitale-Inhalte-RL die EU-DSGVO[130] und die Richtlinie 2002/58/EG[131] unberührt (vgl. Art. 3 Abs. 8 Unterabs. 2 S. 1 DIRL). Die vertragsrechtlichen Bestimmungen der Digitale-Inhalte-RL sind daher auch stets im Lichte der EU-DSGVO auszulegen.[132] Im Fall von Widersprüchen zwischen Bestimmungen der Digitale-Inhalte-RL und dem Unionsrecht für den Schutz personenbezogener Daten soll letzteres maßgeblich sein (Art. 3 Abs. 8 Unterabs. 2 S. 2 DIRL).[133]

Von der Richtlinie unberührt bleiben gem. Art. 3 Abs. 9 DIRL ferner das Unionsrecht und das nationale Recht auf dem Gebiet des Urheberrechts und der verwandten Schutzrechte, einschließlich der Richtlinie 2001/29/EG[134].[135] Insoweit ist anzumerken, dass die Digitale-Inhalte RL von einem Zweipersonenverhältnis zwischen einem Unternehmer und einem Verbraucher ausgeht und dabei außer Betracht lässt, dass in der Praxis vielfach neben dem Vertrag über die Überlassung digitaler Inhalte auch ein sog. Endnutzerlizenzvertrag mit dem Rechtsinhaber abzuschließen ist; jegliche urheberrechtliche Fragestellungen der Rechtsbeziehungen der Beteiligten blendet die Richtlinie jedoch aus.[136]

Bestehende vertragsrechtliche Rechtsakte der Europäischen Union bleiben von der Digitale-Inhalte-RL ebenfalls weitestgehend unberührt. Hervorzuheben ist die sog. Klauselrichtlinie[137] und die sog. E-Commerce-Richtlinie, die die Digitale-Inhalte in Teilbereichen ergänzt.

---

130 Die EU-DSGVO wurde im Jahr 2016 verabschiedet und ersetze mit Wirkung zum 25. Mai 2018 die aus dem Jahr 1995 stammende Datenschutzrichtlinie (Richtlinie 95/46/EG des Europäischen Parlaments und des Rates, ABl. L 281 vom 23.11.1995); entsprechend nahm der Richtlinienvorschlag der Kommission aus dem Jahr 2015 noch Bezug auf die Richtlinie 95/46/EG, verwies aber darauf, dass diese durch die Datenschutz-Grundverordnung zu ersetzen sei, sobald sie verabschiedet ist, siehe Erwgr. 22 des Richtlinienvorschlags.

131 Richtlinie 2002/58/EG des Europäischen Parlaments und des Rates vom 12. Juli 2002 über die Verarbeitung personenbezogener Daten und den Schutz der Privatsphäre in der elektronischen Kommunikation (Datenschutzrichtlinie für elektronische Kommunikation; auch: E-Privacy-Richtlinie), ABl. L 201 vom 31.7.2002, S. 37.

132 Siehe hierzu auch *Westphalen/Wendehorst*, BB 2016, 2179 (2179 ff.); *Linardatos*, in: Specht-Riemenschneider/Werry/Werry (Hrsg.), Datenrecht in der Digitalisierung, S. 506 (513 Rn. 8 f.).

133 Siehe dazu auch Erwgr. 37 DIRL.

134 Richtlinie 2001/29/EG des Europäischen Parlaments und des Rates vom 22. Mai 2001 zur Harmonisierung bestimmter Aspekte des Urheberrechts und der verwandten Schutzrechte in der Informationsgesellschaft, ABl. L 167 vom 22.6.2001, S. 10.

135 Siehe dazu auch Erwgr. 36 DIRL.

136 Kritisch dazu *Metzger*, AcP 216 (2016), 817 (820).

137 Richtlinie 93/13/EWG des Rates vom 5. April 1993 über missbräuchliche Klauseln in Verbraucherverträgen, Amtsblatt der Europäischen Gemeinschaften, Nr. L. 95/29 [nachfolgend: Klauselrichtlinie].

Indessen ist die Verbraucherrechterichtlinie 2011/83/EU unter anderem im Hinblick auf Verträge über digitale Inhalte und digitale Dienstleistungen und die Einführung zusätzlicher besonderer Informationspflichten durch die Richtlinie (EU) 2019/2161 geändert und ergänzt worden.[138] Als Teil der „Neugestaltung der Rahmenbedingungen für die Verbraucher“[139] hatte die EU-Kommission neben dem Vorschlag für eine Richtlinie über digitale Inhalte im April 2018 einen Vorschlag für eine Richtlinie zur besseren Durchsetzung und Modernisierung der EU-Verbraucherschutzvorschriften[140] vorgelegt. Ende 2019 wurde die Modernisierungsrichtlinie schließlich verabschiedet.

Um zwischen dem Anwendungsbereich der Digitale-Inhalte-RL und der Verbraucherrechterichtlinie 2011/83/EU Kohärenz herzustellen – so erklärtes Ziel des europäischen Gesetzgebers[141] –, verweist die Verbraucherrechterichtlinie n.F. hinsichtlich der Begriffsbestimmungen „digitale Inhalte“ und „digitale Dienstleistung“ auf die Vorschriften der Digitale-Inhalte-RL (vgl. Art. 2 Abs. 1 Nr. 11 bzw. Nr. 16 VRRL n.F.). Zudem sollte der Anwendungsbereich der Verbraucherrechterichtlinie auf Verträge ausgeweitet werden, nach denen der Unternehmer eine digitale Dienstleistung für den Verbraucher erbringt oder deren Erbringung zusagt und der Verbraucher personenbezogene Daten bereitstellt oder deren Bereitstellung zusagt.[142]

Art. 3 Abs. 1a Hs. 1. VRRL n.F. stellt daher klar, dass die Verbraucherrechterichtlinie auch dann gilt, „wenn der Unternehmer dem Verbraucher digitale Inhalte, die nicht auf einem körperlichen Datenträger geliefert werden, bereitstellt oder deren Bereitstellung zusagt oder für den Verbraucher digitale Dienstleistungen bereitstellt oder deren Bereitstellung zusagt und der Verbraucher dem Unternehmer personenbezogene Daten bereitstellt oder deren Bereitstellung zusagt, (...)“. Art. 3 Abs. 1a VRRL n.F. spricht ebenso wie Art. 3 Abs. 1 Unterabs. 2 DIRL von der

---

138 Nachfolgend bezeichnet als Verbraucherrechterichtlinie n.F., kurz: VRRL n.F.

139 Siehe die Mitteilung der Kommission an das Europäische Parlament, den Rat und den Europäischen Wirtschafts- und Sozialausschuss, Neugestaltung der Rahmenbedingungen für die Verbraucher, vom 11.4.2018, COM(2018) 183 final.

140 Vorschlag für eine Richtlinie des Europäischen Parlaments und des Rates zur Änderung der Richtlinie 93/13/EWG des Rates vom 5. April 1993, der Richtlinie 98/6/EG des Europäischen Parlaments und des Rates, der Richtlinie 2005/29/EG des Europäischen Parlaments und des Rates sowie der Richtlinie 2011/83/EU des Europäischen Parlaments und des Rates zur besseren Durchsetzung und Modernisierung der EU-Verbraucherschutzvorschriften v. 11.4.2018, COM(2018) 185 final [nachfolgend: Richtlinienvorschlag zur Modernisierung des Verbraucherschutzes].

141 Vgl. Erwgr. 32 Mod-RL.

142 Ibid.

(Zusage zur) Bereitstellung personenbezogener Daten und sieht inhaltlich dieselben Ausnahmen des Anwendungsbereichs vor (vgl. Art. 3 Abs. 1a Hs. 2 VRRL n.F.).[143]

Verträge über die Bereitstellung nicht auf einem körperlichen Datenträger befindlicher Daten, für die der Verbraucher personenbezogene Daten bereitstellt, werden damit nunmehr auch ausdrücklich in der Verbraucherrechterichtlinie geregelt und die Verbraucherrechterichtlinie gilt ebenfalls für Verträge über die Bereitstellung digitaler Dienstleistungen, für die der Verbraucher keinen Preis zahlt, sondern dem Unternehmer personenbezogene Daten zur Verfügung stellt.

Bemerkenswert ist, dass digitale Inhalte, die auf einem körperlichen Datenträger übermittelt werden, von Art. 3 Abs. 1a VRRL n.F. nicht erfasst sind – auf diese dürfte die Verbraucherrechterichtlinie n.F. somit nur bei einer (Zusage zur) Preiszahlung seitens des Verbrauchers Anwendung finden.[144]

Die weiteren Änderungen der Verbraucherrechterichtlinie betreffen insbesondere Anpassungen der vorvertraglichen Informationspflichten bei Anbietern digitaler Produkte, die nicht auf einem körperlichen Datenträger vertrieben werden. Digitale Produkte, die auf einem körperlichen Datenträger vertrieben werden, unterliegen hingegen den Informationspflichten für Warenprodukte.

IV. Resümee

Der Anwendungsbereich der Digitale-Inhalte-RL ist in Art. 3 DIRL definiert. Die Richtlinie gilt gem. Art. 3 Abs. 1 Unterabs. 1 DIRL „für alle Verträge, auf deren Grundlage der Unternehmer dem Verbraucher digitale Inhalte oder digitale Dienstleistungen bereitstellt oder deren Bereitstellung zusagt und der Verbraucher einen Preis zahlt oder dessen Zahlung zusagt“. Sie findet gem. Art. 3 Abs. 1 Unterabs. 2 DIRL grundsätzlich auch dann Anwendung, „wenn der Unternehmer dem Verbraucher digitale Inhalte oder digitale Dienstleistungen bereitstellt oder deren Bereitstellung zusagt und der Verbraucher dem Unternehmer personenbezogene Daten bereitstellt oder deren Bereitstellung zusagt“.

Entscheidend für die Anwendbarkeit der Bestimmungen der Digitale-Inhalte-RL ist – in Abgrenzung zur Warenkauf-RL – der Vertragsinhalt: Die Digitale-Inhalte-RL findet Anwendung auf die Bereitstellung digitaler Inhalte und digitaler Dienst-

143 Zu den Ausnahmen gem. Art. 3 Abs. 1a Hs. 2 Verbraucherrechterichtlinie nF. siehe auch Erwgr. 33 und 34 Mod-RL.

144 Vgl. Art. 3 Abs. 1 S. 1 VRRL n.F.: „Diese Richtlinie gilt unter den Bedingungen und in dem Umfang, wie sie in ihren Bestimmungen festgelegt sind, für alle Verträge, die zwischen einem Unternehmer und einem Verbraucher geschlossen werden, bei denen der Verbraucher den Preis zahlt oder die Zahlung des Preises zusagt.“.

leistungen; die Warenkauf-RL findet Anwendung auf den Erwerb von Waren, einschließlich „Waren mit digitalen Elementen".

Ausnahmen vom Anwendungsbereich der Digitale-Inhalte-RL sind in Art. 3 DIRL, beginnend ab Absatz 4, geregelt.

Zentrale Begriffsbestimmungen der Digitale-Inhalte-RL finden sich in Art. 2 DIRL.

Regelungsschwerpunkte der Digitale-Inhalte-RL sind Bestimmungen über die Vertragsmäßigkeit digitaler Inhalte oder digitaler Dienstleistungen, die Abhilfen bei Vertragswidrigkeit oder nicht erfolgter Bereitstellung und die Art und Weise der Inanspruchnahme dieser Abhilfen sowie die Änderung digitaler Inhalte oder digitaler Dienstleistungen (vgl. Art. 1 DIRL).

Der Unternehmer muss die von ihm angebotenen digitalen Inhalte oder digitalen Dienstleistungen unverzüglich bereitstellen, also dem Verbraucher zugänglich machen, soweit nicht etwas anderes vereinbart wurde (Art. 5 DIRL). Der bereitgestellte digitale Inhalt oder die digitale Dienstleistung muss „vertragsgemäß" sein (Art. 6 DIRL). Unterschieden wird dabei zwischen der subjektiven und der objektiven Vertragsmäßigkeit. Für jede „nicht in Übereinstimmung mit Artikel 5 erfolgte Bereitstellung der digitalen Inhalte oder Dienstleistungen" sowie jede „Vertragswidrigkeit im Sinne der Artikel 7, 8 und 9" soll der Unternehmer haften (Art. 11 DIRL). Die Richtlinie harmonisiert zudem die Abhilfe des Verbrauchers bei nicht erfolgter Bereitstellung (Art. 13 DIRL) sowie bei Vertragswidrigkeit (Art. 14 DIRL).

Damit führt der europäische Gesetzgeber für das Digitalvertragsrecht beide Seiten der vertraglichen Leistungspflicht – die Pflicht zur Leistung in Form der Bereitstellung der digitalen Inhalte und digitalen Dienstleistungen und die Vertragsmäßigkeit – in einem Regelwerk zusammen und vereint auch die Folgen für die Nichtleistung i. S. e. nicht erfolgten Bereitstellung und die Schlechtleistung i. S. e. nicht vertragsgemäßen Bereitstellung digitaler Produkte als dualistisches Haftungssystem.

Von der Digitale-Inhalte-RL unberührt bleiben Aspekte des allgemeinen Vertragsrechts (vgl. Art. 3 Abs. 10 DIRL). Der Verweis auf das nationale Recht bringt die allgemeine Tendenz der Digitale-Inhalte-RL zum Ausdruck, so wenig wie möglich in das allgemeine nationale Vertragsrecht einzugreifen, um die gewachsenen Strukturen des nationalen Vertragsrechts zu bewahren.[145]

Zwei herausstechende Charakteristika der Digitale-Inhalte-RL sind die Konzentration der Richtlinie auf die Regelung vertragsrechtlicher Pflichten, ohne eine

---

145 Ebenso *Staudenmayer*, ZEuP 2019, 663 (670, 677).

bestimmte Typologie vorzunehmen, und die Bereitstellung personenbezogener Daten als vertragliche Leistung des Verbrauchers.

Die Untersuchung hat gezeigt, dass das Regelungsregime der Digitale-Inhalte-RL trotz des funktionalen und von den bestehenden Vertragskategorien unabhängigen Ansatzes (implizit) an verschiedene Grundvertragstypen angelehnt ist. Der Begriff der Bereitstellung i.S.v. Art. 5 Abs. 2 DIRL enthält Anknüpfungspunkte für vertragstypologische Differenzierungen und im Zusammenhang mit der Haftung des Unternehmers gem. Art. 11 DIRL unterscheidet der europäische Gesetzgeber zwischen Verträgen über die „einmalige Bereitstellung" bzw. „eine Reihe einzelner Bereitstellungen" digitaler Inhalte oder digitaler Dienstleistungen sowie Verträgen über eine „fortlaufende Bereitstellung über einen Zeitraum". Damit lassen sich zumindest Fallgruppen bilden, die verschiedenen Vertragstypen zugeordnet werden können.

Die Kategorie digitaler Inhalte bzw. digitaler Dienstleistungen, die im Rahmen einer einmaligen Bereitstellung bzw. in einer Reihe solcher einzelnen Vorgänge bereitgestellt werden, entspricht im Grunde einer kaufähnlichen Konstellation. Im Hinblick auf die Aktualisierungspflicht des Unternehmers gem. Art. 8 Abs. 2 lit. b DIRL sind im Digitalvertragsrecht aber auch kaufähnliche Konstellationen um eine gewisse dauerschuldrechtliche Komponente ergänzt. Die Kategorie der fortlaufenden Bereitstellung digitaler Inhalte oder digitaler Dienstlungen lässt sich in vertragstypologischer Hinsicht als eine vorübergehende Gebrauchsüberlassung – im Sinne einer Miete oder Pacht – einordnen, bei der der Unternehmer dem Verbraucher regelmäßig die Verschaffung der Nutzungsmöglichkeit schuldet.

Gleichzeitig hat die Untersuchung aufgezeigt, dass das Digitalvertragsrecht unter dem Gesichtspunkt des einheitlichen Gewährleistungsregimes für digitale Inhalte und digitale Dienstleistungen jedenfalls die Unterschiede zwischen Kauf und Dienstleistungen im Bereich des Vertriebs digitaler Güter allerdings vermehrt zurücktreten lässt.[146]

Im Ergebnis überzeugt die Entscheidung des europäischen Gesetzgebers, eine vertragstypologische Einordnung von Verträgen über digitale Inhalte und digitale Dienstleistungen den Mitgliedstaaten zu überlassen, insbesondere aufgrund des Umstands, dass der Vertragstypeneinordnung in den nationalen Rechtssystemen unterschiedliche Bedeutung zukommt.

Im Übrigen ist hervorzuheben, dass die Digitale-Inhalte-RL im Verhältnis zu anderen Rechtsakten der EU streng subsidiär ausgestaltet ist. Die Digitale-Inhalte-RL lässt insbesondere die EU-DSGVO unberührt (vgl. Art. 3 Abs. 8 DIRL). Auswir-

146 Ebenso *Arroyo Vendrell/Schulze*, in: Kindl/Arroyo Vendrell/Gsell (Hrsg.), Verträge über digitale Inhalte und digitale Dienstleistungen, S. 21 (32).

kungen auf bestehende Richtlinien hat die Digitale-Inhalte-RL hinsichtlich der Verbraucherrechterichtlinie. Die Änderungen betreffen vornehmlich das Ziel des europäischen Gesetzgebers, zwischen dem Anwendungsbereich der Digital-Inhalte-RL und dem der Verbraucherrechterichtlinie Kohärenz herzustellen.

Kapitel 3: Die Digitale-Inhalte-RL im Kontext der Rechtsharmonisierung in der Europäischen Union

Dieses Kapitel betrachtet die Digitale-Inhalte-RL im Kontext der Rechtsharmonisierung in der Europäischen Union.

Hierzu soll zunächst die Entwicklung der europäischen Rechtsharmonisierung in gebotener Kürze dargestellt werden. Der Fokus liegt auf der Entwicklung der Harmonisierungsrichtlinien auf dem Gebiet des Verbraucherprivatrechts. Beleuchtet wird dabei insbesondere das Harmonisierungsniveau (auch: Harmonisierungsintensität). Darüber hinaus wird auf das Instrument eines fakultativen einheitlichen europäischen Vertragsrechts eingegangen.

Daran anschließend wird der Beitrag der Digitale-Inhalte-RL zur Fortentwicklung des europäischen Verbraucherschutzrechts umfassend untersucht.

Untersuchungsinteresse ist die Einordnung der Digitale-Inhalte-RL unter dem Gesichtspunkt der Harmonisierung des europäischen Verbrauchervertragsrechts im (digitalen) Binnenmarkt. Aus diesem Grund soll zum einen der (Voll-)Harmonisierungsansatz der Digitale-Inhalte-RL beleuchtet und zum anderen (mögliche) Rechtsangleichungsdefizite aufgezeigt werden.

I. Entwicklung der europäischen Rechtsharmonisierung

Europäische Harmonisierungsbestrebungen im Bereich des Privatrechts dominieren schon seit Beginn der 1990er Jahre weite Teile der international ausgerichteten rechtsvergleichenden Debatte.[1]

Den stärksten Motor der Rechtsvereinheitlichung in der EU und Bezugspunkt jeder Harmonisierungstätigkeit bildet der Binnenmarkt (vgl. Art. 26 AEUV). Gem. Art. 26 Abs. 1 und 2 AEUV kann die EU Maßnahmen erlassen, um den Binnenmarkt zu verwirklichen oder dessen Funktionieren zu gewährleisten. Die Grenzen der Möglichkeit einer Rechtsangleichung ergeben sich dabei aus der Rechtsetzungskompetenz der EU.[2] Für die Harmonisierung des Verbraucherrechts ist die wichtigste Rechtsgrundlage Art. 114 AEUV, der das Europäische Parlament und den

1 *Kischel*, Rechtsvergleichung, § 2, S. 73 Rn. 52.

2 Ausführlich dazu *Riesenhuber*, System und Prinzipien des Europäischen Vertragsrechts, S. 132 ff.; siehe auch *Heiderhoff*, Grundstrukturen des nationalen und europäischen Verbrauchervertragsrechts. Insbesondere zur Reichweite europäischer Auslegung, S. 17 ff.

https://doi.org/10.1515/9783111488387-006

Rat ermächtigt, „Maßnahmen zur Angleichung der Rechts- und Verwaltungsvorschriften der Mitgliedstaaten, welche die Errichtung und das Funktionieren des Binnenmarktes zum Gegenstand haben", im ordentlichen Gesetzgebungsverfahren zu erlassen (vgl. Art. 14 Abs. 1 S. 2 AEUV). Durch Maßnahmen, die die EU im Rahmen der Verwirklichung des Binnenmarkts nach Art. 114 AEUV erlässt, soll sie einen Beitrag zur Förderung der Interessen der Verbraucher und zur Gewährleistung eines hohen Verbraucherschutzniveaus leisten (vgl. Art. 169 Abs. 1 und 2 lit. a AEUV).

Seit Jahrzenten wird jedoch über den geeigneten und angemessenen Harmonisierungsgrad rechtsangleichender Maßnahmen diskutiert.[3]

Ein sehr wichtiges (akademisches) Harmonisierungsprojekt im Privatrecht war die Ausarbeitung von Grundregeln des europäischen Vertragsrechts, der sog. Principles of European Contract Law (PECL), die auf einer vergleichenden Betrachtung des nationalen Rechts basieren.[4] Zweck der PECL war es, ein neutrales System von Rechtsregeln für den grenzüberschreitenden Handel zu schaffen und Vorarbeit für ein mögliches gemeinsames europäisches Zivilgesetzbuch zu leisten – ein sehr umstrittenes und von der EU-Kommission mit Zurückhaltung begegnetem Projekt.[5] Eine zentrale Rolle spielten die PECL auch für die von der EU-Kommission unterstützte Schaffung eines unverbindlichen europäischen Referenzrahmens, der auf der Grundlage langjähriger Vorarbeiten im Jahr 2008 als akademischer „Entwurf für einen Gemeinsamen Referenzrahmen" (*„Draft Common Frame of Reference"*) (DCFR) vorgestellt wurde[6] und wiederum Grundlage für weitere Projekte wie die Vorarbeiten für ein optionales Instrument im Bereich des europäischen Vertragsrechts war.[7] Eine Einheit des Privatrechts sollte dabei nicht durch eine Angleichung der nationalen Vorschriften erreicht werden, sondern stattdessen ein kodifikationsähnliches Instrument zur Verfügung stehen, welches die nationalen Rechtsordnungen selbst unberührt lässt.[8]

Vor dem Hintergrund voranschreitender politischer Entwicklungen verlagerte sich der Schwerpunkt indessen mehr hin zu konkreten gesetzgeberischen Vorhaben der EU und insbesondere vermehrt zu sog. Harmonisierungsrichtlinien, die die

3 Siehe dazu etwa *Lippstreu*, Wege der Rechtsangleichung im Vertragsrecht, Vollharmonisierung, Mindestharmonisierung, optionales Instrument, S. 2.

4 Statt vieler siehe dazu *Zimmermann*, in: Basedow/Hopt/Zimmermann (Hrsg.), Handwörterbuch des Europäischen Privatrechts, Bd. II Kauf – Zwingendes Recht, S. 1177 (1177 ff.).

5 Vgl. *Kischel*, Rechtsvergleichung, § 2, S. 71 Rn. 49.

6 Ausführlich zum DCFR etwa *Eidenmüller et al.*, JZ 2008, 529; *Schulze*, ZEuP 2007, 130; *Reich*, ZEuP 2007, 161; *Magnus*, ZEuP 2007, 260; *Zoll*, in: Stürner, Vollharmonisierung im Europäischen Verbraucherrecht?, S. 133 (133 ff.).

7 Siehe dazu auch *Kischel*, Rechtsvergleichung, § 2, S. 72 Rn. 50.

8 Vgl. *Mittwoch*, Vollharmonisierung und Europäisches Privatrecht. Methode, Implikationen und Durchführung, S. 211 ff.

Anpassung nationaler Normen verbindlich fordern und über eine freiwillige Orientierung an internationalen Normen hinausgehen.[9] Richtlinien sind von den EU-Mitgliedstaaten umzusetzen, die nationalen Gesetzgeber entscheiden aber über die Umsetzungsart und damit die Art des Legislativakts, durch den die Richtlinienbestimmungen in das nationale Recht integriert werden sollen.[10] Denn gem. Art. 288 Abs. 3 AEUV ist die Richtlinie für jeden Mitgliedstaat, an den sie gerichtet wird, hinsichtlich des zu erreichenden „Ziels" verbindlich, überlässt jedoch den innerstaatlichen Stellen die Wahl der Form und der Mittel. „Ziel" i.S.d. Art. 288 Abs. 3 AEUV ist ein konkretes Ergebnis; dieses von den Mitgliedstaaten zu erzielende Ergebnis liegt darin, die nationale Rechtsordnung so zu beschaffen, dass sie den von der Richtlinie erfassten Sachverhalten die von ihr vorgegebenen Rechtsfolgen zuordnet.[11] Die Art und Weise, mit der die Mitgliedstaaten die Vorgaben von Sachverhalt-Rechtsfolge-Relationen realisieren, insbesondere die systematische Einordnung der zu schaffenden Normen in den Kontext der bestehenden Rechtsordnungen, bleibt dabei den nationalen Gesetzgebern überlassen.

1. Harmonisierungsrichtlinien im Verbraucherprivatrecht

Bei der Entwicklung des europäischen Richtlinienrechts auf dem Gebiet des Verbraucherprivatrechts sind zwei Aspekte bemerkenswert: Einerseits vollzog sich die Harmonisierung vom Besonderen hin zum Allgemeinen und andererseits zeichnete sich ein Strategiewechsel des europäischen Gesetzgebers im Hinblick auf das Harmonisierungsniveau (auch: Harmonisierungsintensität) ab.

Beginnend mit der Haustürgeschäfterichtlinie aus dem Jahre 1985[12], den Richtlinien zum Verbraucherkreditrecht in den Jahren 1986 bis 1994[13], der Richtlinie zum Pauschalreiserecht (1990)[14], die Klauselrichtlinie (1993) und der Fernab-

9 Vgl. *Kischel*, Rechtsvergleichung, § 2, S. 59 Rn. 27.

10 Siehe hierzu *Lengert*, Die Umsetzung der Verbraucherrechterichtlinie in Deutschland und Frankreich, S. 135; *Jäger*, Überschießende Richtlinienumsetzung im Privatrecht. Zugleich ein Beitrag zur Dogmatik der Mindestharmonisierung, der richtlinienorientierten Auslegung und des Vorabentscheidungsverfahrens, S. 29 ff.

11 *Riehm*, JZ 2006, 1035 (1037).

12 Richtlinie 85/577/EWG des Rates vom 20. Dezember 1985 betreffend den Verbraucherschutz im Falle von außerhalb von Geschäftsräumen geschlossenen Verträgen, ABl. EG 1985 L 372/31 (Haustürgeschäfterichtlinie).

13 Richtlinie 87/102/EWG des Rates vom 22. Dezember 1986 zur Angleichung der Rechts- und Verwaltungsvorschriften der Mitgliedstaaten über den Verbraucherkredit, ABl. EG 1987 L 42/48, geändert durch die Richtlinien 90/88 EWG, ABl. EG 1990 L 61/14 und 98/7/EG, ABl. EG 1998 L 101/17.

14 Richtlinie 90/314/EWG des Rates vom 13. Juni 1990 über Pauschalreisen, ABl. EG 1990 L 158/59.

satzrichtlinie (1997)[15], um nur einige relevante Harmonisierungsrichtlinien auf dem Gebiet des Verbraucherprivatrechts zu nennen, denen sich die Verbrauchsgüterkauf-RL (1999) sowie die Richtlinie über Fernabsatz von Finanzdienstleistungen (2002)[16] und schließlich die Verbraucherrechterichtlinie (2011) anschloss, vollzog sich eine Harmonisierung erkennbar vom Besonderen zum Allgemeinen.[17] Nachdem in den ersten Schritten der Harmonisierung vorwiegend Materien weitab der Kernbereiche des mitgliedstaatlichen Vertragsrechts geregelt worden waren, übernahm der europäische Gesetzgeber allmählich die Führungsrolle im Verbraucherrecht und reagierte von sich aus auf neue verbraucherpolitische Herausforderungen, ohne ein verbreitetes Eingreifen der Mitgliedstaaten abzuwarten.[18] Zu einem wirklichen „Durchbruch" gelangte das europäische Verbraucherrecht allerdings erst mit der Verabschiedung der Richtlinie über unlautere Geschäftspraktiken[19] und der Verbrauchsgüterkauf-RL.[20] Spätestens mit Erlass der Verbrauchsgüterkauf-RL ist eine neue Dimension europäischer Rechtsvereinheitlichung erreicht worden – sie beschränkt sich nicht mehr auf spezifische Problemkreise, sondern zielt auf eine allmähliche Angleichung der Kernbereiche des Zivilrechts bzw. des (Verbraucher-)Vertragsrecht ab.[21] Der europäische Gesetzgeber ging von sog. „vertikalen", also sektorspezifischen Richtlinien,[22] zu einem „horizontalen" Ansatz über, der nicht mehr nur sektoriell harmonisiert; die harmonisierenden Vor-

15 Richtlinie 97/7/EG des Europäischen Parlaments und des Rates vom 20. Mai 1997 über den Verbraucherschutz bei Vertragsabschlüssen im Fernabsatz, ABl. EG 1997 L 144/19 (Fernabsatzrichtlinie).

16 Richtlinie 2002/65/EG des Europäischen Parlaments und des Rates vom 23. September 2002 über den Fernabsatz von Finanzdienstleistungen an Verbraucher und zur Änderung der Richtlinie 90/619/EWG des Rates und der Richtlinien 97/7/EG und 98/27/EG, ABl. EG 2002 L 271/16 [nachfolgend: Richtlinie über den Fernabsatz von Finanzdienstleistungen].

17 Vgl. *Vogel*, GPR 2005, 164; *Tonner/Tamm*, JZ 2009, 277 (278): „An- und „Heranwachsen" des Verbraucherrechts in Kernmaterien des Zivilrechts, quasi vom äußeren Rand zum inneren Kern".

18 *Tonner/Tamm*, JZ 2009, 277 (278).

19 Richtlinie 2005/29/EG des europäischen Parlaments und des Rates vom 11. Mai 2005 über unlautere Geschäftspraktiken im binnenmarktinternen Geschäftsverkehr zwischen Unternehmen und Verbrauchern und zur Änderung der Richtlinie 84/450/EWG des Rates, der Richtlinien 97/7/EG, 98/27/EG und 2002/65/EG des Europäischen Parlaments und des Rates sowie der Verordnung (EG) Nr. 2006/2004 des Europäischen Parlaments und des Rates, L 149/22 (Richtlinie über unlautere Geschäftspraktiken).

20 Vgl. *Tonner/Tamm*, JZ 2009, 277 (278); *Castets-Renard*, Recueil Dalloz 2009, 1158 (1159 f.).

21 Vgl. *Vogel*, GPR 2005, 164; *Tonner/Tamm*, JZ 2009, 277 (278).

22 Dazu zählen vor allem die Pauschalreise-, die Verbraucherkredit- und die Timesharingrichtlinie.

schriften sollten vielmehr auf jegliche Art von Verbraucherverträgen Anwendung finden.[23]

Gleichzeitig zeichnete sich mit der wachsenden Anzahl europäischer Richtlinien auch ein Wechsel in der Rechtsangleichungspolitik der EU im Hinblick auf das Harmonisierungsniveau der Richtlinien ab.[24] Damit entwickelte sich auch in dieser Hinsicht mit der Zeit eine neue Dimension europäischer Rechtsvereinheitlichung.[25]

Die Vertragsrechtsangleichung im Bereich des Verbraucherschutzrechts folgte zunächst überwiegend dem Grundsatz der Mindestharmonisierung[26], bevor der europäische Gesetzgeber verstärkt zu einer vollharmonisierenden Ausgestaltung von Richtlinien[27] überging.[28] Eine Mindestharmonisierung schreibt einen verbindlichen Mindeststandard bzw. ein Mindestmaß an Schutz vor, der von den nationalen Gesetzgebern zu übernehmen ist. Im Übrigen wird den Mitgliedstaaten ein Umsetzungsspielraum zugebilligt, dessen Umfang durch eine genaue Ermittlung der Reichweite der Richtlinie zu beurteilen ist und der es erlaubt, auch im Regelungsbereich der Richtlinien über deren Vorgaben hinauszugehen und im nationalen Recht ein höheres Verbraucherschutzniveau vorzusehen.[29] Während das Konzept der Mindestharmonisierung den Mitgliedstaaten zwar mehr Freiheit sowie einen größeren Spielraum bei der Umsetzung bietet, stellt sie gleichzeitig ein entscheidendes Hindernis bei der Schaffung eines einheitlichen Rechtsrahmens dar.[30] Die Offenheit mindestharmonisierender Richtlinien und der daraus resultierende

23 Als horizontale Richtlinie werden schon die Haustürgeschäfte- und die Fernabsatzrichtlinie, die Klauselrichtlinie und die Verbrauchsgüterkauf-RL bezeichnet, ebenso wie die Verbraucherrechterichtlinie.

24 Siehe zum Wechsel in der Rechtsangleichungspolitik auf dem Gebiet des Verbraucherprivatrechts etwa *Roth*, in: Gsell/Herrestahl (Hrsg.), Vollharmonisierung im Privatrecht, S. 13 (14 ff.).

25 Vgl. *Vogel*, GPR 2005, 164; *Tonner/Tamm*, JZ 2009, 277 (278).

26 Ausführlich zur Methode der Mindestharmonisierung etwa *Wagner*, Das Konzept der Mindestharmonisierung; *Roth*, in: Gsell/Herrestahl (Hrsg.), Vollharmonisierung im Privatrecht, S. 13 (19); *Streinz*, in: Everling/Roth, Mindestharmonisierung im Europäischen Binnenmarkt, S. 9 (17 ff.); *Conrad*, Das Konzept der Mindestharmonisierung, Eine Analyse anhand der Verrauchervertragsrichtlinien, S. 81 f.

27 Siehe dazu die Beiträge in *Gsell/Herrestahl*, Vollharmonisierung im Privatrecht; *Mayer*, Vollharmonisierung im Privatrecht – Einfluss und Wirkung auf die Konzeptionen in Österreich, in der Schweiz (über autonomen Nachvollzug) und in Deutschland dargestellt anhand der europäischen Richtlinie über Verbraucherrechte (VRRL) zum Onlinehandel, S. 51 ff.; *Rochfeld*, Recueil Dalloz 2009, 2047.

28 Siehe hierzu auch *Grigoleit*, AcP 210 (2010), 354 (408); *Latina*, Contrat: généralités, in: Dalloz (dir.), Encyclopédie Dalloz, 2017, Rn. 68.

29 Vgl. *Wagner*, Das Konzept der Mindestharmonisierung, 53 f.; *Roth*, in: Gsell/Herrestahl (Hrsg.), Vollharmonisierung im Privatrecht, S. 13 (19).

30 *Schmidt-Kessel et al.*, GPR 2016, 2 (4).

weite Umsetzungsspielraum hat nämlich zur Folge, dass teils auch in den auf Unionsebene harmonisierten Bereichen unterschiedliche Regelungen entstehen können und infolgedessen keine effektive Vereinheitlichung der Rechtslage innerhalb der (mindest-)harmonisierten Bereiche entsteht.[31] Der Mindestharmonisierungsansatz steht somit im Spannungsverhältnis zu dem Ziel, eine Rechtszersplitterung innerhalb der EU zu verhindern und den Binnenmarkt zu fördern.[32]

In der Verbraucherpolitischen Strategie 2002–2006[33] sprach sich die Kommission daher für einen Strategiewechsel hin zu einer Vollharmonisierung des Verbraucherschutzrechts aus, mit dem Ziel, „die Unterschiede in den Verbraucherschutzvorschriften in der EU zu minimieren, die eine Zersplitterung des Binnenmarktes zulasten von Verbrauchern und Unternehmern verursachen“[34].[35] Als effektivste Form der Rechtsangleichung soll das Konzept der Vollharmonisierung mehr zu einer Vereinheitlichung als (nur) zu einer Angleichung von Normen führen,[36] denn eine Vollharmonisierung zielt nicht nur auf die Reduzierung, sondern auf die tatsächliche Beseitigung nationaler Unterschiede und die Herstellung einer unionseinheitlichen Rechtslage ab.[37] Eine vollharmonisierende Richtlinie erlaubt den nationalen Gesetzgebern daher grundsätzlich nicht, abweichende Rechtsfolgen zu treffen, soweit nicht Öffnungsklauseln oder Verweisungen auf das nationale

31 *Grigoleit*, AcP 210 (2010), 354 (408).

32 Siehe schon *Gsell/Herrestahl*, in: dies. (Hrsg.), Vollharmonisierung im Privatrecht, S. 1 (2); *Grigoleit*, AcP 210 (2010), 354 (408).

33 Vgl. Mitteilung der Kommission zur Verbraucherpolitischen Strategie 2002–2006, KOM(2002) 208 endg. (2002/C 137/02).

34 So die Kommission, ebenda unter 3.; siehe auch das Grünbuch: „Die Überprüfung des gemeinschaftlichen Besitzstandes im Verbraucherschutz“, v. 8.2.2007, KOM(2006) 744 endg.

35 Zum Strategiewechsel zur Vollharmonisierung siehe *Gsell/Herrestahl*, in: dies. (Hrsg.), Vollharmonisierung im Privatrecht, S. 1 (2 f.); *Herrestahl*, in: Gsell/Herrestahl (Hrsg.), Vollharmonisierung im Privatrecht, S. 113 (115 f.); *Schulze*, in: Gsell/Herrestahl (Hrsg.), Vollharmonisierung im Privatrecht, S. 63 (63 f.) und *Hiblig-Lugani*, ZJS 5/2013, 441 (443). Ausführlich und sehr anschaulich zur Entwicklung insbesondere auch *Reich*, ZEuP 2010, 7 und *Micklitz*, in: Howells/Schulze, Modernising and Harmonising Consumer Contract Law, S. 47 (62 ff.).

36 Vgl. *Castets-Renard*, Recueil Dalloz 2009, 1158 (1159); *Wicker*, in: Mazeaud/Schulze/Wicker, L'amorce d'un droit européen du contrat. La proposition de directive relative aux droits des consommateurs, S. 7 (8); *Lengert*, Die Umsetzung der Verbraucherrechterichtlinie in Deutschland und Frankreich, S. 136; *Riehm*, in: Gsell/Herrestahl (Hrsg.), Vollharmonisierung im Privatrecht, S. 83 (86 ff.).

37 Vgl. *Lippstreu*, Wege der Rechtsangleichung im Vertragsrecht, Vollharmonisierung, Mindestharmonisierung, optionales Instrument, S. 2.

Recht gegeben sind.[38] Unzulässig ist, unabhängig davon ob ein höheres[39] oder niedrigeres Verbraucherschutzniveau gewährleistet wäre, eine den Richtlinieninhalt modifizierende Umsetzung.[40] Damit greift eine Vollharmonisierung als strengste Rechtsangleichungsform auch in besonderem Ausmaß in die mitgliedstaatliche Rechtsetzung ein.[41]

Eine von Anfang an eindeutige Vollharmonisierung im Verbraucherschutzrecht brachte erstmals die Richtlinie über den Fernabsatz von Finanzdienstleistungen im Jahr 2002. Auch die Reform der Verbraucherkreditrichtlinie (2008)[42] sowie die Time-Sharing-Richtlinie (2009)[43] unterlagen dem Grundsatz der Vollharmonisierung.

Die Diskussion über eine Vollharmonisierung von (Teil-)Bereichen des Verbrauchervertragsrechts fokussierte sich ab 2008 auf den Entwurf einer vollharmonisierenden Richtlinie über die Rechte der Verbraucher[44].[45] Markierte dieser

---

38 Siehe dazu *Wagner*, Das Konzept der Mindestharmonisierung, S. 46; *Riehm*, in: Gsell/Herrestahl, Vollharmonisierung im Privatrecht, S. 83 (84); *Gebauer*, in: Gsell/Herrestahl (Hrsg.), Vollharmonisierung im Privatrecht, S. 163 (165); *Gsell/Schellhase*, JZ 2009, 20 (25).

39 Dazu EuGH, Urt. v. 23.4.2009, C-261/07 und C-299/07 (*VTB-VAB/Total Belgium und Galatea BVBA/ Sanoma Magazines Belgium NV*), Rn. 52, 63.

40 Zur Frage inwieweit bei einer Vollharmonisierung noch Gestaltungsspielraum besteht siehe *Herrestahl*, in: Gsell/Herrestahl (Hrsg.), Vollharmonisierung im Privatrecht, S. 113 (115 ff.); zum Abweichungsverbot im Rahmen einer Vollharmonisierung siehe auch *Schulze*, Ökonomik der Vollharmonisierung im Gemeinschaftsprivatrecht, 63, 77 f.

41 Dazu *Lippstreu*, Wege der Rechtsangleichung im Vertragsrecht, Vollharmonisierung, Mindestharmonisierung, optionales Instrument, S. 2; sehr kritisch hierzu auch mit Blick auf die neue Digitale-Inhalte-RL *Sénéchal*, Revenue de l'Union européenne 2017, 485.

42 Richtlinie 2008/48/EG des Europäischen Parlaments und des Rates vom 23. April 2008 über Verbraucherkreditverträge und zur Aufhebung der Richtlinie 87/102/EWG des Rates, ABl. L 133 vom 22.5.2008, S. 66, (Verbraucherkreditrichtlinie), vgl. Art. 22 Verbraucherkreditrichtlinie.

43 Richtlinie 2008/122/EG des Europäischen Parlaments und des Rates vom 14. Januar 2009 über den Schutz der Verbraucher im Hinblick auf bestimmte Aspekte von Teilzeitnutzungsverträgen, Verträgen über langfristige Urlaubsprodukte sowie Wiederverkaufs- und Tauschverträgen (Time-Sharing-Richtlinie), (vgl. Erwgr. 3 Time-Sharing-Richtlinie).

44 Vorschlag für eine Richtlinie des Europäischen Parlaments und des Rates über Rechte der Verbraucher vom 8.10.2008, KOM(2008) 614 endg. – mit dem Vorhaben sollten (ursprünglich) vier bestehende Richtlinien (Richtlinie 85/577/EWG über Haustürgeschäfte, Richtlinie 93/13/EWG über die Kontrolle von missbräuchlichen Klauseln in Verbraucherverträgen, Richtlinie 97/7/EG über Fernabsatzverträge und die Richtlinie 99/44/EG über den Verbrauchsgüterkauf) in einer vollharmonisierenden Richtlinie über Rechte der Verbraucher durch Zusammenführung vereinfacht und aktualisiert werden (vgl. Erwgr. 2 und 8).

45 Siehe dazu bspw. *Tonner*, VuR 2013, 443 (444); *Castets-Renard*, Recueil Dalloz 2009, 1158 (1160); *Unger*, ZEuP 2012, 270 (271); *Reich*, ZEuP 2010, 7 (27); *Hiblig-Lugani*, ZJS 5/2013, 441 (441 ff.); *Tacou*, ZRP 2009, 140; *Wicker*, in: Mazeaud/Schulze/Wicker, L'amorce d'un droit européen du contrat. La proposition de directive relative aux droits des consommateurs, S. 7 (10); *Rochfeld*, in: Mazeaud/Schulze/

ursprüngliche Entwurf für die spätere Verbraucherrechterichtlinie noch einen Höhepunkt in der Debatte über die Vollharmonisierung im Privatrecht,[46] erntete der Vorschlag aufgrund des starken Eingriffs in die nationalen Privatrechtsordnungen überwiegend Kritik.[47] Der Streit um die Reichweite der Vollharmonisierung führte dazu, dass die Verbraucherrechterichtlinie im Jahr 2011 in einer stark eingeschränkten Fassung in Kraft trat.[48] Im Sinne einer Vollharmonisierung und zugunsten eines unionsweiten einheitlichen Schutzes verbietet Art. 4 VRRL, der den Grad der Harmonisierung festlegt, jegliches Abweichen von den Vorgaben der Richtlinie, soweit dies nicht ausdrücklich zugelassen ist. Die Verbraucherrechterichtlinie enthält jedoch zahlreiche Öffnungsklauseln und verfolgt einen sog. „gezielten bzw. zielgerichteten Vollharmonisierungsansatz", bei dem der Rechtsakt sowohl voll- als auch mindestharmonisierende Regelungen enthalten kann und sich der vollharmonisierende Effekt einer Vorschrift auf deren Anwendungsbereich beschränkt, der nationale Gesetzgeber außerhalb dessen aber frei ist und die Regelungen auch auf nicht von der Richtlinie erfasste Fälle erstrecken kann.[49]

Schon die abstrakte Betrachtung der Reichweite vollharmonisierender Richtlinien zeigt, dass selbst eine Vollharmonisierung keine vollständige Vereinheitlichung in den EU-Mitgliedstaaten schaffen kann.[50] Obschon eine vollharmonisierende Richtlinie innerhalb ihres Anwendungsbereichs grundsätzlich eine identische Umsetzung in das nationale Recht erfordert, verbleibt den nationalen

---

Wicker, L'amorce d'un droit européen du contrat. La proposition de directive relative aux droits des consommateurs, S. 153 (153 ff.).

46 Vgl. *Mittwoch*, Vollharmonisierung und Europäisches Privatrecht. Methode, Implikationen und Durchführung, S. 58 ff., 79.

47 Statt vieler vgl. *Artz*, in: Gsell/Herrestahl (Hrsg.), Vollharmonisierung im Privatrecht, S. 209 (209 ff.); *Gsell*, in: Gsell/Herrestahl (Hrsg.), Vollharmonisierung im Privatrecht, S. 219 (219 ff.); *Tonner/Tamm*, JZ 2009, 277 (277 ff.); *Micklitz/Reich*, EuZW 2009, 279 (279 ff.); *Rott*, ZEuP 2009, 456 (456 ff.); *Schmidt-Kessel*, GPR 2010, 129 (129 ff.) Siehe hierzu ferner *Aubert de Vincelles*, RTD Eur. 2010, 695.

48 Statt wie ursprünglich geplant fasst die Verbraucherrechterichtlinie nicht die Haustürgeschäfte- und Fernabsatzrichtlinie, die Klauselrichtlinie und die Verbrauchsgüterkauf-RL zusammen, sondern lediglich die bisherige Haustürgeschäfte- und Fernabsatzrichtlinie sowie einige wenige kaufrechtliche Vorschriften.

49 Vgl. auch Erwgr. 2 der VRRL: „(...) dabei sollte der den älteren Richtlinien zugrunde liegende Mindestharmonisierungsansatz aufgegeben werden, wobei dennoch den Mitgliedstaaten gestattet werden sollte, innerstaatliche Rechtsvorschriften in Bezug auf bestimmte Aspekte beizubehalten oder einzuführen." Siehe zu diesem Ansatz *Mittwoch*, Vollharmonisierung und Europäisches Privatrecht. Methode, Implikationen und Durchführung, S. 58 ff., 90; *Schulze*, in: Gsell/Herrestahl (Hrsg.), Vollharmonisierung im Privatrecht, S. 63 (64); *Grundmann*, JZ 2013, 53 (62); *Tonner*, VuR 2013, 443 (444); *Tonner*, VuR 2014, 23 (24); *Reich*, ZEuP 2010, 7 (18).

50 *Lengert*, Die Umsetzung der Verbraucherrechterichtlinie in Deutschland und Frankreich, S. 137; *Gsell/Schellhase*, JZ 2009, 20 (21 ff.); *Hiblig-Lugani*, ZJS 5/2013, 441 (443).

Gesetzgebern ein Umsetzungs- bzw. Gestaltungspielraum, der sich, wie gezeigt, aus Art. 288 Abs. 3 AEUV ableitet. Dieser Spielraum betrifft die Systematik, also die Einordnung der zu schaffenden Normen in den systematischen Kontext der bestehenden nationalen Rechtsordnungen,[51] sowie auch den Wortlaut.[52] Der nationale Gesetzgeber ist daher nicht gezwungen, den Wortlaut einer Richtlinie eins zu eins zu übernehmen, sondern kann diesen – in einem gewissen Rahmen und ohne dabei nach unten oder oben von den Richtlinienvorgaben abzuweichen – der Terminologie und der Systematik des nationalen Gesetzes anpassen.[53] Je detaillierter die unionsrechtlichen Bestimmungen sind, desto wortgetreuer muss allerdings auch ihre Umsetzung sein, um einerseits Umsetzungsdefizite oder Umsetzungsfehler zu vermeiden und anderseits die eigenen Begrifflichkeiten nicht zu gefährden.[54]

Darüber hinaus enthalten auch vollharmonisierende Richtlinien regelmäßig selbst sog. derivative Abweichungsmöglichkeiten, mithin abgeleitete Gestaltungsspielräume, die sich aus der Richtlinie selbst ergeben.[55] Ihre Existenz ist im Rahmen des Konzepts der Vollharmonisierung anzuerkennen und steht dem vollharmonisierenden Ansatz nicht entgegen, solange Art und Ausmaß der Abweichungsmöglichkeiten von den Richtlinienvorgaben durch Öffnungsklauseln selbst festgelegt werden.[56]

Festgehalten werden kann, dass sich das Verbrauchervertragsrecht mit dem Strategiewechsel hin zu einer Vollharmonisierung allmählich zu einem (voll)harmonisierten europäischen Richtlinienrecht entwickelt hat, sodass der europäische

---

51 Siehe dazu *Wendehorst*, in: Jud/Wendehorst (Hrsg.), Neuordnung des Verbraucherprivatrechts in Europa? Zum Vorschlag einer Richtlinie über Rechte der Verbraucher, S. 153 (168 ff.); *Riehm*, JZ 2006, 1035 (1037); *Schmidt-Kessel/Sorgenfrei*, GPR 5/2013, 242 (244).

52 Der EuGH hat insoweit entschieden, dass eine wörtliche Übernahme der Richtlinienvorschriften in das nationale Recht nicht verlangt werden kann, siehe EuGH Urt. v. 30.5.1991, (*Kommission/Deutschland*) Rs. C-59/89, Slg. 1991, I-2607, Rn. 18.

53 *Lengert*, Die Umsetzung der Verbraucherrechterichtlinie in Deutschland und Frankreich, S. 136.

54 *Schmidt-Kessel*, in: Jud/Wendehorst (Hrsg.), Neuordnung des Verbraucherprivatrechts in Europa? Zum Vorschlag einer Richtlinie über Rechte der Verbraucher, S. 21 (31); *Wendehorst*, in: Jud/Wendehorst, Neuordnung des Verbraucherprivatrechts in Europa? Zum Vorschlag einer Richtlinie über Rechte der Verbraucher, S. 153 (179). Kritisch zur Beschränkung der Freiheit des Mitgliedstaats mit der Vollharmonisierung und der ständigen Gefahr eines Umsetzungsfehlers bei einer Abweichung *Schulze*, in: Gsell/Herrestahl (Hrsg.), Vollharmonisierung im Privatrecht, S. 63 (78): „(...) jede Wortlautabweichung, jede Adaption an eine nationale Systematisierung und jede interne Verweisung von und auf das transformierte Recht [ist eine] Stolperfalle für den nationalen Gesetzgeber".

55 Siehe im Allgemeinen und zu dem Begriff derivativer Abweichungsmöglichkeiten *Mittwoch*, Vollharmonisierung und Europäisches Privatrecht. Methode, Implikationen und Durchführung, S. 35.

56 *Mittwoch*, ebenda, S. 38.

Gesetzgeber das Verbrauchervertragsrecht heute in weiten Teilen übernommen hat und nationale Vorhaben kaum noch zur Entstehung gelangen.[57] Allerdings enthalten auch die neueren vollharmonisierenden Richtlinien trotz ihrer schwerpunktmäßig vollharmonisierenden Wirkung ausnahmslos Öffnungsklauseln.[58] Der fragmentarische Charakter des Unionsrechts bleibt somit teilweise auch im Bereich der Vollharmonisierung bestehen, sodass ein Rückgriff auf nationale Rechtsvorschriften erforderlich bleibt, um Lücken zu schließen.[59] Ein solches Verständnis einer „Vollharmonisierung" als ein Harmonisierungskonzept, das trotz der grundsätzlichen „vollen" Harmonisierung in bestimmten Bereichen Abweichungen von den Richtlinienvorgaben erlaubt und Spielräume der Mitgliedstaaten zulässt, hat sich in der Rechtspraxis durchgesetzt.[60]

2. Fakultatives einheitliches europäisches Vertragsrecht

Zwischenzeitlich verstärkte sich die Debatte über die Einführung eines fakultativen einheitlichen europäischen Vertragsrechts für Verbraucher und Unternehmer. Die Kommission hatte mit ihrer Mitteilung aus dem Jahr 2001[61] eine umfassende Konsultation der Öffentlichkeit zu den vertragsrechtlichen Rahmenbedingungen in der EU eingeleitet und im Juli 2010 mit der Veröffentlichung des „Grünbuchs zu Optionen für die Einführung eines Europäischen Vertragsrechts für Verbraucher und Unternehmen"[62] die Öffentlichkeit zu den verschiedenen politischen Optionen für eine Konsolidierung des Binnenmarktes durch Fortschritte im Bereich des europäischen Vertragsrechts konsultiert. Die Kommission gelangte in ihrer vergleichenden Analyse der sieben im Grünbuch aufgeführten Optionen zu der Schlussfolgerung, dass die angestrebten politischen Ziele mit einer fakultativen einheitlichen Vertragsrechtsregelung, einer Vollharmonisierungsrichtlinie oder einer Verordnung zur Einführung eines verbindlichen einheitlichen Vertragsrechts

57 Vgl. *Lengert*, Die Umsetzung der Verbraucherrechterichtlinie in Deutschland und Frankreich, S. 22.

58 Siehe hierzu ausführlich *Mittwoch*, Vollharmonisierung und Europäisches Privatrecht. Methode, Implikationen und Durchführung, S. 33 ff., 38.

59 Vgl. *Lengert*, Die Umsetzung der Verbraucherrechterichtlinie in Deutschland und Frankreich, S. 55.

60 *Mittwoch*, Vollharmonisierung und Europäisches Privatrecht. Methode, Implikationen und Durchführung, S. 41.

61 Mitteilung der Kommission an den Rat und das Europäische Parlament zum Europäischen Kaufrecht, v. 11.7.2001, KOM(2001) 398 endg.

62 Grünbuch der Kommission, Optionen für die Einführung eines Europäischen Vertragsrechts für Verbraucher und Unternehmer, v. 1.7.2010, KOM(2010) 348 endg.

erreicht würden.[63] Mit Blick auf das Ziel, ein hohes Verbraucherschutzniveau zu gewährleisten und die Transaktionskosten für Unternehmer zu verringern, wurde die Einführung eines fakultativen einheitlichen Vertragsrechtssystems als die verhältnismäßigste dieser Maßnahmen eingestuft.[64] Die Harmonisierung des Vertragsrechts sollte also nicht durch eine Änderung des bestehenden innerstaatlichen Vertragsrechts bewirkt werden, sondern durch die Schaffung einer optionalen zweiten Vertragsrechtsregelung in jedem EU-Mitgliedstaat. Der Entwurf für ein GEK war auf der Grundlage des DCFR entwickelt worden, sollte aber in Gestalt einer Verordnung, d.h. als formaler Rechtsakt der EU erlassen werden. Anders als der DCFR handelte es sich somit um ein Instrument legislatorischer Privatrechtsangleichung und damit um ein im Konkurrenzverhältnis zu dem Konzept der Vollharmonisierung stehendes Projekt.[65] Durch die Schaffung eines einheitlichen Regelwerks im Kaufrecht mit optionalem Charakter sollte die bisherige Rechtsangleichung in Form punktueller Richtlinienpolitik abgelöst werden.[66] Wie gezeigt scheiterte das Projekt jedoch nach erheblicher Kritik mit Rückruf des Vorschlags im Jahr 2014.[67]

II. Beitrag der Digitale-Inhalte-RL zur Fortentwicklung des europäischen Verbraucherschutzrechts

Dem zurückgezogenen Vorschlag für ein GEK schlossen sich sodann die Gesetzesinitiativen für eine erneute Harmonisierung des Warenkaufs und eine Harmonisierung des Digitalvertragsrechts an. In einer kritischen Phase versuchte der europäische Gesetzgeber so die Entwicklung des europäischen Vertragsrechts wieder voranzutreiben.[68] Der Harmonisierungsprozess fand zurück zu dem Instrument (voll)harmonisierender Richtlinien.

Vor dem Hintergrund der gewonnenen Erkenntnisse soll im Folgenden untersucht werden, welchen Beitrag die Digitale-Inhalte-RL zur Fortentwicklung des europäischen Verbraucherschutzrechts leistet.

---

63 Siehe GEK-VO, S. 9.

64 Siehe ebenda.

65 Zum Verhältnis zwsichen Vollharmonisierung und optionalem Instrument siehe *Mittwoch*, Vollharmonisierung und Europäisches Privatrecht. Methode, Implikationen und Durchführung, S. 225ff.

66 *Schmuhl*, Gemeinsames Europäisches Kaufrecht. Rechtliche Aspekte bei grenzüberschreitenden Verträgen zwischen kleinen und mittleren Unternehmen, S. 55.

67 Siehe hierzu Kapitel 1 I.1.b.

68 *Schulze*, ZEuP 2019, 695 (697).

1. Harmonisierung der Kernbereiche des Digitalvertragsrechts

Mit dem Vorschlag für eine Richtlinie über bestimmte vertragsrechtliche Aspekte der Bereitstellung digitaler Inhalte stellte sich der europäische Gesetzgeber neben dem harmonisierten Verbrauchergüterkaufrecht nunmehr auch den rechtlichen Herausforderungen der Digitalisierung. Eine schnellstmögliche Harmonisierung der wesentlichen vertragsrechtlichen Vorschriften für Verbraucherverträge über digitale Inhalte wurde vor allem nach dem Erlass der ersten Rechtsvorschriften zu digitalen Inhalten und dem Rechtsverkehr mit digitalen Gütern auf nationaler Ebene angestrebt.[69] Durch harmonisierte Verbrauchervertragsvorschiften für digitale Inhalte sollte die Rechtslücke im EU-Verbraucherrecht geschlossen und eine weitere Rechtsfragmentierung durch neue unterschiedliche einzelstaatliche Vorschriften verhindert werden.[70] So sollte gewährleistet werden, dass alle Verbraucher in der EU ein gleich hohes Verbraucherschutzniveau genießen.[71]

Vor diesem Hintergrund verabschiedete der europäische Gesetzgeber die Digitale-Inhalte-RL, mit der grundlegende Vorschriften für Verträge zwischen Unternehmern und Verbrauchern über die Bereitstellung digitaler Inhalte und digitaler Dienstleistungen vollständig harmonisiert werden sollten. Für die Fortentwicklung des europäischen Verbraucherschutzrechts knüpft der Europäische Gesetzgeber somit (wieder) an die punktuelle Richtlinienpolitik der EU an, um mit der vollständigen Harmonisierung ausgewählter Vorschriften den Harmonisierungsprozess nunmehr in Kernbereichen des Digitalvertragsrechts fortzuführen.

2. (Voll-)Harmonisierungsansatz der Digitale-Inhalte-RL

Die Harmonisierung der Digitale-Inhalte-RL folgt der klassischen doppelten Zielsetzung der Richtlinien des europäischen Verbrauchervertragsrechts, nämlich der Förderung des Binnenmarktes und der Herstellung eines hohen Verbraucherschutzniveaus.[72]

Zur Erreichung dieses Ziels werden „bestimmte vertragsrechtliche Aspekte der Bereitstellung digitaler Inhalte und digitaler Dienstleistungen“[73] harmonisiert. Die Formulierung ist einschränkend, bezieht sich aber nur auf den Anwendungsbereich der Richtlinie und bedeutet nicht, dass hinsichtlich dieser Aspekte keine Vollhar-

---

69 Siehe hierzu Kapitel 1 I.2.
70 Vgl. die Begründung zum Richtlinienvorschlag, S. 3.
71 Vgl. ebenda, S. 6 f.
72 Vgl. Art. 1 und Erwgr. 1–8 und 86 DIRL.
73 So die Richtlinienbezeichnung, vgl. auch Erwgr. 3–11 und 86 DIRL.

monisierung intendiert ist. Ziel der Richtlinie ist vielmehr die „vollständige Harmonisierung einiger wesentlicher Elemente des Verbrauchervertragsrechts“[74]. Denn nur durch vollständig harmonisierte vertragliche Rechte in bestimmten Kernbereichen, die die Bereitstellung digitaler Inhalte oder digitaler Dienstleistungen betreffen, könnten die durch den bislang fehlenden klaren vertragsrechtlichen Rahmen für digitale Inhalte und digitale Dienstleistungen bedingten Hindernisse tatsächlich ausgeräumt werden.[75] Harmonisierte Verbrauchervertragsvorschriften in allen Mitgliedstaaten, so die Begründungserwägung des europäischen Gesetzgebers weiter, schaffen einen soliden vertragsrechtlichen Rahmen, der es den Unternehmern erleichtere, digitale Inhalte oder digitale Dienstleistungen unionsweit bereitzustellen.[76] Zudem profitieren die Verbraucher von dem hohen Schutzniveau der harmonisierten Rechte für die Bereitstellung digitaler Inhalte und digitaler Dienstleistungen, wenn ihnen klare Rechte zur Bewältigung etwaiger Probleme in Bezug auf digitale Inhalte oder digitale Dienstleistungen zur Verfügung stehen.[77] Die vollständige Harmonisierung wesentlicher Aspekte der einschlägigen Regelungen verbessere somit die Rechtssicherheit für Verbraucher wie Unternehmer deutlich, senke die Transaktionskosten und schaffe ein hohes Verbraucherschutzniveau.[78] Ein hohes Verbraucherschutzniveau ist, nach Ansicht der Kommission, zudem grundlegende Voraussetzung für das Erreichen eines echten digitalen Binnenmarkts.[79]

a. Grad der Harmonisierung, Art. 4 DIRL

Den Grad der Harmonisierung der Digitale-Inhalte-RL konkretisiert Art. 4 DIRL. Danach ist es den EU-Mitgliedstaaten – sofern die Richtlinie nichts anderes bestimmt – verwehrt, in ihrem nationalen Recht von den Bestimmungen der Richtlinie abweichende Vorschriften aufrechtzuerhalten oder einzuführen (vgl. Art. 4 Hs. 1 DIRL).

Diesen Grundsatz ergänzt der zweite Halbsatz des Art. 4 DIRL, der feststellt, dass das der Vollharmonisierung zuwiderlaufende Verbot auch dann greift, wenn es sich um „strengere oder weniger strenge Vorschriften zur Gewährleistung eines anderen Verbraucherschutzniveaus“ handelt. Das Gebot der Vollharmonisierung dient mithin dem Ziel eines einheitlich hohen Verbraucherschutzniveaus innerhalb der EU-Mitgliedstaaten.[80]

74 Erwgr. 11 DIRL.
75 Vgl. Erwgr. 5 ff. DIRL.
76 Erwgr. 7 DIRL.
77 Vgl. Erwgr. 8 DIRL.
78 Vgl. Erwgr. 3 und 6 DIRL.
79 Vgl. Erwgr. 3 DIRL.
80 Vgl. auch Erwgr. 3 DIRL.

b. Deklaratorische Freistellung für Aspekte des allgemeinen Vertragsrechts

Eine klare Grenze wird der Harmonisierung im Rahmen der Digitale-Inhalte-RL durch die deklaratorische Freistellung in Art. 3 Abs. 10 DIRL gesetzt: Die Regelung von Aspekten des allgemeinen Vertragsrechts, wie den Bestimmungen über das Zustandekommen, die Wirksamkeit, die Nichtigkeit oder die Wirkungen eines Vertrages einschließlich der Folgen der Vertragsbeendigung, soweit diese Aspekte nicht in der Richtlinie geregelt werden, sowie das Recht auf Schadensersatz, überlässt die Richtlinie den Mitgliedstaaten.[81] Hinzuweisen ist darauf, dass die Bestimmung die allgemeine Tendenz der Digitale-Inhalte-RL, so wenig wie möglich in das allgemeine nationale Vertragsrecht einzugreifen, zum Ausdruck bringt.[82]

Da eine vollständige Regelung eines europäischen (Digital-)Vertragsrechts mit der Digitale-Inhalte-RL gerade nicht angestrebt ist, ist der Regelungsgehalt der neuen Richtlinie insoweit auch beschränkt und bleibt damit auch weit hinter der geplanten GEK-VO zurück. Es handelt sich nach der Verbraucherrechterichtlinie vielmehr um eine weitere „partielle Vollharmonisierung"[83] im europäischen Verbrauchervertragsrecht.

3. Defizite bei der Rechtsangleichung

Neben der deklaratorischen Freistellung für Aspekte des allgemeinen Vertragsrechts nach Art. 3 Abs. 10 DIRL weisen die Richtlinienbestimmungen der Digitale-Inhalte-RL zudem weitere (teils erhebliche) Defizite bei der Rechtsangleichung auf, die die erstrebte Erleichterung des Handels im digitalen Binnenmarkt in Frage stellen könnten.[84]

Es stellt sich daher die Frage, inwieweit die vorgesehene Harmonisierung ausreichend ist, um die erstrebten Ziele der Förderung des Binnenmarktes und der Herstellung eines hohen Verbraucherschutzniveaus zu erreichen und inwieweit die Defizite bei der Rechtsangleichung die Regelungsziele der Richtlinie konterkarieren könnten.

Die nachfolgenden Ausführungen dienen einem kurzen Überblick über die wesentlichsten Angleichungs- bzw. Regelungsdefizite der Digitale-Inhalte-RL. Darüber hinaus wird auf die Ausführungen und die rechtsvergleichende Untersu-

---

81 Siehe dazu auch Erwgr. 12 DIRL und die inhaltsgleiche Bestimmung der Warenkauf-RL (vgl. Art. 3 Abs. 6 und Erwgr. 18 WKRL); diese Bestimmungen folgen dem Vorbild von Art. 3 Abs. 5 VRRL.

82 Siehe hierzu schon Kapitel 2 I.1.

83 Vgl. *Metzger*, AcP 216 (2016), 817 (821); ebenso *Linardatos*, in: Specht-Riemenschneider/Werry/Werry (Hrsg.), Datenrecht in der Digitalisierung, S. 506 (S. 514 Rn. 11).

84 So auch *Schulze*, ZEuP 2019, 695.

chung im Rahmen des dritten Teils verwiesen, in dem die Regelungsdefizite der Richtlinie im Kontext des Gewährleistungsregimes für digitale Inhalte und digitale Dienstleistungen behandelt werden.

Ein offensichtliches und sehr erhebliches Angleichungsdefizit der Digitale-Inhalte-RL ist in der Beschränkung des Anwendungsbereichs der Richtlinie auf Verbraucherverträge (B2C-Verhältnis) zu erkennen.[85] Diese Beschränkung gestattete es, den Regelungsbedarf für die Digitale-Inhalte-RL aus der doppelten Zielsetzung – dem Beitrag zum Funktionieren des Binnenmarkts und der Gewährleistung eines hohen Verbraucherschutzniveaus (vgl. Art. 1 DIRL) – herzuleiten. Indes schließt dies die Einbeziehung von Verträgen zwischen Unternehmern (B2B) über digitale Inhalte oder digitale Dienstleistungen aus, trotz des zumindest im Hinblick auf den Schutz von kleinen und mittleren Unternehmen (KMU) durchaus bestehenden Regelungsbedarfs.[86]

Hinzuweisen ist auch darauf, dass die lizenzrechtlichen Beziehungen in der Vertragskette bis zum Letztvertreiber vom Anwendungsbereich der Digitale-Inhalte-RL ausgeklammert sind. Die Rechtsbeziehungen in der gewerblichen Vertragskette zwischen Unternehmern sind lediglich insoweit in den Regelungsbereich der Richtlinie einbezogen, als dem Unternehmer bei einer Haftung gegenüber dem Verbraucher für die nicht erfolgte oder nicht vertragsgemäße Bereitstellung digitaler Inhalte oder digitaler Dienstleistungen Rückgriffsansprüche innerhalb der gewerblichen Vertragskette gewährt werden, deren Ausgestaltung aber den nationalen Gesetzgebern überlassen bleibt (vgl. Art. 20 DIRL). Es erscheint doch sehr zweifelhaft, ob diese Beschränkung des Anwendungsbereichs den Erfordernissen des digitalen Binnenmarkts entspricht.[87]

Auch hinsichtlich ihres Regelungsinhalts weist die Digitale-Inhalte-RL Defizite auf:

Im Zusammenhang mit der Bereitstellung digitaler Inhalte und digitaler Dienstleistungen (Art. 5 DIRL) überlässt die Richtlinie den Mitgliedstaaten die Regelung von möglichen Ausschlussgründen für die Leistungspflichten des Unternehmers. Die Richtlinie trifft insbesondere keine Regelungen über die Auswirkungen von Leistungshindernissen wie Unmöglichkeit oder höhere Gewalt auf die

85 Dazu auch *Metzger*, JZ 2019, 577 (584); *Schulze*, ZEuP 2019, 695 (702 f.).

86 Diesen Schutzbedarf bringt Erwgr. 16 DIRL lediglich mit dem Hinweis zum Ausdruck, dass es den Mitgliedstaaten freistehe, die Anwendung der Vorschriften der Digitale-Inhalte-RL auf Verträge auszudehnen, die vom Anwendungsbereich der Richtlinie ausgenommen sind wie beispielsweise neu gegründete Unternehmen oder KMU. Siehe hierzu *Schulze*, ZEuP 2019, 695 (702 f.).

87 Kritisch auch *Metzger*, JZ 74 2019, 577 (584); ebenso *Schulze*, ZEuP 2019, 695 (703).

Bereitstellungspflicht.[88] Wenn die nicht erfolgte Bereitstellung bzw. eine Vertragswidrigkeit der digitalen Inhalte oder digitalen Dienstleistungen auf ein Hindernis zurückzuführen sind, auf das der Unternehmer keinen Einfluss hat oder dessen Folgen der Unternehmer nicht vermeiden oder beseitigen konnte, können die Folgen der nicht erfolgten Bereitstellung bzw. der Vertragswidrigkeit daher auch weiterhin durch die nationalen Gesetzgeber reguliert werden.[89] Diese freie Ausgestaltung der Ausschlussgründe durch die Mitgliedstaaten relativiert die Angleichung der Bereitstellungspflicht in einem erheblichen Maße.[90]

Auch das System der Rechtsbehelfe des Verbrauchers weist strukturelle Angleichungsdefizite auf, da die Richtlinie keine Regelungen zum Schadensersatzrecht trifft. Mit der deklaratorischen Freistellung für Aspekte des allgemeinen Vertragsrechts hat der europäische Gesetzgeber das Recht auf Schadensersatz aus dem Regelungsbereich der Richtlinie ausgenommen (vgl. Art. 3 Abs. 10 DIRL). Problematisch ist dieses Defizit, insofern sich eine unzulängliche Ausgestaltung des mitgliedstaatlichen Schadensersatzrechts bei digitalen Produkten angesichts der Bedeutung von Schadensersatzansprüchen in der Praxis in einem besonderen Maße nachteilig auf das Verbraucherschutzniveau auswirken kann.[91]

III. Resümee

Mit den intensiven, wenngleich punktuellen Regelungsmaßnahmen auf europäischer Ebene hat sich das Verbrauchervertragsrecht allmählich zu einem (voll) harmonisierten europäischen Richtlinienrecht entwickelt. In weiten Teilen hat der europäische Gesetzgeber die Regelung des Verbrauchervertragsrechts übernommen, sodass nationale Vorhaben auf dem Gebiet des Verbraucherschutzrechts kaum noch zur Entstehung gelangen.[92]

Die Reichweite und Intensität der Rechtsakte zur Rechtsangleichung in den Kernbereichen des Verbrauchervertragsrechts hat sich allerdings vor allem gegenüber den Maßstäben, die anfänglich die Klauselrichtlinie und die Verbrauchs-

---

88 Vgl. auch *Schulze*, ZEuP 2019, 695 (707 f.), der dies als ein „schwerwiegendes Defizit der Rechtsangleichung" bezeichnet. Siehe hierzu auch Kapitel 8 I.1.a.

89 Vgl. Erwgr. 14 DIRL. Kritisch angesichts der „unscharfen" Formulierung zum Umfang der Zuweisung an das mitgliedstaatliche Recht in Erwgr. 14 DIRL siehe *Schulze*, ZEuP 2019, 695 (707).

90 So auch *Schulze*, ebenda (723).

91 Vgl. *Schulze*, ebenda (720 f.). Siehe hierzu Kapitel 8 II.

92 Vgl. auch *Lengert*, Die Umsetzung der Verbraucherrechterichtlinie in Deutschland und Frankreich, S. 22.

güterkauf-RL gesetzt hatten, in den vergangenen Jahren deutlich abgeschwächt,[93] nachdem die Verbraucherrechterichtlinie angesichts des Streits um die Reichweite der Vollharmonisierung nur in einer stark eingeschränkten Fassung in Kraft trat und auch das Vorhaben einer weitreichenden europäischen Kodifikation eines GEK aufgrund der ablehnenden Haltung einiger Mitgliedstaaten scheiterte.

In einer kritischen Phase hat der europäische Gesetzgeber die Entwicklung des europäischen Vertragsrechts jedoch wieder vorangetrieben. Um die bestehende Rechtslücke im EU-Verbraucherrecht zu schließen und insbesondere eine Rechtsfragmentierung durch unterschiedliche einzelstaatliche Vorschriften auf dem Gebiet des Digitalvertragsrechts zu verhindern und ein einheitlich hohes Verbraucherschutzniveau zu gewähren, harmonisiert die Digitale-Inhalte-RL nunmehr bestimmte vertragsrechtliche Aspekte der Bereitstellung digitaler Inhalte und digitaler Dienstleistungen.

Im Kontext der Rechtsharmonisierung in der EU ordnet sich die Digitale-Inhalte-RL damit in die vorangegangene (punktuelle) europäische Richtlinienpolitik ein. Sie stellt eine bereichsspezifische Ergänzung des europäisch determinierten Verbraucherrechts für den digitalen Bereich dar und leistet damit einen Beitrag zur Harmonisierung der Kernbereiche des Verbrauchervertragsrechts. Auf dem Gebiet des Digitalvertragsrechts ist den Mitgliedstaaten die Einführung eines weitergehenden oder weniger weitreichenden Verbraucherschutzes nunmehr untersagt (vgl. Art. 4 DIRL).

Die Regelung von Aspekten des allgemeinen Vertragsrechts ist dabei weiterhin den Mitgliedstaaten überlassen (vgl. Art. 3 Abs. 10 DIRL). Damit bleibt der Regelungsgehalt der Richtlinie auch weit hinter der geplanten GEK-VO zurück.

Im Ergebnis führt diese Kombination einer Vollharmonisierung und eines beschränkten Regelungsinhalts (vgl. Art. 4 i.V.m. Art. 3 DIRL) dazu, dass die Digitale-Inhalte-RL (lediglich) einen partiellen Vollharmonisierungsansatz verfolgt.[94]

Die Betrachtung der Digitale-Inhalte-RL im Kontext der Rechtsharmonisierung hat zudem bereits (teils erhebliche) Angleichungs- bzw. Regelungsdefizite der Richtlinie offengelegt. Die Richtlinie weist insoweit Defizite bei der Rechtsangleichung auf, die im Widerspruch zu ihrem Ziel, zum reibungslosen Funktionieren des Binnenmarktes beizutragen und ein hohes Verbraucherschutzniveau herzustellen (vgl. Art. 1 DIRL), stehen und insbesondere die erstrebte Erleichterung des Handels im digitalen Binnenmarkt infrage stellen könnten.

---

93 So auch *Schulze*, ZEuP 2019, 695 (697).

94 So auch schon *Metzger*, AcP 216 (2016), 817 (821); *Linardatos*, in: Specht-Riemenschneider/Werry/Werry (Hrsg.), Datenrecht in der Digitalisierung, S. 506 (S. 514 Rn. 11).

Es wird sich zeigen, ob und inwieweit sich die Regelungs- bzw. Angleichungsdefizite der Digitale-Inhalte-RL in der Praxis auswirken und ob das Interesse der Mitgliedstaaten am digitalen Binnenmarkt zu einer (weiteren) Rechtsangleichung führen wird.[95]

95 Ähnlich schon *Schulze*, ZEuP 2019, 695 (723).

Zweiter Teil Umsetzung der Digitale-Inhalte-RL: Struktur und Grundkonzept

Kapitel 4: Allgemeiner systematischer Vergleich

Das vorliegende Kapitel nimmt die systematische Stellung und die innere Systematik des Digitalvertragsrechts in den zu vergleichenden nationalen Rechtsordnungen in den Blick.

Hierfür wird zunächst ein generelles Augenmerk auf die Thematik der Systembildung im europäischen Mehrebenensystem gerichtet und die verschiedenen Umsetzungstechniken erörtert, um daran anschließend die systematische Umsetzung der Digitale-Inhalte-RL in Deutschland und Frankreich zu untersuchen, die die nationalen Gesetzgeber vor besondere Herausforderungen stellte. Der Fokus richtet sich auf die Art und Weise der Umsetzung der Digitale-Inhalte-RL, mit anderen Worten die jeweiligen Umsetzungsvarianten und Umsetzungsstandorte, unter Beachtung der Systematik der ausgewählten nationalen Rechtssysteme.

Übergeordnetes Erkenntnisinteresse des Kapitels ist der Einfluss europäischer Harmonisierungsrichtlinien auf die Struktur der nationalen Rechtssysteme und ihre systematischen Zusammenhänge.

I. Systembildung im europäischen Mehrebenensystem

In einem Mehrebenensystem wie dem des Rechts in der Europäischen Union betrifft die Thematik der Systembildung im europäischen Privatrecht zum einen das Gesamtsystem des Europäischen Privatrechts und damit vorrangig Systemfragen auf europäischer Ebene und zum anderen, auf nationaler Ebene, Fragen die nationalen Rechtsordnungen betreffend.[1] Letzteres, die Thematik der Systembildung auf nationaler Ebene, beschäftigt sich mit dem europäischen Einfluss und dessen Rückwirkung auf das äußere und innere System der nationalen Rechtsordnungen, in denen die Umsetzung des europäischen Rechts zu erfolgen hat. Hierauf soll nachfolgend der Fokus liegen.

---

1 Zu Ersterem siehe insbesondere *Grundmann*, in: Riesenhuber (Hrsg.), Europäische Methodenlehre, § 9 S. 243–284.

https://doi.org/10.1515/9783111488387-007

1. Umsetzungspflicht und Systembildung

Die Rechtsquellen des Europäischen Privatrechts, das Primärrecht, verkörpert im Vertrag über die Europäische Union (EUV), im Vertrag über die Arbeitsweise der Union (AEUV) und in der Europäischen Grundrechte Charta, einerseits und das auf Grundlage des Primärrechts geschaffene Sekundärrecht, bestehend aus Richtlinien und Verordnungen, andererseits, sind Instrumente einer Einwirkung auf das jeweilige nationale Rechtssystem.[2]

Jede Rechtsordnung wird durch das ihr zugrunde liegende Rechtssystem geprägt und basiert auf konstruktiven Grundzusammenhängen, die durch charakteristische Merkmale der Ordnung gekennzeichnet sind und eine gewisse Einheitlichkeit und Geschlossenheit als Gesamtsystem bewirken.[3] Auf diese nationalen Privatrechtssysteme wirkt das europäische Recht über Sekundärrechtsakte systembildend ein, denn insbesondere mit der Umsetzung europäischer Richtlinien werden die in sich geschlossenen und kohärenten nationalen Strukturen sowie die Systematik der nationalen Rechtsordnungen berührt. Charakteristisch für das europäische Mehrebenensystem ist ferner, dass die Regelungen, die auf zentraler Ebene gesetzt wurden, nicht ein Rechtsgebiet erschöpfen, sondern beide Ebenen, regelmäßig auch in einzelnen Fragen, jeweils zusammenwirken.[4] Die Möglichkeit zentraler oder dezentraler Rechtsetzung, auch innerhalb einzelner Rechtsgebiete, führt dazu, dass die zentralen und dezentralen Regelungsteile auch in stark harmonisierten Bereichen nebeneinander treten und miteinander verwoben sind und ein komplexes europäisches Verschränkungsmodell existiert.[5]

Selbstverständlich kann es dabei aufgrund der unterschiedlichen Ansätze der Rechtsquellen – das punktuell problemorientierte europäische Richtlinienrecht einerseits und die umfassenden, durchsystematisierten nationalen Kodifikationen andererseits – zu Systembrüchen, Wertungswidersprüchen und Friktionen mit dem bestehendem nationalen Recht kommen.[6] Diese „Brüche" resultieren aber fast zwangsläufig aus dem Ziel einheitlicher Regelungen einerseits und dem Mehrebenensystem des europäischen Privatrechts und dessen lückenhafter Konzeption

---

2 Zu den Rechtsquellen des Europäischen Privatrechts siehe etwa die Darstellung bei *Köndgen/Mörsforf*, in: Riesenhuber (Hrsg.), Europäische Methodenlehre, § 6 S. 131–180, 135 f.

3 *Riesenhuber*, System und Prinzipien des Europäischen Vertragsrechts, S. 5 f. m.w.N.; *Riedl*, Vereinheitlichung des Privatrechts in Europa, S. 50.

4 Vgl. *Grundmann*, in: Riesenhuber (Hrsg.), Europäische Methodenlehre, § 9 S. 246 f.

5 Ibid.

6 Siehe *Mittwoch*, Vollharmonisierung und Europäisches Privatrecht. Methode, Implikationen und Durchführung, S. 153; *Gebauer*, in: Gsell/Herrestahl (Hrsg.), Vollharmonisierung im Privatrecht, S. 163 (163 ff.); *Träger*, ZEuP 2003, 523 (528 f.).

andererseits.[7] Die harmonisierenden Richtlinien können sich prinzipiell nicht an den Systemen der Mitgliedstaaten bzw. an den Strukturen der mitgliedstaatlichen Rechtsordnungen orientieren oder diese berücksichtigen.[8] Vielmehr abstrahiert das europäische Richtlinienrecht von den systematischen und dogmatischen Gegebenheiten der mitgliedstaatlichen Rechtsordnungen und beschränkt sich auf die Vorgabe von Sachverhalt-Rechtsfolge-Relationen, welche die nationalen Gesetzgeber in ihrer Rechtsordnung realisieren müssen.[9]

Den wesentlichen Unterschied einer umzusetzenden Richtlinie zu der Rechtsform der unmittelbar geltenden Verordnung markieren dabei insbesondere die das äußere System betreffenden Freiheiten der nationalen Gesetzgeber. Bei der Umsetzung einer europäischen Richtlinie stellt sich stets die im Belieben der jeweiligen nationalen Gesetzgeber stehende grundlegende Frage nach der systematischen Verortung der Umsetzungsvorschriften. Aus dem Gebot der Einheitlichkeit und der Widerspruchsfreiheit der Rechtsordnung[10] leitet sich die (methodische) Verpflichtung der Mitgliedstaaten ab, das „äußere System"[11], das der übersichtlichen Darstellung und Gliederung dient, gegebenenfalls zu modifizieren, um eine irritationsfreie Einbindung der Richtlinienvorgaben in das nationale Recht zu gewährleisten und das „innere System" der Rechtsordnung, also das Zusammenspiel ihrer Grundsätze, Reichweite und wechselseitigen Beschränkungen, für die betroffenen Bereiche anzupassen und gegebenenfalls um zusätzliche Prinzipien zu ergänzen.[12] Der (systematische) Anpassungsaufwand im nationalen Recht steigt dabei regelmäßig, je stärker eine (voll)harmonisierende Richtlinie inhaltlich Kernbereiche der nationalen Rechtsordnungen betrifft bzw. diese berührt.[13] Adressiert eine Richtlinie Bereiche, die mit unterschiedlichen Regelungsmaterien verknüpft sind, sind mögliche Friktionen häufig nur durch einen erhöhten Eingriff

7 Siehe hierzu *Grundmann*, RabelsZ Bd. 75, Heft 4 (2011), 882 (908).

8 *Gsell/Herrestahl*, in: dies. (Hrsg.), Vollharmonisierung im Privatrecht, S. 1 (8); *Träger*, ZEuP 2003, 523 (536).

9 Siehe dazu *Riehm*, JZ 2006, 1035 (1037).

10 Siehe dazu *Canaris*, Systemdenken und Systembegriff in der Jurisprudenz entwickelt am Beispiel des deutschen Privatrechts, S. 19 ff.

11 Siehe zu der von *Heck* eingeführten Unterscheidung von „äußerem" und „innerem" System, *Heck*, Begriffsbildung und Interessenjurisprudenz, S. 139–163; erläuternd *Larenz/Canaris*, Methodenlehre der Rechtswissenschaft, S. 263–289, 302–318; *Canaris*, Systemdenken und Systembegriff in der Jurisprudenz entwickelt am Beispiel des deutschen Privatrechts, S. 19 ff., 40 ff.

12 Siehe dazu auch *Träger*, ZEuP 2003, 523 (525); *Safferling*, in: Helms/Neumann/Caspers/Sailer/et. al., Jahrbuch Junger Zivilrechtswissenschaftler. Das neue Schuldrecht, Freiburger Tagung 5. bis 8. September 2001, S. 133 (153).

13 Ähnlich *Mittwoch*, Vollharmonisierung und Europäisches Privatrecht. Methode, Implikationen und Durchführung, S. 155 f.

in das nationale Rechtssystem zu bewältigen.[14] Auch Wertungswidersprüche zwischen den harmonisierten und den nicht harmonisierten Bereichen sind aufzulösen und – gegebenenfalls durch eine „überschießende Umsetzung" – eine Zersplitterung der nationalen Rechtsordnung in unterschiedliche, nicht aufeinander abgestimmte Regelungskomplexe zu vermeiden, um einer nicht mehr zumutbaren Komplexität und Unübersichtlichkeit bei der Rechtsanwendung durch Abgrenzungsschwierigkeiten, Überschneidungen oder nicht intendierten Wechselwirkungen entgegenzuwirken.[15]

Vor diesem Hintergrund ist die systemgerechte Einpassung europäischen Rechts in das nationale Recht oder, genereller, die Systembildung (bzw. Systemwahrung) auf nationaler Ebene stets eine wesentliche Aufgabe des nationalen Gesetzgebers.[16]

Für die Umsetzung von europäischen Harmonisierungsrichtlinien im Verbraucher(vertrags)recht haben sich dabei verschiedene Modelle bzw. Umsetzungstechniken durchgesetzt – von einer Integration in das allgemeine Vertragsrecht über die Umsetzung der verbraucherschützenden Regelungen in einem besonderen Verbrauchergesetzbuch bis hin zu einer eigenständigen Normierung. Verbrauchervertragliche Richtlinien wirken sich damit unter Umständen nachhaltig auf die Rechtsordnungen der Mitgliedliedstaaten aus.[17]

2. Systematische Einordnung des Verbraucherrechts – Umsetzungstechniken

Der folgende Abschnitt untersucht die verschiedenen Ansätze zur Umsetzung der europäischen Richtlinien im Hinblick auf die systematische Stellung des Verbraucherrechts. Der systematische Standort der verbrauchervertragsrechtlichen Vorschriften soll dabei insbesondere auch Aufschluss darüber geben, wie das je-

14 *Rott*, ZEuP 2009, 456 (462); *Schmidt-Kessel*, in: Jud/Wendehorst (Hrsg.), Neuordnung des Verbraucherprivatrechts in Europa? Zum Vorschlag einer Richtlinie über Rechte der Verbraucher, S. 21 (28 f.).

15 Vgl. *Träger*, ZEuP 2003, 523 (525).

16 Vgl. auch *Riesenhuber*, System und Prinzipien des Europäischen Vertragsrechts, S. 54 f. – Nach dem „Grundsatz der Gemeinschaftstreue" ist aber auch der europäische Gesetzgeber zur Systemerhaltung, d. h. zur Wahrung der Kompatibilität seiner Regelungen mit den Rechtssystemen der Mitgliedstaaten angehalten, so *Riesenhuber*, ebenda, S. 55, 198.

17 Ebenso *Vogel*, GPR 2005, 164 (165).

weilige nationale Rechtssystem das Verhältnis von Verbrauchervertragsrecht und allgemeinem Vertragsrecht beurteilt.[18]

a. Grundmodelle der Umsetzungstechniken

Hinsichtlich der systematischen Umsetzung europäischer Harmonisierungsrichtlinien im Verbrauchervertragsrecht kann zwischen zwei Grundmodellen unterschieden werden: Das integrative Umsetzungsmodell (Integrationslösung, auch: Einheitslösung) und das auslagernde Umsetzungsmodell[19] ((Sonder-)Kodifikationslösung).[20] Innerhalb dieser Ansätze sind selbstverständlich diverse Differenzierungen denkbar.[21]

Während die Umsetzung beim integrativen Ansatz im Rahmen schon bestehender nationaler Zivilgesetze erfolgt, werden beim auslagernden Umsetzungsmodell die europäischen Verbraucherschutzvorschriften in einem eigens hierfür geschaffenen Gesetz umgesetzt.[22] Ersteres, die systematische Verankerung des Verbrauchervertragsrechts innerhalb der allgemeinen Zivilrechtskodifikation, verlangt zudem die Entscheidung des Gesetzgebers zwischen einer gebündelten Umsetzung „en bloc“ oder einer „verstreuten“ Integration bzw. Inkorporation der Richtlinienbestimmungen.[23] Einen nicht unerheblichen Teil des Umsetzungsaufwands neuer europarechtlicher Bestimmungen machen dabei die mit der Umsetzung und Integration verbundenen Anpassungsbemühungen aus.

Als Vertreter der Integrationslösung sind insbesondere Deutschland sowie die Niederlande[24] und Italien (allerdings mit gewichtigen Einschränkungen)[25] zu nen-

18 Der systematischen Stellung komme insofern eine „Indizfunktion“ zu, so *Vogel*, in: Eidenmüller/Grundmann/et. al. (Hrsg.), Schriften zum Europäischen und Internationalen Privat-, Bank- und Wirtschaftsrecht, S. 227.

19 Die Bezeichnung als „auslagerndes Umsetzungsmodell“ bzw. als „auslagernder Ansatz“ ist aus der rechtsvergleichenden Untersuchung von *Lengert*, Die Umsetzung der Verbraucherrechterichtlinie in Deutschland und Frankreich übernommen worden.

20 Eine dritte Umsetzungstechnik wird unter dem Begriff „Insellösung“ gefasst, worunter die Verankerung in zahlreichen Sonderregelwerken verstanden wird, siehe hierzu *Vogel*, GPR 2005, 164 (165).

21 Siehe dazu *Vogel*, in: Eidenmüller/Grundmann/et. al. (Hrsg.), Schriften zum Europäischen und Internationalen Privat-, Bank- und Wirtschaftsrecht, S. 228.

22 Für eine umfassende Analyse der beiden Grundmodelle der Umsetzung und einer Darstellung der Argumente für und gegen eine Auslagerung von Verbraucherschutzvorschriften siehe *Lengert*, Die Umsetzung der Verbraucherrechterichtlinie in Deutschland und Frankreich, S. 32 ff.

23 Vgl. *Vogel*, GPR 2005, 164 (165 f.); *Vogel*, in: Eidenmüller/Grundmann/et. al. (Hrsg.), Schriften zum Europäischen und Internationalen Privat-, Bank- und Wirtschaftsrecht, S. 228.

24 Zur systematischen Stellung des Verbrauchervertragsrechts in den Niederlanden siehe *Hartkamp*, AcP 191 (1991), 396 (399).

nen. Der wohl prominenteste Vertreter des auslagernden Umsetzungsmodells ist Frankreich, daneben haben sich etwa auch die Mitgliedstaaten Österreich, Griechenland, Spanien, Portugal sowie Finnland im Grundansatz für die (Sonder-)Kodifikationslösung entschieden – der Anspruch und der Umfang variieren hier.[26]

Die hier zu untersuchenden Rechtsordnungen Deutschlands und Frankreichs stehen stellvertretend für die Integrationslösung einerseits und die (Sonder-)Kodifikationslösung andererseits.

Die Untersuchung der systematischen Verortung des Verbrauchervertragsrecht in Deutschland und Frankreich hat hier nicht den Anspruch einer erschöpfenden Darstellung, sondern dient vorbereitend der rechtsvergleichenden Untersuchung zur Umsetzung und Integration des Digitalvertragsrechts in der deutschen sowie der französischen Rechtsordnung.

b. Deutschland: Integratives Umsetzungsmodell (Integrationslösung)

In Deutschland ist die Kodifikation des Verbrauchervertragsrechts heute systematisch innerhalb der allgemeinen Zivilrechtskodifikation, dem BGB, verankert (integratives Umsetzungsmodell).[27]

Die gesetzgeberischen Umsetzungsmaßnahmen im Bereich des Verbraucherrechts lassen aber drei unterschiedliche Phasen erkennen:[28]

In einer ersten Phase setzte der deutsche Gesetzgeber die europäischen Richtlinienvorgaben durch (minimale) Änderungen der bereits existenten Rechtsakte um;[29] in einer zweiten Phase wurden sodann vermehrt eigenständige Spezialgesetze

25 Zur systematischen Stellung des Verbrauchervertragsrechts in Italien siehe *Antoniolli Deflorian*, in: Schulte-Nölke/Schulze (Hrsg.), Europäische Rechtsangleichung und nationale Privatrechte, S. 119–172.

26 Siehe *Vogel*, in: Eidenmüller/Grundmann/et. al. (Hrsg.), Schriften zum Europäischen und Internationalen Privat-, Bank- und Wirtschaftsrecht, S. 228.

27 Zur Integrations- bzw. Einheitslösung am Beispiel Deutschlands und insbesondere auch den Chancen sowie Risiken der systematischen Verortung des Verbrauchervertragsrechts innerhalb des BGB siehe *Vogel*, GPR 2005, 164 (166 f.).

28 Vor Umsetzung der europäischen Richtlinienbestimmungen gab es in Deutschland keine speziellen Regelungen zum Verbraucherschutz und das Verbraucherschutzniveau der deutschen Vorschriften lag weit hinter dem des Gemeinschaftsrechts zurück, vgl. zum Stand des deutschen Verbraucherschutzes im Regelungsbereich der Richtlinien vor der Umsetzung *Schulte-Nölke/Twigg-Flesner/Ebers*, EG-Verbraucherrechtskompendium, S. 92.

29 Dies trifft zu auf die Umsetzung der Bestimmungen über Haustürgeschäfte (Haustürwiderrufsrichtlinie 85/577/EWG) im kurz zuvor verabschiedeten deutschen Haustürwiderrufsgesetz (Gesetz über den Widerruf von Haustürgeschäften und ähnlichen Geschäften vom 16. Januar 1986, BGBl I 1986, S. 122 (HWiG)) sowie auf die Bestimmungen über Pauschalreisen, die durch die Änderung der bereits bestehenden Regelungen zum Reisevertrag umgesetzt worden sind, und die Bestimmungen

erlassen,[30] die der Umsetzung der europäischen Richtlinienbestimmungen dienten.[31] So war in Deutschland lange Zeit der auslagernde Ansatz verfolgt worden und etwa die Haustürwiderrufsrichtlinie zunächst durch das sog. Haustürwiderrufsgesetz (HWiG)[32] sowie die Fernabsatzrichtlinie durch das sog. Fernabsatzgesetz (FernAbsG)[33] in nationales Recht umgesetzt worden.

Erst in einer dritten Phase setzte sich schließlich das integrative Umsetzungsmodell in Deutschland durch.

aa. Die Integration des Verbrauchervertragsrechts in das BGB

Die Integration des ursprünglich in zahlreichen Sondergesetzen verstreut geregelten Verbrauchervertragsrechts in das BGB erfolgte in zwei Schritten:

Vorbereitet wurde die Integration des Verbraucherrechts in das BGB schon bei der Umsetzung der Fernabsatzrichtlinie; hier wählte der deutsche Gesetzgeber, wie gezeigt, mit dem FernAbsG einerseits die Umsetzungsmethode eines separaten Verbrauchergesetzes außerhalb des BGB, andererseits wurden zum ersten Mal die zentralen Strukturmerkmale des Verbraucherrechts im BGB standardisiert. In einem ersten Schritt hatte der deutsche Gesetzgeber die Grundbegriffe „Verbraucher" (§ 13 BGB) und „Unternehmer" (§ 14 BGB) vereinheitlicht und weitgehend einheitliche Widerrufs- und Rückgaberechte innerhalb des BGB[34] geregelt.

über missbräuchliche Klauseln, welche durch Änderung des bereits bestehenden AGB-Gesetzes (Gesetz zur Regelung des Rechts der allgemeinen Geschäftsbedingungen (AGBG), ursprüngliche Fassung vom 9. Dezember 1976, BGBl. S. 3317) umgesetzt worden sind.

30 Dies trifft zu auf das Verbraucherkreditgesetz (Gesetz über Verbraucherkredite, zur Änderung der Zivilprozessordnung und anderer Gesetze, vom 17. Dezember 1990, BGBl. 1990, Teil I (VerbrKrG)), das Teilzeit-Wohnrechtegesetz (Gesetz über die Veräußerung von Teilzeitnutzungsrechten an Wohngebäuden, vom 20. Dezember 1996, BGBl. 1996 Teil I Nr. 70 (TzWrG)), sowie das Fernabsatzgesetz (Gesetz über Fernabsatzverträge und andere Fragen des Verbraucherrechts sowie zur Umstellung von Vorschriften auf EURO vom 27. Juni 2000, BGBl 2000 Teil I Nr. 28, S. 897 (FernAbsG)) zur Umsetzung der Richtlinie 97/7/EG (Fernabsatzrichtlinie).

31 Siehe dazu *Schulte-Nölke/Twigg-Flesner/Ebers*, EG-Verbraucherrechtskompendium, S. 92 f.; *Roth*, in: Grundmann/Medicus/Rolland (Hrsg.), Europäisches Kaufgewährleistungsrecht. Reform und Internationalisierung des deutschen Schuldrechts, S. 113 (113 ff.).

32 Außerkraftsetzung am 1. Januar 2002 (Art. 6 Nr. 5 Gesetz zur Modernisierung des Schuldrechts vom 26. November 2001, BGBl. I S. 3138, 3178).

33 Außerkraftsetzung am 1. Januar 2002 (Art. 6 Nr. 7 Gesetz zur Modernisierung des Schuldrechts vom 26. November 2001, BGBl. I S. 3138, 3178).

34 Siehe §§ 361a, 361b BGB a.F.

Die umfassende Integration der verbraucherschützenden Regelungen wurde sodann im Rahmen der Schuldrechtsmodernisierung in Deutschland diskutiert[35] und auch gegenüber dem Vorschlag eines eigenständigen Verbrauchergesetzbuchs abgewogen.[36] Nachdem der Weg einer Integration der Verbraucherschutzgesetze in das BGB der Sache nach bereits vorgezeichnet worden war, entschied sich der deutsche Gesetzgeber für eine zivilrechtliche Gesamtkodifikation.[37] Mit dem Gesetz zur Schuldrechtsmodernisierung vom 26. November 2001[38] wurde die Verbrauchsgüterkauf-RL im BGB umgesetzt und zugleich überwiegende Teile des Verbraucherrechts, welches bislang in zahlreichen Nebengesetzen verteilt geregelt war, in das BGB integriert. Mit der Integration der ehemaligen Vorschriften des HWiG, des FernAbsG, des VerbrKrG, des TzWrG und des AGBG im Zuge der Schuldrechtsmodernisierung war somit der zweite Schritt der Überführung des Verbrauchervertragsrechts in das BGB realisiert worden.[39] Die Integration des Verbraucherrechts erfolgte in das allgemeine Vertragsrecht bzw. im Rahmen des allgemeinen Kaufrechts und in den entsprechenden Abschnitten zu den geregelten Vertragsformen und gerade nicht in einem besonderen Abschnitt zum Verbraucherrecht.[40] Das Verbraucherrecht wurde damit (jedenfalls äußerlich) „integrale[r] Bestandteil des allgemeinen Zivilrechts“[41].

35 Zur Diskussion über die Integration des Verbraucherrechts in das BGB statt vieler *Roth*, JZ 2001, 475 (484 ff.); *Canaris*, JZ 2001, 499 (499 ff.); *Dörner*, in: Schulze/Schulte-Nölke (Hrsg.), Die Schuldrechtsreform vor dem Hintergrund des Gemeinschaftsrechts, S. 177 (179 ff.); siehe auch die Beiträge im 4. und 5. Teil in Grundmann/Medicus/Rolland (Hrsg.), Europäisches Kaufgewährleistungsrecht. Reform und Internationalisierung des deutschen Schuldrechts.

36 Eine anschauliche Darstellung der vorgebrachten Argrumente für eine Auslagerung von Verbraucherschutzvorschriften aus dem BGB findet sich mit weiteren Nachweisen bei *Lengert*, Die Umsetzung der Verbraucherrechterichtlinie in Deutschland und Frankreich, S. 39 ff.; für Argumente gegen ein Verbraucherschutzgesetz neben dem BGB siehe *Schmidt-Räntsch*, in: Schulze/Schulte-Nölke (Hrsg.), Die Schuldrechtsreform vor dem Hintergrund des Gemeinschaftsrechts, S. 169 (172 f.).

37 Vgl. Begründung des Entwurfs eines Gesetzes zur Modernisierung des Schuldrechts, v. 14. 05. 2011, BT-Drucks. 14/6040, S. 97.

38 Gesetz zur Modernisierung des Schuldrechts v. 26. 11. 2001, BGBl I S. 3138.

39 Als eine der wenigen Richtlinien, die nach der Schuldrechtsreform nicht in das BGB integriert worden ist, verbleibt die Produkthaftungsrichtlinie bis heute im Produkthaftungsgesetz, BGBl I 1989, S. 2198.

40 Siehe zum Ganzen *Lengert*, Die Umsetzung der Verbraucherrechterichtlinie in Deutschland und Frankreich, S. 34. Ausgelagert sind indessen die aus den Richtlinien stammenden Informationspflichten des Unternehmers gegenüber dem Verbraucher: Diese waren zunächst in den jeweiligen Sondergesetzen geregelt, sind im Rahmen der Schuldrechtsreform in die Verordnung über Informationspflichten nach Bürgerlichen Recht (BGB-InfoV) ausgelagert und sodann im Zuge der Umsetzung der Verbraucherkreditrichtlinie (2010) in Art. 246 §§ 1 und 2 EGBGB übergeführt worden unter Verweis der entsprechenden Vorschriften des BGB auf diese Informationspflichten. Mit

Die dogmatische Entscheidung für das integrative Modell bzw. die integrative Umsetzungstechnik begründete der deutsche Gesetzgeber in erster Linie damit, dass nur eine Integration der zivilrechtlichen Nebengesetze in das BGB die Einheit und Homogenität des Privatrechts und die Ausrichtung des Verbraucherrechts an den Grundprinzipien des BGB gewährleiste.[42] Der integrative Ansatz verdeutliche den Zusammenhang zwischen Verbraucherrecht und allgemeinem Zivilrecht und den Charakter des Verbraucherrechts als Querschnittmaterie.[43] Insoweit wird dem integrativen Ansatz zugesprochen, dass dieser die notwendige Verbindung zwischen dem Verbraucherrecht und der allgemeinen Rechtsentwicklung schaffe.[44] Demgegenüber würde eine Auslagerung des Verbraucherrechts in ein separates Verbrauchergesetz zu einer Herauslösung des Verbraucherrechts aus dem sachlichen Regelungszusammenhang und infolgedessen zu einer möglichen Verstärkung inhaltlicher und systematischer Widersprüche führen.[45]

Zudem verwies der Gesetzgeber auf die formalen Vorteile einer transparenteren Rechtsanwendung, da der Rechtsanwender eine erhöhte Transparenz erfahre, wenn er Rechte und Pflichten aus einem einheitlichen Regelwerk erfassen könne.[46] Die Integration des Verbraucherrechts im BGB verhindere eine weiter steigende Anzahl an Nebengesetzen und stärke die Bedeutung des BGB als zentrales Regelwerk des deutschen Zivilrechts.[47]

Umsetzung der Verbraucherrechterichtlinie 2013 wurde schließlich eine Generalklausel für Informationspflichten im BGB selbst verortet (vgl. §§ 312a Abs. 2 i.V.m. 312 BGB i.V.m. Art. 246 Abs. 1 EGBGB).

41 So *Brüggemeier/Reich*, BB 2001, 213; diese sprechen von dem „Versuch einer Revitalisierung der Kodifikationsidee".

42 Vgl. BT-Drucks. 14/6040, v. 14.5.2001, S. 79, 97; siehe dazu auch *Pfeiffer*, in: Ernst/Zimmermann (Hrsg.), Zivilrechtswissenschaft und Schuldrechtsreform: zum Diskussionsentwurf eines Schuldrechtsmodernisierungsgesetzes des Bundesministeriums der Justiz, S. 481 (500) und *Grundmann*, AcP 202 (2002), 40 (69).

43 Vgl. *Pfeiffer*, in: Ernst/Zimmermann (Hrsg.), Zivilrechtswissenschaft und Schuldrechtsreform: zum Diskussionsentwurf eines Schuldrechtsmodernisierungsgesetzes des Bundesministeriums der Justiz, S. 481 (496); *Pfeiffer*, NJW 2012, 2609 (2612); *Roth*, JZ 2001, 475 (487 ff.).

44 Vgl. *Müller-Graff*, GPR 2009, 106 (114); *Pfeiffer*, NJW 2012, 2609 (2612).

45 So *Gsell*, JZ 2012, 809 (813).

46 Vgl. BT-Drucks. 14/6040, v. 14.5.2001, S. 79, 91 f., 97; siehe dazu auch *Vogel*, GPR 2005, 164 (166, 168), der dies spiegelbildlich als eine grundsätzliche Schwäche der Verortung des Verbraucherrechts in einer Sonderkodifikation bezeichnet; dazu auch *Wendehorst*, in: Jud/Wendehorst (Hrsg.), Neuordnung des Verbraucherprivatrechts in Europa? Zum Vorschlag einer Richtlinie über Rechte der Verbraucher, S. 153 (183).

47 Vgl. BT-Drucks. 14/6040, v. 14.5.2001, S. 97; dazu auch *Basedow*, AcP 200 (2000), 445 (445, 473, 489); *Vogel*, GPR 2005, 164 (166); *Herrestahl*, in: Artz/Gsell/Lorenz (Hrsg.), Zehn Jahre Schuldrechtsmodernisierung, S. 279 (286 ff., 304 ff.).

bb. (Dogmatische) Konsequenzen der Integrationslösung

Die Entscheidung zur Integration der Richtlinienbestimmungen in die allgemeine Zivilrechtskodifikation stellte einen eigenständigen und innovativen Schritt des deutschen Gesetzgebers dar.[48]

Jedoch besteht weitgehend Uneinigkeit über die dogmatischen Konsequenzen der vom deutschen Gesetzgeber gewählten Integrationslösung.[49] Während der deutsche Gesetzgeber selbst vor allem auf die formalen Vorteile verweist und der Integration des Verbraucherrechts im Übrigen keine weitergehende Bedeutung für das allgemeine Schuldvertragsrecht beimessen will,[50] gingen Stimmen in der Literatur von einem Paradigmenwechsel mit erheblichen Folgen für die deutsche Vertragsrechtsdogmatik aus.[51]

Aus unionsrechtlicher Sicht bedeutete die Standortverlagerung zugleich die Bestimmung des BGB als „Transformationsort"[52] europäischen Sekundärrechts, das sich seither den Anforderungen an die Richtlinienkonformität stellen muss.[53]

Insoweit hat das BGB durch die Integration der europarechtlich determinierten Verbraucherschutzvorschriften gesamtheitlich einen starken unionsrechtlichen Einschlag erhalten.[54]

c. Frankreich: Auslagerndes Umsetzungsmodell ((Sonder-)Kodifikationslösung)

Dem integrativen Umsetzungsmodell steht das sog. auslagernde Umsetzungsmodell gegenüber, bei dem die Vorschriften verbraucherrechtlicher Harmonisierungsrichtlinien in einem eigenen Verbrauchergesetzbuch umgesetzt werden ((Sonder-) Kodifikationslösung).

Prominentester Vertreter dieser Umsetzungstechnik ist Frankreich.[55] Nachdem das französische Verbraucherrecht (franz.: *droit de la consommation*)[56] lange Zeit in

---

48 *Grundmann/Schäfer*, ERCL 2017, 13(4), 459 (473).

49 Siehe dazu etwa *Vogel*, GPR 2005, 164 (3 ff.); *Vogel*, in: Eidenmüller/Grundmann/et. al. (Hrsg.), Schriften zum Europäischen und Internationalen Privat-, Bank- und Wirtschaftsrecht, S. 230 ff.

50 Vgl. BT-Drucks. 14/6040, v. 14.5.2001, S. 79, 91 f.

51 So beschreibend *Vogel*, GPR 2005, 164 (166).

52 *Bülow*, NJW 2002, 1145.

53 Dies folgt aus dem Grundsatz der loyalen Zusammenarbeit von Union und Mitgliedstaaten (vgl. Art. 4 Abs. 3 EUV i.V.m. Art. 288 Abs. 3 AEUV), vgl. *Thüsing*, in: Staudinger BGB, Vorbem. zu §§ 312 Rn. 14; siehe hierzu auch *Müller-Graff*, GPR 2009, 106 (115).

54 *Lengert*, Die Umsetzung der Verbraucherrechterichtlinie in Deutschland und Frankreich, S. 41.

55 Vgl. *Vogel*, GPR 2005, 164 (167).

56 Mit dem Begriff „*droit de la consommation*" wird das Rechtsgebiet des Verbraucherrechts in Frankreich in wörtlicher deutscher Übersetzung nicht als „Verbraucherrecht" (franz.: „*droit du consommateur*"), sondern als „Verbrauchsrecht" bezeichnet, *Heuer*, Der Code de la consommation. Eine Studie zur Kodifizierung des französischen Verbraucherrechts, S. 5.

zahlreichen Sonderregelwerken außerhalb des Code civil normiert war, verabschiedete der französische Gesetzgeber im Jahr 1993 ein zusammenführendes Verbrauchergesetzbuch, den Code de la consommation[57]. Frankreich nahm bei der Kodifizierung des Verbraucherrechts eine Vorreiterrolle ein und schlug mit der Einführung eines eigenen Verbrauchergesetzbuchs einen Weg der (Neu)Kodifizierung ein, dem später viele andere Länder folgten.[58]

aa. Historische Entwicklung des Verbraucherrechts in Frankreich

(1) Code de la consommation (1993)

Das französische Verbrauchergesetzbuch in Gestalt des Code de la consommation ist das Ergebnis einer Kodifizierung des Verbraucherrechts in den 1990er Jahren.[59]

Zu den wichtigsten Anfängen des französischen Verbraucherschutzrechts zählen das Gesetz Nr. 72–1137 vom 22.12.1972 über Haustürgeschäfte[60], die sog. *„loi Royer"* vom 27.12.1973[61], die sog. *„loi Scrivener"*, das Gesetz Nr. 78–22 vom 10.1.1978 über den Verbraucherkredit[62] und das Gesetz Nr. 79–596 vom 13.7.1979 zum Immobiliarkredit[63], sowie das Gesetz Nr. 88–21 vom 6.1.1988 über Fernabsatzverträge[64].[65] Die verbraucherschützenden Vorschriften vermehrten sich kontinuierlich und waren lange Zeit in zahlreichen Sonderregelwerken stets außerhalb des Code civil normiert.

Erste Bemühungen um ein zusammenhängendes Verbrauchergesetzbuch wurden Anfang der 1980er Jahre aufgenommen. Die Regierung beauftragte eine

---

57 Loi n° 93–949 du 26 juillet 1993 relative au code de la consommation, J.O. 1993.

58 Dazu *Heuer*, Der Code de la consommation. Eine Studie zur Kodifizierung des französischen Verbraucherrechts, S. 46 ff.

59 Siehe zur historischen Entwicklung und zum Inhalt des neuen französischen Verbrauchergesetzbuchs von 1993 anschaulich *Witz/Wolter*, ZEuP 1995, 35 (36 ff.); *Szönyi*, GRUR Int. 1996, 83 ff.; *Heuer*, Der Code de la consommation. Eine Studie zur Kodifizierung des französischen Verbraucherrechts, S. 46 ff.; *Bureau*, Recueil Dalloz 1994, 291.

60 *Loi n° 72–1137 du 22 décembre 1972 sur le démarchage et la vente à domicile* – Mit diesem Gesetz über Haustürgeschäfte von 1972 schuf der französische Gesetzgeber bereits Regelungen, die mit denen Haustürwiderrufsrichtline vergleichbar sind, siehe hierzu *Schulte-Nölke/Twigg-Flesner/Ebers*, EG-Verbraucherrechtskompendium, S. 86.

61 *Loi n° 73–1193 du 27 décembre 1973 d'orientation du commerce et de l'artisanat* (*dite loi Royer*).

62 *Loi n° 78–22 du 10 janvier 1978 relative à l'information et à la protection des consommateurs dans le domaine de certaines opérations de crédit*, (Gesetz zur Information und zum Schutz der Verbraucher für den Bereich bestimmter Kreditgeschäfte).

63 *Loi n° 79–596 du 13 juillet 1979 relative à l'information et à la protection des emprunteurs dans le domaine immobilier.*

64 *Loi n° 88–21 du 6 janvier 1988 relative aux opérations de télé-promotion avec offre de vente dites des „télé-achat".*

65 Für eine ausführliche Auflistung siehe *Picod/Davo*, Droit de la consommation, S. 6 f.

Kommission (*Commission de refonte droit de la consommation*[66]) unter dem Vorsitz des bekannten Verbraucherrechtlers Jean Calais-Auloy mit der Ausarbeitung eines Entwurfs für ein Verbrauchergesetzbuch. Im Jahr 1985 brachte die Kommission sodann einen ersten Entwurf eines Verbrauchergesetzbuchs hervor. Dieser war in einigen Punkten kritikwürdig, hatte aber (zumindest) den Verdienst, einen strukturierten Kodex hervorzubringen.[67] Der Vorschlag wurde jedoch nicht weiterverfolgt. Auch das zweite Vorhaben aus dem Jahr 1989 wurde nie als Gesetz verabschiedet. Die Ursache des Scheiterns wird in dem politischen Widerstand der eher konservativen Regierung gegen die „revolutionären Ideen“[68] des Gesetzesentwurfs vermutet.[69]

Der sodann im Juli 1993 ausgearbeitete Gesetzesvorschlag des Parlaments[70] beschränkte sich auf die bloße Bestandsaufnahme der bereits existierenden Normen; mit den Vorschlägen der Calais-Auloy-Kommission hatte dieser wenig zu tun.

Schließlich wurde durch ein Gesetz vom 26. Juli 1993[71] der legislative Teil (*partie législative*) des Code de la consommation verkündet und sodann der sog. ausführende bzw. regulatorische Teil (*partie réglementaire*) als Dekret[72] zum Verbrauchergesetzbuch vom Conseil D'État verabschiedet.[73] Der legislative Teil diente dazu, die zahlreichen in verschiedenen Einzelgesetzen verstreuten Verbraucherschutzvorschriften in einem neuen Gesetz zusammenzufassen und zu ordnen sowie einige ursprüngliche Gesetze aufzuheben und durch Artikel des Gesetzbuchs zu ersetzen;

---

66 „Kommission zur Überarbeitung des Verbraucherrechts“.

67 *Raymond*, Droit de la consommation, S. 21.

68 *Witz/Wolter*, ZEuP 1995, 35 (37).

69 Vgl. *Lengert*, Die Umsetzung der Verbraucherrechterichtlinie in Deutschland und Frankreich, S. 20; *Witz/Wolter*, ZEuP 1995, 35 (37 f.).

70 Dem parlamentarischen Gesetzesvorschlag war das Gesetz vom 18.1.1992 zur „Verstärkung des Verbraucherschutzes“ (*Loi n° 92–60 du 18 janvier 1992 renforçant la protection des consommateurs*) vorhergegangen, in dessen Art. 12 sich der gesetzgeberische Auftrag zur Schaffung eines Code de la consommation findet („*Il sera créé un code de la consommation. Il rassemblera les textes législatifs et réglementaires fixant les règles relatives aux relations individuelles ou collectives entre consommateurs et professionnels, notamment celles relatives à la loyauté des transactions et à la sécurité des produits et des services.*“).

71 *Loi n° 93–949 du 26 Juli 1993 relative au code de la consommation (partie législative)*, JORF n° 0171 du 27 juillet 1993.

72 *Décret n° 97–298 du 27 mars 1997 relatif au code de la consommation (partie réglementaire).*

73 Eingehend zur Entstehung, Reichweite und Regelungstechnik des Code de la consommation *Heuer*, Der Code de la consommation. Eine Studie zur Kodifizierung des französischen Verbraucherrechts, S. 46 ff.

der ausführende Teil ergänzte die gesetzlichen Regelungen des legislativen Teils und folgte dessen Aufbau.[74]

In erster Linie war das neue Verbrauchergesetzbuch eine bloße rechtsverbindliche Zusammenstellung früherer Texte bzw. eine Neuordnung der bestehenden verbraucherschützenden Vorschriften,[75] ohne dass der französische Gesetzgeber mit der Kodifizierung einen darüberhinausgehenden Ansatz und eine echte Systematisierung verfolgte (sog. *codification à droit constant*).[76]

Dies begründete auch den Vorwurf, dass mit dem Code de la consommation von 1993 gerade keine kohärente Kodifikation bzw. kein systematisch und wertungstechnisch kohärentes Gesamtwerk entstanden war, sondern es sich stattdessen um eine reine Kompilation, eine Zusammenstellung von Normen handele, die nur punktuell spezifische verbraucherschützende Materien regele.[77] Auch im Übrigen stieß das neue Verbrauchergesetzbuch überwiegend auf ein kritisches Urteil aufgrund des eher unsystematischen Vorgehens des französischen Gesetzgebers und mit Blick auf den nicht eindeutig festgelegten Anwendungsbereich des Code de la consommation sowie das Fehlen eines „allgemeinen Teils“ oder sonstiger Einleitungsbestimmungen und Definitionen der Begriffe des Verbrauchers (*consommateur*) und des Unternehmers (*professionnel*).[78] Einleitungsbestimmungen im Sinne

74 Der französische Gesetzgeber wählte damit eine (in Frankreich mittlerweile recht verbreitete) Gesetzgebungstechnik, die sog. *codification adminstrative*, mit der nachträgliche Modifikationen nicht im Gesetzesteil, sondern in der *partie réglementaire* des Code de la consommation vorgenommen werden und eine spezielle Zitierweise die Kohärenz beider Teile des Gesetzbuchs gewähren soll, siehe hierzu *Vogel*, in: Eidenmüller/Grundmann/et. al. (Hrsg.), Schriften zum Europäischen und Internationalen Privat-, Bank- und Wirtschaftsrecht, 241 f.; *Heuer*, Der Code de la consommation. Eine Studie zur Kodifizierung des französischen Verbraucherrechts, 80 ff.

75 Vgl. Art. 12 *Loi n° 92 – 60 du 18 janvier 1992 renforçant la protection des consommateurs: „Il sera créé un code de la consommation. Il rassemblera les textes législatifs et réglementaires fixant les règles relatives aux relations individuelles ou collectives entre consommateurs et professionnels, notamment celles relatives à la loyauté des transactions et à la sécurité des produits et des services.“*.

76 Siehe dazu *Vogel*, in: Eidenmüller/Grundmann/et. al. (Hrsg.), Schriften zum Europäischen und Internationalen Privat-, Bank- und Wirtschaftsrecht, S. 242.

77 Vgl. *Calais-Auloy/Steinmetz*, Droit de la consommation, S. 36 („*simple compilation des textes existants*“); *Raymond*, Droit de la consommation, S. 21; *Bureau*, Recueil Dalloz 1994, 291 („*codification-compilation*“); *Witz/Wolter*, ZEuP 1995, 35 („bloße Zusammenfassung bereits existierender Gesetze zum Schutze des Verbrauchers“); zur begrifflichen Unterscheidung zwischen „Kodifikation“ und „Kompilation“ siehe *Duve*, JURA 2002, 793 (798); zum Ganzen siehe auch *Lengert*, Die Umsetzung der Verbraucherrechterichtlinie in Deutschland und Frankreich, S. 36.

78 Siehe zur Kritik bspw. *Witz/Wolter*, ZEuP 1995, 35 (44) („Gesetzbuch […], das seinen Namen nicht verdient“); *Szönyi*, GRUR Int. 1996, 83 (84 – 86); *Picod/Davo*, Droit de la consommation, S. 8 f., 20 ff.; *Vogel*, GPR 2005, 164 (168); *Calais-Auloy/Steinmetz*, Droit de la consommation, S. 36 ff.; *Roth*, JZ 2001, 475 (476) („(…) nicht auf eine systematische Fortbildung und Durchdringung angelegt“); *Bureau*, Recueil Dalloz 1994, 291 (297); *Calais-Auloy*, RTD Civ. 1994, 239. Die Kritik an der Systematik des Code

eines allgemeinen Teils scheiterten möglicherwiese schon daran, dass der Code de la consommation Vorschriften aus den Bereichen des Zivilrechts und des Strafrechts sowie prozessrechtliche Vorschriften umfasst, weshalb einheitliche Regelungen nicht handhabbar erschienen.[79] Dies erschwerte ebenfalls die Herausbildung konkreter Prinzipien des Verbraucherrechts und insbesondere des Verbrauchervertragsrechts.[80]

(2) Einfluss des europäischen Richtlinienrechts

Bereits vor Umsetzung der europäischen Richtlinien im Bereich des Verbraucherrechts hatte Frankreich einen „soliden Verbraucherschutz" in seinem nationalen Recht integriert.[81] Die ordnungsgemäße Umsetzung europäischer Richtlinienvorgaben zum Verbrauchervertragsrecht erforderten in Frankreich zumeist lediglich geringfügige gesetzgeberische Nachbesserungen, da die europäischen Bestimmungen regelmäßig hinter dem Schutzniveau der bereits existierenden französischen Regelungen zurückblieben.[82] Die unionsrechtlichen Vorschriften über Haustürgeschäfte, Teilzeitnutzungsverträge an Immobilien, missbräuchliche Vertragsklauseln sowie Verbraucherkreditverträge gingen im Code de la consommation auf.[83]

---

de la consommation besteht im Übrigen fort, denn auch heute – nach Umsetzung der Digitale-Inhalte-RL und der Warenkauf-RL im Code de la consommation im Wege der Ordonnance – sei der französische Code de la consommation aufgrund der Vielzahl von aneinandergereihten Bestimmungen und der Vielzahl von Definitionen nach wie vor eine Ansammlung nicht zusammenhängender Bestimmungen („*une compilation des dispositions disparates*"), so *Houtcieff*, La lettre juridique n° 889 du 6 janvier 2022: Contrats et obligations, Rn. 20.

79 *Witz/Wolter*, ZEuP 1995, 35 (40).

80 *Vogel*, in: Eidenmüller/Grundmann/et. al. (Hrsg.), Schriften zum Europäischen und Internationalen Privat-, Bank- und Wirtschaftsrecht, S. 242; ähnlich *Witz/Wolter*, ZEuP 1995, 35 (40).

81 Siehe zum Stand des Verbraucherrechts in Frankreich im Regelungsbereich der Richtlinien vor deren Umsetzung *Schulte-Nölke/Twigg-Flesner/Ebers*, EG-Verbraucherrechtskompendium, S. 86.

82 Vgl. *Dumollard*, in: Schulte-Nölke/Schulze (Hrsg.), Europäische Rechtsangleichung und nationale Privatrechte, S. 173 (176); *Vogel*, in: Eidenmüller/Grundmann/et. al. (Hrsg.), Schriften zum Europäischen und Internationalen Privat-, Bank- und Wirtschaftsrecht, S. 240. Allgemein zur Umsetzung der verbrauchervertraglichen Richtlinienvorgaben in Frankreich siehe *Rochfeld/Houtcieff*, in: Schulze/Ebers/Grigoleit, Informationspflichten und Vertragsschluss im Acquis communautaire, S. 49–81; *Chadelat*, in: Heusel, Neues europäisches Vertragsrecht und Verbraucherschutz: Regelungskonzepte der Europäischen Union und ihre Auswirkungen auf die nationalen Zivilrechtsordnungen, S. 101 (101 ff.).

83 Nicht in den Code de la consommation aufgenommen wurden hingegen die Regelungen zum Recht der Pauschalreiseverträge (*Décret n° 94–490 du 15 juin 1994 pris en application de la loi n° 92–645 du 13 juillet 1992 fixant les conditions d'exercice des activités relatives à l'organisation et à la vente de voyages ou de séjours*).

Anlässlich der Umsetzung der Verbrauchsgüterkauf-RL setzte in Literatur und Gesetzgebung sodann eine Diskussion über den Standort und die Art und Weise der Umsetzung ein.[84] Zur Wahl stand, die Richtlinienvorgaben im Rahmen des Code civil umzusetzen, verbunden mit einer grundlegenden Reform des Kaufgewährleistungsrechts (sog. „große Lösung"), oder aber eine Integration der Richtlinienvorgaben in das bereits bestehende Spezialgesetz, das Verbraucherschutzgesetz in Form des Code de la consommation (sog. „kleine Lösung").[85]

Die Umsetzung der Verbrauchsgüterkauf-RL erfolgte schließlich – verspätet und erst nach einem Vertragsverletzungsverfahren wegen der unterlassenen Umsetzung[86] – nicht auf rein parlamentarischem Wege,[87] sondern zur Beschleunigung des Gesetzgebungsverfahrens über die Möglichkeit des französischen Parlaments gem. Art. 38 Abs. 1 französische Verfassung, die Regierung zum Erlass einer „*Ordonnance*" (sog. „gesetzesvertretende Verordnung") zu ermächtigen.[88] Die geset-

84 Siehe dazu *Salewski*, Der Verkäuferregress im deutsch-französischen Rechtsvergleich, S. 120 ff.; zu den Umsetzungsüberlegungen in Frankreich auch *Rohlfing-Dijoux*, in: Grundmann/Medicus/Rolland (Hrsg.), Europäisches Kaufgewährleistungsrecht. Reform und Internationalisierung des deutschen Schuldrechts, S. 145 (145 ff.).

85 Eine anschauliche Darstellung der jeweiligen Argumente für die unterschiedlichen Lösungen findet sich bei *Salewski*, Der Verkäuferregress im deutsch-französischen Rechtsvergleich, S. 122 ff. m.w.N.

86 Der EuGH hatte Frankreich am 1. Juli 2004 wegen nicht erfolgter Umsetzung der Verbrauchsgüterkauf-RL verurteilt, EuGH, Urteil vom 1.07.2004, Rs. C-311/03, Kommission/Frankreich, ABl. 2004 C 217, S. 8.

87 Eine Darstellung des üblichen Verfahrens zur Umsetzung einer europäischen Richtlinie in Frankreich findet sich bei *Rohlfing-Dijoux*, in: Grundmann/Medicus/Rolland (Hrsg.), Europäisches Kaufgewährleistungsrecht. Reform und Internationalisierung des deutschen Schuldrechts, S. 145 (145 f.): Das Justizministerium bereitet in Abstimmung mit dem Wirtschafts- und Finanzministerium, insbesondere mit der *Direction Générale de la consommation et de la concurrence et de la répression des fraudes* (DGCCRF) (Direktion für Verbraucherschutz und Wettbewerb) einen Gesetzesentwurf vor, sodann setzt sich eine Gesetzgebungskommission aus Rechtsprofessoren, Parlamentariern und Vertretern der Verbraucherschutzverbände mit Fragen der Umsetzung der Richtlinie auseinander, bevor der Entwurf zur Vorlage im Parlament erstellt wird. Soweit die Umsetzung im Code de la consommation erfolgen soll, werden die interministeriellen Verbraucherkommissionen angehört und der Verbraucherrat (*Conseil national de la consommation*) muss ein Gutachten über den Gesetzesentwurf abgeben; so soll eine beratende Mitwirkung der Verbraucherorganisationen an der Gesetzgebungstätigkeit erreicht werden.

88 Vgl. Art. 38 Abs. 1 der französischen Verfassung: „*Le Gouvernement peut, pour l'exécution de son programme, demander au Parlement l'autorisation de prendre par ordonnances, pendant un délai limité, des mesures qui sont normalement du domaine de la loi.*" – Die französische Regierung kann gem. Art. 38 Abs. 1 der französischen Verfassung für eine begrenzte Zeit vom Parlament durch ein Ermächtigungsgesetz die Befugnis erhalten, durch „*Ordonnances*" auf dem Gebiet der Gesetzgebung Maßnahmen zu treffen. Mit der Umsetzung einer Richtlinie im Wege einer *Ordonnance* kann eine langwierige parlamentarische Debatte umgangen werden, wie sie bei Gesetzen, die geltendes

zesvertretende Verordnung Nr. 2005–136 vom 17.2.2005[89] setzte die Verbrauchsgüterkauf-RL unter weitestgehender Übernahme des am 16.6.2004 vorgestellten Regierungsentwurfs im Code de la consommation um.[90] Mit dem Gesetz vom 5.4. 2006[91] wurde die Verordnung ratifiziert und so die Richtlinienumsetzung schließlich zum Gesetz.

Die mit der Umsetzung verbundenen Neuerungen betrafen dabei hauptsächlich den Code de la consommation[92] und berührten die Bestimmungen des Code civil über den Kaufvertrag nur in einzelnen Punkten.[93] Nachdem sich der französische Gesetzgeber, anders als der deutsche, Anfang der 1990er Jahre für ein eigenes Verbraucherschutzgesetzbuch entschieden hatte, das bereits alle verbraucherschützenden Richtlinien enthielt, wäre eine Integration der Verbrauchsgüterkauf-RL in den Code civil systemwidrig gewesen und hätte die Existenz des Code de la consommation konterkariert.[94] Angesichts der „bloßen Minimalumsetzung" der Verbrauchsgüterkauf-RL im Rahmen des Code de la consommation brachte die Umsetzung der Richtlinie auch keine umfassende Neuordnung des allgemeinen Kaufrechts des Code civil.[95] Auf diese Weise sollten auch die bekannten nationalen Strukturen

---

französisches Recht beeinträchtigen, in Frankreich grundsätzlich vorgesehen ist. Eine *Ordonnance* kann mit voller Wirksamkeit bestehende Gesetze abändern und ist nach Ablauf der Ermächtigung nur noch durch Gesetz zu ändern (vgl. Art. 38 Abs. 3 der französischen Verfassung). Die Besonderheit der *Ordonnance* auf Grundlage eines förmlichen Ermächtigungsgesetzes liegt darin, dass sie anschließend noch durch das Parlament „ratifiziert" werden muss, um nicht nachträglich gem. Art. 38 Abs. 2 der französischen Verfassung hinfällig zu werden. Mit der Ratifikation erlangt die gesetzesvertretende Verordnung Gesetzesrang bzw. Gesetzeskraft; bis dahin hat sie lediglich Verordnungsrang.

89 *Ordonnace no° 2005–136 relative à la garantie de la conformité du bien au contrat due par le vendeur au consommatuer* (NOR: JUSX0500005R).

90 Zur Umsetzung der Verbrauchgüterkauf-RL in Frankreich etwa *Witz/Schneider*, RIW 2005, 921 (929 f.); *Kaschefi*, Sachmängelhaftung im französischen Kaufrecht vor und nach Umsetzung der Verbrauchsgüterkaufrichtlinie: mit rechtsvergleichenden Hinweisen zum deutschen Recht unter Berücksichtigung von „Weiterfressersachverhalten"; *Salewski*, Der Verkäuferregress im deutsch-französischen Rechtsvergleich, S. 120 ff.

91 *Loi n° 2006–406 du 5 avril 2006 relative à la garantie de conformité du bien au contrat due par le vendeur et à la responsabilité du fait des produits défectueux*, JORF n° 82 du 6 avril 2006.

92 Die Richtlinienvorgaben der Verbrauchsgüterkauf-RL wurden in Art. L. 211-1 ff. C. cons. a.F. eingefügt.

93 Siehe die Abschaffung der *bref délai* des Art. 1648 Code civil a.F. und stattdessen die Einführung einer zweijährigen Verjährung ab Kenntnis von der Mangelhaftigkeit.

94 *Tournafond*, Recueil Dalloz 2005, 1557 (1558); *Tournafond*, Recueil Dalloz 2002, 2883 (2885).

95 Siehe die Begründung zu dieser Entscheidung im *Rapport au Président de la République relatif à lòrdonnance n° 2005–136 du 17 février 2005 relative à la garantie de la conformité du boen au contat die par le vendeur au consommatuer*, JORF n° 41 du 18 février 2005.

und die Unterscheidung zwischen allgemeinem Zivilrecht (*droit commun*) und Verbraucherschutz (*droit de la consommation*) erhalten bleiben.[96]

Wesentlich überarbeitet wurde der Code de la consommation sodann im Zuge der Umsetzung der Verbraucherrechterichtlinie.[97] Diese hat der französische Gesetzgeber im März 2014 verspätet in nationales Recht umgesetzt (*Loi du mars 2014 à la consommation*)[98] und die Bestimmungen in den Code de la consommation integriert.[99] Allerdings nutzte der französische Gesetzeber diese Reform nicht, um den Code de la consommation neu zu organisieren und übersichtlicher zu gestalten und beispielsweise allgemeine Grundsätze voranzustellen.[100] Von Bedeutung war aber, dass der französische Gesetzgeber vor das erste Buch des Code de la consommation eine *Art. Préliminaire* integriert hatte, die erstmals eine kodifizierte Definition des Verbraucherbegriffs enthielt, die maßgeblich zur Rechtssicherheit beitrug.[101] Zur Umsetzung der Verbraucherrechterichtlinie hatte das Umsetzungsverordnung diejenige Definition des Verbraucherbegriffs aus Art. 2 Nr. 1 VRRL übernommen.[102]

---

96 *Tournafond*, Recueil Dalloz 2005, 1557 (1558).

97 Der Gesetzgebungsprozess zur Umsetzung der Verbraucherrechterichtlinie dauerte in Frankreich vergleichsweise lang, insbesondere gegenüber dem gesetzgeberischen Prozess zur Umsetzung in Deutschland, wo die Umsetzung in drei Phasen verlief und nach der Ausarbeitung eines Referentenentwurfs vom 19. September 2012 (BR-Drucks. 817/12), dem anschließenden Gesetzesentwurf vom 6. März 2013 (BT-Drucks. 17/12637) und der Verabschiedung des endgültigen Gesetzes vom 20. September 2013 (BGBl I 2013 Nr. 58 17.9.2013 S. 3642) fast drei Monate vor dem Ende der Umsetzungsfrist bereits beendet war. Für eine Darstellung des gesetzgeberischen Prozesses zur Umsetzung der Verbraucherrechterichtlinie in Frankreich siehe *Lengert*, Die Umsetzung der Verbraucherrechterichtlinie in Deutschland und Frankreich, S. 140 ff.

98 *Loi n° 2014–344 du 17 mars 2014 relative à la consommation*, JORF n° 0065 du 18 mars 2014 page 5400 (*Loi Hamon*).

99 Zu den Änderungen im französischen Verbraucherrecht durch das Gesetz vom 17.3.2014 siehe *Aubert de Vincelles/Sauphanor-Brouillaud*, Recueil Dalloz 2014, 879; *Lengert*, Die Umsetzung der Verbraucherrechterichtlinie in Deutschland und Frankreich, S. 150 ff.

100 Siehe dazu *Lengert*, Die Umsetzung der Verbraucherrechterichtlinie in Deutschland und Frankreich, S. 211.

101 *Aubert de Vincelles/Sauphanor-Brouillaud*, Recueil Dalloz 2014, 879 (Rn. 4); vgl. auch *Lengert*, Die Umsetzung der Verbraucherrechterichtlinie in Deutschland und Frankreich, S. 211.

102 Vgl. Art. préliminaire *„Au sens du présent code, est considérée comme un consommateur toute personne physique qui agit à des fins qui n'entrent pas dans le cadre de son activité commerciale, industrielle, artisanale ou libérale."* Die wörtliche Übernahme der Definition des Verbrauchers aus der Verbraucherrechterichtlinie wurde teilweise dahingehend kritisiert, dass einerseits die geschäftliche Tätigkeit im Sinne des französischen Rechts auch eine gewerbliche sei, sodass die Aufzählung besser an die französische Terminologie hätte angepasst werden müssen und andererseits die landwirtschaftliche Tätigkeit nicht aufgezählt wurde, siehe zu den verschiedenen Kritiken zusammenfassend *Lengert*, Die Umsetzung der Verbraucherrechterichtlinie in Deutschland und Frankreich, S. 150.

(3) Neufassung des französischen Verbrauchergesetzbuchs (Code de 2016)

Aufgrund der zahlreichen Reformen auf dem Gebiet des Verbraucherrechts und der umfassenden Änderungen im Zusammenhang mit der Umsetzung europäischer Richtlinien, insbesondere auch die der Verbraucherrechterichtlinie, war der Code de la consommation im Laufe der Jahre immer unleserlicher und für den Nutzer kaum noch zugänglich geworden.[103] Viele Vorschriften waren zudem (weiterhin) in anderen Gesetzbüchern enthalten oder wurden nicht kodifiziert, sodass der Zugang zu den Verbraucherschutzvorschriften erschwert war.

Aus diesem Grund wurde die Regierung gem. Art. 161 *Loi n° 2014–344* ermächtigt, eine Neufassung des Verbrauchergesetzbuchs vorzunehmen. Diese Neufassung erfolgte im Wege eines Rechtsakts der Exekutive durch die *Ordonnace n° 2016-301* vom 14. März 2016[104] für den legislativen Teil und durch Dekret vom 29. Juni 2016[105] für den regulatorischen Teil. Am 1. Juli 2016 trat die Neufassung des Code de la consommation in Kraft.[106]

Die Änderungen waren primär redaktioneller Natur und sollten einer besseren Kohärenz dienen. Hervorzuheben ist die Einführung bzw. Erweiterung der Bestimmungen zum persönlichen Anwendungsbereich des Verbrauchergesetzbuchs im einleitenden Artikel des Code de la consommation, da das französische Verbrauchergesetzbuch – wie auch die meisten anderen Gesetzesbücher Frankreichs – lange Zeit keine „einleitenden" Bestimmungen enthielt. Wie gezeigt, hatte der französische Gesetzgeber erst im Zuge der Umsetzung der Verbraucherrechterichtlinie einen solchen einleitenden Artikel in den Code de la consommation eingeführt, um eine Definition des Verbraucherbegriffs in das Verbrauchergesetzbuch zu implementieren.

Im Zuge der Neukodifizierung im Jahre 2016 wurde der einleitende Artikel des Code de la consommation sodann überarbeitet und in *„liminaire"* umbenannt.[107]

---

103 Vgl. *Rapport au Président de la République relatif à l'ordonnance n° 2016–301 du 14 mars 2016 relative à la partie législative du code de la consommation*, JORF n° 0064 du 16 mars 2016, erster Absatz: *„(...) l'architecture de la code de la consommation était devenue inadaptée et peu accessible pour ses utilisateurs, du fait des nombreuses réformes intervenues dans le domaine du droit de la consommation et de l'important mouvement de transposition de normes communautaires depuis sa création."*, abrufbar unter: <*www.legifrance.gouv.fr/jorf/article_jo/JORFARTI000032209333*> (letzter Aufruf: 24.05.2023).

104 *L'ordonannce n° 2016–301 du 14 mars 2016.*

105 *Décret n° 2016–884 du 29 juin 2016.*

106 Ratifiziert wurde die Verordnung durch das Gesetz Nr. 2017–203 vom 21. Februar 2017. Siehe zu den einzelnen legislativen Schritten der Überarbeitung des Code de la consommation die Ausführungen bei *Raymond*, Droit de la consommation, S. 21 f.

107 Zuvor *„l'article préliminaire"*. Siehe zum einleitenden Artikel im Code de la consommation *Pellier*, Recueil Dalloz 2021, 1873 (1873 ff.) m.w.N.

Den Begriff des Verbrauchers präzisierte der französische Gesetzgeber nunmehr durch einen Verweis auf die landwirtschaftliche Tätigkeit[108] und der einleitende Artikel wurde insbesondere um eine Definition des Unternehmers (*professionnel*)[109] erweitert. Die Einführung der Definition des Unternehmerbegriffs im Code de la consommation diente – auf Aufforderung durch die EU-Kommission – der Anpassung an das Recht der Europäischen Union, nachdem die Verbraucherrechterichtlinie in Frankreich ohne eine entsprechende Definition umgesetzt worden war.[110] Darüber hinaus wurde eine Definition des sog. Nicht-Unternehmers (*non-professionnel*)[111] ergänzt, der dem europäischem Recht unbekannt ist. Unter den Begriff *non-professionnel* fallen juristische Personen, die nicht zu beruflichen Zwecken handeln.[112] Damit können die Vorschriften des französischen Verbrauchergesetzbuchs auch auf juristische Personen in diesem Sinne Anwendung finden, sofern diese Verträge schließen, die nicht in direktem Zusammenhang mit ihrer Geschäftstätigkeit stehen – das französische Verbraucherrecht betrifft mithin nicht ausschließlich „klassische“ B2C-Verträge.[113]

bb. Auslagerung des Verbraucherrechts als systematische Grundsatzentscheidung

Mit Erlass des Code de la consommation hat der französische Gesetzgeber die systematische Grundsatzentscheidung getroffen, das Verbraucherrecht in ein eigens dafür geschaffenes Gesetzbuch „auszulagern“. Der Code de la consommation

---

108 Vgl. Article liminaire in der Fassung vom 1.7.2016 bis 23.2.2017: „*Consommateur: toute personne physique qui agit à des fins qui n'entrent pas dans le cadre de son activité commerciale, industrielle, artisanale, libérale ou agricole*“.

109 Vgl. Article liminaire in der Fassung vom 1.7.2016 bis 23.2.2017: „*Professionnel: toute personne physique ou morale, publique ou privée, qui agit à des fins entrant dans le cadre de son activité commerciale, industrielle, artisanale, libérale ou agricole, y compris lorsqu'elle agit au nom ou pour le compte d'un autre professionnel*“.

110 Vgl. *Rapport au Président de la République relatif à l'ordonnance n° 2016–301 du 14 mars 2016 relative à la partie législative du code de la consommation*, JORF n° 0064 du 16 mars 2016.

111 Der *non-professionnel* wurde ursprünglich definiert als „*toute personne morale qui agit à des fins qui n'entrent pas dans le cadre de son activité commerciale, industrielle, artisanale, libérale ou agricole*“, (vgl. Article liminaire in der Fassung vom 1.7.2016 bis 23.2.2017). Mit dem Gesetz Nr. 2017–203 vom 21.2.2017 wurde diese Definition wie folgt überarbeitet: „*Non-professionnel: toute personne morale qui n'agit pas à des fins professionnelles*“.

112 Der Unterschied zwischen dem Begriff des Verbrauchers und dem des Nicht-Unternehmers wird nicht bezüglich des Zweckes, zu dem die Person einen Vertrag abschließt, sondern in Abhängigkeit von der Natur der handelnden Person – eine natürliche Person oder eine juristische Person – gemacht, siehe dazu *Loiseau*, Recueil Dalloz 2016, 1844.

113 Siehe *Aubert de Vincelles*, in: Schulze/Zoll, The Law of Obligations in Europe: A New Wave of Codifications, S. 321 (327 f.).

umfasst heute nahezu die gesamte Verbrauchergesetzgebung Frankreichs und führt verschiedene Vorschriften über die Querschnittsmaterie des Verbraucherschutzes und insbesondere auch die europäischen Harmonisierungsvorschriften in einem Gesetzeswerk zusammen. Das Verbraucherschutzrecht etablierte sich in Frankreich – anders als in Deutschland – nicht als integraler Teil des allgemeinen Zivilrechts, sondern als ein eigenes Rechtsgebiet,[114] allerdings auf Kosten einer möglicherweise wünschenswerten Einheitlichkeit des Vertragsrechts.[115]

Die Auslagerung des Verbraucherrechts in den Code de la consommation wurde von einer umfassenden – teils sehr kritischen – rechtswissenschaftlichen Debatte begleitet: Die gebündelte Verbraucherrechtskodifikation in einem eigens dafür geschaffenen Verbrauchergesetzbuch unterstreiche einerseits den Stellenwert des Verbraucherrechts und fördere die Herausbildung eines entsprechenden Rechtsbewusstseins.[116] Ein Vorteil der Auslagerung des Verbraucherrechts im Code de la consommation sei auch, dass sich das Verbrauchergesetzbuch für neue Rechtsentwicklungen eher aufnahmebereit zeige und vor allem die Möglichkeit der delegierenden Gesetzgebung mittels Verordnungen oder Dekreten in Frankreich eine schnellere und flexiblere Aktualisierung des Regelungsbestandes erlaube.[117]

Andererseits stieß die Kodifikation in Gestalt des Code de la consommation in der Literatur jedoch auf heftige Kritik: Die Verortung des Verbraucherrechts in einer Sonderkodifikation überzeuge nicht, insofern diese zu einer „trügerischen Transparenz der Rechtsquellen" führe.[118] Ein eigenes Verbrauchergesetzbuch erwecke den Anschein, dass dieses auch alle relevanten Vorschriften enthalte, aus der Perspektive des Verbrauchers sei das Auffinden der verbraucherschützenden Vorschriften jedoch erschwert, insoweit neben dem Code de la consommation auch

---

114 *Pizzio*, RTD Com. 1998, 53 (Rn. 3) („ *[...] cette codification fait du droit de la consommation un corps de règles qui aspire à son indépendance*"); dazu auch *Heuer*, Der Code de la consommation. Eine Studie zur Kodifizierung des französischen Verbraucherrechts, S. 5 ff. und *Vogel*, in: Eidenmüller/Grundmann/et. al. (Hrsg.), Schriften zum Europäischen und Internationalen Privat-, Bank- und Wirtschaftsrecht, S. 244.

115 Vgl. *Grundmann/Schäfer*, ERCL 2017, 13(4), 459 (467).

116 Vgl. *Chadelat*, in: Heusel, Neues europäisches Vertragsrecht und Verbraucherschutz: Regelungskonzepte der Europäischen Union und ihre Auswirkungen auf die nationalen Zivilrechtsordnungen, S. 101 („*Pour faciliter la connaissance de ce droit a été créé un code de la consommation* [...]"). Ähnlich *Heuer*, Der Code de la consommation. Eine Studie zur Kodifizierung des französischen Verbraucherrechts, S. 147, 151.

117 Siehe *Vogel*, in: Eidenmüller/Grundmann/et. al. (Hrsg.), Schriften zum Europäischen und Internationalen Privat-, Bank- und Wirtschaftsrecht, S. 241.

118 So *Vogel*, ebenda, S. 243.

der Code civil sowie andere Spezialgesetze Anwendung finden.[119] Dieses Nebeneinander des Code de la consommation und anderer verschiedener Gesetzestexte konterkariere das vom französischen Gesetzgeber erklärte Ziel, dem Verbraucher den Zugang zum Recht zu erleichtern und die Verweisungstechnik des Code de la consommation erschwere die Rechtsanwendung eher anstatt diese zu vereinfachen.[120]

Im Übrigen ist auch die Frage, welchen Platz das Verbraucherrecht im französischen Rechtssystem einnimmt, in der französischen Literatur nicht ganz unumstritten.[121] Die ganz herrschende Auffassung geht im Hinblick auf das Verhältnis des Verbrauchervertragsrechts zu den Regeln und Grundsätzen des allgemeinen Vertragsrechts aber davon aus, dass das Verbrauchervertragsrecht als sog. *droit spécifique* bzw. *droit spécial* zu qualifizieren ist, welches die Regelungen des allgemeinen Vertragsrechts ergänzt – die Sonderregelungen des Code de la consommation treten mithin neben das allgemeine Vertragsrecht sowie die Regelungen zu besonderen Vertragsarten im Code civil.[122] Soweit Regelungen aus dem *droit spécial*

---

119 Hinsichtlich der Aspekte, zu denen der Code de la consommation schweigt, ist insoweit weiterhin auf die allgemeinen Regelwerke des Code civil, Code de procédure civile, Code pénal und des Code de la procédure pénale zurückzugreifen, siehe zu dieser Kritik *Witz/Wolter*, ZEuP 1995, 35 (40); *Vogel*, GPR 2005, 164 (168); *Roth*, JZ 2001, 475 (486).

120 Vgl. *Heuer*, Der Code de la consommation. Eine Studie zur Kodifizierung des französischen Verbraucherrechts, S. 81; *Vogel*, in: Eidenmüller/Grundmann/et. al. (Hrsg.), Schriften zum Europäischen und Internationalen Privat-, Bank- und Wirtschaftsrecht, S. 244 f.; *Witz/Wolter*, ZEuP 1995, 35 (41 f.).

121 Eine übersichtliche Aufarbeitung des Streitstands findet sich bei *Heuer*, Der Code de la consommation. Eine Studie zur Kodifizierung des französischen Verbraucherrechts, S. 7 ff.

122 Statt vieler siehe *Calais-Auloy*, RTD Com. 1998, 115 („*Le droit de la consommation n'est pas autonome, il ne se suffit pas à lui-même. On peut le qualifier de spécifique, mot moins fort quàutonome*"); *Calais-Auloy*, RTD Civ. 1994, 239 (254) („*Le droit de la consommation a fait pendre conscience du problème général de l'inégalité contractuelle; il eerce, sue le droit de contrats, un certain effet d'entraînement. Mais il n'y perdra probablement pas sa spécifcité*"); *Mazeaud*, RTD Com. 1998, 95 (114); *Pizzio*, RTD Com. 1998, 53 (58) („*En l'ansence de dispositions particulières dans le code de la consommation, c'est à la théorie générale des obligations qu'il convient de se reporter*"); *Bureau*, Recueil Dalloz 1994, 291 (296 f.). Anders *Szönyi*, GRUR Int. 1996, 83; anders wohl auch *Stoffel-Munck*, RTD Com. 2012, 705 (Rn. 3 ff.), der die Autonomie des Verbraucherrechts gegenüber dem Zivilrecht als ausschlaggebendes Kriterium für eine Auslagerung bezeichnet. Dagegen aber *Heuer*, Der Code de la consommation. Eine Studie zur Kodifizierung des französischen Verbraucherrechts, S. 7: Der Mindermeinung, die das französische Verbrauchervertragsrecht mit Blick auf die spezielle Verweisungstechnik des Code de la consommation und der scheinbar abschließenden Regelung der Rechtsbeziehungen zwischen Verbraucher und Unternehmer im Code de la consommation als sog. *droit autonome* bezeichne, welches eigenständigen und von den Grundwertungen des allgemeinen Vertragsrechts abweichenden Prinzipien folge, könne zumindest hinsichtlich des Kerns des Verbraucherrechts (vertragsbezogenes Verbraucherschutzrecht) nicht gefolgt werden, da eine Selbst-

einschlägig sind, ist der Rückgriff auf das allgemeine Recht verwehrt. Trifft das Verbraucherrecht aber keine speziellen Regelungen, bleiben das allgemeine Vertragsrecht bzw. sonstige Vorschriften des Code civil neben dem speziellen Verbrauchervertragsrecht anwendbar.[123] Das allgemeine Schuldrecht bleibt mangels spezieller Regelungen im Code de la consommation damit ebenfalls verbindlich.[124] Eine Besonderheit des französischen Rechts ist somit stets die Frage nach Regelungen im Code civil und Regelungen betreffend Verbraucherverträge im Code de la consommation.

3. Resümee

Die Untersuchung hat aufgezeigt, dass für die verschiedenen Umsetzungstechniken in Deutschland und Frankreich die zivilrechtliche Rechtsentwicklung in den jeweiligen Ländern von wesentlicher Bedeutung ist. Mit der Integration des Verbrauchervertragsrecht in das BGB sind die verbraucherschützenden Vorschriften in Deutschland innerhalb der allgemeinen Zivilrechtskodifikation verankert worden. Das BGB ist als Gesamtkodifikation zu verstehen und das Verbraucherrecht ist integraler Bestandteil des allgemeinen Zivilrechts. In Frankreich hat sich dagegen (spätestens) mit der Auslagerung des Verbraucherrechts in ein zusammenführendes Verbrauchergesetzbuch in Gestalt des Code de la consommation das Verbraucherschutzrecht als eigenes Rechtsgebiet etabliert.

Das integrative Umsetzungsmodell in Deutschland ebenso wie der auslagernde Ansatz in Frankreich haben sich mittlerweile so stark gefestigt, dass mit einem Abweichen oder gar einem Rückgängigmachen kaum noch zu rechnen ist.[125]

---

ständigkeit nur dann gegeben sei, wenn die Normen des allgemeinen Privatrechts nicht mehr anwendbar wären, dies sei aber gerade nicht der Fall.

123 Die Cour de cassation hat dies klargestellt, indem sie hervorgehoben hat, dass die allgemeinen Prinzipien des Vertragsrechts auch für Verbraucherverträge Anwendung finden, vgl. Cass. civ. 1re, 27 juin 1995, D. 1995. 621. Siehe hierzu ferner *Bureau*, Recueil Dalloz 1994, 291; *Mazeaud*, RTD Com. 1998, 95 und *Pizzio*, RTD Com. 1998, 53.

124 Kritisch dazu *Szönyi*, GRUR Int. 1996, 83 (85).

125 Zu dem gleichen Fazit kommt im Zusammenhang mit der Umsetzung der Verbraucherrechterichtlinie bereits *Lengert*, Die Umsetzung der Verbraucherrechterichtlinie in Deutschland und Frankreich, S. 52f. – die Umsetzung der vollharmonisierenden Verbraucherrechterichtlinie sei insoweit der Zeitpunkt für eine Umstellung der nationalen Systeme gewesen (S. 52); siehe auch *Pfeiffer*, NJW 2012, 2609 (2612) (es bestehe „kein durchgreifender Grund“, die Entscheidung zur Integration weiter Teile des Verbrauchervertragsrechts in das BGB wieder rückgängig zu machen). Hingegen kritisierte *Micklitz* in seinem Gutachten für den 69. Deutschen Juristentag die Integration des Verbraucherrechts in das BGB und plädierte für eine Auslagerung des Verbraucherrechts in ein

Ein europäischer Konsens zum optimalen systematischen Standort des Verbrauchervertragsrechts im Privatrechtssystem besteht (bislang) nicht.[126] Keines der Umsetzungsmodelle erweist sich als generell überlegen, es kommt vielmehr stets auf die Kohärenz mit der Privatrechtsordnung bzw. des vertragsrechtlichen Verbraucherschutzes in der jeweiligen Rechtsordnung an.[127]

Eine europäische Dimension erfährt die Frage nach der systematischen Stellung des Verbrauchervertragsrechts vor dem Hintergrund der Debatte über ein einheitliches europäisches Zivilgesetzbuch, insofern der europäische Gesetzgeber dann selbst über den optimalen systematischen Standort des Verbrauchervertragsrechts zu entscheiden hätte und auf die Erfahrungen der Mitgliedstaaten angewiesen sein wird.[128] Die zwischenzeitlich geplante GEK-VO sah eine Integration der Verbraucherschutzvorschriften vor; nach dessen Scheitern ist das Projekt eines gemeinsamen europäischen (Verbraucher-)Gesetzbuchs allerdings (wieder) in weite Ferne gerückt und die Frage nach der systematischen Stellung des Verbraucherrechts bleibt (vorerst) eine nationale Entscheidung.

II. Die systematische Umsetzung der Digitale-Inhalte-RL in Deutschland und Frankreich

Der Prozess der Harmonisierung im Wege einer europäischen Richtlinie beginnt auf unionsrechtlicher Ebene mit dem Erlass der EU-Richtlinie und setzt sich sodann auf nationaler Ebene mit der Umsetzung der Richtlinie fort. Entscheidender Schritt der Rechtsharmonisierung ist erst die Umsetzung der europäischen Richtlinienvorgaben in positives Recht der jeweiligen nationalen Rechtsordnungen.

Die Pflicht zur Umsetzung der neuen Digitale-Inhalte-RL stellte die nationalen Gesetzgeber nunmehr vor die grundsätzliche Frage nach der systematischen Verortung von Regelungen über den Rechtsverkehr mit digitalen Inhalten und digitalen Dienstleistungen im nationalen Rechtssystem. Da die Digitale-Inhalte-RL inhaltlich weit über eine überarbeitete Version des Verbraucherrechts hinausgeht und ihr Regelungsgegenstand – bestimmte vertragsrechtliche Aspekte der Bereitstellung digitaler Inhalte und digitaler Dienstleistungen – ein neues Gebiet betrifft, dem sich

Sondergesetz mit Verordnungsteil nach dem französischen Vorbild des Code de la consommation, siehe *Micklitz*, Verhandlungen des 69. Deutschen Juristentages München 2012 Band I: Gutachten Teil A: Brauchen Konsumenten und Unternehmen eine neue Architektur des Verbraucherrechts? (zur Kurzfassung des Gutachtens siehe *Micklitz*, NJW-Beil. 2012, 77).

126 Siehe dazu schon *Grundmann*, AcP 202 (2002), 40; im Ergebnis ebenso *Vogel*, GPR 2005, 164 (171).

127 Ähnlich *Vogel*, GPR 2005, 164 (171).

128 Siehe dazu *Grundmann*, AcP 202 (2002), 40; ebenso *Vogel*, GPR 2005, 164 (165).

die nationalen Rechtordnungen Deutschlands und Frankreichs bisher nicht angenommen hatten, stellte sich eine ganz neue systematische Grundsatzfrage.

Im Folgenden wird die systematische Umsetzung der Digitale-Inhalte-RL in Deutschland und Frankreich rechtsvergleichend untersucht. Der Fokus liegt auf der Umsetzungstechnik und dem Umsetzungsstandort des Digitalvertragsrechts im jeweiligen nationalen Rechtssystem. Darüber hinaus soll ein Überblick über die nationalen Rechtsvorschriften, die der Umsetzung der Digitale-Inhalte-RL in der deutschen sowie der französischen Rechtsordnung dienen, gegeben werden. Ziel ist es, vor der inhaltlichen Untersuchung der Umsetzungsvorschriften, ein Verständnis für die systematische Integration des Digitalvertragsrechts zu schaffen.

1. Deutschland

a. Ausgangslage in Deutschland

Wie bereits erörtert, enthielt das deutsche Rechtssystem für den Rechtsverkehr mit digitalen Inhalten bzw. digitalen Dienstleistungen bislang keine eigenen Regelungen.[129] „Digitale Inhalte" hatten zwar im Zuge der Umsetzung der Verbraucherrechterichtlinie Aufnahme ins BGB erfahren (vgl. § 312f BGB a.F.). Vor der Umsetzung der Digitale-Inhalte-RL sah die deutsche Rechtsordnung aber insbesondere kein spezifisches Gewährleistungsregime für Verträge über digitale Inhalte bzw. digitale Dienstleistungen vor.

Über das anwendbare Gewährleistungsrecht bestimmt im deutschen Recht grundsätzlich nicht der Gegenstand eines Vertrags, sondern die vertragstypologische Einordnung anhand der Hauptleistungspflichten der Parteien. Besonders häufig vorkommende und bedeutsame Verträge wie den Kauf- (§§ 433 BGB), Miet- (§§ 535ff. BGB), Pacht- (§§ 581ff. BGB), Dienst- (§§ 611ff. BGB) oder Werkvertrag (§§ 631ff. BGB) sind im BGB gesetzlich geregelt (sog. typische Verträge).[130] Für die Einordnung unter einen bestimmten Vertragstyp ist dabei nicht die durch die Vertragsparteien gewählte Bezeichnung maßgeblich, vielmehr ist im Wege der Gesamtschau auf die vereinbarten Rechte und Pflichten, die verfolgten Ziele sowie die Interessen der Vertragsparteien abzustellen.[131] Die Parteien sind zudem nicht auf die normierten Vertragstypen beschränkt, sondern können diese auch abwandeln, kombinieren oder neue Vertragstypen entwickeln.[132] Auf diese Weise

129 Siehe Kapitel 1 I.

130 Statt vieler *Lapp*, in: Herberger/Martinek/Rüßmann/et. al, jurisPK-BGB, § 311 Rn. 27 (Stand: 9.2. 2022).

131 BGHZ 75, 299, (301); BGHZ 74, 258 (268f.); BGHZ 60, 362, (364); BGHZ 71, 189, (191).

132 Vgl. *Grüneberg*, in: Grüneberg, Überbl. v. § 311 BGB Rn. 11.

entstandene Verträge haben vielfach durch Rechtsprechung und Lehre feste Konturen erhalten (sog. verkehrstypische Verträge).[133] Um einen sog. atypischen Vertrag handelt es sich hingegen, wenn ein Vertrag weder als typischer noch als verkehrstypischer Vertrag eingeordnet werden kann.[134]

Der Vertragstypologisierung – also der Zuordnung eines wirtschaftlichen Geschäfts zu einem bestimmten Vertragsrechtsregime – kommt wesentliche Bedeutung zu, gleich welcher Art der Gegenstand eines Vertrags ist, da sie neben der Bestimmung des anwendbaren Gewährleistungsrechts auch für die Ausfüllung von Vertragslücken sowie für die AGB-Prüfung[135] ausschlaggebend ist.[136]

Verträge über die Bereitstellung digitaler Inhalte oder digitaler Dienstleistungen entziehen sich jedoch einer klaren Vertragstypisierung,[137] denn das Gepräge eines Vertrags über digitale Inhalte bzw. digitale Dienstleistungen entspricht keinem spezifischen Vertragstypus. Vielmehr sind regelmäßig Urheber-, Werk- und/oder Dienstleistungselemente miteinander verwoben. Hinzutritt eine schwere Fassbarkeit des Vertragsobjekts.

Eine Vorreiterrolle im Zusammenhang mit der Einordnung digitaler Inhalte in die Vertragstypologie des BGB nimmt die Software ein, die als ältester Vertreter der digitalen Inhalte gilt,[138] da Software und andere digitale Inhalte aufgrund ihrer technischen und urheberrechtlichen Gemeinsamkeiten und dem ähnlichen wirtschaftlichen Vertrieb vergleichbar sind.[139] Für Software hat sich der deutschen Rechtstradition entsprechend eine gewisse Vertragstypologie herausgebildet, die

---

133 Siehe dazu *Gehrlein*, in: BeckOK-BGB, § 311 Rn. 19 (Stand: 1.2.2023); *Grüneberg*, in: Grüneberg, Überbl. v. § 311 BGB Rn. 12.

134 *Grüneberg*, in: Grüneberg, Überbl. v. § 311 BGB Rn. 14.

135 Im Rahmen der Inhaltskontrolle von AGB erlangt die Bestimmung des Vertragstyps etwa Bedeutung, wenn es darum geht, welches gesetzliche Leitbild nach § 307 Abs. 2 Nr. 1 BGB heranzuziehen ist, siehe *Pech*, in: Hennemann/Sattler (Hrsg.), Immaterialgüter und Digitalisierung, S. 121 (122 f.).

136 *Druschel/Oehmichen*, CR 2015, 173 (176); *Fuchs et al.*, MMR 2012, 427 (428 f.).

137 Siehe dazu auch *Verbraucherzentrale Bundesverband e.V. (vzbv)*, Vertragsrecht im digitalen Zeitalter angekommen, Stellungnahme des Verbraucherzentrale Bundesverbands e.V. (vzbv) anlässlich der öffentlichen Anhörung des Ausschusses Recht und Verbraucherschutz am 5.5.2021 zum Gesetzentwurf zur Umsetzung der Richtlinie über bestimmte vertragsrechtliche Aspekte der Bereitstellung digitaler Inhalte und digitaler Dienstleistungen, v. 26.4.2021, S. 3 [nachfolgend: *vzbv*, Stellungnahme Umsetzung DIRL].

138 Vgl. *Stieper*, in: Alexander/Bornkamm/Buchner/et. al. (Hrsg.), Festschrift für Helmut Köhler zum 70. Geburtstag, S. 729; überblicksartig hierzu auch *Scheibenpflug*, Personenbezogene Daten als Gegenleistung. Ein Beitrag zur rechtlichen Einordnung datengetriebener Austauschverhältnisse, S. 269 ff.

139 *Druschel*, GRUR Int. 2015, 125 (125 f.); eingehend hierzu auch *Druschel*, Die Behandlung digitaler Inhalte im Gemeinsamen Europäischen Kaufrecht (GEKR), S. 21 ff.

sich weitgehend an die Vertragstypen des BGB anlehnt.[140] Allerdings ist die entwickelte Vertragstypologie des BGB nicht auf Rechtsobjekte der digitalen Welt zugeschnitten.[141] Vor diesem Hintergrund prägte auch der Aspekt einer vertragstypologischen Einordnung von Verträgen über digitale Inhalte und digitale Dienstleistungen den Diskurs über die Umsetzung der Digitale-Inhalte-RL im deutschen Rechtssystem.[142]

Die ersten Einschätzungen zum Umsetzungsaufwand der Digitale-Inhalte-RL lagen in Deutschland weit auseinander:[143] Einerseits erwartete den nationalen Gesetzgeber „angesichts der geringen Reformtiefe (...) vergleichsweise wenig Arbeit“[144], der BGB-Gesetzgeber müsse (lediglich) „die eine oder andere Anpassung“[145] angehen. Andererseits wurden bereits zahlreiche notwenige gesetzliche Änderungen aufgezeigt und die Gerichte dazu aufgefordert, diese Änderungen zusätzlich durch eine richtlinienkonforme Auslegung des BGB zu ergänzen. Mit Blick auf die notwendige Synchronisierung der Digitale-Inhalte-RL, dem Urheberrecht und der EU-DSGVO wurde insbesondere auf die rechtliche Komplexität der Umsetzung und der anschließenden Gesetzesanwendung hingewiesen.[146]

b. Die Umsetzung der Digitale-Inhalte-RL in Deutschland

Ein erster Entwurf zur Umsetzung der Digitale-Inhalte-RL in Deutschland wurde am 3. November 2020 als Referentenentwurf des Bundesministeriums der Justiz und für Verbraucherschutz (BMJV)[147] veröffentlicht. Im November und Dezember 2020 nahmen sodann zahlreiche Verbände und Teilnehmer der Wirtschaft sowie Wissenschaftler zu dem „Entwurf eines Gesetzes zur Umsetzung der Richtlinie über bestimmte vertragsrechtliche Aspekte der Bereitstellung digitaler Inhalte und digitaler Dienstleistungen“ Stellung.[148]

---

140 Siehe *Druschel*, GRUR Int. 2015, 125 (127); *Heydn* CR 2010, 765 (771 ff.).

141 *Wendland*, ZVglRWiss 118, 2019, 191 (224).

142 Siehe etwa *Wendland*, ZVglRWiss 118, 2019, 191 (218 ff.).

143 Die Ambivalenz der Einschätzungen zum Umsetzungsaufwand bereits aufzeigend *Sattler*, CR 2020, 145 (153 f.).

144 So *Bach*, NJW 2019, 1705 (1711).

145 Siehe *Bach*, ebenda.

146 Siehe *Sattler*, CR 2020, 145 (153, Rn. 60).

147 Seit Dezember 2021 „Bundesministerium der Justiz“ (BMJ).

148 Die Stellungnahmen zum Entwurf eines Gesetzes zur Umsetzung der Richtlinie über bestimmte vertragsrechtliche Aspekte der Bereitstellung digitaler Inhalte und digitaler Dienstleistungen sind auf der Webseite des BMJ veröffentlicht (abrufbar unter: <*www.bmj.de/SharedDocs/Gesetzgebungsverfahren/DE/Bereitsstellung_digitaler_Inhalte.html*> (letzter Aufruf: 24.05.2023).

Dem Referentenentwurf folgte im März 2021 der überarbeitete Gesetzentwurf der Bundesregierung. Mit kleinen Änderungen verabschiedete der Deutsche Bundestag am 24. Juni 2021 das „Gesetz zur Umsetzung der Richtlinie über bestimmte vertragsrechtliche Aspekte der Bereitstellung digitaler Inhalte und digitaler Dienstleistungen“[149]. Die Verkündung des Gesetzes im Bundesgesetzblatt erfolgte am 30. Juni 2021,[150] kurz vor Ende der Umsetzungsfrist am 1. Juli 2021. Das Umsetzungsrecht wurde sodann mit Wirkung zum 1. Januar 2022 in das BGB eingefügt.

Die Umsetzungsnormen finden sich in § 312 Abs. 1, 1a BGB, den §§ 327-327u BGB und vereinzelt im Besonderen Teil des Schuldrechts (§§ 445c, 475a, 516a, 548a, 578b, 650 BGB). Weitere Änderungen erfolgten im Rahmen des Einführungsgesetzes zum BGB (EGBGB)[151], im Unterlassungsklagegesetz[152] sowie im EU-Verbraucherschutzdurchführungsgesetz.

aa. Umsetzungsvarianten und -standorte

Der Umsetzung der Digitale-Inhalte-RL ging in Deutschland eine Debatte über den Umsetzungsstandort des Digitalvertragsrechts voraus. Die Schwierigkeit der Umsetzung der Digitale-Inhalte-RL in das deutsche Rechtssystem lag insbesondere darin, dass die Richtlinie in verschiedener Hinsicht Ansätze verfolgt, die sich von der bekannten Systematik des BGB unterscheiden:[153]

Die Richtlinie differenziert nach der Art des Leistungsgegenstandes und erfasst lediglich Verträge über digitale Inhalte und digitale Dienstleistungen – das BGB hingegen kennt (überwiegend) kein eigenes Vertragsrecht für bestimmte Gegenstände, Produkte oder Produktgruppen.

Die Digitale-Inhalte-RL trifft selbst keine umfassenden Regelungen über den Inhalt der vertraglichen Hauptleistungspflicht des Unternehmers – das durch Vertragsschluss vereinbarte Bestehen einer Leistungspflicht des Unternehmers ist aber Voraussetzung für die Anwendbarkeit der Richtlinie.

Fälle, bei denen die vereinbarte Leistung einmalig oder über einen Zeitraum zu erbringen ist, sind von der Richtlinie ebenso erfasst wie die Fälle, in denen dem

149 BT-Drucks. 568/21 vom 25. Juni 2021.

150 „Gesetz zur Umsetzung der Richtlinie über bestimmte vertragsrechtliche Aspekte der Bereitstellung digitaler Inhalte und digitaler Dienstleistungen“ vom 25. Juni 2021, BGBl. Jahrgang 2021 Teil I Nr. 37, ausgegeben zu Bonn am 30. Juni 2021, 2123–2132.

151 Vgl. Art. 229 EGBGB (§ 57 „Übergangsvorschrift zum Gesetz zur Umsetzung der Richtlinie über bestimmte vertragsrechtliche Aspekte der Bereitstellung digitaler Inhalte und digitaler Dienstleistungen“).

152 § 2 UKlaG („Ansprüche bei verbraucherschutzgesetzwidrigen Praktiken“) ist in Abs. 2 S. 1 Nr. 1 lit. c um „Verbraucherverträge über digitale Produkte“ ergänzt worden.

153 Siehe hierzu auch die Erläuterungen zum RegE DIRL, S. 26.

Verbraucher eine vorübergehende oder dauerhafte Nutzungsmöglichkeit an den digitalen Inhalten eröffnet wird. Die in der Richtlinie enthaltenen Regelungen über die Bereitstellung digitaler Inhalte und digitaler Dienstleistungen und das Gewährleistungsregime gelten unabhängig von der vereinbarten Art der Leistung (Eigentumsverschaffung, Nutzungsgewährung, Leistung von Diensten). Auf eine vertragstypologische Einordnung von Verträgen über digitale Inhalte und digitale Dienstleistungen hat der europäische Gesetzgeber verzichtet; die Richtlinie gilt vertragsformübergreifend.

Vor dem Hintergrund der divergierenden Systematik der Digitale-Inhalte-RL und des BGB hatte der deutsche Gesetzgeber unterschiedliche Umsetzungsvarianten und -standorte zur Umsetzung der Digitale-Inhalte-RL erörtert,[154] mit denen sich auch die deutsche rechtswissenschaftliche Literatur kontrovers auseinandergesetzt hat.[155]

(1) Umsetzung im Besonderen Teil des Schuldrechts bei den bekannten Vertragsarten

Diskutiert wurde eine Umsetzung der digitalvertragsrechtlichen Richtlinienbestimmungen im Besonderen Teil des Schuldrechts in Gestalt einer (punktuellen) Anpassung und Ergänzung der bekannten Vertragsarten um die einschlägigen Richtlinienvorgaben. Die Gewährleistungsregeln wären mithin jeweils gesondert etwa für den Kauf-, Miet,– Dienst- und Werkvertrag eingefügt worden. Um Umsetzungslücken zu verhindern und auch die derzeit noch nicht absehbaren künftigen Geschäftsmodelle zu umfassen und damit der entwicklungsoffenen Formulierung der Richtlinie gerecht zu werden, hätten darüber hinaus Regelungen für atypische und typengemischte Verträge aufgenommen werden müssen.[156]

Eine solche Umsetzung der Richtlinienbestimmungen im Besonderen Teil des Schuldrechts hätte, so die ablehnende Begründung im Gesetzesentwurf der Bundesregierung, den Umsetzungsaufwand jedoch vervielfacht.[157]

Obschon im Wesentlichen bei jedem Vertragstyp (lediglich) dieselben Änderungen vorzunehmen gewesen wären,[158] wurde die Umsetzungsoption zu Recht verworfen, hätte sie im Ergebnis den Umfang des BGB doch erheblich vergrößert

154 Siehe zu den verschiedenen Umsetzungsvarianten und -standorten ebenfalls die Erläuterungen zum RegE DIRL, S. 26 f.

155 Statt vieler siehe etwa *Faust*, Digitale Wirtschaft – Analoges Recht: Braucht das BGB ein Update? Gutachten zum 71. Deutschen Juristentag; *Wendland*, ZVglRWiss 118, 2019, 191; *Sattler*, CR 2020, 145.

156 Vgl. RegE DIRL, S. 26.

157 Ibid.

158 Ebenso *Rosenkranz*, ZUM 2021, 195 (197).

und darüber hinaus auch dem traditionellen Regelungsansatz gleicher Regelungen für alle Vertragsarten im Allgemeinen Teil des Schuldrechts widersprochen.[159]

(2) Umsetzung „en bloc" als neue Vertragsform im Besonderen Teil des Schuldrechts

Weiterhin wurde eine Umsetzung der Digitale-Inhalte-RL „en bloc" als eine neue Vertragsform im Besonderen Teil des Schuldrechts vorgeschlagen. Da die Digitale-Inhalte-RL selbst keine Regelungen über die vertragliche Begründung der Leistungspflicht trifft, sondern eine solche Pflicht voraussetzt, hätte der nationale Gesetzgeber einen neuen Vertragstyp im Besonderen Teil des Schuldrechts schaffen können.[160]

Ein neuer Vertragstyp über digitale Inhalte und digitale Dienstleistungen im BGB hätte sich jedoch nicht in die bestehende Struktur des Besonderen Teils des Schuldrechts eingefügt.[161] Da die Richtlinie gerade keinen einheitlichen Vertragstyp beschreibt, der selbständig neben Kauf oder Miete tritt, sondern die Regelungen der Richtlinie vielmehr auf alle Verbraucherverträge, die die Bereitstellung digitaler Inhalte oder digitaler Dienstleistungen betreffen, unabhängig von der vereinbarten Leistungsart, anzuwenden sind, wäre mit einer Umsetzung en bloc als neue Vertragsform die aus dem Besonderen Teil des Schuldrechts bekannte Differenzierung anhand der vereinbarten Leistungsart durchbrochen worden. Anders als bei den bekannten Vertragsarten fehle es aufgrund der unterschiedlichen Ausgestaltung des Inhalts der Leistungspflicht (einmalige und fortlaufende Bereitstellung) zudem an einem typischen Leitbild eines „Vertrags über die Bereitstellung digitaler Inhalte", welches sich dem Rechtsanwender ohne weiteres erschließen würde, denn ein solcher Vertragstyp müsste die einmalige und die fortlaufende Bereitstellung digitaler Inhalte und digitaler Dienstleistungen gleichermaßen umfassen.[162] Aus Sicht des Rechtsanwenders sei die Vorstellung eines Kauf- oder Mietvertrags über einen digitalen Inhalt demgegenüber zugänglicher als die über einen neu geschaffenen einheitlichen Vertragstyp über die Bereitstellung digitaler Inhalte, deren Leistungspflichten aber unterschiedlich ausgestaltet sein können.[163]

---

159 Vgl. RegE DIRL, S. 26.

160 So hätte der deutsche Gesetzgeber auch ein besonderes Vertragsrecht für Lizenzverträge, die in vielen Verträgen über digitale Produkte gegeben sind, begründen können, *Lejeune*, ITRB 2021, 87 (94).

161 So die Begründung des RegE DIRL, S. 27.

162 Ibid.

163 Ibid.

Es erscheint zweifelhaft, dass für die Schaffung eines neues Vertragstyps entscheidend ist, dass für den Rechtsanwender eine zugängliche Vorstellung aufgrund eines Leitbilds des Vertrags existiert.[164] Die Einführung eines neues Vertragstyps im Besonderen Teil wurde aber zu Recht verworfen, da Verträge über die Bereitstellung digitaler Inhalte und digitaler Dienstleistungen nach dem Verständnis des BGB keinen einheitlichen Vertragstyp bilden und sich insofern nicht in die bestehende Struktur des Besonderen Teils des Schuldrechts eingefügt hätten. Für neu aufkommende Geschäftsmodelle und sich daraus entwickelnde Rechtsbeziehungen sollten auch im Interesse der Rechtssicherheit nicht vorschnell neue Vertragstypen in das BGB aufgenommen werden, sondern in einem ersten Schritt versucht werden, diese unter die bereits bestehenden Vertragstypen zu fassen.[165]

(3) Einführung mehrerer neuer Vertragsformen im Besonderen Teil des Schuldrechts

Aus der Gesetzesbegründung der Bundesregierung geht hervor, dass auch eine Umsetzung der Digitale-Inhalte-RL durch Einführung mehrerer neuer Vertragsformen im Besonderen Teil des Schuldrechts keinen geeigneten Umsetzungsstandort dargestellt hätte, weil es hierfür ebenso an etablierten Leitbildern fehle und eine Differenzierung zwischen Verträgen über die vorübergehende oder dauerhafte Bereitstellung digitaler Inhalte nicht an eine in der Vertragspraxis vorhandene Vorstellung über die jeweilige Leistungsart und den jeweiligen Leistungsinhalt anknüpfen könne.[166]

Zudem sei eine solche Umsetzung auch gerade nicht entwicklungsoffen und hätte das Risiko einer lückenhaften Richtlinienumsetzung mit sich gebracht.[167]

Aus den genannten Gründen ist auch die Einführung mehrerer neuer Vertragsformen im Besonderen Teil des Schuldrechts zu Recht verworfen worden.

(4) Umsetzung in einem separaten Gesetz

Eine vierte Umsetzungsalternative war die Umsetzung der Digitale-Inhalte-RL in einem separaten Gesetz.[168] Mit dem denkbaren Modell einer Sonderkodifikation allein des Digitalvertragsrechts in einem „Gesetz für Verbraucherverträge über die

---

164 So auch *Rosenkranz*, ZUM 2021, 195 (197).

165 Ähnlich *Cichon*, Internet-Verträge: Verträge über Internet-Leistungen und E-Commerce, Rn. 6; *Haberstumpf*, NJOZ 2015, 793 (794).

166 So die Begründung des RegE DIRL, S. 27.

167 Ibid.

168 Siehe RegE DIRL, S. 27. Zu dieser Umsetzungsoption vor allem *Sattler*, CR 2020, 145 (153 f.).

Bereitstellung digitaler Produkte“ hätte es insoweit keine Integrationsnotwendigkeiten gegeben.

Wie erörtert, hatte der deutsche Gesetzgeber zur Umsetzung europäischer Richtlinienbestimmungen im Bereich des Verbraucherrechts vor allem in den 1990er Jahren vermehrt solche eigenständigen Spezialgesetze erlassen.[169] Im Rahmen der Schuldrechtsmodernisierung wurde das Verbraucherrecht jedoch in das BGB integriert. Die Entscheidung des Gesetzgebers der Schuldrechtsreform für eine Integration des unionsrechtlich determinierten Verbrauchervertragsrechts in das BGB zur Erhöhung der Transparenz und der Verständlichkeit der Privatrechtsordnung[170] bestimmt seither das integrative Umsetzungsmodell in Deutschland.[171] Eine Umsetzung der Digitale-Inhalte-RL in einem separaten Gesetz hätte somit im Widerspruch zu der gewählten Systematik gestanden. Daher konzentrierte sich die rechtspolitische Diskussion auch in weiten Teilen auf die integrativen Umsetzungsmodelle.

Allerdings wurde in der Literatur vereinzelt auch die Auffassung vertreten, dass es zielführend sei, die Digitale-Inhalte-RL zunächst außerhalb des BGB in einem eigenständigen Gesetz umzusetzen.[172] Neben dem Vorteil der Übersichtlichkeit durch eine Trennung vom BGB ließen sich mit einem separaten Umsetzungsgesetz insbesondere vier Ziele verwirklichen:

(i) die Auswirkung der in der Digitale-Inhalte-RL enthaltenden Wertungswidersprüche auf die Vertragstypen des BGB wäre reduziert; (ii) „echte Doppelungen“ könnten leichter verhindert und die Stellen für notwenige Querverweise besser analysiert werden; (iii) zudem bliebe das BGB von dem „vertragstypologischen Labyrinth“ der Richtlinie verschont; und (iv) die Auswirkungen der Richtlinie auf das System des Schuldrechts könnten bei einer isolierten Umsetzung transparenter gemacht werden und so künftige Anpassungen erleichtern.[173] Die Trennung ermögliche somit auch, das Digitalvertragsrecht an künftige Harmonisierungsmaßnahmen und die Rechtsprechung des EuGH leichter anzupassen.[174]

---

169 Siehe hierzu unter I.2.b.

170 Vgl. BT-Drucks. 14/6040, S. 97.

171 Zu der Überlegung, das harmonisierte Verbrauchervertragsrecht aus dem restlichen Vertragsrecht ganz herauszulösen und in einem eigenen Gesetz zu kodifizieren und als eine eigene Materie zu begreifen – dies im Ergebnis aber klar ablehnend – siehe *Wendehorst*, in: Auer/Grigoleit/Hager/et. al. (Hrsg.), Privatrechtsdogmatik im 21. Jahrhundert: Festschrift für Claus-Wilhelm Canaris zum 80. Geburtstag, S. 681 (704).

172 So *Sattler*, CR 2020, 145 (153, Rn. 62), der für eine (vorläufige) Umsetzung der Digitale-Inhalte-RL außerhalb des BGB in einem sog. „Gesetz für Verbraucherverträge über den Zugang zu digitalen Gütern“ plädierte.

173 *Sattler*, CR 2020, 145 (153 Rn. 63 ff.); siehe auch *Lejeune*, ITRB 2021, 87 (94).

174 *Sattler*, ebenda (153 Rn. 65).

Obschon der Vorschlag für ein separates Umsetzungsgesetz als mögliche Übergangslösung beschrieben wird, mit der der Gesetzgeber Fehler einer voreiligen Kodifikation im BGB unter dem Zeitdruck der Umsetzungsfrist hätte umgehen können, der Erlass eines solchen Gesetzes eine Kodifikation innerhalb des BGB aber nicht hätte langfristig ausschließen sollen,[175] überzeugt diese Umsetzungsoption für die deutsche Rechtsordnung nicht.

Schwierigkeiten hätte insbesondere die systematische Ausgestaltung eines solchen Gesetzes für Verbraucherverträge über den Zugang zu digitalen Gütern bereitet. Da das BGB neben einem speziellen Gesetz für digitale Güter ergänzend anwendbar bliebe, blieben auch die vertragstypologischen Abgrenzungsschwierigkeiten.[176] Vor allem die Anwendungssystematik des Digitalvertragsrechts hätte sich mit einem separaten Gesetz vermutlich noch erschwert. Zudem hätten sich weitere Kohärenzprobleme des Digitalvertragsrechts wie mit der EU-DSGVO lediglich verlagert. Somit hätten sich die Schwierigkeiten der Umsetzung der Digitale-Inhalte-RL mit der Umsetzungsoption eines separaten Gesetzes jedenfalls nicht einfacher lösen lassen.

Die Schaffung eines eigenständigen Gesetzes mag auf den ersten Blick zwar die Widerspruchsfreiheit des BGB gewährleisten, sie hätte jedoch im Widerspruch zum integrativen Ansatz und zu der gewählten Systematik der deutschen Rechtsordnung gestanden. Allein das Argument einer besseren Übersichtlichkeit vermag die Trennung vom BGB und damit die (zeitweise) Durchbrechung des integrativen Umsetzungsmodells nicht rechtfertigen. Darüber hinaus hätte ein (zeitweises) Nebeneinander der Gesetze die Rechtsanwendung nicht erleichtert, sondern wohl eher erschwert und gegebenenfalls auch für Rechtsunsicherheit bei der Anwendbarkeit des neuen Digitalvertragsrechts gesorgt.

Ferner wäre eine Auslagerung der Richtlinienbestimmungen auch der (inhaltlichen) Bedeutung der Digitale-Inhalte-RL nicht gerecht geworden. Eine Anpassung des BGB lässt sich in der schnelllebigen digitalen Welt nicht mehr aufschieben. Das BGB sollte gerade auch neue Geschäftsmodelle abbilden. Mit einer vorübergehenden separaten Umsetzung hätte der deutsche Gesetzgeber den Zeitpunkt der jetzt notwendigen „Aktualisierung" des BGB verpasst.

Eine überzeugende Alternative zur Integration in das BGB stellte die Umsetzung in einem separaten Gesetz auch nach eingehender Analyse daher nicht dar.

175 So *Sattler*, ebenda (154 Rn. 66): „Kurzfristig isolieren, mittelfristig konsolidieren und langfristig im Rahmen einer Schuldrechtsreform im BGB kodifizieren.".

176 Einlenkend so auch *Sattler*, ebenda (153 Rn. 65).

(5) Umsetzung im Allgemeinen Schuldrecht des BGB

Nach der Prüfung dieser verschiedenen Umsetzungsalternativen kamen der Referentenentwurf sowie der Regierungsentwurf zur Umsetzung der Digitale-Inhalte-RL zu dem Ergebnis, dass die genannten Umsetzungsmöglichkeiten gegenüber einer Umsetzung im Allgemeinen Schuldrecht des BGB keine vorzugswürdige Alternative bieten.[177]

Die Richtlinienvorgaben sollten daher im Wesentlichen im Allgemeinen Schuldrecht des BGB in einem neu zu schaffenden Titel umgesetzt und weitere Teile des BGB angepasst werden.[178] Kernstück der Richtlinienumsetzung sind nunmehr die in Buch 2, Abschnitt 3[179] unter dem neuen Titel 2a[180] eingefügten §§ 327–327u im Allgemeinen Teil des Schuldrechts des BGB.[181] Ein weiterer Teil der Umsetzung der Richtlinie erfolgte durch die Änderung und Ergänzung des § 312 BGB.[182] Darüber hinaus hat der deutsche Gesetzgeber vereinzelt Änderungen im Besonderen Teil des Schuldrechts vorgenommen.

bb. Digitalvertragsrecht im BGB – Ein Überblick

Der neu im BGB eingefügte Titel 2a „Verträge über digitale Produkte" ersetzt den weggefallenen § 327 BGB a.F. Der Titel 2a enthält unter Untertitel 1 („Verbraucherverträge über digitale Produkte") die zentralen, der Umsetzung der Digitale-Inhalte-RL dienenden Bestimmungen betreffend Verbraucherverträge über die Bereitstellung digitaler Inhalte und digitaler Dienstleistungen (§§ 327–327s BGB). Dem Untertitel 1 folgen unter Untertitel 2 (§§ 327t–327u BGB) „(b)esondere Bestimmungen für Verträge über digitale Produkte zwischen Unternehmern".

---

177 Auch zahlreiche Sachverständige bezeichneten die Umsetzung der Digitale-Inhalte-RL im Allgemeinen Teil des Schuldrechts gegenüber den anderen erwogenen Alternativen als vorzugswürdig, statt vieler siehe insb. *Faust*, Stellungnahme Umsetzung DIRL u. WKRL, S. 1f.

178 Siehe die Begründung des RegE DIRL, S. 24.

179 Abschnitt 3 (§§ 311 bis 361 BGB) trifft innerhalb des Allgemeinen Schuldrechts insbesondere Regelungen für vertragliche Schuldverhältnisse.

180 Das BGB ist in Bücher, Abschnitte, Titel, Untertitel und Kapitel eingeteilt, die die Struktur des Gesetzes wiedergeben; später eingefügte Neuerungen werden üblicherweise mit kleinen Buchstaben gekennzeichnet, sofern diese nicht schlicht durch Veränderung oder Verlängerung bestehender Paragrafen erfolgen.

181 Als „Allgemeines Schuldrecht" werden üblicherweise die Regelungen der §§ 241 bis 432 BGB im Buch 2 („Recht der Schuldverhältnisse") bezeichnet; die Existenz eines „allgemeinen" Teils ist als allgemeines Aufbauprinzip charakteristisch für das BGB und tritt mehrfach wiederholt und verschachtelt auf, vgl. *Kischel*, Rechtsvergleichung, § 6, S. 414 Rn. 55.

182 Die Änderung und Ergänzung des § 312 BGB erfolgte auch im Hinblick auf die ebenfalls umzusetzende Modernisierungsrichtlinie.

(1) Anwendungsbereich des Digitalvertragsrechts (Titel 2a „Verträge über digitale Produkte")

§ 327 Abs. 1 S. 1 BGB eröffnet den Anwendungsbereich der Vorschriften des Untertitels 1 für „Verbraucherverträge"[183], die „die Bereitstellung digitaler Inhalte oder digitaler Dienstleistungen (digitale Produkte) durch den Unternehmer gegen Zahlung eines Preises zum Gegenstand haben".[184] Den Anwendungsbereich des Untertitels 2 („Besondere Bestimmungen für Verträge über digitale Produkte zwischen Unternehmern") definiert § 327t BGB: Die Vorschriften des Untertitels 2 finden Anwendung auf Verträge zwischen Unternehmern, die der Bereitstellung digitaler Produkte gemäß der nach den §§ 327 und 327a vom Anwendungsbereich des Untertitels 1 erfassten Verbraucherverträge dienen.

Zum Zwecke der besseren Lesbarkeit sind die Begriffe „digitale Inhalte" und „digitale Dienstleistungen" vom deutschen Gesetzgeber unter dem gemeinsamen Oberbegriff „digitale Produkte" zusammengefasst worden; eine inhaltliche Änderung oder Erweiterung sei damit aber nicht verbunden.[185] Der Begriff wird im Unionsrecht nicht verwendet, die Richtlinienvorgaben stehen seiner Einführung im deutschen Recht aber nicht entgegen.[186] Legaldefinitionen der Begriffe „digitale Inhalte" und „digitale Dienstleistungen" finden sich nach dem Vorbild der Digitale-Inhalte-RL in § 327 Abs. 2 S. 1 BGB[187] und § 327 Abs. 2 S. 2 BGB[188].

---

183 Für nicht mehr erforderlich hielt der deutsche Gesetzgeber einen expliziten Verweis in § 327 Abs. 1 BGB auf die Legaldefinition des Begriffs „Verbrauchervertrag" nach § 310 Abs. 3 BGB, da die Legaldefinition (wie alle Legaldefinitionen) für das gesamte BGB gilt, siehe Begr. RegE DIRL, S. 35. „Verbraucherverträge" sind gem. § 310 Abs. 3 BGB Verträge zwischen einem Unternehmer (§ 14) und einem Verbraucher (§ 13); der persönliche Anwendungsbereich der §§ 327 ff. BGB ist damit weiter gefasst als Art. 3 i.V.m. Art. 2 Nr. 6 DIRL vorsieht, da § 13 BGB im Unterschied zu Art. 2 Nr. 6 DIRL nicht selbständige berufliche Tätigkeiten des Verbrauchers einschließt – eine solche Ausdehnung auf Personen, die keine Verbraucher im Sinne der Richtlinie sind, ist nach Erwgr. 16 DIRL zulässig.

184 „Preis" im Sinne des Untertitels ist auch eine digitale Darstellung eines Werts (vgl. § 327 Abs. 1 S. 2 BGB in Umsetzung von Art. 2 Nr. 2 DIRL) – neben einer Geldzahlung werden mithin auch alle sonstigen Gegenleistungen erfasst, denen eine Zahlungsfunktion zukommt, bspw. Bitcoins oder E-Coupons, vgl. Erwgr. 23 DIRL.

185 Siehe die Erläuterungen zu § 327 Abs. 1 BGB im RegE DIRL, S. 37.

186 Ebenso *Rosenkranz*, ZUM 2021, 195 (199).

187 § 327 Abs. 2 S. 1 BGB definiert den Begriff „digitale Inhalte" entsprechend der europäischen Richtlinienvorgabe in Art. 2 Nr. 1 DIRL als „Daten, die in digitaler Form erstellt oder bereitgestellt werden". Die Legaldefinition im Kontext der digitalvertragsrechtlichen Bestimmungen ersetzt die zuvor in § 312f Abs. 3 BGB a.F. enthaltende Definition – „digitale Inhalte" waren in § 312f Abs. 3 BGB a.F. (etwas missverständlich) als „Daten, die in digitaler Form hergestellt und bereitgestellt werden" definiert, unabhängig davon, ob diese Bereitstellung auf einem körperlichen Datenträger erfolgte oder nicht. Der Wortlaut der Norm legte zwar nahe, die Worte „nicht auf einem körperlichen Datenträger befindlichen" in die Legaldefinition einzubeziehen; diese Auslegung hätte allerdings nicht

In Umsetzung des Art. 3 Abs. 1 Unterabs. 2 DIRL erweitert § 327 Abs. 3 BGB den Anwendungsbereich der §§ 327 ff. BGB zudem auf Verbraucherverträge über die Bereitstellung digitaler Produkte, „bei denen der Verbraucher dem Unternehmer personenbezogene Daten bereitstellt oder sich zu deren Bereitstellung verpflichtet, es sei denn, die Voraussetzungen des § 312 Abs. 1a S. 2 liegen vor". Verbraucherverträge über die Bereitstellung digitaler Inhalte oder digitaler Dienstleistungen, bei denen der Verbraucher „mit Daten bezahlt", fallen somit ausschließlich unter den Bedingungen des § 327 Abs. 3 BGB unter die Vorschriften des Untertitels 1. Der Verweis auf § 312 Abs. 1a S. 2 BGB setzt die Richtlinienvorgabe aus Art. 3 Abs. 1 Unterabs. 2 Hs. 2. DIRL um und schließt die Anwendbarkeit der Regelungen in Untertitel 1 in den Fällen aus, in denen der Unternehmer die vom Verbraucher bereitgestellten personenbezogenen Daten lediglich zur Bereitstellung der digitalen Produkte oder zur Erfüllung rechtlicher Anforderungen verarbeitet.

Der Anwendungsbereich der Vorschriften des Untertitels 1 wird weiter durch die Absätze 4 und 5 des § 327 BGB präzisiert, die die Richtlinienvorgaben aus Art. 3 Abs. 2 und 3 DIRL umsetzen. Die Anwendbarkeit der Vorschriften erstreckt sich danach ferner auf Verbraucherverträge über die Bereitstellung digitaler Produkte, die nach Vorstellungen („Spezifikationen") des Verbrauchers „entwickelt"[189] wurden, sowie auf Verbraucherverträge über körperliche Datenträger, die ausschließlich als Träger digitaler Inhalte dienen.[190]

Als zentrale Regelung zum Anwendungsbereich enthält § 327 Abs. 6 BGB zudem die Ausnahmen der Verträge, auf die die Vorschriften des Untertitels 1 nicht anzuwenden sind, und dient damit der Umsetzung von Art. 3 Abs. 5 DIRL.

---

der Definition des Art. 2 Nr. 11 der bis dahin geltenden Fassung der Verbraucherrechterichtlinie entsprochen, deren Umsetzung § 312 f Abs. 3 BGB a.F. diente.

188 § 327 Abs. 2 S. 2 BGB definiert den Begriff „digitale Dienstleistungen" entsprechend der europäischen Richtlinienvorgabe in Art. 2 Nr. 2 DIRL als „Dienstleistungen, die dem Verbraucher 1. die Erstellung, die Verarbeitung oder die Speicherung von Daten in digitaler Form oder den Zugang zu solchen Daten ermöglichen, oder 2. die gemeinsame Nutzung der vom Verbraucher oder von anderen Nutzern der entsprechenden Dienstleistung in digitaler Form hochgeladenen oder erstellten Daten oder sonstige Interaktionen mit diesen Daten ermöglichen".

189 Der Begriff „entwickeln" wurde aus der Richtlinienbestimmung (Art. 3 Abs. 2 DIRL) übernommen, um neben der Erstellung digitaler Inhalte auch die Konzeption digitaler Dienstleistungen zu erfassen, vgl. RegE DIRL, S. 46.

190 Da die Bestimmungen unter Untertitel 1 uneingeschränkt auf die auf dem Datenträger befindlichen digitalen Inhalte anwendbar sind, stellt § 327 Abs. 5 BGB insoweit sicher, dass dies ebenfalls für den Datenträger selbst gilt, vgl. hierzu den RegE DIRL, S. 46 f.

Ferner konkretisiert § 327a BGB den Anwendungsbereich des Untertitels 1 im Hinblick auf sog. Paketverträge[191] und „Verträge über Sachen mit digitalen Elementen". Die Vorschriften des Untertitels 1 finden bei einem Paketvertrag i. S. d. § 327a Abs. 1 BGB nur auf diejenigen Bestandteile des Paketvertrags Anwendung, welche auch die digitalen Produkte betreffen (vgl. § 327a Abs. 1 S. 2 BGB).[192] In Bezug auf Verbraucherverträge über Sachen, die digitale Produkte enthalten oder mit ihnen verbunden sind, finden die Vorschriften des Untertitels ebenfalls nur auf diejenigen Bestandteile des Vertrags Anwendung, die die digitalen Produkte betreffen (vgl. § 327a Abs. 2 BGB). Dies gilt allerdings nicht für Kaufverträge über Waren, die in einer Weise digitale Produkte enthalten oder mit ihnen verbunden sind, dass die Waren ihre Funktionen ohne diese digitalen Produkte nicht erfüllen können (sog. Waren mit digitalen Elementen) (vgl. § 327a Abs. 3 S. 1 BGB)[193].[194]

Digitale Inhalte und digitale Dienstleistungen fallen damit nicht in den Anwendungsbereich der Bestimmungen für Verträge über digitale Produkte, wenn zwei Voraussetzungen kumulativ erfüllt sind:

---

191 § 327a Abs. 1 S. 1 BGB übernimmt den Begriff „Paketvertrag" aus Art. 3 Abs. 6 DIRL im Wege einer Legaldefinition; die Vorschriften des Untertitels 1 finden danach auch auf Verbraucherverträge Anwendung, „die in einem Vertrag zwischen denselben Vertragsparteien neben der Bereitstellung digitaler Produkte die Bereitstellung anderer Sachen oder die Bereitstellung anderer Dienstleistungen zum Gegenstand haben (Paketvertrag)". Entscheidend ist Personenidentität auf beiden Seiten des Vertrags und die Kombination unterschiedlicher Elemente verbunden in einem einzigen Vertrag, ohne dass eine inhaltliche Verbundenheit oder wirtschaftliche Abhängigkeit der Leistungspflichten vorausgesetzt ist, vgl. RegE DIRL, S. 45. Kritisch anzumerken ist, dass die Formulierung „die Bereitstellung anderer Sachen" insoweit unpassend ist, als dass digitale Produkte keine „Sachen" sind, ebenso *Faust*, Stellungnahme Umsetzung DIRL u. WKRL, S. 6.

192 Zu den Auswirkungen der Beendigung eines Paketvertrags siehe § 327c Abs. 6 und § 327 m Abs. 4 BGB.

193 Erst nach der Beschlussempfehlung des Ausschusses für Recht und Verbraucherschutz zu den Gesetzesentwürfen der Bundesregierung, BT-Drucks. 19/30951 v. 22.6.2021 [nachfolgend: Beschlussempfehlung des Ausschusses für Recht und Verbraucherschutz, BT-Drucks. 19/30951] wurden in der endgültigen Fassung des § 327a Abs. 3 BGB gegenüber der Entwurfsfassung der Begriff „Sachen" durch den Begriff „Waren" und die Formulierung „Sache(n) mit digitalen Elementen" durch „Ware(n) mit digitalen Elementen" ersetzt.

194 Allgemein kritisch zur Struktur des § 327a BGB siehe *Faust*, Stellungnahme Umsetzung DIRL u. WKRL, S. 5 f.: Es entspreche nicht der Digitale-Inhalte-RL, einen Vertrag über eine Sache, die digitale Produkte enthält oder mit ihnen verbunden ist, nicht als Paketvertrag i. S. v. Abs. 1 anzusehen; die Richtlinie beinhalte keine Regelung nach Art von § 327a Abs. 2, sondern stelle im Rahmen der Regelung über Paketverträge klar, dass sie unbeschadet der Regelung über Waren mit digitalen Elementen gelte (Art. 3 Abs. 6 Unterabs. 1 DIRL), sodass ein Vertrag über Waren mit digitalen Elementen an und für sich auch als Paketvertrag i.S. der Richtlinie anzusehen sei.

1.) Bei Fehlen der digitalen Inhalte oder der digitalen Dienstleistungen könnte die Ware mit digitalen Elementen ihre Funktion nicht erfüllen (sog. funktionales Kriterium);

2.) Die digitalen Inhalte oder die digitalen Dienstleistungen werden unter dem Kaufvertrag über die Waren mit digitalen Elementen bereitgestellt (sog. vertragliches Kriterium).[195]

Bei der Ermittlung des vertraglichen Kriteriums und damit der Frage, ob die Bereitstellung des enthaltenden oder verbundenen digitalen Produkts gemäß einem Kaufvertrag geschuldet ist, ist der durch Auslegung zu ermittelnde Inhalt des Kaufvertrags maßgeblich; dabei ist § 327a Abs. 3 S. 2 BGB zu beachten, nach dem im Zweifel das Vorliegen des vertraglichen Elements zu bejahen ist.[196]

In diesen Fällen findet insgesamt das Kaufrecht Anwendung.[197] Dies gilt auch unabhängig davon, ob der digitale Inhalt der die digitale Dienstleistung auf der Ware selbst vorinstalliert ist oder anschließend auf einem anderen Gerät heruntergeladen werden muss und mit der Ware nur verbunden ist.[198] Typische Beispiele sind etwa Smartphones mit standardisierten vorinstallierten Anwendungen einerseits und Smartwatches andererseits, die ihre Funktionen nur mittels einer Anwendung erfüllen können, die gemäß Kaufvertrag bereitgestellt wird, aber vom Verbraucher auf ein Smartphone heruntergeladen werden muss.[199]

Ist das funktionale oder das vertragliche Kriterium hingegen nicht erfüllt, gelten für die digitalen Produkte, die in der Sache enthalten oder mit dieser verbunden die §§ 327 ff. BGB. Da die §§ 327 ff. BGB in diesen Fällen nur in Bezug auf den digitalen Anteil anwendbar sind und im Übrigen die allgemeinen Vorschriften Anwendung finden, können hinsichtlich der Art und Weise der Bereitstellung, der Mangelfreiheit und der Gewährleistungsansprüche des Verbrauchers sowie der Vertragsbeendigung durch den Verbraucher unter Umständen unterschiedliche gesetzliche Anforderungen gelten. Dies stelle eine weitere zentrale, dem deutschen Vertragsrecht bislang unbekannte Neuerung dar.[200] Eine Durchbrechung dieses Grundsatzes ermöglicht aber der Verweis auf abweichende Bestimmungen (vgl. § 327a Abs. 2 S. 2 BGB: „soweit nachfolgend nicht anders bestimmt").

---

195 Vgl. RegE DIRL, S. 47.

196 Ibid.

197 Anwendung finden die im Rahmen der Umsetzung der Warenkauf-RL eingeführten Vorschriften für Verbraucherverträge über den Kauf von Waren mit digitalen Elementen (§§ 475b und 475c BGB) mit Einbeziehung von § 434 BGB.

198 Vgl. Erwgr. 21 DIRL und Erwgr. 15 WKRL.

199 Ibid.

200 Vgl. RegE DIRL, S. 46.

Zweck des § 327a Abs. 2 BGB sei es sicherzustellen, dass dem Verbraucher im Zusammenhang mit den verschiedenen Konstellationen des Vertriebs digitaler Produkte stets ein Anspruch auf seine Rechte gewährleistet wird und zwar unabhängig davon, was der Verbraucher für einen Vertrag über das digitale Produkt abschließt, ob er das digitale Produkt separat erwirbt oder es in einer Sache enthalten oder mit dieser verbunden ist und was für einen Vertrag der Verbraucher über diese Sache samt dem digitalen Produkt abschließt.[201] So solle dem Unternehmer auch die Möglichkeit genommen werden, die Rechte des Verbrauchers durch besondere vertragliche Konstruktionen zu umgehen.[202] Die Erstreckung der Regelungen der §§ 327 ff. BGB auf digitale Anteile in Sachen diene insoweit auch der Gewährleistung eines einheitlich hohen Verbraucherschutzniveaus.[203]

(2) Änderungen im Allgemeinen Teil des Schuldrechts

Die Änderungen im Allgemeinen Teil des Schuldrechts des BGB durch die neuen digitalvertragsrechtlichen Regelungen unter Titel 2a Untertitel 1 können im Wesentlichen wie folgt gegliedert werden:

(i) zu Beginn definieren die §§ 327 und 327a BGB den Anwendungsbereich des Untertitels 1 „Verbraucherverträge über digitale Produkte", der sich aus Art. 3 DIRL ergibt;

(ii) der „Bereitstellung" der digitalen Produkte widmen sich weiter §§ 327b und 327c BGB. § 327b BGB normiert die zeitlichen Vorgaben (Abs. 2) und die Voraussetzungen für die Erfüllung der Bereitstellungspflicht des Unternehmers (Abs. 3 – 6); § 327c BGB legt die Rechte des Verbrauchers für den Fall einer unterbliebenen Bereitstellung dar;

(iii) der Umfang der Verpflichtung des Unternehmers zur mangelfreien Leistung ist in den §§ 327d bis 327h BGB umgesetzt. Die vertragliche Leistungspflicht des Unternehmers zur vertragsgemäßen Erfüllung konkretisiert § 327d BGB als Pflicht, das digitale Produkt frei von „Produkt- und Rechtsmängel" bereitzustellen. § 327e BGB widmet sich detailliert dem Vorliegen eines Produktmangels und differenziert nach subjektiven (Abs. 2) und objektiven (Abs. 3) Anforderungen sowie Anforderungen an die Integration der digitalen Produkte (Abs. 4). Die Verpflichtung des Unternehmers zur Bereitstellung von Aktualisierungen, die für den Erhalt der Vertragsmäßigkeit des digitalen Produkts erforderlich sind sowie die Folgen einer unterlassenen Installation der Aktualisierung durch den Verbraucher sind in § 327f BGB gesondert geregelt aufgrund der herausgehobenen Bedeutung dieser

201 Siehe ebenda.
202 Siehe ebenda.
203 Siehe ebenda.

Vorschriften.[204] Der Behandlung von Rechtsmängeln, welche bei Vorliegen der normierten Voraussetzungen Produktmängeln gleichgestellt sind, widmet sich § 327g BGB. § 327h BGB normiert anschließend die Voraussetzungen, unter denen durch vertragliche Vereinbarung zwischen Verbraucher und Unternehmer von den in den vorstehenden Vorschriften enthaltenen objektiven Anforderungen abgewichen werden kann;

(iv) die gewährleistungsrechtlichen Rechtsbehelfe des Verbrauchers finden sich in §§ 327i bis 327n BGB. § 327i BGB listet die gewährleistungsrechtlichen Ansprüche und Rechte des Verbrauchers bei Vorliegen eines mangelhaften digitalen Produkts auf. Die Verjährung der Gewährleistungsrechte des Verbrauchers regelt § 327j BGB. § 327k BGB enthält darüber hinaus die allgemeine Regelung zur Beweislastumkehr, die auf die Dauer von einem Jahr seit der Bereitstellung beschränkt ist (Abs. 1) bzw. im Fall einer dauerhaften Bereitstellung für die gesamte Dauer des Bereitstellungszeitraums gilt (Abs. 2), sowie die Voraussetzungen, nach denen die Beweislastumkehr nicht greift (Abs. 3 und 4). Die Bestimmungen zum Nacherfüllungsanspruch des Verbrauchers sind in § 327l BGB normiert. Unter welchen Voraussetzungen der Verbraucher nach den Vorgaben der Richtlinie den Vertrag beenden kann, legt § 327m Abs. 1 und 2 BGB fest. Der deutsche Gesetzgeber hat die Bestimmung außerdem um die Voraussetzungen für einen Schadensersatzanspruch des Verbrauchers ergänzt (§ 327m Abs. 3 BGB). Das Recht auf Minderung und die Modalitäten der Preisminderung sind in § 327n BGB umgesetzt;

(v) in einem weiteren Teil, §§ 327o und 327p BGB, widmet sich das BGB nunmehr den Anforderungen an die Beendigung eines Vertrags über die Bereitstellung digitaler Produkte. § 327o BGB setzt die Anforderung an die Erklärung zur Beendigung des Vertrags und die Rechtsfolgen einer Vertragsbeendigung durch den Verbraucher um. § 327p BGB beinhaltet einerseits die Regelung zur weiteren Nutzung des digitalen Produkts nach Vertragsbeendigung durch den Verbraucher (Abs. 1) und anderseits die Bestimmungen zur weiteren Nutzung der Inhalte, die nicht personenbezogene Daten sind, durch den Unternehmer (Abs. 2). § 327p Abs. 3 BGB regelt zudem den Umfang und die Modalitäten des Rechts des Verbrauchers auf Übermittlung der von ihm im Rahmen der Nutzung des digitalen Produkts bereitgestellten und erstellten Inhalte, die keine personenbezogenen Daten sind oder enthalten;

(vi) in einem letzten Passus des Untertitels 1 regelt § 327q BGB die vertragsrechtlichen Folgen datenschutzrechtlicher Erklärungen des Verbrauchers und § 327r BGB enthält Regelungen zu den Voraussetzungen und Grenzen im Hinblick auf Änderungen an digitalen Produkten durch den Unternehmer und die Rechte des

---

204 Siehe ebenda, S. 25.

Verbrauchers in einschlägigen Fällen. § 327s BGB regelt mit Bestimmungen zur Unabdingbarkeit der Vorschriften (vgl. Abs. 1 und 2) und einem Umgehungsverbot (vgl. Abs. 3) abschließend den Umfang und die Ausnahmen der neuen gewährleistungsrechtlichen Vorschriften.[205]

Untertitel 2 des neuen Titels 2a widmet sich anschließend besonderen Bestimmungen für Verträge über digitale Produkte zwischen Unternehmern. § 327t BGB erklärt auf Verträge zwischen Unternehmern, die der Bereitstellung digitaler Produkte gemäß der nach den §§ 327 und 327a BGB vom Anwendungsbereich des Untertitels 1 erfassten Verbraucherverträge dienen, ergänzend die Vorschriften des Untertitels 2 für anwendbar. Diese sehen in bestimmten Fällen einen Rückgriffsanspruch des Unternehmers gegenüber seinem Vertriebspartner im Fall der Inanspruchnahme durch den Verbraucher vor sowie Regelungen zur Verjährung solcher Ansprüche und zur Beweislast (vgl. § 327u Abs. 1 bis 3 BGB). Gem. § 327u Abs. 6 BGB erstreckt sich die Anwendbarkeit der Vorschriften zudem auf vorhergehende Glieder der Vertriebskette, wenn diese Unternehmer sind.[206]

Der Aufbau des Titels 2a orientiert sich insgesamt weitgehend an der Reihenfolge der Richtlinie und weicht nur in Ausnahmenfällen hiervon ab, um die bislang gewählte Reihenfolge der Regelungen im Kaufrecht des BGB nachzubilden.[207] Eine Unterscheidung zwischen Verträgen über die einmalige Bereitstellung und Verträgen über die dauerhafte Bereitstellung digitaler Inhalte oder digitaler Dienstleistungen wird gesetzessystematisch nicht zum Ausdruck gebracht. Wie in der Digitale-Inhalte-RL vorgesehen, finden sich die Unterschiede zwischen diesen beiden Grundmodellen lediglich in einzelnen Vorschriften wieder.

(3) Ergänzende Änderungen im Besonderen Teil des Schuldrechts

Die genannten Änderungen im Allgemeinen Teil des Schuldrechts werden durch einzelne Änderungen im Besonderen Teil des Schuldrechts des BGB ergänzt, die ebenfalls der Umsetzung der Digitale-Inhalte-RL dienen. Diese Änderungen beziehen sich im Kern darauf, dass bei denjenigen Vertragsarten, die besondere Bestimmungen zum Gewährleistungsrecht vorsehen, Regelungen getroffen werden, die den Vorrang der Bestimmungen des neu eingefügten Titels 2a sicherstellen.

205 Die Vorschrift dient der Umsetzung von Art. 22 DIRL. Sie ist an § 476 Abs. 1 BGB angelehnt; wie § 467 Abs. 3 BGB nimmt § 327s Abs. 4 BGB aber Schadensersatzansprüche von der Unabdingbarkeit nach § 327s Abs. 1 und 2 BGB aus, siehe dazu RegE DIRL, S. 79 f.

206 Das Verhältnis der in Abschnitt 3 Titel 2a Untertitel 2 eingefügten §§ 327t und 327u über den Unternehmerrückgriff zu den §§ 445a, 445b und 478 BGB über den Rückgriff des Verkäufers regelt § 445c BGB.

207 So die Begründung des Regierungsentwurfs, RegE DIRL, S. 24.

Für diejenigen Fragen, die nicht durch die §§ 327 ff. BGB „vor die Klammer" gezogen wurden, bleibt es bei den dispositiven Rechtsvorschriften der besonderen Vertragstypen. Die Bestimmungen zum Verbrauchsgüterkaufvertrag, Schenkungsvertrag, Mietvertrag, Dienstvertrag und Werklieferungsvertrag hat der deutsche Umsetzungsgesetzgeber daher angepasst bzw. durch die spezifischen Regelungen zu digitalen Produkten in Abschnitt 3 Titel 2a ergänzt oder ersetzt, um diese mit den §§ 327 ff. BGB kompatibel zu machen. Die eingeführten Kollisionsnormen sollen das inhärente Kollisionspotential im Hinblick auf bestehende (gewährleistungsrechtliche) Vorschriften im Besonderen Schuldrecht aufheben.[208]

Zur Regelung des Verhältnisses der Bestimmungen über die Bereitstellung digitaler Produkte zum Kaufvertragsrecht ist § 453 Abs. 1 BGB um die Sätze 2 und 3 ergänzt worden. Diese Kernregelung hat der Gesetzgeber auch bewusst an dieser Stelle eingefügt vor dem Hintergrund der Einordnung von Software als „sonstiger Gegenstand" im Sinne des § 453 Abs. 1 BGB.[209] Auf einen Verbrauchervertrag über den Verkauf digitaler Inhalte durch einen Unternehmer sind § 433 Abs. 1 S. 1 und § 475 Abs. 1 BGB über die Übergabe der Kaufsache und die Leistungszeit nicht anzuwenden (vgl. § 453 Abs. 1 S. 2 Nr. 1 BGB), insoweit enthalten die §§ 327 und 327b BGB Spezialregelungen. Keine Anwendung finden zudem § 433 Abs. 1 S. 2 BGB, die §§ 434 bis 442 BGB, § 475 Abs. 3 S. 1, Abs. 4 bis 6 BGB und die §§ 476 und 477 BGB über die Rechte bei Mängeln (vgl. § 453 Abs. 1 S. 2 Nr. 2 BGB). An die Stelle der nach § 453 Abs. 1 S. 2 BGB ausgeschlossenen Vorschriften treten gemäß § 453 Abs. 1 S. 3 BGB jeweils die Vorschriften des Abschnitts 3 Titel 2a Untertitel 1 für Verträge über digitale Produkte.[210]

§ 475a Abs. 1 BGB hat klarstellende Funktion im Hinblick auf Verbrauchsgüterkaufverträge, welche körperliche Datenträger zum Gegenstand haben, die ausschließlich als Träger digitaler Inhalte dienen (siehe § 327 Abs. 5 BGB). An die Stelle der gem. § 475a Abs. 1 S. 1 BGB für diese Verträge ausgeschlossenen kaufrechtlichen Vorschriften treten ebenfalls die Vorschriften des Abschnitts 3 Titel 2a Untertitel 1 betreffend Verträge über digitale Produkte (vgl. § 475 Abs. 1 S. 2 BGB). Die Vorschrift des § 475a Abs. 2 BGB stellt darüber hinaus klar, dass auf einen Verbrauchsgüterkaufvertrag über eine Ware, die in einer Weise digitale Produkte enthält oder mit digitalen Produkten verbunden ist, dass die Ware ihre Funktionen auch ohne diese digitalen Produkte erfüllen kann, im Hinblick auf diejenigen Bestandteile des Vertrags, welche die digitalen Produkte betreffen, bestimmte kaufrechtliche Regelun-

208 Dazu eingehend *Gansmeier/Kochendörfer*, ZfPW 2022, 1 (24 ff.).

209 Zur Wahl des Standorts siehe die Erläuterungen im RegE DIRL, S. 82.

210 Die Verpflichtung zur mangelfreien Leistung ergibt sich damit allein aus § 327d BGB; die Bestimmungen der §§ 434 und 435 BGB sind im Hinblick auf die §§ 327e bis 327g BGB und die §§ 437 bis 442 BGB im Hinblick auf die §§ 327i bis 327n BGB ausgeschlossen.

gen keine Anwendung finden und an ihre Stelle die Vorschriften des Abschnitts 3 Titel 2a Untertitel 1 treten. Dieser Anwendungsausschluss des Kaufvertragsrechts bezüglich derjenigen Bestandteile des Vertrags, welche die digitalen Produkte betreffen, bildet das Pendant zu § 327a Abs. 2 S. 2 BGB.[211] Bei dem Verkauf von Waren, die digitale Produkte enthalten oder mit ihnen verbunden sind, können mithin unterschiedliche Vorschriften gelten, je nachdem, ob es sich um einen Mangel an der Sache oder am digitalen Produkt handelt.[212]

Im Ergebnis ist das Verhältnis zwischen Digitale-Inhalte-RL und Warenkauf-RL in § 327a BGB im Zusammenspiel mit § 475a Abs. 2 BGB richtlinienkonform umgesetzt, obschon die Regelungen sich als eher umständlich und teilweise missverständlich erweisen.[213]

Das Verhältnis zum Schenkungsvertrag (§§ 516 ff. BGB) wird in § 516a BGB geklärt.[214]

Im Rahmen der allgemeinen Vorschriften für Mietverhältnisse erklärt der neu eingefügte § 548a BGB die Vorschriften über die Miete von Sachen auf die Miete digitaler Produkte entsprechend anwendbar.[215]

---

211 Erläuternd hierzu RegE DIRL, S. 83.

212 Siehe hierzu bereits unter II.1.b.bb.(1).

213 Kritisch auch *Rieländer*, GPR 2021, 257 (260 f.); zuvor in dieser Hinsicht ebefalls kritisch zum Gesetzentwurf DIRL *Faust*, Stellungnahme Umsetzung DIRL u. WKRL, S. 5 f.

214 § 516 Abs. 1 S. 1 BGB schließt die Anwendbarkeit der schenkungsrechtlichen Mängelhaftung (§§ 523 und 524) für Verbraucherverträge aus, bei denen der Unternehmer dem Verbraucher digitale Produkte (Nr. 1) oder einen körperlichen Datenträger, der ausschließlich als Träger digitaler Inhalte dient (Nr. 2), schenkt, und der Verbraucher dem Unternehmer personenbezogene Daten nach Maßgabe des § 327 Abs. 3 bereitstellt oder sich hierzu verpflichtet. An die Stelle der schenkungsrechtlichen Vorschriften zur Mängelhaftung treten die Vorschriften des Abschnitts 3 Titel 2a und insoweit die von der Richtlinie vorgegebenen Vorschriften der §§ 327d ff. BGB über die Mängelhaftung (§ 516a Abs. 1 S. 2 BGB); der Anwendungsausschluss nach § 516a Abs. 1 gilt entsprechend für einen Verbrauchervertrag, bei dem der Unternehmer sich verpflichtet, dem Verbraucher eine Sache zu schenken, die digitale Produkte enthält oder mit digitalen Produkten verbunden ist, für diejenigen Bestandteile des Vertrags, welche die digitalen Produkte betreffen (§ 516a Abs. 2); siehe zu § 516a BGB auch die Erläuterungen im RegE DIRL, S. 83 f.

215 Bislang existierte eine mit § 453 Abs. 1 Alt. 2 BGB vergleichbare Vorschrift, die eine entsprechende Anwendung der mietvertraglichen Vorschriften auf sonstige Gegenstände anordnet, nicht. Insoweit hat § 548a BGB nun klarstellende Funktion, denn gem. § 535 Abs. 1 BGB ist die Anwendbarkeit der allgemeinen Vorschriften für Mietverhältnisse auf Verträge beschränkt, die die Überlassung einer Mietsache zum Gegenstand haben, womit die Beschränkung auf körperliche Gegenstände i. S. d. § 90 BGB verbunden ist; die Rechtsprechung hatte zwar im Zusammenhang mit bestimmten Softwarelösungen die Regelungen des Mietrechts für anwendbar erklärt, wenn die Software auf einem Datenträger verkörpert ist (vgl. nur BGH, Urteil vom 15. November 2016 – XII ZR 120/04), § 548a BGB stellt nunmehr aber für alle Fälle eine einheitliche Anwendbarkeit des Miet-

§ 578b Abs. 1 und 2 BGB legt für Verbraucherverträge, bei denen der Unternehmer sich verpflichtet, dem Verbraucher digitale Produkte zu vermieten, den Vorrang der Vorschriften des Abschnitts 3 Titel 2a fest.[216] Beendet der Verbraucher den Vertrag über die Miete digitaler Produkte wegen unterbliebener Bereitstellung, Mangelhaftigkeit oder Änderung des digitalen Produkts, finden danach insbesondere die mietrechtlichen Regelungen der §§ 546 bis 548 BGB keine Anwendung, an deren Stelle treten die Vorschriften des Abschnitts 3 Titel 2a. Die fehlende überschießende Umsetzung im Mietvertragsrecht gibt allerdings Anlass für Kritik.[217]

Durch § 620 Abs. 4 BGB wird zudem klargestellt, dass ein Verbrauchervertrag über eine digitale Dienstleistung auch nach Maßgabe der §§ 327c, 327m und 327r Abs. 3 und 4 BGB beendet werden kann. Insoweit gilt auch für Dienstverträge zwischen Unternehmern und Verbrauchern nunmehr das Gewährleistungsrecht der §§ 327 ff. BGB.

Darüber hinaus ist zur Regelung des Verhältnisses des Abschnitts 3 Titel 2a zum Werkvertragsrecht (§§ 631 ff. BGB) der § 650 BGB um die Absätze 2 bis 4 ergänzt worden. Im Rahmen der neu gefassten Überschrift des § 650 BGB wird mit der Formulierung „Werklieferungsvertrag“ der Geltungsbereich der bisherigen Vorschrift – der nunmehr in Absatz 1 normiert ist – zusammengefasst sowie mit der ergänzenden Formulierung „Verbrauchervertrag über die Herstellung digitaler Produkte“ der Geltungsbereich der neu eingefügten Absätze 2 bis 4 umschrieben.[218]

Ferner enthalten die §§ 445c, 453, 475a, 516a, 578b und 650 BGB Konkurrenzregelungen für die einschlägigen Vertragskonstellationen.

---

vertragsrechts sicher, siehe hierzu RegE DIRL, S. 84 f. Ausführlich zu § 548a BGB etwa *Redeker*, ITRB 2022, 187.

216 § 578b Abs. 4 BGB regelt zudem den Rückgriffsanspruch des Unternehmers im Mietrecht – an die Stelle der nach § 578b Abs. 4 S. 1 BGB ausgeschlossenen Vorschriften treten nach § 578b Abs. 4 S. 2 BGB die Rückgriffsvorschriften des Abschnitts 3 Titel 2a Untertitel 2, siehe zu § 578b die Erläuterungen im RegE DIRL, S. 85 f. Um der Einführung des § 578b BGB sowie den Änderungen in § 580a Abs. 3 BGB Rechnung zu tragen ist zudem die Überschrift des Untertitels 3 von „Mietverhältnisse über andere Sachen“ in „Mietverhältnisse über andere Sachen und digitale Produkte“ geändert worden.

217 Problematisch erscheint, dass § 578b Abs. 1 Nr. 1 BGB die verschuldensunabhängige Schadensersatzhaftung für anfängliche Mängel nach § 536a Abs. 1 Var. 1 BGB zugunsten des Verbrauchers ausschließt, während die verschuldensunabhängige Haftung für anfängliche Mängel im Übrigen nicht für unanwendbar erklärt wird – dies widerspreche dem unionsrechtlichen Äquivalenzprinzip, also dem Verbot der Schlechterstellung unionsrechtlich begründeter Positionen, vgl. *Schmidt-Kessel*, Stellungnahme Kaufrecht und Digitalvertragsrecht, S. 15.

218 Erläuternd hierzu RegE DIRL, S. 86 ff.

cc. Bewertung der Umsetzung im Allgemeinen Schuldrecht und Konsequenzen für die Anwendungssystematik

Der deutsche Umsetzungsgesetzgeber ist bei der Analyse der verschiedenen Umsetzungsvarianten überzeugend zu dem Ergebnis gekommen, dass sich gegenüber einer Umsetzung der Digitale-Inhalte-RL (vorwiegend) im Allgemeinen Schuldrecht des BGB keine vorzugswürdige Alternative bot. Eine kritische Auseinandersetzung mit der Wahl des Umsetzungsstandorts und dessen Konsequenzen erübrigt sich damit jedoch noch nicht.

Im Vorfeld der Richtlinienumsetzung wurde insbesondere befürchtet, dass eine Umsetzung der Digitale-Inhalte-RL im Rahmen des Allgemeinen Schuldrechts eine weitere Segmentierung des Allgemeinen Schuldrechts zur Folge hätte.[219] Angesichts der zentralen Regelungsinhalte der Digitale-Inhalte-RL ist die gesetzgeberische Entscheidung zur Umsetzung der Richtlinienvorgaben im Allgemeinen Schuldrecht als „allgemeines" Digitalvertragsrecht gegenüber den alternativen Umsetzungsstandorten im BGB aber gerechtfertigt:

Im Vergleich zum Besonderen Teil des Schuldrechts ist die Materie des Digitalvertragsrechts „allgemeiner".[220] Im Vergleich zum Allgemeinen Teil des Schuldrechts ist die Materie wiederum in gewisser Weise „besonders"[221] – dies trifft aber ebenfalls auf die §§ 312 ff. BGB zu, die nur einen Ausschnitt der im 8. Abschnitt des BGB geregelten Verträge betreffen (Verbraucherverträge), sowie auf die §§ 323 ff. BGB, die lediglich auf synallagmatische Verträge Anwendung finden. Das neue Digitalvertragsrecht im Allgemeinen Teil des Schuldrechts in einem neuen Titel 2a „Verträge über digitale Produkte" im 3. Abschnitt des 2. Buchs des BGB mit den §§ 327-327u BGB einzufügen, ist daher auch in systematischer Hinsicht nicht inkonsequent.[222]

Durch die Einfügung der digitalvertragsrechtlichen Regelungen im 3. Abschnitt des 2. Buchs wird das bekannte System zwar insoweit aufgebrochen, als die neu eingefügten §§ 327d ff. BGB die aus dem Vertrag erwachsene Leistungspflicht des Unternehmers zur vertragsgemäßen Erfüllung (Bereitstellung der digitalen Inhalte oder digitalen Dienstleistungen ohne Produkt- und Rechtsmängel) schon im Rah-

---

219 So *Müller*, Zeitschrift zum Innovations- und Technikrecht (InTeR) 1/2020, 1 (2).

220 So auch *Rosenkranz*, ZUM 2021, 195 (196); siehe auch *Leinemann*, Personenbezogene Daten als Entgelt. Eine Untersuchung anhand schuldvertrags-, datenschutz- und kartellrechtlicher Fragestellungen, S. 220.

221 Treffend ist daher auch die Bezeichnung der §§ 327 ff. BGB als „allgemeines besonderes Vertragsrecht", so *Rieländer*, GPR 2021, 257 (263).

222 So bspw. auch *Leinemann*, Personenbezogene Daten als Entgelt. Eine Untersuchung anhand schuldvertrags-, datenschutz- und kartellrechtlicher Fragestellungen, S. 220; *Rosenkranz*, ZUM 2021, 195 (197).

men des Allgemeinen Schuldrechts konkretisieren. Derartige Bestimmungen, aus denen spezifische Pflichten aus einem bestimmten Vertrag erwachsen, kennt das BGB im Übrigen nur aus dem 8. Abschnitt des 2. Buchs, der Regelungen zu den einzelnen Schuldverhältnissen enthält. In diese gewohnte Struktur des BGB hätten sich Verträge über digitale Inhalte und digitale Dienstleistungen allerdings nicht ohne Weiteres implementieren lassen. Verträge über digitale Inhalte oder digitale Dienstleistungen können, wie erörtert, als punktuelle Austauschverträge (Kauf), Gebrauchsüberlassungsverträge (Miete, Leasing) oder auch tätigkeitsbezogene Verträge (Dienstverträge, Werkverträge) unterschiedlicher Gestalt bzw. Rechtsnatur sein und sind keinem spezifischen Vertragstyp zuzuordnen. Mit einer systematischen Einordnung der §§ 327 ff. BGB im Allgemeinen Schuldrecht erfassen die digitalvertragsrechtlichen Vorschriften, unabhängig von einer vertragstypologischen Einordnung, querschnittsartig sämtliche Vertragskonstellationen über digitale Produkte. Der auf digitale Produkte ausgerichtete gegenstandsbezogene Ansatz betrifft dabei „nur“ die Frage, ob die §§ 327 ff. BGB Anwendung finden.[223] Die rechtliche Einbettung des Vertrags ist für die Rechte des Verbrauchers zweitrangig, insoweit es aus Sicht des Verbrauchers aufgrund der einheitlichen Regelung der Voraussetzungen für die Erfüllung der Hauptpflicht des Unternehmers zur „Bereitstellung“ eines digitalen Produkts (§ 327b BGB), die Anforderungen an die Vertragsmäßigkeit digitaler Produkte (§§ 327d-327h BGB) und die Rechtsbehelfe des Verbrauchers bei Leistungsstörungen (§§ 327c, 327i ff. BGB) nicht darauf ankommt, ob er das digitale Produkt etwa gemietet oder gekauft hat. Der aus dem Gesetzesentwurf der Bundesregierung hervorgehenden Begründung, eine vertragstypologische Einordnung der von der Richtlinie erfassten Verträge sei für deren Umsetzung weder nötig noch sachgerecht,[224] kann daher zugestimmt werden. Indessen ist eine Typologisierung des jeweiligen Vertrags über die Bereitstellung des digitalen Produkts zwingend notwendig, um zu ermitteln, welche sonstigen Rechtsvorschriften über die §§ 327 ff. BGB hinaus zur Anwendung kommen.[225] Denn die Pflichten und Rechte des Unternehmers sowie die Pflichten des Verbrauchers bestimmen sich nach dem jeweils einschlägigen Vertragstyp.[226] Da die Vertragstypenlehre des BGB grundsätzlich gerade nicht an die Qualität des Rechtsobjekts anknüpft, sondern an die Leistungshandlung, ist bei Verträgen über digitale Produkte ebenfalls der konkrete Gegenstand der Hauptleistungspflicht für die Zuordnung zu einem bestimmten Vertragstyp maßgeblich.[227] Es bedarf also der ver-

223 *Gansmeier/Kochendörfer*, ZfPW 2022, 1 (19).
224 Vgl. RegE DIRL, S. 24.
225 *Gansmeier/Kochendörfer*, ZfPW 2022, 1 (19 f.).
226 Siehe dazu auch *Rieländer*, GPR 2021, 257 (258).
227 Vgl. *Specht*, OdW 2017, 121 (122 f.).

tragstypologischen Einordnung der zugrunde liegenden Leistungen. Im Grundsatz ergeben sich hier keine Unterschiede zu der vertragstypologischen Einordnung von Verträgen über nicht-digitale Güter.[228] Während die dauerhafte, endgültige Überlassung digitaler Inhalte (bspw. bei E-Books) als Kaufvertrag qualifiziert werden könnte, liegt bei einer nur vorübergehenden Überlassung ein atypischer Miet- oder Pachtvertrag nahe; wenn die digitalen Inhalte nicht überlassen werden, sondern dem Verbraucher lediglich eine Nutzungsmöglichkeit vertraglich eingeräumt wird (bspw. bei Online-Spielen oder sozialen Netzwerken), werden wiederum unterschiedliche Vertragstypen diskutiert, bei Online-Spielen etwa eine vertragstypische Qualifikation als reiner Werkvertrag, aber auch ein typengemischter Vertrag mit werk-, dienst- und mietvertraglichen Elementen kommt hier in Betracht.[229] Vor allem bei Verträgen, bei denen digitale Inhalte oder digitale Dienstleistungen gegen die Bereitstellung personenbezogener Daten bereitgestellt werden, bestehen Schwierigkeiten im Hinblick auf eine Einordnung in die Strukturen des BGB und die klassischen Vertragstypen.[230] Abhängig von der vertragstypologischen Einordnung der zugrunde liegenden Leistungspflichten finden neben den §§ 327 ff. BGB die Vorschriften des Besonderen Schuldrechts Anwendung, sofern die §§ 327 ff. BGB die jeweiligen Vorschriften nicht verdrängen. Von Bedeutung sind insofern die Kollisionsnormen innerhalb der jeweiligen Vertragstypen (vgl. §§ 453 Abs. 1 S. 2, 475a, 516a, 578b, 650 BGB), die die Anwendbarkeit der Vorschriften des Besonderen Teils an zahlreichen Stellen ausschließen.[231]

Festgehalten werden kann, dass die Lösung einer Umsetzung der Digitale-Inhalte-RL im Allgemeinen Teil des Schuldrechts des BGB im Ergebnis überzeugt, da die Besonderheiten digitaler Produkte einen querschnittsartigen Regelungsansatz rechtfertigen. Die systematische Einordnung des Digitalvertragsrechts im Allgemeinen Schuldrecht spiegelt den vertragstypenunabhängigen Ansatz der Digitale-Inhalte-RL. Allerdings ist die Ermittlung der jeweils anwendbaren Rechtsnormen hierdurch nicht unwesentlich erschwert.[232] Das anwendbare Recht ergibt sich aus einer Kombination der §§ 327 ff. BGB, der weiter Anwendung findenden Vorschriften des Allgemeinen Schuldrechts und spezifischer, vertragstypenabhängiger Vorgaben des Besonderen Teils des Schuldrechts, sofern die §§ 327 ff. BGB diese nicht, wie aus den eingeführten Kollisionsnormen ersichtlich, verdrängen.

---

228 So auch die Begr. RegE, S. 24; siehe auch *Gansmeier/Kochendörfer*, ZfPW 2022, 1 (20).

229 Vgl. *Specht*, OdW 2017, 121 (122 f.) m.w.N.

230 Siehe hierzu Kapitel 5 III.1.b.dd.

231 Eingehend zum Konzept der Kollisionsnormen *Gansmeier/Kochendörfer*, ZfPW 2022, 1 (24 ff.).

232 So auch *Gansmeier/Kochendörfer*, ebenda.

2. Frankreich

a. Ausgangslage in Frankreich

Auch Frankreich gehörte – ebenso wie Deutschland – nicht zu den (wenigen) EU-Mitgliedstaaten, die bereits vor der Umsetzung der Digitale-Inhalte-RL vertragsrechtliche Bestimmungen für den Rechtsverkehr mit digitalen Gütern in ihr nationales Recht aufgenommen hatten.

Eine (ebenfalls) mit der europäischen Vorgabe der Verbraucherrechterichtlinie wörtlich übereinstimmende Definition des Begriffs „digitale Inhalte" fand sich in Art. L. 221-1 I. 4° C. cons. a.F.[233] („*Contenu numérique: des données produites et fournies sous forme numérique*").[234] Weder das allgemeine Zivilgesetzbuch Frankreichs, der Code Civil, noch das französische Verbrauchergesetzbuch, der Code de la consommation, enthielten bislang aber gesetzliche Regelungen zur Vertragsmäßigkeit digitaler Inhalte und digitaler Dienstleistungen.

Eine Anpassung des französischen Verbraucherrechts an das digitale Zeitalter verlangte gleichermaßen die Modernisierung, Angleichung und Ergänzung der bestehenden Vorschriften.

b. Die Umsetzung der Digitale-Inhalte-RL in Frankreich

Die Umsetzung der Digitale-Inhalte-RL erfolgte in Frankreich im Wege der *Ordonnance n° 2021–1247* vom 29. September 2021[235],[236] also durch einen Rechtsakt der Exekutive auf Grundlage des Art. 1 Gesetz Nr. 2020–1508 vom 3. Dezember

233 Fassung vom 1.7.2016 bis 1.10.2021, geändert durch die Verordnung Nr. 2021–1247 vom 29. September 2021.

234 Nunmehr aufgehoben durch Art. 11 der Verordnung Nr. 2021–1247.

235 *Ordonnance n° 2021–1247 du 29 septembre 2021 relative à la garantie légale de conformité pour les biens, les contenus numériques et les services numériques*, JORF n° 0228 du 30 septembre 2021 [nachfolgend: Ordonnance n° 2021–1247 oder Verordnung Nr. 2021–1247], (abrufbar unter: <*www.legifrance.gouv.fr/loda/id/LEGIARTI000044127739/2021-10-01/*>, (letzter Aufruf: 21.01.2024). Eine Korrektur der Verordnung wurde im Dezember 2021 vorgenommen, siehe: *Ordonnance relative à la garantie légale de conformité pour les biens, les contenus numériques et les services numériques (rectificatif)*, JORF n° 0294 du 18 décembre 2021, abrufbar unter <*www.legifrance.gouv.fr/jorf/id/JORFTEXT000044513930/*> (letzter Aufruf: 21.01.2024) – Diese Korrektur betrifft die hier interessierenden Bestimmungen allerdings nicht.

236 Die Verordnung dient neben der Umsetzung der Digitale-Inhalte-RL und der Umsetzung der Warenkauf-RL; die nachfolgenden Ausführungen beschränken sich auf Umsetzungsvorschriften zur Digitale-Inhalte-RL. Zur Umsetzung der Warenkauf-RL in Frankreich siehe etwa *Genicon*, Recueil Dalloz 2021, 534.

2020[237].[238] Als knapper Ersatz für die fehlenden parlamentarischen Gesetzgebungsmaterialien dient ein mit der Verordnung veröffentlichter Bericht zu der Umsetzungsverordnung (*Rapport au Président*)[239].

Zwischen dem 26. Februar und dem 9. April 2021 war zunächst ein Verordnungsentwurf vom Februar 2021[240] zur öffentlichen Konsultation vorgelegt worden, um von verschiedenen Interessenvertretern (Unternehmern, Verbrauchern, Verbraucherverbänden, repräsentativen Berufsverbänden, Angehörigen der Rechtsberufe, etc.) Stellungnahmen zur Reform der Gewährleistungsvorschriften einzuholen.[241]

---

237 *Loi n° 2020–1508 du 3 décembre 2020 portant diverses dispositions d'adaptation au droit de l'Union européenne en matière économique et financière,* („*loi* DDADUE"), JORF n° 0293 du 4 décembre 2020 – Das sog. DDADUE-Gesetz enthält verschiedene Bestimmungen, die der Anpassung des französischen Rechts an mehrere Reformen der Europäischen Union dienen und zur Stärkung der Verbraucherrechte und der Kontrollbefugnisse der DGCCRF beitragen sollen. Um diese Ziele zu erreichen, besteht das Gesetz zum einen darin, die Umsetzung der drei im Laufe des Jahres 2019 verabschiedeten EU-Richtlinien (Warenkauf-RL, Digitale-Inhalte-RL, Modernisierungsrichtlinie) in nationales Recht zu ermöglichen und zum anderen darin, das nationale Recht mit zwei EU-Verordnungen (Verordnung (EU) 2018/302 des Europäischen Parlaments und des Rates vom 28. Februar 2018 und Verordnung (EU) Nr. 2017/2394 des Europäischen Parlaments und des Rates vom 12. Dezember 2017) in Einklang zu bringen.

238 Art. 1 Abs. 1 DDADUE-Gesetz ermächtigte die Regierung, nach Maßgabe des Art. 38 der Verfassung innerhalb von zehn Monaten nach Veröffentlichung des DDADUE-Gesetzes die für die Umsetzung der Digitale-Inhalte-RL und der Warenkauf-RL sowie zur Koordinierung und Anpassung der Rechtsvorschriften im Zusammenhang mit der Umsetzung erforderlichen Maßnahmen durch Verordnungen zu treffen. Die Ermächtigung zur Umsetzung der hier interessierenden Digitale-Inhalte-RL lief somit bis zum 3. Oktober 2021. Gem. Art. 1 Abs. 2 DDADUE-Gesetz ist ein Ratifikationsentwurf innerhalb von drei Monaten nach der Veröffentlichung der Verordnung in das Parlament einzubringen; der Gesetzesentwurf zur Ratifizierung der Verordnung Nr. 2021–1247 vom 29. September 2021 wurde fristgerecht am 15. Dezember 2021 eingereicht, siehe *Projet de loi portant ratification de l'ordonnance n° 2021–1247 du 29 septembre 2021 relative à la garantie légale de conformité pour les biens, les contenus numériques et les services numériques*, abrufbar unter: <*www.senat.fr/leg/pjl21-306.pdf*> (letzter Aufruf: 21.01.2024).

239 *Rapport au Président de la République relatif à l'ordonnance n° 2021–1247 du 29 septembre 2021 relative à la garantie légale de conformité pour les biens, les contenues numériques et les services nuumériques*, JORF n° 0228 du 30 septembre 2021, abrufbar unter: <*www.legifrance.gouv.fr/jorf/id/JORFTEXT000044125832/*> (letzter Aufruf: 21.01.2024), [nachfolgend: *Rapport au Président* oder Bericht zur Verordnung].

240 Der Verordnungsentwurf vom Februar 2021 ist abrufbar unter: <*www.economie.gouv.fr/files/files/PDF/2021/Ordonnance_transposition_directives_2019-770-771_vdef.pdf*> (letzter Abruf: 18.10.2022) [nachfolgend: Verordnungsentwurf Februar 2021].

241 Projekt verfügbar unter: <*www.economie.gouv.fr/dgccrf/consultation-publique-sur-la-reforme-de-la-garantie-legale-de-conformite*> (letzter Aufruf: 21.01.2024).

Die endgültige Verordnung wurde schließlich im Amtsblatt vom 30. September 2021 veröffentlicht.[242] Die Umsetzungsfrist vom 1. Juli 2021 hat Frankreich mithin nicht eingehalten und die verpflichtende Umsetzung erst einige Monate später als in der Richtlinie bestimmt abgeschlossen.[243]

Nach Erlass der Verordnung wurde jedoch bereits auf die Komplexität der eingeführten Regelungen und die Notwendigkeit der Auslegung einzelner Bestimmungen durch die Rechtsprechung hingewiesen, um etwaige Unklarheiten sowie Unstimmigkeiten auszuräumen.[244] Anpassungen werden wohl nach und nach vorgenommen werden (müssen) – zunächst mit einem Ratifizierungsgesetz. Es bleibt abzuwarten, ob und inwiefern sich hieraus noch Änderungen im französischen Digitalvertragsrecht ergeben werden.

aa. Umsetzungsstandort: Umsetzung der Digitale-Inhalte-RL im Code de la consommation

Den Bemühungen zur Umsetzung der Digitale-Inhalte-RL (sowie der Warenkauf-RL) ging, soweit ersichtlich, keine Diskussion über den Umsetzungsstandort der Richtlinienvorschriften voraus.

Vor dem Hintergrund der Entwicklungsgeschichte des französischen Verbraucherrechts und insbesondere in Anbetracht der französischen Einstellung zu ihrem traditionsreichen Zivilgesetzbuch stellte sich – wie schon bei der Umsetzung der Verbraucherrechterichtlinie – die Frage nach der Integration der europarechtlichen Verbraucherschutzvorschriften in den Code civil nicht (mehr).[245] Die Untersuchung des auslagernden Umsetzungsmodells als systematische Grundsatzentscheidung im französischen Rechtssystem hat bereit gezeigt, dass die Auslagerung der verbraucherschutzenden Vorschriften in das Verbrauchergesetzbuch, den Code de la consommation bei Umsetzung der neuen verbraucherschützenden Richtlinien vielmehr vorprogrammiert war.

Die Verordnung Nr. 2021-1247 setzt die Richtlinienbestimmungen der Digitale-Inhalte-RL und der Warenkauf-RL parallel um und überarbeitet und modernisiert den Code de la consommation mit der Anpassung zahlreicher bestehender Bestimmungen für den Warenkauf und der Einführung eines neuen Abschnitts für

242 JORF n° 0228 du 30 septembre 2021.

243 Auch in der Vergangenheit reizte Frankreich die Richtlinienumsetzungsfrist regelmäßig vollständig aus und setze die Umsetzungsrechtsakte gerade noch rechtzeitig oder teilweise auch nach Fristende in Kraft, siehe hierzu *Schulte-Nölke/Twigg-Flesner/Ebers*, EG-Verbraucherrechtskompendium, S. 87.

244 Siehe etwa *Hélaine*, Adaption de la garantie légale de conformité pour les biens et les contenus et services numériques, Dalloz actualité, 5 octobre 2021.

245 Siehe hierzu die Ausführungen unter I.2.c.

Verträge über die Bereitstellung digitaler Inhalte und digitaler Dienstleistungen – *Section 2 bis: Contrats de fourniture et contenus numériques et de services numériques* (Art. L. 224-25-1 bis Art. L. 224-25-32 C. cons.) – grundlegend.

bb. Digitalvertragsrecht im Code de la consommation – Ein Überblick

Die Verordnung Nr. 2021-1247 besteht aus 22 Artikeln. Relevant für diese Arbeit sind die Umsetzungsvorschriften zur Digitale-Inhalte-RL. Neben Art. 1 der Verordnung Nr. 2021-1247, der wesentliche Änderungen im einleitenden Artikel (*Article liminaire*) zu Beginn des Code de la consommation vorsieht, finden sich diese größtenteils in Art. 12 der Verordnung, mit dem in Buch II (*Livre II*), Titel II (*Titre II*), Kapitel IV (*Chapitre IV*) nach Abschnitt 2 (*Section 2*) ein Abschnitt für Verträge über die Bereitstellung digitaler Inhalte und digitaler Dienstleistungen (*Section 2 bis: Contrats de fourniture et contenus numériques et de services numériques*) mit den Art. L. 224-25-1 bis Art. L. 224-25-32 C. cons. in den Code de la consommation eingefügt wird.

Im Hinblick auf die Integration des Digitalvertragsrechts in das französische Verbrauchergesetzbuch stehen im Mittelpunkt der Verordnung vor allem die europäischen Richtlinienvorgaben zur Vertragsmäßigkeit digitaler Inhalte und digitaler Dienstleistungen. Mit der Umsetzungsverordnung sollten aber nicht nur die zwingenden sog. Konformitätskriterien für digitale Inhalte und digitale Dienstleistungen umgesetzt werden, die Verordnung sollte auch einen Rahmen für Verträge über die Bereitstellung digitaler Inhalte und digitaler Dienstleistungen als eine „neue Vertragskategorie" schaffen,[246] indem sie Regelungen über das Zustandekommen, die Änderung und die Dauer von Verträgen über die Bereitstellung digitaler Inhalte und digitaler Dienstleistungen festlegt.[247] Die Freiheit der Mitgliedstaaten zur Regelung von Bestimmungen über das Zustandekommen eines Vertrags über digitale Inhalte und digitaler Dienstleistungen lässt die Digitale-Inhalte-RL, wie gezeigt, ausdrücklich unberührt (vgl. Art. 3 Abs. 10 DIRL). Die französische Umsetzungsverordnung trifft insoweit über die zwingenden Richtlinienbestimmungen hinausgehende Regelungen.

---

246 Siehe dazu unter (2).(b).

247 Vgl. den *Rapport au Président* (s. Kapitel 4 Fn. 239), zweiter Absatz: „*Les règles transposées visent, d'une part, à conforter et adapter le régime existant de garantie légale de conformité des biens, en vigueur depuis 2005, en consacrant en particulier des dispositions nouvelles applicables aux biens comportant des éléments numériques. Elles visent, d'autre part, à créer, non seulement un régime analogue de garantie de la conformité pour les contrats de fourniture de contenus et de services numériques, mais également à encadrer cette nouvelle catégorie contractuelle par des règles relatives à leur formation, leur modification et leur durée.*".

Da mit der Verordnung Nr. 2021-1247 parallel zur Digitale-Inhalte-RL auch die Warenkauf-RL umgesetzt worden ist, hatte die Verordnung auch die Problematik der sich überlappenden Anwendungsbereiche der beiden Richtlinien zu lösen und die Komplementarität der Umsetzungsvorschriften sicherzustellen. Die Richtlinienbestimmungen der Warenkauf-RL sind primär durch Anpassungen des Code de la consommation in Buch II, Titel I, Kapitel VII („*Obligation de conformité dans les contrats de vente de biens*") (Art. L. 217-1 bis Art. L. 217-32 C. cons.) in das Verbrauchergesetzbuch integriert worden. Der Code de la consommation normiert das Gewährleistungsregime für Waren einerseits und für digitale Inhalte und digitale Dienstleistungen andererseits damit (ebenfalls) getrennt. Indem der französische Gesetzgeber zwischen der Vertragsmäßigkeit digitaler Inhalte und digitaler Dienstleistungen und der Vertragsmäßigkeit anderer Güter einschließlich solcher, die digitale Elemente enthalten, unterscheidet, halte er auch die von den beiden Richtlinien gewollte „Dichotomie" ein.[248]

(1) Ergänzung des einleitenden Artikels (*Article liminaire*)

Mit der Verordnung Nr. 2021-1247 wird der einleitende Artikel des Verbraucherschutzgesetzes (*Article liminaire du code de la consommation*), der dem Buch I des Code de la consommation vorangestellt ist, in seiner Architektur wesentlich geändert mit dem Ergebnis eines sehr viel umfangreicheren einleitenden Artikels als zuvor.

Im Zuge der Umsetzung der Digitale-Inhalte-RL sowie der Warenkauf-RL wurden die Definitionen der Begriffe Verbraucher (*consommateur*), Unternehmer (*professionnel*) und Nicht-Unternehmer (*non-professionnel*) um die Definitionen der folgenden zehn Begriffe im einleitenden Artikel ergänzt: „*producteur*" (Hersteller), „*bien comportant des éléments numériques*" (Waren mit digitalen Elementen), „*contenu numérique*" (digitale Inhalte), „*service numérique*" (digitale Dienstleistungen), „*support durable*" (dauerhafter Datenträger), „*fonctionnalité*" (Funktionalität), „*compatibilité*" (Kompatibilität), „*interopérabilité*" (Interoperablität), „*durabilité*" (Haltbarkeit) und „*données à caractère personnel*" (personenbezogene Daten).[249] Die jeweiligen Artikel des Code de la consommation enthalten entspre-

---

248 So *Legrand*, Petites Affiches, n° 01 du 1 Juin 2021, 16 (16 f.). Kritisch zu dieser „separaten" Umsetzung angesichts der zahlreichen Gemeinsamkeiten zwischen den Bestimmungen aber *Houtcieff*, La lettre juridique n° 889 du 6 janvier 2022: Contrats et obligations.

249 Sehr kritisch im Hinblick auf die Erweiterung des einleitenden Artikels des Verbrauchergesetzbuchs im Zuge der Richtlinienumsetzung insbesondere *Pellier*, Recueil Dalloz 2021, 1873 (1873 ff.) m.w.N.; ebenso *Houtcieff*, La lettre juridique n° 889 du 6 janvier 2022: Contrats et obligations; *Deverre/Kieffer/Pellier*, Dalloz actualité, 25 mars 2022.

chende Querverweise auf die Definitionen im einleitenden Artikel des Verbrauchergesetzbuchs.

Die Einführung dieser Definitionen dient in großen Teilen der Umsetzung des Art. 2 DIRL sowie in Bezug auf die Begriffe *„producteur"* und *„durabilité"* der Umsetzung des Art. 2 WKRL – der französische Gesetzgeber hat die Definitionen der Richtlinien hier weitgehend wörtlich übernommen.

Im Verordnungsentwurf vom Februar 2021 war zunächst vorgeschlagen worden, die neuen Begriffsdefinitionen der Digitale-Inhalte-RL und der Warenkauf-RL getrennt von den bereits bestehenden Definitionen (und in einer von der endgültigen Fassung abweichenden Reihenfolge) im Rahmen des Buch I, Titel I innerhalb eines einleitenden Kapitels (*Chapitre préliminaire*) umzusetzen.[250] Dazu sollte ein neuer Art. L. 110-1 nach dem einleitenden Artikel zu Beginn des Verbrauchergesetzbuchs integriert werden. Hiervon ist in der endgültigen Fassung der Verordnung jedoch wieder abgewichen worden, um die Begriffsdefinitionen beider Richtlinien stattdessen (überwiegend) in den bestehenden *Art. liminaire* zu implementieren.[251]

Da sich ein Großteil der Definitionen spezifisch auf die Bereitstellung digitaler Inhalte und digitaler Dienstleistungen bezieht, wurde allerdings kritisch hinterfragt, weshalb diese digitalspezifischen Begriffsbestimmungen nicht insgesamt in den neuen Abschnitt 2 *bis*, der sich Verträgen über die Bereitstellung digitaler Inhalte und digitaler Dienstleistungen widmet, eingefügt worden sind, insbesondere weil dieser Abschnitt mit weiteren Begriffsbestimmungen in Art. L. 224-25-1 C. cons.[252] beginnt.[253] Allerdings sei die Verortung zu Beginn des Code de la consommation in der Hinsicht sinnvoll, dass auch der Bezug zu Waren mit digitalen Elementen (*„bien comportant des éléments numériques"*)[254] Berücksichtigung finden muss und diese gerade nicht unter Abschnitt 2 *bis* fallen.[255]

Mit Blick auf die neu eingefügten Definitionen könnte allerdings die Wahrung der Kohärenz des französischen Rechtssystems problematisch sein. In diesem Zusammenhang stößt insbesondere die Definition des Herstellerbegriffs (*„producteur"*) im französischen Verbrauchergesetzbuch auf Kritik, da diese zu einer In-

---

250 Vgl. Verordnungsentwurf Februar 2021, S. 2.

251 Siehe hierzu *Pellier*, Recueil Dalloz 2021, 1873 (1873 ff.).

252 Vgl. Art. L. 224-25-1 1° C. cons.: *„Environnement numérique"*; Art. L. 224-25-1 2° C. cons.: *„Intégration"*.

253 Siehe nur *Pellier*, Recueil Dalloz 2021, 1873.

254 Vgl. Art. liminaire 5° C. cons.

255 So *Pellier*, Recueil Dalloz 2021, 1873.

kohärenz innerhalb des französischen Rechts führt:[256] Der französische Gesetzgeber hat im einleitenden Artikel des Code de la consommation den Herstellerbegriff für die Anwendbarkeit der Vorschriften des Verbrauchergesetzbuchs neu definiert und dabei die Definition aus Art. 2 Nr. 4 WKRL übernommen.[257] Diese Definition steht jedoch neben der Definition in Art. L. 421-1 C. cons.[258] im Rahmen der Bestimmungen zur Konformität und Sicherheit von Produkten und Dienstleistungen[259] und entspricht auch nicht der Begriffsbestimmung, die der Code civil der Haftung für fehlerhafte Produkte zugrunde legt (vgl. Art. 1245-5 Code civil)[260].

Dieses Kohärenzproblem steht exemplarisch für ein Phänomen, dessen Ursache im System der Implementation europäischen Rechts in die nationalen Rechtssysteme liegt. Legt das Recht der Europäischen Union in Form von Richtlinien, wie in diesem Fall, etwa eine Reihe von Definitionen fest, die dem von der Richtlinie betroffenen Bereich eigen sind, entsteht die Gefahr, dass sich der nationale Gesetzgeber bei der Umsetzung der Richtlinienbestimmung nicht die Mühe macht, die Kohärenz des „Ganzen" sicherzustellen.[261] Dieses Phänomen ist besonders schädlich, wenn es innerhalb ein und desselben Gesetzbuchs auftritt.[262] Eben diese Ko-

---

256 Siehe dazu *Pellier*, Recueil Dalloz 2021, 1873 (1873 ff.); *Houtcieff*, La lettre juridique n° 889 du 6 janvier 2022: Contrats et obligations.

257 Vgl. Art. liminaire 4° C. cons.: *„Le fabricant d'un bien, l'importateur d'un bien dans l'Union européenne ou toute autre personne qui se présente comme producteur en apposant sur le bien son nom, sa marque ou un autre signe distinctif"*.

258 Vgl. Art. L. 421-1 1° C. cons.: *„Pour l'application du présent titre, on entend par: 1° Producteur: a) Le fabricant du produit, lorsqu'il est établi dans l'Union européenne et toute autre personne qui se présente comme fabricant en apposant sur le produit son nom, sa marque ou un autre signe distinctif, ou celui qui procède à la remise en état du produit; b) Le représentant du fabricant, lorsque celui-ci n'est pas établi dans l'Union européenne ou, en l'absence de représentant établi dans l'Union européenne, l'importateur du produit ; c) Les autres professionnels de la chaîne de commercialisation, dans la mesure où leurs activités peuvent affecter les caractéristiques de sécurité d'un produit; 2° Distributeur: tout professionnel de la chaîne de commercialisation dont l'activité n'a pas d'incidence sur les caractéristiques de sécurité du produit."*

259 *Livre* IV: *Conformité et sécurité des produits et services, Titre* II: *Sécurité* (Art. L. 421-1 – Art. L. 425-1).

260 Vgl. Art. 1245-5 Code civil: *„Est producteur, lorsqu'il agit à titre professionnel, le fabricant d'un produit fini, le producteur d'une matière première, le fabricant d'une partie composante. Est assimilée à un producteur pour l'application du présent chapitre toute personne agissant à titre professionnel: 1° Qui se présente comme producteur en apposant sur le produit son nom, sa marque ou un autre signe distinctif; 2° Qui importe un produit dans la Communauté européenne en vue d'une vente, d'une location, avec ou sans promesse de vente, ou de toute autre forme de distribution. Ne sont pas considérées comme producteurs, au sens du présent chapitre, les personnes dont la responsabilité peut être recherchée sur le fondement des articles 1792 à 1792-6 et 1646-1."*.

261 So auch die Kritik von *Pellier*, Recueil Dalloz 2021, 1873 (1873 ff.).

262 So auch *Pellier*, ebenda.

härenzwahrung innerhalb der nationalen Rechtsordnung ist gerade Aufgabe des nationalen Umsetzungsgesetzgebers.[263]

(2) Section 2 bis: Contrats de fourniture de contenus numériques et de services numériques

(a) Anwendungsbereich des Digitalvertragsrechts

Die Vorschriften in *Section 2 bis: Contrats de fourniture de contenus numériques et de services numériques* gelten gem. Art. L. 224-25-2 I. C. cons. für jeden Vertrag, nach dem ein Unternehmer bzw. eine Person, die sich als solcher ausgibt oder verhält („*un professionnel, ou toute personne se présentant ou se comportant comme tel*") digitale Inhalte oder digitale Dienstleistungen bereitstellt und ein Verbraucher einen Preis zahlt oder dem Unternehmer anstelle oder zusätzlich zu der Zahlung eines Preises einen „anderen Vorteil" verschafft („*et ce dernier s'acquitte d'un prix ou procure tout autre avantage au lieu ou en complement du paiement d'un prix*").

Die Anwendbarkeit der Bestimmungen des Abschnitts 2 *bis* auf Verträge, bei denen der Verbraucher dem Unternehmer anstelle oder zusätzlich zu der Zahlung eines Preises einen „anderen Vorteil" („*autre avantage*") verschafft, sollte bei richtlinienkonformer Auslegung auch Vertragskonstellationen i.S.d Art. 3 Abs. 1 Unterabs. 2 DIRL erfassen, bei denen der Verbraucher dem Unternehmer seine personenbezogenen Daten bereitstellt.[264] Der Unternehmer hat bei einem Vertrag über die Bereitstellung digitaler Inhalte oder digitaler Dienstleistungen, der nicht die Zahlung eines Preises vorsieht, gem. Art. L. 112-4-1 C. cons. jedenfalls die Art des vom Verbraucher erlangten Vorteils im Sinne des Art. L. 224-25-2 C. cons. stets anzugeben.

Art. L. 224-25-2 I. a.E. C. cons. präzisiert den Anwendungsbereich weiter und setzt die Richtlinienvorgaben aus Art. 3 Abs. 2 und 3 DIRL um: Die Bestimmungen gelten danach auch für Verträge über die Bereitstellung digitaler Inhalte und digitaler Dienstleistungen, die nach den Spezifikationen des Verbrauchers („*spécifications du consommateur*") entwickelt werden. Zudem gelten die Bestimmungen, mit Ausnahme der Art. L. 224-25-10 und Art. L. 224-25-11 C. cons., auch für alle körperlichen Datenträger, die ausschließlich als Träger digitaler Inhalte dienen.

Die Bestimmungen des Abschnitts 2 *bis* gelten (unbeschadet des Art. L. 224-25-3 I. C. cons.), wenn ein Vertrag die Bereitstellung eines digitalen Inhalts oder einer digitalen Dienstleistung mit der Bereitstellung anderer, nicht unter diesen Abschnitt fallender Waren oder Dienstleistungen verbindet, nur für die di-

263 Siehe dazu Kapitel 4 I.1.

264 Siehe Kapitel 5 III.2.b.aa.

gitalen Inhalte bzw. digitalen Dienstleistungen (vgl. Art. L. 224-25-2 II. S. 1 C. cons.).[265] Weitere Ausnahmen einer Anwendbarkeit der Bestimmungen des Abschnitts 2 *bis* sind in Art. L. 224-25-3 C. cons. normiert. Gem. Art. L. 224-25-3 I. C. cons. gelten die Bestimmungen des Abschnitts 2 *bis* nicht für digitale Inhalte und digitale Dienstleistungen, die im Sinne des einleitenden Artikels in Waren integriert oder mit diesen verbunden sind und als Teil des Kaufvertrags über diese Waren bereitgestellt werden, unabhängig davon, ob die digitalen Inhalte oder digitalen Dienstleistungen vom Verkäufer oder von einem Dritten bereitgestellt werden. Für solche Verträge über den Verkauf von Waren verweist die Norm auf die Anwendbarkeit der Art. L. 217-1 ff. C. cons., die der Umsetzung der Warenkauf-RL dienen.[266] Diese Vorschriften zum Anwendungsbereich des Digitalvertragsrechts dienen der Umsetzung von Art. 3 Abs. 4 und 6 DIRL.

Art. L. 224-25-3 II. C. cons. enthält zudem die Aufzählung der Verträge, die gem. Art. 3 Abs. 5 DIRL nicht in den Anwendungsbereich der Digitale-Inhalte-RL fallen und auf die die Vorschriften des Abschnitts 2 *bis* daher keine Anwendung finden sollen.

(b) Systematische Verortung des Digitalvertragsrechts in *Section 2 bis* als „Vertragskategorie"

Der im Code de la consommation neu eingefügte Abschnitt (*Section 2 bis*) für Verträge über die Bereitstellung digitaler Inhalte und digitaler Dienstleistungen (*Contrats de fourniture de contenus numériques et de services numériques*) ist in Buch II (*Livre II: Formation et éxecution des contrats*), Titel II (*Titre II: Régles de formation et d'exécution de certains contrats*), im Rahmen des Kapitels IV (*Chapitre IV: Règles spécifiques à des contrats ayant un objet particulier*), nach Abschnitt 2 (*Section 2*) eingegliedert.

Das Kapitel IV enthält besondere Regelungen für Verbraucherverträge mit einen „bestimmten Gegenstand" („*objet particulier*"). Der Begriff „Gegenstand" ist hier als die zu erbringende Leistung (bzw. als Gegenstand der Verpflichtung („*object de l'obligation*")) i. S. d. Art. 1163 Code civil zu verstehen.[267] Die Besonderheiten

265 Eine entsprechende Klarstellung enthält Art. L. 224-25-2 II. S. 2 C. cons. ferner im Hinblick auf Art. L. 224-42-2 C. cons.

266 Siehe das Pendant in Art. L. 217-2 4° C. cons.: Für digitale Inhalte und digitale Dienstleistungen, die nicht Teil eines Kaufvertrags über Waren mit digitalen Elementen sind, sowie hinsichtlich digitaler Inhalte, die auf einem ausschließlich zu ihrer Beförderung dienenden materiellen Datenträger bereitgestellt werden, verweist Art. L. 217-2 4° wiederum auf die Bestimmungen der Art. L. 224-25-1 ff.

267 Art. 1163 Code civil: „*L'obligation a pour objet une prestation présente ou future. Celle-ci doit être possible et déterminée ou déterminable. La prestation est déterminable lorsqu'elle peut être déduite du*

der einzelnen in Kapitel IV benannten Verträge liegen teils in der Leistung selbst (beispielsweise die Lieferung von Strom oder Gas) oder in den besonderen Umständen, unter denen die Verträge geschlossen werden. Auf diese Weise werden in Kapitel IV für spezifische Verbraucherverträge Sonderregelungen getroffen. Als eine „neue Vertragskategorie" in diesem Sinne sind nunmehr Verträge über die Bereitstellung digitaler Inhalte und digitaler Dienstleistungen in einem neuen Abschnitt in Kapitel IV aufgenommen worden.[268]

Die systematische Verortung des Digitalvertragsrechts in Buch II, Titel II im Rahmen des Kapitels IV in *Section 2 bis* als „Vertragskategorie" erklärt sich aufgrund des „bestimmten Gegenstands", den Verträge über die Bereitstellung digitaler Inhalte und digitaler Dienstleistungen betreffen. Auch wenn sich der Titel II im Übrigen nicht mit „Konformitätsproblemen" befasst und diese ansonsten unter Titel I behandelt werden, der auch digitale Güter hätte umfassen können, ist die systematische Verortung der gesamten digitalvertragsrechtlichen Regelungen unter Titel II, Kapitel IV angesichts der Einordnung als neue „Vertragskategorie" im Sinne des Kapitels IV durchaus nachvollziehbar.

(c) Aufbau *Section 2 bis*

Der neue Abschnitt zum Digitalvertragsrecht ist in sechs Unterabschnitte untergliedert. Unterabschnitt 1 (*Sous-section 1: Définitions et champ d'application*)[269] enthält Begriffsdefinitionen und legt den Anwendungsbereich der digitalvertragsrechtlichen Regelungen fest. Art. L. 224-25-1 C. cons. definiert die Begriffe „digitale Umgebung" („*Environnement numérique*") und „Integration" („*Intégration*"); diese

---

contrat ou par référence aux usages ou aux relations antérieures des parties, sans qu'un nouvel accord des parties soit nécessaire." Deutsche Übersetzung aus *Bien/Borghetti*, Die Reform des französischen Vertragsrechts, S. 272: „Die Verpflichtung kann eine gegenwärtige oder zukünftige Leistung zum Gegenstand haben. Die Leistung muss möglich und bestimmt oder bestimmbar sein. Die Leistung ist bestimmbar, wenn sie aus dem Vertrag, durch Bezug zur Verkehrssitte oder aus früheren Beziehungen der Parteien hergeleitet werden kann, ohne dass ein erneuter Konsens der Parteien notwendig ist."

268 Siehe den *Rapport au Président* (s. Kapitel 4 Fn. 239), zweiter Absatz: „*Les règles transposées visent, d'une part, à conforter et adapter le régime existant de garantie légale de conformité des biens, en vigueur depuis 2005, en consacrant en particulier des dispositions nouvelles applicables aux biens comportant des éléments numériques. Elles visent, d'autre part, à créer, non seulement un régime analogue de garantie de la conformité pour les contrats de fourniture de contenus et de services numériques, mais également à encadrer cette nouvelle catégorie contractuelle par des règles relatives à leur formation, leur modification et leur durée.*" Kritisch zu der Methodik einer „neuen Vertragskategorie" insb. *Houtcieff*, La lettre juridique n° 889 du 6 janvier 2022: Contrats et obligations, Rn. 2.

269 Art. L. 224-25-1 bis Art. L. 224-25-3 C. cons.

Legaldefinitionen sind vermutlich aufgrund des spezifischen Bezugs zu digitalen Produkten nicht ebenfalls im einleitenden Artikel (*Article liminaire*) aufgenommen worden.[270] Art. L. 224-25-2 C. cons. definiert anschließend, für welche Verträge die Bestimmungen des Abschnitts 2 *bis* gelten und Art. L. 224-25-3 C. cons. präzisiert die Anwendbarkeit spezifischer Bestimmungen, auch in Abgrenzung zu Verträgen über den Verkauf von Waren.

In Unterabschnitt 2 (*Sous-section 2: Formation, modification et durée du contrat*)[271] sind die spezifischen Anforderungen an das Zustandekommen, die Änderung und die Dauer eines Vertrags über die Bereitstellung digitaler Inhalte oder digitaler Dienstleistungen festgelegt (vgl. Art. L. 224-25-4 bis Art. L. 224-25-9 C. cons.). Hervorzuheben sind die detaillierten Informationspflichten des Unternehmers, die Begrenzung einer vertraglichen Mindestlaufzeit des Vertrags über die Bereitstellung digitaler Inhalte oder digitaler Dienstleistungen auf zwei Jahre und eine maximale Kündigungsfrist von zehn Tagen, wenn der Verbraucher ein Recht auf Kündigung des Vertrags über die Bereitstellung digitaler Inhalte oder digitaler Dienstleistungen hat.

Die Bestimmungen in Unterabschnitt 3 (*Sous-section 3: Fourniture des contenus numériques et des services numériques*)[272] widmen sich sodann den Anforderungen an die Bereitstellung digitaler Inhalte oder digitaler Dienstleistungen durch den Unternehmer (vgl. Art. L. 224-25-10 C. cons.) sowie den Rechten des Verbrauchers für den Fall einer unterbliebenen Bereitstellung (vgl. Art. L. 224-25-11 C. cons.).

In dem sich daran anschließenden Unterabschnitt 4 über die sog. „*garantie légale de conformité*“[273] (*Sous-section 4: Garantie légale de conformité pour les contenus numériques et les services numériques*) ist das Gewährleistungsregime bei Vertragswidrigkeiten der digitale Inhalte oder digitalen Dienstleistungen normiert – *Paragraphe* 1: *Droits du consommateur* konkretisiert die Haftung des Unternehmers und die einzelnen Konformitätskriterien (vgl. Art. L. 224-25-12 bis Art. L. 224-25-16 C. cons.); *Paragraphe* 2: *Mise en œuvre de la garantie légale de conformité* wendet sich den Rechten des Verbrauchers im Falle einer Vertragswidrigkeit zu (vgl. Art. L. 224-25-17 bis Art. L. 224-25-23 C. cons.); und *Paragraphe* 3: *Mises à jour*

270 Siehe hierzu schon unter II.2.b.bb.(1).

271 Art. L. 224-25-4 bis Art. L .224-25-9 C. cons.

272 Art. L. 224-25-10 bis Art. L. 224-25-11 C. cons.

273 Nach französischem Verständnis ist die „*garantie (légale)*“, die kein Verschulden voraussetzt, sondern die Vertragspartei ohne weitere Voraussetzungen kraft Gesetzes trifft, von der *responsabilité contractuelle*, die ein Verschulden (*faute*) des Schuldners voraussetzt, abzugrenzen. Unter dem Oberbegriff der *garantie* fallen zum einen die *garanties légales*, also das gesetzliche Gewährleistungsrecht, und zum anderen die *garanties contractuelles* oder *garanties commericelles*, also vertraglich vereinbarte Garantien.

setzt darüber hinaus die Richtlinienvorgaben zu Aktualisierungen gesondert um (vgl. Art. L. 224-25-24 bis Art. L. 225-25-26 C. cons.).[274]

Ein fünfter Unterabschnitt (*Sous-section 5: Dispositions diverses*) ergänzt die vorstehenden Vorschriften und normiert in den Art. L. 224-25-27 bis Art. L. 224-25-31 C. cons. verschiedene Bestimmungen, unter anderem bezüglich vertraglich vereinbarter Garantien („*garanties commerciales*"), die sich auf Bereitstellung digitaler Inhalte oder digitaler Dienstleistungen beziehen.[275] Des Weiteren verweist Art. L. 224-25-30 C. cons. auf die Regelungen zur Haftung in der Vertragskette gemäß den Bestimmungen im Code civil.

In Unterabschnitt 6 (*Sous-Section 6: Dispositions d'ordre public*)[276] sieht Art. L. 224-24-32 C. cons. vor, dass alle Bestimmungen Verträge über digitale Inhalte oder digitale Dienstleistungen betreffend, die in Abschnitt 2 *bis* des Verbrauchergesetzbuchs enthalten sind, „*ordre public*"-Charakter haben; d.h. die Vorschriften sind verbindlich, um eine Umgehung der gesetzlichen (verbraucherschützenden) Regelungen durch vertragliche Bestimmungen zu verhindern. Die Vertragsparteien können somit nicht von den einschlägigen Bestimmungen abweichen. Dies dient der Umsetzung von Art. 22 DIRL.

(d) Ausdehnung des persönlichen Anwendungsbereichs

Die Bestimmungen des neuen Abschnitts 2 *bis* betreffend Verträge über die Bereitstellung digitaler Inhalte oder digitaler Dienstleistungen gelten nicht nur für Verträge, die zwischen einem Unternehmer (*professionnel*) und einem Verbraucher (*consommateur*) geschlossen werden, sondern ebenfalls für entsprechende Verträge zwischen *professionnel* und *non-professionnel*, vgl. Art. L. 224-25-31 C. cons. Die Definition des Begriffs *non-professionnel* im französischen Verbraucherrecht bezieht sich nicht auf natürliche Personen, sondern auf juristische Personen, die nicht zu beruflichen Zwecken handeln (vgl. nunmehr *Art. liminaire n° 2: Non-professionnel: „toute personne morale qui n'agit pas à des fins professionnelles"*).[277]

Die extensive und über das europäische Konzept hinausgehende Anwendung des französischen Verbraucherrechts auf den sog. Nicht-Unternehmer stellt eine

274 Der Aufbau des Unterabschnitts entspricht dem Aufbau des Abschnitts zur Vertragsmäßigkeit von Waren im Code de la consommation (vgl. Art. L. 217-3 bis L. 217-20 C. cons.), dazu *Legrand*, Petites Affiches, n° 01 du 1 Juin 2021, 16.

275 Art. L. 224-25-27 C. cons. verweist hier auf die Anwendbarkeit der Art. L. 217-21 bis L. 217-23, die für Waren gelten.

276 Der Ausdruck „*dispositions d'ordre public*" im französischen Recht legt die Verbindlichkeit der Vorschriften fest, diese dürfen nicht durch einen Vertrag oder eine Vereinbarung außer Kraft gesetzt werden (siehe auch Art. 6 Code civil).

277 Zum Begriff des *non-professionnel* siehe Kapitel 4 I.2.c.aa.(3).

Besonderheit des französischen Verbrauchergesetzbuchs dar. Die französische Rechtsordnung hat bei der Umsetzung der Digitale-Inhalte-RL den Anwendungsbereich der Richtlinienbestimmungen dahingehend erweitert.[278] Mit der Ausdehnung des Digitalvertragsrechts auf Verträge zwischen Unternehmer und sog. Nicht-Unternehmer geht das französische Recht über die lediglich verbraucherschützenden Richtlinienvorgaben hinaus. Insoweit bietet das französische Rechtssystem mehr Schutz als es die europäischen Anforderungen verlangen. Für eine solche Erweiterung des Anwendungsbereichs bedarf es keiner Öffnungsklausel der Richtlinie, weil der Mitgliedstaat außerhalb der Richtlinie handelt und lediglich Regelungen für einen Bereich trifft, zu dem die Richtlinie selbst keine Regelungsaussage enthält. Erwgr. 16 DIRL stellt zudem ausdrücklich klar, dass es den Mitgliedstaaten freistehe, die Anwendung der Vorschriften der Digitale-Inhalte-RL auf Verträge auszudehnen, die vom Anwendungsbereich der Richtlinie ausgenommen sind und den Schutz, der Verbrauchern durch die Richtlinie geboten wird, auch auf natürliche oder juristische Personen auszudehnen, die keine Verbraucher im Sinne der Richtlinie sind.[279]

Aus französischer Sicht spreche für diese Ausweitung des Schutzes auf den sog. Nicht-Unternehmer, dass sich dieser in einer Situation befinde, die mit der eines Verbrauchers vergleichbar sei – auch eine juristische Person, die nicht zu beruflichen Zwecken handelt, und ein digitales Produkt erwirbt, das nicht ihrem beruflichen Tätigkeitsbereich entspricht, stehe angesichts der immer komplexer werdenden (digitalen) Güter der technischen Überlegenheit des Verkäufers ebenso hilflos gegenüber wie ein Verbraucher.[280] Dementsprechend sollten auch die gewährleistungsrechtlichen Bestimmungen des französischen Verbrauchergesetzbuchs nicht lediglich Verbrauchern vorbehalten sein.[281]

---

278 Eine entsprechende Vorschrift findet sich in Art. L. 217-32 C. cons. für die Regelungen zum Verkauf von Waren.

279 Eine Ausweitung des Anwendungsbereichs auch auf die von der Richtlinie hierfür beispielhaft genannten Nichtregierungsorganisationen, neu gegründete Unternehmen oder KMU (vgl. Erwgr. 16 S. 2 DIRL) sieht das französische Verbrauchergesetzbuch hingegen nicht vor, siehe *Legrand*, Petites Affiches, n° 01 du 1 Juin 2021, 16 zum entsprechenden Erwgr. 21 WKRL: eine solche Ausweitung könnte zu zusätzlichen Kosten für die Verkäufer führen, was wiederum höhere Verkaufspreise für alle Käufer zur Folge hätte.

280 *Hélaine*, Adaption de la garantie légale de conformité pour les biens et les contenus et services numériques, Dalloz actualité, 5 octobre 2021; vgl. auch *Legrand*, Petites Affiches, n° 01 du 1 Juin 2021, 16 (16 ff.).

281 *Legrand*, Petites Affiches, n° 01 du 1 Juin 2021, 16 bezeichnet diese Ausdehnung im französischen Recht als einen deutlichen Fortschritt („*une nette avancée*").

(3) Weitere Änderungen

Die französische Umsetzungsverordnung führt zur Sicherstellung der Einhaltung der Vorschriften für Verträge über die Bereitstellung von digitalen Inhalten bzw. digitalen Dienstleistungen darüber hinaus Bestimmungen zu zivilrechtlichen sowie verwaltungsrechtlichen Sanktionen ein.[282] Hierfür hat der französische Gesetzgeber in Buch II, Titel IV, Kapitel II, Abschnitt 4 einen Unterabschnitt 1 *bis*[283] eingefügt. Wie im französischen Verbraucherschutz üblich, zieht die Verletzung einzelner Vorschriften des Verbrauchergesetzbuchs zivilrechtliche oder verwaltungsrechtliche Sanktionen nach sich, die die Verhängung von Geldstrafen gegen den Unternehmer ermöglichen.[284] Dieses Sanktionssystem soll vor allem präventiv wirken und eine Nichtanwendung der verbraucherschützenden Vorschriften verhindern.[285]

3. Schlussfolgerungen aus dem allgemeinen systematischen Vergleich

Die unterschiedlichen Umsetzungsstrategien, das integrative Umsetzungsmodell in Deutschland und das auslagernde Umsetzungsmodell in Frankreich, bleiben auch nach Umsetzung der Digitale-Inhalte-RL (sowie der Warenkauf-RL) ein zentraler Unterschied zwischen dem deutschen und dem französischen Rechtssystem.

---

282 Vgl. Art. 15 der Verordnung Nr. 2021–1247.

283 *Sous-section 1 bis: Contrats de fourniture de contenus numériques et de services numériques* (Articles L. 242-18-1 à L. 242-18-9).

284 Siehe zu den zivilrechtlichen Sanktionen Art. L. 242-18-1 bis Art. L. 242-18-3 C. cons.: Unter den Voraussetzungen des Art. L. 242-18-1 kann unbeschadet der Zuerkennung von Schadensersatz eine zivilrechtliche Geldstrafe gegen einen Unternehmer verhängt werden, der die Inanspruchnahme der gesetzlichen Konformitätsgarantie nach den Art. L. 224-25-17 bis Art. L. 224-25-25 behindert; außerdem können in bestimmten Fällen ein vom Unternehmer für die Erstattung von Kosten geschuldeter Betrag bzw. die im Falle einer Vertragsauflösung geschuldeten Beträge erhöht werden, wenn die Erstattung nicht in der beschriebenen Frist erfolgt ist (vgl. Art. L. 242-18-2 und Art. L. 242-18-3). Zu den verwaltungsrechtlichen Sanktionen siehe Art. L. 242-18-4 bis Art. L. 242-18-9: Verstöße gegen die Bestimmungen der Art. L. 224-25-5 bis Art. L. 224-25-9 bzw. Art. L. 224-25-10 und Art. L. 224-25-11 können mit einer Geldstrafe in Höhe von bis zu 3.000 EUR für natürliche Personen und von bis zu 15.000 EUR für juristische Personen geahndet werden (vgl. Art. L. 242-18-4 und Art. L. 242-18-5); Verstöße gegen Art. L. 224-25-18 bzw. Art. L. 224-25-22 und Art. L. 224-25-23 können mit einer Geldstrafe von bis 15.000 EUR für natürliche Personen und 75.000 EUR für juristische Personen (vgl. Art. L. 242-18-6 und Art. L. 242-18-7) und Verstöße gegen die Bestimmungen der Art. L. 224-25-25 bis Art. L. 224-25-26 mit einer Geldstrafe in Höhe von bis zu 3.000 EUR für natürliche Personen und 15.000 EUR für juristische Personen (vgl. Art. L. 242-18-8) geahndet werden.

285 Vgl. *Hélaine*, Adaption de la garantie légale de conformité pour les biens et les contenus et services numériques, Dalloz actualité, 5 octobre 2021.

Die Integration des Verbrauchervertragsrechts in die allgemeine Zivilrechtskodifikation in Deutschland einerseits und die Auslagerung des Verbraucherrechts in ein Verbrauchergesetzbuch in Frankreich andererseits sind systematische Grundsatzentscheidungen, die eine zu lange Entwicklungsgeschichte haben, um neue Lösungen praktikabel erscheinen zu lassen. Die Analyse der verschiedenen Umsetzungsvarianten zur Umsetzung der Digitale-Inhalte-RL im deutschen Rechtssystem ist zu keinem anderen Ergebnis gekommen; insbesondere hätte auch eine (vorübergehende) Umsetzung der Digitale-Inhalte-RL in einem separaten Gesetz keine vorzugswürdige Alternative zum integrativen Umsetzungsmodell geboten. Die Mitgliedstaaten Deutschland und Frankreich repräsentieren im Hinblick auf die systematische Umsetzung europäischer Harmonisierungsrichtlinien im Verbrauchervertragsrechts damit weiterhin die zwei Grundmodelle der Umsetzungstechnik, namentlich die Integrationslösung und die (Sonder-)Kodifikationslösung.

Die Umsetzung der Digitale-Inhalte-RL ist in beiden Rechtssystemen gleichermaßen – mit Blick auf die unionsrechtliche Umsetzungspflicht gezwungenermaßen – zum Anlass genommen worden, die jeweiligen verbraucherschützenden Vorschriften zu ergänzen und an das digitale Zeitalter anzupassen. Sowohl das deutsche Umsetzungsgesetz als auch die französische Umsetzungsverordnung haben dafür einen Großteil der Vorgaben der Digitale-Inhalte-RL in einem neu eingefügten Titel bzw. Abschnitt umgesetzt; im deutschen Rechtssystem ist das Digitalvertragsrecht (vorwiegend) im Allgemeinen Teil des Schuldrechts des BGB integriert, im französischen Verbrauchergesetzbuch ist für die Regelungen zu Verträgen über die Bereitstellung digitaler Inhalte oder digitaler Dienstleistungen eine neue „Vertragskategorie" eingefügt.

Die Kriterien zur Anwendbarkeit des Digitalvertragsrechts in Abgrenzung zu den Vorschriften der Warenkauf-RL sind jeweils richtliniengetreu umgesetzt worden.

Hervorzuheben ist die im französischen Verbraucherrecht vorgesehene Erweiterung des persönlichen Anwendungsbereichs des Digitalvertragsrechts auf den sog. *non-professionnel.*[286]

286 Aus Gründen der Lesbarkeit wird im Weiteren auf die separate Bezeichnung des *non-professionnel* neben dem Verbraucher verzichtet.

Kapitel 5: Datenerwerb als Geschäftsmodell im Digitalvertragsrecht

Der Datenerwerb in Form sog. datenbasierter Geschäftsmodelle ist angesichts seiner praktischen Relevanz von besonderer Bedeutung im Rahmen des Digitalvertragsrechts.

Übergeordnetes Erkenntnisinteresse dieses Kapitel ist es, die Vorgaben der Digitale-Inhalte-RL zum Austauschverhältnis digitaler Inhalte oder digitaler Dienstleistungen gegen personenbezogene Daten näher zu untersuchen sowie das Zusammenspiel von Vertrags- und Datenschutzrecht, namentlich Digitale-Inhalte-RL und EU-DSGVO, im Kontext des Datenerwerbs zu identifizieren. Besonderes Augenmerk soll auf den Friktionen zwischen Vertrags- und Datenschutzrecht liegen, die die Diskussion um das umstrittene Konzept „Daten als Gegenleistung" beherrschen.

Der Untersuchung der europäischen Vorgabe der Digitale-Inhalte-RL schließt sich eine rechtsvergleichende Untersuchung an, die darstellt, wie die nationalen Umsetzungsgesetzgeber in Deutschland und Frankreich die Bereitstellung digitaler Inhalte oder digitaler Dienstleistungen im Austausch gegen personenbezogene Daten in die nationalen Rechtsordnungen implementiert haben. Von besonderem Interesse sind hierbei die jeweiligen nationalen Gesetzestexte sowie die dogmatische Erfassung.

Es sei darauf hingewiesen, dass die rechtsvergleichende Methodik die nachfolgende Untersuchung auf einzelne Aspekte der Thematik beschränkt. Im Rahmen der Untersuchung des deutschen sowie des französischen Rechts werden bewusst unterschiedliche Schwerpunkte gesetzt, die die in dem jeweiligen nationalen Rechtssystem diskussionsbestimmenden Fragen im Hinblick auf datenbasierte Austauschverhältnisse aufgreifen sollen.

I. Vorüberlegungen

In jüngster Zeit rücken Daten – als neuartige Schutzgüter einerseits und als Wirtschaftsgüter andererseits – in das Blickfeld der juristischen Diskussion.[1]

---

1 Vgl. *Zech*, CR 2015, 137 (137 f.).

https://doi.org/10.1515/9783111488387-008

Aus rechtlicher und ökonomischer Perspektive basieren datenbasierte Geschäftsmodelle auf zwei Grundtypen:[2] Dem monetären Grundmodell, bei dem Daten neben einer klassisch-monetären Gegenleistung lediglich einen Teil des Gegenwertes ausmachen,[3] und dem (rein) datenfinanzierten Grundmodell[4].[5] Letzteres zeichnet sich dadurch aus, dass bspw. soziale Netzwerke wie Facebook, Instagram und „X" (vormals Twitter), aber auch Suchmaschinen wie Google sowie Videoportale und Kommunikationsdienste und unzählige andere Anbieter von Diensten und (Smartphone-)Apps ihren Nutzern Dienste wie Nachrichten, Suchdienste oder Kommunikation und soziale Interaktion scheinbar „unentgeltlich" anbieten[6] – dabei zahlen die Dienstnutzer zwar nicht mit einem monetären Entgelt, sie nutzen die digitalen Dienste allerdings nur vermeintlich „kostenlos", denn tatsächlich greifen die Anbieter dieser Dienste im Gegenzug auf die personenbezogenen Daten ihrer Nutzer zu, die Rückschlüsse auf das Nutzerprofil, die persönlichen Interessen und Vorlieben des Nutzers zulassen.[7] So wird der Datenerwerb zum Geschäftsmodell. Der Profit der vermeintlich kostenlosen Nutzung der Internetdienste liegt für die Diensteanbieter in der weitergehenden Datennutzung und der wirtschaftlichen Verarbeitung der gewonnen Daten, indem sie diese an Drittunternehmen zur

---

2 Grundlegend hierzu insb. *Hacker*, ZfPW 2019, 148–196 (153 ff.).

3 Das monetäre Grundmodell umfasst als Untertypen das sog. Rabattmodell, bei dem für die grundsätzlich monetär kostenpflichtige Leistung bei Datenüberlassung ein Rabatt gewährt wird, sowie das „*Data on top*-Modell", bei dem zusätzlich zu den monetären Einnahmen Erlöse aus der Datenverarbeitung treten, die sich aber nicht als individualisierter Rabatt im Preis widerspiegeln, vgl. *Hacker*, ZfPW 2019, 148–196 (153 ff.); *Wandtke*, MMR 2017, 6 (8).

4 Datenfinanzierte Grundmodelle lassen nochmals in das „vollkommen datenfinazierte() Modell" und das sog. „Freemium-Modell" unterteilen: Beim „Freemium-Modell" wird ein Basisdienst „kostenlos" angeboten und für die Premium-Version ein monetärer Aufpreis verlangt, während beim „vollkommen datenfinanzierte(n) Modell" die Daten des Dienstenutzers den einzigen relevanten ökonomischen Gegenwert des Dienstenutzers darstellen, vgl. *Hacker*, ebenda.

5 Siehe hierzu etwa auch *Hoofnagle/Whittington*, 61 UCLA Law Review (2014), 606 (626 ff.); *Elvy*, Columbia Law Review, Vol. 117, No. 6 (2017), 1369 (1384 ff.); *Sénéchal*, AJ Contrats d'affaires – Concurrence – Distribution 2015, 212; *Wandtke*, MMR 2017, 6 (8); ähnlich auch *Schweitzer*, in: Körber/Kühling (Hrsg.), Regulierung – Wettbewerb – Innovation, S. 269 (272 f.): *Schweitzer* unterscheidet zwischen einem Geschäftsmodell, bei dem die Dienste zunächst „unentgeltlich" angeboten werden, um erst möglichst viele Nutzer zu binden und die wachsende Plattform dann später umzustellen oder mit hohem Gewinn zu verkaufen, der „Freemium"-Strategie, bei der ein Basisdienst „unentgeltlich" angeboten wird, für die Premium-Version hingegen (mit Geld) bezahlt werden muss, sowie dem weit verbreiteten Geschäftsmodell eines dauerhaft „unentgeltlichen" Angebots digitaler Dienste für Plattformnutzer.

6 In Deutschland nehmen beispielsweise 76 % der Internetnutzer ausschließlich oder vor allem Online-Angebote wahr, bei denen kein Geld gezahlt wird, siehe Deutsches Institut für Vertrauen und Sicherheit im Internet (*DIVSI*), DIVSI Studie Daten – Waren und Währung, November 2014, S. 16.

7 Vgl. *Hacker*, ZfPW 2019, 148–196 (153).

Schaltung personenspezifischer Werbung und zur Profilbildung weitergeben oder auf Basis der gewonnen Daten ihre eigenen Produkte verbessern, neue Produkte entwickeln und ihre Geschäftsstrategien optimieren.[8] Datenbasierte Geschäftsmodelle sind somit „datenfinanziert“ und beruhen auf der Verwertung der Daten, die der Nutzer – mehr oder weniger bewusst und aktiv oder passiv – übermittelt hat.[9] Dieser gezielte Erwerb von Daten gehört zur vertraglichen Praxis und zum Kernbestand der digitalen Wirtschaft.

Aus verbraucherschützender Perspektive ist vor allem problematisch, dass die Erhebung und Nutzung der Daten und insbesondere deren Charakter als ökonomische „Gegenleistung“ oftmals nicht klar kommuniziert wird (so bspw. die Datenschutzerklärung von Google: Nutzung der Daten „zur Verbesserung unserer Dienste“[10]; die Datenschutzrichtlinie von Facebook: Verarbeitung von Informationen, um „Funktionen und Inhalte“ zu „personalisieren“ und um „auf unseren Produkten bzw. außerhalb dieser Vorschläge (zu) unterbreiten“[11]; oder die frühere Datenschutzrichtlinie von Twitter: „um unsere Werbung für Sie interessanter zu machen“[12]).[13] Entsprechende Dienste erwecken damit den vermeintlichen Eindruck einer „Unentgeltlichkeit“.

Verbraucher sind zwar (inzwischen) daran gewöhnt, ihre Daten bereitzustellen, „um“ eine Leistung zu erhalten und ein zunehmendes Verständnis, dass bei „unentgeltlichen“ Diensten die Eingabe persönlicher (Nutzer-)Daten und die Zustimmung zur Verwendung und Verwertung dieser Daten als Mittel der „Bezahlung“ dienen können, besteht in Teilen der Gesellschaft durchaus.[14] Dies bedeutet jedoch nicht, dass dem einzelnen Verbraucher im konkreten Fall auch tatsächlich bewusst

8 *Schweitzer*, in: Körber/Kühling (Hrsg.), Regulierung – Wettbewerb – Innovation, S. 269 (270 ff.); ähnlich auch *Legrand*, Petites Affiches, n° 01 du 1 Juin 2021, 16; *Metzger*, AcP 216 (2016), 817 (818); *Kumkar*, ZfPW 2020, 306 (323); *Schmidt-Kessel et al.*, GPR 2016, 54 (58); *Langhanke/Schmidt-Kessel*, EuCML 2015, 218.

9 *Sénéchal*, AJ Contrats d'affaires – Concurrence – Distribution 2015, 212 (212 f.).

10 <*policies.google.com/privacy?hl=de#intro*> (letzter Aufruf: 21.01.2024).

11 <*de-de.facebook.com/about/privacy*> (letzter Aufruf: 21.01.2024).

12 <*twitter.com/de/privacy*> (letzter Aufruf: 20.09.2022); ähnlich nunmehr auch die Datenschutzrichtlinie von „X“, abrufbar unter: <*https://cdn.cms-twdigitalassets.com/content/dam/legal-twitter/site-assets/23-09-29/de/x-privacy-policy-2023-09-29.pdf*> (letzter Aufruf: 21.01.2024).

13 Kritisch dazu insb. *EDSB*, Vorläufige Stellungnahme des Europäischen Datenschutzbeauftragten zu „Privatsphäre und Wettbewerbsfähigkeit im Zeitalter von Big Data: das Zusammenspiel zwischen Datenschutz, Wettbewerbsrecht und Verbraucherschutz in der digitalen Wirtschaft“, März 2014, S. 8 ff.; *Hacker*, ZfPW 2019, 148–196 (153); *Morey/Forbath/Schoop*, Harvard Business Review (Vol. 93, Issue 5) 2015; *Schmidt-Kessel/Grimm*, ZfPW 2017, 84–108 (87 f.).

14 In einer Studie aus dem Jahr 2014 erklärten 67 % der Befragten, dass sie die Eingabe persönlicher Daten und die Zustimmung zur Verwertung als Bezahlmethode für Internetangebote kennen, siehe DIVSI Studie Daten – Waren und Währung, November 2014, S. 16.

ist, dass er mit seinen Daten eine mit Geld vergleichbare Leistung erbringt.[15] Wenngleich sich Verbraucher den wirtschaftlichen Wert ihrer personenbezogenen Daten so oftmals zunutze machen, bleibt daher eine hiervon zu trennende Frage, ob sie dies auch bewusst tun. Manch einer unterschätzt den Wert der eigenen personenbezogenen Daten und ist geneigt, unüberlegt und breitwillig personenbezogene Daten zu übermitteln und dafür nur eine geringe Gegenleistung zu erhalten.[16] Andere nehmen, anders als bei der Zahlung eines monetären Entgelts, die Einwilligung in die Datenverarbeitung sogar (noch) gar nicht als tatsächlichen „Werttransfer" wahr.[17]

Problematisch war bislang aber vor allem, dass ein Verbraucher, der statt der Zahlung eines monetären Preises seine personenbezogenen Daten bereitstellt, keinen Anspruch auf vertragliche Rechtsbehelfe hatte, da sowohl auf unionsrechtlicher Ebene als auch auf nationaler Ebene keine dahingehenden Regelungen existierten. Vertragliche Bestimmungen im Zusammenhang mit der Bereitstellung personenbezogener Daten konzentrierten sich hauptsächlich auf die Phase des Vertragsschlusses und behandelten die Bereitstellung von Daten nur implizit, da der gesetzgeberische Wille fehlte, die bereitgestellten Daten als eine „Gegenleistung" mit Vermögenswert zu betrachten.[18]

Als erster Rechtsakt greift nunmehr die Digitale-Inhalte-RL das Prinzip „Bezahlen mit Daten" auf.[19]

Bei der Vorbereitung des Richtlinienvorschlags zu Verträgen über digitale Inhalte hatte die Europäische Kommission auf der Grundlage zahlreicher Studien und einer EU-weiten Umfrage in ihrer Gesetzesfolgenabschätzung festgestellt, dass in der digitalen Wirtschaft personenbezogene Informationen für Marktteilnehmer immer mehr einen mit Geld vergleichbaren Wert haben und digitale Inhalte häufig nicht gegen Zahlung eines Preises bereitgestellt werden, sondern gegen „Erbringung

---

15 *Franceschi*, in: Schmidt-Kessel/Kramme (Hrsg.), Geschäftsmodelle in der digitalen Welt, S. 113 (120).

16 *Schmidt-Kessel/Grimm*, ZfPW 2017, 84–108 (86).

17 *Schweitzer*, in: Körber/Kühling (Hrsg.), Regulierung – Wettbewerb – Innovation, S. 269 (275 f.); ähnlich *Franceschi*, in: Schmidt-Kessel/Kramme (Hrsg.), Geschäftsmodelle in der digitalen Welt, S. 113 (120).

18 Vgl. *Sénéchal*, AJ Contrats d'affaires – Concurrence – Distribution 2015, 212.

19 Die Frage, wie Verträge zu behandeln sind, in denen Daten als „Zahlungsmittel" dienen, wird weder in der Verbraucherrechterichtlinie, noch in der Klauselrichtlinie oder der E-Commerce-Richtlinie geregelt, siehe dazu auch *Linardatos*, in: Specht-Riemenschneider/Werry/Werry (Hrsg.), Datenrecht in der Digitalisierung, S. 506 (153 Rn. 10); *Schmidt-Kessel et al.*, GPR 2016, 54 (57): „neu und bislang ohne Vorbilder"; *Sénéchal*, AJ Contrats d'affaires – Concurrence – Distribution 2015, 212; *Franceschi*, in: Schmidt-Kessel/Kramme (Hrsg.), Geschäftsmodelle in der digitalen Welt, S. 113 (120 f.); *Zech*, CR 2015, 137 (137 f.).

einer anderen Leistung als Geld, d.h. durch Gewährung von Zugang zu personenbezogenen oder sonstigen Daten“[20].[21] Eine solche Praxis war bei Waren – im Gegensatz zu digitalen Inhalten – offenbar als nicht eben häufig eingestuft worden,[22] weshalb im Rahmen des parallelen Vorschlags für den Handel mit Waren kein dahingehender Regelungsbedarf festgestellt worden war. Bei der Bereitstellung digitaler Inhalte würde, so die Einschätzung der Kommission, die Einführung einer Differenzierung nach Art der Gegenleistung zu einer diskriminierenden Unterscheidung zwischen verschiedenen Geschäftsmodellen führen.[23] Um gleiche Wettbewerbsbedingungen sicherzustellen und einheitliche Rechte der Verbraucher zu gewährleisten, sei daher eine homogene Regelungsstruktur zwischen den Vertragsgestaltungen „Leistung gegen Geld“ und „Leistung gegen Daten“ erforderlich.[24]

Allerdings können Daten auch nicht lediglich als wirtschaftliche Bestandgröße betrachtet werden, denn ein besonderer Schutz personenbezogener Daten leitet sich schon aus der Charta der Grundrechte der Europäischen Union[25] (GRCh) her.[26] Die rechtliche Erfassung des Datenerwerbs ist daher auch maßgeblich aus der Perspektive des Datenschutzrechts zu betrachten.

Art. 8 Abs. 1 GRCh garantiert jeder Person das Recht auf Schutz der sie betreffenden personenbezogenen Daten. Bei jeder Verarbeitung personenbezogener Daten liegt ein Eingriff vor, der einer gesonderten Rechtfertigung bedarf.[27] Als Schranke des Rechts auf Datenschutz dient Art. 52 Abs. 1 S. 1 GRCh; jede Einschränkung des Rechts auf Datenschutz muss gesetzlich vorgesehen sein und den Wesensgehalt des Grundrechts achten.[28]

---

20 So Erwgr. 13 des Richtlinienvorschlags. Ähnlich nunmehr die endgültige Richtlinie in Erwgr. 24 DIRL, der jedoch den Begriff „Leistung“ vermeidet.

21 Siehe dazu Commission Staff Working Document, Impact Assessment accompanying the document Proposals for Directives of the European Parliament and of the Council (1) on certain aspects concerning contracts for the supply of digital content and (2) on certain aspects concerning contracts for the online and other distance sales of goods, SWD (2015) 274 final, vom 9.12.2015, S. 15. Auch der Europäische Rat und das Europäische Parlament teilten die Auffassung der Kommission, dass entsprechende Geschäftsmodelle in verschiedenen Formen bereits in einem erheblichen Teil des Marktes auftreten, vgl. EP-Bericht DIRL, Änderungsantrag 19, 20.

22 So die Vermutung von *Staudenmayer*, IWRZ 2020, 147 (149).

23 Vgl. Erwgr. 13 des Richtlinienvorschlags.

24 Ibid.

25 Charta der Grundrechte der Europäischen Union (2000/C 264/01), [nachfolgend: GRCh].

26 Grundlegend zu den unionsrechtlichen Grundlagen zum Datenschutz auf primärrechtlicher Ebene *Langhanke*, Daten als Leistung. Eine rechtsvergleichende Untersuchung zu Deutschland, Österreich und der Schweiz, S. 13 ff.

27 Vgl. *Langhanke*, ebenda, S. 14 m.w.N.

28 EuGH, Urteil vom 08.04.2014 – C-293/12, C-594/12, juris, Rn. 38, 40.

Art. 8 Abs. 2 S. 1 GRCh konkretisiert die Voraussetzungen für die Verwendung personenbezogener Daten durch andere: Daten dürfen „nur nach Treu und Glauben für festgelegte Zwecke und mit Einwilligung der betroffenen Person oder auf einer sonstigen gesetzlich geregelten legitimen Grundlage verarbeitet werden". Durch den Verweis auf eine „gesetzlich geregelte legitime Grundlage" begründet die Vorschrift die Notwendigkeit gesetzgeberischer Maßnahmen zur Ausgestaltung und Verwirklichung des Grundrechtsschutzes. Einen wesentlichen Beitrag hierzu leistet die EU-DSGVO, die die Datenschutzrichtlinie aus dem Jahr 1995 abgelöst hat und seit Mai 2018 in allen Mitgliedstaaten als normative Grundlage des Datenschutzrechts unmittelbare Anwendung findet.[29] Die EU-DSGVO dient damit der Vereinheitlichung des Datenschutzrechts innerhalb der EU.[30] Ein Rückgriff auf die nationalen Zivilregelungen ist zumeist nicht erforderlich, insoweit die EU-DSGVO datenschutzrechtliche Belange abschließend regelt.[31] Als Kern des europäischen Datenschutzrechts widmet sich die EU-DSGVO Grundfragen der Verarbeitung personenbezogener Daten.[32] Die Regelungen der EU-DSGVO dienen der Verwirklichung der Grundrechte aus Art. 16 Abs. 1 AEUV sowie Art. 7 und 8 GRCh. Weitgehend aus Art. 8 GRCh abgeleitet stellt die EU-DSGVO für jede Art von Verarbeitung personenbezogener Daten Grundsätze auf und normiert neben dem Erfordernis einer Einwilligung (vgl. Art. 7 EU-DSGVO) unter anderem die Grundsätze der Zweckbindung, der Richtigkeit und der Verarbeitung nach Treu und Glauben (vgl. Art. 5 EU-DSGVO).

Allerdings dient das Datenschutzrecht der EU-DSGVO als (vorrangig) öffentlichrechtlich konzipiertes Ordnungsrecht nicht dem Zweck, zivilrechtliche Rechtsbeziehungen zu regeln; die schuldrechtliche Behandlung datenbasierter Austauschverhältnisse kann die EU-DSGVO gerade nicht abschließend determinieren.[33]

29 Art. 99 Abs. 2 EU-DSGVO.

30 Ergänzt werden soll die EU-DSGVO noch durch die sog. E-Privacy-Verordnung, die die E-Privacy-Richtlinie ersetzen soll. Ursprünglich war vorgesehen, dass die E-Privacy-Verordnung zeitgleich mit der EU-DSGVO im Mai 2018 in Kraft treten sollte. Die E-Privacy-Verordnung befindet sich gegenwärtig allerdings noch in Trialog-Verhandlungen, mit einem Inkrafttreten der Verordnung sei erst im Jahr 2023 oder 2024 zu rechnen (zur Version des EU-Ministerrats vom 10. Februar 2021 siehe unter *<https://data.consilium.europa.eu/doc/document/ST-6087-2021-INIT/en/pdf>* (letzter Aufruf: 21.01.2024)).

31 Siehe hierzu insb. im Hinblick auf die datenschutzrechtlichen Einwilligungsregelungen *Heckmann/Paschke*, in: Ehmann/Selmayr, DS-GVO, Art. 7 Rn. 29.

32 Näher hierzu etwa *Albrecht*, in: Simitis/Hornung/Spiecker gen. Döhmann, NK-Datenschutzrecht, Einleitung Rn. 208 ff.

33 Dazu etwa *Riehm*, in: Specht-Riemenschneider/Buchner/Heinze/Thomsen (Hrsg.), Festschrift für Jürgen Taeger, S. 55 (56); *Scheibenpflug*, Personenbezogene Daten als Gegenleistung. Ein Beitrag zur rechtlichen Einordnung datengetriebener Austauschverhältnisse, S. 103.

Ein notwendiger vertragsrechtlicher Rahmen für datenbasierte Austauschverhältnisse muss im Einklang mit den datenschutzrechtlichen Vorgaben stehen. Regelungen zum Austausch von Leistungen gegen personenbezogene Daten und eine damit einhergehende „Kommerzialisierung personenbezogener Daten" bergen daher das inhärente Problem eines Spannungsverhältnisses zwischen Vertragsrecht und Datenschutzrecht.

II. Konzept der Digitale-Inhalte-RL

Das Spannungsverhältnis zwischen Vertrags- und Datenschutzrecht und insbesondere die Diskussion zur Anerkennung von Daten als „Gegenleistung" im Rahmen der Digitale-Inhalte-RL begleitete und dominierte die Trilog-Verhandlungen und die Besprechungen in der Literatur. Zwischenzeitlich drohte die Verabschiedung der Richtlinie sogar an der Kollision mit der EU-DSGVO zu scheitern.[34]

Die kontroverse Diskussion spiegelt sich nunmehr insbesondere in drei Aspekten wider: Erstens differenziert die Richtlinie zwischen personenbezogenen Daten, die die Anwendbarkeit der Richtlinie eröffnen und solchen, die mangels ökonomischen Werts schon keine „Gegenleistung" sein können, zweitens vermeidet es die Digitale-Inhalte-RL, personenbezogene Daten als „Gegenleistung" zu bezeichnen und drittens stellt der europäische Gesetzgeber sehr deutlich klar, dass die EU-DSGVO Anwendung findet.[35]

1. Eröffnung des Anwendungsbereichs des Digitalvertragsrechts beim Datenerwerb

Die Digitale-Inhalte-RL gilt gem. Art. 3 Abs. 1 Unterabs. 1 DIRL zunächst „für alle Verträge, auf deren Grundlage der Unternehmer dem Verbraucher digitale Inhalte oder digitale Dienstleistungen bereitstellt oder deren Bereitstellung zusagt und der Verbraucher einen Preis zahlt oder dessen Zahlung zusagt". Die Definition des Begriffs „Preis" ist gegenüber dem Richtlinienvorschlag noch erweitert worden und erfasst gem. Art. 2 Nr. 7 DIRL „Geld oder eine digitale Darstellung eines Werts, das bzw. die im Austausch für die Bereitstellung digitaler Inhalte oder digitaler Dienstleistungen geschuldet wird". Die Bereitstellung von personenbezogenen Da-

34 Dazu *Sattler*, CR 2020, 145 (148).
35 Ähnlich schon *Staudenmayer*, ZEuP 2019, 663 (669).

ten fällt nicht unter diese Definition eines „Preises“, da dem Unternehmer die Daten nicht i. S. d. Definition als „Wert“ digital dargestellt werden.

Um sicherzustellen, dass im Zusammenhang mit den in der Praxis gängigen datenbasierten Geschäftsmodellen, bei denen für digitale Inhalte oder digitale Dienstleistungen gerade kein „Preis“ gezahlt wird, der Verbraucher aber seine personenbezogenen Daten zur Verfügung stellt, diesem ebenfalls vertragliche Rechtsbehelfe zur Verfügung stehen, eröffnet Art. 3 Abs. 1 Unterabs. 2 DIRL den Anwendungsbereich des Digitalvertragsrechts auch für Fälle, in denen „der Unternehmer dem Verbraucher digitale Inhalte oder digitale Dienstleistungen bereitstellt oder deren Bereitstellung zusagt und der Verbraucher dem Unternehmer personenbezogene Daten bereitstellt oder deren Bereitstellung zusagt, (...)“.[36]

Der Perspektivwechsel im Hinblick auf den Wert personenbezogener Daten in der digitalen Wirtschaft, der auf faktischer Ebene bereits lange vollzogen war, hat hier eine normative Grundlage gefunden.[37]

Im Rahmen der mit der Digitale-Inhalte-RL gleichzeitig verabschiedeten Warenkauf-RL verzichtet der europäische Gesetzgeber hingegen auf eine mit Art. 3 Abs. 1 Unterabs. 2 DIRL vergleichbare Regelung – Waren, die nicht mit Geld, sondern mit Daten „bezahlt“ werden, fallen nicht in den Anwendungsbereich der Warenkauf-RL (vgl. Art. 3 Abs. 1 i.V.m. Art. 2 Nr. 1 WKRL).[38]

a. Personenbezogene Daten

Anders als noch der Kommissionsvorschlag[39] verlangt Art. 3 Abs. 1 Unterabs. 2 DIRL auf Verbraucherseite die Bereitstellung „personenbezogener Daten“, während die Bereitstellung „anderer Daten“ den Anwendungsbereich der Richtlinie nicht eröffnet.[40]

---

36 Zum Hintergrund der Vorschrift siehe Erwgr. 24 DIRL.

37 Ähnlich schon *Metzger*, AcP 216 (2016), 817 (818).

38 Siehe hierzu auch *Staudenmayer*, IWRZ 2020, 147 (149).

39 Gem. Art. 3 Abs. 1 des Richtlinienvorschlags sollte die Richtlinie für alle Verträge gelten, auf deren Grundlage der Verbraucher einen Preis zahlt oder „aktiv eine andere Gegenleistung als Geld in Form personenbezogener oder anderer Daten erbringt“ – Mit dem Begriff „andere Daten“ sollten auch Daten, die nicht unter die Definition „personenbezogener Daten“ i.S.d Art. 4 Abs. 1 EU-DSGVO fallen, von der Richtlinie erfasst werden, hierzu *Staudenmayer*, in: Schulze/Staudenmayer (Hrsg.), EU Digital Law, Art. 3 Rn. 50.

40 Für die Einbeziehung sowohl personenbezogener Daten als auch nicht personenbezogener Daten und eine differenzierte Anwendbarkeit von Datenschutz- und Vertragsrecht zuvor *Metzger et al.*, JIPITEC 2018, 90 (95); ähnlich auch *Schmidt-Kessel et al.*, GPR 2016, 54, 58: Bei „anderen Daten“ bestehe zwar nicht die Notwendigkeit, die Persönlichkeitsrechte des Verbrauchers zu schützen, geschützt werde aber das „Vermögensgut eigener Daten, das unabhängig von deren Personalisierung besteht“.

Den Begriff „personenbezogene Daten“ definiert die Richtlinie nicht selbst, sondern übernimmt mit einem Verweis in Art. 2 Nr. 8 DIRL die Begriffsbestimmung der EU-DSGVO. Der Ausdruck „personenbezogene Daten“ bezeichnet gem. Art. 4 Abs. 1 EU-DSGVO „alle Informationen, die sich auf eine identifizierte oder identifizierbare natürliche Person (im Folgenden: „betroffene Person“) beziehen; als identifizierbar“ wird eine natürliche Person angesehen, die direkt oder indirekt, insbesondere mittels Zuordnung zu einer Kennung wie einem Namen, zu einer Kennnummer, zu Standortdaten, zu einer Online-Kennung oder zu einem oder mehreren besonderen Merkmalen, die Ausdruck der physischen, psychologischen, genetischen, psychischen, wirtschaftlichen, kulturellen oder sozialen Identität dieser natürlichen Person sind, identifiziert werden kann“.

Nach Auffassung des Europäischen Datenbeauftragten (EDSB) ist es in Anbetracht dieser sehr weiten Begriffsdefinition sehr wahrscheinlich, dass praktisch alle von dem Verbraucher dem Anbieter des digitalen Inhalts bereitgestellten Daten als personenbezogene Daten zu betrachten sind.[41] Vor diesem Hintergrund wurde auch der Anwendungsbereich der Digitale-Inhalte-RL auf Fälle der Bereitstellung „personenbezogener Daten“ beschränkt.[42]

Diese Daten können dem Unternehmer zum Zeitpunkt des Vertragsschlusses oder auch zu einem späteren Zeitpunkt übermittelt werden, wenn der Verbraucher dem Unternehmer beispielsweise die Einwilligung zur Verwendung seiner personenbezogenen Daten erteilt, die der Verbraucher aber erst zu einem späteren Zeitpunkt im Rahmen der Nutzung der digitalen Inhalte oder digitalen Dienstleistungen hochlädt oder erzeugt.[43] Der europäische Gesetzgeber nennt hierfür beispielhaft den Fall, dass ein Verbraucher ein Konto in sozialen Medien eröffnet und seinen Namen und E-Mail-Adresse bereitstellt und darüber hinaus seine Einwilligung erteilt, dass Fotos oder Textbeiträge, die er später ins Internet hochlädt, zu Marketingzwecken verarbeitet werden dürfen.[44]

b. „Aktive“ und „passive“ Bereitstellung personenbezogener Daten

Während des Gesetzgebungsprozesses war auch umstritten, ob der Anwendungsbereich der Digitale-Inhalte-RL nur dann eröffnet sein sollte, wenn die Daten „aktiv“, also wissentlich mit Hilfe des Verbrauchers bereitgestellt werden, oder ob auch die „passive“ Bereitstellung, bei der der Unternehmer ohne Zutun des Verbrauchers Daten sammelt, ausreichend sein sollte.

41 EDSB, Stellungnahme 4/2017, S. 15 Rn. 37.

42 *Staudenmayer*, in: Schulze/Staudenmayer (Hrsg.), EU Digital Law, Art. 3 Rn. 50.

43 Vgl. Erwgr. 24 DIRL.

44 Siehe ebenda.

Art. 3 Abs. 1 des Richtlinienvorschlags setzte für die Anwendbarkeit der Richtlinie eine „aktive" Bereitstellung der Daten durch den Verbraucher explizit voraus.[45] Die Digitale-Inhalte-RL sollte damit nur für Verträge gelten, bei denen der Anbieter der digitalen Inhalte oder digitalen Dienstleistungen vom Verbraucher Daten wie Name, E-Mail-Adresse oder Fotos verlangt und der Verbraucher diese Daten etwa im Wege einer Registrierung oder auf der Grundlage eines Vertrags, der den Zugang zu Fotos des Verbrauchers gestattet, aktiv zur Verfügung stellt.[46]

Hintergrund der Voraussetzung einer aktiven Bereitstellung der Daten war eine Einschränkung des Anwendungsbereichs des Digitalvertragsrechts, da der europäische Gesetzgeber erkennbar nicht die Absicht hatte, einen Rechtsrahmen für das gesamte Internet zu schaffen.[47] Die Anforderung an ein aktives Erbringen der Daten war daher vor allem vorgesehen, um den Rechtsbindungswillen der Parteien sicherzustellen.[48] Aus diesem Grund sollten nur die personenbezogenen Daten einbezogen werden, die der Verbraucher als Form einer Gegenleistung „aktiv (...) erbringt"; Daten, die der Verbraucher nicht aktiv bzw. bewusst als Gegenleistung übermittelt, sondern die vom Anbieter erhoben werden, wie bspw. die IP-Adresse oder Metadaten, sollten hingegen nicht erfasst sein. Damit sollte auch das Akzeptieren von Cookies, welches es dem Anbieter erlaubt, Informationen einschließlich personenbezogener Daten wie IP-Adressen oder sonstige automatisch generierte Informationen zu erheben, nicht als aktives Bereitstellen von Informationen zählen und den Anwendungsbereich der Richtlinie somit nicht eröffnen.[49]

Seitens der Literatur[50] und des EDSB[51] wurde die Differenzierung zwischen personenbezogenen Daten, die aktiv bereitgestellt werden und solchen, die nicht

---

45 „Diese Richtlinie gilt für alle Verträge, auf deren Grundlage ein Anbieter einem Verbraucher digitale Inhalte bereitstellt oder sich hierzu verpflichtet und der Verbraucher als Gegenleistung einen Preis zahlt oder *aktiv* eine andere Gegenleistung als Geld in Form personenbezogener oder anderer Daten erbringt." (Art. 3 Abs. 1 des Richtlinienvorschlags) [Hervorhebung hinzugefügt].

46 Vgl. Erwgr. 14 des Richtlinienvorschlags.

47 *Staudenmayer*, ZEuP 2016, 801 (808); *Staudenmayer*, in: Schulze/Staudenmayer (Hrsg.), EU Digital Law, Art. 3 Rn. 55.

48 *Staudenmayer*, IWRZ 2020, 147 (149).

49 Vgl. Erwgr. 14 des Richtlinienvorschlags.

50 Kritisch zur mangelnden Gleichbehandlung von aktiv und passiv bereitgestellten Daten und der Begrenzung des Richtlinienvorschlags auf die „aktive Hingabe" von Daten etwa *Westphalen/Wendehorst*, BB 2016, 2179 (2180 f.); *Schmidt-Kessel et al.*, GPR 2016, 54 (59); *Härting*, CR 2016, 735 (737 f.); *Metzger*, AcP 216 (2016), 817 (821 f.); *Metzger et al.*, JIPITEC 2018, 90 (96 Rn. 26 ff.); *Hacker*, ZfPW 2019, 148–196 (166 f.); *Spindler*, MMR 2016, 147 (149 f.). Anders: *Faust*, in: Ständige Deputation des Deutschen Juristentages, Verhandlungen des 71. Deutschen Juristentages Essen 2016, Band 1: Gutachten, A 9 – A 92 (A 30); *Schweitzer*, in: Körber/Kühling (Hrsg.), Regulierung – Wettbewerb – Innovation, S. 269 (286): die Beschränkung sei fälschlicherweise als Aussage über das wirtschaftliche Austauschver-

aktiv bereitgestellt werden, jedoch scharf kritisiert.[52] Die Beschränkung begrenze das Konzept der Bereitstellung von Daten nicht nur stark, auch missachte sie, dass auch bei der bloß passiven Duldung der Datenerhebung ein Austausch „Dienst gegen Daten“ stattfinde und der wirtschaftliche Wert der durch den Unternehmer selbst erhobenen Daten eines passiven Verbrauchers regelmäßig im gleichem Maße gegeben sei.[53]

Der EDSB kritisierte insbesondere, dass der Richtlinienvorschlag mit dieser Differenzierung einen Unterschied schaffe, den es im Datenschutzrecht selbst nicht gebe.[54] Für Daten, die aktiv vom Verbraucher bereitgestellt werden und solchen, die von der die Daten verarbeitenden Organisation wissentlich erhoben werden, müsse der gleiche Schutz gelten bzw. der passive Verbraucher sogar noch besser geschützt werden, da er sich oftmals der Verarbeitung seiner Daten nicht bewusst sei, der Anbieter die Daten aber immer noch für die gleichen Zwecke verwenden könne, wie die vom Verbraucher aktiv bereitgestellten Daten.[55] Der EDSB hatte aus diesen Gründen empfohlen, nicht von Daten zu sprechen, die vom Verbraucher (aktiv) bereitgestellt werden, da dies gegen Datenschutzvorschriften verstoße.[56]

Im weiteren Gesetzgebungsprozess wich bereits das Europäische Parlament in seinem Bericht zum Kommissionsvorschlag von der im Richtlinienvorschlag vorgesehenen Beschränkung auf die „aktive“ Bereitstellung der Daten ab.[57] Aber auch der Gegenentwurf des Europäischen Parlaments, nach dem von der Richtlinie auch Fälle erfasst werden sollten, bei denen „der Unternehmer oder ein Dritter personenbezogene Daten erhebt“[58], wurde in der endgültigen Richtlinie nicht übernommen. Durchgesetzt hat sich eher eine an die Textversion des Rates[59] angelehnte

hältnis verstanden und als solche kritisiert worden; die Kritik verkenne dabei jedoch die Funktion von Art. 3 Abs. 1 des Richtlinienvorschlags, den Anwendungsbereich der Richtlinie zu definieren, nicht die Gegenleistung.

51 EDSB, Stellungnahme 4/2017, S. 15 f. Rn. 38 ff.

52 Auch der Rat äußerte Zweifel an der Beschränkung auf die aktive Bereitstellung personenbezogener Daten, siehe die Erörterungen im Rat v. 2.6.2016, 2015/0287 (COD), Nr. 13 und 14; ähnlich bezeichnete das Europäische Parlament in seiner Stellungnahme zum Richtlinienvorschlag v. 21.11. 2016, 2015/0287 (COD) das Erfordernis der aktiven Bereitstellung als eine „zu starke Einschränkung“ (S. 3).

53 *Metzger*, AcP 216 (2016), 817 (821 f.).

54 EDSB, Stellungnahme 4/2017, S. 15 Rn. 39.

55 EDSB, ebenda, S. 15 f. Rn. 38 ff.

56 EDSB, ebenda, S. 16 Rn. 43.

57 Vgl. EP-Bericht DIRL, Änderungsantrag 21 zu Erwgr. 14 und Änderungsantrag 80 zu Art. 3 Abs. 1.

58 Vgl. Art. 3 Abs. 1 (Änderungsantrag 80) EP-Bericht DIRL.

59 Vgl. Kompromissvorschlag Rat, Fn. 15 zu Art. 3 Abs. 1.

Terminologie, die keine explizite Aussage zur Art und Weise der Bereitstellung trifft.[60]

Die Digitale-Inhalte-RL gilt nunmehr gem. Art. 3 Abs. 1 Unterabs. 2 DIRL, wenn „der Verbraucher dem Unternehmer personenbezogene Daten bereitstellt oder deren Bereitstellung zusagt, außer in Fällen, in denen die vom Verbraucher bereitgestellten personenbezogenen Daten durch den Unternehmer ausschließlich zur Bereitstellung digitaler Inhalte oder digitaler Dienstleistungen im Einklang mit dieser Richtlinie oder zur Erfüllung von vom Unternehmer einzuhaltenden rechtlichen Anforderungen verarbeitet werden und der Unternehmer diese Daten zu keinen anderen Zwecken verarbeitet".

Der Wortlaut der endgültigen Richtlinie „bereitstellt oder deren Bereitstellung zusagt" (in der franz. Fassung: *„fournit ou s'engage à fournir"*) sowie die Beispiele in Erwgr. 24 DIRL[61] legen zwar (auch) ein „aktives" Tätigwerden durch den Verbraucher nahe.[62] Da der ursprüngliche Begriff „aktiv" aber ersatzlos aus dem Richtlinientext gestrichen wurde, sollte die finale Fassung der Richtlinie so ausgelegt werden, dass gerade nicht mehr zwischen einer „aktiven" und einer „passiven" Bereitstellung personenbezogener Daten unterschieden wird.[63]

Der Begriff der Bereitstellung i. S. d. Art. 3 Abs. 1 Unterabs. 2 DIRL ist daher weit zu verstehen – eine „aktive" Übermittlung der personenbezogenen Daten ist nicht (mehr) explizit vorausgesetzt. Neben den aktiv vom Verbraucher hingegebenen Daten können daher ebenso passiv verfügbar gemachte Daten grundsätzlich gegenleistungsfähig sein.[64]

---

60 Zu den unterschiedlichen Ansätzen der Kommission, des Europäischen Parlaments und des Rates siehe auch *Metzger et al.*, JIPITEC 2018, 90 (95 f. Rn. 25 ff.); *Mischau*, ZEuP 2020, 335–365 (346).

61 Siehe Erwgr. 24 DIRL: Bereitstellung von Namen und E-Mail Adresse bei Eröffnung eines Kontos in sozialen Medien; Erteilen der Einwilligung, personenbezogene Daten, die der Verbraucher ins Internet hochlädt, zu verarbeiten.

62 So auch *Mischau*, ZEuP 2020, 335–365 (346); *Metzger*, JZ 2019, 577 (579); *Staudenmayer*, IWRZ 2020, 147 (149 f.).

63 Ebenso *Mischau*, ZEuP 2020, 335–365 (346); *Drabinski*, Die vertragsrechtliche Datenüberlassung und das Kaufrecht, S. 103.

64 Gleichwohl schließt Erwgr. 25 DIRL die Anwendbarkeit der Digitale-Inhalte-RL für einen typischen Fall „passiv" erhobener Daten, namentlich Fälle, „in denen der Unternehmer nur Metadaten wie Informationen zum Gerät des Verbrauchers oder zum Browserverlauf erhebt" aus, es sei denn der betreffende Sachverhalt gilt nach nationalem Recht als Vertrag; den Mitgliedstaaten sollte es jedoch freistehen, die Anwendung der Richtlinie auch auf andere Fälle, die von der Richtlinie selbst nicht erfasst sind, auszudehnen oder auf andere Weise zu regeln (vgl. Erwgr. 25 letzter Satz DIRL). Siehe hierzu *Staudenmayer*, ZEuP 2019, 663 (670), der den Ausschluss von Metadaten vom Anwendungsbereich der Richtlinie im Ergebnis als „wohl sinnvoll" bezeichnet. Kritisch zu den Ausnahmen der Richtlinie hingegen nach wie vor etwa *Spindler/Sein*, MMR 2019, 415 (418). Nicht außer Acht zu lassen ist weiterhin, dass Erwgr. 25 DIRL sich bei dem Ausschluss der Anwendbarkeit der Richtlinie

c. Ausnahmen

Vom Anwendungsbereich der Digitale-Inhalte-RL ausgenommen sind gem. Art. 3 Abs. 1 Unterabs. 2 Hs. 2 DIRL Fälle, „in denen die vom Verbraucher bereitgestellten personenbezogenen Daten durch den Unternehmer ausschließlich zur Bereitstellung digitaler Inhalte oder digitaler Dienstleistungen im Einklang mit dieser Richtlinie oder zur Erfüllung von vom Unternehmer einzuhaltenden rechtlichen Anforderungen verarbeitet werden und der Unternehmer diese Daten zu keinen anderen Zwecken verarbeitet".[65] Die erste Ausnahme betrifft Daten, die der Anbieter erheben muss, um die Leistung überhaupt oder in vertragsgemäßer Weise erbringen zu können.[66] Der Erfüllung rechtlicher Anforderungen dient die Datenerhebung etwa dann, wenn die Registrierung des Verbrauchers zu Sicherheits- oder Identifizierungszwecken gesetzlich vorgeschrieben ist.[67]

Die beiden Ausnahmen vom Anwendungsbereich der Richtlinie entsprechen einzelnen datenschutzrechtlichen Rechtfertigungstatbeständen der EU-DSGVO.[68] Es handelt sich um die Fälle, in denen gem. Art. 6 Abs. 1 Unterabs. 1 lit. b[69] bzw. lit. c[70]

---

nunmehr ausschließlich auf Metadaten bezieht; der Verweis auf die „IP-Adresse" wurde gestrichen, weil der EuGH entschieden hat, dass auch dynamische IP-Adressen unter bestimmten Voraussetzungen unter den Begriff „personenbezogene Daten" fallen (vgl. EuGH, Urteil vom 19. Oktober 2016 – C-582/14 –, juris Rn. 38 ff.; zuvor schon EuGH, Urteil vom 24. November 2011 – C-70/10 –, juris Rn. 51); ebenso wurde der Verweis auf „Cookies" gestrichen, um dem jeweiligen nationalen Vertragsrecht die Auslegung zu überlassen, in welchen Fällen ein Vertrag vorliege, einschließlich solcher, in denen die Daten nach der freiwilligen Einwilligung durch den Verbraucher durch „Cookies" erhoben werden, siehe dazu *Staudenmayer,* in: Schulze/Staudenmayer (Hrsg.), EU Digital Law, Art. 3 Rn. 58.

65 Eine ähnliche Formulierung enthielt bereits Art. 3 Abs. 4 des Richtlinienvorschlags mit dem Ausschluss der Daten, „deren Verarbeitung für die Erfüllung des Vertrags oder die Erfüllung rechtlicher Anforderungen unbedingt erforderlich ist", sofern diese Daten nicht in einer „mit diesen Zwecken nicht zu vereinbarenden Weise weiterverarbeitet" oder für „kommerzielle Zwecke" verwendet werden. Kritisch hierzu die Anmerkungen des EDSB, Stellungnahme 4/2017, S. 16 f. Rn. 44 ff.; siehe zur Textversion des Richtlinienvorschlags auch *Westphalen/Wendehorst,* BB 2016, 2179 (2181 ff.).

66 Dies ist beispielsweise der Fall, wenn der Unternehmer personenbezogene Daten des Verbrauchers wie Name, Postanschrift oder E-Mail-Adresse erhebt, die er benötigt, um dem Verbraucher die vereinbarte Leistung zukommen zu lassen (vgl. Begr. RegE. DIRL, S. 36).

67 Vgl. Erwgr. 25 DIRL.

68 Diese Verknüpfung zwischen der Digitale-Inhalte-RL und der EU-DSGVO bereits aufzeigend der EDSB, Stellungnahme 4/2017, S. 19 Rn. 53, S. 22 Rn. 65; siehe dazu etwa auch *Metzger,* JZ 2019, 577 (579); *Mischau,* ZEuP 2020, 335–365, 342.

69 Ausführlich zum Erlaubnistatbestand des Art. 6 Abs. 1 lit. b EU-DSGVO etwa *Westphalen/Wendehorst,* BB 2016, 2179 (2181 ff.); *Sattler,* JZ 2017, 1036 (1039 ff.); *Scheibenpflug,* Personenbezogene Daten als Gegenleistung. Ein Beitrag zur rechtlichen Einordnung datengetriebener Austauschverhältnisse, S. 219 ff.

EU-DSGVO keine gesonderte Einwilligung der betroffenen Person zu der Verarbeitung der sie betreffenden personenbezogenen Daten erforderlich ist: Der Ausnahmetatbestand des Art. 3 Abs. 1 Unterabs. 2 Hs. 2 Alt. 1 DIRL für Fälle der für die Vertragserfüllung erforderlichen Datenverarbeitung deckt sich mit Art. 6 Abs. 1 lit. b EU-DSGVO,[71] während der Ausnahmetatbestand des Art. 3 Abs. 1 Unterabs. 2 Hs. 2 Alt. 2 DIRL im Hinblick auf personenbezogene Daten, die zur Erfüllung rechtlicher Verpflichtungen erforderlich sind, mit Art. 6 Abs. 1 lit. c EU-DSGVO deckungsgleich ist.[72] Der letzte Halbsatz von Art. 3 Abs. 1 Unterabs. 2 DIRL bildet den datenschutzrechtlichen Grundsatz der Zweckbindung ab (vgl. Art. 5 Abs. 1 lit. b EU-DSGVO) – personenbezogene Daten dürfen danach nur für vorab „festgelegte, eindeutige und legitime Zwecke" erhoben und nicht in einer mit diesen Zwecken nicht zu vereinbarenden Weise weiterverarbeitet werden.

Die Ausnahmen der Anwendbarkeit der Digitale-Inhalte-RL nach Art. 3 Abs. 1 Unterabs. 2 Hs. 2 DIRL sind trotz der Ähnlichkeit zu Art. 6 Abs. 1 lit. b und lit. c EU-DSGVO allerdings nicht als Rechtsgrundlage für die rechtmäßige Verarbeitung personenbezogener Daten zu interpretieren.[73] Erwgr. 38 DIRL stellt ausdrücklich klar, dass die Richtlinie nicht die Voraussetzungen für die rechtmäßige Verarbeitung personenbezogener Daten regeln sollte, da diese Frage insbesondere durch die EU-DSGVO geregelt wird und die Verarbeitung personenbezogener Daten im Zusammenhang mit einem Vertrag, der in den Anwendungsbereich der Digitale-Inhalte-RL fällt, nur dann rechtmäßig ist, wenn die Verarbeitung der personenbezogenen Daten mit den Bestimmungen der EU-DSGVO in Einklang steht.

Sinn und Zweck des Art. 3 Abs. 1 Unterabs. 2 Hs. 2 DIRL ist die Konkretisierung bzw. die Einschränkung des Anwendungsbereichs des Digitalvertragsrechts: Sofern

70 Zu Art. 6 Abs. 1 lit. c EU-DSGVO im Zusammenhang mit datengenerierten Austauschverhältnissen siehe ebenfalls *Scheibenpflug*, Personenbezogene Daten als Gegenleistung. Ein Beitrag zur rechtlichen Einordnung datengetriebener Austauschverhältnisse, S. 226.

71 Für die Bestimmung des Umfangs der für die Vertragserfüllung erforderlichen Datenverarbeitung i.S.d. Art. 3 Abs. 1 Unterabs. 2 Hs. 2 Alt. 1 DIRL können daher ebenfalls die Leitlinien herangezogen werden, die der Europäische Datenschutzausschuss für die Auslegung von Art. 6 Abs. 1 Unterabs. 1 lit. b EU-DSGVO erarbeitet hat und anhand derer erläutert wird, wann eine Datenverarbeitung als für die Erfüllung eines Vertrags erforderlich angesehen werden kann (siehe Guidelines 2/2019 on the processing of personal data under Article 6(1)(b) GDPR in the context of the provision of online services to data subjects, Version 2.0 vom 8. Oktober 2019, abrufbar unter: <*edpb.europa.eu/our-work-tools/our-documents/guidelines/guidelines-22019-processing-personal-data-under-article-61b_en*> (letzter Aufruf: 21.01.2024)).

72 Eingehend hierzu *Linardatos*, in: Specht-Riemenschneider/Werry/Werry (Hrsg.), Datenrecht in der Digitalisierung, S. 506 (542 ff.).

73 *Staudenmayer*, in: Schulze/Staudenmayer (Hrsg.), EU Digital Law, Art. 3 Rn. 61.

die Ausnahmebestimmungen greifen, löst allein der Umstand der Datenverarbeitung die Anwendbarkeit der Richtlinienbestimmungen nicht aus. Hintergrund dieser Ausnahmen ist, dass der Unternehmer in diesen Fällen aus den Daten des Verbrauchers keinen darüber hinaus gehenden ökonomischen Wert zieht, sondern er diese schlichtweg verarbeiten muss, um seinen vertraglichen oder rechtlichen Pflichten nachzukommen.[74] In diesen Fällen liegt insofern keine „entgeltliche" Datenübertragung vor[75] und die Daten, die der Unternehmer zwangsläufig erheben muss, sollen nicht zu einer Gewährleistung führen.[76] Um noch einen möglichst weiten Anwendungsbereich des Digitalvertragsrechts zu sichern, ist die Anwendbarkeit der Richtlinienbestimmungen allerdings nur ausgeschlossen, wenn die personenbezogenen Daten „ausschließlich" zu den genannten Zwecken verarbeitet werden und der Unternehmer die erhobenen Daten zu keinen anderen Zwecken verarbeitet (vgl. Art. 3 Abs. 1 Unterabs. 2 letzter Hs. DIRL).

Erhebt der Unternehmer personenbezogene Daten des Verbrauchers auf Grundlage von Art. 6 Abs. 1 Unterabs. 1 lit. b, c (oder e) EU-DSGVO, verwendet diese aber in einer nicht mit den Zwecken der Vertragsabwicklung oder Vertragserfüllung zu vereinbarenden Weise, stellt sich die Frage, ob der sachliche Anwendungsbereich der Digitale-Inhalte-RL grundsätzlich eröffnet ist. Der Anwendungsbereich der Richtlinie könnte in solchen Fällen – „quasi als Sanktion"[77] – als eröffnet angesehen werden, sodass die gewährleistungsrechtlichen Haftungsregeln des Unternehmers greifen.[78] In der Praxis dürfte es für den Verbraucher allerdings wohl schwierig sein, die zweckwidrige Verwendung der Daten tatsächlich zu erkennen; Probleme bereitet auch, ab welchem Zeitpunkt die Richtlinienbestimmungen dann zur Geltung gelangen – rückwirkend ab dem Zeitpunkt des Vertragsschlusses oder erst ab dem Zeitpunkt der zweckwidrigen Verwendung.[79]

---

74 Vgl. *Mischau*, ZEuP 2020, 335–365 (342).

75 Vgl. *Kumkar*, ZfPW 2020, 306 (325).

76 Vgl. *Staudenmayer*, ZEuP 2019, 663 (669 f.).

77 Vgl. *Stürner*, JURA 2017, 171 (172).

78 So *Stürner*, ebenda, (172), aber mit Verweis auf die Probleme hinsichtlich der Anwendbarkeit einzelner Richtlinienbestimmungen; für eine Anwendbarkeit der Richtlinie auch *Staudenmayer*, NJW 2016, 2719 (2720). Andere Ansicht *Riehm*, in: Pertot/Schmidt-Kessel/Padovini (Hrsg.), Rechte an Daten, S. 175 (190 ff.).

79 Siehe hierzu *Linardatos*, in: Specht-Riemenschneider/Werry/Werry (Hrsg.), Datenrecht in der Digitalisierung, S. 506 (S. 545 Rn. 76). Zum Zusammenspiel zwischen Datenschutz- und Vertragsrecht und der Frage, welche Folgen ein Verstoß gegen datenschutzrechtliche Anforderungen hat, siehe unter 3.b.

2. Daten als „Gegenleistung"?

Die Eröffnung des Anwendungsbereichs der Digitale-Inhalte-RL für Fälle, in denen der Verbraucher personenbezogenen Daten (aktiv oder passiv) bereitstellt oder deren Bereitstellung zusagt, lässt allein noch keinerlei Rückschlüsse auf die Anerkennung von Daten als „Gegenleistung" zu. Die Richtlinie unterlag in diesem Zusammenhang zahlreichen Änderungen während des Gesetzgebungsprozesses – ob und inwiefern Daten nunmehr im Rahmen des Digitalvertragsrechts als „Gegenleistung" anerkannt werden, bedarf daher einer näheren Untersuchung mit Blick auf die Entwicklung des Richtlinientextes.

a. Die Anerkennung von Daten als „Gegenleistung" im Richtlinienvorschlag der Kommission

Um den Anwendungsbereich der Richtlinie auch für vermeintlich „kostenlose" Verträge zu öffnen und diese einem Regelwerk und bestimmten Schutzmaßnahmen unterfallen zu lassen, hatte die Kommission in ihrem Richtlinienvorschlag das Zurverfügungstellen von Daten ausdrücklich als mögliche „Gegenleistung" des Verbrauchers anerkannt (vgl. Art. 3 Abs. 1 des Richtlinienvorschlags: „Die Richtlinie gilt für Verträge auf deren Grundlage (...) der Verbraucher als Gegenleistung einen Preis zahlt oder aktiv eine andere *Gegenleistung* als Geld in Form personenbezogener oder anderer Daten erbringt"[80]). Dass personenbezogene Daten Leistungsgegenstand sind und damit auch als „Gegenleistung" behandelt werden können, setzte Art. 3 Abs. 1 des Richtlinienvorschlags zwingend voraus, erläuterte dies aber nicht näher.[81]

Die Anerkennung und explizite Erwähnung von Daten als „Gegenleistung" im Richtlinienvorschlag der Kommission stellte eine Revolution in der gesetzgeberischen Entwicklung dar und wurde in der Literatur einerseits als „der wohl wesentlichste Fortschritt des gesamten Richtlinienvorschlags"[82] und als „besonders innovativ"[83] bezeichnet, da eine gesetzliche Regelung für den Austausch von Leistungen gegen die Nutzung von Daten bislang nicht existierte.[84] Andererseits wurde

80 [Hervorhebung hinzugefügt].

81 *Schmidt-Kessel et al.*, GPR 2016, 54 (58).

82 *Staudenmayer*, ZEuP 2016, 801 (808).

83 *Druschel/Lehmann*, CR 2016, 244 (251).

84 Ausführlich zur Anerkennung personenbezogener Daten als Gegenleistung im Richtlinienvorschlag statt vieler *Zoll*, in: Schulze/Staudenmayer/Lohsse (Hrsg.), Contracts for the Supply of Digital Content: Regulatory Challenges and Gaps, S. 179.

die Bezeichnung und Behandlung von Daten „als Gegenleistung" aber insbesondere seitens des Europäischen Datenschutzbeauftragten stark kritisiert.[85]

b. Kritik des Europäischen Datenschutzbeauftragten

Die Kritik des damaligen Europäischen Datenschutzbeauftragten an dem Konzept „Daten als Leistungsgegenstand" wurzelte insbesondere in der grundrechtlichen Dimension personenbezogener Daten und der Befürchtung, dass die Verwendung des Begriffs der „Daten als Gegenleistung" die Gutheißung der Kommerzialisierung personenbezogener Daten erwecke.[86]

Angesichts der Bedeutung der digitalen Wirtschaft in der EU und des Wertes der Daten im digitalen Umfeld befürwortete der EDSB zwar den Ansatz des Kommissionsvorschlags zur Förderung der datengestützten Wirtschaft und die Absicht, Verbrauchern bei der Bereitstellung personenbezogener Daten einen angemessenen (gleichen) Schutz zu gewähren.[87] Er betonte jedoch, dass personenbezogene Daten dem Grundrecht auf Schutz personenbezogener Daten (vgl. Art. 8 Abs. 2 GRCh und Art. 16 AEUV) und den Garantien der EU-DSGVO, die den Grundrechtscharakter der personenbezogenen Daten spezifiziere, unterfallen und warnte davor, dass sich personenbezogene Daten gerade nicht mit einem Preis oder mit Geld vergleichen ließen und nicht als Ware betrachtet werden könnten.[88]

Seine Zweifel an dem Begriff der „Daten als Gegenleistung" im Richtlinienvorschlag begründete der EDSB mit drei Punkten:

Zum einen fehle es im Richtlinienvorschlag an einer Definition des Begriffs „Gegenleistung" – der Richtlinienvorschlag stelle lediglich eine Verbindung zu einem mit Geld vergleichbaren Wert der Informationen über natürliche Personen her; allein auf diesen mit Geld vergleichbaren Wert abzustellen, vernachlässige jedoch, dass die personenbezogenen Daten auch für andere Zwecke als allein die Erfüllung des Vertrags verwendet werden könnten.[89] Angesichts der verschiedenen Geschäftsmodelle und der unterschiedlichen Verwendungen personenbezogener Daten im Zusammenhang mit kommerziellen Transkationen sei die Verwendung des Begriffs „Gegenleistung" kaum angemessen und vereinfache die Vielfalt von Geschäftsmodellen und Datenverwendungen mit einem einzigen Begriff zu stark.[90]

---

85 EDSB, Stellungnahme 4/2017, S. 9 ff.

86 Siehe EDSB, ebenda.

87 Vgl. EDSB, ebenda, S. 9 Rn. 14.

88 EDSB, ebenda, S. 9 ff. Rn. 13 ff.

89 EDSB, ebenda, S. 11 f. Rn. 25.

90 EDSB, ebenda.

Darüber hinaus bezeichnete der EDSB die Verknüpfung zwischen dem Entrichten eines Preises mit Geld und der aktiven Überlassung von Daten als Gegenleistung als „irreführend“, fehle dem Verbraucher durch die Verwendung von Standardvertragsklauseln und unbestimmten Datenschutzbestimmungen doch, anders als bei einer Zahlung mit Geld, oftmals das Bewusstsein, inwiefern er mit seinen Daten „bezahlt“ und was mit den über ihn erhobenen Daten geschehe.[91]

Der dritte vom EDSB kritisierte Aspekt betrifft die nur bedingte Vergleichbarkeit von personenbezogenen Daten mit Geld: Eine natürliche Person, die einem Anbieter ihre personenbezogenen Daten überlasse, habe weiterhin die Möglichkeit, die gleichen Daten noch einem anderen Anbieter zu überlassen.[92] Natürliche Personen könnten darüber hinaus oftmals den Wert, der mit ihren Daten geschaffen werde, gar nicht ermessen und auch für Anbieter seien die Konsequenzen etwa hinsichtlich einer Rückabwicklungsverpflichtung bei einem entrichteten Preis einerseits und bereitgestellten (personenbezogenen) Daten andererseits angesichts des nur bedingt bezifferbaren Werts letzterer sehr verschieden.[93]

Nach Einschätzung des EDSB strebte der Richtlinienvorschlag daher den Schutz von Verbrauchern zwar an, trug aber der besonderen Natur personenbezogener Daten nicht Rechnung.[94] Um den genannten Befürchtungen entgegenzuwirken, kam der EDSB in seiner Stellungnahme zu dem Schluss, dass jedenfalls die Verwendung des Begriffs „Daten als Gegenleistung“ nicht angemessen sei und angesichts des Grundrechtscharakters personenbezogener Daten und den im Unionsrecht niedergelegten Grundsätzen des Datenschutzes vermieden werden sollte.[95] Das Verhältnis zwischen der Bereitstellung digitaler Inhalte oder digitaler Dienstleistungen auf Seiten des Unternehmers und der Bereitstellung personenbezogene Daten auf Seiten des Verbrauchers sollte vielmehr keiner Wertung durch die Richtlinie unterliegen[96] und die Bestimmungen der neuen Richtlinie sollten insbesondere auch den Datenschutzrahmen, der in der EU-DSGVO niedergelegt ist, nicht konterkarieren.[97]

---

91 EDSB, ebenda, S. 12 Rn. 26. Zum Problem eines fehlenden Bewusstseins für die „Zahlung“ mit Daten siehe schon unter I.

92 EDSB, ebenda, S. 12 Rn. 27.

93 Ibid.

94 Vgl. EDSB, ebenda, S. 11 f. Rn. 25, S. 12 Rn. 28.

95 EDSB, ebenda, S. 9 ff Rn. 14 ff., S. 11 f. Rn. 25, S. 12 Rn. 28.

96 Siehe hierzu auch *Mischau*, ZEuP 2020, 335 (339).

97 EDSB, Stellungnahme 4/2017, S. 10 f. Rn. 19 ff.

c. Neues Regelungskonzept der Digitale-Inhalte-RL

Die Frage, wie die verschiedenen datenbasierten Geschäftsmodelle im Rahmen des neuen Digitalvertragsrechts abzubilden sind, prägte den weiteren Gesetzgebungsprozess maßgeblich.[98]

So ist dem Kompromissvorschlag des Rates zu entnehmen, dass dieser der Stellungnahme des EDSB Rechnung tragen wollte;[99] der Kompromissvorschlag vermied daher jene Begrifflichkeiten, die die Bereitstellung personenbezogener Daten ausdrücklich als „Gegenleistung" qualifizierten. Auch der Bericht des Europäischen Parlaments nahm davon Abstand, die Bereitstellung personenbezogener Daten als „Gegenleistung" zu bezeichnen. Ein Änderungsantrag des Europäischen Parlaments schlug eine neue Formulierung des Art. 3 Abs. 1 zur Festlegung des Anwendungsbereichs der Digitale-Inhalte-RL vor: Die Richtlinie sollte für alle Verträge gelten, „auf deren Grundlage ein Unternehmer einem Verbraucher entweder gegen Zahlung eines Preises oder *unter der Bedingung*, dass der Verbraucher personenbezogene Daten bereitstellt oder der Unternehmer oder ein Dritter personenbezogene Daten erhebt, digitale Inhalte oder Dienstleistungen bereitstellt oder sich zu deren Bereitstellung verpflichtet".[100] Mit der Formulierung „unter der Bedingung" nahm der geänderte Text eine neutralere Haltung in Bezug auf Daten als Leistungsgegenstand ein,[101] um zu verhindern, dass der fortschreitenden Kommerzialisierung personenbezogener Daten durch die Digitale-Inhalte-RL Vorschub geleistet werde.[102]

Der schließlich vom Europäischen Parlament und vom Rat angenommene Richtlinientext ist noch neutraler formuliert und die Verwendung des Begriffs „Gegenleistung" in Bezug auf die Bereitstellung personenbezogener Daten wird in der Digitale-Inhalte-RL nunmehr strikt vermieden. Die Eröffnung des Anwendungsbereichs der Digitale-Inhalte-RL für Fälle, in denen der Unternehmer digitale Inhalte oder digitale Dienstleistungen bereitstellt und der Verbraucher keinen Preis zahlt, aber personenbezogene Daten bereitstellt, wird in einem separaten Unter-

98 Interessanterweise wurde die Vermeidung der Qualifizierung personenbezogener Daten als „Gegenleistung" insbesondere von einigen Mitgliedstaaten mit romanistischer Rechtstradition, bei denen das Element „*cause*" noch Anwendung findet, gefordert, siehe *Staudenmayer*, in: Schulze/Staudenmayer (Hrsg.), EU Digital Law, Art. 3 Rn. 59.

99 Siehe Kompromissvorschlag Rat, S. 4 (Anlage).

100 Siehe Änderungsantrag 80 im EP-Bericht DIRL [Hervorhebung hinzugefügt].

101 *Hacker*, ZfPW 2019, 148–196 (165).

102 Vgl. *Leinemann*, Personenbezogene Daten als Entgelt. Eine Untersuchung anhand schuldvertrags-, datenschutz- und kartellrechtlicher Fragestellungen, S. 209.

absatz erwähnt, um personenbezogene Daten noch weiter von einem Gegenleistungscharakter zu distanzieren.[103]

Darüber hinaus wird im Rahmen der Digitale-Inhalte-RL auch die Verwendung des Begriffs „Vertrag" in Bezug auf die Bereitstellung personenbezogener Daten vermieden.[104] Lediglich in Art. 3 Abs. 1 Unterabs. 1 DIRL, der die Bereitstellung digitaler Inhalte oder digitaler Dienstleistungen gegen die Zahlung eines Preises betrifft, wird auf das Vorliegen eines Vertrags – ohne eine Begriffsbestimmung in Art. 2 – Bezug genommen, während Art. 3 Abs. 1 Unterabs. 2 DIRL, der die Bereitstellung digitaler Inhalte oder digitaler Dienstleistungen durch den Unternehmer betrifft, wenn der Verbraucher personenbezogene Daten bereitstellt oder deren Bereitstellung zusagt, den Begriff „Vertrag" bewusst nicht enthält, um zu vermeiden, dass bei der Bereitstellung personenbezogener Daten stets vom Vorliegen eines Vertrags ausgegangen wird.[105] Die entscheidende Frage, ob bei den verschiedenen datenbasierten Geschäftsmodellen ein Vertrag geschlossen wird, lässt die Richtlinie damit offen. Der europäische Gesetzgeber stellt in diesem Zusammenhang vielmehr klar, dass es den Mitgliedstaaten weiterhin freistehen sollte, festzustellen, ob die Anforderungen für das Zustandekommen, das Bestehen und die Gültigkeit eines Vertrags nach nationalem Recht erfüllt sind.[106] Naturgemäß können die bereitgestellten personenbezogenen Daten nur dann „Gegenleistung" für die digitalen Inhalte oder digitalen Dienstleistungen sein, wenn nach nationalem Recht die vertragliche Grundlage bejaht wird.[107]

Mit diesem Regelungskonzept der Digitale-Inhalte-RL gibt der europäische Gesetzgeber somit nicht vor, dass jede Hingabe personenbezogener Daten durch

---

103 *Staudenmayer*, in: Schulze/Staudenmayer (Hrsg.), EU Digital Law, Art. 3 Rn. 53 f.

104 Der Richtlinienvorschlag verwendete den Begriff Vertrag bei der Definition des Anwendungsbereichs noch übergreifend und definierte den Begriff „Vertrag" als „eine Vereinbarung, die darauf abzielt, Pflichten zu begründen oder andere rechtliche Wirkungen herbeizuführen" (vgl. Art. 2 Nr. 7 des Richtlinienvorschlags); die Definition entsprach der Begriffsbestimmung in Art. 2(a) GEK-VO. Die Voraussetzung des Vorliegens eines Vertrags sollte vor allem den Rechtsbindungswillen der Parteien sicherstellen und damit im Hinblick auf die Einbeziehung von Daten „als Gegenleistung" einschränkend wirken, vgl. *Staudenmayer*, in: Schulze/Staudenmayer (Hrsg.), EU Digital Law, Art. 3 Rn. 55–57; *Staudenmayer*, IWRZ 2020, 147 (149); siehe dazu ferner auch *Poillot*, in: Combet, Le droit européen de la consommation au XXIe siècle, État des lieux perspectives, S. 301 (326 f. Rn. 41).

105 Vgl. *Staudenmayer*, in: Schulze/Staudenmayer (Hrsg.), EU Digital Law, Art. 3 Rn. 56.

106 Vgl. Erwgr. 24 DIRL.

107 Ähnlich auch *Walker*, Die Kosten kostenloser Dienste. Personenbezogene Daten als neues Zahlungsmittel, S. 142.

einen Verbraucher bzw. jede Datenerhebung durch den Unternehmer zwangsläufig einen Vertrag begründet, dass aber jeder geschlossene Vertrag über digitale Inhalte oder digitale Dienstleistungen in den Anwendungsbereich der Richtlinie fällt, auch wenn ein Verbraucher einem Unternehmer (statt der Zahlung eines monetären Preises) personenbezogene Daten zur Verfügung stellt. Obschon die im Richtlinienvorschlag enthaltene Bezeichnung von personenbezogenen Daten als „Gegenleistung" aufgegeben wurde, wirkt so das im ursprünglichen Kommissionsvorschlag angelegte Konzept fort.[108] Im Ansatz ist der Vorschlag der Kommission und das Grundkonzept von Daten als potenzielle „Gegenleistung" mithin in der verabschiedeten Richtlinie beibehalten worden, wenngleich die Entscheidung über die vertragsrechtliche bzw. rechtsdogmatische Einordnung und Ausgestaltung als solche nunmehr den nationalen Gesetzgebern überlassen bleibt.[109]

d. Resümee

Festgehalten werden kann, dass die Digitale-Inhalte-RL erkennbar bezweckt, dass ein Verbraucher, der dem Unternehmer personenbezogene Daten bereitstellt oder deren Bereitstellung zusagt, mit demjenigen gleichgesetzt werden sollte, der für das digitale Produkt einen Geldbetrag zahlt, sodass die Bereitstellung von personenbezogenen Daten durch den Verbraucher die gleichen vertraglichen Ansprüche auslösen sollte wie die Zahlung eines monetären Entgelts.[110]

Allerdings steht der wirtschaftlichen Bedeutung personenbezogener Daten die ablehnende Haltung des Europäischen Datenschutzbeauftragten zur Anerkennung von personenbezogenen Daten als „Gegenleistung" mit grundrechtlicher und datenschutzrechtlicher Begründung gegenüber.

Die kontroverse Debatte zum Begriff der Daten als „Gegenleistung" schlägt sich daher auch im Richtlinientext nieder: Der Anwendungsbereich des Digitalvertragsrecht ist für verschiedene datenbasierte Geschäftsmodelle eröffnet, die Leistung des Unternehmers wird aber mit der Bereitstellung personenbezogener Daten durch den Verbraucher nicht ausdrücklich verknüpft.[111]

---

108 So auch *Metzger*, JZ 2019, 577 (579); *Kumkar*, ZfPW 2020, 306 (324); *Mischau*, ZEuP 2020, 335–365 (336); *Metzger*, in: Lohsse/Schulze/Staudenmayer (Hrsg.), Data as Counter-Performance – Contract Law 2.0?, S. 25 (28); *Staudenmayer*, in: Schulze/Staudenmayer (Hrsg.), EU Digital Law, Art. 3 Rn. 66.

109 So schon *Mischau*, ZEuP 2020, 335–365 (365).

110 *Metzger*, AcP 216 (2016), 817 (833 f.); *Metzger*, JZ 2019, 577 (579).

111 Vgl. *Staudenmayer*, IWRZ 2020, 147 (149).

Damit bleibt die rechtsdogmatische Einordnung den nationalen Gesetzgebern überlassen und die Frage nach der Anerkennung von personenbezogenen Daten als „Gegenleistung" verlagert sich letztlich auf die Ebene des nationalen Rechts.[112]

Zu verorten ist die Thematik im allgemeinen Vertragsrecht der nationalen Rechtssysteme. Dieser Ansatz entspricht dem grundsätzlichen Ansatz der Digitale-Inhalte-RL, ein Eingreifen in die allgemeinen Grundsätze nationalen Vertragsrechts zu vermeiden.[113] Im Ergebnis ist damit auch auf nationaler Ebene über den Anwendungsbereich der digitalvertragsrechtlichen Vorschriften zu entscheiden.[114]

3. Das Zusammenspiel von Vertrags- und Datenschutzrecht: Digitale-Inhalte-RL und EU-DSGVO

Die Anerkennung von Daten als „Zahlungsmittel" löst ein potenzielles Spannungsverhältnis zwischen Vertrags- und Datenschutzrecht, respektive Digitale-Inhalte-RL und EU-DSGVO aus.[115]

Die unterschiedlichen Regelungsvorgaben bzw. Regelungsmaterien des Vertragsrechts und des Datenschutzrechts stehen partiell konzeptionell nebeneinander.[116] Datenschutzrecht garantiert den persönlichkeitsrechtlichen Schutz personenbezogener Daten und ist im eigentlichen Sinne nicht auf die freie privatautonome Disposition über Daten zugeschnitten, wie bspw. der Grundsatz der Datensparsamkeit und der Datenminimierung, der Grundsatz der Zweckbindung und die jederzeitige Widerruflichkeit der datenschutzrechtlichen Einwilligung sowie das Recht auf Löschung der Daten nach der EU-DSGVO verdeutlichen.[117] Das Datenschutzrecht der EU-DSGVO ist insofern darauf fokussiert, die Datensouveränität des Einzelnen zu gewährleisten, es eignet sich aber nicht dazu, einen privat-

112 Siehe auch *Staudenmayer*, in: Schulze/Staudenmayer (Hrsg.), EU Digital Law, Art. 3 Rn. 59; *Metzger*, in: Lohsse/Schulze/Staudenmayer (Hrsg.), Data as Counter-Performance – Contract Law 2.0?, S. 25 (30).

113 *Staudenmayer*, in: Schulze/Staudenmayer (Hrsg.), EU Digital Law, Art. 3 Rn. 59, 148 ff.

114 Vgl. auch *Metzger*, in: Lohsse/Schulze/Staudenmayer (Hrsg.), Data as Counter-Performance – Contract Law 2.0?, S. 25 (29) m.w.N.

115 Kein Spannungsverhältnis erkennen wohl *Westphalen/Wendehorst*, BB 2016, 2179 (2184 f.), für die weder im Hinblick auf das Kopplungsverbot des Art. 7 Abs. 4 EU-DSGVO noch im Hinblick auf den Grundsatz der Datenminimierung ein Konflikt zwischen der Digitale-Inhalte-RL und der EU-DSGVO bestehe, da ersteres erst im Stadium der Erfüllung eines bereits geschlossenen Vertrages ansetze und letzterer der Normierung von Gewährleistungsansprüchen des Verbrauchers nicht widerspreche.

116 *Heckmann/Paschke*, in: Ehmann/Selmayr, DS-GVO, Art. 7 Rn. 30.

117 *Specht*, OdW 2017, 121 (121, 125 ff.).

rechtlichen Ordnungsrahmen für den Geschäftsverkehr mit Daten, der dem Ausgleich zwischen widerstreitenden privatwirtschaftlichen Interessen zu dienen bestimmt ist, sicherzustellen.[118] Überlässt ein Verbraucher in einem Austauschverhältnis mit einem Unternehmer personenbezogene Daten anstelle einer Preiszahlung, bietet das Datenschutzrecht daher kein Gerüst für vertragsrechtliche Fragestellungen und Ausdifferenzierungen, da die datenschutzrechtlichen Bestimmungen der EU-DSGVO einen schuldrechtlichen Interessenausgleich nicht herstellen können.[119]

Die geeignete Materie, die die Kommerzialisierung personenbezogener Daten und die Behandlung von Daten als Wirtschaftsgut erfasst, bietet das Vertragsrecht.[120] Diesen vertraglichen Rechtsrahmen stellt nunmehr die Digitale-Inhalte-RL bereit. Der europäische Gesetzgeber stellt aber klar, dass die Richtlinie nicht die Voraussetzungen für die rechtmäßige Verarbeitung personenbezogener Daten regeln sollte; die Rechtmäßigkeit der Verarbeitung personenbezogener Daten richtet sich ausschließlich nach den Vorschriften der EU-DSGVO. Die Rechtsgrundlagen des Art. 6 Abs. 1 EU-DSGVO sind erschöpfend, die Digitale-Inhalte-RL sollte diese weder ergänzen noch beeinträchtigen (vgl. Art. 3 Abs. 8 DIRL, Erwgr. 24, 37, 38 DIRL). Die Digitale-Inhalte-RL ist insbesondere auch nicht als zusätzliche Rechtsgrundlage für die Verarbeitung der Daten auszulegen und sie soll auch nicht anderweitig eine Abweichung von den Vorschriften der EU-DSGVO ermöglichen.[121]

Aus diesem Grund lässt allein die Eröffnung des Anwendungsbereichs der Digitale-Inhalte-RL auch noch keinen Rückschluss auf eine nach der EU-DSGVO konforme Datenerhebung bzw. -verarbeitung zu.[122] Rechtmäßig ist eine Verarbeitung personenbezogener Daten im Zusammenhang mit einem Vertrag, der in den Anwendungsbereich der Richtlinie fällt, nur, wenn die Verarbeitung der personenbezogenen Daten mit den Bestimmungen der EU-DSGVO im Einklang steht und deren Voraussetzungen erfüllt sind. Jeder Unternehmer, der personenbezogene Daten des Verbrauchers im Zusammenhang mit einem Vertrag über die Bereitstellung digitaler Inhalte oder digitaler Dienstleistungen verarbeitet, hat somit stets auch die Vorschriften der EU-DSGVO einzuhalten. Den ökonomischen Wert der

118 *Linardatos*, in: Specht-Riemenschneider/Werry/Werry (Hrsg.), Datenrecht in der Digitalisierung, S. 506 (509 Rn. 1) m.w.N.

119 *Schmidt-Kessel et al.*, GPR 2016, 54 (58).

120 *Langhanke/Schmidt-Kessel*, EuCML 2015, 218 (219 f.).

121 *Staudenmayer*, in: Schulze/Staudenmayer (Hrsg.), EU Digital Law, Art. 3 Rn. 140.

122 Siehe hierzu auch *Mischau*, ZEuP 2020, 335–365 (341, 344).

personenbezogenen Daten legal zu realisieren, ermöglicht dabei regelmäßig nur die datenschutzrechtliche Einwilligung gem. Art. 6 Abs. 1 lit. a EU-DSGVO.[123]

Wenn ein Unternehmer digitale Inhalte oder digitale Dienstleistungen bereitstellt oder deren Bereitstellung zusagt und ein Verbraucher seine personenbezogenen Daten bereitstellt oder deren Bereitstellung zusagt, regeln die Digitale-Inhalte-RL und die EU-DSGVO somit zwei unterschiedliche Aspekte desselben Sachverhalts – während die Digitale-Inhalte-RL die vertraglichen Rechte und Pflichten der Vertragsparteien (Unternehmer und Verbraucher) bestimmt, enthält die EU-DSGVO die Rechte und Pflichten der „betroffenen Person" und des „Verantwortlichen" bzw. „Auftragsverarbeiters" in Bezug auf die Verarbeitung der personenbezogenen Daten.[124] Derselben natürlichen Person stehen somit in ihrer Eigenschaft als Verbraucher die sich aus der Richtlinie ergebenen vertraglichen Rechte zu und in ihrer Eigenschaft als betroffene Person die in der EU-DSGVO festgelegten Rechte.

Im Zusammenspiel von Vertrags- und Datenschutzrecht darf das Vertragsrecht die gesetzgeberischen Ziele und die Instrumente der EU-DSGVO nicht unterlaufen oder konterkarieren. Art. 3 Abs. 8 Unterabs. 2 DIRL ordnet insoweit an, dass im Fall von „Widersprüchen" zwischen der vertragsrechtlichen Richtlinie und dem Unionsrecht zum Schutz personenbezogener Daten letzteres maßgeblich ist.[125] Ob zwischen den Bestimmungen der Digitale-Inhalte-RL und der Vorschriften der EU-DSGVO tatsächlich „Widersprüche" bestehen, mag bezweifelt werden.[126] Allein die parallele Anwendbarkeit der beiden Rechtsakte und die Tatsache, dass diese auf dieselbe Situation aus verschiedenen Blickwinkeln Anwendung finden – die EU-DSGVO widmet sich den Rechten des Datensubjekts, die Digitale-Inhalte-RL legt vertragsrechtliche Gewährleistungsansprüche fest[127] – impliziert aber insgesamt ein komplexes Verhältnis zwischen der Digitale-Inhalte-RL und der EU-DSGVO und

123 Siehe dazu bspw. *Leinemann*, Personenbezogene Daten als Entgelt. Eine Untersuchung anhand schuldvertrags-, datenschutz- und kartellrechtlicher Fragestellungen, S. 175 ff. m.w.N.; *Riehm*, in: Pertot/Schmidt-Kessel/Padovini (Hrsg.), Rechte an Daten, S. 175 (185 f.); *Langhanke/Schmidt-Kessel*, EuCML 2015, 218 (220); *Westphalen/Wendehorst*, BB 2016, 2179 (2181 ff.); *Linardatos*, in: Specht-Riemenschneider/Werry/Werry (Hrsg.), Datenrecht in der Digitalisierung, S. 506 (530 Rn. 45); *Scheibenpflug*, Personenbezogene Daten als Gegenleistung. Ein Beitrag zur rechtlichen Einordnung datengetriebener Austauschverhältnisse, S. 219 ff., 224.

124 *Staudenmayer*, in: Schulze/Staudenmayer (Hrsg.), EU Digital Law, Art. 3 Rn. 138 ff.

125 Siehe auch Erwgr. 37 letzter Satz DIRL.

126 So *Staudenmayer*, in: Schulze/Staudenmayer (Hrsg.), EU Digital Law, Art. 3 Rn. 141: *„there is no „conflict" between the Digital Content Directive and data protection law, where (...) the latter would prevail"*.

127 *Staudenmayer*, IWRZ 2020, 147 (151).

ein potenzielles Spannungsverhältnis, sodass die Vorschrift zumindest klarstellende Funktion hat.

Inwieweit zwischen der Digitale-Inhalte-RL und der EU-DSGVO ein – gegebenenfalls nicht lösbares – Spannungsverhältnis besteht, soll im Folgendem untersucht werden. Die Untersuchung widmet sich zunächst den wesentlichen materiell-rechtlichen Vorgaben der EU-DSGVO, die bei der Verarbeitung personenbezogener Daten im Zusammenhang mit einem Vertrag zu beachten sind. Der Fokus liegt dabei auf dem sog. Kopplungsverbot der EU-DSGVO und den Folgen eines möglichen Widerrufs einer datenschutzrechtlichen Einwilligung. Auf die Rechte der betroffenen Person wie die Informationspflicht und insbesondere das Löschungsrecht, die Datenportabilität und das Widerspruchsrecht nach den Bestimmungen der EU-DSGVO soll im Einzelnen nicht weiter eingegangen werden.[128] Anschließend richtet sich ein Augenmerk auf die – im Rahmen der Digitale-Inhalte-RL nicht geregelten – Folgen eines Verstoßes gegen die Vorschriften der EU-DSGVO.

a. Wesentliche materiell-rechtliche Vorgaben der EU-DSGVO

aa. Sog. Kopplungsverbot (Art. 7 Abs. 4 EU-DSGVO)

Beruht die Verarbeitung der personenbezogenen Daten auf einer Einwilligung i. S. d. Art. 6 Abs. 1 lit. a EU-DSGVO, finden auch die spezifischen Bestimmungen der EU-DSGVO die Einwilligung betreffend Anwendung (vgl. Art. 4 Nr. 11, Art. 6-9 EU-DSGVO). Neben den Anforderungen an die Transparenz und die Freiwilligkeit der Einwilligung i.S.d. Art. 4 Nr. 11 EU-DSGVO[129], die zum Kern des europäischen Datenschutzrechts gehören, geht Art. 7 Abs. 4 EU-DSGVO als spezielle Ausprägung des Freiwilligkeitsgebots noch darüber hinaus, wenn bei der Beurteilung der Freiwilligkeit der Einwilligung „dem Umstand in größtmöglichem Umfang Rechnung getragen werden [muss]“, ob die Erfüllung des Vertrags „von der Einwilligung zu einer Verarbeitung von personenbezogenen Daten abhängig ist, die für

---

128 Siehe zu diesen Aspekten statt vieler *Dammann*, ZD 2016, 307 (307 ff.); *Worms*, in: BeckOK DatenschutzR, DS-GVO Art. 17 (Stand: 1.8.2023); *Lewinski von*, in: BeckOK DatenschutzR, DSGVO Art. 20 (Stand: 1.11.2023); *Forgó*, in: BeckOK DatenschutzR, DS-GVO Art. 21 (Stand: 1.11.2021).

129 Art. 4 Nr. 11 EU-DSGVO definiert den Begriff „Einwilligung“ als „jede freiwillig für den bestimmten Fall, in informierter Weise und unmissverständlich abgegebene Willensbekundung in Form einer Erklärung oder einer sonstigen eindeutigen bestätigenden Handlung, mit der die betroffene Person zu verstehen gibt, dass sie mit der Verarbeitung der sie betreffenden personenbezogenen Daten einverstanden ist“. „Freiwilligkeit“ in diesem Sinne liegt nur vor, wenn die betroffene Person die Einwilligung verweigern oder widerrufen kann, ohne Nachteile zu erleiden (vgl. Erwgr. 42 letzter Satz EU-DSGVO).

die Erfüllung des Vertrags nicht erforderlich sind".[130] Dieses sog. Kopplungsverbot[131] des Art. 7 Abs. 4 EU-DSGVO soll den Verbraucher vor einer ungerechtfertigten Kopplung von Datenpreisgabe und Nutzung von Internetdiensten schützen.[132] „Freiwillig" handeln kann nur der Betroffene, der sich der Verknüpfung von Leistung und Gegenleistung auch bewusst ist.[133] Allerdings stellt Erwgr. 43 S. 2 der EU-DSGVO darüber hinaus fest, dass eine Einwilligung *nicht* als „freiwillig" erteilt gilt, „wenn die Erfüllung eines Vertrags, einschließlich der Erbringung einer Dienstleistung, von der Einwilligung abhängig ist, obwohl diese Einwilligung für die Erfüllung nicht erforderlich ist". Angesichts dieses weitaus restriktiveren Wortlauts der Begründungserwägung besteht Uneinigkeit darüber, inwieweit Art. 7 Abs. 4 EU-DSGVO ein striktes Kopplungsverbot normiert.[134]

Im Zusammenhang mit der Digitale-Inhalte-RL hat diese Diskussion erhebliche Relevanz, da eine strikte Auslegung des Kopplungsverbots die Freiwilligkeit einer im Rahmen eines datenbasierten Austauschverhältnisses erteilten datenschutzrechtlichen Einwilligung in Frage stellen oder auch der Zulässigkeit des Geschäftsmodells „Daten als Entgelt" grundsätzlich widersprechen könnte.[135] Zweifel an der Vereinbarkeit bestehen insbesondere, weil die Begründungserwägung 43 der EU-DSGVO die Anforderungen an die Freiwilligkeit der Einwilligung deutlich erhöht und eine Fiktion der Unfreiwilligkeit aufstellt, während der unscharfe Wortlaut des Art. 7 Abs. 4 EU-DSGVO auf einen Kompromiss hindeutet.[136] Bei einer engen Auslegung des Art. 7 Abs. 4 EU-DSGVO würde die Vorschrift hingegen datengetriebene Geschäftsmodelle, bei welchen die von einem Nutzer überlassenen Daten nicht nur unmittelbar der Vertragserfüllung dienen, datenschutzrechtlich ausschließen, in-

---

130 Überblicksartig zum Gesetzgebungsverfahren zu Art. 7 Abs. 4 EU-DSGVO siehe *Leinemann*, Personenbezogene Daten als Entgelt. Eine Untersuchung anhand schuldvertrags-, datenschutz- und kartellrechtlicher Fragestellungen, S. 161ff.

131 Die Bezeichnung als „Kopplungsverbot" ist gleichwohl irreführend, da es sich in der Regel nicht um ein striktes „Verbot" handelt, vgl. *Hacker*, ZfPW 2019, 148–196 (182f.); *Kumkar*, ZfPW 2020, 306 (329); *Spindler*, MMR 2016, 147 (150); *Walker*, Die Kosten kostenloser Dienste. Personenbezogene Daten als neues Zahlungsmittel, S. 195.

132 Zum Kopplungsverbot in der EU-DSGVO siehe statt vieler *Engeler*, ZD 2018, 55; *Golland*, MMR 2018, 130; *Krohm/Müller-Peltzer*, ZD 2017, 551; *Hacker*, ZfPW 2019, 148–196 (182f.); *Grundmann/Hacker*, ERCL 2017, 255 (291); *Stemmer*, in: BeckOK DatenschutzR, DS-GVO Art. 7 Rn. 42ff. (Stand: 1.1.2023); *Leinemann*, Personenbezogene Daten als Entgelt. Eine Untersuchung anhand schuldvertrags-, datenschutz- und kartellrechtlicher Fragestellungen, S. 158ff.

133 Vgl. *Langhanke*, Daten als Leistung. Eine rechtsvergleichende Untersuchung zu Deutschland, Österreich und der Schweiz, S. 136.

134 Statt vieler siehe dazu die Darstellung bei *Frenzel*, in: Paal/Pauly, DS-GVO BDSG, DS-GVO Art. 7 Rn. 18.

135 Ausführlich hierzu etwa auch *Kumkar*, ZfPW 2020, 306 (328ff.).

136 So *Schweitzer*, in: Körber/Kühling (Hrsg.), Regulierung – Wettbewerb – Innovation, S. 269 (280).

soweit die Erteilung der Einwilligung hier gerade nicht ausschließlich für die Erfüllung des Vertrags erforderlich ist, sondern darüberhinausgehenden Zwecken dient. Es erscheint jedoch äußert zweifelhaft und es wäre geradezu widersprüchlich, wenn der europäische Gesetzgeber mit der Normierung des Kopplungstatbestands des Art. 7 Abs. 4 EU-DSGVO datenbasierten Geschäftsmodellen schon jede rechtliche Grundlage entziehen wollte, aber nunmehr die Bereitstellung personenbezogener Daten, für deren Verarbeitung gerade auch eine datenschutzrechtliche Einwilligung erforderlich sein kann, als Alternative zur Zahlung eines monetären Preises auf Ebene des Vertragsrechts explizit zulässt.[137] Eine absolute Auslegung des Kopplungsverbots ist daher mit der Anerkennung der Datenpreisgabe durch den europäischen Gesetzgeber in Art. 3 Abs. 1 Unterabs. 2 DIRL sowie Art. 3 Abs. 1a VRRL n.F., die den Anwendungsbereich der jeweiligen Richtlinien für Verträge öffnen, bei denen die Bereitstellung personenbezogener Daten durch den Verbraucher gerade nicht zur Vertragserfüllung erforderlich ist, nicht zu vereinbaren.[138] Zudem ist ein striktes bzw. absolutes Kopplungsverbot schon zu verneinen, insoweit es für die Annahme einer Unwirksamkeit der Einwilligung gem. Art. 7 Abs. 4 EU-DSGVO stets einer Einzelfallabwägung unter Berücksichtigung sämtlicher Umstände bedarf.[139]

Lösen lässt sich der Konflikt nur durch ein enges Verständnis des Kopplungsverbots respektive einer weiten Auslegung des Art. 7 Abs. 4 EU-DSGVO. Eine solche weite Auslegung des Art. 7 Abs. 4 EU-DSGVO entspricht dem Wortlaut der Norm sowie seinem Charakter als offene Generalklausel bzw. als Kompromissformel.[140]

---

137 So auch *Scheibenpflug*, Personenbezogene Daten als Gegenleistung. Ein Beitrag zur rechtlichen Einordnung datengetriebener Austauschverhältnisse, S. 139; siehe auch *Grigoleit/Winkelmann*, in: Grundmann/Möslein (Hrsg.), Innovation und Vertragsrecht, S. 101 (114 f.). Anders: *Schantz*, NJW 2016, 1841 (1845): Das strikte Kopplungsverbot verhindere das Modell der „Bezahlung mit eigenen Daten"; in diese Richtung auch *Dammann*, ZD 2016, 307 (311 ff.); *Dix*, ZEuP 2017, 1 (4).

138 Ebenso *Scheibenpflug*, Personenbezogene Daten als Gegenleistung. Ein Beitrag zur rechtlichen Einordnung datengetriebener Austauschverhältnisse, S. 139; ähnlich *Schneider*, ITRB 2021, 182 (188); *Walker*, Die Kosten kostenloser Dienste. Personenbezogene Daten als neues Zahlungsmittel, S. 195.

139 Ebenso *Leinemann*, Personenbezogene Daten als Entgelt. Eine Untersuchung anhand schuldvertrags-, datenschutz- und kartellrechtlicher Fragestellungen, S. 168; *Drabinski*, Die vertragsrechtliche Datenüberlassung und das Kaufrecht, S. 78; *Scheibenpflug*, Personenbezogene Daten als Gegenleistung. Ein Beitrag zur rechtlichen Einordnung datengetriebener Austauschverhältnisse, S. 139 f.; im Ergebnis so auch *Bunnenberg*, Privates Datenschutzrecht, S. 79 ff., 260 ff.

140 Vgl. *Schweitzer*, in: Körber/Kühling (Hrsg.), Regulierung – Wettbewerb – Innovation, S. 269 (280).

Damit steht das relative „Kopplungsverbot“ dem weit verbreiteten Geschäftsmodell „Dienst gegen Daten“ nicht per se entgegen.[141]

In der Literatur wird ferner argumentiert, dass das Kopplungsverbot des Art. 7 Abs. 4 EU-DSGVO dem Einsatz von Daten „als Gegenleistung“ schon deshalb nicht widerspreche, weil es seinem Zweck nach nicht auf die Vereinbarung einer Datennutzungsbefugnis „als Gegenleistung“ ziele, sondern auf eine mit der Vertragsgestaltung im Übrigen nicht korrelierende Nebenabrede, und dem Kopplungsverbot damit in erster Linie (nur) eine Transparenzfunktion zukomme.[142] Mit Blick auf die Transparenzfunktion stehe das Kopplungsverbot der EU-DSGVO einer vertraglichen Vereinbarung über die Nutzung bzw. Verwertung personenbezogener Daten jedenfalls dann nicht entgegen, wenn die Nutzungsbefugnis offen in ein Gegenleistungsverhältnis gestellt werde und die Funktion als Gegenleistung Teil der in der datenschutzrechtlichen Einwilligung enthaltenen Zweckbestimmung sei.[143]

Abschließend lässt sich die Frage, welche Bedeutung Art. 7 Abs. 4 EU-DSGVO im Zusammenhang mit dem Geschäftsmodell „Dienst gegen Daten“ zukommt, nur durch den EuGH klären.[144] Bis dahin besteht die Gefahr unterschiedlicher Auslegungen und entsprechend divergierenden Lösungen in den EU-Mitgliedstaaten, die das Ziel der Vollharmonisierung zumindest gefährden könnten.[145]

---

141 Für ein enges Verständnis des Kopplungsverbots im Hinblick auf datengetriebene Austauschverhältnisse auch *Schmidt-Kessel/Grimm*, ZfPW 2017, 84–108 (91 f.), *Metzger*, JIPITEC 2017, 1 (5) f.; *Spindler*, MMR 2016, 147 (150); *Bach*, NJW 2019, 1705; *Leinemann*, Personenbezogene Daten als Entgelt. Eine Untersuchung anhand schuldvertrags-, datenschutz- und kartellrechtlicher Fragestellungen, 167, 168; *Hacker*, ZfPW 2019, 148–196 (148, 182 f.); *Scheibenpflug*, Personenbezogene Daten als Gegenleistung. Ein Beitrag zur rechtlichen Einordnung datengetriebener Austauschverhältnisse, 137 ff.; *Riehm*, in: Specht-Riemenschneider/Buchner/Heinze/Thomsen (Hrsg.), Festschrift für Jürgen Taeger, S. 55 (61).

142 So *Schmidt-Kessel/Grimm*, ZfPW 2017, 84–108 (91 f.); siehe auch *Scheibenpflug*, Personenbezogene Daten als Gegenleistung. Ein Beitrag zur rechtlichen Einordnung datengetriebener Austauschverhältnisse, S. 141.

143 *Schmidt-Kessel/Grimm*, ZfPW 2017, 84–108 (91); ebenso *Langhanke*, Daten als Leistung. Eine rechtsvergleichende Untersuchung zu Deutschland, Österreich und der Schweiz, S. 136 f.

144 So auch *Schweitzer*, in: Körber/Kühling (Hrsg.), Regulierung – Wettbewerb – Innovation, S. 269 (280); *Hacker*, ZfPW 2019, 148–196 (183).

145 Zur Reichweite des Kopplungsverbots der EU-DSGVO hat – soweit ersichtlich – als erstes europäisches Höchstgericht der österreichische Oberste Gerichtshof (OGH) entschieden, vgl. OGH 31.8. 2018 – 6 Ob 140/17: Nach Ansicht des OGH sei das Spannungsverhältnis zwischen Art. 7 Abs. 4 und Erwgr. 43 EU-DSGVO dahingehend aufzulösen, dass an die Beurteilung der „Freiwilligkeit“ der Einwilligung strenge Anforderungen zu stellen sind; jedenfalls bei der Koppelung der Einwilligung zu einer Verarbeitung vertragsunabhängiger personenbezogener Daten mit einem Vertragsschluss sei grundsätzlich davon auszugehen, dass die Erteilung nicht freiwillig erfolge. Der OGH hat allerdings nicht die Gelegenheit genutzt, eine erste Entscheidung des EuGH herbeizuführen – zur Vorlage beim

bb. Widerruf der datenschutzrechtlichen Einwilligung (Art. 7 Abs. 3 EU-DSGVO)

Konfliktpotential zwischen Vertragsrecht und Datenschutzrecht im Zusammenhang mit dem Geschäftsmodell des Datenerwerbs hat auch der Widerruf der datenschutzrechtlichen Einwilligung gem. Art. 7 Abs. 3 EU-DSGVO, insofern das datenschutzrechtliche Widerrufsrecht der Annahme einer auf personenbezogenen Daten basierenden Leistungspflicht entgegenstehen könnte.

Die EU-DSGVO dient als (vorrangig) öffentlich-rechtlich konzipiertes Ordnungsrecht, wie erörtert,[146] jedoch nicht dem Zweck, zivilrechtliche Rechtsbeziehungen zu regeln bzw. abschließend zu determinieren und steht der Zulässigkeit einer auf personenbezogenen Daten basierenden vertraglichen Leistungspflicht daher jedenfalls nicht per se entgegen.[147] Wirksam ist die datenschutzrechtliche Einwilligung im Rahmen datenbasierter Austauschverhältnisse allerdings nur dann, wenn sie freiwillig erteilt wurde. Hierzu zählt ferner, dass die betroffene Person die Einwilligung verweigern oder widerrufen kann, ohne Nachteile zu erleiden.[148] Obschon eine datenbasierte Leistungspflicht des Verbrauchers dem Anbieter eines digitalen Produkts aufgrund der jederzeitigen Widerrufbarkeit der datenschutzrechtlichen Einwilligung[149] keine einklagbare Rechtsposition verschaffen mag[150] – insofern wird den datenschutzrechtlichen Vorgaben auf der Ebene des Vertragsrechts Rechnung getragen –, schließt dies eine vertragliche Beziehung und

---

EuGH habe im konkreten Fall kein Anlass bestanden; siehe zu der Entscheidung des OGH die Anmerkung von *Schwamberger*, GPR 2019, 57.

146 Siehe dazu schon unter I.

147 Siehe auch *Arbeitsgruppe: „Digitaler Neustart“*, Bericht vom 15.5.2017, S. 203; *Riehm*, in: Specht-Riemenschneider/Buchner/Heinze/Thomsen (Hrsg.), Festschrift für Jürgen Taeger, S. 55 (56); *Faust*, in: Stiftung Datenschutz, Dateneigentum und Datenhandel, S. 85 (89, 92); *Scheibenpflug*, Personenbezogene Daten als Gegenleistung. Ein Beitrag zur rechtlichen Einordnung datengetriebener Austauschverhältnisse, S. 103.

148 Vgl. Erwgr. 42 letzter Satz EU-DSGVO.

149 Auch die jederzeitige Widerruflichkeit der datenschutzrechtlichen Einwilligung ist nicht ganz unumstritten: Zur Uneinschränkbarkeit des Widerrufsrechts mit Blick auf datengetriebene Austauschverhältnisse siehe statt vieler *Scheibenpflug*, Personenbezogene Daten als Gegenleistung. Ein Beitrag zur rechtlichen Einordnung datengetriebener Austauschverhältnisse, S. 143 ff.; *Walker*, Die Kosten kostenloser Dienste. Personenbezogene Daten als neues Zahlungsmittel, S. 201 ff. Für eine Einschränkung des Widerrufsrechts bei Datenüberlassungsverträgen aber *Drabinski*, Die vertragsrechtliche Datenüberlassung und das Kaufrecht, S. 90 f.

150 Die Einklagbarkeit des Anspruchs auf Erteilung der Einwilligung bzw. auf Datenüberlassung unter dem Gesichtspunkt der datenschutzrechtlichen Vorgaben des EU-DSGVO ebenfalls ablehnend statt vieler bspw. *Langhanke*, Daten als Leistung. Eine rechtsvergleichende Untersuchung zu Deutschland, Österreich und der Schweiz, S. 127; *Scheibenpflug*, Personenbezogene Daten als Gegenleistung. Ein Beitrag zur rechtlichen Einordnung datengetriebener Austauschverhältnisse, S. 153 ff., 244 m.w.N.

das Bestehen einer wirksamen Verpflichtung zur Leistung nicht grundsätzlich aus.[151] Die Möglichkeit des Widerrufs der Einwilligung in die Datenverarbeitung gem. Art. 7 Abs. 3 EU-DSGVO steht daher jedenfalls der Annahme einer vertraglichen Pflicht des Verbrauchers auf Erteilung der Einwilligung nicht entgegen.[152]

Die freie Widerruflichkeit der Einwilligung gem. Art. 7 Abs. 3 EU-DSGVO verdeutlicht aber, dass das Datenschutzrecht gerade nicht auf die freie privatautonome Disposition über Daten zugeschnitten ist. Damit besteht zwischen dem sachlichen Anwendungsbereich der Digitale-Inhalte-RL gem. Art. 3 Abs. 2 Unterabs. 2 DIRL und der jederzeitigen Widerruflichkeit der datenschutzrechtlichen Einwilligung gem. Art. 7 Abs. 3 EU-DSGVO ein Spannungsverhältnis.[153] Zum Schutz der personenbezogenen Daten greift hier aber der Vorbehalt des Datenschutzrechts nach Art. 3 Abs. 8 DIRL: Der Verbraucher verpflichtet sich nur dazu, der Verarbeitung und Nutzung seiner Daten im Rahmen des auch datenschutzrechtlich Zulässigen zuzustimmen. Eine Pflicht des Verbrauchers zur Preisgabe personenbezogener Daten und zur Erteilung einer Einwilligung steht daher stets unter dem Vorbehalt der jederzeitigen freiwilligen Widerruflichkeit gem. Art. 7 Abs. 3 EU-DSGVO. Anders als noch der Richtlinienvorschlag der Kommission stellt Erwgr. 39 DIRL zudem ausdrücklich klar, dass das Recht des Verbrauchers auf Widerruf der Einwilligung zur Verarbeitung personenbezogener Daten nach der EU-DSGVO auch im Zusammenhang mit den von der Richtlinie erfassten Verträgen uneingeschränkt gelten sollte.[154] Insofern fügt das datenschutzrechtliche Widerrufsrecht dem Verbraucher ein weiteres Recht hinzu.[155]

---

151 Siehe insb. *Metzger*, AcP 216 (2016), 817 (833 f.), der darauf hinweist, dass ein bloß einseitig verpflichtender Vertrag, der den Verbraucher nicht zur Preisgabe der Daten verpflichtet, schon dem objektiven Empfängerhorizont der Vertragsparteien widerspricht; zudem möchte die Digitale-Inhalte-RL erkennbar einen Verbraucher, der seine Daten preisgibt, mit dem gleichsetzen, der eine Geldzahlung für die digitalen Inhalte oder digitalen Dienstleistungen erbringt.

152 Vgl. auch *Langhanke*, Daten als Leistung. Eine rechtsvergleichende Untersuchung zu Deutschland, Österreich und der Schweiz, S. 119 ff.; *Leinemann*, Personenbezogene Daten als Entgelt. Eine Untersuchung anhand schuldvertrags-, datenschutz- und kartellrechtlicher Fragestellungen, S. 100; *Scheibenpflug*, Personenbezogene Daten als Gegenleistung. Ein Beitrag zur rechtlichen Einordnung datengetriebener Austauschverhältnisse, S. 245 f. m.w.N. Andere Ansicht: *Riehm*, in: Pertot/Schmidt-Kessel/Padovini (Hrsg.), Rechte an Daten, S. 175 (190 ff.): Eine echte Leistungspflicht auf Erteilung der Einwilligung könne unter dem Gesichtspunkt der Freiwilligkeit nicht wirksam vertraglich vereinbart werden.

153 Ebenso *Specht*, OdW 2017, 121; *Arroyo Vendrell/Schulze*, in: Kindl/Arroyo Vendrell/Gsell (Hrsg.), Verträge über digitale Inhalte und digitale Dienstleistungen, S. 21 (27).

154 Dies ergibt sich im Grunde bereits aus Art. 3 Abs. 8 Unterabs. 2 S. 1 DIRL, nach dem die Bestimmungen der EU-DSGVO unberührt bleiben. Ausführlich zum Verhältnis des Richtlinienvorschlags und den Grundsätzen der datenschutzrechtlichen Einwilligung siehe insb. *Specht*, OdW 2017, 121 (125 f.).

Vor diesem Hintergrund stellt sich die Frage, welche Auswirkungen es hat, wenn der Verbraucher seine „Gegenleistung", d.h. den Zugang zu seinen personenbezogenen Daten jederzeit widerrufen kann, welche Folgen der Widerruf der datenschutzrechtlichen Einwilligung also im Verhältnis zum Vertragsrecht der Digitale-Inhalte-RL hat.

Im Grunde führt ein Widerruf von Seiten des Verbrauchers zu einer „Rückholung" der erbrachten Leistung, die von Seiten des Unternehmers jedoch häufig so gar nicht möglich ist, weil dieser seine Leistung bereits erbracht hat oder der Widerruf erst nach Ende des Leistungszeitraums erfolgt ist.[156] Im Hinblick auf datenbasierte Austauschverhältnisse lassen sich die Folgen eines Widerrufs der datenschutzrechtlichen Einwilligung nur durch eine verzahnte Anwendbarkeit des Datenschutzrechts und des Vertragsrechts lösen:[157] Für den Fall, dass der Verbraucher seine datenschutzrechtliche Einwilligung in die Verarbeitung seiner personenbezogenen Daten im Rahmen eines unter die Richtlinie fallenden Vertrags widerruft, richten sich die datenschutzrechtlichen Folgen nach der EU-DSGVO. Der datenschutzrechtliche Widerruf berührt die Rechtmäßigkeit der aufgrund der Einwilligung bis zum Widerruf erfolgten Verarbeitung nicht (vgl. Art. 7 Abs. 3 S. 2 EU-DSGVO), er wirkt also nur für die Zukunft.[158] Was mit dem Vertrag passiert, wenn der Verbraucher die für die Verarbeitung der Daten gegebenen Einwilligung widerruft, bestimmt grundsätzlich das Vertragsrecht. Der europäische Gesetzgeber hat in den Erwägungsgründen zur Digitale-Inhalte-RL allerdings ausdrücklich klargestellt, dass die Richtlinie die Folgen für die von ihr erfassten Verträge, die sich ergeben, wenn der Verbraucher (bzw. eine betroffene Person i.S.d EU-DSGVO) die Einwilligung zur Verarbeitung seiner personenbezogenen Daten widerruft, selbst nicht regeln sollte.[159] Die vertragsrechtlichen Folgen des Widerrufs, welche Auswirkungen also die Bestimmungen der EU-DSGVO auf das Vertragsrecht haben, ist somit dem nationalen Gesetzgeber überlassen. Die Diskussion verlagert sich daher auf die nationale Ebene.

Ob der gewählte Ansatz des europäischen Gesetzgebers im Sinne einer (Voll-) Harmonisierung sinnvoll ist, erscheint zumindest zweifelhaft. Es stellt sich die Frage, ob den nationalen Gesetzgebern ein zu weiter Umsetzungsspielraum ge-

---

155 *Schulze*, in: Kindl/Arroyo Vendrell/Gsell (Hrsg.), Verträge über digitale Inhalte und digitale Dienstleistungen, S. 123–141 (130 f.).

156 *Specht*, OdW 2017, 121 (125).

157 Siehe hierzu auch *Poillot*, in: Combet, Le droit européen de la consommation au XXIe siècle, État des lieux perspectives, S. 301 (328 Rn 41 f.).

158 Siehe hierzu *Schulze*, in: Kindl/Arroyo Vendrell/Gsell (Hrsg.), Verträge über digitale Inhalte und digitale Dienstleistungen, S. 123–141 (130 f.).

159 Vgl. Erwgr. 40 DIRL.

währt wurde, der im Hinblick auf die Schutzziele des Datenschutzrechts zugunsten des Persönlichkeitsschutzes und die Ziele der Digitale-Inhalte-RL zugunsten des Verbraucherschutzes problematisch ist, insofern damit das Risiko divergierender nationaler Regelungen einhergeht.[160]

b. Verstoß gegen Anforderungen der EU-DSGVO

Eine weitere Problematik datenbasierter Geschäftsmodelle betrifft die Frage, welche Folgen ein Verstoß gegen die Anforderungen der EU-DSGVO auf die Anwendbarkeit des Digitalvertragsrecht hat. Zu klären ist, ob der Anwendungsbereich der Digitale-Inhalte-RL auch dann eröffnet ist, wenn die personenbezogenen Daten eines Verbrauchers unter Verletzung der Datenschutzvorschriften übermittelt werden.

Der Definition des Anwendungsbereichs der Digitale-Inhalte-RL ist nicht zu entnehmen, dass der Fall einer unrechtmäßigen Datenverarbeitung im Sinne der EU-DSGVO der Anwendbarkeit der Richtlinienbestimmungen auf das datenschutzrechtlich unwirksame Austauschverhältnis entgegensteht. Die Digitale-Inhalte-RL betrifft allein das Vertragsrecht, für ihre Anwendbarkeit kann es zunächst nicht darauf ankommen, ob die personenbezogenen Daten datenschutzrechtskonform verarbeitet werden.[161] Vielmehr entspricht es dem Zweck des Art. 3 Abs. 1 DIRL, auch die unrechtmäßige Datenverarbeitung in den Anwendungsbereich der Digitale-Inhalte-RL miteinzubeziehen, denn der Anwendungsbereich des Digitalvertragsrecht ist bewusst weit formuliert, um dem Verbraucher, der statt einer Preiszahlung personenbezogene Daten bereitstellt, die gleichen Rechtsbehelfe zur Verfügung zu stellen (vgl. Erwgr. 24 S. 3 DIRL).[162]

Darüber hinaus kann auch aus Art. 3 Abs. 8 DIRL, der sicherstellt, dass für alle personenbezogenen Daten, die im Zusammenhang mit Verträgen im Sinne der Richtlinie verarbeitet werden, die Bestimmungen der EU-DSGVO gelten und bei „Widersprüchen" die Bestimmungen der EU-DSGVO maßgeblich sind, nicht abgeleitet werden, dass schon die Anwendbarkeit der Digitale-Inhalte-RL von der Vereinbarkeit mit den Bestimmungen der EU-DSGVO abhängt. Im Übrigen stellt die Richtlinie klar, dass Sachverhalte, die dazu führen, dass die Anforderungen der EU-DSGVO (einschließlich wesentlicher Grundsätze wie Datenminimierung, Da-

---

160 Ähnlich *Schulze*, in: Kindl/Arroyo Vendrell/Gsell (Hrsg.), Verträge über digitale Inhalte und digitale Dienstleistungen, S. 123–141 (136) mit Blick auf den Konflikt zwischen dem datenschutzrechtlichen Widerruf und dem Vertragsrecht.

161 So bereits *Mischau*, ZEuP 2020, 335–365 (340).

162 Vgl. auch *Hacker*, in: Lohsse/Schulze/Staudenmayer (Hrsg.), Data as Counter-Performance – Contract Law 2.0?, S. 47 (61).

tenschutz durch Technik und datenschutzfreundliche Voreinstellungen) nicht eingehalten werden, je nach Umständen auch als eine fehlende Übereinstimmung der digitalen Inhalte oder digitalen Dienstleistungen mit den subjektiven oder objektiven Anforderungen an die Vertragsmäßigkeit gemäß der Digitale-Inhalte-RL betrachtet werden können.[163] Wenn die Nichteinhaltung der EU-DSGVO eine Vertragswidrigkeit im Sinne der Digitale-Inhalte-RL darstellen kann, impliziert dies auch, dass der Anwendungsbereich der Richtlinie nicht durch die Tatsache ausgeschlossen werden soll, dass ein Verstoß gegen das Datenschutzrecht vorliegt.[164]

Vertragsrechtlich relevant werden mag ein Verstoß gegen datenschutzrechtliche Anforderungen indessen bei der Frage, ob trotz eines Datenschutzverstoßes ein wirksamer Vertrag nach nationalem Recht besteht.[165] Die Rechtsfolge einer Nichtigkeit des Vertrags nach nationalem Recht würde allerdings – dies sei hier vorweggenommen – zu unerwünschten Ergebnissen führen: Wenn ein Vertrag im Falle einer rechtswidrigen Datenverarbeitung als rechtswidrig und damit als unwirksam behandelt werden würde, würden der betroffenen Person auch keine vertragsrechtlichen Rechtsbehelfe zustehen.[166] Die Annahme einer Unwirksamkeit des Vertrags würde dem Verbraucher damit zusätzlich schaden; der Unternehmer, der die datenschutzrechtlichen Vorschriften missachtet, befände sich hingegen in einer besseren Situation als derjenige, der diese einhält. Vor diesem Hintergrund sollten im Falle einer datenschutzrechtswidrigen Verarbeitung auf datenschutzrechtlicher Ebene die Regelungen der EU-DSGVO und auf vertragsrechtlicher Ebene darüber hinaus die sich aus der Richtlinie ergebenden Rechte des Verbrauchers greifen.[167] Dieser doppelte Schutz ist angesichts der unterschiedlichen Regelungsmaterien des Datenschutzrechts und des Vertragsrechts und der unterschiedlichen betroffenen Schutzgüter auch sachgerecht.[168]

Demgegenüber wird mit Blick auf die Frage der rechtlichen Anerkennung von Daten als „Gegenleistung“ argumentiert, dass personenbezogene Daten bei einem Verstoß gegen datenschutzrechtliche Bestimmungen keine wirksame Gegenleistung nach allgemeinem Vertragsrecht darstellen könnten.[169] Hiergegen spricht jedoch,

---

163 Vgl. Erwgr. 48 S. 3 DIRL.

164 Vgl. *Hacker*, in: Lohsse/Schulze/Staudenmayer (Hrsg.), Data as Counter-Performance – Contract Law 2.0?, S. 47 (61).

165 Siehe hierzu bereits *Mischau*, ZEuP 2020, 335 – 365 (340 f.).

166 Vgl. bereits *Hacker*, in: Lohsse/Schulze/Staudenmayer (Hrsg.), Data as Counter-Performance – Contract Law 2.0?, S. 47 (59); *Staudenmayer*, IWRZ 2020, 147 (Art. 3 150 f.); *Mischau*, ZEuP 2020, 335 – 365 (340); *Staudenmayer*, in: Schulze/Staudenmayer (Hrsg.), EU Digital Law, Art. 3 Rn. 142.

167 Ebenso *Mischau*, ZEuP 2020, 335 – 365 (341).

168 So auch *Mischau*, ebenda.

169 So wohl *Faust*, in: Ständige Deputation des Deutschen Juristentages, Verhandlungen des 71. Deutschen Juristentages Essen 2016, Band 1: Gutachten, A 9 – A 92 (A 19); ausdrücklich *Lölfing*, Die

dass die Komplexität datenschutzrechtlicher Bewertungen – das Datenschutzrecht stuft den Datenaustausch zwischen zwei Parteien, wie gezeigt, nicht als solches als rechtswidrig ein, die Rechtswidrigkeit bezieht sich vielmehr nur auf bestimmte Verarbeitungen dieser Daten – unterlaufen werden könnte, wenn der Übermittlung personenbezogener Daten, die eine datenschutzwidrige Übermittlung beinhaltet, der Gegenleistungscharakter gänzlich abgesprochen würde.[170] Insbesondere kann der ökonomische Wert der erhobenen Daten durch den Unternehmer unabhängig davon abgeschöpft werden, ob die Datenverarbeitung rechtmäßig war.[171] Die Anerkennung personenbezogener Daten als Gegenleistung in Abhängigkeit ihres datenschutzrechtlichen Status könnte angesichts der vagen Begriffe der EU-DSGVO zudem ein erhöhtes Maß an Rechtsunsicherheit in das allgemeine Vertragsrecht bringen – das allgemeine Vertragsrecht sollte daher seine Unabhängigkeit gegenüber den Datenschutzvorschriften bewahren.[172]

4. Zwischenergebnis

Festgehalten werden kann, dass mit dem Konzept der Digitale-Inhalte-RL der Datenerwerb in Form sog. datenbasierter Geschäftsmodelle nunmehr erstmals in einem Rechtsakt aufgegriffen worden ist.

Damit sind die EU-DSGVO, die den persönlichkeitsrechtlichen Schutz personenbezogener Daten garantiert und die Rechtsgrundlagen für die Verarbeitung personenbezogener Daten trifft, und die Bestimmungen der Digitale-Inhalte-RL zum Vertrieb digitaler Inhalte und digitaler Dienstleistungen nunmehr zwei Grundpfeiler europäischer Gesetzgebung für den digitalen Binnenmarkt, in deren Mittelpunkt Daten stehen – einerseits mit Blick auf den Persönlichkeitsschutz personenbezogener Daten und andererseits als Gegenstand des Handels.[173]

Die Eröffnung des Anwendungsbereichs der Digitale-Inhalte-RL für Fälle des „Bezahlens mit Daten“ eint die Erkenntnis, dass personenbezogene Daten einen

App-Ökonomie des Schenkens. Eine rechtsökonomische Analyse zur Haftung von App-Marktplätzen, S. 75.

170 *Hacker*, in: Lohsse/Schulze/Staudenmayer (Hrsg.), Data as Counter-Performance – Contract Law 2.0?, S. 47 (58 f.); siehe auch *Hacker*, ZfPW 2019, 148–196 (160 ff.) m.w.N.

171 So auch *Linardatos*, in: Specht-Riemenschneider/Werry/Werry (Hrsg.), Datenrecht in der Digitalisierung, S. 506 (533 Rn. 34); *Hacker*, ZfPW 2019, 148–196 (160 f.); *Mischau*, ZEuP 2020, 335–365 (340 f.); anderer Ansicht *Schmidt-Kessel et al.*, GPR 2016, 54 (58).

172 *Hacker*, in: Lohsse/Schulze/Staudenmayer (Hrsg.), Data as Counter-Performance – Contract Law 2.0?, S. 47 (58).

173 So bereits *Schulze*, in: Kindl/Arroyo Vendrell/Gsell (Hrsg.), Verträge über digitale Inhalte und digitale Dienstleistungen, S. 123–141 (123 ff.).

wirtschaftlichen Wert verkörpern und datenbasierte Geschäftsmodelle die Wirtschaftswelt prägen.[174] Vor diesem Hintergrund ist der Anwendungsbereich der Richtlinie auch dann eröffnet, wenn „der Unternehmer dem Verbraucher digitale Inhalte oder digitale Dienstleistungen bereitstellt oder deren Bereitstellung zusagt und der Verbraucher dem Unternehmer personenbezogene Daten bereitstellt oder deren Bereitstellung zusagt, (...)“ (vgl. Art. 3 Abs. 1 Unterabs. 2 DIRL).

Die unter grundrechtlichen und datenschutzrechtlichen Gesichtspunkten geführte kontroverse Debatte über die Einbeziehung von personenbezogenen Daten in den Anwendungsbereich der Digitale-Inhalte-RL schlägt sich dabei im endgültigen Richtlinientext deutlich nieder: Der europäische Gesetzgeber vermeidet jedwede Begrifflichkeiten, die die Bereitstellung personenbezogener Daten ausdrücklich als „Gegenleistung“ qualifizieren und umgeht damit eine rechtsdogmatische Einordnung von personenbezogenen Daten als „Gegenleistung“ des Verbrauchers für die Bereitstellung digitaler Inhalte oder digitaler Dienstleistungen durch einen Unternehmer. Art. 3 Abs. 8 DIRL sowie die Begründungserwägungen 24, 37-40 betonen zudem, dass die EU-DSGVO stets Anwendung findet, um dem unionsrechtlich unbedingten Schutz personenbezogener Daten Rechnung zu tragen.

Im Ergebnis wirkt das im Richtlinienvorschlag angelegte Konzept von personenbezogenen Daten als „Gegenleistung“ trotz des offenen (gegenüber dem Richtlinienvorschlag geänderten) Wortlauts der Digitale-Inhalte-RL aber fort.[175] Personenbezogene Daten können vergleichbar mit der Zahlung eines Preises in Geld die Funktion einer Gegenleistung übernehmen.[176] Die genauen Einzelheiten zu der Frage der dogmatischen Einordnung der Datenüberlassung durch den Verbraucher hängen nunmehr von dogmatischen Aspekten des nationalen Vertragsrechts ab, die im Rahmen der Digitale-Inhalte-RL nicht harmonisiert sind. Der Schwerpunkt verlagert sich damit auf eine Klassifizierung nach allgemeinem nationalem Vertragsrecht.

Im Folgenden wird untersucht, wie die nationalen Gesetzgeber das Konzept „Daten gegen Leistung“ in ihre Rechtsordnungen integrieren und ob und inwieweit personenbezogene Daten tatsächlich – entgegen der Empfehlung des Europäischen Datenschutzbeauftragten – auf nationaler Ebene als „Gegenleistung“ anerkannt werden. Vor dem Hintergrund, dass das Geschäftsmodell des Datenerwerbs stets ein

---

174 Ähnlich schon *Leinemann*, Personenbezogene Daten als Entgelt. Eine Untersuchung anhand schuldvertrags-, datenschutz- und kartellrechtlicher Fragestellungen, S. 210.

175 So auch *Metzger*, JZ 2019, 577 (579); *Kumkar*, ZfPW 2020, 306 (324); *Mischau*, ZEuP 2020, 335–365 (336); *Metzger*, in: Lohsse/Schulze/Staudenmayer (Hrsg.), Data as Counter-Performance – Contract Law 2.0?, S. 25 (28); *Staudenmayer*, in: Schulze/Staudenmayer (Hrsg.), EU Digital Law, Art. 3 Rn. 66.

176 Vgl. *Kaesling*, in: Herberger/Martinek/Rüßmann/et. al, jurisPK-BGB, § 327 Rn. 24 (Stand: 24.5. 2023).

Zusammenspiel zwischen den Bestimmungen des Datenschutzrechts und den besonderen vertragsrechtlichen Regelungen erfordert, ist auch zu untersuchen, ob und inwiefern die nationalen Gesetzgeber die Verzahnung von Vertrags- und Datenschutzrecht auf nationaler Ebene regeln.

III. Rechtsvergleichende Untersuchung zum Datenerwerb als Geschäftsmodell

1. Rechtslage und Umsetzung in Deutschland

Für die Untersuchung des deutschen Rechts im Hinblick auf das Prinzip „Bezahlen mit Daten" soll in einem ersten Schritt die Rechtslage zu der Frage der „Entgeltqualität" datenbasierter Geschäftsmodelle aufgezeigt werden. Sodann wird untersucht, wie der deutsche Umsetzungsgesetzgeber die Bestimmung des Art. 3 Abs. 1 Unterabs. 2 DIRL in das nationale Verbraucherrecht implementiert hat und wie das Verhältnis zwischen Vertragsrecht und Datenschutzrecht ausgestaltet ist.

a. Personenbezogene Daten als „Entgelt"

Schon Jahre bevor die EU-Kommission im Rahmen des im Jahr 2015 veröffentlichten Richtlinienvorschlags den Begriff von Daten als „Gegenleistung" erstmals in den regulatorischen Teil eines europäischen Rechtsakts aufgenommen hatte, war die gängige Praxis einer vermeintlich „kostenlosen" Leistung eines Anbieters digitaler Leistungen und der (Einwilligung zur) Überlassung personenbezogener Daten in der deutschen Literatur kritisch hinterfragt worden.[177] Die Thematik betrifft die grundsätzliche Unterscheidung zwischen „entgeltlichen" und „unentgeltlichen" Verträgen im Sinne des Schuldvertragsrecht des BGB.[178] Entgeltliche Verträge zeichnen sich dadurch aus, dass Leistung und Gegenleistung rechtlich – synallagmatisch, kausal oder konditional – miteinander verknüpft sind; bei unentgeltlichen Verträgen fehlt es an dieser Verknüpfung.[179] Mit anderen Worten: Die Verknüpfung

177 Siehe etwa *Bräutigam*, MMR 2012, 635; *Buchner*, DuD (34) 2010, 39 (41); *Rogosch*, Die Einwilligung im Datenschutzrecht, S. 41 f.

178 Zu der Unterscheidung zwischen entgeltlichen und unentgeltlichen Verträgen i.S.d Schuldvertragsrecht des BGB anschaulich *Leinemann*, Personenbezogene Daten als Entgelt. Eine Untersuchung anhand schuldvertrags-, datenschutz- und kartellrechtlicher Fragestellungen, S. 86 ff.

179 Statt vieler siehe bspw. *Herresthal*, in: BeckOGK ZivilR BGB § 311 Rn. 41 f. (Stand: 1.9.2023); *Gehrlein*, in: BeckOK-BGB, § 311 Rn. 10 (Stand: 1.11.2023); *Emmerich*, in: MüKo-BGB, § 311 Rn. 7.

von Leistung und Gegenleistung begründet die „Entgeltlichkeit" eines Vertrags.[180] Die Begriffe „unentgeltlich", „entgeltlich" und „Entgelt" werden im BGB vielfach verwendet, ein einheitliches Verständnis der Begriffe liegt dem BGB allerdings nicht zugrunde.[181]

Bereits im Vorfeld der Richtlinienumsetzung ist die deutsche Rechtsprechung vereinzelt der Frage nachgegangen, ob die Erklärung der datenschutzrechtlichen Einwilligung „Entgeltqualität" begründe. In seinem Urteil vom 17.12.2015 befasste sich das LG Berlin mit dem Nutzungsverhältnis bei sozialen Netzwerken im Zusammenhang mit der Frage über den Zugang eines Erben zu einem Facebook-Account.[182] Das Gericht qualifizierte das Nutzungsverhältnis als schuldrechtlichen Vertrag mit miet-, werk- und dienstvertraglichen Elementen und verwies insoweit auf Literaturstimmen, nach denen das Fehlen einer vom Nutzer geschuldeten Geldleistung der schuldrechtlichen Natur des Vertrags gerade nicht entgegenstehe; in der Möglichkeit, die personenbezogenen Daten zu nutzen, sei vielmehr bereits eine die Entgeltlichkeit begründende Gegenleistung zu erkennen.[183]

In seiner Entscheidung vom 16.1.2018 widmete sich das LG Berlin erneut dem vollkommen datenfinanzierten Geschäftsmodell von Facebook.[184] Das Urteil betrifft ebenfalls die Frage, ob die Erklärung der datenschutzrechtlichen Einwilligung „Entgeltqualität" habe. Allerdings wird das Urteil teilweise dahingehend verstanden, dass das LG Berlin (nunmehr) den entgeltlichen Charakter der Erteilung der datenschutzrechtlichen Einwilligung verneinte.[185] Das Gericht stützte sich auf den Begriff der Kosten i. S. d. Nr. 21 des Anhangs zu § 3 Abs. 3 UWG und erachtete unter Bezugnahme hierauf den Antrag des Klägers als unbegründet, die Beklagte zu verurteilen, es zu unterlassen, auf ihrer Internetseite zu erklären, dass Facebook

---

180 BGH NJW 2014, 294 Rn. 18; 1992, 2566 (2567).

181 *Leinemann*, Personenbezogene Daten als Entgelt. Eine Untersuchung anhand schuldvertrags-, datenschutz- und kartellrechtlicher Fragestellungen, S. 84 m.w.N.

182 LG Berlin, Urteil vom 17.12.2015 – 20 O 172/15, ZD 2016, 182.

183 Vgl. LG Berlin, Urteil vom 17.12.2015 – 20 O 172/15, ZD 2016, 182, 183 mit Verweis auf *Bräutigam*, MMR 2012 635, *649* – richtigerweise müsste sich der Verweis wohl auf *Bräutigam* MMR 2012 635, *640* beziehen – und *Brinkert/Stolze/Heidrich*, ZD 2013, 153, 154. Das KG Berlin schloss sich als Berufungsinstanz dem Urteil insoweit an, vgl. KG Berlin, Urteil vom 31.05.2017 – 21 U 9/16, ZD 2017, 386, 387. Der BGH bestätigte sodann, dass dem Nutzungsverhältnis ein schuldrechtlicher Vertrag zugrunde liege, ließ die Frage nach der Rechtsnatur des Vertrags aber mangels Rechtserheblichkeit unbeantwortet, vgl. BGH, Urteil vom 12.7.2018 – III ZR 183/17, BeckRS 2018, 16463 Rn. 19.

184 LG Berlin, Urteil vom 16.1.2018 – 16 O 341/15, BeckRS 2018, 1060; nachgehend KG Berlin, Urteil vom 20. Dezember 2019 – 5 U 9/18. Das landgerichtliche Urteil erklärt zahlreiche Klauseln der Nutzungsbedingungen von Facebook, die vorformulierte Einwilligungen enthielten, als Verstoß gegen die AGB-rechtliche Transparentkontrolle für unwirksam, siehe dazu *Hacker*, ZfPW 2019, 148 – 196 (185, 189 f.).

185 So *Heldt*, MMR 2018, 328 (333).

„kostenlos" sei und bleibe.[186] Aus Sicht des Gerichts reiche die Erbringung eines „irgendwie gestaltete[n] „Entgelt[s]" oder eine Gegenleistung anderer Art„[187] nicht aus, um Nr. 21 des Anhangs zu § 3 Abs. 3 UWG zu unterfallen. Indes konzentrierte sich das Urteil auf den Begriff der „Kosten" und setzte sich nicht eingehender mit dem Begriff des „Entgelts" im Sinne des Schuldvertragsrechts des BGB auseinander.[188] Dem Urteil lässt sich insoweit nicht entnehmen, dass im Falle der Erteilung der datenschutzrechtlichen Einwilligung eine Entgeltlichkeit im Sinne des Schuldvertragsrechts des BGB verneint werden muss.[189]

Allerdings verneinte das KG Berlin in einem Urteil vom 21.3.2019 den Gegenleistungscharakter von personenbezogenen Daten infolge der jederzeitigen Widerruflichkeit der Einwilligung (Art. 7 Abs. 3 S. 1 EU-DSGVO) ausdrücklich: Eine „Leistung", die der Betroffene jederzeit zurückziehen könne, sei kein „taugliches Entgelt"; von einem Entgelt könne nur die Rede sein, wenn sich der Nutzer zur Einwilligung in die Nutzung seiner Daten verpflichte.[190] Insoweit mache ein „Bezahlen" mit personenbezogenen Daten die Leistung des Unternehmers nicht zu einer entgeltlichen Leistung.[191]

Die deutsche Rechtsprechung bildete damit bislang kein einheitliches Bild zum Prinzip des „Bezahlens mit Daten" ab. Anlass für gesetzliche Änderungen brachte die Pflicht zur Umsetzung der Digitale-Inhalte-RL.

b. Umsetzung der Digitale-Inhalte-RL: Anerkennung personenbezogener Daten als „Gegenleistung"?

Die Einführung des Prinzips „Bezahlen mit Daten" bei Verbraucherverträgen führte im deutschen Verbraucherrecht zu grundlegenden gesetzlichen Änderungen.

Entsprechend dem Regelungsanliegen der Digitale-Inhalte-RL sollte der Fall des „Bezahlens mit Daten" bei Rechtsverhältnissen im digitalen Bereich im BGB erfasst werden. Daher erklärt § 327 Abs. 3 BGB die §§ 327 ff. BGB auch für anwendbar, wenn der Verbraucher dem Unternehmer personenbezogene Daten bereitstellt oder sich hierzu verpflichtet, es sei denn die Voraussetzungen des § 312 Abs. 1a S. 2 BGB liegen vor. Das Prinzip „Bezahlen mit Daten" gilt nach § 312 Abs. 1a S. 2 BGB nicht, wenn der Unternehmer die Daten ausschließlich verarbeitet, um seine Leistungspflicht oder

186 LG Berlin, Urteil vom 16.1.2018 -16 O 341/15 –, juris, Rn. 136 ff.
187 So das LG Berlin, Urteil vom 16.1.2018 -16 O 341/15 –, juris, Rn. 138.
188 *Leinemann*, Personenbezogene Daten als Entgelt. Eine Untersuchung anhand schuldvertrags-, datenschutz- und kartellrechtlicher Fragestellungen, S. 109.
189 So auch *Leinemann*, ebenda.
190 So das KG Berlin, Urteil vom 21.03.2019 - 23 U 268/13 –, juris, Rn. 70.
191 Vgl. ebenda Rn. 71.

an ihn gestellte rechtliche Anforderungen zu erfüllen und keine Verarbeitung zu einem anderen Zweck erfolgt.

Ein weiterer Teil der Umsetzung der Digitale-Inhalte-RL erfolgte durch die wichtige Änderung und Ergänzung des § 312 BGB. Die Richtlinienumsetzung bot Anlass, die hinsichtlich des Erfordernisses einer „entgeltliche[n] Leistung" ohnehin zweifelhafte Fassung des § 312 Abs. 1 BGB a.F.[192] zu korrigieren.[193] Mit der Neufassung des § 312 Abs. 1 BGB und dem Einfügen des neuen Absatz 1a hat sich jedenfalls die im Vorfeld der Richtlinienumsetzung umstrittene Frage, ob auch die Hingabe von Daten (bzw. die Einwilligung in deren Nutzung) als „Entgelt" im Sinne des § 312 Abs. 1 BGB a.F. anzusehen ist und damit auch die Problematik der Richtlinienkonformität der Norm erledigt. Das Tatbestandsmerkmal „entgeltliche (Leistung)" wird in § 312 Abs. 1 BGB[194] nunmehr bewusst nicht mehr verwendet, um mögliche Abgrenzungsschwierigkeiten zum neuen § 312 Abs. 1a BGB zu vermeiden.[195] In § 312 Abs. 1a BGB findet sich die Variante des „Zahlens mit Daten".[196] Die

192 § 312 Abs. 1 BGB a.F. lautete in der Fassung bis zum 31.12.2021: „Die Vorschriften der Kapitel 1 und 2 dieses Untertitels sind nur auf Verbraucherverträge im Sinne des § 310 Absatz 3 anzuwenden, die eine *entgeltliche* Leistung des Unternehmers zum Gegenstand haben." [Hervorhebung hinzugefügt].

193 § 312 Abs. 1 BGB a.F. diente der Umsetzung von Art. 3 Abs. 1 VRRL; gem. Art. 3 Abs. 1 VRRL sollten die Vorgaben der Verbraucherrechterichtlinie allerdings für alle Verträge zwischen einem Unternehmer und einem Verbraucher gelten, unabhängig von einem vereinbarten Entgelt. Nach verbreiteter Ansicht war im Einklang mit der Rechtsprechung daher eine weite, richtlinienkonforme Auslegung des § 312 Abs. 1 BGB a.F. geboten, sodass das Tatbestandmerkmal „entgeltliche (Leistung)" in § 312 Abs. 1 BGB a.F. auch bislang einer Anwendbarkeit der §§ 312 ff. (mit den Einschränkungen in § 312 Abs. 2 bis 7) auf Verträge, bei denen der Verbraucher „mit (personenbezogenen) Daten bezahlt" nicht entgegenstehen sollte, siehe hierzu BT-Drucks. 17/13951, S. 72; *Busch*, in: BeckOGK ZivilR BGB § 312 Rn. 11 ff. (Stand: 1.6.2021); *Brönneke/Schmidt*, VuR 2014, 3; *Czajkowski/Müller-ter Jung*, CR 2018, 157 (160 f.). Gegen die Einordnung als entgeltlicher Vertrag aber noch *Redeker*, in: Hoeren/Sieber/Holznagel (Hrsg.), Handbuch Multimedia-Recht, Rechtsfragen des elektronischen Geschäftsverkehrs, 47. EL., 2018, Teil 12 Rn. 428. Zum Streitstand auch *Faust*, in: Ständige Deputation des Deutschen Juristentages, Verhandlungen des 71. Deutschen Juristentages Essen 2016, Band 1: Gutachten, A 9 – A 92 (A 24 ff.); *Leinemann*, Personenbezogene Daten als Entgelt. Eine Untersuchung anhand schuldvertrags-, datenschutz- und kartellrechtlicher Fragestellungen, S. 120 ff.

194 § 312 Abs. 1 BGB lautet nunmehr wie folgt: „Die Vorschriften der Kapitel 1 und 2 dieses Untertitels sind auf Verbraucherverträge anzuwenden, bei denen sich der Verbraucher zu der Zahlung eines Preises verpflichtet." Für den Anwendungsbereich der §§ 312 ff. BGB ist davon auszugehen, dass unter dem Begriff „Preis" in § 312 Abs. 1 BGB jedenfalls eine vereinbarte Geldleistung zu verstehen ist, vgl. die Begründung des RegE DIRL, S. 35. Zum neugefassten § 312 BGB siehe bspw. *Martens*, in: BeckOK-BGB, § 312 Rn. 9, 9a (Stand: 1.11.2023); *Wendehorst*, in: MüKo-BGB, § 312 Rn. 38 ff.

195 Vgl. die Begründung im RegE DIRL, S. 35.

allgemeinen Grundsätze bei Verbraucherverträgen (§ 312a BGB) sowie die für außerhalb von Geschäftsräumen geschlossenen Verträge und Fernabsatzverträge geltenden Vorschriften zu Informationspflichten und zum Widerrufsrecht sind damit auch auf Verbraucherverträge anzuwenden, bei denen der Verbraucher dem Unternehmer personenbezogene Daten bereitstellt oder sich hierzu verpflichtet.

aa. Voraussetzungen für die Eröffnung des Anwendungsbereichs, § 327 Abs. 3 BGB

Die Vorschriften der §§ 327 ff. BGB sind gem. § 327 Abs. 1 BGB auf Verbraucherverträge anzuwenden, die die Bereitstellung digitaler Produkte durch einen Unternehmer zum Gegenstand haben.

Als weitere Voraussetzung ist die Gegenleistung des Verbrauchers zu berücksichtigen. Diese kann gem. § 327 Abs. 1 S. 1, 2 BGB zunächst in der Zahlung eines „Preises" bestehen. Der Wortlaut „gegen Zahlung" bringt zum Ausdruck, dass die Bereitstellung des digitalen Produkts in einem Austauschverhältnis mit der Zahlung dieses Preises stehen soll.[197]

Um aber gleichermaßen Austauschverhältnisse, bei denen der Verbraucher eine solche monetäre Gegenleistung nicht erbringt, den neuen verbraucherschützenden Regelungen zu unterwerfen, erstreckt § 327 Abs. 3 BGB den Anwendungsbereich der §§ 327 ff. BGB auch auf Verbraucherverträge über die Bereitstellung digitaler Produkte, „bei denen der Verbraucher dem Unternehmer personenbezogene Daten bereitstellt oder sich zu deren Bereitstellung verpflichtet".[198] Die Ausnahmen, in denen die Verarbeitung personenbezogener Daten durch den Unternehmer die Anwendbarkeit der §§ 312 ff. BGB und der §§ 327 ff. BGB nicht auslöst, enthält § 312 Abs. 1a S. 2 BGB, der durch den Verweis in § 327 Abs. 3 letzter Hs. BGB für Verträge über die Bereitstellung digitaler Produkte Bedeutung erlangt. Nicht anwendbar ist das Digitalvertragsrecht gem. § 327 Abs. 3 letzter Hs. i.V.m. § 312 Abs. 1a S. 2 BGB, wenn der Unternehmer die bereitgestellten personenbezogenen Daten des Verbrauchers ausschließlich verarbeitet, um seine Leistungspflicht

196 Vgl. Art. 312 Abs. 1a S. 1 BGB: „Die Vorschriften der Kapitel 1 und 2 dieses Untertitels sind auch auf Verbraucherverträge anzuwenden, bei denen der Verbraucher dem Unternehmer personenbezogene Daten bereitstellt oder sich hierzu verpflichtet".

197 Dies entspricht der Definition „Preis" in Art. 2 Nr. 7 DIRL.

198 Der Begriff „personenbezogene Daten" entspricht der Definition in Art. 4 Nr. 1 EU-DSGVO, eine eigene Legaldefinition im BGB ist angesichts der Einheit der Rechtsordnung entbehrlich, vgl. Begr. RegE. DIRL, S. 40.

oder an ihn gestellte rechtliche Anforderungen zu erfüllen, und sie zu keinem anderen Zweck verarbeitet.[199]

(1) Vertragliche Grundlage, insb. Vertragsschluss

Die Anwendbarkeit des Digitalvertragsrechts nach § 327 Abs. 3 BGB setzt eine vertragliche Grundlage voraus. Daher muss zunächst geklärt werden, ob und unter welchen Voraussetzungen die Bereitstellung personenbezogener Daten im Austausch gegen eine digitale Leistung einen wirksamen Vertrag begründen kann.

Da die Digitale-Inhalte-RL Aspekte des allgemeinen Vertragsrechts, wie das Zustandekommen eines Vertrags weiterhin den Mitgliedstaaten überlässt (vgl. Art. 3 Abs. 10 DIRL), gelten auch für die von § 327 Abs. 3 BGB erfassten Fälle des „Bezahlens mit Daten" die allgemeinen Grundsätze des BGB, anhand derer das Vorliegen eines Vertragsschlusses zu beurteilen ist.[200] Anwendung finden somit die Wertungen des deutschen Vertragsrechts zur Abgrenzung von bloßer Gefälligkeit und Schuldverhältnis.[201] Ob ein Vertragsschluss anzunehmen ist, hängt insbesondere davon ab, inwiefern die Parteien den Willen haben, sich rechtlich zu binden. Das Vorliegen eines Rechtsbindungswillens ist anhand des objektiven Empfängerhorizonts (§§ 133, 157 BGB) zu ermitteln;[202] d. h. auf der Grundlage der Erklärungen und des Verhaltens der Parteien erfolgt die Ermittlung eines Rechtsbindungswillens anhand objektiver Kriterien, wobei unter anderem auch die wirtschaftliche und rechtliche Bedeutung der Angelegenheit heranzuziehen sind.[203]

Da bei der Nutzung von Webseiten oder (sozialen) Diensten oder der Inanspruchnahme von Leistungen anderer digitaler Produkte regelmäßig kein indivi-

199 Zu den Ausschlussgründen wird auf die Ausführungen unter II.1.c. zur europäischen Richtlinienvorgabe in Art. 3 Abs. 1 Unterabs. 2 DIRL verwiesen. Zur Umsetzung im nationalen deutschen Recht siehe etwa *Klink-Straub*, NJW 2021, 3217 (3219, Rn. 15 ff.).

200 Vgl. Begr. RegE DIRL, S. 40.

201 Kritisch zur Übertragung der Rechtsprechung zu Gefälligkeitsverhältnissen im Hinblick auf die Relevanz der Risiken aber *Schreiber*, Digitale Angebote. Neuer Rechtsrahmen für ihre Entwicklung von der Idee bis zum Vertrieb, Kap. 2 Rn. 76.

202 Siehe BGH, Urteil vom 22. Juni 1956 – I ZR 198/54 (NJW 1956, 1313) zu den für die Ermittlung eines Rechtsbindungswillens heranzuziehenden Kriterien, namentlich die Art der Gefälligkeit, ihr Grund und Zweck, ihre wirtschaftliche und rechtliche Bedeutung, insbesondere für den Empfänger, die Umstände, unter denen sie erbracht wird und die dabei bestehende Interessenslage der Parteien, sowie die Gefahr, in die der Begünstigte durch eine fehlerhafte Leistung geraten kann, sowie eigenes rechtliches oder wirtschaftliches Interesse des Leistenden an der erbrachten Leistung.

203 Siehe hierzu etwa BGH, Urteil vom 20. September 2017 – VIII ZR 279/16 –, zitiert nach juris Rn. 24.

dueller Kontakt zwischen Nutzer und Anbieter stattfindet, kann die Ermittlung des Rechtsbindungswillens im Wege der Auslegung typisiert[204] erfolgen:

Werden digitale Inhalte oder digitale Dienstleistungen gegen die Bereitstellung personenbezogener Daten angeboten, weil der Unternehmer ein Interesse an der Nutzung der Daten hat, spricht dies für einen Rechtsbindungswillen des Unternehmers.[205] Dieses Angebot ist typischerweise durch AGB näher ausgestaltet, sodass bei verständigender Würdigung aus der Sicht des objektiven Empfängerhorizonts regelmäßig davon auszugehen ist, dass auch ein Vertragsschluss intendiert ist.[206] Eine Annahme des Angebots durch den Verbraucher erfolgt häufig durch eine ausdrückliche Erklärung, etwa durch die Registrierung auf einer Webseite oder im Wege eines Downloads und der anschließenden Installation eines Computerprogramms.[207] Eine Erklärung, die ein Nutzer im Rahmen eines solchen Registrierungs- bzw. Installationsvorgangs abgibt, bringt in der Regel seinen Rechtsbindungswillen zum Ausdruck.[208] Von einem Rechtsbindungswillen ist jedenfalls dann auszugehen, wenn die Nutzung der Leistung die Einrichtung eines Nutzerkontos zwingend erfordert.[209] Mit Abschluss des Vorgangs besteht ein Vertrag zwischen den Parteien.[210] In anderen Fällen erfolgt die Annahme des Verbrauchers konkludent durch die bloße Inanspruchnahme der digitalen Leistung; auf den Zugang der Willenserklärung kann dann gem. § 151 S. 1 BGB verzichtet werden.[211]

Die Bundesregierung geht in ihrer Begründung zum Gesetzesentwurf noch weiter und weist darauf hin, dass nach der typisierten Auslegung auch schon dann ein Vertragsschluss vorliegen könnte, wenn der Unternehmer beispielsweise Tracking-Technologien einsetzt, um das Online-Verhalten der Verbraucher für die

204 Vgl. RegE DIRL, S. 40, die Begründung des Regierungsentwurfs nennt als Kriterium für die Auslegung unter anderem die rechtliche Bedeutung für den Empfänger unter Berücksichtigung des informationellen Selbstbestimmungsrechts.

205 Ähnlich *Kramme*, RDi 2021, 20 (23).

206 *Metzger*, AcP 216 (2016), 817 (838); hierzu auch *Scheibenpflug*, Personenbezogene Daten als Gegenleistung. Ein Beitrag zur rechtlichen Einordnung datengetriebener Austauschverhältnisse, S. 191 f. m.w.N.

207 Vgl. *Metzger*, AcP 216 (2016), 817 (839). Zu der Unterscheidung zwischen Diensten mit und ohne Registrierungserfordernis insb. *Walker*, Die Kosten kostenloser Dienste. Personenbezogene Daten als neues Zahlungsmittel, S. 140 ff.

208 *Härting*, Internetrecht, Rz. 1054; *Walker*, Die Kosten kostenloser Dienste. Personenbezogene Daten als neues Zahlungsmittel, S. 143.

209 *Faust*, in: Ständige Deputation des Deutschen Juristentages, Verhandlungen des 71. Deutschen Juristentages Essen 2016, Band 1: Gutachten, A 9 – A 92 (A 61 f.).

210 *Walker*, Die Kosten kostenloser Dienste. Personenbezogene Daten als neues Zahlungsmittel, S. 140.

211 *Metzger*, AcP 216 (2016), 817 (839).

Anzeige personalisierter Werbung zu erfassen und damit wirtschaftliche Vorteile anstrebt.[212]

In diese Richtung wird argumentiert, dass schon die bloße Einwilligung in das Setzen von Cookies, die personenbezogene Daten übermitteln, ein deutliches Indiz für einen Rechtsbindungswillen auf beiden Seiten sei, da die Parteien dadurch ihren Willen zum Ausdruck bringen würden, das Nutzungsverhältnis rechtsgeschäftlich ausgestalten zu wollen.[213] Ein Vertragsschluss sollte daher immer schon dann in Betracht gezogen werden, wenn der Unternehmer personenbezogene Daten der Nutzer seines digitalen Angebots verarbeitet.[214]

Theoretisch könnte also schon bei jedem Aufruf einer Webseite, auf der Tracking-Tools zur Erhebung personenbezogener Daten gesetzt werden, bereits ein Vertrag vorliegen.

Eine solche Auslegung wird in der Literatur wiederum teils als zu weitgehend angesehen.[215] Der Klick auf „Alle Akzeptieren" beim Besuch einer Webseite erfolge nur in besonderen Fällen tatsächlich mit Rechtsbildungswillen, wenn der Webseitenbesucher hiermit auch eine verbindliche Erklärung dahingehend abgeben wollte, die eigenen Daten für personalisierte Werbung hinzugeben, um den Webseiteninhalt konsumieren zu können.[216] Noch enger ist die Annahme, dass ein Rechtsbindungswille des Nutzers erst ab Vorliegen einer Registrierung oder eines Downloads anzunehmen sei; bei der bloßen Nutzung einer Suchmaschine oder dem Besuch einer Webseite oder einer offenen Plattform ohne die Notwendigkeit einer

---

212 Vgl. Begr. RegE. DIRL, S. 40; nach Erwgr. 25 S. 3 DIRL sollte die Digitale-Inhalte-RL nicht in Fällen gelten, in denen der Unternehmer nur Metadaten wie Informationen zum Gerät des Verbrauchers oder zum Browserverlauf erhebt, es sei denn der betreffende Sachverhalt gilt als Vertrag nach nationalem Recht – die Einordnung entsprechender Konstellationen war damit dem nationalen Recht überlassen.

213 So *Kramme*, RDi 2021, 20 (23) mit Verweis auf EuGH, ECLI:EU:C_2019:801.

214 So *Kramme*, ebenda mit Verweis auf RefE DIRL, S. 42.

215 Siehe etwa *Spindler*, MMR 2021, 451 (452 f.), der am Rechtsbindungswillen des Anbieters zweifelt; siehe ferner auch *Klink-Straub*, NJW 2021, 3217 (3218, Rn. 10), die das Bestehen eines Vertrags in solchen Fällen unter Berücksichtigung von Art. 5 Abs. 3 S. 1 ePrivacy-RL bzw. § 25 Abs. 1 Telekommunikations-Telemedien-Datenschutz-Gesetz (TTDSG) ablehnt: Cookies können grundsätzlich nur dann eingesetzt werden, wenn der Verbraucher vor Aufruf der Webseite eine informierte Einwilligung abgegeben hat; mit dieser Einwilligung bringe der Verbraucher jedoch noch nicht seinen Willen zu einem Vertragsschluss zum Ausdruck, sondern verbinde damit nur den datenschutzrechtlich notwendigen Vorgang beim Besuch einer Webseite. Erst in einem zweiten Schritt – so *Kling-Straub* weiter –, wenn der Unternehmer eine Leistung auf seiner Webseite anbiete und der Verbraucher ausdrücklich zwischen einer Zahlung mit Geld oder mit seinen personenbezogenen Daten wählen könne, könne vom Vorliegen eines Verbrauchervertrags ausgegangen werden.

216 So *Schreiber*, ITRB 2022, 114; *Schreiber*, Digitale Angebote. Neuer Rechtsrahmen für ihre Entwicklung von der Idee bis zum Vertrieb, Kap. 2 Rn. 71 ff.

Registrierung bestehe hingegen kein Vertragsverhältnis zwischen Anbieter und Nutzer.[217] Vielmehr sei für die meisten „kostenlosen" Angebote der rein „faktische Austausch" von personenbezogenen Daten gegen Leistungen typisch.[218]

Überzeugender erscheint es, für die Frage des Vorliegens eines Vertragsschlusses losgelöst von einer etwaigen Registrierungspflicht im Einzelfall darauf abzustellen, ob die Inanspruchnahme einer digitalen Leistung oder des digitalen Dienstes zwingend durch die Geschäftsbedingungen des Anbieters ausgestaltet wird und die personenbezogenen Daten des Nutzers auf der Grundlage einer von diesem erteilten datenschutzrechtlichen Einwilligung kommerziell verarbeitet werden sollen.[219] Denn insofern die Finanzierung digitaler Dienste, deren Erhalt keine Registrierung erfordert, auf der Schaltung personalisierter Werbung fußt,[220] „leistet" auch der Nutzer, der beim Besuch einer Webseite in die kommerzielle Verwertung seiner personenbezogenen Daten einwilligt, mehr als die Erklärung eines Einverständnisses, personalisierter Werbung ausgesetzt zu werden; vielmehr eröffnet er dem Anbieter die wirtschaftlich werthaltige Möglichkeit, Werbung zu personalisieren.[221] Unter Umständen kann daher auch schon der Besuch bzw. die Nutzung einer Webseite mit einwilligungsbedürftigen Tracking-Tools auch ohne vorherige Registrierung ein Vertragsverhältnis begründen, insbesondere wenn die Erhebung und Verarbeitung der Daten zum Zwecke personalisierter Werbeschaltung erfolgt. Mit Blick auf ihren hohen ökonomischen Wert kann personenbezogenen Daten, die durch solche Tracking-Maßnahmen gesammelt werden, auch nicht grundsätzlich der Charakter als rechtliche „Gegenleistung" abgesprochen werden.[222] Eine verallgemeinernde Auslegung für sämtliche Webseiten mit Tracking-Tools verbietet sich hier schon vor dem Hintergrund der §§ 133, 157 BGB.[223]

217 So *Becker*, CR 2021, 230 (235 f.); siehe auch *Härting*, CR 2016, 735 (737 f.); *Walker*, Die Kosten kostenloser Dienste. Personenbezogene Daten als neues Zahlungsmittel, S. 146. Einen Vertragsschluss ablehnend bei der bloßen Nutzung einer Webseite insbesondere ohne Registrierung oder sonstige eindeutige Willenserklärung, die Angebot und Annahme darstellen könnte, auch *Bitkom Bundesverband Informationswirtschaft, Telekommunikation und Neue Medien e.V.* (*bitkom*), Stellungnahme Referentenentwurf zur Umsetzung der Digitale Inhalte Richtlinie, S. 1 f.

218 So *Becker*, CR 2021, 230 (236).

219 So auch *Scheibenpflug*, Personenbezogene Daten als Gegenleistung. Ein Beitrag zur rechtlichen Einordnung datengetriebener Austauschverhältnisse, S. 189 f.

220 Vgl. *Walker*, Die Kosten kostenloser Dienste. Personenbezogene Daten als neues Zahlungsmittel, S. 140.

221 Vgl. *Arbeitsgruppe: „Digitaler Neustart"*, Bericht vom 15.5.2017, S. 205.

222 Vgl. *Hacker*, ZfPW 2019, 148–196 (166 f.).

223 So im Ergebnis auch *Schreiber*, Digitale Angebote. Neuer Rechtsrahmen für ihre Entwicklung von der Idee bis zum Vertrieb, Kap. 2 Rn 75.

Im Hinblick auf die Ermittlung des Rechtsbindungswillens kann festgehalten werden, dass im Rahmen gängiger datenbasierter Geschäftsmodelle die rechtliche Bedeutung[224] und insbesondere auch die wirtschaftliche Bedeutung dafür sprechen, dass ein Austauschverhältnis von digitalen Produkten gegen personenbezogene Daten regelmäßig einen Vertrag und keine bloße Gefälligkeit darstellt.[225] Ein Vertrag über die Bereitstellung digitaler Inhalte oder digitaler Dienstleistungen gegen personenbezogene Daten begründet dann sowohl auf Unternehmer- als auch auf Verbraucherseite vertragliche Pflichten:[226] Der Verbraucher, der eine vertragsmäßige Bereitstellung eines digitalen Produkts verlangen kann, ist seinerseits zur Preisgabe seiner personenbezogenen Daten nach Maßgabe des Vertrags verpflichtet. Der Annahme einer vertraglichen Pflicht des Verbrauchers zur Überlassung seiner Daten im Gegensatz zu einer reinen Gefälligkeit entspricht es insofern auch, dass der Verbraucher erwarten darf, in Fällen einer Datenüberlassung bzw. der Duldung einer Datenerhebung, so gestellt zu werden, als hätte er für die Bereitstellung des digitalen Inhalts oder der digitalen Dienstleistung einen monetären Preis gezahlt.[227]

Ob im konkreten Fall ein beiderseitiger Rechtsbindungswille gegeben ist, hängt davon ab, ob sich beide Parteien, der Anbieter des digitalen Produkts bzw. der Betreiber der Webseite und der Nutzer bzw. Webseiten-Besucher, rechtlich binden wollen. Besteht nach nationalem Recht nach den genannten Grundsätzen des BGB

224 Hinsichtlich der rechtlichen Bedeutung ist dabei auch die grundrechtliche Relevanz nicht außer Acht zu lassen angesichts des betroffenen Schutzbereichs des Rechts auf informationelle Selbstbestimmung, vgl. die Begr. RegE. DIRL, S. 40.

225 So schon *Metzger*, AcP 216 (2016), 817 (834); *Klein/Datta*, CR 2016, 587 (588); etwas zurückhaltender *Hacker*, ZfPW 2019, 148–196 (158).

226 Der Grundsatz der Trennung von Verpflichtungs- und Verfügungsgeschäft ist auch hier stets zu beachten, vgl. *Metzger*, AcP 216 (2016), 817 (831 f.) m.w.N.: Im Schuldvertrag stehen sich das Versprechen des Unternehmers, die digitalen Inhalte oder die digitale Dienstleistung bereitzustellen und das Versprechen des Verbraucher, seine personenbezogenen Daten bereitzustellen und deren Nutzung zu gestatten gegenüber; hiervon zu trennen ist auf Verfügungsebene die Gewährung des Zugangs zu den digitalen Inhalten oder der digitalen Dienstleistung durch den Unternehmer und die Gestattung ihrer Nutzung, und auf Verbraucherseite die tatsächliche Preisgabe seiner Daten und die Zustimmung zu einer entsprechenden Nutzung der Daten. Dass das zweite Verfügungsgeschäfts unter dem datenschutzrechtlichen Vorbehalt der jederzeitigen Widerrufbarkeit steht, nimmt ihm dabei nicht zwangsläufig den Charakter als Verfügungsgeschäft, denn der datenschutzrechtliche Widerruf wirkt ex nunc, die Einwilligung bleibt für die Vergangenheit somit wirksam und die Datenverarbeitung rechtmäßig; die Einwilligung in die Datenverarbeitung hat insoweit unmittelbare Wirkung für die Rechtsposition des Verbrauchers, ein charakteristisches Merkmal für ein Verfügungsgeschäft.

227 Vgl. *Metzger*, ebenda (833 f.); siehe auch *Kaesling*, in: Herberger/Martinek/Rüßmann/et. al, jurisPK-BGB, § 327 Rn. 20 (Stand: 24.5.2023).

kein wirksamer Vertrag, bleibt auch die Anwendbarkeit der §§ 327 ff. BGB verschlossen – ohne vertragliche Grundlage kann das Digitalvertragsrecht keine Anwendung finden.

(2) Bereitstellung personenbezogener Daten

Weitere Voraussetzung des § 327 Abs. 3 BGB ist, dass der Verbraucher dem Unternehmer personenbezogene Daten „bereitstellt oder sich zu deren Bereitstellung verpflichtet“. Um den Anwendungsbereich der §§ 327 ff. BGB zu eröffnen genügt also bereits die Zusage der Bereitstellung personenbezogener Daten, die eine schuldrechtliche Verpflichtung des Verbrauchers zur Überlassung der Daten begründet, auch wenn die tatsächliche Bereitstellung der Daten erst später erfolgt.[228]

Der Begriff der „Bereitstellung“ personenbezogener Daten ist, so die Begründung des Regierungsentwurfs, „im weitest möglichen Sinne“ zu verstehen und umfasst alle Verarbeitungen von personenbezogenen Daten des Verbrauchers durch den Unternehmer, unabhängig von der Art und Weise der Verarbeitung und deren datenschutzrechtlicher Einordnung.[229] Es kommt insbesondere auch nicht darauf an, dass der Verbraucher dem Unternehmer die personenbezogenen Daten „aktiv“ übermittelt; ausreichend ist vielmehr, dass der Verbraucher die Verarbeitung seiner personenbezogenen Daten zulässt, sei es im Zeitpunkt des Vertragsschlusses oder im weiteren Verlauf des Vertragsverhältnisses.[230] Unter den Begriff der „Bereitstellens“ fallen somit zunächst Handlungen in Form eines „Übermittelns“, eines „Gebens“ oder eines „Zurverfügungstellens“.[231] Eine Bereitstellung personenbezogener Daten im Sinne des § 327 Abs. 3 BGB liegt aber auch dann vor, wenn die Daten etwa von dem Anbieter einer Webseite im Hintergrund gesammelt werden, beispielsweise durch das Setzen von Cookies oder die Erhebung von Metadaten wie Informationen zum Gerät des Verbrauchers oder zum Browserverlauf, soweit der betreffende Sachverhalt als Vertrag anzusehen ist.[232]

---

228 Vgl. *Klink-Straub*, NJW 2021, 3217 (3219, Rn. 13).

229 Vgl. Begr. RegE. DIRL, S. 36, 41.

230 Dies betont die Gesetzesbegründung des Regierungsentwurfs mit Verweis auf die Stellungnahme des EDSB, siehe RegE DIRL, S. 36, 41; siehe hierzu auch *Mischau*, ZEuP 2020, 335–365 (346); *Roos*, in: Hoeren/Sieber/ Holznagel (Hrsg.), Handbuch Multimedia-Recht, Rechtsfragen des elektronischen Geschäftsverkehrs, 57. EL. 2021, Teil 12 Rn. 27.

231 Vgl. *Klink-Straub*, NJW 2021, 3217 (3218 f., Rn. 12) mit Verweis auch auf Art. 20 EU-DSGVO.

232 So die BegrE. DIRL, S. 41 mit Verweis auf Erwgr. 25 DIRL.

bb. Zwischenergebnis

Vorbedingung der Anwendbarkeit der §§ 327 ff. BGB ist das Vorliegen eines Vertrags. Der Fall des „Bezahlens mit Daten" wird von § 327 Abs. 3 BGB erfasst. Die Vorschrift ist dabei als rein objektive Anwendungsvoraussetzung ausgestaltet; allein dem Wortlaut kann eine Qualifizierung personenbezogener Daten als „Gegenleistung" nicht entnommen werden.

Der Gesetzgeber verzichtet hier bewusst auf die Verwendung der Begrifflichkeit „Gegenleistung" und eine rechtsdogmatische Einordnung der Bereitstellung personenbezogener Daten bzw. der Verpflichtung hierzu aus schuldrechtlicher Sicht. Insoweit verweist die Begründung des Regierungsentwurfs darauf, dass auch der europäische Gesetzgeber hierauf verzichtet hat, nachdem der EDSB im Rahmen der Richtlinienverhandlungen darauf hingewiesen hatte, dass die Einstufung von personenbezogenen Daten als „Gegenleistung" aus grundrechtlichen und datenschutzrechtlichen Gründen nicht angemessen sei.[233]

§ 327 Abs. 3 BGB setzt daher für die Anwendbarkeit des Digitalvertragsrecht lediglich einen Verbrauchervertrag über die Bereitstellung digitaler Produkte voraus, auf dessen Grundlage personenbezogene Daten bereitgestellt werden; nicht aber eine besondere Verknüpfung zwischen der Bereitstellung des digitalen Produkts und der Bereitstellung der personenbezogenen Daten. Für die Anwendbarkeit der §§ 327 ff. BGB ist somit gerade unerheblich, wie die Bereitstellung personenbezogener Daten oder die Zusage hierzu im Rahmen des Schuldrechts einzuordnen ist, ob es sich hierbei um eine (Gegen-)Leistung handelt und ob diese im Gegenseitigkeitsverhältnis steht oder nicht.[234]

cc. Schuldrechtliche Bewertung

Ungeklärt bleibt bisher, ob die Bereitstellung eines digitalen Produkts und die Bereitstellung personenbezogener Daten ein Verhältnis von Leistung und Gegenleistung begründen. Es folgt daher eine schuldrechtliche Bewertung datenbasierter Geschäftsmodelle und eine Untersuchung der hiermit zusammenhängenden dogmatischen Fragestellungen des deutschen Rechtssystems.

Die Untersuchung erfolgt unter der Prämisse, dass die Funktion einer Gegenleistung im Rahmen datenbasierten Austauschverhältnisse einerseits die Datenhingabe bzw. die Datenüberlassung und andererseits die Einwilligungserklärung in die Datenverarbeitung übernehmen könnten.

233 Vgl. Begr. RegE., S. 35, 40.

234 So die Begr. RegE., ebenda.

(1) Begriff der „Gegenleistung"

Ob und inwiefern Daten als „Gegenleistung" anerkannt werden können, hängt eng damit zusammen, welche Bedeutung der Gegenleistungscharakter in der deutschen Rechtsordnung hat und welche Rolle diesem im Gesamtgefüge des Vertragsrechts des BGB zukommt. Um das Verhältnis von Leistung und Gegenleistung näher zu bestimmen, ist daher auf die Grundsätze des BGB zurückzugreifen.

Bedeutung hat die Einordnung von personenbezogenen Daten als Gegenleistung im deutschen Privatrecht insbesondere deshalb, weil der Gegenleistungscharakter über die Anwendbarkeit einer Reihe von Normen (vgl. §§ 320-322, 326, 105a, 316, 346 Abs. 2 S. 2 BGB) sowie die Kontrollfähigkeit nach dem AGB-Recht entscheidet.[235]

Der Begriff der „Gegenleistung" wird in Rechtsprechung sowie Literatur jedoch kaum definiert, sondern vielmehr stets vorausgesetzt.[236] Gemeinhin für die Verhältnisse der digitalen Wirtschaft definiert *Hacker* den Begriff „Gegenleistung" als ein „transaktionsspezifisches, typischerweise (i) vermögensmehrendes Äquivalent zur Leistung,[237] welches (ii) das Austauschverhältnis prägt[238] und (iii) nicht ausdrücklich vom Gegenleistungsbegriff ausgeschlossen wurde"[239].

Personenbezogene Daten haben einen ökonomischen Wert – faktisch auch solche, die unrechtmäßig erhoben oder verarbeitet werden.[240] Als ein solcher Vermögenswert werden Daten, wie erörtert, regelmäßig in wirtschaftlichen Transaktionen verwendet. Jedenfalls in der Datenüberlassung liegt daher prinzipiell eine gegenleistungsfähige Vermögensmehrung.[241] Hinsichtlich der Prägung des Austauschverhältnisses ist je nach Geschäftsmodell zu differenzieren und der prägende Charakter jedenfalls für die Datenüberlassung zu bejahen.[242] Die daten-

---

235 Eingehend hierzu *Hacker*, ZfPW 2019, 148–196 (149, 158 ff.).

236 So *Hacker*, ebenda (158).

237 Anders *Scheibenpflug*, Personenbezogene Daten als Gegenleistung. Ein Beitrag zur rechtlichen Einordnung datengetriebener Austauschverhältnisse, S. 210 f., der einen vermögensrechtlichen Charakter einer Gegenleistung und eine Mehrung des Vermögens des Leistungsempfängers für nicht erforderlich hält.

238 Hierzu schon *Buchner*, Informationelle Selbstbestimmung im Privatrecht, S. 268 ff. Insbesondere zur Prägung des Austauschverhältnisses als Voraussetzung für eine Anerkennung der datenschutzrechtlichen Einwilligung als Gegenleistung auch *Specht*, JZ 2017, 763 (764).

239 *Hacker*, ZfPW 2019, 148–196 (158 f.) m.w.N. Für eine eingehende Analyse der einzelnen Kriterien einer Gegenleistung im Kontext der digitalen Wirtschaft siehe ebenda.

240 *Hacker*, ZfPW 2019, 148–196 (160 ff.); andere Ansicht *Lölfing*, Die App-Ökonomie des Schenkens. Eine rechtsökonomische Analyse zur Haftung von App-Marktplätzen, S. 75. Siehe hierzu schon unter II.3.b.

241 Vgl. *Hacker*, ZfPW 2019, 148–196 (158).

242 So *Hacker*, ebenda.

schutzrechtliche Einwilligung kann (auch) prägende Wirkung haben, soweit die Rechtsmäßigkeit der Datenverarbeitung nicht von einem gesetzlichen Erlaubnistatbestand, sondern von der Erteilung einer Einwilligung des Verbrauchers abhängt.[243] Ein Ausschluss vom Gegenleistungsbegriff besteht für spezifische Formen der Datenüberlassung grundsätzlich nicht.[244] Etwas anderes könnte allerdings gelten, wenn die personenbezogenen Daten durch den Unternehmer verarbeitet werden, um vertraglichen oder rechtlichen Pflichten nachzukommen. Dass in Fällen der vertragserforderlichen Datenverarbeitung auf der Grundlage des Art. 6 Abs. 1 lit. b EU-DSGVO auch schuldrechtlich keine Gegenleistung angenommen werden kann, ist als Schlussfolgerung aber gerade nicht zwingend und inhaltlich nicht gerechtfertigt, vor allem, wenn die bereitgestellten Daten unabhängig von der Frage der Vertrags- oder Rechtsnotwendigkeit Grundlage einer Wertschöpfung sind.[245] Die Ausnahme ist aber sinnvoll, wenn der Unternehmer keinerlei ökonomischen Wert aus den Daten zieht, sondern diese schlichtweg verarbeiten muss, um seinen vertraglichen oder rechtlichen Pflichten nachzukommen – die Daten übernehmen dann keinerlei Funktion einer Gegenleistung.[246] Im Ergebnis fällt somit die Überlassung von Daten bzw. die Einwilligung hierzu unter den Begriff der „Gegenleistung", wenn der Unternehmer mit der Verarbeitung der personenbezogenen Daten einen darüberhinausgehenden Zweck verfolgt und die bereitgestellten Daten insoweit einen ökonomischen Wert haben.

(2) Inhalt der Leistung

Uneinigkeit besteht darüber, was die relevante Gegenleistung des Dateninhabers ist, mit anderen Worten was der konkrete Leistungsinhalt ist.[247]

Die Funktion einer Gegenleistung könnte einerseits die Erteilung der datenschutzrechtlichen Einwilligung in die Datenverarbeitung und andererseits die Datenüberlassung übernehmen.[248]

---

243 So *Specht*, JZ 2017, 763 (764); *Walker*, Die Kosten kostenloser Dienste. Personenbezogene Daten als neues Zahlungsmittel, S. 157 f.

244 *Hacker*, ZfPW 2019, 148–196 (158).

245 So *Hacker*, ebenda (164 ff.); ebenso *Westphalen/Wendehorst*, BB 2016, 2179 (2184).

246 *Mischau*, ZEuP 2020, 335–365 (342); *Franceschi*, in: Schmidt-Kessel/Kramme (Hrsg.), Geschäftsmodelle in der digitalen Welt, S. 113 (124 f.).

247 Zum Meinungsstand ausführlich *Scheibenpflug*, Personenbezogene Daten als Gegenleistung. Ein Beitrag zur rechtlichen Einordnung datengetriebener Austauschverhältnisse, S. 195 ff.

248 Im Ausgangspunkt für eine Gleichstellung der Datenüberlassung und der Einwilligung siehe *Hacker*, ZfPW 2019, 148–196 (158 ff.) mit Verweis auf das *obiter dictum* des BGH in BGH NJW 2017, 2119, Rn. 22, allerdings zurückhaltend im Hinblick auf den prägenden Charakter der Einwilligung für datengetriebene Austauschverhältnisse.

Nach einer Ansicht sei nach der Konzeption der Richtlinie für die Leistung des Verbrauchers auf die Datenhingabe, also die Verschaffung der personenbezogenen Daten, abzustellen.[249] Die Wortwahl der Digitale-Inhalte-RL sei vom deutschen Umsetzungsgesetzgeber in § 327 Abs. 3 BGB insofern übernommen worden, als begrifflich auf die Datenhingabe durch den Verbraucher abgestellt werde.[250] Demgegenüber wird in der Literatur überwiegend die Erteilung der datenschutzrechtlichen Einwilligung als die entscheidende Gegenleistung des Verbrauchers hervorgehoben,[251] da die kommerzielle Nutzung der bereitgestellten personenbezogenen Daten erst durch die Einwilligung gem. Art. 6 Abs. 1 lit. a EU-DSGVO legimitiert werde.[252] Stellt man als relevante Gegenleistung auf die Einwilligung in die Datenverarbeitung gem. Art. 6 Abs. 1 lit. a EU-DSGVO ab, hat die Einwilligung in der Regel rechtsgeschäftlichen Charakter, sofern der Wille des Datensubjekts auf die Eingehung einer Verpflichtung zur Erteilung der datenschutzrechtlichen Einwilligung sowie deren Vollzug gerichtet ist.[253] Die datenschutzrechtliche Einwilligungserteilung kann dabei mit der Willenserklärung zum Abschluss eines Vertrags zeitlich zusammenfallen.[254]

Zuzustimmen ist der Annahme der Konzeption einer zweifachen Verpflichtung: Einerseits die Verpflichtung zur faktischen Überlassung der erforderlichen Daten in Form der aktiven Datenüberlassung oder der passiven Duldung der Datenerhebung und -verarbeitung durch den Dienstanbieter; andererseits die Ver-

---

249 Siehe *Rosenkranz*, ZUM 2021, 195 (201); *Kaesling*, in: Herberger/Martinek/Rüßmann/et. al, jurisPK-BGB, § 327 Rn. 24 (Stand: 24.5.2023).

250 So *Rosenkranz*, ZUM 2021, 195 (201).

251 Siehe etwa *Kumkar*, ZfPW 2020, 306 (326); *Langhanke/Schmidt-Kessel*, EuCML 2015, 218, 220; *Schmidt-Kessel/Grimm*, ZfPW 2017, 84–108 (89 ff.); *Leinemann*, Personenbezogene Daten als Entgelt. Eine Untersuchung anhand schuldvertrags-, datenschutz- und kartellrechtlicher Fragestellungen, S. 83, 84, 123, 124, 174; *Specht*, JZ 2017, 763 (764, 768); *Langhanke*, Daten als Leistung. Eine rechtsvergleichende Untersuchung zu Deutschland, Österreich und der Schweiz, S. 124, 125; *Scheibenpflug*, Personenbezogene Daten als Gegenleistung. Ein Beitrag zur rechtlichen Einordnung datengetriebener Austauschverhältnisse, S. 199 ff.

252 So *Langhanke/Schmidt-Kessel*, EuCML 2015, 218 (220); *Scheibenpflug*, Personenbezogene Daten als Gegenleistung. Ein Beitrag zur rechtlichen Einordnung datengetriebener Austauschverhältnisse, S. 205.

253 Vgl. *Ohly*, „Volenti non fit iniuria". Die Einwilligung im Privatrecht, S. 167, 178 ff.; *Buchner*, Informationelle Selbstbestimmung im Privatrecht, S. 237; *Rogosch*, Die Einwilligung im Datenschutzrecht, S. 39, 45; *Riehm*, in: Pertot/Schmidt-Kessel/Padovini (Hrsg.), Rechte an Daten, S. 175 (180); *Scheibenpflug*, Personenbezogene Daten als Gegenleistung. Ein Beitrag zur rechtlichen Einordnung datengetriebener Austauschverhältnisse, S. 106 f.

254 *Hacker*, Datenprivatrecht. Neue Technologien im Spannungsfeld von Datenschutzrecht und BGB, S. 168 m.w.N.

pflichtung zur Erteilung der datenschutzrechtlichen Einwilligung zur Legitimierung der Datenverarbeitung zu kommerziellen Zwecken.[255]

Aus Sicht des Unternehmers kommt es letztlich auf den faktischen Zugriff auf die Daten und die tatsächliche Möglichkeit an, die Daten für kommerzielle Zwecke zu nutzen.[256] Ist die Datenverarbeitung ausschließlich auf der Grundlage der datenschutzrechtlichen Einwilligung nach Art. 6 Abs. 1 lit. a EU-DSGVO rechtmäßig (und ist keine Legitimierung der Datenverarbeitung über einen gesetzlichen Erlaubnistatbestand möglich), ist die datenschutzrechtliche Einwilligung jedenfalls elementarer Bestandteil der Leistung des Datensubjekts.[257] Sofern der ökonomische Wert der erhobenen Daten aber unabhängig von einer rechtmäßigen Datenverarbeitung abgeschöpft werden kann,[258] ist nicht (allein) die datenschutzrechtliche Einwilligung der maßgebliche Vermögenswert.[259] Je nach der konkreten Ausgestaltung des Geschäftsmodells ist zu entscheiden, ob im Einzelfall die Datenüberlassung oder die datenschutzrechtliche Einwilligung das jeweilige Austauschverhältnis prägt.[260]

(3) Synallagmatische Verknüpfung von Leistung und Gegenleistung

Bei einem Verpflichtungsgeschäft über die Bereitstellung digitaler Inhalte oder digitaler Dienstleistungen durch einen Unternehmer und die Bereitstellung personenbezogener Daten auf Seiten des Verbrauchers stellt sich weiter die Frage, in welchem Verhältnis die beiden Verpflichtungen stehen.[261]

---

255 So im Ansatz schon *Metzger*, AcP 216 (2016), 817 (850) („Die Pflicht des Verbrauchers zur Preisgabe von Daten und zur Erteilung der Einwilligung (...)"); vgl. auch *Langhanke*, Daten als Leistung. Eine rechtsvergleichende Untersuchung zu Deutschland, Österreich und der Schweiz, S. 124; *Scheibenpflug*, Personenbezogene Daten als Gegenleistung. Ein Beitrag zur rechtlichen Einordnung datengetriebener Austauschverhältnisse, S. 193 f.

256 *Westphalen/Wendehorst*, BB 2016, 2179 (2184); *Linardatos*, in: Specht-Riemenschneider/Werry/Werry (Hrsg.), Datenrecht in der Digitalisierung, S. 506 (522, Rn. 34).

257 Vgl. *Scheibenpflug*, Personenbezogene Daten als Gegenleistung. Ein Beitrag zur rechtlichen Einordnung datengetriebener Austauschverhältnisse, S. 178 f., 199 ff.

258 Siehe hierzu unter II.3.b.

259 So schon *Linardatos*, in: Specht-Riemenschneider/Werry/Werry (Hrsg.), Datenrecht in der Digitalisierung, S. 506 (523 Rn. 34).

260 So insb. *Hacker*, ZfPW 2019, 148–196 (163).

261 Überholt ist Annahme von zwei isolierten Rechtsgeschäften und die Vorstellung, werbefinanzierte digitale Dienste seien für die Nutzer „kostenlos", während die Einwilligung des Verbrauchers in die Verarbeitung seiner personenbezogenen Daten daneben stünde, siehe bereits *Buchner*, DuD (34) 2010, 39 (41); *Bräutigam*, MMR 2012, 635; *Rogosch*, Die Einwilligung im Datenschutzrecht, S. 41 ff.; *Klein/Datta*, CR 2016, 587 (587 ff.). Eine eingehende Analyse der Frage, auf welche Weise die datenbasierte Leistung des Datensubjekts mit der Leistung des Anbieters verknüpft ist, findet sich bei

Eine Gegenleistung kann grundsätzlich auf unterschiedliche Weise mit einer Leistung verknüpft sein: synallagmatisch (vgl. §§ 320-326 BGB), konditional (§ 158 BGB) oder kausal (vgl. § 812 Abs. 1 S. 2 Alt. 2 BGB).[262] Eine solche Verknüpfung von Leistung und Gegenleistung schließt die Unentgeltlichkeit eines Rechtsgeschäfts aus und begründet ein entgeltliches Austauschgeschäft.[263]

Eine synallagmatische Verknüpfung zeichnet sich dadurch aus, dass erstens jeweils ein Anspruch auf Leistung und Gegenleistung besteht und zweitens die Leistungen jeweils gerade um einander willen („do ut des", lat., „Ich gebe, damit du gibst") erbracht werden.[264] Insbesondere ersteres Merkmal unterscheidet die synallagmatische Verknüpfung von einer konditionalen sowie einer kausalen Verknüpfung.[265]

Sofern personenbezogene Daten die Gegenleistung darstellen, konstatiert die herrschende Meinung ein Synallagma.[266] Ein Verbraucher stellt seine Daten regelmäßig – als Alternative oder auch neben der Zahlung eines Preises – bereit, um die Leistung des Anbieters zu erhalten.[267] Rechtsdogmatisch ist die Bereitstellung di-

---

Scheibenpflug, Personenbezogene Daten als Gegenleistung. Ein Beitrag zur rechtlichen Einordnung datengetriebener Austauschverhältnisse, S. 236 ff.

262 Siehe BGH NJW 2014, 294 Rn. 18, NJW 1992, 2566 (2567); übersichtlich hierzu statt vieler *Emmerich*, in: MüKo-BGB, Vor § 320 Rn. 7 ff.

263 BGH NJW 2014, 294 Rn. 18, NJW 1992, 2566 (2567). Allgemein zum Begriff des Entgelts im Sinne des Schuldvertragsrechts des BGB siehe *Leinemann*, Personenbezogene Daten als Entgelt. Eine Untersuchung anhand schuldvertrags-, datenschutz- und kartellrechtlicher Fragestellungen, S. 86 ff.

264 *Emmerich*, in: MüKo-BGB, Vor § 320 Rn. 3; zum Begriff des Synallagmas eingehend *Klinke*, Causa und genetisches Synallagma. Zur Struktur des Zuwendungsgeschäfts, S. 94 ff.

265 *Hacker*, ZfPW 2019, 148–196 (167 f.) m.w.N.; siehe ebenda auch ausführlicher zu den dogmatischen Unterschieden der verschiedenen „Gegenleistungstypen".

266 Siehe *Bräutigam*, MMR 2012, 635 (640); *Metzger*, AcP 216 (2016), 817 (833 ff.); *Langhanke/Schmidt-Kessel*, EuCML 2015, 218 (221); *Schmidt-Kessel/Grimm*, ZfPW 2017, 84–108 (92 ff., 107); *Rosenkranz*, GPR 2018, 28 (33); *Bach*, NJW 2019, 1705 (1707); *Langhanke*, Daten als Leistung. Eine rechtsvergleichende Untersuchung zu Deutschland, Österreich und der Schweiz, S. 131 m.w.N.; *Kaesling*, in: Herberger/Martinek/Rüßmann/et. al, jurisPK-BGB, § 327 Rn. 25 (Stand: 24.5.2023); *Scheibenpflug*, Personenbezogene Daten als Gegenleistung. Ein Beitrag zur rechtlichen Einordnung datengetriebener Austauschverhältnisse, S. 248 ff.; *Leinemann*, Personenbezogene Daten als Entgelt. Eine Untersuchung anhand schuldvertrags-, datenschutz- und kartellrechtlicher Fragestellungen, S. 100 ff.; *Walker*, Die Kosten kostenloser Dienste. Personenbezogene Daten als neues Zahlungsmittel, 166 f.; *Arbeitsgruppe: „Digitaler Neustart"*, Bericht vom 15.5.2017, S. 199. Für eine synallagmatische oder konditionale Verknüpfung *Faust*, in: Ständige Deputation des Deutschen Juristentages, Verhandlungen des 71. Deutschen Juristentages Essen 2016, Band 1: Gutachten, A 9 – A 92 (A 28). Differenzierend und grundsätzlich von einer konditionalen Verknüpfung ausgehend hingegen *Hacker*, ZfPW 2019, 148–196 (167 ff., 172 ff., 196).

267 Vgl. *Metzger*, AcP 216 (2016), 817 (835); *Kaesling*, in: Herberger/Martinek/Rüßmann/et. al, jurisPK-BGB, § 327 Rn. 25 (Stand: 24.5.2023).

gitaler Inhalte oder digitaler Dienstleistungen zu der Bereitstellung personenbezogener Daten damit als synallagmatisches Austauschverhältnis zu begreifen; es besteht jeweils ein Anspruch auf Leistung und Gegenleistung. Für ein Synallagma spricht auch die Interessenlage der Parteien.[268] Im Fall eines Auseinanderfallens der wirtschaftlichen Werthaltigkeit von Leistung und Gegenleistung ist diese synallagmatische Verbindung nicht als solche anzugreifen, sondern beispielsweise auf § 138 BGB zurückzugreifen.[269]

Mit der Annahme eines synallagmatischen Vertrags ist zugleich gesagt, dass der datenbasierte Vertrag nicht unentgeltlicher Natur ist.[270] Dies entspricht der Gleichstellung von Verträgen, bei denen ein Verbraucher einen monetären Preis zahlt und dem „Bezahlen mit Daten“ für die Zwecke der §§ 327 ff. BGB.[271]

Dem Vorliegen einer wirksamen, synallagmatisch verknüpften Leistungspflicht und auch der Anwendbarkeit der Einrede des nichterfüllten Vertrags nach § 320 Abs. 1 S. 1 BGB stehen nach dem oben Gesagten weder das jederzeitige Widerrufsrecht der erteilten datenschutzrechtlichen Einwilligung nach Art. 7 Abs. 3 S. 1 EU-DSGVO noch das Kopplungsverbot nach Art. 7 Abs. 4 EU-DSGVO entgegen,[272] ebenso wenig wie das Fehlen der Erzwingbarkeit der Erteilung einer Einwilligung zur Datenüberlassung.[273] Auch der europäische Gesetzgeber geht

268 Ebenso *Walker*, Die Kosten kostenloser Dienste. Personenbezogene Daten als neues Zahlungsmittel, S. 166 f.

269 *Schmidt-Kessel/Grimm*, ZfPW 2017, 84–108 (94). Zur Anwendbarkeit des § 138 BGB im Rahmen datenbasierter Austauschverhältnisse sowie zur Anwendbarkeit des AGB-Rechts siehe *Hacker*, ZfPW 2019, 148–196 (184 ff., 193 ff.) und *Scheibenpflug*, Personenbezogene Daten als Gegenleistung. Ein Beitrag zur rechtlichen Einordnung datengetriebener Austauschverhältnisse, 357 ff., 363 ff.; allein zur Sittenwidrigkeit nach § 138 BGB auch *Walker*, Die Kosten kostenloser Dienste. Personenbezogene Daten als neues Zahlungsmittel, S. 190 ff.

270 Vgl. *Linardatos*, in: Specht-Riemenschneider/Werry/Werry (Hrsg.), Datenrecht in der Digitalisierung, S. 506 (S. 539); *Leinemann*, Personenbezogene Daten als Entgelt. Eine Untersuchung anhand schuldvertrags-, datenschutz- und kartellrechtlicher Fragestellungen, S. 90 m.w.N., S. 100, 117.

271 *Roos*, in: Hoeren/ Sieber/ Holznagel (Hrsg.), Handbuch Multimedia-Recht, Rechtsfragen des elektronischen Geschäftsverkehrs, 57. EL. 2021, Teil 12 Rn 25. Andere Ansicht *Klink-Straub*, NJW 2021, 3217 (3219 f.): die Annahme eines synallagmatischen Verhältnisses sei mit der Einführung der §§ 327 ff. BGB nicht mehr aufrechtzuerhalten, denn wie sich aus § 327q Abs. 1 BGB ergebe, wirken sich datenschutzrechtliche Regelungen nicht auf das zivilrechtliche Vertragsgefüge aus; eine innere Verknüpfung jedenfalls zwischen der datenschutzrechtlichen Einwilligung und der Bereitstellung des digitalen Produkts dürfte, so *Klink-Straub*, daher nicht mehr bestehen.

272 Siehe hierzu unter II.3.a.

273 Wie hier – bei Annahme einer synallagmatischen Verknüpfung – auch *Hacker*, Datenprivatrecht. Neue Technologien im Spannungsfeld von Datenschutzrecht und BGB, S. 225 f.: Das Fehlen der Durchsetzbarkeit der Pflicht zur Erteilung der datenschutzrechtlichen Einwilligung sei unbeachtlich und die Einrede des nichterfüllten Vertrags anwendbar, da ein Anspruch auf Abgabe einer datenschutzrechtlichen Einwilligung bestehe und für die Anwendbarkeit von § 320 Abs. 1 S. 1 BGB das

grundsätzlich von der Anwendbarkeit von Zurückbehaltungsrechten aus, denn den Mitgliedstaaten ist es überlassen, beispielsweise die Rechte von Parteien auf Zurückbehaltung der Erfüllung ihrer Verpflichtungen oder Teilen davon zu regeln (vgl. Erwgr. 15 S. 1 DIRL). Die Anwendbarkeit der Einrede des nichterfüllten Vertrags innerhalb datenbasierter Austauschverhältnisse gewährleistet dann die Verwirklichung des vereinbarten Äquivalenzverhältnisses und realisiert auch die rechtliche Abhängigkeit von Leistung und Gegenleistung.[274]

Problematisch erscheint, ob und inwiefern dem Dienstanbieter auch (eingeschränkte) allgemeine Sekundärrechte zustehen, für den Fall, dass der Verbraucher entgegen seiner Zusage keine Daten bereitstellt oder die erteilte Einwilligung datenschutzrechtlich unwirksam ist.[275] Jedenfalls wenn eine echte Pflicht zur Überlassung der personenbezogenen Daten zwischen dem Anbieter und dem Verbraucher ausdrücklich vereinbart ist, könnten die §§ 323, 346 ff. BGB unmittelbar Anwendung finden.[276]

Inwieweit im Übrigen einzelne Rechtsvorschriften des deutschen Privatrechts, die ein Synallagma voraussetzen, auf Verträge über digitale Inhalte oder digitale Dienstleistungen Anwendung finden können, bedarf ebenfalls noch der Klärung.[277]

Vorliegen eines durchsetzbaren (gerichtlich erzwingbaren) Anspruchs nicht zwingend erforderlich sei, sondern lediglich das Bestehen einer wirksamen und fälligen Leistungspflicht, welche im Synallagma stehe. Anderer Ansicht und für einen Ausschluss der Einrede des nicht erfüllten Vertrags nach § 320 Abs. 1 S. 1 BGB seitens des Anbieters im Hinblick auf die Pflicht zur Erteilung der Einwilligung hingegen *Riehm*, in: Pertot/Schmidt-Kessel/Padovini (Hrsg.), Rechte an Daten, S. 175 (197 f.), mit der Begründung, dass das Zurückbehaltungsrecht eine durchsetzbare Leistungspflicht voraussetze und ein Zwangsmittel zur Durchsetzbarkeit eines Anspruchs darstelle und damit gegen das Gebot der Freiwilligkeit der datenschutzrechtlichen Einwilligung verstieße. Zum Streitstand und im Ergebnis ebenfalls für eine Anwendbarkeit der Einrede des nichterfüllten Vertrags siehe *Scheibenpflug*, Personenbezogene Daten als Gegenleistung. Ein Beitrag zur rechtlichen Einordnung datengetriebener Austauschverhältnisse, S. 197 ff.

274 *Scheibenpflug*, Personenbezogene Daten als Gegenleistung. Ein Beitrag zur rechtlichen Einordnung datengetriebener Austauschverhältnisse, S. 259.

275 Für eine im Ansatz unproblematische Anwendung der Rücktrittsregeln nach §§ 323 ff. BGB *Schmidt-Kessel/Grimm*, ZfPW 2017, 84–108, 104.

276 So *Hacker*, ZfPW 2019, 148–196 (180 f.). Anderer Ansicht und ausdrücklich gegen eine Anwendbarkeit des § 323 BGB angesichts eines Verstoßes gegen die Freiwilligkeit der Einwilligung *Riehm*, in: Pertot/Schmidt-Kessel/Padovini (Hrsg.), Rechte an Daten, 2020, S. 175, 197 f.

277 Siehe die Beispiele bei *Mischau*, ZEuP 2020, 335–365 (363).

dd. Vertragstypologische Einordnung datenbasierter Austauschverhältnisse

Bereits angedeutet wurde, dass die vertragstypologische Einordnung datenbasierter Austauschverhältnisse im deutschen Rechtssystem[278] besondere Schwierigkeiten bereitet.[279]

Diskutiert wird die vertragstypologische Zuordnung datenbasierter Verträge zum Kauf- und Tauschvertrag, zu Gebrauchsüberlassungsverträgen wie Miete und Pacht, ebenso wie eine Zuordnung zu einem ungeregelten Vertragstyp wie dem Lizenzvertrag, oder die Schaffung eines völlig neuen Vertragstyps.[280]

Letztlich fehlt es (bislang) an einem gesetzlich geregelten Vertragstypus mit dispositiven und zwingenden Regelungen, dem Verträge mit datenbasierter Gegenleistung eindeutig zugeordnet werden könnten.[281]

Im Ergebnis überzeugt wohl nur eine rechtliche Einordnung als (typen)gemischter Vertrag mit atypischer Gegenleistung oder auch als Vertrag *sui generis.*[282] (Typen)gemischte Verträge zeichnen sich durch eine Kombination von Elementen verschiedener gesetzlich normierter Vertragstypen aus; die Bezeichnung als „atypische Gegenleistung" kennzeichnet, dass die Gegenleistung nicht wie im Regelfall in Geld, sondern in einer andersartigen Leistung besteht.[283] Bei gemischten Verträgen finden auf jede Leistung grundsätzlich die jeweils geltenden Normen An-

---

278 Zur generellen Bedeutung der vertragstypologischen Einordnung im deutschen Recht siehe Kapitel 4.II.1.a.

279 Für eine umfassende Untersuchung der Problematik wird auf die zahlreichen Beiträge in der Literatur verwiesen, die den Aspekt der vertragstypologischen Einordnung in die Rechtsdogmatik des BGB bereits eingehend erörtern, siehe bspw. die kürzlich erschienenen Monografien von *Langhanke*, Daten als Leistung. Eine rechtsvergleichende Untersuchung zu Deutschland, Österreich und der Schweiz; *Leinemann*, Personenbezogene Daten als Entgelt. Eine Untersuchung anhand schuldvertrags-, datenschutz- und kartellrechtlicher Fragestellungen; *Scheibenpflug*, Personenbezogene Daten als Gegenleistung. Ein Beitrag zur rechtlichen Einordnung datengetriebener Austauschverhältnisse und *Drabinski*, Die vertragsrechtliche Datenüberlassung und das Kaufrecht.

280 Siehe zu den unterschiedlichen Ansätzen etwa *Metzger*, AcP 216 (2016), 817 (835 ff.); *Drabinski*, Die vertragsrechtliche Datenüberlassung und das Kaufrecht, S. 130 ff.; *Scheibenpflug*, Personenbezogene Daten als Gegenleistung. Ein Beitrag zur rechtlichen Einordnung datengetriebener Austauschverhältnisse, S. 156 ff., 272 ff.; *Czajkowski/Müller-ter Jung*, CR 2018, 157 (158 f.); *Datta/Klein*, CR 2017, 174. Zum Ganzen auch *Arbeitsgruppe: „Digitaler Neustart"*, Bericht vom 15. 5. 2017, S. 196 ff.

281 So *Metzger*, AcP 216 (2016), 817 (837 f.); *Wendland*, ZVglRWiss 118, 2019, 191 (224 f., 228 f.).

282 So erstmals *Bräutigam*, MMR 2012, 635 (139 f.); ebenso *Sattler*, JZ 2017, 1036 (1038); *Specht*, JZ 2017, 763 (765, 770); *Adelberg*, Rechtspflichten und -grenzen der Betreiber sozialer Netzwerke. Zum Umgang mit nutzergenerierten Inhalten, S. 151; *Walker*, Die Kosten kostenloser Dienste. Personenbezogene Daten als neues Zahlungsmittel, S. 179 ff.; *Czajkowski/Müller-ter Jung*, CR 2018, 157 (159); *Datta/Klein*, CR 2017, 174 (180 f.); wohl auch *Metzger*, AcP 216 (2016), 817 (836).

283 Vgl. *Emmerich*, in: MüKo-BGB, § 311 Rn. 25, 29, 33.

wendung (sog. Kombinationstheorie).[284] Die Lösung des Rechtsanwendungsproblems sollte sich dabei aber vor allem von Fall zu Fall an dem Sinn und Zweck des einzelnen Vertrags orientieren.[285] Die Qualifizierung eines datenbasierten Austauschverhältnisses als gemischter Vertrag bietet so jedenfalls die nötige Flexibilität und damit sachgerechte Lösungen.[286] In der Praxis bedarf es damit einer Prüfung des jeweiligen Einzelfalls.

ee. Resümee

Festgehalten werden kann, dass sich die Einführung des Prinzips „Bezahlen mit Daten" bei Verbraucherverträgen über die Bereitstellung digitaler Inhalte oder digitaler Dienstleistungen im deutschen Rechtssystem im Wesentlichen auf einen Nachvollzug der Richtlinienvorgaben der Digitale-Inhalte-RL beschränkt.[287]

Für die Anwendbarkeit der §§ 312 ff. BGB und der §§ 327 ff. BGB ist es unerheblich, wie die (Zusage zur) Bereitstellung personenbezogener Daten im Rahmen des Schuldrechts einzuordnen ist, ob es sich hierbei um eine Gegenleistung handelt und ob diese im Gegenleistungsverhältnis steht oder nicht.[288]

Die schuldrechtliche Betrachtung datenbasierter Geschäftsmodelle hat gleichwohl gezeigt, dass die Bereitstellung personenbezogener Daten im Rahmen eines datenbasierten Austauschverhältnisses regelmäßig dem zivilrechtlichen Begriffsverständnis einer Gegenleistung entspricht. Sofern personenbezogene Daten die Gegenleistung darstellen, ist je nach Ausgestaltung des Vertrags, jedenfalls vor dem Hintergrund der Gleichstellung von Verträgen mit der Zahlung eines Preises und dem „Bezahlen mit Daten" für die Zwecke der §§ 327 ff. BGB, von einem Synallagma auszugehen.[289] Vertragstypologisch sind datenbasierte Austauschverhältnisse im deutschen Recht regelmäßig als (typen)gemischte Verträge mit atypischer Gegenleistung oder als Verträge *sui generis* einzuordnen.[290]

---

284 *Bräutigam*, MMR 2012, 635 (640); *Metzger*, AcP 216 (2016), 817 (836); zum Teil wird das Rechtsanwendungsproblem im Falle von gemischten Verträgen auch mit der sog. Absorptionsmethode gelöst, nach der das Recht des im Vordergrund stehenden Vertragstyps die Regeln der anderen in Betracht kommenden Vertragstypen verdrängen soll, siehe hierzu *Emmerich*, in: MüKo-BGB, § 311 Rn. 29 m.w.N.

285 *Emmerich*, in: MüKo-BGB, § 311 Rn. 29 mit Verweis auf BGH NJW 2008, 1072 und m.w.N.

286 So auch *Specht*, JZ 2017, 763 (765, 770); *Sattler*, JZ 2017, 1036 (1038); *Walker*, Die Kosten kostenloser Dienste. Personenbezogene Daten als neues Zahlungsmittel, S. 179.

287 So auch *Rosenkranz*, ZUM 2021, 195 (200).

288 Vgl. Begr. RegE DIRL, S. 35.

289 Siehe die Nachweise in Kapitel 5 Fn. 266.

290 Siehe die Nachweise in Kapitel 5 Fn. 282.

Das Konzept „Daten als Gegenleistung" wirft aber weiterhin viele grundsätzliche Fragen auf, die im Vertragsrecht noch nicht ausreichend beantwortet sind und die (ggf. gerichtlicher) Klärung bedürfen.

c. Verhältnis zum Datenschutzrecht

Die Thematik rund um das Zusammenspiel von Vertrags- und Datenschutzrecht weist eine besondere Komplexität auf. Wie gezeigt, obliegt es den nationalen Gesetzgebern, Konkordanz zwischen dem nationalen Vertragsrecht und dem Datenschutzrecht der EU-DSGVO, die in den EU-Mitgliedstaaten direkte Anwendung findet,[291] zu schaffen.

aa. Datenschutzrechtliche Rechtmäßigkeit der Datenverarbeitung

Der Klärung durch den nationalen Gesetzgeber bedarf zunächst die Frage nach der Nichtigkeit eines Vertrags bei einem Verstoß gegen die Anforderungen der EU-DSGVO.[292]

Ein Verstoß gegen datenschutzrechtliche Bestimmungen betrifft nach deutschem Verständnis die Wirksamkeit eines datenbasierten Vertrags grundsätzlich nicht.[293] Da die Bestimmungen der EU-DSGVO, einschließlich der Anforderungen an die datenschutzrechtliche Einwilligung, keine Regelungen betreffen, die sich gegen den Abschluss eines mit der Datenerhebung verbundenen Rechtsgeschäfts wenden, lassen Verstöße gegen Vorschriften des Datenschutzrechts die Wirksamkeit des Vertrags insbesondere auch mit Blick auf § 134 BGB unberührt.[294] Datenschutzrechtsverstöße an sich werden insoweit hinreichend durch das Datenschutzrecht sanktioniert.[295]

Der deutsche Gesetzgeber stellt auch ausdrücklich klar, dass es für die Anwendbarkeit der §§ 327 ff. BGB auf eine i. S. d. EU-DSGVO rechtmäßige Erhebung und

291 Im deutschen nationalen Recht werden die durch die EU-DSGVO vorgegebenen obligatorischen Regelungsaufträge durch das Bundesdatenschutzgesetz (BDSG) umgesetzt; insoweit konkretisiert und ergänzt das BDSG die EU-DSGVO. Die Neufassung des BDSG trat wie die EU-DSGVO am 25.05.2018 in Kraft.

292 Siehe Erwgr. 48 DIRL a.E.

293 Vgl. *Faust*, in: Ständige Deputation des Deutschen Juristentages, Verhandlungen des 71. Deutschen Juristentages Essen 2016, Band 1: Gutachten, A 9 – A 92 (A 19); *Mischau*, ZEuP 2020, 335–365 (340 f.).

294 Vgl. Begr. RegE DIRL, S. 36, 40; siehe hierzu etwa auch *Drabinski*, Die vertragsrechtliche Datenüberlassung und das Kaufrecht, S. 93 ff.

295 Vgl. BGH NJW 2007, 2106 Rn. 32 mit Verweis auf die Bußgeld- und Strafvorschriften des BDSG (vgl. §§ 42, 43 BDSG).

Verarbeitung der personenbezogenen Daten des Verbrauchers nicht ankommt.[296] Auch Datenverarbeitungen, die rechtswidrig erfolgen, weil es an einer wirksamen Einwilligung oder einem anderen einschlägigem Erlaubnistatbestand i.S.v. Art. 6 Abs. 1 EU-DSGVO fehlt, eröffnen den Anwendungsbereich des Digitalvertragsrechts gem. § 327 Abs. 3 BGB.[297] Würde die Rechtmäßigkeit der Datenverarbeitung hingegen Voraussetzung für die Anwendbarkeit der §§ 327 ff. BGB sein, hätte der Verbraucher, dessen personenbezogene Daten rechtswidrig verarbeitet worden sind, weniger Rechte zur Verfügung als derjenige, dessen Daten auf Grundlage einer einschlägigen datenschutzrechtlichen Rechtsgrundlage beruhen. Ein Ausschluss der verbraucherschützenden Vorschriften der §§ 327 ff. BGB in Fällen, in denen sich der Unternehmer in datenschutzrechtlicher Sicht nicht rechtskonform verhält, würde mithin dem (verbraucherschützenden) Zweck der Regelungen zuwiderlaufen.[298] Dem Verbraucher sollen gerade auch bei rechtswidrigem Verhalten des Unternehmers die verbraucherschützenden Vorschriften zur Verfügung stehen.

Insoweit sind Vertrags- und Datenschutzrecht unabhängig voneinander.[299]

bb. Vertragsrechtliche Folgen datenschutzrechtlicher Erklärungen des Verbrauchers, § 327q BGB

Wie erörtert, sollte die Digitale-Inhalte-RL die vertragsrechtlichen Folgen eines Widerrufs der datenschutzrechtlichen Einwilligung des Verbrauchers zur Verarbeitung seiner personenbezogenen Daten nicht regeln; diese unterliegen (weiterhin) dem nationalen Recht. [300]

Widerruft der Verbraucher die datenschutzrechtliche Einwilligung, widerspricht er der Datenverarbeitung oder übt der datenschutzrechtlich Betroffene Rechte nach Art. 16, 17 oder 18 EU-DSGVO aus, stehen dem Unternehmer die personenbezogenen Daten des Verbrauchers nicht mehr zur Verfügung. Im Rahmen eines datenbasierten Austauschverhältnisses ist infolgedessen die vertragliche Leistungsäquivalenz gestört, weil die für die Bereitstellung des digitalen Produkts äquivalente Gegenleistung des Verbrauchers entfällt. Das Datenschutzrecht der EU-DSGVO stellt die uneingeschränkte Verfügungsbefugnis des Verbrauchers über

296 Begr. RegE DIRL, S. 40; siehe hierzu auch *Wendehorst*, NJW 2021, 2913 (2915 Rn. 13). Gleiches gilt für die Anwendbarkeit der §§ 312 ff. BGB (vgl. Begr. RegE DIRL, S. 36).

297 Ausdrücklich so auch *Rosenkranz*, ZUM 2021, 195 (201).

298 Vgl. Begr. RegE DIRL, S. 40.

299 Untermauert wird die Unabhängigkeit von Vertrags- und Datenschutzrecht noch einmal durch die Regelung in § 327q BGB, so *Wendehorst*, NJW 2021, 2913 (2915, Rn. 14).

300 Siehe Erwgr. 40 DIRL.

seine personenbezogenen Daten aber zu Recht unter besonderen Schutz, denn aufgrund der Verankerung im verfassungsrechtlich gewährleisteten allgemeinen Persönlichkeitsrecht hat der Schutz personenbezogener Daten besonderes Gewicht.[301] Dieser Schutz soll nicht über vertragsrechtliche Sanktionen umgangen oder ausgehebelt werden.[302]

Um das Spannungsfeld zwischen der EU-DSGVO und den Umsetzungsvorschriften der Digitale-Inhalte-RL zu klären, hat der deutsche Gesetzgeber die vertragsrechtlichen Folgen datenschutzrechtlicher Erklärungen des Verbrauchers nunmehr ausdrücklich in § 327q BGB geregelt. Die Vorschrift versucht im wechselseitigen Spannungsverhältnis zwischen dem Schutz personenbezogener Daten einerseits und vertragsrechtlicher Austauschgerechtigkeit andererseits, einen interessengerechten Ausgleich herzustellen.[303]

Zweck des neu eingeführten § 327q BGB ist insbesondere die Klarstellung, dass die Wahrnehmung der Rechte aus dem Datenschutzrecht für den Verbraucher keine vertragsrechtlichen Sanktionen zur Folge haben darf.[304] Gem. § 327q Abs. 1 BGB lassen die Ausübung datenschutzrechtlicher Betroffenenrechte sowie die Abgabe datenschutzrechtlicher Erklärungen des Verbrauchers nach Vertragsschluss die Wirksamkeit des Vertrags unberührt.[305] Dies betrifft insbesondere den auf Art. 7 Abs. 3 EU-DSGVO gestützten Widerruf einer nach Art. 6 Abs. 1 Unterabs. 1 lit. a EU-DSGVO erteilten Einwilligung in die Datenverarbeitung sowie das Widerspruchsrecht nach Art. 21 Abs. 1 bzw. Abs. 2 EU-DSGVO, ebenso wie die Ausübung datenschutzrechtlicher Betroffenenrechte nach Art. 16 bis 18 EU-DSGVO.[306]

Als Konsequenz des § 327q BGB führt die Ausübung datenschutzrechtlicher Betroffenenrechte und die Abgabe datenschutzrechtlicher Erklärungen des Verbrauchers nicht zur Unwirksamkeit des zugrundeliegenden Verpflichtungsge-

---

301 *Wendland*, in: BeckOK-BGB, § 327q Rn. 2–4 (Stand: 1.8.2023).

302 Ibid.

303 Vgl. *Wendland*, ebenda Rn. 4.

304 Vgl. Begr. RegE DIRL, S. 75 unter Verweis auf das Gutachten der *Datenethikkommission der Bundesregierung* vom Oktober 2019, S. 105.

305 Kritisch zu § 327q Abs. 1 BGB im Hinblick auf die Begrenzung des sachlichen Anwendungsbereichs auf Verträge über digitale Produkte siehe *Scheibenpflug*, Personenbezogene Daten als Gegenleistung. Ein Beitrag zur rechtlichen Einordnung datengetriebener Austauschverhältnisse, S. 348 – die Vorschrift sei im Wege der Analogie auf datengetriebene Verbraucherverträge mit andersgearteter Unternehmerleistung zu erstrecken.

306 Art. 16 EU-DSGVO betrifft das „Recht auf Berichtigung"; Art. 17 EU-DSGVO betrifft das „Recht auf Löschung („Recht auf Vergessenwerden") und Art. 18 EU-DSGVO das „Recht auf Einschränkung der Verarbeitung".

schäfts.[307] Dies soll nach der Begründung des Regierungsentwurfs jedenfalls „grundsätzlich" der Fall sein.[308] Für die Frage, ob der Verbraucher bei der Ausübung seines datenschutzrechtlichen Widerrufsrechts oder der Abgabe sonstiger datenschutzrechtlicher Erklärungen zugleich sein Recht auf Vertragsbeendigung ausüben will, ist gem. §§ 133, 157 BGB auf die Umstände des Einzelfalls abzustellen.[309]

Widerruft der Verbraucher die erteilte datenschutzrechtliche Einwilligung oder widerspricht er einer weiteren Verarbeitung seiner personenbezogenen Daten, kann der Unternehmer gem. § 327q Abs. 2 BGB einen Vertrag, der ihn weiter zu einer Reihe einzelner Bereitstellungen digitaler Produkte oder zur dauerhaften Bereitstellung eines digitalen Produkts verpflichtet, ohne Einhaltung einer Kündigungsfrist kündigen, wenn ihm die Fortsetzung des Vertragsverhältnisses bis zum vereinbarten Vertragsende oder bis zum Ablauf einer gesetzlichen oder vertraglichen Kündigungsfrist unter Berücksichtigung des weiterhin zulässigen Umfangs der Datenverarbeitung und unter Abwägung beiderseitigen Interessen nicht zugemutet werden kann. Dieses Sonderkündigungsrecht des Unternehmers ist ausdrücklich auf Dauerschuldverhältnisse beschränkt[310] und an eine umfassende Interessensabwägung, aus der sich eine Unzumutbarkeit der Fortsetzung des Vertragsverhältnisses für den Unternehmer ergeben muss, geknüpft (vgl. § 327q Abs. 2 a.E. BGB).

Ersatzansprüche des Unternehmers gegen den Verbraucher „wegen einer durch Ausübung von Datenschutzrechten oder die Abgabe datenschutzrechtlicher Erklärungen bewirkten Einschränkung der zulässigen Datenverarbeitung" schließt § 327q Abs. 3 BGB ausdrücklich aus.[311] Darunter fällt auch der Widerruf der da-

---

307 Vgl. *Scheibenpflug*, Personenbezogene Daten als Gegenleistung. Ein Beitrag zur rechtlichen Einordnung datengetriebener Austauschverhältnisse, S. 346; siehe dazu auch *Metzger*, in: MüKo-BGB, § 327q Rn. 3, 6.

308 Vgl. Begr. RegE DIRL, S. 75.

309 Vgl. *Scheibenpflug*, Personenbezogene Daten als Gegenleistung. Ein Beitrag zur rechtlichen Einordnung datengetriebener Austauschverhältnisse, S. 142, 346 m.w.N.

310 Ein sachlicher Grund für die Kündigungsmöglichkeit des Unternehmers besteht nur für die Fälle einer Reihe einzelner Bereitstellungen digitaler Produkte i. S. d. § 327b BGB Abs. 5 S. 1 BGB und in Fällen der dauerhaften Bereitstellung eines digitalen Produkts nach § 327b Abs. 5 S. 2 BGB; in den Fällen einer einmaligen Bereitstellung gehe der Unternehmer demgegenüber ein überschaubares Risiko ein, sodass ein besonderes Kündigungsrecht des Unternehmers nicht gerechtfertigt sei, so die Begr. RegE DIRL, S. 76.

311 Für eine Erweiterung des persönlichen und des sachlichen Anwendungsbereichs des § 327q Abs. 3 BGB siehe *Scheibenpflug*, Personenbezogene Daten als Gegenleistung. Ein Beitrag zur rechtlichen Einordnung datengetriebener Austauschverhältnisse, S. 349.

tenschutzrechtlichen Einwilligung. Die Möglichkeit eines Wertersatzanspruchs des Unternehmers ist damit jedenfalls auch ausgeschlossen.

Die Regelung des § 327q BGB bezweckt – angesichts des besonderen verfassungsrechtlich verankerten Schutzes personenbezogener Daten[312] – sicherzustellen, dass der Verbraucher seine datenschutzrechtlichen Befugnisse ungehindert ausüben kann, ohne dadurch rechtliche Nachteile befürchten zu müssen.[313] Der deutsche Gesetzgeber positioniert sich hier klar auf Seiten des Verbrauchers und des Datenschutzes.[314]

2. Rechtslage und Umsetzung in Frankreich

Für die Untersuchung des französischen Rechts im Hinblick auf das Prinzip „Bezahlen mit Daten" soll zunächst der Frage nach der Entgeltqualität eines datenbasierten Austauschverhältnisses nach französischem Verständnis nachgegangen werden. Sodann wird untersucht, wie das Regelungskonzept des Art. 3 Abs. 1 Unterabs. 2 DIRL in das nationale französische Verbraucherrecht umgesetzt worden ist.

a. Personenbezogene Daten als „Entgelt"

aa. Entgeltlicher Vertrag („*contrat onéreux*") i. S. v. Art. 1107 S. 1 Code civil

Im französischen Recht kann für die Frage, ob datenbasierte Austauschverhältnisse als „entgeltlich" zu charakterisieren sind, auf die Definition des „entgeltlichen Vertrags" („*contrat onéreux*") i. S. v. Art. 1107 S. 1 Code civil Rückgriff genommen werden[315]:

> Le contrat est à titre onéreux lorsque chacune des parties reçoit de l'autre un avantage en contrepartie de celui qu'elle procure.[316]

---

312 Siehe dazu insb. *Wendland*, in: BeckOK-BGB, § 327q Rn. 2–4 (Stand: 1.8.2023).

313 Vgl. die Begr. RegE DIRL, S. 75.

314 Vgl. auch *Rosenkranz*, ZUM 2021, 195 (201).

315 Das allgemeine Vertragsrecht bzw. sonstige Vorschriften des Code civil bleiben auch neben dem speziellen Verbrauchervertragsrecht des Code de la consommation anwendbar, soweit dieser keine (Sonder-)Regelungen trifft (siehe hierzu Kapitel 4 I.2.c.bb.); insoweit ist auch für die Frage der Entgeltlichkeit von Verbraucherverträgen, die dem Code de la consommation unterfallen, auf die Definition des „entgeltlichen Vertrags" im Code civil Rückgriff zu nehmen, siehe hierzu *Sénéchal*, AJ Contrats d'affaires – Concurrence – Distribution 2015, 212 (215).

316 Deutsche Übersetzung aus *Bien/Borghetti*, Die Reform des französischen Vertragsrechts, S. 255: „Ein Vertrag ist entgeltlich, wenn jede Vertragspartei von der anderen einen Vorteil als Gegenleistung für den Vorteil erhält, den sie der anderen verschafft".

Art. 1107 S. 1 Code civil stellt klar, dass ein Vertrag dann entgeltlich ist, wenn jede Vertragspartei von der anderen Vertragspartei einen „Vorteil" (franz. „*avantage*") als Gegenleistung für den Vorteil erhält, den sie der anderen Vertragspartei verschafft.

Die Norm allein kann noch keinen Aufschluss darüber geben, ob auch personenbezogene Daten als „Vorteil" in diesem Sinne und damit als „Gegenleistung" gelten können. Zu klären ist, was unter dem französischen Rechtsbegriff „*avantage*" i. S. v. Art. 1107 S. 1 Code civil zu verstehen ist.

Mit der Thematik personenbezogener Daten als „Entgelt" hat sich unlängst die französische Rechtsprechung in einem Urteil zu den Allgemeinen Geschäftsbedingungen und Datenschutzrichtlinien eines sozialen Netzwerks beschäftigt.[317] Das TGI[318] Paris hat in einem Urteil vom 12. Februar 2019 festgestellt, dass es sich bei den streitgegenständlichen Verträgen zwischen einem sozialen Netzwerk und den Nutzern dieses Netzwerks um „entgeltliche Verträge" i. S. d. Art. 1107 Code civil handele, obgleich die Gegenleistung des Nutzers nicht in Geld bestehe.[319] Trotz der (vermeintlich) „kostenlosen" Dienstleistung erlange der Betreiber des Netzwerks einen „Vorteil als Gegenleistung" i. S. d. Art. 1107 Code civil, insofern die personenbezogenen Daten, die ein Nutzer bei der Anmeldung hinterlegt hat oder die bei der Nutzung des Netzwerks fortlaufend (durch Cookies) übermittelt werden, zu Gewinnerzielungszwecken (insbesondere durch Werbeeinnahmen) verwertet werden.[320] Die bereitgestellte Dienstleistung sei dann keinesfalls „kostenlos", vielmehr müsse die Bereitstellung von Daten, die sodann ausgewertet und verwertet werden, als „Vorteil" i. S. d. Art. 1107 Code civil betrachtet werden, der die Gegenleistung für den Vorteil darstelle, den der Anbieter des Netzwerks dem Nutzer verschaffe.[321]

Im konkreten Fall hatte die französische Verbraucherschutzorganisation UFC-Que Choisir[322] Google verklagt, dass zahlreiche Klauseln der Allgemeinen Geschäftsbedingungen sowie der Datenschutzbestimmungen der Anwendung Google+, die aus verschiedenen Versionen der Vertragsbedingungen für die Anmeldung bei Google+ stammten und den Nutzern bei der Einrichtung eines Google+-Kontos vorgelegt wurden, missbräuchlich und rechtswidrig seien, da sie unter anderem

317 Siehe TGI Paris, 12 février 2019, Google / UFC-Que Choisir, n° 14/07224, abrufbar unter: <*https://www.legalis.net/jurisprudences/tgi-de-paris-jugement-du-12-fevrier-2019/*> (letzter Aufruf: 21.01.2024), [nachfolgend: TGI Paris, 12 février 2019] – Die Entscheidung gehört zu den wenigen Urteilen zu den Allgemeinen Geschäftsbedingungen und Datenschutzrichtlinien von Online-Plattformen.

318 Sog. „*Tribunal de grande instance*" (kurz: TGI).

319 Vgl. TGI Paris, 12 février 2019, unter III.

320 Siehe ebenda.

321 Siehe ebenda.

322 *L'association Union Fédérale des Consommateurs (UFC) Que Choisir.*

gegen Bestimmungen des Code de la consommation, des Code civil und des französischen Datenschutzgesetzes[323] verstoßen würden.[324] Das TGI Paris hatte sich damit eingehend mit der Verwendung und Nutzung personenbezogener Daten und der kombinierten Anwendbarkeit des Verbraucherrechts des Code de la consommation und des französischen Datenschutzrechts zu befassen; das Gericht konnte sich zu diesem Zeitpunkt allerdings noch nicht auf die EU-DSGVO stützen, da diese bei der Einleitung des Verfahrens noch nicht anwendbar war. Das Urteil vom 12. Februar 2019[325] stellt zunächst klar, dass das soziale Netzwerk auch den Bestimmungen des Verbrauchergesetzbuchs unterliege, da es sich bei den in Rede stehenden Verträgen um Verbraucherverträge i. S. d. Code de la consommation handele.[326] Google hatte argumentiert, dass es für eine Einstufung als „Verbrauchervertrag" auf den entgeltlichen Charakter des Vertrags ankomme, die Google+-Anwendung hingegen „kostenlos" sei und daher nicht den Bestimmungen des Verbrauchergesetzbuchs unterfallen würde. Diese Argumentation wies das Gericht zurück und stützte sich darauf, dass nach Art. 1107 Code civil das Fehlen einer monetären Gegenleistung nicht gleichbedeutend mit einer Unentgeltlichkeit des Vertrags sei – ob ein Vertrag „entgeltlich" sei, werde vielmehr anhand des (nicht notwendigerweise monetären) „Vorteils" beurteilt, den eine Vertragspartei als Gegenleistung für den Vorteil erhält, den sie der anderen Vertragspartei verschafft.[327] Im streitgegenständlichen Fall biete Google den Plattformnutzern werbefinanzierte Dienste an, für die die Nutzer des Netzwerks zwar keine Gegenleistung in Geld zu erbringen hätten, das Unternehmen erhalte jedoch mit (der Möglichkeit) der Verwertung der von den Nutzern bereitgestellten personenbezogenen Daten einen „Vorteil als Gegenleistung" für den „Vorteil", der dem Nutzer mit dem Zugang zu der

---

323 *Loi n° 78–17 du 6 janvier 1978 relative à l'informatique, aux fichiers et aux libertés.*

324 Darüber hinaus ging es auch um Verstöße gegen Bestimmungen des Code de commerce, des Code de la propriété intellectuelle (CPI) sowie des *loi n° 2004–575 du juin 2004 pour la confiance dans l'économique numérique* (LCEN).

325 Das Gericht prüfte hier zahlreiche Klauseln der Nutzungsbedingungen und der Datenschutzrichtlinie von Google und erklärte letztlich 38 Klauseln in den AGB und der Datenschutzerklärung für rechtswidrig und/oder missbräuchlich – viele der Klauseln seien „ausweichend und pauschal" („*évasives et globales*"), was es dem Nutzer nicht ermögliche, sich über den tatsächlichen Zweck der Nutzung seiner Daten klar zu werden – und forderte Google Inc. dazu auf, die AGB sowie die Datenschutzrichtlinie in Übereinstimmung mit dem Verbraucher- und Datenschutzrecht zu ändern, vgl. TGI Paris, 12 février 2019, unter VIII.

326 Mit Blick auf die Verwertung der über die soziale Plattform übermittelten Daten handele Google im Rahmen seiner kommerziellen Tätigkeit, sodass die Definition des Unternehmerbegriffs i. S. d. einleitenden Artikels des Code de la consommation erfüllt sei, vgl. TGI Paris, 12 février 2019, unter III.

327 Siehe ebenda.

Anwendung und der Nutzung der Dienste verschafft werde.[328] Denn mit Bestätigen der AGB und der Datenschutzrichtlinie willige der Nutzer – als „Gegenleistung" für den Zugang zu den Diensten und deren Nutzung – unter anderem ein, dass die übermittelten Informationen für die in der Datenschutzrichtlinie festgelegten Zwecke gesammelt, gespeichert und verwendet werden, um Werbung zu platzieren, die auf die Suchanfragen des Nutzers ausgerichtet ist.[329] Angesichts der wirtschaftlichen Verwertung der Nutzerdaten und der Weitergabe der Daten an Dritte, um von Werbeeinnahmen zu profitieren, seien auch die Beteuerungen von Google, dass das Unternehmen die Informationen der Nutzer nicht „verkaufe", irrelevant.[330] Bei einem solchen datenbasierten Geschäftsmodell könne die Bereitstellung der digitalen Dienstleistung trotz Fehlens einer monetären Bezahlung gerade nicht als „unentgeltlicher" Vertrag behandelt werden; es handele sich vielmehr um entgeltliche Verbraucherverträge zwischen Google und den Nutzern der sozialen Plattform.[331]

Im Übrigen spiele es für die Prüfung der Rechtsmäßigkeit der Klauseln aber selbst schon keine Rolle, ob der zugrunde liegende Vertrag gegen „Entgelt" geschlossen werde.[332] Gem. Art. L. 212-1 S. 1 C. cons.[333] sind Klauseln in Verträgen zwischen Unternehmern und Verbrauchern dann missbräuchlich, wenn sie zum Nachteil des Verbrauchers ein erhebliches Ungleichgewicht zwischen den Rechten und Pflichten der Parteien verursachen. Art. L. 212-1 C. cons. setze mithin lediglich das Vorliegen eines Vertrags zwischen einem Unternehmer und einem Verbraucher voraus, die Anwendbarkeit der Vorschrift sei gleichwohl nicht auf „entgeltliche Verträge" beschränkt.[334]

bb. Zwischenergebnis

Für das französische Recht stellt das Urteil des TGI Paris aus dem Jahr 2019 bereits klar, dass die Definition eines „entgeltlichen" Vertrags i. S. d. Art. 1107 S. 1 Code civil nicht notwendigerweise eine monetäre „Gegenleistung" voraussetzt, da unter den

---

328 Siehe ebenda.

329 Siehe ebenda.

330 Siehe ebenda.

331 Siehe ebenda.

332 Hierzu schon TGI Paris, 7 août 2018, UFC-Que choisir / Twitter, n° 14/07300, abrufbar unter: <*www.legalis.net/jurisprudences/tgi-de-paris-jugement-du-7-aout-2018/*>, unter II. A., [nachfolgend: TGI Paris, 7 août 2018].

333 Art. L. 212-1 S. 1 C. cons.: *„Dans les contrats conclus entre professionnels et consommateurs, sont abusives les clauses qui ont pour objet ou pour effet de créer, au détriment du consommateur, un déséquilibre significatif entre les droits et obligations des parties au contrat"*.

334 Vgl. TGI Paris, 7 août 2018, unter II.A.; TGI Paris, 12 février 2019, unter III.

Rechtsbegriff „*avantage*" („Vorteil") im Sinne der Norm unter Umständen auch personenbezogene Daten fallen.

So erhalte bspw. der Betreiber eines sozialen Netzwerks mit den Daten, die ein Nutzer bei der Anmeldung bzw. Nutzung des Dienstes zur Verfügung stellt, einen „Vorteil als Gegenleistung" für den Vorteil, der dem Nutzer mit dem Zugang und der Nutzung der Dienste verschafft werde.

Der Annahme eines „entgeltlichen" Vertrags nach französischem Rechtsverständnis steht somit gerade nicht entgegen, dass eine Vertragspartei (statt der Zahlung eines Preises) seine Daten preisgibt bzw. mit Daten „bezahlt".

b. Umsetzung der Digitale-Inhalte-RL: Anerkennung personenbezogener Daten als „Gegenleistung"?

Vor dem Hintergrund der Vorgaben der Digitale-Inhalte-RL stellt sich die Frage, inwiefern datenbasierte Geschäftsmodelle nunmehr auch eine normative Grundlage im Code de la consommation gefunden haben. Hierfür ist eine Überprüfung der Bestimmung des Art. L. 224-25-2 I. C. cons. erforderlich, der den Anwendungsbereich des Digitalvertragsrechts im Code de la consommation definiert.

aa. Voraussetzungen für die Eröffnung des Anwendungsbereichs, Art. L. 224-25-2 Code de la consommation

Im französischen Verbrauchergesetzbuch ist der Anwendungsbereich der digitalvertragsrechtlichen Vorschriften der Art. L. 224-25-1 bis Art. L. 224-25-32 C. cons. in Art. L. 224-25-2 I. S. 1 C. cons. festgelegt:

> Les dispositions de la présente section s'appliquent à tout contrat par lequel un professionnel, ou toute personne se présentant ou se comportant comme tel, fournit un contenu numérique et un service numérique au consommateur, et ce dernier s'acquitte d'un prix ou procure tout autre avantage au lieu ou en complément du paiement d'un prix.

Die Regelungen in Art. L. 224-25-1 ff. C. cons. finden auf jeden Vertrag Anwendung, durch den ein Unternehmer oder eine Person, die sich als solcher ausgibt oder verhält („*un professionnel, ou toute personne se présentant ou se comportant comme tel*"), einem Verbraucher digitale Inhalte oder eine digitale Dienstleistung bereitstellt und der Verbraucher („*consommatuer*") einen Preis zahlt oder anstelle oder zusätzlich zu der Zahlung eines Preises einen anderen Vorteil („*autre avantage*") verschafft.

Die Definition des Anwendungsbereichs des französischen Digitalvertragsrechts in Art. L. 224-25-2 I. S. 1 C. cons. dient der Umsetzung von Art. 3 Abs. 1 Unterabs. 1 und Unterabs. 2 Hs. 1 DIRL, obschon die Bestimmung in ihrem Wortlaut in mehrfacher Hinsicht von der Richtlinienvorgabe abweicht. Keine Entsprechung findet hier die Richtlinienvorgabe des Art. 3 Abs. 1 Unterabs. 2 Hs. 2 DIRL, der, wie gezeigt, für Fälle, in denen ein Verbraucher dem Unternehmer personenbezogene Daten bereitstellt bzw. deren Bereitstellung zusagt, spezifische Ausnahmen der Anwendbarkeit des Digitalvertragsrechts benennt.

Hervorzuheben ist, dass im französischen Recht der persönliche Anwendungsbereich der Bestimmungen des neuen Abschnitts 2 *bis* zu Verträgen über die Bereitstellung digitaler Inhalte und digitaler Dienstleistungen darüber hinaus auf Verträge zwischen *professionnel* und *non-professionnel* erweitert ist, vgl. Art. L. 224-25-31 C. cons.[335]

(1) Vorliegen eines Vertrags

Der Definition des Anwendungsbereichs in Art. L. 224-25-2 I. S. 1 C. cons. ist zu entnehmen, dass zunächst das Bestehen eines Vertrags zu klären ist, der Voraussetzung für die Anwendbarkeit des Regelungskomplexes der Art. L. 224-25-1 ff. C. cons. ist.

Für die Beurteilung, ob ein Vertrag (wirksam) geschlossen wurde, ist auf das allgemeine französische Vertragsrecht und damit auf Bestimmungen des Code civil Rückgriff zu nehmen.[336] Neben den Vorschriften des allgemeinen Vertragsrechts finden darüber hinaus die spezifischen Informationspflichten eines Unternehmers gegenüber einem Verbraucher nach dem Code de la consommation Anwendung.

Das allgemeine Vertragsrecht sowie das allgemeine Schuldrecht (*régime général de l'obligation*) und das Beweisrecht des Code civil sind mit Inkrafttreten der Verordnung Nr. 2016-131[337] zum 1. Oktober 2016 umfassend reformiert worden.[338] Die

---

335 Siehe hierzu Kapitel 4 II.2.b.bb.(2).(d).

336 Für das Verhältnis zwischen Code de la consommation und code civil siehe die Ausführungen in Kapitel 4 I.2.c.

337 *Ordonnance n° 2016–131 du 10 février 2016 portant réforme du droit des contrats, du régime général et de la preive des obligations*, JORF 11.2.2016, S. 3979.

338 Zur Reform des Code civil siehe bspw. die Beiträge in *Cartwright/Fauvarque-Cosson/Whittaker*, La réécriture du Code civil: le droit français des contrats après la réforme de 2016 avec la traduction en anglais de l'Ordonnance et des modifications introduites en 2018 par la loi de ratification; die Beiträge in *Fauvarque-Cosson/Wicker*, La réforme du droit français des contrats; sowie *Mignot*, Petites Affiches, 26 février 2016, n° 41, 8; *Asfar-Cazenave*, Revue juridique Thémis, 49–3 (2015), 717; *Chantepie/Latina*, La réforme du droit des obligations. Commentaire théorique et practique dans l'ordre du Code civil. In deutscher Sprache siehe etwa die Beiträge in *Bien/Borghetti*, Die Reform des französischen Vertragsrechts; sowie *Limbach*, GPR 2016, 161; *Babusiaux/Witz*, JZ 2017, 496; *Klein*, RIW 2016, 328. Mit rechtsvergleichenden Ansätzen zu der deutschen Schuldrechtsreform und der Reform des Code civil siehe *Grundmann/Schäfer*, ERCL 2017, 13(4), 459; *Häcker*, in: Cartwright/Fauvarque-Cosson/Whittaker (Hrsg.), La réécriture du Code civil: le droit français des contrats après la réforme

Regelungen zum Vertragsschluss in Frankreich unterscheiden sich dabei nach wie vor in Aufbau und Struktur vom deutschen Vertragsrecht; auch nach der Reform beziehen sich die Wirksamkeitsvorschriften im französischen Recht nicht etwa allgemein auf die Willenserklärung oder das Rechtsgeschäft, sondern auf den Vertrag.[339]

Mit Blick auf die weiterhin bestehenden grundsätzlichen Unterschiede zwischen der französischen und der deutschen Zivilrechtsdogmatik soll das Zustandekommen eines Vertrags nach (neuem) französischem Recht in Kürze besprochen werden. Die Darstellung soll vornehmlich dem allgemeinen Verständnis des nichtfranzösischen Juristen dienen.

Nach allgemeinem französischem Vertragsrecht ist ein Vertrag i.S.d. Art. 1101 Code civil[340] eine Willensübereinstimmung zwischen zwei oder mehreren Personen, die darauf abzielt, schuldrechtliche Verpflichtungen zu begründen, zu ändern, zu übertragen oder zu beenden. Art. 1101 Code civil betont den *„accord de volontés"* (Willenseinigung) und bringt damit nach der Reform nunmehr klarer zum Ausdruck, dass Kern eines jeden Vertrags der Konsens zwischen den Vertragsparteien ist,[341] so wie auch Art. 1128 Code civil[342], der die Gültigkeit eines Vertrags an *„le consentement des parties"* (Zustimmung der Parteien) knüpft.

Teil der französischen Schuldrechtsreform war auch die Neufassung der Vorschriften über den Vertragsschluss.[343] Nach der Reform des Code civil finden sich in

---

de 2016 avec la traduction en anglais de l'Ordonnance et des modifications introduites en 2018 par la loi de ratification, S. 419; *Schulze*, in: Fauvarque-Cosson/Wicker (Hrsg.), La réforme du droit français des contrats, S. 249.

339 Siehe hierzu *Limbach*, GPR 2016, 161 (162 f.); *Babusiaux/Witz*, JZ 2017, 496 (497 ff.); *Knetsch*, in: Bien/Borghetti (Hrsg.), Die Reform des französischen Vertragsrechts, S. 61 (63 ff.).

340 Art. 1101 Code civil: *„Le contrat est un accord de volontés entre deux ou plusieurs personnes destiné à créer, modifier, transmettre ou éteindre des obligations."*. Deutsche Übersetzung aus *Bien/Borghetti*, Die Reform des französischen Vertragsrechts, S. 254: „Der Vertrag ist eine Willenserklärung zwischen zwei oder mehreren Personen, die dazu bestimmt ist, schuldrechtliche Verpflichtungen zu begründen, zu ändern, zu übertragen oder zum Erlöschen zu bringen.".

341 *Kleinschmidt*, in: Bien/Borghetti (Hrsg.), Die Reform des französischen Vertragsrechts, S. 83 (96).

342 Art. 1128 Code civil ersetzt Art. 1108 Code civil a.F. und lautet: *„Sont nécessaires à la validité d'un contrat: 1° Le consentement des parties; 2° Leur capacité de contracter; 3° Un contenu licite et certain."* Deutsche Übersetzung aus *Bien/Borghetti*, Die Reform des französischen Vertragsrechts, S. 263: „Notwendig für die Wirksamkeit eines Vertrages: 1. Der Konsens der Parteien; 2. Ihre Geschäftsfähigkeit; 3. Ein rechtmäßiger und bestimmter Inhalt.".

343 Bis zur Reform 2016 war das Zustandekommen eines Vertrags im Gesetz nicht geregelt, sondern Sache der Rechtsprechung und der Lehre. Art. 1108 Code civil a.F. verlangte für einen wirksamen Vertrag lediglich ein *„consentement de la partie"*, also eine beiderseitige Zustimmung; die Voraussetzungen von Angebot und Annahme waren nicht normiert. Da der Begriff *„consentement"* auch in den darauffolgenden Artikeln nicht näher konkretisiert wurde, hat sich der französische Kassati-

den Art. 1113 ff. Code civil erstmals Vorschriften zum Mechanismus von Angebot und Annahme für einen Vertragsschluss. Die neuen Vorschriften greifen überwiegend auf die schon vor der Reform von der Rechtsprechung und der Lehre entwickelten Grundsätze zurück und bestimmen nunmehr ausdrücklich, dass ein Vertrag durch Zusammentreffen von Angebot (*offre*) und Annahme (*acceptation*) zustande kommt (vgl. Art. 1113 Code civil[344]).[345]

Ein Angebot ist nach der im Code civil neu eingefügten (indirekten) Legaldefinition eine Willensäußerung, die einen Vertragsbindungswillen zum Ausdruck bringt und die wesentlichen Bedingungen enthält (vgl. Art. 1114 Code civil[346]).[347] Der Annahme widmet sich Art. 1118 Code civil[348]. Ein Konsens zwischen den Vertrags-

onsgerichtshof der Ausformung des Begriffs angenommen; die der Rechtsprechung zu entnehmenden Rechtssätze wurden sodann von der Literatur systematisiert.

344 Art. 1113 Code civil: „*Le contrat est formé par la rencontre d'une offre et d'une acceptation par lesquelles les parties manifestent leur volonté de s'engager. Cette volonté peut résulter d'une déclaration ou d'un comportement non équivoque de son auteur.*" Deutsche Übersetzung aus *Bien/Borghetti*, Die Reform des französischen Vertragsrechts, S. 259: „ Der Vertrag wird durch das Zusammentreffen eines Angebots und einer Annahme geschlossen, mit denen die Parteien ihren Willen zum Vertragsschluss äußern. Dieser Wille kann sich aus einer Erklärung oder aus einem unzweideutigen Verhalten des Handelnden ergeben.".

345 Zum reformierten Vertragsrecht siehe bspw. *Chantepie/Latina*, La réforme du droit des obligations. Commentaire théorique et practique dans l'ordre du Code civil, S. 139 ff.; *Rochfeld*, in: Fauvarque-Cosson/Wicker, La réforme du droit français des contrats, S. 87.

346 Art. 1114 Code civil: „*L'offre, faite à personne déterminée ou indéterminée, comprend les éléments essentiels du contrat envisagé et exprime la volonté de son auteur d'être lié en cas d'acceptation. A défaut, il y a seulement invitation à entrer en négociation.*" Deutsche Übersetzung aus *Bien/Borghetti*, Die Reform des französischen Vertragsrechts, S. 259: „Das an eine bestimmte oder unbestimmte Person gerichtete Angebot enthält die wesentlichen Bestandteile des beabsichtigten Vertrages und bringt den Willen des Offerenten zum Ausdruck, im Falle der Annahme daran gebunden zu sein. In Ermangelung dessen handelt es sich lediglich um eine Einladung, in Verhandlungen zu treten.".

347 Ein wesentlicher Unterschied zum deutschen Recht liegt in der Bindungswirkung eines Angebots (vgl. § 145 BGB), denn Art. 1116 Code civil erlaubt ausdrücklich nicht, einen Vertragsschluss trotz Widerruf des Angebots anzunehmen, siehe hierzu *Knetsch*, in: Bien/Borghetti (Hrsg.), Die Reform des französischen Vertragsrechts, S. 61 (69 ff.); *Kleinschmidt*, in: Bien/Borghetti (Hrsg.), Die Reform des französischen Vertragsrechts, S. 83 (99 ff.).

348 Art. 1118 Code civil: „*L'acceptation est la manifestation de volonté de son auteur d'être lié dans les termes de l'offre. Tant que l'acceptation n'est pas parvenue à l'offrant, elle peut être librement rétractée, pourvu que la rétractation parvienne à l'offrant avant l'acceptation. L'acceptation non conforme à l'offre est dépourvue d'effet, sauf à constituer une offre nouvelle.*" Deutsche Übersetzung aus *Bien/Borghetti*, Die Reform des französischen Vertragsrechts, S. 252 ff.: „Die Annahme ist die Erklärung des Empfängers des Angebots, an dessen Bedingungen gebunden sein zu wollen. Solange die Annahme dem Offerenten nicht zugegangen ist, kann sie frei widerrufen werden, vorausgesetzt der Widerruf geht dem Offerenten vor der Annahme zu. Die nicht dem Angebot entsprechende An-

parteien setzt die vorbehaltslose Annahme des Angebots voraus. Bei einem Vertrag unter Abwesenden kommt es nach einer Klarstellung in Art. 1121 Code civil[349] nicht auf die Absendung der Annahme, sondern auf den Zeitpunkt des Zugangs der Annahme an. In besonderen Fällen (*circonstances particulières*) kann auch ein Schweigen unter den Voraussetzungen des Art. 1120 Code civil[350] als Annahme gelten.

Eine zentrale Neuerung der französischen Reform ist das Abrücken von der Wirksamkeitsvoraussetzung einer Grundlage der vertraglichen Verpflichtung, der sog. „cause“.[351] Vor seiner Reform setzte das französische Vertragsrecht für die Wirksamkeit eines Vertrags stets das Vorliegen eines erlaubten Rechtsgrundes der Verpflichtung (*une cause licite dans l'obligation*) voraus, vgl. Art. 1108 Code civil a.F.[352] Bei gegenseitig verpflichtenden Verträgen war die „cause“, d.h. der Vertragsgrund, die erwartete Gegenleistung, ungeachtet des konkreten Inhalts.[353] Die im deutschen BGB so nicht bekannte, sondern erst von der Rechtsprechung entwickelte Anknüpfung an die Grundlage einer vertraglichen Verpflichtung, war nach französischem Recht stets ein Wirksamkeitserfordernis für das Vorliegen eines Vertrags.

Ursprünglich war der Begriff der „cause“ im sog. objektiven Sinne (*cause objective*) als Rechtsgrund eines Schuldversprechens verstanden worden; die „cause“ ist in diesem Fall lediglich Ausdruck des Synallagmas und eine Verpflichtung entsprechend immer dann nichtig, wenn die versprochene Gegenleistung anfänglich

nahme hat abgesehen davon, dass sie ein neues Angebot darstellt, keine weiteren Rechtswirkungen.“.

349 Art. 1121 Code civil: „*Le contrat est conclu dès que l'acceptation parvient à l'offrant. Il est réputé l'être au lieu où l'acceptation est parvenue.*“ Deutsche Übersetzung aus *Bien/Borghetti*, Die Reform des französischen Vertragsrechts, S. 260: „Der Vertrag ist geschlossen, sobald die Annahme dem Offerenten zugeht. Er gilt als an den Ort geschlossen, an dem die Annahme zugegangen ist.“.

350 Art. 1120 Code civil: „*Le silence ne vaut pas acceptation, à moins qu'il n'en résulte autrement de la loi, des usages, des relations d'affaires ou de circonstances particulières.*“ Deutsche Übersetzung aus *Bien/Borghetti*, Die Reform des französischen Vertragsrechts, S. 261: „Schweigen gilt nicht als Annahme, sofern sich nichts anderes aus dem Gesetz, der Verkehrssitte, den Geschäftsbeziehungen der Parteien oder den besonderen Umständen des Einzelfalls ergibt.“.

351 Statt vieler siehe hierzu etwa *Aynès*, in: Cartwright/Fauvarque-Cosson/Whittaker (Hrsg.), La réécriture du Code civil: le droit français des contrats après la réforme de 2016 avec la traduction en anglais de l'Ordonnance et des modifications introduites en 2018 par la loi de ratification, S. 143; kritisch hierzu etwa *Genicon*, Recueil Dalloz 2015, 1551.

352 Art. 1108 Code civil in seiner Fassung bis zum 1.10.2016: „*Quatre conditions sont essentielles pour la validité d une convention: Le consentement de la partie qui s oblige; Sa capacité de contracter; Un objet certain qui forme la matière de l'engagement; Une cause licite dans l'obligation.*“, vgl. auch Art. 1131 ff. Code civil a.F.

353 *Knetsch*, in: Bien/Borghetti (Hrsg.), Die Reform des französischen Vertragsrechts, S. 61 (77) m.w.N.

unmöglich ist oder nachträglich entfällt.[354] Von einem solchen objektiven, funktionalen Verständnis war die französische Rechtsprechung abgewichen und hatte entschieden, dass die „cause“ einer Verpflichtung auch dann nicht gegeben sei, wenn die Gegenleistung zwar bestehe, aber nicht ernsthaft sei oder kein wirtschaftliches Interesse biete.[355] Vertragsgrundlage seien nicht nur die im Vertrag selbst angelegten, objektiven Gründe für den Vertrag (bei synallagmatischen Verträgen also der Anspruch auf Gegenleistung), sondern auch die subjektive Motivation, welche die Parteien zum Vertragsschluss bewogen hat (m.a.W. ihre Absichten und Ziele).[356] Da in der „cause“ damit nicht mehr nur der abstrakte Rechtsgrund gesehen wurde, sondern auch der konkrete Beweggrund des Vertragsschlusses, ließ sich das Instrument der „cause“ für die Überprüfung der Rechtmäßigkeit eines Vertrags heranziehen – im Falle einer unrechtrechtmäßigen *„cause subjective“*, etwa aufgrund unlauterer Beweggründe, wurde der zwischen zwei Vertragsparteien geschlossene Vertrag für nichtig erklärt oder einzelne Vertragsbestandteile wurden mangels einer „cause“ für ungültig erklärt, wenn hierdurch in der Gesamtbetrachtung die Gegenleistung ökonomisch entwertet wurde.[357]

Mit der Reform des französischen Vertragsrechts wurde die Voraussetzung der „cause“ nunmehr abgeschafft und durch das *„consentement des parties“* ersetzt (vgl. Art. 1128 Code civil).[358] Art. 1128 Code civil, der den Art. 1108 a.F. damit ablöste,[359] stellt klar, dass es zur Wirksamkeit eines Vertrags (nur noch): 1. der vertraglichen Einigung (Willensübereinstimmung der Parteien), 2. der Geschäftsfähigkeit der Vertragsparteien (wörtlich: der „Vertragsfähigkeit“) und 3. eines „rechtmäßigen und bestimmten Vertragsinhalts“ bedarf.

Gleichwohl sind die genannten Funktionen der „cause“ auch nach der Neufassung des allgemeinen Vertragsrechts in den Regelungen zum Vertragsinhalt

---

354 *Knetsch*, ebenda; hierzu auch *Rochfeld*, in: Fauvarque-Cosson/Wicker, La réforme du droit français des contrats, S. 87 (89 ff.).

355 Siehe *Knetsch*, in: Bien/Borghetti (Hrsg.), Die Reform des französischen Vertragsrechts, S. 61 (78) mit Verweis auf die Entscheidungen Cass. civ. 3, Urt. v. 4.5.1983 n° 79–16.575, Rev. trim. dr. 1984, 113 und Cass. civ. 1, Urtl. v. 20.2.1973, n° 71–83855, Dalloz 1974, 37.

356 Siehe hierzu *Rochfeld*, in: Fauvarque-Cosson/Wicker, La réforme du droit français des contrats, S. 87 (89 ff.).

357 Siehe *Knetsch*, in: Bien/Borghetti (Hrsg.), Die Reform des französischen Vertragsrechts, S. 61 (78) mit Verweis auf die sog. *Chronopost*-Judikatur der Cour de cassation.

358 Zum Wortlaut von Art. 1128 Code civil siehe Kapitel 5 Fn. 342.

359 Vgl. *Chantepie/Latina*, La réforme du droit des obligations. Commentaire théorique et practique dans l’ordre du Code civil, S. 232 ff.

(*contenu du contrat*) zu finden (vgl. Art. 1169 f. und Art. 1162 Code civil).[360] Nicht mit aufgenommen wurde aber die ursprüngliche Funktion der „cause", bei Nichtigkeit der Leistung auf die Nichtigkeit der Gegenleistung zu schließen.[361]

Festgehalten werden kann, dass das Abrücken von der Wirksamkeitsvoraussetzung der „cause", aber vor allem auch der Ausbau von Treu und Glauben zu einem allgemeinen, alle Vertragsphasen und -fragen erfassenden Prinzip im Zuge der französischen Schuldrechtsreform das französische Vertragsrecht in eine größere Nähe zum deutschen Vertragsrecht gerückt hat.[362] Die Reform des französischen Vertragsrechts ist zumindest in dieser Hinsicht ein Schritt zu mehr Konvergenz mit dem deutschen Recht. Sie brachte zum Teil auch eine Annäherung an den Stand des europäischen Vertragsrechts,[363] wenngleich weiterhin Abweichungen festzustellen sind, die teils in den Traditionen des französischen Rechts verhaftet sind.[364]

Insoweit, wie anfangs aufgezeigt, für die Anwendung des Digitalvertragsrecht der Art. L. 224-25-2 ff. C. cons. zunächst geklärt werden muss, ob die Bereitstellung digitaler Inhalte oder digitaler Dienstleistungen auf Unternehmerseite und die Zahlung eines Preises bzw. das Verschaffen eines „anderen Vorteils" auf Verbraucherseite einen Vertrag begründet, ist auf die genannten Bestimmungen des Code civil zurückzugreifen. Für einen Vertragsschluss gilt der oben beschriebene Mechanismus von Angebot und Annahme.

Näherer Untersuchung bedarf im Hinblick auf datenbasierte Austauschverhältnisse die Formulierung „*procure tout autre avantage*" in Art. L. 224-25-2 I. S. 1. Alt. 2. C. cons.

(2) „*Procure tout autre avantage*"

Mit der Formulierung „*procure tout autre avantage*" in Art. L. 224-25-2 I. S. 1 Alt. 2 C. cons. erweitert der französische Gesetzgeber die Anwendbarkeit des Digitalvertragsrechts auf Austauschverhältnisse, bei denen der Verbraucher für die Bereitstellung digitaler Inhalte oder digitaler Dienstleistungen keinen monetären Preis zahlt, dem Unternehmer jedoch einen „anderen Vorteil verschafft".

---

360 *Babusiaux/Witz*, JZ 2017, 496 (501); *Knetsch*, in: Bien/Borghetti (Hrsg.), Die Reform des französischen Vertragsrechts, S. 61 (78 f.); *Rochfeld*, in: Fauvarque-Cosson/Wicker (Hrsg.), La réforme du droit français des contrats, S. 87 (89 ff.).

361 *Knetsch*, in: Bien/Borghetti (Hrsg.), Die Reform des französischen Vertragsrechts, S. 61 (79).

362 Eingehend hierzu *Grundmann/Schäfer*, ERCL 2017, 13(4), 459 (459 ff.); siehe auch *Limbach*, GPR 2016, 161 (161 ff.).

363 Vgl. *Limbach*, GPR 2016, 161.

364 Hierzu etwa *Kleinschmidt*, in: Bien/Borghetti (Hrsg.), Die Reform des französischen Vertragsrechts, S. 83.

Den klaren Wortlaut der Richtlinie, der sich explizit auf Fälle bezieht, in denen der Verbraucher personenbezogene Daten bereitstellt oder deren Bereitstellung zusagt („*(...) le consommateur fournit ou s'engage à fournir des données à caractère personnel au professionnel*", vgl. Art. 3 Abs. 1 Unterabs. 2 DIRL) hat der französische Gesetzgeber in Art. L. 224-25-2 I. C. cons. durch den „unscharfen"[365] Begriff „*procure tout autre avantage*" ersetzt.

Damit weicht der Wortlaut der französischen Umsetzungsnorm in zweierlei Hinsicht von der europäischen Richtlinienvorgabe des Art. 3 Abs. 1 Unterabs. 2 DIRL ab: zum einen hinsichtlich einer direkten Bezugnahme auf „personenbezogene Daten" („*données à caractère personnel*") und zum anderen hinsichtlich des Verbs „bereitstellen" („*fournir*").

Der Begriff „*avantage*" i. S. e. erlangten „Vorteils" wird im französischen Recht bereits für die Definition eines „Austauschvertrags" i. S. d. Art. 1108 Code civil[366] verwendet sowie in Art. 1107 Code civil, der den Begriff eines „entgeltlichen Vertrags" definiert.[367] Der Bericht zu der Verordnung, die der Umsetzung der Digitale-Inhalte-RL in Frankreich dient, stellt ausdrücklich klar, dass die gesetzlichen Kriterien für die Vertragsmäßigkeit digitaler Inhalte und digitaler Dienstleistungen auf alle „entgeltlichen Verträge" Anwendung finden sollten, einschließlich der Verträge, bei denen der Unternehmer anstelle oder zusätzlich zu einem Preis einen „Vorteil" erhält, und nennt hierfür beispielhaft Fälle, in denen ein Unternehmer personenbezogene Daten, die ein Verbraucher bei der Nutzung eines sozialen Netzwerks preisgibt, wirtschaftlich verwertet.[368]

In der französischen Literatur werden zwei Aspekte aufgeführt, die den Gesetzgeber zu der Wahl der Begrifflichkeit „*tout autre avantage*" in der Umsetzungsverordnung bewogen haben könnten und die Terminologie zumindest nachvollziehbar erscheinen lassen: Entweder wollte der französische Gesetzgeber personenbezogenen Daten nicht implizit einen Vermögenswert zusprechen oder einen solchen anerkennen vor dem Hintergrund des grundrechtlichen Schutzes personenbezogener Daten und habe deshalb die explizite Nennung personenbezogener Daten im vertragsrechtlichen Kontext bewusst vermieden.[369] Oder aber der

365 Vgl. *Legrand*, Petites Affiches, n° 01 du 1 Juin 2021, (16 f.).

366 Art. 1108 I Code civil: „*Le contrat est commutatif lorsque chacune des parties s'engage à procurer à l'autre un avantage qui est regardé comme l'équivalent de celui qu'elle reçoit.*". Deutsche Übersetzung aus *Bien/Borghetti* (Hrsg.), Die Reform des französischen Vertragsrechts, S. 256: „Ein Vertrag ist ein Austauschvertrag, wenn jede Vertragspartei sich verpflichtet, der anderen einen Vorteil zu verschaffen, der als Äquivalent dessen angesehen wird, was sie empfängt.".

367 Siehe hierzu schon unter 2.a.aa.

368 Vgl. *Rapport au Président* (s. Kapitel 4 Fn. 239).

369 Vgl. *Legrand*, Petites Affiches, n° 01 du 1 Juin 2021, 16 (16 ff.).

französische Gesetzgeber habe den Begriff absichtlich „unscharf“ gefasst, um nicht „nur“ Fälle zu erfassen, in denen ein Verbraucher seine personenbezogenen Daten als Gegenleistung für ein digitales Produkt bereitstellt, sondern darüber hinaus auch Konstellationen, in denen der Verbraucher dem Unternehmer jedweden „anderen Vorteil“ verschafft – vom Wortlaut des Art. L. 224-25-2 I. C. cons. erfasst wären mit einer solchen Auslegung beispielsweise auch Fälle, in denen der Verbraucher Werbung anhören oder ansehen muss, um Zugang zu einem digitalen Inhalt oder einer digitalen Dienstleistung zu erhalten und/oder um weiterhin Zugang zu diesem/dieser zu erhalten.[370]

Gegenüber der Richtlinienvorgabe der Digitale-Inhalte-RL ist der Anwendungsbereich des Digitalvertragsrechts im französischen Umsetzungsgesetz damit weniger klar, gegebenenfalls aber auch weniger eng gefasst als die Richtlinienvorgabe des Art. 3 Abs. 1 Unterabs. 2 DIRL.

Der zweite Gesichtspunkt, der von Interesse ist, betrifft das vom europäischen Gesetzgeber im Zusammenhang mit personenbezogenen Daten gewählte Verb „bereitstellen“ („*fournir*“), das in der französischen Umsetzungsverordnung (überwiegend) nicht übernommen worden ist. Bei der Definition des Anwendungsbereichs in Art. L. 224-25-2 I. S. 1 C. cons. verwendet der französische Gesetzgeber den Begriff nicht;[371] stattdessen heißt es im französischen Verbraucherrecht *„[le consommateur] procure tout autre avantage“*, vgl. Art. L. 224-25-2 I. S. 1 C. cons. Den Begriff *„procure“* gebraucht das französische Recht ebenfalls in Art. 1107 Code civil

370 Vgl. *Legrand*, ebenda, mit Verweis auf Erwgr. 25 DIRL. Demgegenüber geht die Umsetzungsvorschrift im deutschen BGB (vgl. § 327 Abs. 3 BGB) jedenfalls nicht so weit, denn der deutsche Gesetzgeber hat ausdrücklich nur „mit Daten bezahlte“ digitale Produkte in den Anwendungsbereich der §§ 327 ff. BGB aufgenommen, nicht aber solche Verträge hiervon erfasst, bei denen der Verbraucher eine andere nicht-monetäre Gegenleistung als personenbezogene Daten erbringt, etwa „herkömmliche Gegenleistungen“ wie die Werbung neuer Kunden oder die Teilnahme an einer Studie oder auch „klassische Gefälligkeiten“ des Verbrauchers wie ein eigentlich nicht erwünschtes Abonnement eines Newsletters oder die Beantwortung einer Umfrage, siehe *Wendehorst*, NJW 2021, 2913 (2915 f.); *Fries*, in: BeckOGK ZivilR BGB § 327 Rn. 26 (Stand: 1.7.2023). In der deutschen Literatur wird in diesen Fällen im Hinblick auf eine planwidrige Regelungslücke und eine vergleichbare Interessenlage eine analoge Anwendung der §§ 327 ff. BGB vorgeschlagen, siehe ebenda; ähnlich auch *Gansmeier/Kochendörfer*, ZfPW 2022, 1 (16 f.).

371 Siehe aber Art. L. 224-25-3 II. n° 8 C. cons.: *„Les logiciels sous licence libre et ouverte, lorsque le consommateur ne s'acquitte pas d'un prix et que les données à caractère personnel fournies par celui-ci sont exclusivement traitées par le professionnel pour améliorer la sécurité, la compatibilité ou l'interopérabilité de ces logiciels spécifiques.“* und Art. L. 224-25-22 III. 4° S. 1 C. cons.: *„De s'abstenir d'utiliser tout contenu, autre que les données à caractère personnel, qui a été fourni ou créé par le consommateur dans le contexte de l'utilisation du contenu numérique ou du service numérique fourni par le professionnel, sauf si ce contenu a été généré conjointement par le consommateur et d'autres personnes, et si d'autres consommateurs peuvent continuer à en faire usage.“*.

im Zusammenhang mit der Definition eines „entgeltlichen Vertrags“.[372] Das Verb wird in deutscher Übersetzung i. S. v. „verschaffen“ verstanden und könnte damit jedenfalls ihm deutschen Sprachgebrauch ein „aktives“ Tätigwerden nahelegen. Der Formulierung ist jedoch ein richtlinienkonformes Verständnis zu Grunde zu legen. Für die Anwendbarkeit der digitalvertragsrechtlichen verbraucherschützenden Vorschriften soll es, wie gezeigt, gerade nicht darauf ankommen, dass der Verbraucher seine personenbezogenen Daten „aktiv“ übermittelt; dieses Erfordernis ist mit dem geänderten Wortlaut während des Gesetzgebungsprozesses aufgegeben worden.[373] Das französische Umsetzungsgesetz ist in diesem Sinne zu verstehen bzw. richtlinienkonform auszulegen.

(3) Resümee

Art. L. 224-25-2 I. S. 1 C. cons. dient der Umsetzung von Art. 3 Abs. 1 Unterabs. 2 DIRL im französischen Verbraucherrecht. Mit der Formulierung „*Les dispositions de la présente section s'appliquent à tout contrat par lequel un professionnel […] fournit un contenu numérique et un service numérique au consommateur, et ce dernier s'acquitte d'un prix ou procure tout autre avantage au lieu ou en complément du paiement d'un prix*“ (vgl. Art. L. 224-25-2 I. S. 1 C. cons.) sollte die französische Umsetzungsverordnung offenbar auch jene Fälle erfassen, in denen der Verbraucher statt oder zusätzlich zu der Zahlung eines monetären Preises seine personenbezogenen Daten bereitstellt. Das Prinzip „Bezahlen mit Daten“ wird damit auch im französischen Verbrauchergesetzbuch abgebildet. Da die Bereitstellung personenbezogener Daten als „anderer Vorteil“ unter Art. L. 224-25-2 I. C. cons. fällt, impliziert der französische Gesetzgeber mit der Bestimmung auch den entgeltlichen Charakter datenbasierter Austauschverhältnisse.[374]

bb. Informationspflichten des Unternehmers

Aufschluss über den entgeltlichen Charakter datenbasierter Austauschverhältnisse geben darüber hinaus die im französischen Verbraucherrecht normierten vorvertraglichen Informationspflichten eines Unternehmers sowie die konkretisierende Informationspflicht im Hinblick auf den erlangten „Vorteil“.

Art. L. 111-1 C. cons. statuiert die allgemeinen vorvertraglichen Informationspflichten des Unternehmers gegenüber einem Verbraucher im Falle eines entgelt-

---

372 Siehe hierzu unter 2.a.aa.

373 Siehe hierzu oben unter II.1.b.

374 Vgl. auch *Aubry*, Recueil Dalloz 2022, 574: „(…) *le législateur a opté pour une approche contractuelle des relations fondées sur la fourniture de données* (…)“.

lichen Vertrags (*contrat à tritre onéreux*).[375] Die vorvertraglichen Informationspflichten nach Art. L. 111-1 C. cons. sind mit der Verordnung Nr. 2021-1247 zum einen dahingehend erweitert bzw. verschärft worden, dass sich diese nicht mehr nur auf die wesentlichen Merkmale einer Ware oder einer Dienstleistung beziehen, sondern ebenso auf digitale Inhalte und digitale Dienstleistungen, insbesondere auch hinsichtlich ihrer Funktionalität, Kompatibilität und Interoperabilität (vgl. Art. L. 111-1 1° C. cons.).[376] Zum anderen – und dies ist hier von besonderem Interesse – ist die vorvertragliche Informationspflicht nach Art. L. 111-1 2° C. cons. ergänzt worden[377] und betrifft neben dem „Preis" nunmehr auch jedwede „andere Vorteile", welche dem Unternehmer anstelle oder zusätzlich zu der Zahlung des Preises gewährt werden. Unter den Begriff des „Vorteils" fällt, wie gezeigt, auch das Zurverfügungstellen von personenbezogenen Daten im Rahmen datenbasierter Austauschverhältnisse. Da sich die Informationspflicht explizit auf entgeltliche Verträge bezieht, lässt sich im Hinblick auf personenbezogene Daten als „anderer Vorteil" hieraus ebenfalls deren Entgeltqualität ableiten.[378]

Daneben bestimmt der im Rahmen der allgemeinen Informationspflichten mit der Verordnung Nr. 2021-1247 neu in Buch I, Titel I, Kapitel II („*Information sur les prix et conditions de vente*") eingefügte Art. L. 112-4-1 C. cons.[379], dass bei einem Vertrag über den Verkauf von Waren oder über die Bereitstellung digitaler Inhalte oder digitaler Dienstleistungen, der nicht die Zahlung eines Preises vorsieht, der Unternehmer die Art des Vorteils anzugeben hat, den der Verbraucher ihm im Sinne der Art. L. 217-1 bzw. L. 224-25-2 C. cons. verschafft. Begrüßt wird die Einfüh-

---

375 Art. L. 111-1 C. cons. lautet: „*Avant que le consommateur ne soit lié par un contrat à titre onéreux, le professionnel communique au consommateur, de manière lisible et compréhensible, les informations suivantes: 1° Les caractéristiques essentielles du bien ou du service, ainsi que celles du service numérique ou du contenu numérique, compte tenu de leur nature et du support de communication utilisé, et notamment les fonctionnalités, la compatibilité et l'interopérabilité du bien comportant des éléments numériques, du contenu numérique ou du service numérique, ainsi que l'existence de toute restriction d'installation de logiciel; 2° Le prix ou tout autre avantage procuré au lieu ou en complément du paiement d'un prix en application des articles L. 112-1 à L. 112-4-1;* (...)".

376 Siehe hierzu *Legrand*, La garantie de conformité enfin adaptée à l'ère numérique, publié le 16/12/2021.

377 Vgl. Art. L. 111-1 2° C. cons. a.F.: „*Le prix du bien ou du service, en application des articles L. 112-1 à L. 112-4*" (Fassung in Kraft vom 12.2.2020 bis 20.1.2021).

378 Vgl. *Aubry*, Recueil Dalloz 2022, 574.

379 Art. L. 112-4-1 C. cons.: „*Lorsque le contrat de vente de biens ou le contrat de fourniture de contenus numériques ou de services numériques ne prévoit pas le paiement d'un prix, le professionnel précise la nature de l'avantage procuré par le consommateur au sens des articles L. 217-1 et L. 224-25-2.*".

rung der Vorschrift insbesondere mit Blick auf die für den Verbraucher gewonnene Klarheit über die Entgeltlichkeit eines Vertrags.[380]

Eine entsprechende Bestimmung findet sich auch bei den spezifischen Regelungen zum Zustandekommen, der Änderung und der Dauer von Verträgen über die Bereitstellung digitaler Inhalte und digitaler Dienstleistungen: Jeder Vertrag, den ein Verbraucher über die Bereitstellung digitaler Inhalte oder digitaler Dienstleistungen abschließt, hat gem. Art. L. 224-25-5 2° a) C. cons.[381] auch die Angabe der Art des Vorteils, den der Verbraucher anstelle oder zusätzlich zum Preis gewährt, zu enthalten. Diese Informationspflicht des Unternehmers zum erlangten Vorteil wird in der französischen Literatur vor allem mit Blick auf datenbasierte Geschäftsmodelle befürwortet unter Verweis darauf, dass digitale Inhalte und digitale Dienstleistungen häufig ohne die Zahlung eines Geldbetrags angeboten werden, die Bereitstellung des digitalen Produkts aber keineswegs „kostenlos" ist, wenn der Verbraucher (stattdessen) seine personenbezogenen Daten bereitstellt und diese Daten Gegenstand einer kommerziellen Verwertung sind.[382] Die neue allgemeine Informationspflicht wirkt so vor allem der Illusion entgegen, dass ein Vertrag, der nicht explizit die Zahlung eines Preises vorsieht, „unentgeltlich" ist.[383]

cc. Personenbezogene Daten als „Preisäquivalent" unabhängig vom Vertragsgegenstand

Hervorzuheben ist, dass nach französischem Recht die Anerkennung von Austauschverhältnissen, bei denen ein Verbraucher einem Unternehmer anstelle oder

---

380 Vgl. *Hélaine*, Adaption de la garantie légale de conformité pour les biens et les contenus et services numériques, Dalloz actualité, 5 octobre 2021.

381 Art. L. 224-25-5 2° a) C. cons.: „*Tout contrat souscrit par un consommateur pour la fourniture de contenus numériques ou de services numériques comporte au moins les informations suivantes:* (...) *2° Les informations mentionnées aux articles L. 111-1, L. 221-5 et, le cas échéant, L. 221-8 et L. 221-11, et en particulier: a) La nature de l'avantage consenti par le consommateur au lieu ou en complément du prix, assortie des précisions prévues à l'article L. 211-2* (...)".

382 Siehe bspw. *Legrand*, Petites Affiches, n° 01 du 1 Juin 2021, 16; *Hélaine*, Adaption de la garantie légale de conformité pour les biens et les contenus et services numériques, Dalloz actualité, 5 octobre 2021; *Aubry*, Recueil Dalloz 2022, 574.

383 Vgl. *Houtcieff*, La lettre juridique n° 889 du 6 janvier 2022: Contrats et obligations Rn. 19 – *Houtcieff* nennt hier beispielhaft die Nutzung eines sozialen Netzwerks: Der Nutzer eines sozialen Netzwerks wisse oftmals nicht, dass er einen „entgeltlichen" Vertrag abschließe. Jede Vertragspartei erhalte in einem solchen Fall aber i. S. d. Art. 1107 Code civil einen „Vorteil" als „Gegenleistung" für den Vorteil, den sie der anderen Vertragspartei verschaffe – der Nutzer könne die Dienste des sozialen Netzwerks nutzen und der Betreiber des Netzwerks profitiere im Gegenzug von den bereitgestellten Daten des Nutzers. Daher sei es zu begrüßen, dass der Verbraucher hierüber nunmehr informiert werden muss.

zusätzlich zu der Zahlung eines Preises einen „anderen Vorteil" verschafft, nicht auf die neu eingeführte Vertragskategorie für digitale Inhalte und digitale Dienstleistungen beschränkt ist.

Die Regelungen des Verbrauchergewährleistungsrechts für Verträge über den Verkauf von Waren in den Art. L. 217-1 ff. C. cons., die der Umsetzung der Warenkauf-RL dienen, beziehen sich gleichermaßen auf Verträge, bei denen der Unternehmer dem Verbraucher eine Ware liefert und ihm das Eigentum daran überträgt und der Verbraucher dem Unternehmer anstelle oder zusätzlich zu der Zahlung eines Preises einen „anderen Vorteil verschafft" (vgl. Art. L. 217-1 I. S. 2 C. cons.[384]).

Damit geht das französische Verbraucherrecht über das Konzept der neuen Warenkauf-RL hinaus, die den Begriff des „Kaufvertrags" definiert als „jeden Vertrag, durch den der Verkäufer das Eigentum an Waren auf einen Verbraucher überträgt oder die Übertragung des Eigentums an dieser Ware auf den Verbraucher zusagt und der Verbraucher hierfür den Preis dafür zahlt oder dessen Zahlung zusagt" (vgl. Art. 2 Nr. 1 WKRL).[385] Voraussetzung für die Anwendbarkeit der Warenkauf-RL ist demnach die (Zusage zur) Zahlung eines Preises durch den Verbraucher. Stellt dieser hingegen personenbezogene Daten bereit, werden die Waren also mit Daten „bezahlt", ist der Anwendungsbereich der Warenkauf-RL, wie gezeigt, nicht eröffnet (vgl. Art. 3 Abs. 1 i.V.m. Art. 2 Nr. 1 WKRL).[386]

Demgegenüber hat der französische Gesetzgeber das Konzept der Digitale-Inhalte-RL im Hinblick auf das Prinzip „Bezahlen mit Daten" auch auf Kaufverträge über Waren übertragen.[387]

Dem französischen Verbraucherrecht unterfallen nunmehr stets auch Verträge, bei denen der Verbraucher keinen Preis in diesem Sinne zahlt, sondern dem Unternehmer einen „anderen Vorteil verschafft" – je nach Vertragsgegenstand finden die Gewährleistungsvorschriften für Waren (Art. L. 217-3 ff. C. cons.) oder für

---

384 Art. L. 217-1 I. S. 2 C. cons.: „*Sont assimilés à des contrats de vente aux fins du présent chapitre, les contrats en vertu desquels le professionnel délivre un bien et en transfère la propriété à un consommateur et ce dernier procure tout autre avantage, au lieu ou en complément du paiement d'un prix.*".

385 Die franz. Fassung des Art. 2 Nr. 1 WKRL lautet: „*"contrat de vente": tout contrat en vertu duquel le vendeur transfère ou s'engage à transférer la propriété de biens à un consommateur et en vertu duquel le consommateur paie ou s'engage à payer le prix de ces biens*".

386 Siehe dazu schon oben unter I. und II.1.

387 Im Übrigen hat der französische Gesetzgeber auch Erwgr. 48 DIRL „analog" in Art. L. 216-7 C. cons. umgesetzt: Wenn im Zusammenhang mit dem Vertrag über Waren personenbezogene Daten verarbeiten werden, können Sachverhalte, die dazu führen, dass die Anforderungen der EU-DSGVO nicht eingehalten werden, je nach Umständen des Falls auch als Vertragswidrigkeit der Ware betrachtet werden, siehe hierzu *Legrand*, Petites Affiches, n° 01 du 1 Juin 2021, 16 (16 ff.). Siehe dazu unter c.aa.

digitale Inhalte und digitale Dienstleistungen (Art. L. 224-25-12 ff. C. cons.) Anwendung.[388] Insbesondere im Hinblick auf Verträge über den Verkauf von „Waren mit digitalen Elementen“, auf die, wie gezeigt, die Vorschriften der Warenkauf-RL und damit die Umsetzungsvorschriften der Art. L. 217-1 ff. C. cons. Anwendung finden, hat diese Ausweitung praktische Relevanz und ist im Ansatz auch kohärent.[389]

dd. Resümee

Nach dem französischen Verbraucherrecht finden die neuen digitalvertragsrechtlichen Regelungen in den Art. L. 224-25-1 ff. C. cons. auf jeden Vertrag Anwendung, durch den ein Unternehmer einem Verbraucher digitale Inhalte oder eine digitale Dienstleistung bereitstellt und der Verbraucher einen Preis zahlt oder anstelle oder zusätzlich zu der Zahlung eines Preises einen anderen Vorteil („*autre avantage*“) verschafft (vgl. Art. L. 224-25-2 I. S. 1 C. cons.). Darüber hinaus beziehen sich nunmehr auch die Regelungen für Verträge über den Verkauf von Waren in den Art. L. 217-1 ff. C. cons. gleichermaßen auf Verträge, bei denen der Unternehmer dem Verbraucher eine Ware liefert und ihm das Eigentum daran überträgt und der Verbraucher dem Unternehmer anstelle oder zusätzlich zu der Zahlung eines Preises einen anderen Vorteil verschafft (vgl. Art. L. 217-1 I. S. 2 C. cons.).

Unter den Begriff eines „anderen Vorteils“ fällt nach französischem Verständnis auch die Bereitstellung personenbezogener Daten durch den Verbraucher.

Eine Wertung des Verhältnisses zwischen der Bereitstellung digitaler Inhalte oder digitaler Dienstleistungen und personenbezogener Daten i.S.e „anderen Vorteils“ kann der Anwendungsvorschrift des Art. L. 224-25-2 I. S. 1 C. cons. nicht unmittelbar entnommen werden. Dem Bericht zur französischen Umsetzungsverordnung ist aber eine implizite Einordnung datenbasierter Austauschverhältnisse als entgeltliche Verträge zu entnehmen. Jedenfalls unter Berücksichtigung der Definition eines entgeltlichen Vertrags gem. Art. 1107 Code civil spricht die zivilrechtliche Begriffsverwendung (neben der wirtschaftlichen Bedeutung) dafür, dass das französische Recht personenbezogene Daten als „Gegenleistung“ einordnet. In diese Richtung weisen auch die Vorschriften zu den (vorvertraglichen) Informationspflichten des Unternehmers.

Eine (weitere) Besprechung der genannten Vorschriften in der französischen Literatur bzw. in der französischen Rechtsprechung ist noch abzuwarten.

388 Siehe hierzu näher *Legrand*, Petites Affiches, n° 01 du 1 Juin 2021, 16 (16 ff.).

389 So *Legrand*, ebenda.

c. Verhältnis zum Datenschutzrecht

Wie erörtert, ist es Aufgabe des nationalen Gesetzgebers zwischen Vertragsrecht und Datenschutzrecht Konkordanz herzustellen.

Als europäische Verordnung findet die EU-DSGVO in Frankreich ebenfalls direkte Anwendung. Im Folgenden soll untersucht werden, inwiefern der französische Gesetzgeber das Zusammenspiel zwischen dem neuen Vertragsrecht für datenbasierte Austauschverhältnisse und datenschutzrechtlichen Bestimmungen gelöst hat.

aa. Verweise auf die EU-DSGVO im Code de la consommation

Das französische Verbrauchergesetzbuch enthält an mehreren Stellen direkte Verweise auf das Datenschutzrecht der EU-DSGVO bzw. das französische Datenschutzgesetz[390]. Eine solche Verweisungstechnik ist dem deutschen BGB (weitgehend) fremd.

Der einleitende Artikel des Code de la consommation verweist für die Definition des Begriffs „personenbezogene Daten" auf die Begriffsbestimmung in Art. 4 Nr. 1 EU-DSGVO (vgl. Art. Liminaire 13° C. cons.). Hierauf verzichtete der deutsche Gesetzgeber, da eine Legaldefinition des Begriffs im BGB schon unter dem Gesichtspunkt der Einheit der Rechtsordnung entbehrlich ist.[391]

Darüber hinaus hat der französische Gesetzgeber die Berücksichtigung datenschutzrechtlicher Anforderungen im Vertragsrecht in Art. L. 224-25-15 C. cons. (sowie Art. L. 217-6 C. cons.) ausdrücklich geregelt. Im französischen Verbrauchergesetzbuch ist insoweit die Begründungserwägung 48 der Digitale-Inhalte-RL übernommen worden, die klarstellt, dass die Nichteinhaltung der Anforderungen der EU-DSGVO, einschließlich wesentlicher Grundsätze wie Datenminimierung, Datenschutz durch Technik und datenschutzfreundliche Voreinstellungen, je nach den Umständen des Falls auch als fehlende Übereinstimmung der digitalen Inhalte oder digitalen Dienstleistungen mit den subjektiven oder objektiven Anforderungen an die Vertragsmäßigkeit der Richtlinie betrachtet werden können. Diese Begründungserwägung findet sich im französischen Verbraucherrecht im Rahmen der gesetzlichen Konformitätskriterien wieder: Werden im Zusammenhang mit dem Vertrag über digitale Inhalte oder digitale Dienstleistungen personenbezogene Daten durch den Unternehmer verarbeitet, ist ein Verstoß des Unternehmers gegen seine Verpflichtungen aus der EU-DSGVO sowie dem französischen Datenschutzgesetz, der dazu führt, dass ein oder mehrere der in diesem Abschnitt aufgeführten Konformitätskriterien nicht erfüllt sind, einer Vertragswidrigkeit gleichgestellt bzw.

---

390 *Loi n° 78–17 du 6 janvier 1978 relative à l'informatique, aux fichiers et aux libertés.*

391 Vgl. Begr. RegE DIRL, S. 36.

wird dieser als eine solche behandelt (vgl. Art. L. 224-25-15 C. cons.[392]).[393] Im deutschen Umsetzungsgesetz findet sich dieser Grundsatz in der Begründung des Regierungsentwurfs,[394] im Gesetzestext des BGB ist allerdings kein entsprechender Verweis eingefügt.

Ein weiterer direkter Verweis auf die EU-DSGVO findet sich im französischen Verbraucherrecht ferner in Art. L. 224-25-22 a.E. C. cons., der sich unter anderem den Pflichten des Unternehmers im Zeitraum nach einer Vertragsbeendigung widmet. In diesem Zusammenhang verweist die Norm in Bezug auf die personenbezogenen Daten des Verbrauchers ausdrücklich auf die Verpflichtungen, die dem Unternehmer nach den Rechtsvorschriften der EU-DSGVO (sowie des französischen Datenschutzgesetzes) obliegen. Die Vorschrift dient der Umsetzung von Art. 16 Abs. 2 DIRL, der für den Fall der Beendigung des Vertrags darauf verweist, dass der Unternehmer in Bezug auf personenbezogene Daten des Verbrauchers die gemäß der EU-DSGVO geltenden Verpflichtungen einzuhalten hat.[395] Auf einen solchen expliziten Verweis auf die EU-DSGVO hat der deutsche Umsetzungsgesetzgeber demgegenüber im BGB wiederum verzichtet.

bb. Ausübung von Datenschutzrechten

Wie gezeigt, stellt die Digitale-Inhalte-RL klar, dass die Möglichkeit zur Ausübung von Datenschutzrechten, insbesondere das Recht des Verbrauchers auf Widerruf der Einwilligung zur Verarbeitung personenbezogener Daten, im Zusammenhang mit Verträgen über die Bereitstellung digitaler Inhalte oder digitaler Dienstleistungen uneingeschränkt bestehen sollte.[396] Das Schicksal eines Vertrags nach dem Widerruf einer datenschutzrechtlichen Einwilligung gem. Art. 7 Abs. 3 EU-DSGVO überlässt die Richtlinie nach Erwgr. 40 DIRL aber dem mitgliedstaatlichen Recht.

---

392 Art. L. 224-25-15 C. cons.: „*Lorsqu'à l'occasion du contrat, un traitement de données à caractère personnel est opéré par le professionnel, un manquement de sa part aux obligations lui incombant au titre du règlement (UE) 2016/679 du 27 avril 2016 et de la loi n° 78–17 du 6 janvier 1978 relative à l'informatique, aux fichiers et aux libertés, dès lors que ce manquement entraîne le non-respect d'un ou de plusieurs critères de conformité énoncés à la présente section, est assimilé à un défaut de conformité, sans préjudice des autres recours prévus par ces textes.*".

393 Eine „analoge" Umsetzung von Erwgr. 48 DIRL findet sich auch im Rahmen der Gewährleistungsregelungen für Waren, denn Art. L. 217-6 C. cons. – der Wortlaut der Norm entspricht dem Wortlaut des Art. L. 224-25-15 C. cons. – bezieht die datenschutzrechtlichen Anforderungen der EU-DSGVO ebenso in den Begriff der Konformität einer Ware (mit digitalen Elementen) mit ein, hierzu *Legrand*, Petites Affiches, n° 01 du 1 Juin 2021, 16.

394 Vgl. Begr. RegE DIRL. S. 53.

395 Siehe hierzu Kapitel 8 I.2.e.

396 Vgl. Erwgr. 39 DIRL.

Entsprechendes gilt auch für Fälle des Widerspruchs gegen die Verarbeitung personenbezogener Daten nach Art. 21 EU-DSGVO.

Anders als im deutschen Umsetzungsgesetz findet sich im französischen Verbrauchergesetzbuch allerdings keine Bestimmung zu den Folgen der Ausübung von Datenschutzrechten nach der EU-DSGVO. Ein Äquivalent zu § 327q BGB, der sich explizit den vertragsrechtlichen Folgen datenschutzrechtlicher Erklärungen des Verbrauchers widmet, hat der französische Umsetzungsgesetzgeber nicht in den Code de la consommation eingefügt.

Jedenfalls unter dem Gesichtspunkt einer Klarstellung zu dem Zusammenspiel zwischen Vertrags- und Datenschutzrecht ist dies bedauerlich.

IV. Zusammenfassung und vergleichende Gesamtschau

Das vorliegende Kapitel hat sich eingehend mit der rechtlichen Behandlung des Datenerwerbs in Form sog. datenbasierter Geschäftsmodelle auseinandergesetzt, die einen zentralen Stellenwert im Digitalvertragsrecht einnehmen. Austauschverhältnisse, bei denen digitale Inhalte oder digitale Dienstleistungen angeboten werden und der Verbraucher für diese keinen monetären oder in Geld zu bemessenden Preis zahlt, sondern dem Unternehmer stattdessen seine personenbezogenen Daten bereitstellt, treten in der digitalen Wirtschaft in Vielzahl und unterschiedlichster Form auf und werden unter dem Gesichtspunkt einer rechtlichen Anerkennung von personenbezogenen Daten als „Gegenleistung" kontrovers diskutiert. Die kritischen Stimmen eint die Erkenntnis, dass personenbezogene Daten einen wirtschaftlichen Wert haben. Verbraucher machen sich den ökonomischen Wert ihrer personenbezogenen Daten oftmals – bewusst oder auch unbewusst – zunutze, um (digitale) Leistungen zu erhalten; Unternehmer profitieren von der Verarbeitung und Verwertung der bereitgestellten Daten.

Mit der Digitale-Inhalte-RL sind diese datenbasierten Geschäftsmodelle nunmehr erstmals in einem Rechtsakt aufgegriffen worden.

Der europäische Gesetzgeber wollte mit der Eröffnung des Anwendungsbereichs der Digitale-Inhalte-RL in Fällen, in denen „der Unternehmer dem Verbraucher digitale Inhalte oder digitale Dienstleistungen bereitstellt oder deren Bereitstellung zusagt und der Verbraucher dem Unternehmer personenbezogene Daten bereitstellt oder deren Bereitstellung zusagt (...)" (vgl. Art. 3 Abs. 1 Unterabs. 2 DIRL), insbesondere sicherstellen, dass die Anforderungen an die Vertragsmäßigkeit digitaler Inhalte und digitaler Dienstleistungen auch bei datenbasierten Geschäftsmodellen Anwendung finden und dem Verbraucher bei nicht vertragsgemäßer Leistung die gleichen vertragsbezogenen Rechte zustehen.[397] Der Erwerb von Daten als Geschäftsmodell unterliegt im Digitalvertragsrecht damit nunmehr (spezifischen) vertragsrechtlichen Regelungen.

Während des Gesetzgebungsverfahrens löste vor allem die Verwendung des Begriffs der Daten als „Gegenleistung" unter datenschutzrechtlichen Gesichtspunkten Kritik aus.[398] Die kontroverse Debatte schlug sich im Richtlinientext nieder: Die Digitale-Inhalte-RL vermeidet jedwede Begrifflichkeiten, die die Bereitstellung personenbezogener Daten ausdrücklich als „Gegenleistung" qualifizieren, sowie eine Einordnung als Vertrag, bei dem personenbezogene Daten die Gegenleistung des Verbrauchers darstellen. Die Frage der rechtlichen Einordnung der Bereitstellung personenbezogener Daten hängt damit von rechtsdogmatischen Aspekten des jeweiligen nationalen Vertragsrechts ab.

Das Spannungsverhältnis zwischen Vertragsrecht und Datenschutzrecht versucht der europäische Gesetzgeber mit einem – sehr deutlichen – Verweis auf die vorrangige Anwendbarkeit des Datenschutzrechts der EU-DSGVO zu lösen (vgl. Art. 3 Abs. 8 DIRL). Das Zusammenspiel von Vertragsrecht und Datenschutzrecht ist jedoch bislang nicht im Detail geklärt.[399] Dies betrifft beispielsweise materiell-rechtliche Vorgaben der EU-DSGVO wie das sog. Kopplungsverbot des Art. 7 Abs. 4 EU-DSGVO sowie das jederzeitige Widerrufsrecht einer datenschutzrechtlichen Einwilligung gem. Art. 7 Abs. 3 EU-DSGVO. Der potenzielle Konflikt zwischen dem datenschutzrechtlichen Kopplungsverbot und der Zulässigkeit des Geschäftsmodells des Datenerwerbs lässt sich dabei nur durch ein enges Verständnis des Kopplungsverbots respektive einer weiten Auslegung des Art. 7 Abs. 4 EU-DSGVO lösen.[400] Abschließend lässt sich die Frage, welche Bedeutung Art. 7 Abs. 4 EU-DSGVO hier zukommt, erst durch den EuGH klären.

Zusammenfassend lässt sich festhalten, dass die Digitale-Inhalte-RL eine normative Grundlage für datenbasierte Geschäftsmodelle im Digitalvertragsrecht geschaffen hat. Zahlreiche Einzelfragen, die sich im Zusammenhang mit einem Datenerwerb stellen, verlagern sich jedoch auf die nationale Ebene. Dies betrifft insbesondere die rechtsdogmatische Einordnung der Bereitstellung personenbezogener Daten als „Gegenleistung" des Verbrauchers. Hervorzuheben sind auch, dass es den jeweiligen nationalen Gesetzgebern obliegt, die Verzahnung von Vertrags- und Datenschutzrecht (richtlinienkonform) zu regeln.

---

397 Vgl. Erwgr. 24 DIRL.

398 Siehe insbesondere die kritische Stellungnahme des Europäischen Datenschutzbeauftragten, siehe dazu unter II.2.b.

399 Vgl. auch *Kumkar*, ZfPW 2020, 306 (325).

400 Siehe dazu unter II.3.a.aa.

Die rechtsvergleichende Untersuchung des deutschen Umsetzungsrechts hat hier zunächst aufgezeigt, dass sich die Umsetzung des Regelungskonzepts der Digitale-Inhalte-RL zu datenbasierten Geschäftsmodellen im deutschen Digitalvertragsrecht im Wesentlichen auf einen Nachvollzug der Richtlinienvorgabe des Art. 3 Abs. 1 Unterabs. 2 DIRL beschränkt. Für die Anwendbarkeit der §§ 327 ff. BGB ist es unerheblich, wie die Bereitstellung personenbezogener Daten oder die entsprechende Zusage im Rahmen des Schuldrechts einzuordnen ist, ob es sich hierbei um eine (Gegen-)Leistung handelt und ob diese im Gegenseitigkeitsverhältnis steht oder nicht.[401] Die Umsetzungsvorschrift des § 327 Abs. 3 BGB setzt keine synallagmatische Verknüpfung zwischen der Leistung des Unternehmers in Form der Bereitstellung digitaler Inhalte oder digitaler Dienstleistungen und der Bereitstellung personenbezogener Daten durch den Verbraucher voraus.

Aufschluss darüber, inwiefern die Bereitstellung eines digitalen Produkts und die Bereitstellung personenbezogener Daten ein Verhältnis von Leistung und Gegenleistung begründen können, gibt aber die schuldrechtliche Betrachtung datenbasierter Geschäftsmodelle. Jedenfalls wenn die personenbezogenen Daten einen ökonomischen Wert haben, können diese als ein „transaktionsspezifisches, typischerweise vermögensmehrendes Äquivalent zur Leistung, welches das Austauschverhältnis prägt“[402] unter den Begriff der „Gegenleistung“ fallen.

Uneinigkeit besteht bislang über den konkreten Leistungsinhalt. Im Ergebnis überzeugt die Annahme der Konzeption einer zweifachen Verpflichtung: Einerseits die Verpflichtung zur faktischen Überlassung der erforderlichen Daten in Form der aktiven Datenüberlassung oder der passiven Duldung der Datenerhebung und -verarbeitung durch den Dienstanbieter; andererseits die Verpflichtung zur Erteilung der datenschutzrechtlichen Einwilligung zur Legitimierung der Datenverarbeitung zu kommerziellen Zwecken.[403]

Sofern personenbezogene Daten die Gegenleistung darstellen, ist im deutschen Recht mit der herrschenden Meinung regelmäßig von einer synallagmatischen Verknüpfung auszugehen, die auch die Entgeltlichkeit des datenbasierten Vertrags begründet.[404]

Im Hinblick auf das Verhältnis zwischen Vertragsrecht und Datenschutzrecht ist im deutschen Digitalvertragsrecht der neu eingeführte § 327q BGB hervorzuheben. Die Vorschrift regelt die Folgen datenschutzrechtlicher Erklärungen des Verbrauchers in Bezug auf den Vertrag über die Bereitstellung eines digitalen Produkts und setzt dabei den Vorrang der EU-DSGVO um.

401 Vgl. Begr. RegE DIRL, S. 35.
402 Vgl. *Hacker*, ZfPW 2019, 148–196 (155 f.).
403 Siehe die Nachweise in Kapitel 5 Rn. 255.
404 Siehe die Nachweise in Kapitel 5 Fn. 266.

§ 327q BGB stellt insbesondere klar, dass die Wahrnehmung der Rechte aus dem Datenschutzrecht für den Verbraucher keine rechtlichen Nachteile zur Folge haben darf. Die Ausübung der von der EU-DSGVO gewährleisteten datenschutzrechtlichen Betroffenenrechte und die Abgabe datenschutzrechtlicher Erklärungen des Verbrauchers nach Vertragsschluss berühren weder den Bestand eines Vertrags über die Bereitstellung digitaler Produkte, noch entstehen Ersatzansprüche des Unternehmers gegen den Verbraucher. Der besondere verfassungsrechtlich verankerte Schutz personenbezogener Daten soll gerade nicht über vertragsrechtliche Sanktionen umgangen oder ausgehebelt werden.[405]

Unterdessen will die Vorschrift des § 327q BGB in dem wechselseitigen Spannungsverhältnis zwischen dem Schutz personenbezogener Daten einerseits und vertragsrechtlicher Austauschgerechtigkeit andererseits auch einen interessengerechten Ausgleich herstellen.[406] Widerruft der Verbraucher seine datenschutzrechtliche Einwilligung oder widerspricht er der weiteren Datenverarbeitung, kann dies daher unter den Voraussetzungen des § 327q Abs. 2 BGB ein außerordentliches Kündigungsrecht des Unternehmers begründen.

Die Untersuchung der Thematik des Datenerwerbs im Rahmen des französischen Umsetzungsrechts hat wesentliche Unterschiede zur deutschen Rechtsdogmatik aufgezeigt.

Der Umsetzung des Art. 3 Abs. 1 Unterabs. 2 DIRL dient im französischen Verbraucherrecht Art. L. 224-25-2 I. S. 1 C. cons.: Die Art. L. 224-25-2 ff. C. cons. gelten für jeden Vertrag, durch den ein Unternehmer (bzw. eine Person, die sich als solcher ausgibt oder verhält), digitale Inhalte oder eine digitale Dienstleistung bereitstellt und der Verbraucher einen Preis zahlt oder dem Unternehmer anstelle oder zusätzlich zu der Zahlung eines Preises einen anderen Vorteil (*autre avantage*) verschafft. Damit weicht Art. L. 224-25-2 I. S. 1 C. cons. in seinem Wortlaut in mehrfacher Hinsicht von der Richtlinienvorgabe ab. Die Untersuchung hat jedoch gezeigt, dass die Bereitstellung personenbezogener Daten als „anderer Vorteil" jedenfalls von der Vorschrift erfasst ist. Verbraucherschützend wirkt insbesondere die Informationspflicht des Unternehmers zum erlangten „Vorteil" gem. Art. L. 112-4-1 C. cons. bzw. Art. L. 224-25-5 2° a) C. cons.

Im französischen Recht kann für die Frage, ob datengetriebene Austauschverhältnisse als „entgeltlich" zu charakterisieren sind, auf die Definition des „entgeltlichen Vertrags" (*contrat onéreux*) i. S. v. Art. 1107 S. 1 Code civil Rückgriff genommen werden. Das TGI Paris hat in einem Urteil aus dem Jahr 2019 bereits klargestellt, dass unter den Rechtsbegriff „*avantage*" i. S. v. Art. 1107 S. 1 Code civil unter Um-

405 Vgl. auch *Wendland*, in: BeckOK-BGB, § 327q Rn. 2–4 (Stand: 1.8.2023).

406 Siehe *Wendland*, ebenda, Rn. 4.

ständen auch personenbezogene Daten fallen, die eine Vertragspartei bereitstellt – die bereitgestellten Daten können „Gegenleistung“ im Sinne der Norm sein und als solche einen Vertrag als „entgeltlich“ qualifizieren.

Dem Bericht zu der französischen Umsetzungsverordnung ist nunmehr eine implizite Einordnung datenbasierter Austauschverhältnisse als entgeltliche Verträge mit der Vorschrift des Art. L. 224-25-2 I. S. 1 C. cons. zu entnehmen. Eine (weitere) Besprechung der Norm in der französischen Literatur bzw. in der französischen Rechtsprechung ist allerdings noch abzuwarten.

Die kombinierte Anwendbarkeit von Vertragsrecht und dem Schutz personenbezogener Daten löst der französische Gesetzgeber mit direkten Verweisen auf das Datenschutzrecht. Auf entsprechende Verweise hat der deutsche Gesetzgeber hingegen angesichts des Grundsatzes der Einheit der Rechtsordnung verzichtet.[407] Im Hinblick auf das Verhältnis zwischen Vertragsrecht und Datenschutzrecht fehlt es im französischen Verbraucherrecht an einer klarstellenden Regelung, die mit der deutschen Bestimmung des § 327q BGB vergleichbar wäre.

Im Ergebnis hat die Untersuchung der europäischen Richtlinienvorgabe des Art. 3 Abs. 1 Unterabs. 2 DIRL sowie ihrer Umsetzung in Deutschland und Frankreich gezeigt, dass zahlreiche (Detail-)Fragen, die den Erwerb von Daten als Geschäftsmodell im Digitalvertragsrecht betreffen, noch weiterer rechtlicher Klärung bedürfen.

Letztlich sachlich richtig ist die Bezeichnung personenbezogener Daten als „Gegenleistung“, da Daten vergleichbar mit der Zahlung eines monetären Preises die Funktion einer Gegenleistung übernehmen können.[408] Eine solche Einordnung wird jedenfalls der ökonomischen Bedeutung personenbezogener Daten und der gängigen vertraglichen Praxis ihrer wirtschaftlichen Verwertung gerecht.

Für das Zusammenspiel von Vertragsrecht und Datenschutzrecht bedarf es angesichts des besonderen Schutzes personenbezogener Daten einerseits und der enormen praktischen Relevanz datenbasierter Geschäftsmodelle andererseits kohärenter und praxistauglicher Lösungen, bspw. im Hinblick auf das sog. Kopplungsverbot gem. Art. 7 Abs. 4 EU-DSGVO und die Folgen eines Widerrufs einer datenschutzrechtlichen Einwilligung nach Art. 7 Abs. 3 EU-DSGVO.

---

407 Vgl. Begr. RegE DIRL, S. 36.

408 Siehe auch *Schreiber*, Digitale Angebote. Neuer Rechtsrahmen für ihre Entwicklung von der Idee bis zum Vertrieb, Kap. 2 Rn. 57; *Kaesling*, in: Herberger/Martinek/Rüßmann/et. al, jurisPK-BGB, § 327 Rn. 24 (Stand: 24. 5. 2023); siehe ferner *Metzger*, JZ 2019, 577 (579); *Sattler*, CR 2020, 145 (152); *Kern*, in: Stabentheiner/Wendehorst/Zöchling-Jud (Hrsg.), Das neue europäische Gewährleistungsrecht, S. 33 (39); *Schulze*, ZEuP 2019, 695 (701); *Staudenmayer*, IWRZ 2020, 147 (149); *Savin*, Harmonising Private Law in Cyberspace: The New Directives in the Digital Single Market Context (October 2019), Copenhagen Business School, CBS Law Research Paper, Series No. 19 – 35, S. 12.

Im Übrigen bietet das Digitalvertragsrecht bezüglich der Pflichten eines Verbrauchers im Rahmen eines datenbasierten Austauschverhältnisses noch keine Lösungen; noch ungeklärt bleibt bspw., welche Folgen es hat, wenn ein Verbraucher sich zu der Bereitstellung seiner personenbezogenen Daten verpflichtet, dieser Verpflichtung aber nicht nachkommt.

Dritter Teil **Umsetzung der Digitale-Inhalte-RL: Gewährleistungsrecht als Kernregelung**

Überblick

Herzstück der Digitale-Inhalte-RL ist ein Gewährleistungsregime für Verbraucher für digitale Produkte. Die Richtlinie enthält ein umfassendes Regelwerk zur Bestimmung der Vertragsmäßigkeit digitaler Inhalte und digitaler Dienstleistungen und harmonisiert die Rechtsbehelfe des Verbrauchers im Falle einer nicht erbrachten oder einer vertragswidrigen Bereitstellung.

Der dritte Teil dieser Arbeit untersucht das neue digitalvertragsrechtliche Gewährleistungsregime. Das Erkenntnisinteresse liegt zum einen in der Nachprüfung, inwieweit der europäische Gesetzgeber Kontinuität im europäischen Richtlinienrecht wahrt und Vorbilder aus dem Verbrauchsgüterkaufrecht übernimmt, aus welchen Quellen er bei Änderungen Anleihen macht und welche Neuerungen eingeführt werden. Zum anderen soll untersucht werden, wie die digitalvertragsrechtlichen Richtlinienvorgaben in die jeweiligen nationalen Rechtsordnungen in Deutschland und Frankreich implementiert worden sind. Im Fokus steht die Richtlinienkonformität der Umsetzung. Von Interesse ist ebenfalls, inwieweit die nationalen Gesetzgeber (aus dem Verbrauchsgüterkaufrecht) bekannte Vorschriften im Digitalvertragsrecht nachgebildet haben.

Ziel ist es, einen Gesamtüberblick über das neue, unionsrechtlich determinierte Gewährleistungsregime des Digitalvertragsrechts zu geben. Die rechtsvergleichende Untersuchung erhebt jedoch nicht den Anspruch, das digitalvertragsrechtliche Gewährleistungsregime vollumfänglich darzustellen. Vielmehr soll auf unionsrechtlicher Ebene der Fokus auf den Besonderheiten des Digitalvertragsrechts liegen und auf der Ebene der nationalen Umsetzung auf Divergenzen zwischen den Umsetzungsgesetzen in Deutschland und Frankreich aufmerksam gemacht werden.

Gegenstand der rechtsvergleichenden Untersuchung sind die Bestimmungen zur Vertragsmäßigkeit digitaler Inhalte und digitaler Dienstleistungen (Kapitel 6). Ein weiterer Fokus liegt auf den gewährleistungsrechtlichen Besonderheiten des Digitalvertragsrechts (Kapitel 7). Sodann werden schwerpunktmäßig die Rechtsbehelfe des Verbrauchers erörtert und der Frage nach Schadensersatzansprüchen des Verbrauchers im Digitalvertragsrecht nachgegangen (Kapitel 8). Anschließend wird der Gewährleistungszeitraum sowie die Frage der Beweislast im Digitalvertragsrecht untersucht und mögliche Rückgriffsansprüche des in Anspruch genommenen Unternehmers erörtert (Kapitel 9).

Im Rahmen der jeweiligen thematischen Schwerpunkte wird zunächst die europäische Vorgabe der Digitale-Inhalte-RL besprochen und sodann die Umsetzung der Richtlinienvorgabe in Deutschland und Frankreich geprüft. Dabei sollen besonders die begleitenden Gesetzesmaterialien, die die Entstehung des Digitalvertragsrechts dokumentieren, aufgearbeitet werden. Vor dem Hintergrund, dass eine Vielzahl der

https://doi.org/10.1515/9783111488387-009

Regelungen in der endgültigen Digitale-Inhalte-RL (teils erheblich) von den Vorschlägen der Kommission aus dem Jahr 2015 und den nachfolgenden Entwürfen abweichen, sollen auch die Gründe dieser Änderungen nachvollzogen werden.

Kapitel 6: Bestimmungen zur Vertragsmäßigkeit digitaler Inhalte und digitaler Dienstleistungen

I. Vertragsmäßigkeit digitaler Inhalte und digitaler Dienstleistungen

1. Europäische Vorgabe – Gleichstellung subjektiver und objektiver Anforderungen, Art. 6 ff. DIRL

Die Digitale-Inhalte-RL enthält in Art. 6 ff. DIRL Vorgaben zu der Vertragsmäßigkeit von digitalen Inhalten und digitalen Dienstleistungen, die ein Unternehmer einem Verbraucher bereitstellt.[1]

Art. 7 DIRL widmet sich in vier Absätzen (bzw. Buchstaben a-d) den subjektiven Anforderungen an die Vertragsmäßigkeit digitaler Inhalte und digitaler Dienstleistungen und Art. 8 Abs. 1 DIRL bestimmt mit vier weiteren Varianten die objektiven Kriterien. Nach der Systematik des Art. 6 DIRL treten als dritte Kategorie die Anforderungen an die Integration der digitalen Inhalte oder digitalen Dienstleistungen gem. Art. 9 DIRL hinzu. Bei den Anforderungen an die Integration handelt es sich jedoch bloß um spezifische (objektive) Anforderungen.[2] Darüber hinaus gehören zu den Konformitätsgrundsätzen nach der Digitale-Inhalte-RL auch die datenschutzrechtlichen Grundsätze der EU-DSGVO (vgl. Erwgr. 48 DIRL): Die Nichteinhaltung der Verpflichtungen des Unternehmers nach der EU-DSGVO kann je nach Umständen des Falls auch als fehlende Übereinstimmung der digitalen Inhalte oder digitalen Dienstleistungen mit den subjektiven oder objektiven Anforderungen an die Vertragsmäßigkeit betrachtet werden.[3]

1 Die Richtlinie spricht neutral von „Vertragsmäßigkeit“ (vgl. insb. Art. 6, 7, 8, 14 DIRL) und verwendet in diesem Zusammenhang nicht den Begriff der „Beschaffenheit“ oder des „Mangels“. Den Begriff des „Mangels“ wird vom europäischen Gesetzgeber jedoch an anderer Stelle im Richtlinientext im Hinblick auf die bereitgestellte Installationsanleitung (vgl. Art. 8 Abs. 3 lit. b, Art. 9 lit. b DIRL und Erwgr. 52), in den Erwägungsgründen (vgl. Erwgr. 12) und für die Bezeichnung sog. „Rechtsmängel“ (vgl. Erwgr. 54 DIRL) herangezogen.

2 So auch *Kramme*, RDi 2021, 20 (24).

3 Ob ein Verstoß gegen die Bestimmungen der EU-DSGVO als subjektive oder objektive Vertragswidrigkeit betrachtet werden kann, macht Erwgr. 48 DIRL von den Umständen des Einzelfalls abhängig und nennt hierfür verschiedene Fallkategorien und Beispiele.

https://doi.org/10.1515/9783111488387-010

Die Art. 6 ff. DIRL entwickeln das europäische Vertragsrecht fort; sie übertragen den Begriff der Vertragsmäßigkeit auf alle Arten von Verträgen und etablieren diesen so (gelöst vom Kaufrecht) als einen allgemeinen und einheitlichen Begriff des Vertragsrechts.[4] Das Konzept der Vertragsmäßigkeit hat der europäische Gesetzgeber gegenüber der kaufrechtlichen Ausgestaltung in der Verbrauchsgüterkauf-RL in zahlreichen Einzelheiten modifiziert und ergänzt, sodass die Anforderungen an die Vertragsmäßigkeit digitaler Inhalte und digitaler Dienstleistungen gegenüber dem europäischen Verbrauchsgüterkaufrecht ausdifferenzierter sind.[5] Die zahlreichen Detailbeschreibungen der digitalvertragsrechtlichen Vorschriften und deren Komplexität sind dabei, zumindest teilweise, den Besonderheiten digitaler Leistungen geschuldet bzw. sollen diesen Rechnung tragen, beispielsweise im Hinblick auf die Kriterien der Kompatibilität, Funktionalität und Interoperabilität eines digitalen Produkts[6].[7]

Hinsichtlich des zeitlichen Bezugspunkts der Sollbeschaffenheit digitaler Inhalte und digitaler Dienstleistungen differenziert Art. 11 DIRL zwischen punktuellen und laufzeitbezogenen Austauschverhältnissen: Während bei der einmaligen Bereitstellung (bzw. einer Reihe einzelner Bereitstellungen) der Zeitpunkt der (jeweiligen) Bereitstellung maßgeblich ist (Art. 11 Abs. 2 Unterabs. 1 DIRL), kommt es bei der kontinuierlichen Lieferung bzw. Bereitstellung auf die gesamte Laufzeit an (Art. 11 Abs. 3 Unterabs. 1 DIRL). Dies entspricht auch dem bisherigen Modell des Art. 2 Abs. 1 VerbrGK-RL für punktuelle Austauschverträge sowie der mietrechtlichen Regelungstradition der Mitgliedstaaten für laufzeitbezogene Verträge.[8] Im Falle der fortlaufenden Bereitstellung digitaler Inhalte oder digitaler Dienstleistungen über einen Zeitraum müssen diese während des gesamten Zeitraums vertragsgemäß sein (vgl. Art. 8 Abs. 4 DIRL).

Hervorzuheben ist die „Objektivierung" des Begriffs der Vertragsmäßigkeit. Die Berücksichtigung objektiver Konformitätskriterien ist an sich nicht neu, da auch nach der Verbrauchsgüterkauf-RL für die Bestimmungen der Vertragsmäßigkeit einer Ware objektive Kriterien in Form des „gewöhnlichen Gebrauchs" oder der „üblichen

---

4 Ebenso *Schulze*, ZEuP 2019, 695 (710).

5 Vgl. *Schulze*, ebenda (710 f.).

6 Vgl. zu den jeweiligen Definitionen der Begriffe der Funktionalität und der Interoperabilität Art. 2 Nr. 10-12 DIRL und Erwgr. 43 DIRL. Die Definitionen sind für die Zwecke der Richtlinie geschaffen worden und weder mit den von der Verbraucherrechterichtlinie (vgl. Erwgr. 19 VRRL) noch mit den von den betreffenden technischen Standards benutzten Begriffen identisch, *Staudenmayer*, ZEuP 2019, 663 (679).

7 Kritisch zu der „Komplexität" der Ausdifferenzierungen siehe *Bach*, NJW 2019, 1705 (1707); *Riehm/Abold*, ZUM 2018, 82 (84).

8 *Riehm/Abold*, ZUM 2018, 82 (86).

Beschaffenheit" heranzuziehen waren (vgl. Art. 2 Abs. 2 lit. c und d VerbrGK-RL). Insoweit kombinierte schon die Verbrauchsgüterkauf-RL einen subjektiven Ansatz, der sich auf die im Vertrag getroffenen Vereinbarungen stützt, mit einem objektiven Ansatz, der an die übliche Beschaffenheit bzw. die gewöhnliche Beschaffenheit anknüpft. Nach überwiegender Ansicht enthielt die Verbrauchsgüterkauf-RL aber gerade keine zwingende Vorgabe zugunsten einer objektiven oder subjektiven Konzeption des Begriffs der Vertragsmäßigkeit.[9] Der deutsche Gesetzgeber entschied sich bei der Umsetzung der Verbrauchsgüterkauf-RL für einen Vorrang und eine Sperrwirkung des subjektiven Ansatzes.[10] Demgegenüber ließ der im französischen Verbraucherrecht vereinheitlichte Vertragsmäßigkeitsbegriff eine Hierarchie zwischen den Mangelkriterien nicht erkennen.[11]

Nach dem Entwurf für ein GEK sollten Waren und digitale Inhalte kumulativ den vertraglichen Anforderungen und bestimmten objektiven Kriterien entsprechen müssen (vgl. Art. 99 Abs. 2 GEK). Für den B2C-Bereich betonte der Entwurf in Art. 99 Abs. 3 GEK dabei das Gewicht der objektiven Kriterien. Ähnlich liegt nunmehr der Digitale-Inhalte-RL ein Konzept der Gleichrangigkeit subjektiver und objektiver Anforderungen an die Vertragsmäßigkeit digitaler Produkte zu Grunde. Die Richtlinie stellt die subjektiven Anforderungen an die Vertragsmäßigkeit nicht in den Vordergrund, vielmehr geht der Wortlaut des Art. 8 Abs. 1 DIRL („zusätzlich zur Einhaltung der subjektiven Anforderungen") von einer „prinzipiellen Gleichberechtigung" der subjektiven und der objektiven Kriterien aus, sodass letztere einen gleichrangigen Stellenwert erhalten.[12] Digitale Inhalte und digitale Dienstleistungen müssen somit nicht nur den subjektiven Anforderungen an die Vertragsmäßigkeit entsprechen, sondern darüber hinaus die festgelegten objektiven Anforderungen an die Vertragsmäßigkeit erfüllen. Die Beurteilung einer Vertragswidrigkeit auch nach objektiven Kriterien ist damit nicht mehr zu umgehen; dies sollte sicherstellen, dass dem Verbraucher seine Rechte nicht vorenthalten

---

9 Siehe hierzu etwa *Mackenroth*, Technologie statt Vertrag? Sachmangelbegriff, negative Beschaffenheitsvereinbarung und AGB beim Kauf digitaler Güter, S. 55 m.w.N.

10 Vgl. § 434 Abs. 1 BGB a.F., siehe auch BT-Drucks. 14/6040 vom 14.05.2001, S. 213 f. Dieser subjektive Ansatz im deutschen Recht war nach ganz überwiegender Ansicht mit der Verbrauchsgüterkauf-RL vereinbar, statt vieler siehe dazu *Lorenz*, in: MüKo-BGB, Vor § 474 Rn. 12; zum Ganzen siehe *Mackenroth*, Technologie statt Vertrag? Sachmangelbegriff, negative Beschaffenheitsvereinbarung und AGB beim Kauf digitaler Güter, S. 53 ff.

11 Vgl. Art. L. 217-5 C. cons. a.F.

12 Siehe zu dieser „Objektivierung" des Begriffs der Vertragsmäßigkeit auch *Kumkar*, ZfPW 2020, 306 (311 ff.); *Schulze*, ZEuP 2019, 695 (709); *Staudenmayer*, NJW 2019, 2497 (2498); *Staudenmayer*, ZEuP 2019, 663 (678).

werden, wenn der Vertrag selbst sehr niedrige Anforderungen festlegt (vgl. Erwgr. 45 DIRL).[13]

Die gleichwertige Behandlung subjektiver und objektiver Kriterien hatte sich allerdings erst nach massiver Kritik an der Regelung im Richtlinienvorschlag der Kommission durchgesetzt.[14] Die Kommission hatte in den Erwägungen zum Richtlinienvorschlag erklärt, dass es zur Innovationsförderung im digitalen Binnenmarkt und um die technologischen Entwicklungen besser erfassen zu können, gerechtfertigt sei, von digitalen Inhalten in erster Linie zu verlangen, dass diese der vertraglichen Vereinbarung entsprechen.[15] Damit hatte sich die Kommission zunächst klar zugunsten eines subjektiven Maßstabs hinsichtlich der Vertragsmäßigkeit digitaler Inhalte positioniert; die objektiven Anforderungen an die Vertragsmäßigkeit sollten nur subsidiär zum Einsatz kommen, „sofern relevant und soweit der Vertrag nicht klar und umfassend die Anforderungen an diese Inhalte (...) bestimmt“ (vgl. Art. 6 Abs. 2 S. 1 des Richtlinienvorschlags). Das Abweichen von einem grundsätzlich subjektiven Ansatz und einem nur subsidiär zum Einsatz kommenden objektiven Maßstab lag vor allem darin begründet, zu verhindern,

---

13 Hierzu insbes. *Kumkar*, ZfPW 2020, 306 (312 f.): Ein gleichrangigner objektiver Fehlerbegriff solle (zumindest in der Theorie) verhindern, dass Verbraucher durch die zu ihren Lasten bestehenden Informationsasymmetrien übervorteilt würden, gleichzeitig würden dadurch aber auch „empfindliche Haftungsrisiken“ für den Unternehmer entstehen.

14 Art. 6 Abs. 2 S. 1 des Richtlinienvorschlags lautete: „Die digitalen Inhalte müssen, sofern relevant und soweit der Vertrag nicht klar und umfassend die Anforderungen an diese Inhalte gemäß Absatz 1 bestimmt, für die Zwecke geeignet sein, für die digitale Inhalte der gleichen Art gewöhnlich genutzt werden, (...).“ Kritisch zur Regelung des Richtlinienvorschlags bspw. *European Law Institute*, Statement of the European Law Institute on the European Commission's Proposed Directive on the Supply of Digital Content to Consumers COM (2015) 634 final, 2016, S. 18 ff.; *Metzger et al.*, JIPITEC 2018, 90 (106 Rn. 57 ff.); *Schulze*, in: Franceschi (Hrsg.), European Contract Law and the Digital Single Market, S. 127 (135); *Geiregat/Steennot*, in: Claeys/Terryn (Hrsg.), Digital Contents and Distance Sales, S. 95 (121 ff.); *Loos*, in: Claeys/Terryn (Hrsg.), Digital Contents and Distance Sales, S. 3 (35 f.); *Colombi Ciacchi/van Schagen*, in: Schulze/Staudenmayer/Lohsse (Hrsg.), Contracts for the Supply of Digital Content: Regulatory Challenges and Gaps, S. 99 (112 ff.); *Spindler*, MMR 2016, 147 (152 f.); *Riehm/Abold*, ZUM 2018, 82 (85); *Grünberger*, AcP 218 (2018), 213 (255 ff.).

15 Vgl. Erwgr. 24 des Richtlinienvorschlags. Hintergrund des subjektiven Ansatzes war ferner das Ziel, Konflikte mit dem Urheberrecht zu vermeiden und weiterhin sogenannte Beta-Versionen zu ermöglichen, vgl. *Staudenmayer*, NJW 2016, 2719 (2721); *Staudenmayer*, ZEuP 2016, 801 (812 f.) – Die endgültige Richtlinie trägt diesem Aspekt nun Rechnung, indem sie gem. Art. 8 Abs. 5 DIRL (wie bereits Art. 99 Abs. 3 GEK) unter den Voraussetzungen einer vorherigen Information sowie einer ausdrücklichen und getrennten Einigung hierüber eine negative Leistungsbeschreibung ermöglicht, die es erlaubt, bestehende Urheberrechtsbeschränkungen weiterzureichen bzw. klarzustellen, dass der digitale Inhalt bzw. die digitale Dienstleistung von den objektiven Anforderungen an die Vertragsmäßigkeit abweicht, siehe hierzu nun *Staudenmayer*, ZEuP 2019, 663 (678 f.); *Staudenmayer*, NJW 2019, 2497 (2498).

dass Verbraucher durch (nachteilige) Leistungsbeschreibungen übervorteilt werden könnten.[16] Diese Bedenken waren berechtigt, insoweit die Leistung des Unternehmers in den AGB hätte detailliert umschrieben werden können, um den Vertragsinhalt zu konkretisieren – da diese allerdings regelmäßig nicht gelesen werden, wäre der Verbraucher letztlich häufig in seinen berechtigten Erwartungen enttäuscht worden.

Vor diesem Hintergrund hat sich in der endgültigen Digitale-Inhalte-RL zu Recht ein stärker „objektivierter" Begriff der Vertragsmäßigkeit hin zu einem grundsätzlich objektiven Ansatz durchgesetzt (vgl. Art. 6-8 DIRL).[17] Voraussetzung für die Vertragsmäßigkeit digitaler Inhalte und digitaler Dienstleistungen ist damit jedenfalls das Vorliegen der objektiven, d.h. der gesetzlich festgelegten Vertragsmäßigkeitskriterien, zu denen dann noch die Erfüllung der subjektiven Anforderungen hinzutritt, die sich ausdrücklich oder durch Auslegung aus dem Vertrag ergeben.[18] Eine Abweichung vom objektiven Maßstab ist aufgrund des zwingenden Charakters der Richtlinienvorgaben (vgl. Art. 22 DIRL) nur unter bestimmten Bedingungen möglich.[19]

Diese Neuausrichtung hin zu einer Gleichrangigkeit subjektiver und objektiver Vertragsmäßigkeitskriterien hat den Zweck der Stärkung des Verbraucherschutzes im (digitalen) Binnenmarkt. Ob sich dieses Ziel tatsächlich realisieren lässt, wird in der Praxis wohl entscheidend von der Konkretisierung der objektiven Kriterien abhängen.[20] Um angesichts der stetigen Neu- und Weiterentwicklung digitaler Produkte einen Bezugsrahmen für die objektiven Vertragsmäßigkeitskriterien zu schaffen, erscheint die Entwicklung von Mechanismen zur Konkretisierung von Verbrauchererwartungen oder anderer Regulierungsinstrumente sinnvoll,[21] da andernfalls die Gefahr droht, dass sich die Prüfung der Vertragsmäßigkeit mangels greifbarer objektiver Anhaltspunkte zur Bestimmungen des objektiven Referenz-

---

16 Vgl. Erwgr. 45 DIRL; siehe dazu *Metzger*, JZ 2019, 577 (581); *Staudenmayer*, NJW 2019, 2497 (2498); *Staudenmayer*, ZEuP 2019, 663 (678).

17 Den gleichen Ansatz verfolgte im Übrigen bereits der Vorschlag für eine Richtlinie zum Warenkauf und auch die endgültige Warenkauf-RL.

18 Siehe hierzu auch *Staudenmayer*, ZEuP 2019, 663 (678).

19 Die Trennlinie zwischen (noch) zulässigen negativen Beschaffenheitsvereinbarungen gem. Art. 8 Abs. 5 DIRL und nicht zulässigen Gewährleistungsausschlüssen gem. Art. 22 DIRL wird durch die Rechtsprechung zu ziehen sein, vgl. *Rieländer*, GPR 2021, 257 (266).

20 So auch *Rieländer*, GPR 2021, 257 (266); hierzu auch *Kumkar*, ZfPW 2020, 306 (318); *Witzel*, ITRB 2021, 289 (291f.).

21 Siehe dazu *Kumkar*, ZfPW 2020, 306 (318).

rahmens letztlich doch an den in AGB enthaltenden Leistungsbeschreibungen aufhängt.[22]

2. Umsetzung in Deutschland

Der deutsche Gesetzgeber hat die Richtlinienvorgaben zu den Anforderungen an die Vertragsmäßigkeit eines digitalen Produkts im Rahmen des Allgemeinen Schuldrechts in den §§ 327d ff. BGB umgesetzt. § 327d BGB legt fest, dass ein Unternehmer ein digitales Produkt frei von „Produkt- und Rechtsmängeln" bereitzustellen hat. Damit wird die aus dem Kaufrecht bekannte Differenzierung zwischen „Sach- und Rechtsmängeln" im Rahmen des Digitalvertragsrechts in entsprechend modifizierter Form aufgegriffen.[23] Die Formulierung „ist der Unternehmer (...) verpflichtet" zeigt, dass die Vorschrift selbst keine neue Leistungspflicht begründet, sondern die bereits bestehende Leistungspflicht aus einem Vertrag zwischen einem Unternehmer und einem Verbraucher über die Bereitstellung des digitalen Produkts konkretisiert.[24] Der deutsche Gesetzgeber hat in der amtlichen Überschrift des § 327d BGB den Begriff der „Vertragsmäßigkeit" aus der Richtlinie übernommen; im Normtext des § 327d BGB sowie in § 327e BGB verwendet das BGB hingegen – in Anlehnung an die Terminologie eines „Sachmangels" gem. § 434 BGB – den Begriff des „Produktmangels", der in der Richtlinie selbst nicht enthalten ist.[25]

Angesichts des nunmehr ausdrücklich vorgesehenen Konzepts der Gleichrangigkeit subjektiver und objektiver Vertragsmäßigkeitsanforderungen ergab sich für den deutschen Gesetzgeber insbesondere Anpassungsbedarf gegenüber dem bekannten systematischen Ansatz im Rahmen des Kaufrechts. Denn im Kaufvertragsrecht waren bislang nach § 434 Abs. 1 BGB a.F. objektive Kriterien nur nachrangig zu berücksichtigen.[26]

---

22 Vgl. *Kumkar*, ebenda; eingehend zum „Wissensproblem" bei objektiven Anforderungen und dem Vorschlag Regulierungsinstrumente einzusetzen siehe auch *Grünberger*, AcP 218 (2018), 213 (254 ff.).

23 § 327d BGB ist gegenüber Art. 6 DIRL („unbeschadet des Artikels 10") mit Blick auf die Pflicht des Unternehmers zur produkt- *und* rechtsmängelfreien Bereitstellung eines digitalen Produkts deutlich klarer formuliert, *Rieländer*, GPR 2021, 257 (266).

24 Vgl. die Erläuterungen des RegE DIRL zu § 327b (S. 53) und § 327d (S. 59).

25 Den Begriff des „Rechtsmangels" kennt dagegen in Bezug auf die Regelungen des Art. 10 DIRL auch die Richtline (vgl. Erwgr. 54 DIRL).

26 In Abweichung vom bisherigen § 434 Abs. 1 BGB a.F., der einen Vorrang der vereinbarten Beschaffenheit statuiert hatte, sieht der neue § 434 Abs. 1 BGB, der der Umsetzung der Warenkauf-RL dient, nunmehr ebenfalls einen Gleichrang der subjektiven und der objektiven Anforderungen vor, vgl. den Regierungsentwurf zur Warenkauf-RL, S. 23.

In richtlinienkonformer Umsetzung vollzieht § 327e BGB die geforderte Gleichordnung der subjektiven und objektiven Anforderungen für digitale Produkte nach, indem diese auf einer Stufe genannt werden: Ein digitales Produkt ist frei von „Produktmängeln", „wenn es zur maßgeblichen Zeit (...) den subjektiven Anforderungen, den objektiven Anforderungen und den Anforderungen an die Integration entspricht" (vgl. § 327e Abs. 1 S. 1 BGB).[27]

Wie die Richtlinie legt auch § 327e BGB keinen einheitlichen Bezugszeitpunkt für die Frage der Mangelfreiheit fest – dieser ist vielmehr abhängig davon, ob es sich um eine einmalige Bereitstellung oder dauerhafte Bereitstellung des digitalen Produkts handelt; die „maßgebliche Zeit" für die Mangelfreiheit des bereitgestellten digitalen Produkts wird in entsprechender Weise in § 327e Abs. 1 S. 2 und 3 BGB konkretisiert.

Die Absätze 2 bis 4 des § 327e BGB legen die subjektiven Anforderungen (Abs. 2) und die objektiven Anforderungen (Abs. 3) sowie die Anforderungen an die Integration eines digitalen Produkts (Abs. 4) fest. Damit sind die Vertragsmäßigkeitskriterien im deutschen Umsetzungsgesetz in einer Norm zusammengefasst, bis auf die Regelungen zur Aufrechterhaltung der Vertragsmäßigkeit durch Aktualisierungen, die gesondert in § 327f BGB umgesetzt sind.

Die Frage, wie mit sich widersprechenden subjektiven und objektiven Kriterien umzugehen ist, überlässt der deutsche Gesetzgeber allerdings der Klärung durch die Rechtsprechung.[28]

3. Umsetzung in Frankreich

Die komplexe Begriffsbestimmung aus Art. 6 ff. DIRL zur „*conformité du contenu numérique ou du service numérique*" wird in der französischen Umsetzungsverordnung in Art. L. 224-25-12 ff. C. cons. wiedergegeben.

Ein vereinheitlichter Begriff der Vertragsmäßigkeit (*conformité*), der die subjektiven und objektiven Kriterien kombiniert, wurde im französischen Verbrauchervertragsrecht erstmals mit der Umsetzung der Verbrauchsgüterkauf-RL eingeführt.[29] Dieser vereinheitlichte Vertragsmäßigkeitsbegriff (vgl. Art. L. 211-5 C. cons.

27 Siehe hierzu auch RegE DIRL, S. 53.

28 Vgl. RegE DIRL S. 61.

29 Zu der kontroversen Debatte über die Eingliederung des neuen vereinheitlichten Vertragsmäßigkeitsbegriffs im Vorfeld der Umsetzung der Verbrauchsgüterkauf-RL siehe *Kaschefi*, Sachmängelhaftung im französischen Kaufrecht vor und nach Umsetzung der Verbrauchsgüterkaufrichtlinie: mit rechtsvergleichenden Hinweisen zum deutschen Recht unter Berücksichtigung von „Weiterfressersachverhalten", S. 92 ff. m.w.N. Zur Einführung der sog. *garantie de conformité* als neue „Art

a.F.) ließ – anders als im deutschen Recht – trotz der Aufteilung in subjektive und objektive Merkmale keine Hierarchie zwischen den Kriterien erkennen.[30] Ein vorrangiges Abstellen auf die direkte Beschaffenheitsvereinbarung der Parteien für die Beurteilung einer Vertragswidrigkeit sah der französische Gesetzgeber hier gerade nicht vor.

Die nunmehr ausdrückliche vorgesehene Gleichwertigkeit der Anforderungen an die Vertragsmäßigkeit digitaler Inhalte und digitaler Dienstleistungen gemäß der Digitale-Inhalte-RL setzt der französische Gesetzgeber ebenfalls richtlinienkonform um (vgl. Art. L. 24-25-14 I. C. cons.: *„En plus des critères de conformité prévus au contrat, (...)“*).

Der Unternehmer, der einem Verbraucher (bzw. einem sog. Nicht-Unternehmer)[31] digitale Inhalte oder digitale Dienstleistungen bereitstellt, hat diese nach Art. L. 224-25-12 C. cons.[32] gemäß dem Vertrag sowie den in Art. L. 224-25-14 C. cons. genannten Kriterien bereitzustellen. Die Art. L. 224-25-13 bis Art. L. 224-25-15 C. cons. konkretisieren sodann die subjektiven und objektiven Konformitätskriterien. Die Normen enthalten (wie die Digitale-Inhalte-RL) positiv formulierte Definitionen der Konformität digitaler Inhalte und digitaler Dienstleistungen und greifen die enumerativen Beschreibungen der Richtlinienvorgaben auf. Indessen verwendet das französische Verbraucherrecht nicht die Terminologie „subjektiver Anforderungen an die Vertragsmäßigkeit“ (*„Critères subjectifs de conformité“*) und „objektiver Anforderungen an die Vertragsmäßigkeit“ (*„Critères objectives de conformité“*). Die systematische Aufteilung der subjektiven und der objektiven Kriterien in getrennten Artikeln (vgl. Art. L. 224-25-13 und Art. L. 224-25-14 C. cons.) hat der Code de la consommation aber übernommen.

---

der Gewährleistung“ im Code de la consommation siehe *Salewski*, Der Verkäuferregress im deutsch-französischen Rechtsvergleich, S. 127 ff.

30 Siehe *Kaschefi*, Sachmängelhaftung im französischen Kaufrecht vor und nach Umsetzung der Verbrauchsgüterkaufrichtlinie: mit rechtsvergleichenden Hinweisen zum deutschen Recht unter Berücksichtigung von „Weiterfressersachverhalten“, S. 96 ff., 150 ff.

31 Zum Begriff und der Einbeziehung des sog. Nicht-Unternehmers siehe Kapitel 4 I.2.c.aa.(3), II.2.b.bb.(2).(d).

32 Art. L. 224-25-12 C. cons.: *„Le professionnel fournit un contenu numérique ou un service numérique conforme au contrat ainsi qu'aux critères énoncés à l'article L. 224-25-14.“* – Die Vorschrift dient der Umsetzung von Art. 6 DIRL.

II. Subjektive Vertragsmäßigkeit

1. Europäische Vorgabe, Art. 7 DIRL

Art. 7 DIRL enthält eine Aufzählung subjektiver Anforderungen an die Vertragsmäßigkeit digitaler Inhalte und digitaler Dienstleistungen, die einerseits nicht abschließend („insbesondere"), andererseits aber auch nicht zwingend („soweit zutreffend") ist.[33] Es handelt sich im Hinblick auf den subjektiven Mangelbegriff des Art. 7 DIRL somit nur um einen Katalog möglicher Kriterien, auf die sich eine vertragliche Beschaffenheitsvereinbarung beziehen kann und bei deren Nichteinhaltung die gewährleistungsrechtlichen Rechtsbehelfe greifen (vgl. Art. 14 Art. 1 DIRL).[34]

Ähnlich dem Vorbild des Art. 2 Abs. 2 VerbrGK-RL geht das Digitalvertragsrecht in Art. 7 DIRL von einer mehrstufigen vertraglichen Sollbeschaffenheit aus.[35] Art. 7 lit. a DIRL nennt allgemeine Elemente der positiven Leistungsbeschreibung wie die Quantität und Qualität[36] und digital-spezifische Elemente wie die Funktionalität, Kompatibilität und Interoperabilität, die die für die Beurteilung der Vertragsmäßigkeit relevanten Zwecke oder Erwartungen beschreiben. „Kompatibilität" ist die Fähigkeit digitaler Inhalte oder digitaler Dienstleistungen, mit Hardware oder Software zu funktionieren, mit der digitale Inhalte oder digitale Dienstleistungen derselben Art in der Regel genutzt werden, ohne dass sie konvertiert werden müssen (vgl. Art. 2 Nr. 10 DIRL). Der Begriff der „Funktionalität" bezieht sich darauf, wie digitale Inhalte oder digitale Dienstleistungen verwendet werden können, mithin die Fähigkeit, ihre Funktionen ihrem Zweck entsprechend zu erfüllen (vgl. Art. 2 Nr. 11 DIRL).[37] Das Merkmal der „Interoperabilität" beurteilt, ob und in welchem Umfang digitale Inhalte oder digitale Dienstleistungen mit einer anderen Hardware oder Software als derjenigen, mit der digitale Inhalte oder digitale Dienstleistungen derselben Art in der Regel genutzt werden, funktionieren (vgl. Art. 2 Nr. 12 DIRL).[38] Mit anderen Worten: Die digitalen Inhalte bzw. digitalen Dienstleistungen müssen ihren Zweck erfüllen (Funktionalität) und zwar mit der (handelsüblichen) digitalen Umgebung (Kompatibilität) oder auch mit anderer

---

33 *Riehm/Abold*, ZUM 2018, 82 (84).

34 *Riehm/Abold*, ebenda (84).

35 Die Vorschrift des Art. 7 lit. b DIRL stammt aus der Verbrauchsgüterkauf-RL (vgl. Art. 2 Abs. 2 lit. b VerbrGK-RL), während Art. 7 lit. a und c DIRL ihren Ursprung im GEK haben (vgl. Art. 99 Abs. 1 lit. a und c GEK), hierzu ausführlicher *Staudenmayer*, NJW 2019, 2497 (2498).

36 Siehe hierzu näher Erwgr. 42 DIRL.

37 Vgl. auch Erwgr. 43 DIRL.

38 Hierzu ebenda.

Hard-/Software (Interoperabilität).[39] Während die Kompatibilität und die Funktionalität eines digitalen Produkts sowohl subjektive als auch objektive Kriterien der Vertragsmäßigkeit sind, ist die Interoperabilität lediglich ein subjektives Vertragsmäßigkeitskriterium und wird damit nur dann erwartet, wenn sie auch vertraglich vereinbart wurde.[40]

Weiterhin ist der Verwendungszweck maßgeblich, für den der digitale Inhalt bzw. die digitale Dienstleistung nach der vertraglichen Vereinbarung der Parteien geeignet sein muss (Art. 7 lit. b DIRL). Die digitalen Inhalte und Dienstleistungen sind zudem entsprechend den konkreten Anforderungen des Vertrags mit sämtlichem Zubehör, Anleitungen und Kundendienst bereitzustellen (Art. 7 lit c DIRL) und wie im Vertrag bestimmt zu aktualisieren (Art. 7 lit. d DIRL)[41]. Für die Beurteilung der subjektiven Vertragsmäßigkeit anhand dieser Kriterien bleibt stets die jeweilige konkrete vertragliche Vereinbarung zwischen Unternehmer und Verbraucher maßgeblich, die den Ausgangspunkt der Bestimmung der Vertragsmäßigkeit bildet und die relevanten Beschaffenheitskriterien sachgerecht begrenzt.[42]

Zu den vertraglichen Anforderungen sollten ausweislich der Begründungserwägung 42 DIRL darüber hinaus die Anforderungen gehören, die sich aus den vorvertraglichen Informationen ergeben und gemäß der Verbraucherrechterichtlinie fester Bestandteil des Vertrags und damit auch Teil der Vertragsmäßigkeitskriterien sind.[43]

2. Umsetzung in Deutschland

Der Umsetzung der subjektiven Anforderungen an die Vertragsmäßigkeit eines digitalen Produkts aus Art. 7 DIRL dient § 327e Abs. 2 BGB, der eine Aufzählung subjektiver Vertragsmäßigkeitskriterien enthält (vgl. § 327e Abs. 2 S. 1 Nr. 1 bis

---

39 Vgl. *Staudenmayer*, ZEuP 2019, 663 (679).

40 Bei fehlender vertraglicher Vereinbarung die „Interoperabilität" betreffend wird also nur das Vertrauen darauf geschützt, dass das digitale Produkt mit derjenigen Soft- oder Hardware kompatibel ist, mit der es „in der Regel" genutzt wird, vgl. *Rieländer*, GPR 2021, 257 (266 f.); siehe hierzu auch *Spindler/Sein*, ERCL 2019, 365 (371) mit treffendem Beispiel.

41 Siehe hierzu näher *Kindl*, in: Kindl/Arroyo Vendrell/Gsell (Hrsg.), Verträge über digitale Inhalte und digitale Dienstleistungen, S. 63 (79 ff.), der davon ausgeht, dass Aktualisierungen in der Praxis regelmäßig im Rahmen eines sog. Endnutzerlizenzvertrags und nur dann vereinbart werden, wenn der Anbieter zugleich Hersteller und Inhaber der Urheberrechte ist; siehe in diesem Zusammenhang auch *Metzger*, AcP 216 (2016), 817 (820).

42 *Riehm/Abold*, ZUM 2018, 82 (84).

43 Vgl. Art. 6 Abs. 5 VRRL.

3 BGB). Die Formulierungen orientieren sich weitgehend an denen des bisherigen § 434 Abs. 1 S. 1 und S. 2 Nr. 1 BGB a.F.[44]

§ 327e Abs. 2 S. 1 Nr. 1 lit. a BGB bezieht sich auf die „vereinbarte Beschaffenheit" – ein Begriff, den der deutsche Gesetzgeber aus dem Kaufvertragsrecht übernommen hat, um die neuen Gewährleistungsvorschriften für digitale Produkte in das bestehende System der Gewährleistungsvorschriften einzubinden.[45] Die Aufzählung der subjektiven Merkmale aus Art. 7 lit. a DIRL hat der deutsche Gesetzgeber in § 327e Abs. 2 S. 1 Nr. 1 lit. a BGB nicht wörtlich übernommen; dies war auch nicht zwingend, da die dort aufgezählten Beispiele gerade nicht abschließend sind, wie sich aus der Formulierung „und sonstiger Merkmale" ergibt. Auch die Formulierung „einschließlich" in § 327e Abs. 2 S. 1 Nr. 1 lit. a BGB macht deutlich, dass es sich bei den ausdrücklich genannten Anforderungen nur um eine beispielhafte und nicht um abschließende Aufzählung handelt.

§ 327e Abs. 2 S. 1 Nr. 1 lit. b BGB betrifft die Eignung digitaler Produkte für die nach dem Vertrag vorausgesetzte Verwendung und dient damit der Umsetzung des Art. 7 lit. b DIRL. Dieser entspricht weitgehend dem Vorbild von Art. 2 Abs. 2 lit b VerbrGKRL, sodass sich auch der neu eingefügte § 327e Abs. 2 S. 2 Nr. 1 lit. b BGB am bisherigen § 434 Abs. 1 S. 2 Nr. 1 BGB a.F. orientiert.[46] Der deutsche Gesetzgeber verzichtet dabei auf den Zusatz, dass der Verbraucher dem Unternehmer den angestrebten Zweck „spätestens bei Vertragsschluss" zur Kenntnis gebracht haben muss, da Erklärungen, die nach Vertragsschluss abgegeben werden, schon nach den allgemeinen Regelungen des BGB nicht Inhalt des Vertrags werden.[47]

Ein digitales Produkt entspricht zudem nur dann den subjektiven Anforderungen, wenn es wie im Vertrag vereinbart mit Zubehör, Anleitungen und Kundendienst bereitgestellt wird (§ 327e Abs. 2 Nr. 2 BGB) und dem Verbraucher die im Vertrag vereinbarten Aktualisierungen bereitgestellt werden (§ 327e Abs. 2 Nr. 3 BGB).

44 Ähnlich nunmehr auch § 434 Abs. 2 BGB n.F., der der Umsetzung von Art. 6 WKRL dient.

45 Vgl. RegE DIRL S. 54 – der Begriff „Beschaffenheit" ist dabei ebenso wie im Kaufvertragsrecht weit zu verstehen und soll alle Merkmale eines digitalen Produkts, die diesem selbst anheften oder sich aus seiner Beziehung zur Umwelt ergeben, umfassen. Um klarzustellen, dass das Kriterium der „Menge" ebenso vom Begriff der Beschaffenheit erfasst ist, wird der Begriff ausdrücklich in § 327e Abs. 2 S. 1 Nr. 1 lit. 1 BGB erwähnt (der aus § 434 Abs. 3 BGB übernommene Begriff „Menge" entspricht dabei dem Begriff der „Quantität" in Art. 7 lit. a DIRL).

46 Vgl. RegE DIRL, S. 55.

47 Ibid.

3. Umsetzung in Frankreich

Im französischen Verbraucherrecht setzt Art. L. 224-25-13 C. cons. die subjektiven Anforderungen an die Vertragsmäßigkeit digitaler Inhalte und digitaler Dienstleistungen aus Art. 7 DIRL um.

Die Umsetzungsnorm orientiert sich dabei an der Richtlinienbestimmung und übernimmt deren Aufbau.

Die richtliniennahe Umsetzung bietet keinen Anlass für weitere Ausführungen an dieser Stelle.

III. Objektive Vertragsmäßigkeit

1. Europäische Vorgabe, Art. 8 DIRL

Zusätzlich zu dem beschriebenen subjektiven Maßstab ist die Vertragsmäßigkeit eines bereitgestellten digitalen Produkts stets gleichermaßen an den objektiven Kriterien des Art. 8 DIRL zu messen (vgl. Art. 8 Abs. 1 DIRL).[48]

Bezugspunkt der objektiven Vertragsmäßigkeit ist, ähnlich wie bei den subjektiven Anforderungen, ein extensiver Kriterienkatalog. Die objektiven Anforderungen sind überwiegend an den Verkehrserwartungen der Verbraucher ausgerichtet.[49] Anders als im ursprünglichen Richtlinienvorschlag der Kommission sieht Art. 8 DIRL eine Berücksichtigung des Umstands, ob die digitalen Inhalte oder digitalen Dienstleistungen gegen Zahlung eines Preises oder gegen eine andere Leistung als Geld bereitgestellt werden, nicht mehr vor.[50]

Genereller Maßstab für die objektiven Kriterien ist die Geeignetheit der digitalen Inhalte und digitalen Dienstleistungen für die Zwecke, für die diese in der Regel genutzt werden, gegebenenfalls unter Berücksichtigung (internationaler, unionsweiter und nationaler) technischer Normen oder sektorspezifischer Verhaltenskodizes (vgl. Art. 8 Abs. 1 lit. a DIRL).[51] Mit der Bezugnahme auf außerrechtliche, insbesondere technische Normen, ergänzt die Richtlinie die objektiven Anforderungen an die Vertragsmäßigkeit um Tatbestände, die auf die Besonder-

48 Siehe auch Erwgr. 45 DIRL.

49 Vgl. Art. 8 Abs. 1 lit. a und b DIRL.

50 So noch Art. 6 Abs. 2 lit. a des Richtlinienvorschlags.

51 Siehe hierzu auch Erwgr. 50 DIRL. Das objektive Vertragsmäßigkeitskriterium der Eignung für Zwecke, für die digitale Inhalte derselben Art in der Regel genutzt werden, hat seinen Ursprung im GEK (vgl. Art. 100 lit. b GEK).

heiten digitaler Inhalte und digitaler Dienstleistungen ausgerichtet sind.[52] Der europäische Gesetzgeber will mit dem Verweis auf außerrechtliche technische Normen insbesondere der raschen Entwicklung digitaler Produkte sowie der technologischen Vielfalt Rechnung tragen und eine fortlaufende Anpassung der Maßstäbe für die Vertragsmäßigkeit ermöglichen.[53]

Die digitalen Inhalte oder digitalen Dienstleistungen müssen zudem der Qualität, den Eigenschaften und den Leistungsmerkmalen – darunter auch Funktionalität, Kompatibilität, Zugänglichkeit, Kontinuität und Sicherheit – entsprechen, die bei derselben Art üblich sind und die der Verbraucher aufgrund der Art und unter Berücksichtigung öffentlicher Erklärungen, die von dem Unternehmer oder anderen Personen in vorhergehenden Gliedern der Vertragskette oder in deren Namen, insbesondere in der Werbung oder auf dem Etikett, abgegeben werden, „vernünftigerweise" erwarten kann (vgl. Art. 8 Abs. 1 lit. b DIRL).[54] Hinsichtlich des Zubehörs und der Anleitungen stellt Art. 8 Abs. 1 lit. c DIRL ebenfalls darauf ab, was der Verbraucher „vernünftigerweise" erwarten kann.

Zur Bestimmung der objektiven Vertragsmäßigkeit eines digitalen Produkts nimmt der europäische Gesetzgeber damit mehrfach Bezug auf den unbestimmten Rechtsbegriff der „vernünftigen" Verbrauchererwartungen.[55] Ausweislich der Begründungserwägung 46 DIRL sollte sich der „Standard für Vernünftigkeit" dabei nicht nach dem jeweiligen Horizont des betreffenden Verbrauchers richten, sondern objektiv und unter Berücksichtigung des jeweiligen Vertragsgegenstandes, der Umstände des Einzelfalls und der Verkehrsgepflogenheiten bestimmt werden.[56]

52 Vgl. *Schulze*, ZEuP 2019, 695 (710 f.).

53 Vgl. *Schulze*, ebenda (711).

54 Ausnahmen hiervon definiert Art. 8 Abs. 1 lit. b i)-iii) DIRL; insbesondere kann der Unternehmer nachweisen, dass die Entscheidung, die digitalen Inhalte oder digitalen Dienstleistungen zu erwerben, gerade nicht durch die öffentliche Erklärung beeinflusst worden sein konnte (vgl. Art. 8 Abs. 1 lit. b iii)) – kritisch zu dieser Ausnahme, da es sich um eine sehr subjektive Frage handele, *Legrand*, Petites Affiches, n° 01 du 1 Juin 2021, 16.

55 Siehe auch Art. 8 Abs. 2 lit. b DIRL.

56 Schon die VerbrGK-RL hatte aus dem englischen Recht eine Bezugnahme darauf, was „der Verbraucher vernünftigerweise erwarten kann", übernommen (vgl. Art. 2 Abs. 2 lit. d VerbrGK-RL). Der GEK-Entwurf verwendete zudem mehrfach den aus dem englischen Recht bekannten „reasonable"-Test und legte so allgemein fest, dass bei Bezugnahmen auf Erwartungen darunter die vernünftigen (nach objektiven Gesichtspunkten zu bestimmenden) Erwartungen zu verstehen seien („was vernünftigerweise erwartet werden darf", vgl. Art. 5 Abs. 2 GEK), siehe hierzu auch *Staudenmayer*, ZEuP 2019, 663 (682).

Die digitalen Inhalte und digitalen Dienstleistungen müssen darüber hinaus, soweit zutreffend, der durch den Unternehmer vor Vertragsschluss zur Verfügung gestellten Testversion oder Voranzeige entsprechen (vgl. Art. 8 Abs. 1 lit. d DIRL).

Eine wesentliche Neuerung der Digitale-Inhalte-RL betrifft die Pflicht des Unternehmers sicherzustellen, dass der Verbraucher über Aktualisierungen, einschließlich Sicherheitsaktualisierungen, die für den Erhalt der Vertragsmäßigkeit der digitalen Inhalte und digitalen Dienstleistungen erforderlich sind, informiert wird, und dass diese dem Verbraucher bereitgestellt werden (vgl. Art. 8 Abs. 2 und 3 DIRL).[57]

Sofern die Parteien nichts anderes vereinbart haben, müssen die digitalen Inhalte oder digitalen Dienstleistungen dem Verbraucher zudem in der zum Zeitpunkt des Vertragsschlusses neuesten Version bereitgestellt werden (vgl. Art. 8 Abs. 6 DIRL).

Abweichungen von den objektiven Anforderungen an die Vertragsmäßigkeit sind nur durch eine ausdrückliche und gesonderte Vereinbarung möglich (vgl. Art. 8 Abs. 5 DIRL).[58] Diese Regelung korrespondiert mit dem Grundsatz der Gleichrangigkeit von subjektiven und objektiven Anforderungen an die Vertragsmäßigkeit und soll verhindern, dass die objektiven Standards durch eine individuelle Vereinbarung zwischen den Vertragsparteien problemlos abgesenkt werden könnten (vgl. Erwgr. 45 DIRL). Eine abweichende Vereinbarung muss daher durch eine aktive und eindeutige Handlung des Verbrauchers (bspw. durch Anklicken eines Kästchens, Betätigung einer Schaltfläche oder Aktivierung einer ähnlichen Funktion) erfolgen.[59]

2. Umsetzung in Deutschland

Der Umsetzung der objektiven Konformitätskriterien des Art. 8 DIRL dient im deutschen Verbraucherrecht § 327e Abs. 3 BGB, der ebenfalls maßgeblich am Kaufvertragsrecht ausgerichtet ist.

Insofern orientiert sich § 327e Abs. 3 S. 1 Nr. 1 BGB, der Art. 8 Abs. 1 lit. a DIRL umsetzt, an der Formulierung des bisherigen § 434 Abs. 1 S. 2 Nr. 2 Hs. 1 BGB a.F. zum Sachmangel.[60] Ein digitales Produkt entspricht danach den objektiven Anforderungen, wenn es sich für die „gewöhnliche Verwendung" eignet. Der Begriff „ge-

---

57 Ausführlich zur Aktualisierungspflicht und insbesondere auch dem Zeitraum der Aktualisierungspflicht siehe Kapitel 7 II.

58 Kritisch zu Art. 8 Abs. 5 DIRL siehe *Legrand*, Petites Affiches, n° 01 du 1 Juin 2021, 16.

59 Vgl. Erwgr. 49 DIRL; kritisch hierzu *Zöchling-Jud*, GPR 2019, 115 (120 f.).

60 Siehe ebenfalls § 434 Abs. 3 Nr. 1 BGB n.F.

wöhnliche Verwendung" ist anhand der Verkehrsanschauung auszulegen. Die in der Richtlinie genannten Bezugspunkte für die Ermittlung des objektiven Maßstabs hat der deutsche Gesetzgeber nicht ausdrücklich übernommen, diese sind gleichwohl im Rahmen der Auslegung heranzuziehen.[61]

Kritisch zu bewerten ist, dass die ausdrücklich genannte Rolle technischer Normen bzw. subsidiär sektorspezifischer Verhaltenskodizes zur Konkretisierung des Kriteriums der Eignung eines digitalen Produkts für den gewöhnlichen Gebrauch im deutschen Recht nicht umgesetzt worden ist.[62] Grundsätzlich kennt die deutsche Rechtsordnung zwar keine oder nur eine geringe Tradition der Berücksichtigung von sog. *„soft-law"* und der Integration zusätzlicher Regulierungsinstrumente[63] und die Berücksichtigung technischer Normen bei den objektiven Anforderungen an die Vertragsmäßigkeit digitaler Produkte erscheint gerade im Verbraucherrecht auch nicht unproblematisch angesichts der fehlenden Legitimation der Normgeber solcher technischen Standards, da diese in der Regel von Akteuren der Industrie, den sog. *„global players"*, entwickelt werden.[64] Jedoch verkennt der deutsche Gesetzgeber die besondere Bedeutung und die Rolle technischer Normen und sektorspezifischer Verhaltenskodizes als *„soft-law"*-Bestandteile, insofern eine technische Normierung, wie sie bereits aus dem Produktsicherheitsrecht bekannt ist, im bürgerlichen Recht zu einer erhöhten Rechtssicherheit beigetragen hätte, ohne zwangsläufig die nötige Flexibilität in der Rechtsanwendung zu behindern.[65] Der Problematik der Legitimation außerrechtlicher (technischer) Normen steht insoweit der zunehmende Anpassungsbedarf an den technologischen Wandel gegenüber, dem mit der Berücksichtigung technischer

61 Vgl. RegE DIRL, S. 56.

62 Gleiches gilt im Zusammenhang mit der Umsetzung der Warenkauf-RL: Die ebenfalls in Art. 7 Abs. 1 lit. a WKRL ausdrücklich genannte Rolle technischer Normen und sektorspezifischer Verhaltenskodizes ist auch in § 434 BGB nicht umgesetzt worden, siehe hierzu ebenfalls kritisch *Brönneke*, Stellungnahme zum Entwurf eines Gesetzes zur Regelung des Verkaufs von Sachen mit digitalen Elementen und anderer Aspekte des Kaufvertrags (BT-Drs. 19/27424), v. 15.5.2020, S. 6 [nachfolgend: *Brönneke*, Stellungnahme Entwurf WKRL].

63 Vgl. *Brönneke*, ebenda.

64 So *Schulte-Nölke*, EuCML 2015, 135–139 (138); *Schulze*, ZEuP 2019, 695 (711).

65 So *Brönneke*, Stellungnahme Entwurf WKRL, S. 6; *Brönneke* forderte außerdem die Normierung einer „Lebensdauerangabepflicht" (m.a.W. eine Normierung der „Haltbarkeit" von Produkten) für bestimmte Gebrauchsgüter und eine Verankerung der Wirkung von technischen Normen im bürgerlichen Recht und schlug hierzu eine (europarechtlich aufgrund von Art. 7 Abs. 1 lit. a WKRL ohnehin gebotene) Bezugnahme auf technische Normen in Art. 245 EGBGB vor, die nicht nur die Bedeutung technischer Normen und subsidiär sektorspezifischer Verhaltenskodizes für Fragen der Lebensdauerangaben enthalten, sondern auch die Bedeutung dieser Normen für die Feststellung der objektiven Vertragsmäßigkeit herausstellen sollte, siehe S. 6 ff. und insb. S. 10 der Stellungnahme.

Normen Rechnung getragen werden könnte.[66] Eine richtlinienkonforme Umsetzung verlangt wohl, technische Normen im Rahmen der Auslegung zu berücksichtigen.[67] Abzuwarten bleibt, ob aus Sicht des EuGH die fehlende Bezugnahme auf außerrechtliche Normen zum Zwecke der Anpassung des Vertragsmäßigkeitsmaßstabs an den technischen Standard eine europarechtswidrige Lücke im deutschen Verbraucherrecht darstellt.

Weiterer Maßstab für die Vertragsmäßigkeit eines digitalen Produkts ist nach § 327e Abs. 3 S. 1 Nr. 2 BGB die „übliche Beschaffenheit“ einschließlich der Menge, der Funktionalität, der Kompatibilität, der Zugänglichkeit, der Kontinuität und der Sicherheit. Die Vorschrift dient der Umsetzung von Art. 8 Abs. 1 lit. b DIRL. Der Begriff „Beschaffenheit“ ist – wie im Kaufvertragsrecht – weit zu verstehen und steht stellvertretend für die in Art. 8 Abs. 1 lit. b DIRL aufgezählten Kriterien und die teils ausdrücklich genannten Leistungsmerkmale.[68] Maßgebend für die geschuldete Beschaffenheit ist die Beschaffenheit, die bei digitalen Produkten derselben Art „üblich“ ist und die der Verbraucher unter Berücksichtigung der Art des digitalen Produkts erwarten kann (vgl. § 327e Abs. 3 S. 1 Nr. 2 a.E. BGB). Wie schon bei der Umsetzung der VerbrGK-RL ist die Formulierung „vernünftigerweise“, die die Erwartungshaltung des Verbrauchers zusätzlich konkretisieren soll, im deutschen Recht nicht übernommen worden.[69] Der Begriff sei dem BGB fremd und dessen Verwendung auch nicht erforderlich, denn die Bestimmung dessen, was der Verbraucher erwarten kann, erfolge ohnehin nach objektiven Kriterien.[70] Näher bestimmt wird die „übliche Beschaffenheit“ i. S. v. § 327e Abs. 3 S. 1 Nr. 1 BGB durch § 327e Abs. 3 S. 2 BGB, der die weiteren möglichen Bezugspunkte für die berechtigten Erwartungen des Verbrauchers nennt und damit ergänzend der Umsetzung von Art. 8 Abs. 1 lit. b DIRL dient.

Entsprechend der Richtlinienvorgabe des Art. 8 Abs. 1 lit. c DIRL legt § 327e Abs. 3 S. 1 Nr. 4 BGB die objektiven Anforderungen an Zubehör und Anleitungen für das bereitgestellte digitale Produkt legt fest.

Weiterhin entspricht ein digitales Produkt nur dann den objektiven Anforderungen, wenn dem Verbraucher gem. § 327f BGB Aktualisierungen bereitgestellt werden und der Verbraucher über diese Aktualisierungen informiert wird (vgl. § 327e Abs. 3 Nr. 5 i.V.m. § 327f BGB)[71] und das digitale Produkt dem Verbraucher, sofern die Vertragsparteien nichts anderes vereinbart haben, in der zum Zeitpunkt

66 Vgl. *Schulze*, ZEuP 2019, 695 (711 f.).
67 Ebenso *Schneider*, CR 2022, 1–9 (2).
68 Vgl. RegE DIRL S. 56.
69 Kritisch hierzu *Schneider*, CR 2022, 1–9 (2).
70 So die Begründung des Regierungsentwurfs (mit Verweis auf Erwgr. 46 DIRL), S. 56, 59 f.
71 Zu § 327f BGB siehe Kapitel 7 II.2.

des Vertragsschlusses neusten verfügbaren Version bereitgestellt wird (vgl. § 327e Abs. 3 Nr. 6 BGB).

Die Voraussetzungen, unter denen durch vertragliche Vereinbarung zwischen Verbraucher und Unternehmer von den in den vorstehenden Vorschriften enthaltenen objektiven Anforderungen abgewichen werden kann, legt § 327h BGB fest, der damit der Umsetzung von Art. 8 Abs. 5 DIRL dient. Allerdings hat der deutsche Gesetzgeber bzgl. des Zeitpunkts des „in Kenntnis setzen" von der wörtlichen Übernahme „zum Zeitpunkt des Vertragsschlusses" abgesehen, da dies für eine wohlüberlegte Entscheidung des Verbrauchers in Kenntnis der Abweichung zu spät sein könnte; die Information des Verbrauchers muss vielmehr „vor Abgabe seiner Vertragserklärung" erfolgen.[72]

3. Umsetzung in Frankreich

Im französischen Verbrauchergesetzbuch werden in Art. L. 224-25-14 C. cons. die objektiven Konformitätskriterien aufgezählt, die zusätzlich zu den Anforderungen gelten, die sich aus dem Vertrag über die Bereitstellung digitaler Inhalte oder digitaler Dienstleistungen ergeben.

Art. L. 224-25-14 C. cons. orientiert sich insgesamt sehr stark an der europäischen Richtlinienvorgabe des Art. 8 DIRL und weicht von dieser lediglich bei der Reihenfolge der Aufzählung der objektiven Kriterien ab:

Der Umsetzung von Art. 8 Abs. 1 lit. a DIRL, der die objektive Vertragsmäßigkeit anhand des Zwecks, für den digitale Inhalte oder digitale Dienstleistungen derselben Art gewöhnlich genutzt werden, beurteilt, dient Art. L. 224-25-14 I. 1° C. cons. Der französische Gesetzgeber hat, anders als der deutsche Umsetzungsgesetzgeber, im Hinblick auf die Ermittlung der objektiven Vertragsmäßigkeit auch die Bezugnahme auf technische Normen bzw. auf die subsidiär an die Stelle technischer Normen tretenden sektorspezifischen Verhaltenskodizes übernommen.[73]

Art. L. 224-25-14 C. cons. führt die Aufzählung der Kriterien wie folgt fort: Die digitalen Inhalte und digitalen Dienstleistungen müssen – entsprechend der Richtlinienvorgaben in Art. 8 Abs. 1 lit. d und Art. 8 Abs. 6 DIRL – der Testversion oder Voranzeige entsprechen, die der Unternehmer vor Vertragsschluss zur Ver-

72 Siehe dazu auch RegE DIRL, S. 61 f.

73 Vgl. Art. L. 224-25-14 I. 1° C. cons.: *„Il est propre à l'usage habituellement attendu d'un contenu numérique ou d'un service numérique de même type, compte tenu, s'il y a lieu, de toute disposition du droit de l'Union européenne et du droit national ainsi que de toutes les normes techniques, ou en l'absence de telles normes techniques, des codes de conduite spécifiques applicables au secteur concerné"*.

fügung gestellt hat (vgl. Art. L. 224-25-14 I. 2° C. cons.) und, sofern nicht anders vereinbart, in der zum Zeitpunkt des Vertragsschlusses neusten Version bereitgestellt werden (vgl. Art. L. 224-25-14 I. 3° C. cons.).

Im Falle einer fortlaufenden Bereitstellung oder der Bereitstellung während eines bestimmten Zeitraums sind die digitalen Inhalte oder digitalen Dienstleistungen während des gesamten Zeitraums ohne Unterbrechung bereitzustellen (vgl. Art. L. 224-25-14 I. 4° C. cons., der damit der Umsetzung von Art. 8 Abs. 4 DIRL dient).[74]

Außerdem sind die digitalen Produkte gegebenenfalls mit dem Zubehör und den Anleitungen bereitzustellen, die der Verbraucher berechtigterweise erwarten kann (vgl. Art. L. 224-25-14 I. 5° C. cons.).[75] Darüber hinaus verweist auch das französische Verbraucherrecht im Rahmen der Aufzählung der objektiven Anforderungen in richtlinienkonformer Umsetzung der europäischen Vorgabe auf die Bereitstellung von Aktualisierungen (vgl. Art. L. 224-25-14 I. 6° i.V.m. Art. L. 224-25-25 C. cons.).

Art. L. 224-25-14 I. 7° C. cons. setzt Art. 8 Abs. 1 lit. b DIRL um. Die französische Umsetzungsvorschrift zählt als objektive Kriterien Menge, Qualität und andere Merkmale, einschließlich Funktionalität, Kompatibilität, Zugänglichkeit, Kontinuität und Sicherheit auf, die der Verbraucher bei digitalen Inhalten oder digitalen Dienstleistungen derselben Art und unter Berücksichtigung der Art der digitalen Inhalte oder digitalen Dienstleistungen sowie der öffentlichen Erklärungen, die der Unternehmer, eine Person in der Transaktionskette oder eine in ihrem Namen handelnde Person etwa in der Werbung oder auf dem Etikett abgegeben hat, berechtigterweise erwarten kann. Die Ausnahmen, in denen der Unternehmer nicht an solche öffentlichen Erklärungen gebunden ist, zählt Art. L. 225-25-14 II. C. cons. auf.

Der Unternehmer hat zudem die Möglichkeit, von den objektiven Anforderungen abzuweichen, wenn er den Verbraucher zum Zeitpunkt des Vertragsschluss darüber informiert hat, dass der digitale Inhalt oder die digitale Dienstleistung von einem oder mehreren bestimmten Merkmalen der objektiven Anforderungen abweicht und der Verbraucher diese Abweichung ausdrücklich und gesondert akzeptiert hat; in diesem Fall kann sich der Verbraucher nicht auf eine entsprechende Vertragswidrigkeit berufen, vgl. Art. L. 224-25-14 III. C. cons.[76] Sprachlich angepasst,

---

74 Zur Abgrenzung des Art. L. 224-25-14 I. 4° C. cons. als objektive Anforderung an die Vertragsmäßigkeit und der Bereitstellungspflicht nach Art. L. 224-25-10 C. cons. siehe *Legrand*, La garantie de conformité enfin adaptée à l'ère numérique, publié le 16/12/2021.

75 Dies entspricht Art. 8 Abs. 1 lit. c DIRL.

76 Art. L. 224-25-14 III. C. cons.: „*Le consommateur ne peut contester la conformité en invoquant un défaut concernant une ou plusieurs caractéristiques particulières du contenu numérique ou du service*

aber in inhaltlicher Hinsicht unverändert, setzt der französische Gesetzgeber hier die Vorgabe des Art. 8 Abs. 5 DIRL um.

IV. „Rechtsmängel“

1. Europäische Vorgabe, Art. 10 DIRL

Der europäische Gesetzgeber hat ferner klargestellt, dass sich aus der Verletzung von Rechten Dritter Beschränkungen hinsichtlich der Nutzung der bereitgestellten digitalen Inhalte oder digitalen Dienstleistungen ergeben können, die dazu führen, dass die digitalen Inhalte oder digitalen Dienstleistungen nicht die Anforderungen an die Vertragsmäßigkeit erfüllen.[77] Rechte Dritter sind beispielsweise die Rechte des geistigen Eigentums.[78] Ein Verstoß gegen Urheberrechte und dem Urheberrecht verwandte Schutzrechte Dritter kann die Nutzung der digitalen Inhalte oder digitalen Dienstleistungen durch den Verbraucher in rechtlicher Hinsicht beschränken, wenn der Verbraucher etwa nicht oder nicht rechtmäßig auf den digitalen Inhalt oder die digitale Dienstleistung zugreifen kann.[79] Eine solche Beschränkung resultiert beispielsweise aus der fehlenden Rechtsmacht des Unternehmers, dem Verbraucher die für die vertragsgemäße Nutzung notwendigen Rechte einzuräumen.[80] Die Nutzungsbeschränkungen sind dabei regelmäßig auch auf Lizenzvereinbarungen für Endnutzer, sog. *„End User License Agreements“* (EULA), zurückzuführen, gemäß der die digitalen Inhalte oder digitalen Dienstleistungen bereitgestellt werden. Die Praxis einer direkten Einräumung von Nutzungsrechten durch vertragsfremde Rechtsinhaber durch EULA lässt die Digitale-Inhalte-RL grundsätzlich unberührt.[81] Auch urheberrechtliche Fragestellungen regelt die Digitale-Inhalte-RL nicht (vgl. Art. 3 Abs. 9 DIRL)[82].[83] Sofern der Verbraucher aber Nutzungsbeschränkungen akzeptieren muss, um das digitale Produkt nutzen zu

---

numérique, dont il a été spécifiquement informé qu'elles s'écartaient des critères de conformité énoncés au présent article, écart auquel il a expressément et séparément consenti lors de la conclusion du contrat.“ Kritisch hierzu *Legrand*, Petites Affiches, n° 01 du 1 Juin 2021, 16.

77 Vgl. Erwgr. 53 DIRL.

78 Vgl. Art. 10 DIRL, der die „Rechte[ ] des geistigen Eigentums“ ausdrücklich als Beispiel für die Rechte Dritter hervorhebt.

79 Vgl. Erwgr. 54 DIRL.

80 Vgl. erläuternd auch den RegE DIRL, S. 61.

81 Siehe dazu bspw. *Kuschel/Rostam*, CR 2020, 393 (294 ff.).

82 Siehe auch Erwgr. 36 DIRL.

83 Kritisch hierzu *Metzger*, JZ 2019, 577 (584).

können, können diese Nutzungsbeschränkungen als sog. „Rechtsmängel"[84] der digitalen Inhalte oder digitalen Dienstleistungen angesehen werden, die bei digitalen Inhalten oder digitalen Dienstleistungen, die Rechten des geistigen Eigentums unterliegen, für den Verbraucher besonders erheblich sind.[85] Daher sollte der Verbraucher, so die Begründungserwägung des europäischen Gesetzgebers, im Fall einer Verletzung von Rechten Dritter, die zu einer Beschränkung führt, durch die die Nutzung der bereitgestellten digitalen Inhalte oder digitalen Dienstleistungen im Einklang mit den subjektiven und objektiven Anforderungen an die Vertragsmäßigkeit verhindert oder eingeschränkt wird, Anspruch auf die in der Digitale-Inhalte-RL festgelegten Abhilfen bei Vertragswidrigkeit haben, sofern nationale Rechtsvorschriften keine anderweitigen Rechtsfolgen vorsehen.[86]

Eine entsprechende Regelung für die Behandlung von „Rechtsmängeln" sieht Art. 10 DIRL vor. Zu beachten ist die Tatbestandstruktur der Vorschrift: Anknüpfungspunkt der „Rechtsmangelhaftung" des Unternehmers ist die aus der Verletzung von Rechten Dritter resultierende Beschränkung, die die Nutzung des bereitgestellten digitalen Produkts beeinträchtigt. Für den Fall einer solchen Beschränkung, sollte der Verbraucher Anspruch auf die Abhilfen bei Vertragswidrigkeit gemäß Art. 14 DIRL haben, es sei denn, die nationalen Rechtsvorschriften sehen die Nichtigkeit oder die Aufhebung des Vertrags vor. Art. 10 DIRL ist damit als Rechtsfolgenverweisung auf die Gewährleistungsrechte der Richtlinie zu verstehen.[87] Für die Mitgliedstaaten besteht aber eine Regelungsoption, von der Konzeption der Richtlinie abzuweichen und alternativ die Nichtigkeit oder Auflösung des Vertrags vorzusehen. Die Öffnungsklausel der Digitale-Inhalte-RL zum Umgang mit Rechtsmängeln kollidiert insoweit mit dem Vollharmonisierungsansatz der Richtlinie.[88]

84 Den Begriff des „Rechtsmangels" verwendet der europäische Gesetzgeber in Erwgr. 54 DIRL; in Art. 10 DIRL, der sich Beschränkungen, die sich aus der Verletzung von Rechten Dritter ergeben, widmet, wird der Begriff hingegen vermieden.

85 Vgl. Erwgr. 54 DIRL.

86 Vgl. ebenda.

87 Während im Richtlinienvorschlag die Bestimmung zu Rechtsmängeln nach dem Vorbild des GEK (vgl. Art. 102 GEK) noch wie ein objektives Kriterium der Vertragsmäßigkeit formuliert war (vgl. Art. 8 des Richtlinienvorschlags), sieht die endgültige Richtlinie die betreffende Bestimmung nicht mehr als objektives Vertragsmäßigkeitskriterium an (vgl. die Formulierung in Art. 6 DIRL), hierzu *Staudenmayer*, ZEuP 2019, 663 (684 f.).

88 Siehe hierzu auch *Rosenkranz*, in: Schulze/Staudenmayer (Hrsg.), EU Digital Law, Art. 10 Rn. 12 ff., 18.

2. Umsetzung in Deutschland

Das deutsche Verbraucherrecht widmet sich den sog. „Rechtsmängeln" digitaler Produkte in § 327g BGB.

Schlanker und insbesondere weniger umständlich[89] als die Richtlinienbestimmung in Art. 10 DIRL stellt § 327g BGB klar, dass ein digitales Produkt frei von „Rechtsmängeln" ist, wenn der Verbraucher es gemäß den subjektiven oder objektiven Anforderungen des § 327e Abs. 2 und 3 BGB nutzen kann, ohne dabei Rechte Dritter zu verletzen. Insoweit sind Rechtsmängel den Produktmängeln i. S. d. § 327e Abs. 2 und 3 BGB gleichgestellt (s. auch § 327d BGB) – dies entspricht der im BGB üblichen Gleichstellung von Sach- und Rechtsmängeln.[90]

Bei Vorliegen eines Rechtsmangels ergeben sich für den Verbraucher damit die gleichen Rechtsfolgen wie bei Vorliegen eines Produktmangels. Der Verbraucher kann die Rechtsbehelfe aus § 327i BGB geltend machen. Insbesondere kann der Verbraucher auch einen Schadensersatz, den er aufgrund der Verletzung von Rechten Dritter an diese zu zahlen hat, vom Unternehmer im Wege des Schadensersatzes ersetzt bekommen, sofern die Voraussetzungen vorliegen.[91]

3. Umsetzung in Frankreich

Im französischen Verbraucherrecht ist die Vorschrift des Art. 10 DIRL in Art. L. 224-25-29 S. 2 C. cons. umgesetzt.

Nach der Richtlinienvorgabe des Art. 10 DIRL obliegt es den Mitgliedstaaten, wie gezeigt, in Fällen, in denen eine Beschränkung, die sich aus der Verletzung der Rechte Dritter ergibt, die rechtmäßige Nutzung des digitalen Produkts verhindert oder einschränkt, im nationalen Recht entweder den Anspruch des Verbrauchers auf die Abhilfen bei Vertragswidrigkeit sicherzustellen oder aber in solchen Fällen die Nichtigkeit oder die Aufhebung des Vertrags vorzusehen.

Der französische Gesetzgeber hat letztere Lösung vorgezogen.[92] Wenn eine Beschränkung, die sich aus der Verletzung der Rechte eines Dritten, insbesondere der Rechte des geistigen Eigentums ergibt – der französische Gesetzgeber hebt die

89 So *Rosenkranz*, ZUM 2021, 195 (206).

90 Siehe hierzu auch RegE DIRL, S. 61. Die Gleichstellung von Produkt- und Rechtsmängeln im BGB – nicht bloß mittels einer Rechtsfolgenverweisung auf die Gewährleistungsrechte – ist vom Umsetzungsspielraum des nationalen Gesetzgebers gedeckt und erscheint auch in systematischer Hinsicht mit Blick auf §§ 434, 435 BGB und § 633 BGB schlüssig, vgl. *Rieländer*, GPR 2021, 257 (266, Fn. 102).

91 Vgl. RegE DIRL, S. 61.

92 Näher hierzu *Legrand*, Petites Affiches, n° 01 du 1 Juin 2021, 16.

„Rechte des geistigen Eigentums" hier wie der europäische Gesetzgeber ausdrücklich als Beispiel für die Rechte Dritter hervor – , die Nutzung der digitalen Inhalte oder der digitalen Dienstleistungen gemäß den Bestimmungen der Art. L. 225-25-13 und Art. L. 224-25-14 C. cons. verhindert oder einschränkt, kann der Verbraucher die Nichtigkeit des Vertrags oder eine andere Klage vertraglicher oder außervertraglicher Art nach den Bestimmungen des Zivilgesetzbuchs geltend machen (vgl. Art. L. 224-25-29 S. 2 C. cons.[93]).

Systematisch ist die Regelung des Art. L. 224-25-29 C. cons. daher auch nicht im Unterabschnitt 4 („*Garantie légale de conformité pour les contenus numériques et les services numériques*") eingefügt, sondern im Unterabschnitt 5 („*Dispositions diverses*").

V. Zusammenfassung und vergleichende Gesamtschau

Die Bestimmungen der Digitale-Inhalte-RL zur Vertragsmäßigkeit digitaler Inhalte und digitaler Dienstleistungen bilden das Kernstück des digitalvertragsrechtlichen Gewährleistungsregimes.

Die Art. 6 ff. DIRL legen die Anforderungen an die Vertragsmäßigkeit digitaler Inhalte und digitaler Dienstleistungen fest. Unterschieden wird dabei zwischen der subjektiven (Art. 7 DIRL) und der objektiven (Art. 8 DIRL) Vertragsmäßigkeit. Hervorzuheben ist die „Objektivierung" des Begriffs der Vertragsmäßigkeit. Die Digitale-Inhalte-RL geht insoweit von einer Gleichrangigkeit der subjektiven und objektiven Anforderungen an die Vertragsmäßigkeit des bereitgestellten digitalen Produkts aus. Als dritte Kategorie treten die Anforderungen an die Integration der digitalen Inhalte oder digitalen Dienstleistungen gem. Art. 9 DIRL hinzu, bei denen es sich jedoch bloß um spezifische (objektive) Anforderungen handelt.

Um den Besonderheiten digitaler Produkte Rechnung tragen, ergänzt und modifiziert die Digital-Inhalte-RL das Konzept der Vertragsmäßigkeit gegenüber der kaufrechtlichen Ausgestaltung in der Verbrauchsgüterkauf-RL in zahlreichen Einzelheiten, beispielsweise im Hinblick auf die Kriterien der Kompatibilität, Funktionalität und Interoperabilität. Hinsichtlich der objektiven Anforderungen an die Vertragsmäßigkeit eines digitalen Produkts ist zudem die Bezugnahme der Richtlinie auf außerrechtliche, insbesondere technische Normen, zu nennen. Hervor-

93 Art. L. 224-25-29 S. 2 C. cons.: „*Lorsqu'une restriction découlant de la violation des droits de tout tiers, en particulier des droits de propriété intellectuelle, empêche ou limite l'utilisation du contenu numérique ou du service numérique conformément aux dispositions des articles L. 224-25-13 et L. 224-25-14, la nullité du contrat ou toute autre action de nature contractuelle ou extracontractuelle peuvent être encourues par application des dispositions du code civil.*".

zuheben ist die Pflicht des Unternehmers sicherzustellen, dass der Verbraucher über Aktualisierungen, einschließlich Sicherheitsaktualisierungen, die für den Erhalt der Vertragsmäßigkeit der digitalen Inhalte und digitalen Dienstleistungen erforderlich sind, informiert wird und dass diese dem Verbraucher bereitgestellt werden (vgl. Art. 8 Abs. 2 und 3 DIRL).[94] Ferner zählen zu den Konformitätsgrundsätzen nach der Digitale-Inhalte-RL auch die datenschutzrechtlichen Grundsätze der EU-DSGVO.

Die Behandlung von „Rechtsmängeln" digitaler Inhalte oder digitaler Dienstleistungen regelt Art. 10 DIRL. Anknüpfungspunkt der „Rechtsmangelhaftung" des Unternehmers ist die aus der Verletzung von Rechten Dritter resultierende Beschränkung, die die Nutzung des bereitgestellten digitalen Produkts beeinträchtigt. Für den Fall einer solchen Beschränkung sollte der Verbraucher Anspruch auf die Abhilfen bei Vertragswidrigkeit haben, es sei denn, die nationalen Rechtsvorschriften sehen die Nichtigkeit oder die Aufhebung des Vertrags vor. Diese Öffnungsklausel der Digitale-Inhalte-RL zum Umgang mit Rechtsmängeln kollidiert mit dem Vollharmonisierungsansatz der Richtlinie.

Der deutsche Gesetzgeber hat die Richtlinienvorgaben zu den Anforderungen an die Vertragsmäßigkeit eines digitalen Produkts im Rahmen des Allgemeinen Schuldrechts in den §§ 327d ff. BGB umgesetzt. Das deutsche Digitalvertragsrecht umschreibt die in den Art. 7 bis 9 DIRL vorgesehenen Fälle der Vertragswidrigkeit mit dem Begriff des „Produktmangels". Die Vorgaben zur Frage des Vorliegens eines Produktmangels sind in § 327e BGB geregelt, der in richtlinienkonformer Umsetzung die geforderte Gleichordnung der subjektiven und objektiven Konformitätskriterien abbildet.

Der Umsetzung der subjektiven Anforderungen an die Vertragsmäßigkeit eines digitalen Produkts dient § 327e Abs. 2 BGB. § 327e Abs. 3 BGB setzt die objektiven Anforderungen um; die ausdrücklich genannte Rolle technischer Normen bzw. subsidiär sektorspezifischer Verhaltenskodizes zur Konkretisierung des Kriteriums der Eignung eines digitalen Produkts für den gewöhnlichen Gebrauch hat der deutsche Gesetzgeber hier allerdings nicht aufgenommen.

§ 327g BGB sieht eine Regelung für die Behandlung von Rechtsmängeln im deutschen Digitalvertragsrecht vor. Liegen die Voraussetzungen des § 327g BGB vor, ergeben sich für den Verbraucher die gleichen Rechtsfolgen wie bei Vorliegen eines Produktmangels und der Verbraucher kann die Rechtsbehelfe nach § 327i BGB geltend machen.

94 Eingehend hierzu Kapitel 7 II.

In der französischen Umsetzungsverordnung sind die Vorgaben der Art. 6 ff. DIRL in Art. L. 224-25-12 ff. C. cons. umgesetzt. Die Art. L. 224-25-13 bis Art. L. 224-25-15 C. cons. konkretisieren die subjektiven und objektiven Konformitätskriterien.

Im Gegensatz zum deutschen Umsetzungsrecht ist im französischen Digitalvertragsrecht im Hinblick auf die Ermittlung der objektiven Vertragsmäßigkeit auch die Bezugnahme auf technische Normen bzw. auf die subsidiär an die Stelle technischer Normen tretenden sektorspezifischen Verhaltenskodizes übernommen worden (vgl. Art. L. 224-25-14 I. 1° C. cons.).

Die Richtlinienvorgabe des Art. 10 DIRL zu „Rechtsmängeln" ist im französischen Verbraucherrecht in Art. L. 224-25-29 S. 2 C. cons. umgesetzt. Sofern eine Beschränkung, die sich aus der Verletzung der Rechte eines Dritten, insbesondere der Rechte des geistigen Eigentums ergibt, die Nutzung der digitalen Inhalte oder der digitalen Dienstleistungen verhindert oder einschränkt, kann der Verbraucher die Nichtigkeit des Vertrags oder eine andere Klage vertraglicher oder außervertraglicher Art nach den Bestimmungen des Zivilgesetzbuchs geltend machen (vgl. Art. L. 224-25-29 S. 2 C. cons.).

In diesem Zusammenhang lässt sich also ein wesentlicher Unterschied zwischen dem deutschen und dem französischen Digitalvertragsrecht konstatieren.

Kapitel 7: Besonderheiten des Digitalvertragsrechts

I. Sachgemäße Integration der digitalen Inhalte oder digitalen Dienstleistungen

1. Europäische Vorgabe, Art. 9 DIRL

Für das ordnungsgemäße Funktionieren digitaler Inhalte oder digitaler Dienstleistungen ist regelmäßig eine sachgemäße „Integration" des digitalen Produkts in die „digitale Umgebung" des Verbrauchers erforderlich.[1] Art. 2 Nr. 4 DIRL definiert der Begriff „Integration" als „die Verbindung und die Einbindung von digitalen Inhalten oder digitalen Dienstleistungen mit den bzw. in die Komponenten der digitalen Umgebung des Verbrauchers, damit die digitalen Inhalte oder digitalen Dienstleistungen gemäß den in dieser Richtlinie festgelegten Anforderungen an die Vertragsmäßigkeit genutzt werden können". Der Begriff „digitale Umgebung" ist in Art. 2 Nr. 9 DIRL definiert als „Hardware, Software und Netzverbindungen aller Art, die von dem Verbraucher für den Zugang zu oder die Nutzung von digitalen Inhalten oder digitalen Dienstleistungen verwendet werden".

Jede durch die unsachgemäße Integration der digitalen Inhalte oder digitalen Dienstleistungen in die digitale Umgebung des Verbrauchers verursachte Vertragswidrigkeit ist als Vertragswidrigkeit der digitalen Inhalte oder digitalen Dienstleistungen anzusehen, wenn die digitalen Inhalte oder digitalen Dienstleistungen vom Unternehmer oder unter seiner Verantwortung integriert wurden (vgl. Art. 9 lit. a DIRL) oder die digitalen Inhalte oder digitalen Dienstleistungen vom Verbraucher zu integrieren waren und die unsachgemäße Integration auf eine mangelhafte, vom Unternehmer bereitgestellte Anleitung[2] zurückzuführen ist (vgl. Art. 9 lit. b DIRL).[3]

---

1 Vgl. Erwgr. 52 DIRL.

2 Erwgr. 52 DIRL nennt beispielhaft für Mängel in den erforderlichen Integrationsanweisungen deren Unvollständigkeit oder mangelnde Klarheit, die die Nutzbarkeit der Integrationsanweisungen für einen Durchschnittsverbraucher erschwert. *Riehm/Abold*, ZUM 2018, 82 (88) kritisieren aber zu Recht, dass unklar bleibt, inwieweit eine solche Anleitung bspw. auf Besonderheiten der Interaktion mit anderer Software eingehen oder auf eine außergewöhnliche digitale Umgebung des Verbraucher Rücksicht nehmen muss oder bei verändertem Marktumfeld der Aktualisierung bedarf.

3 Die Digitale-Inhalte-RL entwickelt damit im Wesentlichen die sog. „IKEA-Klausel" der Verbrauchsgüterkauf-RL (vgl. Art. 2 Abs. 5 VerbrGK-RL) für die Gewährleistung bei digitalen Produkten fort, siehe hierzu *Spindler/Sein*, MMR 2019, 488; *Schulze*, ZEuP 2019, 695 (712 f.); *Metzger*, JZ 2019, 577

https://doi.org/10.1515/9783111488387-011

Unter den beschriebenen Voraussetzungen kann die unsachgemäße Integration eines digitalen Produkts nach den Grundsätzen der Digitale-Inhalte-RL zu Abhilferechten des Verbrauchers führen.

Die Anforderungen an die Integration eines digitalen Produkts und insbesondere die Bezugnahme auf die „digitale Umgebung" des Verbrauchers im Digitalvertragsrecht sind besonders hervorzuheben. Im Zusammenhang mit sog. „Waren mit digitalen Elementen" fehlt der Bezug auf die „digitale Umgebung" des Verbrauchers hingegen, da sich die Warenkauf-RL lediglich auf eine „Installierung" bezieht.[4]

Die Frage, inwiefern eine Integration geschuldet ist und in welche Umgebungen sich ein digitaler Inhalt integrieren lassen muss, beantwortet Art. 9 DIRL allerdings nicht. Letztlich handelt es sich hierbei wohl um eine Frage nach der gewöhnlichen (bzw. vereinbarten) Beschaffenheit, die sich nach dem Maßstab des Art. 7 bzw. 8 DIRL richtet.[5]

Schwer aufzuklären bleibt allerdings die Kausalität bei Interoperabilitätsproblemen.[6] Daher kann es zu Abgrenzungsschwierigkeiten zwischen den Risikosphären des Anbieters und des Verbrauchers kommen.[7]

2. Umsetzung in Deutschland

Die speziellen Anforderungen an die Integration eines digitalen Produkts werden im deutschen Umsetzungsgesetz in § 327e Abs. 1 S. 1 BGB gleichrangig zu den subjektiven und objektiven Anforderungen an die Vertragsmäßigkeit eines digitalen Produkts genannt. Dies entspricht der Systematik der Richtlinie, die, wie gezeigt, in Art. 6 DIRL die subjektiven Anforderungen, die objektiven Anforderungen und die Integration der digitalen Inhalte oder digitalen Dienstleistungen als drei Kategorien zur Bestimmung der Vertragsmäßigkeit der digitalen Inhalte oder digitalen Dienstleistungen nennt, obschon es sich bei den Anforderungen an die Integration bloß um spezifische (objektive) Anforderungen handelt.[8]

Die Anforderungen an die Integration eines digitalen Produkts gem. Art. 9 DIRL hat der deutsche Gesetzgeber im Rahmen der Bestimmung zum „Produktmangel" in

(581); *Auer-Reinsdorff*, ITRB 2022, 61. Allgemein zum Integrationsmangel digitaler Produkte siehe *Spindler*, MMR 2016, 219 (noch zum Kommissionsvorschlag); *Staudenmayer*, ZEuP 2019, 663 (682 f.).

4 Vgl. Art. 8 und Erwgr. 34 WKRL.

5 Vgl. *Bach*, NJW 2019, 1705 (1707 f.).

6 Siehe hierzu auch *Riehm/Abold*, ZUM 2018, 82 (88).

7 Vgl. *Riehm/Abold*, ebenda.

8 Siehe hierzu schon Kapitel 6 I.1.

§ 327e Abs. 4 BGB umgesetzt. Dieser enthält auch die Legaldefinitionen der Begriffe „Integration“ und „digitale Umgebung“ (vgl. § 327e Abs. 4 S. 2 und 3 BGB), die der Umsetzung von Art. 2 Nr. 4 und Nr. 9 DIRL dienen.

Im Zusammenhang mit den Anforderungen an die Integration geben jedoch die sprachlichen und insbesondere die inhaltlichen Abweichungen des § 327e Abs. 4 BGB von der Richtlinienvorgabe in Art. 9 DIRL Anlass für Kritik.[9]

Spiegelbildlich zu Art. 9 DIRL zählt § 327e Abs. 4 BGB die Fälle auf, in denen es sich *nicht* um einen „Integrationsmangel“ handelt, das digitale Produkt also den Anforderungen an die Integration entspricht. Dies ist der Fall, wenn die Integration sachgemäß durchgeführt worden ist (vgl. § 327e Abs. 4 S. 1 Nr. 1 BGB) oder zwar unsachgemäß durchgeführt worden ist, dies jedoch weder auf einer unsachgemäßen Integration „durch den Unternehmer“[10] noch – in Fällen einer Integration durch den Verbraucher – auf einem Mangel in der vom Unternehmer bereitgestellten Anleitung beruht (vgl. § 327e Abs. 4 S. 1 Nr. 2 BGB). Maßstab für die Mangelhaftigkeit der Anleitung ist § 327e Abs. 2 Nr. 2 bzw. Abs. 3 Nr. 4 BGB.

Die deutsche Umsetzungsvorschrift des § 327e Abs. 4 BGB ist damit nicht nur sprachlich umständlich formuliert, die Norm macht insbesondere auch das Erfordernis einer durch die unsachgemäße Integration verursachten Vertragswidrigkeit nicht deutlich genug.[11] Die Richtlinienvorgabe in Art. 9 DIRL stellt, wie gezeigt, nicht auf die Integrations*handlung*, sondern auf das Ergebnis der Integration ab; erforderlich ist ein *durch* die Integration begründeter Mangel des digitalen Produkts.[12] Art. 9 DIRL ist als Haftungsnorm ausgestaltet und dient insoweit der Haftungsbegrenzung des Unternehmers.[13] Die fehlerhafte Integration in die digitale Umgebung sollte einer Vertragswidrigkeit der digitalen Inhalte oder digitalen Dienstleistungen nur dann gleichstehen und insoweit die Haftung des Unternehmers begründen, wenn der Unternehmer die Integration vorgenommen hat oder eine mangelhafte Anleitung dazu bereitgestellt hat *und* dadurch eine Vertragswidrigkeit verursacht wird. Der Bezug zum allgemeinen Mangelbegriff nach § 327e Abs. 2 und 3 BGB wird in § 327 Abs. 4 BGB allenfalls in der Definition des Begriffs „Integration“ in Abs. 4 S. 2

9 Siehe auch *Rosenkranz*, ZUM 2021, 195 (206); *Rieländer*, GPR 2021, 257 (269 f.).

10 Nach dem Wortlaut der Richtlinie ist der Unternehmer auch für eine unsachgemäße Integration verantwortlich, die er nicht selbst vorgenommen hat, die jedoch „unter seiner Verantwortung“ erfolgte (vgl. Art. 9 lit. a DIRL); eine gesonderte Umsetzung der Tatbestandsvariante „unter seiner Verantwortung“ ist im deutschen Recht aber nicht nötig, da der Unternehmer schon nach den allgemeinen Regelungen für die Vertragsmäßigkeit verantwortlich bleibt, so die Begründung des Regierungsentwurfs zu § 327e Abs. 4 BGB-E, vgl. RegE DIRL, S. 58.

11 Ebenso *Rosenkranz*, ZUM 2021, 195 (206); *Rieländer*, GPR 2021, 257 (269 f.).

12 *Rosenkranz*, ZUM 2021, 195 (206).

13 Ibid.

angedeutet („gemäß den Anforderungen nach den Vorschriften dieses Untertitels").[14] § 327e Abs. 4 S. 1 Nr. 2 BGB bedarf insofern einer richtlinienkonformen Auslegung und ist dahingehend einzuschränken, dass das digitale Produkt auch bei unsachgemäßer Integration durch den Unternehmer oder einer unsachgemäßen Integration infolge einer mangelhaften Anleitung den Anforderungen an die Integration genügt, wenn der Verbraucher das digitale Produkt gemäß den subjektiven und objektiven Anforderungen nach § 327e Abs. 2 und 3 BGB nutzen kann.[15]

Im Übrigen klärt auch der deutsche Gesetzgeber nicht, inwieweit eine Integration überhaupt geschuldet ist und in welche Umgebungen sich ein digitales Produkt integrieren lassen muss.[16] Aus der Legaldefinition des § 327e Abs. 4 S. 2 BGB ergibt sich, dass eine sachgemäße Integration jedenfalls dann vorliegt, wenn das zu integrierende Produkt nach der Integration die Anforderungen des § 327d BGB erfüllt.[17]

Insgesamt ist die deutsche Vorschrift zum Integrationsmangel in § 327e Abs. 4 BGB durch die sprachliche Anpassung an § 327 Abs. 2 und 3 BGB recht umständlich gestaltet. Vor allem lässt die Vorschrift aber zahlreiche Rechtsfragen im Zusammenhang mit der Haftung des Unternehmers bei „Integrationsmängeln" noch offen.

3. Umsetzung in Frankreich

Den Begriff der „Integration" („*Intégration*") hat der französische Gesetzgeber zur Umsetzung des Art. 2 Nr. 4 DIRL unter dem Unterabschnitt 1 (*Sous-section 1: Définitions et champ d'application*) des neuen Abschnitts 2 *bis* definiert (vgl. Art. L. 224-25-1 2° C. cons.).

Die Voraussetzungen und die Folgen einer unsachgemäßen Integration der digitalen Inhalte oder digitalen Dienstleistungen in die digitale Umgebung des Verbrauchers sind in Art. L. 224-25-12 C. cons. integriert, der sich der Haftung des Unternehmers für Vertragswidrigkeiten (*défauts de conformité*) widmet.

Art. L. 224-25-12 S. 5 C. cons. stellt klar, dass der Unternehmer, der dem Verbraucher das digitale Produkt bereitstellt, unter bestimmten Voraussetzungen auch für Vertragswidrigkeiten haften soll, die auf eine unsachgemäße Integration (*intégration incorrecte*) in die „digitale Umgebung" des Verbrauchers („*environment*

14 So *Rosenkranz*, ZUM 2021, 195 (206).
15 So schon *Rieländer*, GPR 2021, 257 (269).
16 Vgl. § 327e Abs. 4 S. 1 BGB: „Soweit eine Integration durchzuführen ist, (...)".
17 Vgl. RegE DIRL, S. 58.

numérique“[18]) zurückzuführen sind: Innerhalb derselben Frist, für die der Unternehmer für Konformitätsmängel haftet, haftet dieser auch für Vertragswidrigkeiten aufgrund einer unsachgemäßen Integration des digitalen Inhalts oder der digitalen Dienstleistung in die digitale Umgebung des Verbrauchers, wenn diese vom Unternehmer oder unter seiner Verantwortung vorgenommen wurde oder wenn die vom Verbraucher vorgenommene unsachgemäße Integration auf Mängel in den vom Unternehmer zur Verfügung gestellten Anleitungen zurückzuführen ist.[19]

Die sprachliche sowie insbesondere die inhaltliche Umsetzung des Art. 9 DIRL ist dem französischen Gesetzgeber durchaus gelungen.

II. Aktualisierungspflicht (Updates)

1. Europäische Vorgabe, Art. 8 Abs. 2 und 3 DIRL

a. Verpflichtung zur Bereitstellung von Aktualisierungen

Inhaltliche Neuerungen enthält die Digitale-Inhalte-RL insbesondere durch die Einführung einer Aktualisierungspflicht des Unternehmers, mit der – soweit ersichtlich erstmals im europäischen Vertragsrecht – Pflichten zu Updates digitaler Produkte festgelegt werden, die sicherstellen sollen, dass die digitalen Inhalte oder digitalen Dienstleistungen im vertragsgemäßen Zustand bleiben und Sicherheitslücken geschlossen werden.[20]

Während die Pflicht des Unternehmers gem. Art. 8 Abs. 6 DIRL dem Verbraucher die digitalen Inhalte bzw. digitalen Dienstleistungen, sofern die Vertragsparteien nichts anderes vereinbart haben, in der zum Zeitpunkt des Vertragsschlusses neuesten verfügbaren Version bereitzustellen, dem Aktualitätsinteresse des Verbrauchers bei Vertragsschluss dient, kann mit der Aktualisierungspflicht nach Art. 7 lit. d bzw. Art. 8 Abs. 2 DIRL dem Aktualisierungsinteresse des Verbrauchers

---

18 Den Begriff „*environment numérique*“ definiert Art. L. 224-25-1 1° C. cons. entsprechend der Begriffsbestimmung gem. Art. 2 lit. 9 DIRL.

19 Vgl. Art. L. 224-25-12 S. 5 C. cons.: „*Le professionnel répond également, dans les mêmes délais, des défauts de conformité résultant de l'intégration incorrecte du contenu numérique ou du service numérique dans l'environnement numérique du consommateur lorsque celle-ci a été réalisée par le professionnel ou sous sa responsabilité, ou encore lorsque l'intégration incorrecte réalisée par le consommateur résulte de lacunes dans les instructions que le professionnel a fournies.*“.

20 Vgl. Erwgr. 47 DIRL; zur Aktualisierungspflicht nach der Digitale-Inhalte-RL siehe etwa auch *Riehm/Abold*, ZUM 2018, 82 (86 ff.); *Loos*, in: Claeys/Terryn (Hrsg.), Digital Contents and Distance Sales, S. 3 (37 f.).; *Staudenmayer*, ZEuP 2019, 663 (683); *Staudenmayer*, NJW 2019, 2497. Zu den Regelungsdefiziten der Aktualisierungspflicht näher *Kumkar*, ZfPW 2020, 306 (317 f.); *Schulze*, ZEuP 2019, 695 (716).

nach Vertragsschluss Rechnung getragen werden.[21] Diese Aktualisierungen (Updates) sind regelmäßig schon für ein fehlerfreies digitales Produkt notwendig, da digitale Inhalte und digitale Dienstleistungen im Gegensatz zu körperlichen Gegenständen ohne entsprechende Updates jederzeit ihre Funktionsfähigkeit verlieren könnten.[22] Die Verpflichtung zur Information über die erforderlichen Aktualisierungen und zur Bereitstellung der Aktualisierungen nach der Digitale-Inhalte-RL geht daher auch über die nach Art. 7 Abs. 1 lit. d WKRL geschuldete sog. „Haltbarkeit" einer Ware noch hinaus.[23]

Eine Aktualisierungspflicht des Unternehmers kann vertraglich vereinbart sein. Die Vertragsmäßigkeit der bereitgestellten digitalen Inhalte oder digitalen Dienstleistungen setzt dann voraus, dass der Unternehmer seiner Aktualisierungspflicht wie im Vertrag bestimmt nachkommt (vgl. Art. 7 lit. d DIRL); die nicht erfolgte Bereitstellung der vertraglich vereinbarten Aktualisierung ebenso wie die fehlerhafte oder unvollständige Aktualisierung ist als Vertragswidrigkeit der digitalen Inhalte oder digitalen Dienstleistungen zu betrachten.[24]

Darüber hinaus definiert die Digitale-Inhalte-RL die Bereitstellung von Aktualisierungen, einschließlich Sicherheitsaktualisierungen, die für den Erhalt der Vertragsmäßigkeit erforderlich sind, als objektive Anforderung an die Vertragsmäßigkeit digitaler Inhalte und digitaler Dienstleistungen (vgl. Art. 8 Abs. 2 DIRL).[25] Während eines Zeitraums, der sich in Abhängigkeit von der Art des Vertrags über die Bereitstellung des digitalen Produkts bestimmt, hat der Unternehmer sicherzustellen, „dass der Verbraucher über Aktualisierungen, einschließlich Sicherheitsaktualisierungen, die für den Erhalt der Vertragsmäßigkeit der digitalen Inhalte und digitalen Dienstleistungen erforderlich sind, informiert wird und dass diese ihm bereitgestellt werden" (Art. 8 Abs. 2 DIRL).[26]

Die Verwendung des Begriffs „sicherstellen" in Art. 8 Abs. 2 DIRL („(d)er Unternehmer stellt sicher") verdeutlicht, dass der Unternehmer nicht zwingend selbst tätig werden muss, sondern sich zur Erfüllung seiner Verpflichtung auch anderer Parteien – in der Praxis regelmäßig des Herstellers – bedienen kann.

---

21 Vgl. *Schulze*, ZEuP 2019, 695 (713); zur Abgrenzung von „Updates" gegenüber neuen Produkten und sog. „Upgrades" siehe *Spindler/Sein*, MMR 2019, 488 (489).

22 Siehe dazu *vzbv*, Stellungnahme Umsetzung DIRL, S. 5 f.

23 Siehe dazu *Bach*, NJW 2019, 1705 (1707).

24 Siehe auch Erwgr. 44 DIRL.

25 Siehe auch Erwgr. 47 DIRL. Eine (entsprechende) Regelung trifft die Warenkauf-RL in Art. 7 Abs. 3 WKRL für „Waren mit digitalen Elementen".

26 Die Informationspflicht ist dabei richtigerweise als Nebenpflicht mit Bezug auf die jeweils geschuldete Aktualisierungsleistung zu verstehen, siehe hierzu *Schulze*, ZEuP 2019, 695 (713).

Nochmals hervorzuheben ist, dass die Aktualisierungspflicht Teil der objektiven Anforderungen an die Vertragsmäßigkeit digitaler Inhalte und digitaler Dienstleistungen ist und der Unternehmer die Pflicht zur Aktualisierung des bereitgestellten digitalen Produkts daher nicht (bzw. nur unter den sehr engen Voraussetzungen des Art. 8 Abs. 5 DIRL) abbedingen, den Zeitraum für Updates verkürzen oder von vorneherein eingrenzen kann, denn maßgeblich ist stets die objektiv vernünftige Erwartung des Verbrauchers.[27]

Keine Aussage trifft die Digitale-Inhalte-RL allerdings über die Haftung des Unternehmers für aktualisierungsbedingte Verschlechterungen des digitalen Produkts.[28]

Eine Pflicht des Verbrauchers zur Installation der bereitgestellten Updates sieht die Richtlinie nicht vor.[29] Jedoch kann der Verbraucher, wenn er die Updates nicht in einem angemessenen Zeitraum installiert hat, keine Gewährleistungsrechte hinsichtlich der Mängel, die auf die Nichtinstallierung zurückzuführen sind, geltend machen, sofern der Anbieter ihn über die Konsequenzen vorab informiert hat (vgl. Art. 8 Abs. 3 lit. a DIRL) und die Nichtinstallation oder die unsachgemäße Installation nicht auf eine vom Unternehmer bereitgestellte mangelhafte Installationsanleitung zurückzuführen ist (vgl. Art. 8 Abs. 3 lit. b DIRL).

Hinzuweisen ist darauf, dass die Digitale-Inhalte-RL ausschließlich die Verpflichtung des Unternehmers zur Bereitstellung von Aktualisierungen regelt. Indessen hindert dies die Mitgliedstaaten grundsätzlich nicht daran, auch den Hersteller des digitalen Produkts zur Bereitstellung von Aktualisierungen zu verpflichten. Der europäische Gesetzgeber hat insoweit ausdrücklich klargestellt, dass es den Mitgliedstaaten freisteht, Haftungsansprüche eines Verbrauchers gegenüber einem Dritten zu regeln, bei dem es sich nicht um einen Unternehmer handelt, der die digitalen Inhalte liefert oder die digitale Dienstleistung erbringt, bzw. sich dazu verpflichtet, bspw. gegenüber einem Entwickler, der nicht identisch mit dem Unternehmer ist (vgl. Erwgr. 13 DIRL).

b. Aktualisierungszeitraum und Beweislast

Im Hinblick auf den Zeitraum, innerhalb dessen Aktualisierungen durch den Unternehmer bereitgestellt werden müssen, greift die Richtlinie auf die Unterscheidung zwischen der „einmaligen“ bzw. „einer Reihe einzelner Bereitstellungen“ und der „fortlaufenden Bereitstellung“ digitaler Inhalte oder digitaler Dienstleistungen zurück und macht den Zeitraum, über den sich die Aktualisierungspflicht des Un-

27 Vgl. *Spindler/Sein*, MMR 2019, 488 (489).

28 Kritisch hierzu insbesondere *Rieländer*, GPR 2021, 257 (268).

29 Siehe Erwgr. 47 DIRL.

ternehmers erstreckt, mithin von der Vertragsart abhängig (vgl. Art. 8 Abs. 2 lit. a und b DIRL).

Sieht der Vertrag eine fortlaufende Bereitstellung digitaler Inhalte oder digitaler Dienstleistungen vor, beschränkt sich die Aktualisierungspflicht auf die Laufzeit des Dauerschuldverhältnisses (vgl. Art. 8 Abs. 2 lit. a DIRL). Der Unternehmer ist in diesen Fällen kontinuierlich zu Updates verpflichtet, sodass sich der Zeitraum der Bereitstellungspflicht und der Aktualisierungspflicht decken.

Bei Verträgen, die eine einmalige Bereitstellung oder eine Reihe einzelner Bereitstellungen (d.h. eine einmalige oder wiederkehrende Leistung) vorsehen, erstreckt sich die Aktualisierungspflicht auf den Zeitraum, „den der Verbraucher aufgrund der Art und des Zwecks der digitalen Inhalte oder digitalen Dienstleistungen und unter Berücksichtigung der Umstände und der Art des Vertrags vernünftigerweise erwarten kann“ (Art. 8 Abs. 2 lit. b DIRL). Zur Bestimmung dieses Zeitraums ist ein objektiver Maßstab anzulegen (vgl. Erwgr. 46 DIRL), allerdings fehlt es an klaren Kriterien, die insbesondere dem Unternehmer im Hinblick auf seine Aktualisierungspflicht mehr Rechtssicherheit verleihen würden.[30] Insoweit der Zeitraum der Aktualisierungspflicht von den vernünftigen Erwartungen des Verbrauchers abhängen soll, weicht der europäische Gesetzgeber somit von dem eigens erklärten Ziel der Digitale-Inhalte-RL, Rechtssicherheit für Verbraucher und Unternehmer zu schaffen, ab.[31] Denn der Zeitraum, während dessen der Verbraucher Aktualisierungen vernünftigerweise erwarten würde, kann stark variieren – in Bezug auf digitale Inhalte oder digitale Dienstleistungen, deren Zweck zeitlich begrenzt ist, sollte, so Erwgr. 47 DIRL, die Verpflichtung zur Bereitstellung von Aktualisierungen auf diesen begrenzten Zeitraum beschränkt sein, während bei anderen Arten digitaler Inhalte oder digitaler Dienstleistungen der Zeitraum dem Gewährleistungszeitraum für Vertragswidrigkeiten entsprechen oder aber, insbesondere bei Sicherheitsaktualisierungen, über diesen Zeitraum hinausgehen könnte. Die mindestens zweijährige Gewährleistungsfrist (vgl. Art. 11 Abs. 2 Unterabs. 2 DIRL) soll mithin nicht zwingend eine Obergrenze für die Erschließung des Aktualisierungszeitraums bilden.[32] Für den Unternehmer kann dies unter Umständen zu einer schwer kalkulierbaren Rechtslage führen.[33]

---

30 Dahingehend ebenfalls kritisch *Kühner/Piltz*, CR 2021, 1 (6).

31 Kritisch zum Begriff der „vernünftigen Verbrauchererwartungen“ aufgrund der Unbestimmtheit der Frist bzw. der Offenheit des Zeitraums auch *Bach*, NJW 2019, 1705 (1707); *Kumkar*, ZfPW 2020, 306 (316 f.); *Staudenmayer*, ZEuP 2019, 663 (683 f.).

32 Die fehlende Kopplung des Zeitraums für Aktualisierungen an den Gewährleistungszeitraum und die dadurch faktisch unbegrenzte Aktualisierungspflicht kritisiert insb. auch *Kumkar*, ZfPW 2020, 306 (317 f.).

33 Ebenso *Kühner/Piltz*, CR 2021, 1 (6).

Hervorzuheben ist, dass sich die Aktualisierungspflicht des Unternehmers mit dem Regelungskonzept der Digitale-Inhalte-RL nicht nur auf (mietähnliche) Dauerschuldverhältnisse beschränkt, sie muss auch bei klassischen Kaufkonstellationen greifen, bei denen sich die vertragliche Pflicht des Unternehmers an sich in der einmaligen Bereitstellung des digitalen Produkts erschöpft.[34] Insoweit verändert die Einführung der Aktualisierungspflicht für digitale Produkte den Charakter eines Kaufvertrags als einmaliges Austauschverhältnis ebenfalls mehr in Richtung eines Dauerschuldverhältnisses.[35] Unter Berücksichtigung der stetigen Änderungen technischer Normen und Sicherheitsstandards ist eine solche Aktualisierungspflicht des Unternehmers zur Aufrechterhaltung der Vertragsmäßigkeit eines digitalen Produkts eine notwendige Ergänzung seiner vertragsrechtlichen Pflichten und erscheint unter verbraucherschutzrechtlichen Gesichtspunkten auch sachgerecht.[36]

Ungeklärt bleibt im Zusammenhang mit Aktualisierungen die Regelung der Beweislast[37]; diese Frage lässt die Digitale-Inhalte-RL offen.[38] Es stellt sich insbesondere die Frage, ob eine Aktualisierung für das gesamte aktualisierte digitale Produkt eine erneute einjährige Frist zur Beweislastumkehr i. S. d. Art. 12 Abs. 2 DIRL auslöst.[39] Nimmt man an, dass ein aktualisiertes Produkt letztlich ein teilweise „neues Produkt" darstellt, erscheint dies zumindest auf den ersten

---

34 Vgl. auch *Bach*, NJW 2019, 1705 (1707); *Spindler/Sein*, MMR 2019, 488 (489); *Riehm/Abold*, ZUM 2018, 82 (86). Kritisch hierzu *Wendland*, ZVglRWiss 118, 2019, 191 (212 f.): Eine nachwirkende Aktualisierungspflicht sei in kaufähnlichen Situationen ausgeschlossen, da die Annahme einer Aktualisierungspflicht das kaufrechtlich konstruierte Konzept der einmaligen dauerhaften Bereitstellung um eine dauerschuldrechtliche Komponente ergänze, was Friktionen mit dem Rechtsfolgenregime der Gewährleistungsrechte zur Folge hätte.

35 Siehe zur charakterlichen Änderung der Natur des Kaufvertrags mit der Einführung einer Aktualisierungspflicht auch *Artz*, Stellungnahme zu den Gesetzesentwürfen der Bundesregierung zur Umsetzung der Richtlinie über bestimmte vertragsrechtliche Aspekte der Bereitstellung digitaler Inhalte und digitaler Dienstleistungen (BT-Drucks. 19/27653) und zur Regelung des Verkaufs von Sachen mit digitalen Elementen und anderer Aspekte des Kaufrechts (BT-Drucks. 19/27424), v. 3.05. 2021, S. 2 f. [nachfolgend: *Artz*, Stellungnahme Umsetzung DIRL u. WKRL].

36 Ähnlich auch *Metzger*, JZ 2019, 577 (581): Die Pflicht des Unternehmers, Verbraucher über Updates zu informieren und diese bereitzustellen, sei aus Sicht des Verbraucherschutzes zentral.

37 Allgemein zur Beweislast bei Vertragswidrigkeit eines digitalen Produkts siehe Kapitel 9 II.

38 Gleiches gilt für die Frage der Beweislastumkehr bei Aktualisierungen nach der Warenkauf-RL im Fall von Waren mit digitalen Elementen, siehe hierzu *Wendehorst*, in: Stabentheiner/Wendehorst/Zöchling-Jud (Hrsg.), Das neue europäische Gewährleistungsrecht, S. 111 (128 f.); *Zöchling-Jud*, in: Stabentheiner/Wendehorst/Zöchling-Jud (Hrsg.), Das neue europäische Gewährleistungsrecht. Zu den Richtlinien (EU) 2019/771, S. 197 (205); *Zöchling-Jud*, GPR 2019, 115 (126).

39 Diese Frage bereits aufwerfend *Wendehorst*, in: Stabentheiner/Wendehorst/Zöchling-Jud (Hrsg.), Das neue europäische Gewährleistungsrecht, S. 111 (128).

Blick nicht unstimmig.[40] Allerdings stellt Art. 12 Abs. 2 DIRL für die Beweislastumkehr auf den Zeitpunkt der Bereitstellung nach Art. 5 DIRL ab. Durch eine Aktualisierung wird das digitale Produkt zwar häufig verbessert, die Annahme, dass dem Verbraucher in diesem Sinne tatsächlich ein teilweise neues Produkt bereitgestellt werde, vermag im Ergebnis aber nicht zu überzeugen.[41]

Sofern Aktualisierungen wie Bereitstellungen im Rahmen einer fortlaufenden Bereitstellungspflicht zu behandeln wären, liegt als möglicher Lösungsansatz für die Frage der Beweislast im Zusammenhang mit Aktualisierungen eine (analoge) Anwendung des Art. 12 Abs. 3 DIRL nahe.[42] Indes unterscheidet die Richtlinie zwischen fortlaufenden Bereitstellungen eines digitalen Produkts einerseits und Aktualisierungen andererseits; eine fortlaufende Bereitstellungspflicht ist gerade keine Voraussetzung für die gewährleistungsrechtliche Aktualisierungspflicht (vgl. Art. 8 Abs. 2 lit. b DIRL)[43] – die Regelung der Beweislastverteilung ist daher auch nicht auf letztere übertragbar.[44]

Im Ergebnis bedarf es für die Frage, ob die Beweislast für die Mangelhaftigkeit einer Aktualisierung den Verbraucher oder aber den Unternehmer trifft, einer wertungstechnischen Entscheidung.[45] Eine Klärung durch den europäischen Gesetzgeber oder den EuGH bleibt abzuwarten. Nationale Alleingänge erscheinen im Hinblick auf den Vollharmonisierungsansatz der Digitale-Inhalte-RL hier jedenfalls nicht sinnvoll.[46]

---

40 Vgl. *Wendehorst*, ebenda.

41 Insbesondere mit Blick auf die Bestimmung des Art. 11 Abs. 1 WKRL so im Ergebnis auch *Wendehorst*, ebenda (128 f.).

42 Hierzu ebenfalls *Zöchling-Jud*, in: Stabentheiner/Wendehorst/Zöchling-Jud (Hrsg.), Das neue europäische Gewährleistungsrecht, S. 197 (205) – im Ergebnis für die Warenkauf-RL ablehnend; siehe dazu auch *Wendehorst*, in: Stabentheiner/Wendehorst/Zöchling-Jud (Hrsg.), Das neue europäische Gewährleistungsrecht, S. 111 (128 f.).

43 Ähnlich mit Bezugnahme auf Art. 7 Abs. 3 lit. a WKRL schon *Zöchling-Jud*, in: Stabentheiner/Wendehorst/Zöchling-Jud (Hrsg.), Das neue europäische Gewährleistungsrecht, S. 197 (205).

44 Ebenso *Wendehorst*, in: Stabentheiner/Wendehorst/Zöchling-Jud (Hrsg.), Das neue europäische Gewährleistungsrecht, S. 111 (129).

45 Ausdrücklich für die Beweislast des Verbrauchers im Zusammenhang mit mangelhaften Aktualisierungen bei einer nicht fortlaufenden Bereitstellungspflicht nach der Warenkauf-RL *Zöchling-Jud*, in: Stabentheiner/Wendehorst/Zöchling-Jud (Hrsg.), Das neue europäische Gewährleistungsrecht, S. 197 (205).

46 Ebenso *Wendehorst*, in: Stabentheiner/Wendehorst/Zöchling-Jud (Hrsg.), Das neue europäische Gewährleistungsrecht, S. 111 (129).

2. Rechtslage und Umsetzung in Deutschland

a. Aktualisierungspflicht als Novum im Schuldrecht

Die Pflicht des Unternehmers, dem Verbraucher während des maßgeblichen Zeitraums Aktualisierungen bereitzustellen, die für den Erhalt der Vertragsmäßigkeit des digitalen Produkts erforderlich sind, hat der deutsche Gesetzgeber in § 327e Abs. 3 Nr. 5 i.V.m. § 327f BGB umgesetzt.[47] Die Erwähnung bzw. der Verweis in § 327e Abs. 3 Nr. 5 BGB dient nur der Vollständigkeit, die Einzelheiten der Aktualisierungspflicht sind aufgrund ihrer Bedeutung und der besonderen Voraussetzungen in § 327f BGB geregelt.[48] Bislang kannte das deutsche Vertragsrecht eine Verpflichtung zu Aktualisierungen digitaler Produkte, die – gegebenenfalls auch über den Gewährleistungszeitraum hinaus – dem Erhalt der Vertragsmäßigkeit des digitalen Produkts dient, nicht. Eine Aktualisierungspflicht des Unternehmers, die für das Entstehen gewährleistungsrechtlicher Sekundärpflichten nicht mehr allein auf den Zeitpunkt der Bereitstellung abstellt, ist ein „Novum" im Schuldrecht, dem die gesonderte Normierung in § 327f BGB Rechnung trägt.[49]

Gem. § 327f Abs. 1 S. 1 BGB hat der Unternehmer „sicherzustellen", dass der Verbraucher über die erforderlichen Aktualisierungen informiert wird und dass diese ihm während des maßgeblichen Zeitraums bereitgestellt werden. Nach dem Inhalt des Vertrags wird die Aktualisierung regelmäßig nicht von dem Unternehmer in Person geschuldet sein und kann daher gem. § 267 Abs. 1 BGB auch von einem Dritten, etwa dem Hersteller des digitalen Produkts, erbracht werden. Dies gilt auch für die nach § 327f Abs. 1 S. 1 BGB ebenfalls vom Unternehmer geschuldete Information über die Bereitstellung einer Aktualisierung. Von der Aktualisierungspflicht gem. § 327f BGB abweichen können die Vertragsparteien nur unter den engen Voraussetzungen des § 327h BGB.[50]

Unterlässt es der Verbraucher, eine bereitgestellte Aktualisierung innerhalb einer angemessenen Frist zu installieren, haftet der Unternehmer unter den Voraussetzungen des § 327f Abs. 2 BGB nicht für einen Produktmangel, der allein auf das Fehlen der Aktualisierung zurückzuführen ist – die Norm dient der Umsetzung von Art. 8 Abs. 3 DIRL.

47 Die Bestimmung zu vertraglich vereinbarten Aktualisierungen (Art. 7 lit. d DIRL) findet sich in § 327e Abs. 2 S. 1 Nr. 3 BGB.

48 Vgl. RegE DIRL, S. 58 ff.; der deutsche Gesetzgeber hat den Begriff „Aktualisierungen", der auch in der Digitale-Inhalte-RL verwendet wird, übernommen – der Begriff diene als Oberbegriff für die Begriffe „Update" und „Upgrade" als Arten der Verbesserung bzw. Veränderung, eine Unterscheidung für die Zwecke des Gewährleistungsrechts sei nicht erforderlich.

49 So der RegE DIRL, S. 52.

50 Entsprechende Klauseln müssen dabei auch AGB rechtlich zulässig sein.

Im Diskurs stand, dass § 327f BGB, ebenso wie die Richtlinienvorgabe, nicht unterscheidet, um was für eine „Art“ Aktualisierung – funktionserhaltend, funktionsändernd, sicherheitsrelevant – es sich im konkreten Fall handelt. Der Bundesrat hatte sich während des Gesetzgebungsprozesses für eine Ergänzung des § 327f Abs. 1 BGB um eine entsprechende Konkretisierung ausgesprochen und gefordert, dass der Verbraucher vor der Bereitstellung einer Aktualisierung im Sinne des § 327f BGB genauer über die Art der Aktualisierung und deren Auswirkungen informiert werden sollte.[51] Insbesondere bedürfe es einer genaueren Information des Verbrauchers über die Art der Aktualisierung, um die Rechtsfolge des § 327f Abs. 2 BGB auszulösen, denn nur wenn der Verbraucher darüber aufgeklärt sei, ob es sich um eine funktionserhaltende bzw. sicherheitsrelevante oder um eine möglicherweise weitreichendere funktionsändernde Aktualisierung handele, die gegebenenfalls auch zu einer unerwünschten Verarbeitung personenbezogener Daten führe, bestehe eine ausreichende Informationslage für die Entscheidung für oder gegen die Installierung der bereitgestellten Aktualisierung und damit einer bewussten Entscheidung im Hinblick auf die Rechtsfolge des § 327f Abs. 2 BGB.[52] Die Bundesregierung hielt dem entgegen, dass sich aus dem Zusammenspiel der Regelungen in § 327f Abs. 1 S. 1 und Abs. 2 Nr. 1 BGB sowie § 327r Abs. 1 Nr. 3 BGB im Wesentlichen bereits entsprechende Informationspflichten ergeben.[53] Denn der Unternehmer hat den Verbraucher gem. § 327f Abs. 1 S. 1 BGB zum einen über die jeweilige Aktualisierung und gem. § 327f Abs. 2 Nr. 1 BGB – für jede einzelne Aktualisierung gesondert hinreichend deutlich[54] – über die Konsequenzen einer unterbliebenen Installation der Aktualisierung zu informieren. Die hierfür notwendigen Anstrengungen des Unternehmers sind an den möglichen Folgen einer unterbliebenen Installation auszurichten; je gravierender diese sind, insbesondere im Falle von Sicherheitsaktualisierungen, desto eindringlicher muss auch die Warnung des Verbrauchers sein.[55] Zum anderen sieht § 327r Abs. 1 Nr. 3 BGB für funktionsändernde Aktualisierungen, die nicht dem Erhalt der Vertragsmäßigkeit dienen, eine entsprechende Informationspflicht des Unternehmers vor. Angesichts der in der Richtlinie enthaltenen Vorgaben zur Informationspflicht des Unternehmers bei Aktualisierungen und der vollharmonisierenden Wirkung der Richtlinie,

51 Siehe die Stellungnahme des Bundesrates, BT-Drucks. 19/27653, v. 17.3.2021, Anlage 3, S. 97 f.

52 So der Bundesrat in seiner Stellungnahme, ebenda.

53 Vgl. die Gegenäußerung der Bundesregierung zu der Stellungnahme des Bundesrates, BT-Drucks. 19/27653, v. 17.3.2021, Anlage 4, S. 104.

54 Vgl. die Begründung zu § 327f Abs. 2 Nr. 1 BGB-E im RegE DIRL, S. 60.

55 Vgl. RegE DIRL, S. 60.

bezweifelte die Bundesregierung im Übrigen einen Umsetzungsspielraum der Mitgliedstaaten diesbezüglich.[56]

Zu Recht kritisiert wird, dass das deutsche Digitalvertragsrecht im Zusammenhang mit der Aktualisierungspflicht des Unternehmers – wie auch die Richtlinie – keine Regelung über die Vertragsmäßigkeit von Aktualisierungen und die Folgen ihrer Vertragswidrigkeit trifft.[57] Eine mögliche Anwendung der Beweislastumkehr gem. § 327k BGB könnte in Bezug auf Aktualisierungen jedenfalls problematisch sein.[58]

b. Zeitraum der Aktualisierungspflicht

Entsprechend der Richtlinienvorgabe des Art. 8 Abs. 2 DIRL ist der maßgebliche Zeitraum für die Bereitstellung von Aktualisierungen, die dem Erhalt der Vertragsmäßigkeit des digitalen Produkts dienen, bei einem Vertrag über die dauerhafte Bereitstellung eines digitalen Produkts der Bereitstellungszeitraum (vgl. § 327f Abs. 1 S. 3 Nr. 1 BGB) und in allen anderen Fällen der Zeitraum, den der Verbraucher aufgrund der Art und des Zwecks des digitalen Produkts und unter Berücksichtigung der Umstände und der Art des Vertrages erwarten kann (vgl. § 327f Abs. 1 S. 3 Nr. 2 BGB).

Den in der Richtlinie zur Konkretisierung der Erwartungshaltung des Verbrauchers verwendeten Begriff „vernünftigerweise" hat der deutsche Gesetzgeber in § 327f Abs. 1 S. 3 Nr. 2 BGB ebenfalls nicht übernommen.[59] Der Aktualisierungszeitraum bestimmt sich aber gleichermaßen nach dem Erwartungshorizont des Durchschnittsverbrauchers.[60]

Der Aktualisierungszeitraum i. S. d. § 327f Abs. 1 S. 3 Nr. 2 BGB bleibt damit allerdings auch im deutschen Recht abstrakt bestimmt und auslegungsbedürftig.[61] Insbesondere der Bundesrat hatte während des Gesetzgebungsverfahrens für die Aufnahme geeigneter Vorschriften plädiert, mit denen sich der Zeitraum, innerhalb

56 Siehe die Gegenäußerung der Bundesregierung zu der Stellungnahme des Bundesrates, BT-Drucks. 19/27653, v. 17. 3. 2021, Anlage 4, S. 104.

57 Kritisch in diese Richtung etwa *Faust*, Stellungnahme Umsetzung DIRL u. WKRL, S. 8.

58 So *Faust*, ebenda. Ausführlich zu der Problematik siehe oben unter 1.b.

59 Siehe hierzu schon die Ausführungen zu § 327e BGB, siehe Kapitel 6 III.2.

60 Siehe die Begründung im RegE DIRL, S. 59 f.: Der Begriff „vernünftigerweise" sei dem BGB fremd und beschreibe lediglich das, was ohnehin zu prüfen ist, und zwar, in welchem Zeitraum ein durchschnittlicher „vernünftiger" Verbraucher nach objektivem Maßstab Aktualisierungen erwarten darf.

61 Kritisch zu der fehlenden Konkretisierung der offenen Zeitvorgabe des Art. 8 Abs. 2 lit. b DIRL durch den deutschen Gesetzgeber auch *Rieländer*, GPR 2021, 257 (268 f.). Eine Konkretisierung der Dauer der Aktualisierungspflicht forderte insb. der *vzbv*, Stellungnahme Umsetzung DIRL, S. 5 f.

dessen der Verbraucher Aktualisierungen des digitalen Produkts erwarten könne, leichter und mit größerer Rechtssicherheit bestimmen lasse.[62] Die Bundesregierung stimmte dem Vorschlag des Bundesrates, die in der Richtlinie enthaltenen unbestimmten Rechtsbegriffe durch nationale Vorschriften zu konkretisieren mit Blick auf den abschließenden Charakter der Richtlinie jedoch nicht zu, versicherte aber eine Prüfung, welche weiteren Kriterien zur Konkretisierung aufgenommen werden könnten.[63] In der Begründung des Regierungsentwurfs sind entsprechende Kriterien, die zur Auslegung der Erwartungshaltung eines Verbrauchers herangezogen werden können und einer Rechtsunsicherheit entgegenwirken sollen, aufgenommen worden.[64] Als Beispiel für den Einfluss der Art und des Zwecks des digitalen Produkts auf den relevanten Zeitraum weist der Gesetzgeber auf den Unterschied zwischen einem Betriebssystem einerseits und einer Anwendungssoftware andererseits hin. Zudem sind für die Bemessung der Frist die spezifischen Umstände und die Art des Vertrags von Relevanz.[65] Als mögliches Kriterium für die Bestimmung der berechtigten Verbrauchererwartung ist darüber hinaus die Frage zu berücksichtigten, inwiefern das digitale Produkt weiterhin vertrieben wird sowie der Umfang des drohenden Risikos für den Nutzer bei ausbleibender Aktualisierung, sofern es sich um durch Sicherheitsupdates schließbare Sicherheitslücken handelt.[66]

Um dem Verbraucher mehr Rechtssicherheit zu verschaffen, hatte der Bundesrat ferner vorgeschlagen, den Hersteller eines digitalen Produkts zu Angaben über die übliche Mindestfunktionsdauer zu verpflichten, um Anhaltspunkte dafür zu haben, in welchem Zeitraum der Verbraucher mit Aktualisierungen rechnen kann und diese einfordern darf.[67] Die Bundesregierung stimmte dem Vorschlag

62 Siehe die Stellungnahme des Bundesrates, BT-Drucks. 19/27653, v. 17.3.2021 Anlage 3, S. 97.

63 Siehe die Gegenäußerung der Bundesregierung zu der Stellungnahme des Bundesrates, BT-Drucks. 19/27653, v. 17.3.2021, Anlage 4, S. 103 f.

64 Siehe RegE DIRL, S. 59.

65 Die Tatsache, dass ein Unternehmer in bestimmten Abständen regelmäßig neue Versionen eines digitalen Produkts veröffentlicht, habe als solches aber keinen Einfluss auf die berechtigte Verbrauchererwartung, es sei denn dies erscheine wegen bestimmter externer Faktoren nach objektiven Maßstäben notwendig, so die Begründung im RegE DIRL, S. 59.

66 Vgl. RegE DIRL, S. 59: Ist das digitale Produkt in einer Sache enthalten oder mit dieser verbunden, soll die objektiv übliche Nutzungsdauer der jeweiligen Sache für die Dauer des Aktualisierungszeitraums von maßgebendem Einfluss sein.

67 Vgl. die Stellungnahme des Bundesrates, BT-Drucks. 19/27653, v. 17.3.2021 Anlage 3, S. 97; eine derartige Informationspflicht hätte, so der Bundesrat, auch nicht unmittelbar das zwischen Verbraucher und Anbieter begründete Vertragsverhältnis betroffen, so dass Kollisionen mit den vollharmonisierenden Regelungen der Richtlinie 2011/83/EU und der Digitale-Inhalte-RL nicht zu befürchten gewesen wären.

einer verpflichtenden Angabe der Hersteller zur üblichen Mindestfunktionsdauer jedoch nicht zu, da es sich hierbei um einen „Fremdkörper im BGB“ handele und eine solche Informationspflicht auch keine Frage des Vertragsrechts sei.[68]

Dieser Argumentation ist grundsätzlich beizupflichten. Indes hätte die Erwartungshaltung des Verbrauchers mithilfe eines normierten, nicht abschließenden Kriterienkatalogs zumindest noch genauer konkretisiert werden können, denn in der Praxis wird der Zeitraum für Aktualisierungen für einzelne Produkte wohl schwer zu bestimmen sein. Maßgeblich bleiben aber die Umstände des Einzelfalls, sodass die Konkretisierung der Dauer der Aktualisierungspflicht wohl den Gerichten überlassen bleibt.

c. Erweiterung der Aktualisierungspflicht auf den Hersteller?

Während des Gesetzgebungsverfahrens zur Umsetzung der Digitale-Inhalte-RL war in Deutschland nicht unumstritten, ob auch die Einführung einer Aktualisierungspflicht des jeweiligen Herstellers eines digitalen Produkts sinnvoll sei und es insoweit einer überschießenden Umsetzung der Richtlinie bedürfe.[69]

Der deutsche Bundesrat hatte vorgeschlagen, die Pflicht des Unternehmers zur Bereitstellung von Aktualisierungen auch auf den jeweiligen – nicht durch einen Vertrag mit dem Verbraucher verbundenen – Hersteller zu erweitern, da digitale Produkte typischerweise in Bezug auf ihre Entwicklung und Verbesserungsnotwendigkeiten mit ihrem Hersteller verbunden sind.[70] Die Verpflichtung des Unternehmers, nicht aber des Herstellers, zu Aktualisierungen werde, so der Bundesrat in seiner Stellungnahme, in der Praxis regelmäßig zu Schwierigkeiten führen, da der Unternehmer, der die digitalen Produkte an den Verbraucher vertreibe, diese aber nicht selbst entwickele, oftmals nicht in der Lage sei, selbst Updates schnell und unkompliziert bereitzustellen. Insoweit befürchtete der Bundesrat eine Verbraucherschutzlücke. Der Verbraucher könne den Anspruch auf Aktualisierungen in der Praxis häufig nur schwer durchsetzen; tatsächliche Wirkung entfalte die Aktualisierungspflicht nur durch eine Ausweitung auf den jeweiligen Hersteller im Wege einer „gewährleistungsähnlichen Herstellerhaftung“.[71]

Auch der Verbraucherzentrale Bundesverband e.V. hatte die Einführung einer gewährleistungsähnlichen Herstellerhaftung zur Bereitstellung von Aktualisierun-

68 Siehe die Gegenäußerung der Bundesregierung zu der Stellungnahme des Bundesrates, BT-Drucks. 19/27653, Anlage 4, S. 103 f.

69 Siehe hierzu insbesondere die Stellungnahme des Bundesrates, BT-Drucks. 19/27653, v. 17.3.2021 Anlage 3, S. 96 f.

70 Vgl. die Stellungnahme des Bundesrates, ebenda.

71 So der Bundesrat in seiner Stellungnahme, ebenda, S. 97.

gen entsprechend § 327f BGB gefordert:[72] Die Verbundenheit zum digitalen Produkt und die Profitmöglichkeit, die der Hersteller durch den Zugriff auf die Vertragsdaten der Nutzer erhalte, müsse sich auch im Pflichtenkatalog des Herstellers niederschlagen. Daher sollte der Hersteller bzw. Entwickler eines digitalen Produkts neben dem Unternehmer ebenfalls zur Bereitstellung von Aktualisierungen verpflichtet sein und eine Update-Pflicht des Herstellers spätestens dann greifen, wenn Sicherheitslücken offenbar werden.[73]

Der Vorschlag der Einführung einer „gewährleistungsähnlichen Herstellerhaftung" im deutschen Recht trifft jedoch auf grundlegende Bedenken. Gegen eine Erweiterung der Pflicht zur Bereitstellung von Aktualisierungen auf den – nicht durch einen Vertrag mit dem Verbraucher verbundenen – Hersteller wird vorgebracht, dass eine solche Einbeziehung des Herstellers im Wege einer gewährleistungsähnlichen Haftung schon dem Grundprinzip des deutschen Rechts widerspreche, dass nur der jeweilige Vertragspartner die ordnungsgemäße Vertragserfüllung schulde.[74] Es gebe keinen Grund, hiervon in Bezug auf Aktualisierungen abzuweichen.[75] Der Argumentation ist beizupflichten, dass ein Gewährleistungsmodell, bei dem neben Ansprüchen gegen den Vertragspartner auch Direktansprüche gegen den Hersteller eines Produkts bestehen, dem deutschen Vertragsrecht schon im Ansatz (bislang) fremd ist.

Im weiteren Gesetzgebungsverfahren konnte sich die Forderung einer Einbeziehung einer gewährleistungsähnlichen Haftung des Herstellers zur Bereitstellung von Aktualisierungen entsprechend § 327f BGB jedenfalls zum jetzigen Zeitpunkt nicht durchsetzen.

3. Rechtslage und Umsetzung in Frankreich

a. Aktualisierungspflicht im Code de la consommation

Die Verpflichtung eines Unternehmers, den Verbraucher über die Verfügbarkeit von Updates zu informieren und Aktualisierungen bereitzustellen, stellt im französischen Recht – anders als im deutschen Recht – kein „Novum" dar. Der französische *Rapport au Président* zur Umsetzung der Digitale-Inhalte-RL sowie der Warenkauf-RL weist ausdrücklich darauf hin, dass die Verordnung zur Umsetzung der neuen Richtlinien in dieser Hinsicht im Wesentlichen die Regelungen über-

---

72 Siehe *vzbv*, Stellungnahme Umsetzung DIRL, S. 4 f.

73 Siehe ebenda.

74 So explizit dem Vorschlag des Bundesrates widersprechend *Faust*, Stellungnahme Umsetzung DIRL u. WKRL, S. 8.

75 So *Faust*, ebenda.

nehme bzw. aufgreife, die in Frankreich bereits durch das *Loi n° 2020-105 du février 2020 (Anti-Gaspillage et Economie Circulaire, AGEC)*[76], das Gesetz „zur Bekämpfung der Verschwendung und zur Förderung der Kreislaufwirtschaft" (AGEC-Gesetz), in das französische Verbrauchergesetzbuch eingeführt worden waren und von denen einige die neuen Richtlinienbestimmungen im Grunde bereits vorzeitig umgesetzt hätten.[77]

Auf Grundlage von Art. 27 AGEC-Gesetz waren in Buch II, Titel I, Kapitel VII des Code de la consommation in einem neuen Abschnitt 5 insbesondere Bestimmungen zu Verbraucherinformationen und Pflichten eines Verkäufers in Bezug auf „Software-Updates" eingefügt worden (vgl. *Section 5: Information du consommateur et obligations du vendeur concernant les mises à jour de logiciels* in der Fassung vom 12. Februar 2020 bis 1. Oktober 2021). Die Regelungen weisen einen in dieser Hinsicht sehr fortschrittlichen Charakter des französischen Verbraucherrechts auf, denn gem. Art. L. 217-22 C. cons. a.F. sollte ein Verkäufer bei Waren, die digitale Elemente enthalten, bereits sicherstellen, dass der Verbraucher über Aktualisierungen einschließlich Sicherheitsaktualisierungen informiert wird, die zur Aufrechterhaltung der Konformität der Waren erforderlich sind, sowie über die Folgen einer Nichtinstallation dieser Aktualisierungen. Darüber hinaus sollte der Verkäufer auch sicherstellen, dass der Verbraucher die zur Aufrechterhaltung der Vertragsmäßigkeit erforderlichen Aktualisierungen innerhalb eines Zeitraums erhält, den dieser vernünftigerweise erwarten kann, der aber grundsätzlich nicht weniger als zwei Jahre betragen dürfe (vgl. Art. L. 217-23 C. cons. a.F.). Für eine etwaige Vertragswidrigkeit, die auf eine Nichtinstallation der betreffenden Aktualisierungen zurückzuführen sei, sollte der Verkäufer nicht haften (vgl. Art. L. 217-22 letzter Satz C. cons. a.F.).

Das französische Verbraucherrecht enthielt damit bereits erste Bestimmungen zu spezifischen Informationspflichten des Unternehmers über erforderliche Aktualisierungen sowie die Bereitstellung dieser Aktualisierungen und den Ausschluss der Haftung des Verkäufers für eine etwaige Vertragswidrigkeit für den Fall, dass der Verbraucher die Installation der Updates ablehnt, die Vertragswidrigkeit auf der Nichtinstallation des betreffenden Updates beruht und der Verbraucher über diese Folge informiert worden ist.

---

76 *Loi n° 2020–105 du 10 février 2020 relative à la lutte contre le gaspillage et à l'économie circulaire (Anti-Gaspillage et Economie Circulaire, AGEC)*, JORF n° 0035 du 11 février.

77 Vgl. *Rapport au Président* (s. Kapitel 4 Fn. 239). Siehe hierzu auch *Hélaine*, Adaption de la garantie légale de conformité pour les biens et les contenus et services numériques, Dalloz actualité, 5 octobre 2021.

Obgleich sich die Vorschriften auf Waren, die digitale Elemente enthalten, beziehen und nicht auf digitale Inhalte bzw. digitale Dienstleistungen im Sinne der Digitale-Inhalte-RL, konnte der französische Gesetzgeber bei Umsetzung der Richtlinie hier zumindest Anleihen machen.[78]

Im Hinblick auf die neuen Richtlinienbestimmungen hat der französische Gesetzgeber die Bestimmungen des AGEC-Gesetzes nunmehr aufgehoben (vgl. Art. 20 Ordonnance n° 2021-1247) und durch die Umsetzungsvorschriften ersetzt bzw. ergänzt.

b. Aktualisierungspflicht im digitalvertragsrechtlichen Gewährleistungsregime

Im Rahmen des digitalvertragsrechtlichen Gewährleistungsregimes widmet sich das französische Verbraucherrecht nunmehr in einem eigenen *Paragraphe 3* („*Mises à jour*") im Rahmen des Unterabschnitts 4 über die „*Garantie légale de conformité pour les contenus numériques et les services numeriques*" den Vorschriften zur Aktualisierungspflicht des Unternehmers digitale Inhalte und digitale Dienstleistungen betreffend (vgl. Art. L. 224-25-24 bis Art. L. 224-25-26 C. cons.).[79] Der Aktualisierungspflicht des Unternehmers wird damit – ebenfalls – ein besonderer Stellenwert eingeräumt.[80]

Der französische Gesetzgeber hat den Begriff „*mises à jour*" als Oberbegriff für alle Aktualisierungen – unabhängig von ihrer Erforderlichkeit für die Erhaltung der Vertragsmäßigkeit der digitalen Inhalte oder digitalen Dienstleistungen – wie folgt definiert:

> Pour l'application de la présente sous-section, on entend par mises à jour, les mises à jour ou les modifications visant à maintenir, adapter ou faire évoluer les fonctionnalités du contenu numérique ou du service numérique, y compris les mises à jour de sécurité, que ces mises à jour soient nécessaires ou non au maintien de la conformité du contenu ou service numérique. (Art. L. 224-25-24 S. 2 C. cons.).

Als Aktualisierungen i. S. d. Vorschrift gelten mithin alle Aktualisierungen oder Änderungen, die der Aufrechterhaltung, Anpassung oder Weiterentwicklung der

---

78 Siehe hierzu auch *Hélaine*, Adaption de la garantie légale de conformité pour les biens et les contenus et services numériques, Dalloz actualité, 5 octobre 2021.

79 Art. L. 224-25-24 S. 1 C. cons. besagt, dass Aktualisierungen digitaler Inhalte und digitaler Dienstleistungen durch den „vorliegenden Unterabschnitt" („*la présente sous-section*") geregelt werden, obgleich es sich systematisch nicht um einen „Unterabschnitt", sondern um einen sog. „*Paragraphe*" handelt – hier handelt es sich wohl um einen Fehler im Wortlaut, so auch *Houtcieff*, La lettre juridique n° 889 du 6 janvier 2022: Contrats et obligations, Fn. 46.

80 Vgl. *Hélaine*, Adaption de la garantie légale de conformité pour les biens et les contenus et services numériques, Dalloz actualité, 5 octobre 2021.

Funktionalität des digitalen Inhalts oder der digitalen Dienstleistung dienen, einschließlich Sicherheitsaktualisierungen, unabhängig davon, ob diese Aktualisierungen für die Aufrechterhaltung der Konformität der digitalen Inhalte oder der digitalen Dienstleistung erforderlich sind oder nicht.

Die darauffolgenden Bestimmungen unterscheiden sodann zwischen erforderlichen Aktualisierungen (Art. L. 224-25-25 C. cons.) und nicht erforderlichen Aktualisierungen (Art. L. 224-25-26 C. cons.). Erstere betreffen Aktualisierungen als objektives Kriterium der Vertragsmäßigkeit i. S. v. Art. 8 Abs. 2 DIRL. Letztere fallen nach der Konzeption der Digitale-Inhalte-RL unter den allgemeinen Begriff der „Änderungen"; Art. L. 224-25-26 C. cons. bezieht sich demnach auf die Voraussetzungen für das einseitige „Änderungsrecht" des Unternehmers (vgl. Art. 19 DIRL).[81]

Die hier interessierenden Vorgaben des Art. 8 Abs. 2 und 3 DIRL zur Bereitstellung von Aktualisierungen, die für den Erhalt der Vertragsmäßigkeit des digitalen Produkts erforderlich sind, sind in Art. L. 224-25-25 I. und II. C. cons. richtlinienkonform umgesetzt worden. Der Unternehmer hat sicherzustellen, dass der Verbraucher über Aktualisierungen, die zur Aufrechterhaltung der Konformität des digitalen Inhalts oder der digitalen Dienstleistung erforderlich sind, informiert wird und dass er diese erhält (vgl. Art. L. 224-25-25 I. C. cons.) Die Dauer dieser Verpflichtung bestimmt sich entsprechend der europäischen Richtlinienvorgabe in Abhängigkeit von der Art des Vertrags (vgl. Art. L. 224-25-25 I. 1° und 2° C. cons.). Kriterien zur Konkretisierung des für die Aktualisierungspflicht des Unternehmers maßgeblichen Zeitraums enthalten die Vorschriften ebenfalls nicht. Der Umsetzung von Art. 8 Abs. 3 DIRL dient im Übrigen Art. L. 224-25-25 II. C. cons.: Der Unternehmer haftet nicht für Vertragswidrigkeiten, die auf eine Nichtinstallation der betreffenden Aktualisierungen zurückzuführen sind, wenn die beschriebenen Voraussetzungen vorliegen.

c. Erweiterung der Aktualisierungspflicht auf den Hersteller?

Zu den diskussionsbestimmenden Themen im Zusammenhang mit einer Aktualisierungspflicht gehörte auch in Frankreich die Frage nach einer Erweiterung der Aktualisierungspflicht auf den Hersteller.

Das AGEC-Gesetz sah vor, dass die französische Regierung dem Parlament innerhalb von sechs Monaten nach der Verkündung des Gesetzes einen Bericht vor-

81 Art. 19 DIRL betrifft Änderungen der digitalen Inhalte oder digitalen Dienstleistungen, die über das zur Erhaltung der Vertragsmäßigkeit erforderliche Maß hinausgehen und unter den Voraussetzungen der Vorschrift einseitig vom Unternehmer vorgenommen werden können, (siehe zu der Abgrenzung zwischen erforderlichen und nicht erforderlichen Änderungen auch Erwgr. 74–77 DIRL), eingehend zu Art. 19 DIRL siehe unter III.

legen sollte, der unter anderem untersuchen sollte, ob eine Gesetzesänderung sinnvoll sei, nach der der Hersteller elektronischer Produkte bzw. der Softwarehersteller zu Aktualisierungen (i.S. sog. Software-Updates) verpflichtet ist (vgl. Art. 27 II AGEC-Gesetz).

Jedoch ist eine entsprechende Vorschrift über die Verpflichtung des Herstellers gegenüber dem Verbraucher bislang nicht in den Code de la consommation aufgenommen worden.

Insbesondere ergänzt auch das französische Umsetzungsgesetz die Richtlinienvorgaben der Digitale-Inhalte-RL nicht um eine solche Bestimmung im französischen Verbrauchergesetzbuch, obschon dem französischen Recht Direktansprüche grundsätzlich nicht fremd sind.[82]

III. Änderung der digitalen Inhalte oder digitalen Dienstleistungen

1. Europäische Vorgabe, Art. 19 DIRL

Eine dritte Besonderheit des Digitalvertragsrechts betrifft nachträgliche Änderungen der bereitgestellten digitalen Inhalte oder digitalen Dienstleistungen.

Digitale Inhalte und digitale Dienstleistungen entwickeln sich stetig weiter, sodass sie häufig geändert, erweitert oder auf den neuesten Stand gebracht werden müssen.[83] Diese technischen sowie optischen Weiterentwicklungen in der digitalen Welt zwingen Anbieter digitaler Produkte regelmäßig zu entsprechenden Anpassungen. Neben der Aktualisierungspflicht des Unternehmers, die dem Aktualisierungsinteresse des Verbrauchers nach Vertragsschluss dient, enthält die Digitale-Inhalte-RL daher in Art. 19 DIRL eine Regelung zu den Voraussetzungen und Rechtsfolgen durch den Unternehmer initiierter Änderungen des bereitgestellten digitalen Produkts, die von Änderungen, die im Wege der Aktualisierung geschuldet sind, zu unterscheiden sind.

Über das zur Erhaltung der Vertragsmäßigkeit der digitalen Inhalte oder digitalen Dienstleistungen gemäß den Artikeln 7 und 8 DIRL erforderliche Maß hinausgehende Änderungen der digitalen Inhalte oder digitalen Dienstleistungen, die dem Vertrag zufolge dem Verbraucher während eines Zeitraums bereitzustellen

82 Siehe dazu Kapitel 9 III.3.

83 Vgl. hierzu Erwgr. 74 f. DIRL.

oder zugänglich zu machen sind, können vom Unternehmer vorgenommen werden, wenn die Bedingungen des Art. 19 Abs. 1 lit. a bis d DIRL vorliegen.

Wie sich aus dem Wortlaut der Vorschrift ergibt, bezieht sich das Änderungsrecht des Unternehmers gem. Art. 19 Abs. 1 DIRL nur auf Fälle der dauerhaften Bereitstellung digitaler Inhalte oder digitaler Dienstleistungen.[84] Daraus kann gefolgert werden, dass bei der einmaligen Bereitstellung eines digitalen Produkts ein über die Updatepflicht hinausgehendes Recht zur nachträglichen Modifikation nicht besteht.[85]

Das Änderungsrecht des Unternehmers setzt voraus, dass der Vertrag eine entsprechende Änderung gestattet und einen „triftigen Grund" dafür enthält (Art. 19 Abs. 1 lit a. DIRL).[86] Dem Verbraucher dürfen durch die Änderungen insbesondere keine zusätzlichen Kosten entstehen (Art. 19 Abs. 1 lit. b DIRL) und er ist über die Änderungen in klarer und verständlicher Weise in Kenntnis zu setzen (Art. 19 Abs. 1 lit. c DIRL).

Im Kontext des noch grundsätzlich subjektiven Ansatzes der Vertragsmäßigkeit des Richtlinienvorschlags lag der Zweck der Vorschrift wohl darin, die Möglichkeit für den Unternehmer, den Vertragsgenstand zu ändern, zu begrenzen.[87] Mit dem nunmehr primär objektiven Ansatz der Vertragsmäßigkeit hat sich entsprechend auch die Funktion des Änderungsrechts geändert: Trotz der einzuhaltenden objektiven Vertragsmäßigkeit des digitalen Produkts sollte es dem Unternehmer möglich sein, Änderungen vorzunehmen, die über den Erhalt der Vertragsmäßigkeit hinausgehen.[88]

Unter den engen Voraussetzungen des Art. 19 DIRL kann somit der bereits vereinbarte Leistungsumfang eines digitalen Produkts nachträglich und einseitig geändert werden. Änderungen in diesem Sinne sind insbesondere nicht an Aktua-

---

84 Ausführlich zur Änderungsmöglichkeit nach Art. 19 DIRL und dessen Voraussetzungen siehe insb. *Kodek*, in: Stabentheiner/Wendehorst/Zöchling-Jud (Hrsg.), Das neue europäische Gewährleistungsrecht, S. 141 ff.; *Spindler/Sein*, MMR 2019, 488 (493); *Bach*, NJW 2019, 1705 (1707).

85 Vgl. *Bach*, NJW 2019, 1705 (1707).

86 Die Voraussetzung, dass der Vertrag auch einen „triftigen Grund" für die Änderung enthält, war im Richtlinienentwurf zunächst nicht erhalten und wurde erst in der finalen Fassung der Richtlinie ergänzt, um die Anforderungen der Richtlinie 93/13/EWG des Rates vom 5. April 1993 über missbräuchliche Klauseln in Verbraucherverträgen abzubilden, siehe hierzu *Wendland*, in: Schulze/Staudenmayer (Hrsg.), EU Digital Law, Art. 19 Rn. 7, 11. Als „triftige Gründe", die zu einer Vertragsänderung berechtigen sollen, nennt Erwgr. 75 DIRL beispielhaft Fälle, in denen die Änderung erforderlich ist, um die digitalen Inhalte oder digitalen Dienstleistungen an eine neue technische Umgebung oder an eine erhöhte Nutzerzahl anzupassen oder in denen die Änderung aus anderen wichtigen betriebstechnischen Gründen erforderlich ist.

87 So *Staudenmayer*, NJW 2019, 2497 (2501).

88 Ibid.

lisierungen gebunden. Indessen schafft Art. 19 DIRL, wie gezeigt, kein neues gesetzliches Änderungsrecht des Unternehmers; es bedarf stets der vertraglichen Vereinbarung über die Änderungsmöglichkeit und eines triftigen Grundes.

Zudem ist der Verbraucher in Fällen, in denen durch die Änderung der Zugang des Verbrauchers zu den digitalen Inhalten oder digitalen Dienstleistungen oder deren Nutzung durch den Verbraucher nicht nur „geringfügig“[89] beeinträchtigt wird, zuvor („innerhalb einer angemessenen Frist im Voraus“) mittels eines dauerhaften Datenträgers über die Merkmale der Änderung und dessen Zeitpunkt sowie sein Recht zur Beendigung des Vertrags oder die Möglichkeit, die digitalen Inhalte oder digitalen Dienstleistungen unverändert beizubehalten, zu unterrichten (vgl. Art. 19 Abs. 1 lit. d i.V.m. Abs. 2 S. 1 DIRL).[90] Führt die Modifikation zu einer nicht nur geringfügigen Beeinträchtigung des Zugangs zu den digitalen Inhalten oder digitalen Dienstleistungen oder deren Nutzung, hat der Verbraucher ein 30-tägiges Recht zur Beendigung des Vertrags (vgl. Art. 19 Abs. 2, 3 i.V.m. Art. 15 bis 18 DIRL),[91] welches jedoch nicht greift, wenn der Unternehmer dem Verbraucher ermöglicht hat, die digitalen Inhalte oder digitalen Dienstleistungen ohne Kosten unverändert beizubehalten und ihre Vertragsmäßigkeit gewahrt bleibt (vgl. Art. 19 Abs. 4 DIRL).

2. Umsetzung in Deutschland

Der Umsetzung von Art. 19 DIRL dient im deutschen Verbraucherrecht § 327r BGB. § 327r Abs. 1 BGB zählt die Voraussetzungen der Richtlinienvorgabe auf, unter denen der Unternehmer die Möglichkeit haben soll, im Rahmen einer dauerhaften Bereitstellung eines digitalen Produkts Änderungen vorzunehmen. Zu unterscheiden sind diese „freiwilligen“ Änderungen des Unternehmers i. S. d. § 327r BGB von verpflichtenden Aktualisierungen i.S.d § 327f BGB.[92] In § 327r Abs. 1 BGB wird der Begriff der „Änderung“ negativ zur Aktualisierung abgegrenzt, als solche Änderungen, die nicht zur Aufrechterhaltung der Vertragsmäßigkeit erforderlich sind.[93]

89 Ausweislich Erwgr. 57 DIRL richtet sich die Ermittlung der Nachteiligkeit für den Verbraucher nach einem objektiven Maßstab; hierfür sind auch Art und Zweck des digitalen Produkts sowie dessen wesentliche Merkmale einschließlich Qualität, Funktionalität und Kompatibilität, wie sie bei digitalen Inhalten oder digitalen Dienstleistungen derselben Art üblich sind, heranzuziehen.

90 Für Art. 19 Abs. 1 lit. c DIRL ist demgegenüber eine zeitgleiche Information ausreichend.

91 Das Vertragsbeendigungsrecht als Konsequenz einer nachteiligen Änderung im Rahmen von Dauerschuldverhältnissen ist angelehnt an Nr. 1 lit. j i.V.m. Nr. 2 lit. b des Anhangs zur Klauselrichtlinie, vgl. RegE DIRL, S. 78.

92 Zu § 327f BGB siehe unter II.2.

93 Zur Abgrenzung zwischen Änderung und Aktualisierung siehe näher *Hunzinger*, CR 2022, 349 (250 f.).

Die Regelung des § 327r BGB betrifft alle Arten von Änderungen, einschließlich solcher die für den Verbraucher vorteilhaft oder zumindest neutral sind.[94]

Bei Überschneidungen zwischen Änderungen i. S. d. § 327r BGB und solchen, die im Wege der Aktualisierung geschuldet sind, sind hinsichtlich derjenigen Elemente der Aktualisierung, die nicht der Erfüllung einer Aktualisierungspflicht gem. § 327e Abs. 2 Nr. 3 oder § 327e Abs. 3 Nr. 5 i.V.m. § 327f BGB dienen, ausschließlich die Voraussetzungen des § 327r BGB anzuwenden.[95] Durch Auslegung ist zu ermitteln, ob es sich entweder um eine verpflichtende Aktualisierung i. S. d. § 327f BGB oder um eine freiwillige Änderung i. S. d. § 327r BGB handelt.[96]

§ 327r Abs. 1 BGB setzt die Voraussetzungen einseitig initiierter Änderungen durch den Unternehmer richtliniengetreu um, obschon die Formulierung des Art. 19 Abs. 1 lit. c DIRL, wonach der Verbraucher über die Änderung „in Kenntnis gesetzt" werden muss, in § 327r Abs. 1 Nr. 3 BGB wie auch sonst überwiegend durch den Begriff „informiert" ersetzt worden ist.[97]

Für Änderungen, die für den Verbraucher nachteilig im Sinne einer nicht „nur unerheblich(en)" Beeinträchtigung der Zugriffsmöglichkeit oder der Nutzbarkeit des digitalen Produkts sind, enthalten die weiteren Absätze die ergänzenden Regelungen (vgl. § 327r Abs. 2 S. 1 BGB: „darüber hinaus").[98] Das Recht des Verbrauchers, den Vertrag zu beenden, wenn eine Änderung des digitalen Produkts den Zugang zum digitalen Produkt oder dessen Nutzung nicht nur unerheblich beeinträchtigt, regelt §§ 327r Abs. 3, 5 i.V.m. 327o und 327p BGB. Unter den beschriebenen Voraussetzungen ist die Beendigung des Vertrags gem. § 327 Abs. 4 BGB ausgeschlossen.

3. Umsetzung in Frankreich

Die Richtlinienvorgabe des Art. 19 DIRL die Änderung der digitalen Inhalte oder digitalen Dienstleistungen betreffend („*modification du contenu numérique ou du service numérique*") hat der französische Gesetzgeber in Art. L. 224-25-26 C. cons. umgesetzt.

---

94 Vgl. RegE DIRL, S. 77.

95 Ibid.

96 Siehe hierzu *Hunzinger*, CR 2022, 349 (351).

97 Siehe hierzu RegE DIRL, S. 78.

98 § 327r Abs. 2 BGB dient der Umsetzung von Art. 19 Abs. 1 lit. d, Abs. 2 DIRL; zu den zusätzlichen Voraussetzungen für Änderungen, welche den Verbraucher in diesem Sinne beeinträchtigen, siehe unter 1.

„Änderungen" in diesem Sinne fallen nach der französischen Terminologie, wie gezeigt, ebenfalls unter den Oberbegriff „Aktualisierungen" („*mises à jour*").[99]

Art. L. 224-25-26 C. cons. normiert die Voraussetzungen, unter denen Aktualisierungen möglich sind, die nicht für die Aufrechterhaltung der Vertragsmäßigkeit des digitalen Inhalts oder der digitalen Dienstleistung erforderlich sind („*mises à jour qui ne sont pas nécessaires au maintien de la conformité du contenu ou du service numérique*", vgl. Art. L. 224-25-26 S. 1 C. cons.).

Art. L. 224-25-26 S. 1 2° C. cons. verlangt – über die Richtlinienvorgabe des Art. 19 DIRL hinaus –, dass der Unternehmer den Verbraucher in klarer und verständlicher Weise innerhalb einer angemessenen Frist im Voraus und mittels eines dauerhaften Datenträgers über die geplante Aktualisierung und den Zeitpunkt der Aktualisierung unterrichtet.[100] Diese weitreichende Informationspflicht entstammt dem AGEC-Gesetz.[101] Die Richtlinienvorgabe der Digitale-Inhalte-RL verlangt hingegen (nur), dass der Verbraucher „in klarer und verständlicher Weise von der Änderung in Kenntnis gesetzt wird" (vgl. Art. 19 Abs. 1 lit. c DIRL). Der Unternehmer muss den Verbraucher danach nicht zwingend im Voraus über die Änderung informieren, eine zeitgleiche Information würde in diesem Zusammenhang ausreichen. Strengere Voraussetzungen knüpft die Richtlinie lediglich an Fälle, in denen durch die Änderung der Zugang des Verbrauchers zu den digitalen Inhalten oder digitalen Dienstleistungen oder deren Nutzung durch den Verbraucher tatsächlich und nicht nur geringfügig beeinträchtigt wird (vgl. Art. 19 Abs. 2 i.V.m. Abs. 1 lit. d DIRL). Das französische Verbraucherrecht geht insoweit noch darüber hinaus. Ob die strengeren Voraussetzungen des französischen Rechts noch von einer richtlinienkonformen Umsetzung gedeckt sind, könnte zumindest zweifelhaft sein, da die Mitgliedstaaten angesichts des vollharmonisierenden Charakters der Digitale-Inhalte-RL keine von den Bestimmungen der Richtlinie abweichenden Vorschriften einführen dürfen und dies auch für strengere Vorschriften zur Gewährleistung eines anderen Verbraucherschutzniveaus gilt (vgl. Art. 4 DIRL).[102]

---

99 Vgl. die weite Definition des Oberbegriffs „*Mises à jour*" in Art. L. 224-25-24 S. 2 C. cons., unter den sowohl erforderliche Aktualisierungen, die der Aufrechterhaltung der Vertragsmäßigkeit dienen, als auch nicht erforderliche Aktualisierungen fallen, siehe hierzu schon unter II.3.b. Den allgemeinen Begriff „*modification*" (Änderung) aus Art. 19 DIRL hat der französische Gesetzgeber nicht übernommen.

100 Art. L. 224-25-26 S. 1 2° C. cons.: „*Le professionnel informe le consommateur, de manière claire et compréhensible, raisonnablement en avance et sur un support durable, de la mise à jour envisagée en lui précisant la date à laquelle elle intervient*".

101 Siehe Art. 27 AGEC-Gesetz.

102 Siehe dazu Kapitel 3 II.2.a.

Die Richtlinienvorgabe des Art. 19 Abs. 1 lit. d und Abs. 2, 3 DIRL hat der französische Gesetzgeber leicht abgewandelt in Art. L. 224-25-26 S. 1 4° C. cons. umgesetzt: Der Unternehmer hat den Verbraucher in Fällen, in denen die „Aktualisierung“ nachteilige Auswirkungen auf den Zugang zu den digitalen Inhalten oder digitalen Dienstleistungen oder deren Nutzung hat, über sein Recht, diese abzulehnen oder gegebenenfalls zu deinstallieren, zu informieren. Bei einer nicht nur geringfügigen Beeinträchtigung kann der Verbraucher den Vertrag unter den beschriebenen Voraussetzungen beenden (vgl. Art. L. 224-25-26 a.E. i.V.m. Art. L. 224-25-22 und Art. L. 224-25-23 C. cons.).[103]

IV. Zusammenfassung und vergleichende Gesamtschau

Das digitalvertragsrechtliche Gewährleistungsregime ist insbesondere durch drei Besonderheiten gekennzeichnet: Digitale Inhalte und digitale Dienstleistungen müssen sachgemäß in die Hard- und Softwareumgebung des Verbrauchers integriert werden (Art. 9 DIRL), sie sind, soweit für den Erhalt ihrer Vertragsmäßigkeit erforderlich, zu aktualisieren (Art. 8 Abs. 2 und 3 DIRL) und können unter bestimmten Voraussetzungen über das zur Erhaltung der Vertragsmäßigkeit erforderliche Maß hinaus durch den Unternehmer einseitig und nachträglich geändert werden (Art. 19 DIRL).

Jede durch eine unsachgemäße Integration in die „digitale Umgebung“ des Verbrauchers verursachte Vertragswidrigkeit ist als Vertragswidrigkeit des digitalen Produkts anzusehen, wenn die digitalen Inhalte oder digitalen Dienstleistungen vom Unternehmer oder unter seiner Verantwortung integriert wurden oder vom Verbraucher zu integrieren waren und die unsachgemäße Integration auf eine mangelhafte, vom Unternehmer bereitgestellte Anleitung zurückzuführen ist.

Kritisiert werden kann, dass die Richtlinienbestimmung nicht klarstellt, inwiefern eine Integration geschuldet ist und in welche Umgebungen sich ein digitaler Inhalt integrieren lassen muss. Im Hinblick auf die fehlende Regelung zur Frage der Kausalität bei Interoperabilitätsproblemen, sind in der Praxis Abgrenzungsschwierigkeiten zwischen den Risikosphären des Anbieters und des Verbrauchers zu befürchten.[104]

Der deutsche Umsetzungsgesetzgeber hat die speziellen Anforderungen an die „Integration“ eines digitalen Produkts im Rahmen der Bestimmung zum „Pro-

103 Zu der Ausnahme eines solchen Beendigungsrechts des Verbrauchers siehe Art. L. 224-25-26 S. 3 C. cons., welcher der Umsetzung von Art. 19 Abs. 4 DIRL dient.

104 Vgl. auch *Riehm/Abold*, ZUM 2018, 82 (88).

duktmangel“ umgesetzt, vgl. § 327e Abs. 4 BGB. Die sprachlichen und insbesondere die inhaltlichen Abweichungen des § 327e Abs. 4 BGB von der Richtlinienvorgabe geben jedoch Anlass für Kritik, da insbesondere das Erfordernis einer durch die unsachgemäße Integration verursachten Vertragswidrigkeit nicht deutlich genug klar wird – es bedarf insoweit einer richtlinienkonformen Auslegung der deutschen Umsetzungsvorschrift.

In Frankreich sind die Voraussetzungen und die Folgen einer unsachgemäßen Integration eines digitalen Produkts in die digitale Umgebung des Verbrauchers in Art. L. 224-25-12 C. cons. integriert, der sich der Haftung des Unternehmers für Vertragswidrigkeiten im französischen Digitalvertragsrecht widmet. Die Norm stellt klar, dass der Unternehmer, der dem Verbraucher das digitale Produkt bereitstellt, unter bestimmten Voraussetzungen auch für Vertragswidrigkeiten haften soll, die auf eine unsachgemäße Integration in die digitale Umgebung des Verbrauchers zurückzuführen sind.

Inhaltliche Neuerungen enthält die Digitale-Inhalte-RL insbesondere durch die Einführung der Aktualisierungspflicht des Unternehmers, mit der – soweit ersichtlich erstmals im europäischen Vertragsrecht – Pflichten zu Updates digitaler Produkte festgelegt werden, die sicherstellen sollen, dass ein digitales Produkt in vertragsgemäßem Zustand bleibt und Sicherheitslücken geschlossen werden. Aktualisierungen (Updates) sind für ein fehlerfreies digitales Produkt regelmäßig notwendig, da digitale Inhalte und digitale Dienstleistungen im Gegensatz zu körperlichen Gegenständen ohne entsprechende Updates jederzeit ihre Funktionsfähigkeit verlieren könnten.

Hervorzuheben ist, dass die Digitale-Inhalte-RL die Bereitstellung von Aktualisierungen, einschließlich Sicherheitsaktualisierungen, die für den Erhalt der Vertragsmäßigkeit erforderlich sind, als objektive Anforderung an die Vertragsmäßigkeit digitaler Inhalte und digitaler Dienstleistungen definiert (vgl. Art. 8 Abs. 2 DIRL). Der Zeitraum für die Aktualisierungspflicht des Unternehmers bestimmt sich in Abhängigkeit von der Vertragsart (vgl. Art. 8 Abs. 2 lit. a und b DIRL). Mit dem Regelungskonzept der Digitale-Inhalte-RL ist die Aktualisierungspflicht des Unternehmers insbesondere nicht nur auf Dauerschuldverhältnisse beschränkt, sie muss auch bei klassischen Kaufkonstellationen greifen, bei denen sich die vertragliche Pflicht des Unternehmers an sich in der einmaligen Bereitstellung des digitalen Produkts erschöpft. Unter Berücksichtigung der stetigen Änderungen technischer Normen und Sicherheitsstandards ist die Aktualisierungspflicht des Unternehmers zur Aufrechterhaltung der Vertragsmäßigkeit eines digitalen Produkts eine notwendige Ergänzung seiner vertragsrechtlichen Pflichten und erscheint unter verbraucherschutzrechtlichen Gesichtspunkten auch sachgerecht.[105]

Offen lässt die Digitale-Inhalte-RL die Frage der Beweislast im Zusammenhang mit Aktualisierungen. Insoweit bleibt eine Klärung durch den europäischen Gesetzgeber oder den EuGH abzuwarten.

Im Übrigen wird mit der Digitale-Inhalte-RL ausschließlich die Verpflichtung des Unternehmers zur Bereitstellung von Aktualisierungen geregelt. Die Richtlinie hindert die Mitgliedstaaten aber grundsätzlich nicht daran, auf nationaler Ebene Regelungen zu treffen, die auch den Hersteller des digitalen Produkts zur Bereitstellung von Aktualisierungen verpflichten bzw. Haftungsansprüche des Verbrauchers gegen diesen zu regeln (vgl. Erwgr. 13 DIRL).

Die rechtsvergleichende Untersuchung hat gezeigt, dass sowohl in Deutschland als auch in Frankreich den Bestimmungen zur Aktualisierungspflicht des Unternehmers im Digitalvertragsrecht ein besonderer Stellenwert eingeräumt wird.

Der deutsche Gesetzgeber hat die Pflicht des Unternehmers, dem Verbraucher während des maßgeblichen Zeitraums Aktualisierungen bereitzustellen, die für den Erhalt der Vertragsmäßigkeit des digitalen Produkts erforderlich sind, in §§ 327e Abs. 3 Nr. 5 i.V.m. 327f BGB umgesetzt. Eine Aktualisierungspflicht des Unternehmers, die für das Entstehen gewährleistungsrechtlicher Sekundärpflichten nicht mehr allein auf den Zeitpunkt der Bereitstellung abstellt, ist ein „Novum" im Schuldrecht, dem die gesonderte Normierung in § 327f BGB Rechnung trägt. Eine Erweiterung der Aktualisierungspflicht auf den Hersteller war während des Gesetzgebungsverfahrens nicht unumstritten. Ein Gewährleistungsmodell, bei dem neben Ansprüchen gegen den Vertragspartner auch Direktansprüche gegen den Hersteller eines Produkts bestehen, ist dem deutschen Vertragsrecht allerdings (bislang) schon im Ansatz fremd. Der Vorschlag der Einführung einer „gewährleistungsähnlichen Herstellerhaftung" im Digitalvertragsrecht konnte sich – jedenfalls zum jetzigen Zeitpunkt – nicht durchsetzen.

Im französischen Recht stellt die Verpflichtung eines Unternehmers, den Verbraucher über die Verfügbarkeit von Updates zu informieren und Aktualisierungen bereitzustellen, – anders als im deutschen Recht – kein „Novum" dar. Die Verordnung zur Umsetzung der neuen Richtlinien übernimmt bzw. greift im Wesentlichen die Regelungen auf, die bereits durch das französische AGEC-Gesetz in das französische Verbrauchergesetzbuch eingeführt worden sind. Die Vorschriften des AGEC-Gesetzes zeigen einen in dieser Hinsicht sehr fortschrittlichen Charakter des französischen Verbraucherrechts. Im Rahmen des digitalvertragsrechtlichen Gewährleistungsregimes widmet sich das französische Verbraucherrecht nunmehr in

---

105 Ähnlich auch *Metzger*, JZ 2019, 577 (581).

einem eigenen *Paragraphe 3* den Vorschriften zur Aktualisierungspflicht des Unternehmers (vgl. Art. L. 224-25-24 bis Art. L. 224-25-26 C. cons.). Auch in Frankreich wurde die Erweiterung der Aktualisierungspflicht auf den Hersteller diskutiert. Eine entsprechende Verpflichtung des Herstellers gegenüber dem Verbraucher ist bislang aber ebenfalls nicht in den Code de la consommation aufgenommen worden, obschon dem französischen Recht Direktansprüche nicht grundsätzlich fremd sind.

Die dritte Besonderheit des Digitalvertragsrechts betrifft nachträgliche Änderungen der bereitgestellten digitalen Inhalte oder digitalen Dienstleistungen. Unter den engen Voraussetzungen des Art. 19 DIRL kann somit der bereits vereinbarte Leistungsumfang eines digitalen Produkts nachträglich und einseitig durch den Unternehmer geändert werden. Hierfür bedarf es aber stets der vertraglichen Vereinbarung über die Änderungsmöglichkeit und eines triftigen Grundes. Das Änderungsrecht dient dem Interessenausgleich zwischen Unternehmern und Verbrauchern, wenn bei dauerhaft bereitgestellten digitalen Produkten ein Bedürfnis zur Anpassung besteht.

Im deutschen Verbraucherrecht dient der Umsetzung von Art. 19 DIRL § 327r BGB und im französischen Verbraucherrecht Art. L. 224-25-26 C. cons. Das französische Verbraucherrecht sieht in Zusammenhang mit der Änderung eines digitalen Produkts eine weitreichendere Informationspflicht des Unternehmers vor und geht damit über die Richtlinienvorgabe hinaus. Zweifelhaft ist insoweit, ob die strengen Voraussetzungen richtlinienkonform sind.

Kapitel 8: Rechtsbehelfe des Verbrauchers einschließlich Schadensersatz

I. Rechtsbehelfe des Verbrauchers

1. Abhilfe des Verbrauchers bei nicht erfolgter Bereitstellung

a. Europäische Vorgabe, Art. 13 DIRL

Die Digitale-Inhalte-RL enthält in Art. 13 DIRL Regelungen zur „Abhilfe bei nicht erfolgter Bereitstellung“[1] digitaler Inhalte oder digitaler Dienstleistungen.[2] Für den Fall einer Nichtleistung i. S. e. nicht erfolgten Bereitstellung gemäß Art. 5 DIRL gewährt die Richtlinie dem Verbraucher einen (Nach-)Erfüllungsanspruch, der als Rechtsbehelf des Verbrauchers ausgestaltet ist.[3]

Erster Schritt der „Abhilfe bei nicht erfolgter Bereitstellung“ ist die Aufforderung des Verbrauchers an den Unternehmer zur Bereitstellung der digitalen Inhalte oder digitalen Dienstleistungen (vgl. Art. 13 Abs. 1 S. 1 DIRL). Sofern der Unternehmer daraufhin die unverzügliche Bereitstellung bzw. die Bereitstellung innerhalb einer ausdrücklich vereinbarten Frist versäumt, ist der Verbraucher berechtigt, den Vertrag zu beenden (vgl. Art. 13 Abs. 1 S. 2 DIRL). Das (Nach-)Erfüllungsbegehren bildet somit die Vorstufe für ein Vertragsbeendigungsrecht des Verbrauchers bei einem weiteren Ausbleiben der Bereitstellung.

---

1 Vgl. die franz. Sprachfassung: „*Recours pour défaut de fourniture*“.

2 Die „nicht erfolgte Bereitstellung“ i. S. v. Art. 13 DIRL erfasst lediglich Fälle des *vollständigen* Ausbleibens der geschuldeten Bereitstellung – so auch das Verständnis des deutschen Umsetzungsgesetzgebers, vgl. Begr. RegE, S. 50; dies gilt ebenfalls für die fortlaufende Bereitstellung digitaler Inhalte oder digitaler Dienstleistungen, sodass unterbrechungsbedingte Teilleistungen zutreffend nicht dem Nichterfüllungsregime, sondern dem Schlechterfüllungsregime unterliegen, ebenso *Gsell*, in: Schulze/Staudenmayer (Hrsg.), EU Digital Law, Art. 14 Rn. 14; *Rieländer*, GPR 2021, 257 (261 f.). Demgegenüber tendiert *Faber*, in: Stabentheiner/Wendehorst/Zöchling-Jud (Hrsg.), Das neue europäische Gewährleistungsrecht, S. 63 (100), dazu, im Umkehrschluss aus Erwgr. 51 S. 3 DIRL abzuleiten, dass mehr als „kurzzeitige“ Unterbrechungen als Fall der Nichterfüllung zu qualifizieren sind und damit den Regeln über die nicht erfolgte Bereitstellung unterliegen würden. Zu der Problematik siehe in der französischen Literatur *Legrand*, Petites Affiches, n° 01 du 1 Juin 2021, 16.

3 Die Konzeption der Digitale-Inhalte-RL entspricht insoweit der Struktur des UN-Kaufrechts (vgl. Art. 45 Abs. 1 lit. a i.V.m. 46 Abs. 1 Übereinkommen der Vereinten Nationen über Verträge über den internationalen Warenverkauf), siehe hierzu *Bach*, NJW 2019, 1705 (1706); *Schulze*, ZEuP 2019, 695 (706 f.).

https://doi.org/10.1515/9783111488387-012

Art. 13 Abs. 2 DIRL nennt darüber hinaus die Voraussetzungen, unter denen der Verbraucher zur sofortigen Beendigung des Vertrags berechtigt ist. Dies ist der Fall, wenn der Unternehmer erklärt oder aus den Umständen eindeutig zu erkennen ist, dass er die digitalen Inhalte oder digitalen Dienstleistungen nicht bereitstellen wird (lit. a); oder die Parteien vereinbart haben oder aus den Umständen eindeutig zu erkennen ist, dass für den Verbraucher ein bestimmter Zeitpunkt für die Bereitstellung von wesentlicher Bedeutung ist und der Unternehmer die Bereitstellung bis zu oder zu diesem Zeitpunkt versäumt hat (lit. b).

Eine Unterscheidung zu Fällen der Nichtleistung wegen Unmöglichkeit trifft Art. 13 DIRL nicht.[4] Im Übrigen hat der europäische Gesetzgeber es den Mitgliedstaaten überlassen, einen Schadensersatzanspruch für den Fall einer unterlassenen Bereitstellung vorzusehen bzw. beizubehalten (vgl. Erwgr. 73 DIRL).

b. Umsetzung in Deutschland

Dem deutschen Gesetzgeber war es überlassen, sich nicht der beschriebenen Konstruktion der Digitale-Inhalte-RL, den Erfüllungsanspruch als Rechtbehelf für den Fall der Nichtleistung auszugestalten, anzuschließen und stattdessen die bekannte dogmatische Konzeption eines Primär- und eines Sekundäranspruchs beizubehalten.[5] Insoweit wird im deutschen Vertragsrecht dem Verbraucher der Erfüllungsanspruch (weiterhin) schon auf der Ebene der primären Leistungspflicht gewährt. Richtlinienrelevante Konsequenzen hat dies nicht.[6]

Die in der Richtlinie als „Abhilfen" bezeichneten Sekundäransprüche des Verbrauchers bei unterbliebener Bereitstellung digitaler Inhalte oder digitaler Dienstleistungen sind in § 327c BGB umgesetzt. Da die Richtlinienvorgaben im Detail von den Vorschriften des allgemeinen Leistungsstörungsrechts des BGB abweichen, hat sich der deutsche Gesetzgeber für eine Umsetzung von Art. 13 DIRL im Rahmen des Digitalvertragsrechts entschieden.[7]

Zur Abgrenzung der bislang im Schuldrecht geregelten Rechtsbehelfe und unter Berücksichtigung der Besonderheiten von Verträgen über digitale Produkte hat der deutsche Gesetzgeber bezüglich des Rechts des Verbrauchers auf Vertragsbeendigung nach Art. 13 DIRL in der Umsetzungsvorschrift des § 327c BGB bewusst auch die Terminologie „beenden" bzw. „Beendigung" statt „Rücktritt"[8] oder „Kündigung"[9] gewählt.[10]

---

4 Siehe hierzu *Metzger*, JZ 2019, 577 (582).

5 Hierzu auch *Bach*, NJW 2019, 1705 (1706).

6 So auch *Bach*, ebenda.

7 Siehe hierzu RegE DIRL, S. 50 f.

8 Vgl. die Terminologie in §§ 218, 323, 324, 325, 326, 346, 347, 348, 349, 350, 351, 352 und 353 BGB.

Für sich genommen waren weder „Rücktritt“ noch „Kündigung“ geeignete Rechtsbehelfe, weil das Recht zur Beendigung eines Vertrags über die Bereitstellung digitaler Inhalte oder digitaler Dienstleistungen nach Art. 13 Abs. 1 DIRL gleichermaßen auf Verträge mit einem einmaligen Leistungsaustausch sowie Dauerschuldverhältnisse Anwendung finden sollte.[11] Da § 323 BGB darüber hinaus nur auf gegenseitige Verträge anwendbar ist und dies auf Verträge über die Bereitstellung digitaler Produkte im Sinne des § 327 Abs. 3 BGB, bei denen der Verbraucher dem Unternehmer personenbezogene Daten bereitstellt oder sich zu deren Bereitstellung verpflichtet, nicht zwingend zutrifft, war auch ein Verweis bzw. Rückgriff auf § 323 BGB nicht möglich.[12] Vor diesem Hintergrund hat der deutsche Umsetzungsgesetzgeber im Digitalvertragsrecht das im Verhältnis zu anderen Rechtsbehelfen „speziellere“ Recht auf „Vertragsbeendigung“ in § 327c BGB übernommen.[13] Da der Begriff der Beendigung „vor die Klammer“ gezogen ist, bestehen für digitale Inhalte und digitale Dienstleistungen übergreifende Maßstäbe; es kommt gerade nicht darauf an, ob es sich um einen punktuellen Austauschvertrag oder ein Dauerschuldverhältnis handelt. Der Ausdruck der Vertragsbeendigung ist vielmehr neutral, deckt alle Formen der Beendigung eines Vertrags ab und wird damit der unterschiedlichen Gestaltung von Verträgen über die Bereitstellung digitaler Produkte gerecht – insoweit ist die Terminologie hier durchaus gelungen.

Die Vorschrift des § 327c BGB ist als Folge der ausdifferenzierten Richtlinienvorgaben recht komplex ausgestaltet. § 327c Abs. 1 und 3 BGB nennen die Voraussetzungen unter denen der Verbraucher den Vertrag beenden kann. Bevor der Verbraucher sein Recht auf Vertragsbeendigung ausüben kann, ist er grundsätzlich dazu verpflichtet, den Unternehmer zur vertragsgemäßen Bereitstellung aufzufordern (vgl. § 327c Abs. 1 S. 1 BGB, der damit der Umsetzung von Art. 13 Abs. 1 S. 1 DIRL dient). Voraussetzung hierfür ist, dass die Bereitstellung fällig ist. Eine nach allgemeinen Regeln unmögliche Leistung i. S. d. § 275 BGB unterfällt daher nicht § 327c Abs. 1 BGB.[14] Der Anspruch des Verbrauchers muss zudem durchsetz-

9 Vgl. § 313 Abs. 3 BGB: „An die Stelle des Rücktrittsrechts tritt für Dauerschuldverhältnisse das Recht zur Kündigung.“.

10 Siehe hierzu RegE DIRL, S. 50.

11 Siehe ebenda.

12 Siehe ebenda.

13 Der europäische Gesetzgeber verwendet den Begriff der „Beendigung des Vertrags“ ebenfalls im Rahmen der Warenkauf-RL (vgl. Art. 13 und 16 WKRL) – die Normen, die der Umsetzung der Warenkauf-RL im deutschen Recht dienen, bleiben allerdings bei der Terminologie des „Rücktritts“ vom Kaufvertrag (vgl. §§ 475 Abs. 6, 475d BGB).

14 Die Digitale-Inhalte-RL enthält keine Regelungen zur Unmöglichkeit einer Leistung, dies erlaubt einen Rückgriff auf die allgemeinen nationalen Bestimmungen, siehe hierzu die Begründung des RegE DIRL, S. 50.

bar sein. Sind diese Voraussetzungen gegeben, löst die Aufforderung des Verbrauchers eine weitere, neue Verpflichtung des Unternehmers zur unverzüglichen Bereitstellung des digitalen Produkts aus. Unterlässt der Unternehmer daraufhin die unverzügliche Bereitstellung, kann der Verbraucher den Vertrag beenden (vgl. §§ 327c Abs. 1 S. 1, Abs. 4 S. 1 i.V.m. 327o Abs. 1 BGB).[15] Keiner Aufforderung zur Bereitstellung nach § 327c Abs. 1 S. 1 BGB bedarf es in den Fällen des § 327c Abs. 3 Nr. 1 bis 3 BGB, der damit der Umsetzung von Art. 13 Abs. 2 DIRL dient – der Verbraucher ist in diesen Fällen, wie gezeigt, zur sofortigen Beendigung des Vertrags berechtigt.

Für eine Vertragsbeendigung wegen unterbliebener Bereitstellung gem. § 327c Abs. 1 S. 1 BGB und deren Rechtsfolgen sind die §§ 327o und 327p BGB entsprechend anwendbar (vgl. § 327c Abs. 4 S. 1 BGB). Mit diesem Verweis schließt der Gesetzgeber insbesondere die Anwendung der §§ 346 ff. BGB aus.

§ 327c Abs. 5 BGB erklärt außerdem die Vorschrift des § 218 BGB auf die Vertragsbeendigung nach § 327c Abs. 1 S. 1 BGB entsprechend anwendbar; an der Richtlinienkonformität dieses Verweises bestehen keine Zweifel, da dieser vom mitgliedstaatlichen Umsetzungsspielraum gedeckt ist.

Ferner enthalten § 327c Abs. 6 und 7 BGB ein besonderes „Vertragslösungsrecht“[16] für Paketverträge und Verbraucherverträge i. S. v. § 327a Abs. 2 BGB, von dem der Verbraucher bei Vorliegen der Voraussetzungen des § 327c Abs. 1 S. 1 BGB sowie der weiteren Voraussetzungen gemäß Abs. 6 bzw. 7 Gebrauch machen kann. Die Auswirkungen, die die Beendigung eines Elements eines Paketvertrags auf die übrigen Elemente des Paketvertrags haben kann, waren ausdrücklich durch das nationale Recht zu regeln (vgl. Art. 3 Abs. 6 Unterabs. 3 DIRL). Nach deutschem Recht kann sich der Verbraucher im Hinblick auf alle Bestandteile des Paketvertragsvertrags vom Vertrag lösen, wenn er an dem anderen Teil des Paketvertrags ohne das bereitgestellte digitale Produkt kein Interesse hat (vgl. § 327c Abs. 1 S. 1 i.V.m. Abs. 6 S. 1 BGB). Der deutsche Gesetzgeber greift hier auf den Begriff der „Vertragsauflösung“ zurück, um den verschiedenen Vertragsgestaltungen und den gegebenenfalls betroffenen Vertragsarten des Abschnitts 8 des Buches 2 gerecht zu werden; die Rechtsbehelfe des Rücktritts und der Kündigung sind so mitumfasst, die Rechtsfolgen ergeben sich aus den jeweils einschlägigen Bestimmungen.[17] Der

15 Die Beendigung des Vertrags erfolgt durch Erklärung gegenüber dem Unternehmer, in welcher der Entschluss des Verbrauchers zur Beendigung zum Ausdruck kommt (vgl. § 327o Abs. 1 S. 1 BGB); das Wort „Vertragsbeendigung“ muss der Verbraucher nicht zwingend verwenden, es bedarf auch keiner Begründung oder sonstiger Formerfordernisse, vgl. RegE DIRL, S. 71.

16 *Rieländer*, GPR 2021, 257 (263 f.) spricht in diesem Zusammenhang von „Totalbeendigung“.

17 Vgl. RegE DIRL, S. 52. Auf den Begriff der Vertragsauflösung wird zum Beispiel auch in § 309 Nr. 8 BGB zurückgegriffen.

Verbraucher kann sich außerdem im Hinblick auf alle Bestandteile eines Vertrags nach § 327a Abs. 2 BGB vom Vertrag lösen, wenn sich die Sache aufgrund des nicht bereitgestellten digitalen Produkts „nicht zur gewöhnlichen Verwendung eignet" (vgl. § 327c Abs. 1 S. 1 i.V.m. Abs. 7 BGB).[18]

Für den Fall einer Verletzung der Bereitstellungspflicht durch den Unternehmer enthält § 327c Abs. 2 BGB darüber hinaus Regelungen zum Schadensersatzanspruch des Verbrauchers. Den Mitgliedstaaten war es, wie erörtert, ausdrücklich überlassen, einen Schadensersatzanspruch für den Fall einer unterlassenen Bereitstellung vorzusehen bzw. beizubehalten (vgl. Erwgr. 73 DIRL). § 327c Abs. 2 BGB verweist hierzu im Wesentlichen auf die allgemeinen Regelungen der §§ 280 ff. BGB und modifiziert diese, soweit nötig. § 327c Abs. 2 S. 1 BGB enthält eine Rechtsgrundverweisung auf die allgemeinen Bestimmungen zum Schadensersatz bei Nichtleistung trotz Fälligkeit bzw. verzögerter Leistung durch den Schuldner (Verzögerungsschaden gem. § 280 Abs. 2 BGB). Zudem verweist die Vorschrift auf § 281 Abs. 1 S. 1 BGB (Schadensersatz statt der Leistung), der dahingehend modifiziert wird, dass an die Stelle der Bestimmung einer angemessenen Frist die Aufforderung nach § 327c Abs. 1 S. 1 BGB tritt (vgl. § 327c Abs. 2 S. 2 BGB). Der Verbraucher kann nach § 284 BGB auch Ersatz vergeblicher Aufwendungen verlangen, wenn die Voraussetzungen der Vorschrift vorliegen (vgl. § 327c Abs. 2 S. 1 BGB).

Um einen Gleichlauf mit dem Vertragsbeendigungsrecht zu schaffen, ist die Möglichkeit des Verbrauchers, in den von § 327c Abs. 2 BGB erfassten Fällen „Schadensersatz statt der ganzen Leistung" zu verlangen, an keine weiteren Voraussetzungen geknüpft bis auf die zusätzlichen Voraussetzungen der in den Verweis aufgenommenen Schadensersatzansprüche einschließlich des Verschuldenserfordernisses.[19] Mit dem Verweis in § 327c Abs. 4 S. 2 BGB auf die §§ 327o und 327p BGB löst der Schadensersatzanspruch statt der Leistung insbesondere auch die gleichen Rechtsfolgen wie eine Vertragsbeendigung aus. Gem. § 327c Abs. 4 S. 3 BGB gilt § 325 BGB entsprechend; der Verweis dient der Klarstellung, dass der Verbraucher neben einer Vertragsbeendigung auch Schadensersatzansprüche geltend machen kann.

Die modifizierte Rechtsgrundverweisung des § 327c Abs. 2 BGB auf §§ 280 und 281 Abs. 1 S. 1 sowie § 284 BGB verzahnt die europarechtlich determinierten speziellen Vorschriften für Verträge über digitale Produkte mit den Regelungen des allgemeinen Leistungsstörungsrechts. Im Übrigen bleiben die Ansprüche des Verbrauchers auf Schadensersatz nach den §§ 283 und 311a Abs. 2 BGB gem.

18 Kritisch zu § 327c Abs. 7 BGB *Faust*, Stellungnahme Umsetzung DIRL u. WKRL, S. 7; *Rieländer*, GPR 2021, 257 (264).

19 Siehe hierzu RegE DIRL, S. 51.

§ 327c Abs. 2 S. 3 BGB ausdrücklich unberührt – die Digitale-Inhalte-RL regelt die Unmöglichkeit der Bereitstellung selbst nicht, daher werden auch die Schadensersatzansprüche des BGB bei vom Unternehmer zu vertretener Unmöglichkeit der Bereitstellung nicht modifiziert.

c. Umsetzung in Frankreich

Kommt der Unternehmer seiner Verpflichtung zur Bereitstellung des digitalen Inhalts oder der digitalen Dienstleistung gem. Art. L. 224-25-10 C. cons. nicht nach, bestimmen sich die Rechte des Verbrauchers im französischen Verbraucherrecht nach Art. L. 224-25-11 C. cons.

Art. L 224-25-11 S. 1 1° C. cons. stellt zunächst klar, dass der Verbraucher dem Unternehmer mitteilen kann, dass er die Zahlung des gesamten oder eines Teils des Preises unter den Voraussetzungen des Art. 1219[20] bzw. 1220[21] Code civil verweigert bzw. aussetzt, bis der Unternehmer seinen Verpflichtungen nachkommt.[22] Die Regelung der Rechte einer Partei auf Zurückhaltung der Erfüllung ihrer Verpflichtungen oder von Teilen davon, bis die andere Partei ihre Verpflichtungen erfüllt hat, überlässt die Digitale-Inhalte-RL den Mitgliedstaaten (vgl. Erwgr. 15 DIRL).[23] Für den Fall einer nicht erfolgten Bereitstellung eines digitalen Produkts räumt der französische Gesetzgeber dem Verbraucher ein solches Recht ausdrücklich ein und verweist hier auf die Vorschriften des Code civil.[24] Gem. Art. 1219, 1220 Code civil

20 Art. 1219 Code civil: „*Une partie peut refuser d'exécuter son obligation, alors même que celle-ci est exigible, si l'autre n'exécute pas la sienne et si cette inexécution est suffisamment grave.*" Deutsche Übersetzung aus *Bien/Borghetti*, Die Reform des französischen Vertragsrechts, S. 289: „Eine Partei kann die Erfüllung ihrer Verpflichtungen auch bei deren Fälligkeit verweigern, wenn die andere Partei ihre Verpflichtungen nicht erfüllt hat und diese Pflichtverletzung hinreichend schwer wiegt.".

21 Art. 1220 Code civil: „*Une partie peut suspendre l'exécution de son obligation dès lors qu'il est manifeste que son cocontractant ne s'exécutera pas à l'échéance et que les conséquences de cette inexécution sont suffisamment graves pour elle. Cette suspension doit être notifiée dans les meilleurs délais.*" Deutsche Übersetzung aus *Bien/Borghetti*, Die Reform des französischen Vertragsrechts, S. 289: „Eine Partei kann die Erfüllung ihrer Verpflichtung aussetzen, wenn offensichtlich ist, dass der Vertragspartner bei Fälligkeit nicht leisten wird und dass die Folgen dieser Nichtleistung für diese Partei hinreichend schwer wiegen. Die Aussetzung ist unverzüglich anzuzeigen.".

22 Dieser Mechanismus eines allgemeinen Zurückbehaltungsrechts ist in Frankreich erst seit der Reform des Code civil im Jahr 2016 in den Art. 1219 ff. Code civil gesetzlich verankert, siehe dazu etwa *Dubarry*, in: Bien/Borghetti (Hrsg.), Die Reform des französischen Vertragsrechts, S. 165 (172 ff.).

23 Während des Gesetzgebungsprozesses hatte das Europäische Parlament hingegen noch eine Regelung zu Zurückbehaltungsrechten vorgeschlagen, siehe EP-Entwurf, A8–0375/2017, Änderungsantrag 107 zu Art. 12 des Richtlinienvorschlags (Art. 12 Abs. 2 Unterabs. 2). Ähnlich auch *European Law Institute*, Statement of the European Law Institute on the European Commission's Proposed Directive on the Supply of Digital Content to Consumers COM (2015) 634 final, 2016, S. 28.

24 Zu der parallelen Regelung bei den Abhilfen bei Vertragswidrigkeit siehe unter 2.a.cc.

setzt die Einrede des nichterfüllten Vertrags voraus, dass die Nichtleistung für die andere Partei hinreichend schwer wiegt, es darf also jedenfalls keine unwesentliche Nichterfüllung vorliegen.[25] Mit dem Verweis auf Art. 1219 und 1220 Code civil steht dem Verbraucher ein direkt aus dem Code civil „importierter" Rechtsbehelf zur Verfügung.[26] Die Anwendung des Zurückbehaltungsrechts nach den Regelungen des Code civil ist dabei nicht auf synallagmatische Verträge[27] beschränkt, da mit der Reform des Code civil auch der Anwendungsbereich des Zurückbehaltungsrechts erweitert werden sollte.[28]

Des Weiteren kann der Verbraucher gem. Art. L. 224-25-11 S. 1 2° C. cons. den Vertrag „auflösen" („*résoudre le contrat*"), wenn der Unternehmer, nachdem der Verbraucher ihn zur Bereitstellung der digitalen Inhalte oder der digitalen Dienstleistungen aufgefordert hat, diese nicht unverzüglich oder innerhalb einer ausdrücklich zwischen den Vertragsparteien vereinbarten Nachfrist bereitgestellt hat. Die Vorschrift dient der Umsetzung von Art. 13 Abs. 1 DIRL. Das französische Verbrauchergesetzbuch übernimmt mit dem Begriff der Vertragsauflösung („*résolution du contrat*") insoweit die Terminologie der französischen Fassung der Digitale-Inhalte-RL. Diese deckt sich im französischen Verbraucherrecht auch mit der Terminologie für Kaufverträge über Waren (vgl. Art. L. 217-1 ff. C. cons.).

Nach französischem Verständnis gilt der Vertrag als aufgelöst, sobald der Unternehmer die Mitteilung über die Auflösung des Vertrags erhält, es sei denn der Unternehmer hat in der Zwischenzeit seine Verpflichtungen erfüllt (vgl. Art. L. 224-25-11 S. 2 C. cons.). Der Verbraucher hat entsprechend der Richtlinienvorgabe des Art. 13 Abs. 2 DIRL zudem das Recht, den Vertrag sofort aufzulösen,

---

25 Art. 1219 Code civil regelt den Fall, dass eine Vertragspartei die Erfüllung ihrer Verpflichtungen auch bei deren Fälligkeit verweigern kann, wenn die andere Partei ihre Verpflichtungen nicht erfüllt hat und diese Pflichtverletzung hinreichend schwer wiegt; Art. 1220 Code civil betrifft das Zurückbehaltungsrecht schon vor Fälligkeit der Leistung des Schuldners. Für die Zurückbehaltung ist eine Mahnung entbehrlich, so *Remien*, in: Bien/Borghetti (Hrsg.), Die Reform des französischen Vertragsrechts, S. 181 (185) m.w.N. Kritisch zu der Voraussetzung, dass für das Leistungsverweigerungsrecht („*exception d'inexécution*") nach Art. 1219 und 1220 Code civil eine gewisse Schwelle überschritten sein („*inexécution suffisamment grave*"), siehe *Remien*, ebenda (188).

26 Siehe hierzu auch *Hélaine*, Adaption de la garantie légale de conformité pour les biens et les contenus et services numériques, Dalloz actualité, 5 octobre 2021; *Legrand*, La garantie de conformité enfin adaptée à l'ère numérique, publié le 16/12/2021.

27 Ein „synallagmatischer Vertrag" liegt auch nach französischem Verständnis vor, wenn ein Vertragsverhältnis gegenseitige Hauptleistungspflichten beinhaltet (vgl. Art. 1106 S. 1 Code civil: „*Le contrat est synallagmatique lorsque les contractants s'obligent réciproquement les uns envers les autres*"; deutsche Übersetzung aus *Bien/Borghetti*, Die Reform des französischen Vertragsrechts, S. 255: „Ein Vertrag ist synallagmatisch, wenn sich die Vertragspartner gegenseitig verpflichten.").

28 So *Dubarry*, in: Bien/Borghetti (Hrsg.), Die Reform des französischen Vertragsrechts, S. 165 (172 f.) m.w.N.

wenn die beschriebenen Voraussetzungen vorliegen (vgl. Art. L. 224-25-11 S. 3 und 2 C. cons.).

Übt der Verbraucher sein Recht auf Auflösung des Vertrags aus, finden die Art. L. 225-25-22 und L. 224-25-23 C. cons. Anwendung. Im Übrigen lassen die Bestimmungen des Art. L. 224-25-11 C. cons. die bestehenden Regelungen zum Schadensersatz ausdrücklich unberührt (vgl. Art. L. 224-25-11 letzter Satz C. cons.).[29]

d. Zusammenfassung und vergleichende Gesamtschau

Das digitalvertragsrechtliche Gewährleistungsregime der Digitale-Inhalte-RL sieht in Art. 13 DIRL Regelungen zu den Rechten des Verbrauchers bei nicht erfolgter Bereitstellung eines digitalen Produkts vor. Für den Fall einer Nichtleistung i. S. e. nicht erfolgten Bereitstellung steht dem Verbraucher ein (Nach-)Erfüllungsanspruch zu, der nach der Konzeption der Richtlinie als Rechtsbehelf des Verbrauchers ausgestaltet ist. Das (Nach-) Erfüllungsbegehren bildet die Vorstufe für ein Vertragsbeendigungsrecht des Verbrauchers bei einem weiteren Ausbleiben der Bereitstellung. Unter den Voraussetzungen des Art. 13 Abs. 2 DIRL ist der Verbraucher im Übrigen zur sofortigen Beendigung des Vertrags berechtigt. Eine Regelung zu Schadensersatzansprüchen des Verbrauchers für den Fall einer unterlassenen Bereitstellung hat der europäische Gesetzgeber hingegen den Mitgliedstaaten überlassen (vgl. Erwgr. 73 DIRL).

Das deutsche Vertragsrecht behält die bekannte dogmatische Konzeption eines Primär- und eines Sekundäranspruchs im Digitalvertragsrecht bei und gewährt dem Verbraucher den Erfüllungsanspruch (weiterhin) schon auf der Ebene der primären Leistungspflicht. Die in der Richtlinie als „Abhilfen“ bezeichneten Sekundäransprüche des Verbrauchers bei unterbliebener Bereitstellung digitaler Inhalte oder digitaler Dienstleistungen sind in § 327c BGB umgesetzt. Hervorzuheben ist die gewählte Terminologie der „Beendigung“ des Vertrags über die Bereitstellung eines digitalen Produkts, die der Berücksichtigung der Besonderheiten von Verträgen über digitale Produkte und der Abgrenzung der bislang im Schuldrecht geregelten Rechtsbehelfe dient. Darüber hinaus enthält § 327c Abs. 2 BGB für den Fall einer Verletzung der Bereitstellungspflicht Regelungen zum Schadensersatzanspruch des Verbrauchers. Die Norm verweist hierzu im Wesentlichen auf die allgemeinen Regelungen der §§ 280 ff. BGB und modifiziert diese, soweit nötig. Die modifizierte Rechtsgrundverweisung verzahnt die europarechtlich determinierten speziellen Vorschriften für Verträge über digitale Produkte mit den Regelungen des allgemeinen Leistungsstörungsrechts.

29 Zum Schadensersatzrecht im französischen Verbraucherrecht siehe Kapitel 8 II.3.

Im französischen Digitalvertragsrecht bestimmen sich die Rechte des Verbrauchers in Fällen, in denen der Unternehmer seiner Verpflichtung zur Bereitstellung digitaler Inhalte oder digitaler Dienstleistungen nicht nachkommt, nach Art. L. 224-25-11 C. cons. Die Vorschrift verweist zunächst auf ein Zurückbehaltungsrecht des Verbrauchers nach den allgemeinen Regelungen des Code civil. Ferner kann der Verbraucher entsprechend der Richtlinienvorgabe den Vertrag über die Bereitstellung des digitalen Produkts „auflösen". Die digitalvertragsrechtlichen Bestimmungen des Art. L. 224-25-11 C. cons. lassen die bestehenden Regelungen zum Schadensersatz im französischen Recht ausdrücklich unberührt.

2. Abhilfen des Verbrauchers bei Vertragswidrigkeit

a. Hierarchie der Rechtsbehelfe

aa. Europäische Vorgabe, Art. 14 DIRL

Die als „Abhilfen" [30] bezeichneten vertraglichen Rechtsbehelfe des Verbrauchers im Falle einer Vertragswidrigkeit der bereitgestellten digitalen Inhalte oder digitalen Dienstleistungen nach Art. 14 DIRL folgen in ihrer Grundstruktur der Verbrauchsgüterkauf-RL und entsprechen damit im Wesentlichen auch der neuen Warenkauf-RL.[31] Bei Vertragswidrigkeit hat der Verbraucher Anspruch auf Herstellung des vertragsgemäßen Zustands, auf eine anteilmäßige Preisminderung oder auf Beendigung des Vertrags (vgl. Art. 14 Abs. 1 DIRL).

Der europäische Gesetzgeber sieht grundsätzlich eine Hierarchie der Rechtsbehelfe im Sinne eines Vorrangs der Herstellung des vertragsgemäßen Zustands gegenüber einer Preisminderung und der Vertragsbeendigung vor.[32] Abweichend von dem Vorbild der Verbrauchsgüterkauf-RL (vgl. Art. 3 Abs. 3, 5 VerbrGK-RL) und auch dem Richtlinienvorschlag der Kommission (vgl. Art. 12 Abs. 1, 3 lit. a bis d und Art. 13 des Richtlinienvorschlags) folgt die Digitale-Inhalte-RL angesichts der expliziten Ausnahme für „schwerwiegende Vertragswidrigkeiten" allerdings einer weniger strengen Hierarchie der Rechtsbehelfe.[33] In Fällen einer „schwerwiegenden" Vertragswidrigkeit kann der Verbraucher den Preis sofort mindern bzw. den

30 Vgl. Art. 14 DIRL: „Abhilfen bei Vertragswidrigkeit" bzw. in der franz. Sprachfassung: *„Recours pour défaut de coformité"*.

31 Vgl. Art. 3 Abs. 2 VerbrGK-RL und nunmehr Art. 13 Abs. 1 WKRL.

32 Siehe hierzu auch *Metzger*, JZ 2019, 577 (582); *Schulze*, ZEuP 2019, 695 (717 f.); *Staudenmayer*, ZEuP 2019, 663 (685 ff.).

33 Zu der Abkehr von der strikten Hierarchie in der Verbrauchsgüterkauf-RL sowie im Kommissionsvorschlag siehe auch *Spindler/Sein*, MMR 2019, 488 (490); *Legrand*, Petites Affiches, n° 01 du 1 Juin 2021, 16.

Vertrag sofort beenden, ohne dem Unternehmer zunächst eine Gelegenheit zur Herstellung des vertragsmäßigen Zustands geben zu müssen (vgl. Art. 14 Abs. 4 lit. d DIRL).[34] Insoweit enthält die Richtlinie hier ein flexibleres Regime und trifft damit auch einen Kompromiss zwischen Rechtsordnungen mit strenger Hierarchie und solchen mit flexibler bzw. freier Wahl der Rechtsbehelfe.

Im Übrigen hat der europäische Gesetzgeber den Mitgliedstaaten im Hinblick auf die Abhilfen des Verbrauchers spezifische Regelungsoptionen überlassen, die die Vollharmonisierung der Rechtsbehelfe insoweit aufweichen. Von der Digitale-Inhalte-RL unberührt bleiben nationale Vorschriften, die nicht speziell für Verbraucherverträge gelten und spezifische Abhilfen für bestimmte Arten von Mängeln vorsehen, die zum Zeitpunkt des Abschlusses des Vertrags nicht offenbar waren (vgl. Erwgr. 12 DIRL).[35] Der europäische Gesetzgeber zielt hier auf die im französischen Recht existierende Sonderbehandlung von sog. „*vices cachés*" (verborgenen / versteckten Mängeln) ab.[36]

Von der Richtlinie gänzlich unberührt bleibt im Zusammenhang mit den Abhilfen bei Vertragswidrigkeit ferner eine Regelung des Rechts auf Schadensersatz des Verbrauchers (vgl. Art. 3 Abs. 10 DIRL).[37]

bb. Umsetzung in Deutschland

Im Rahmen des deutschen Digitalvertragsrechts listet § 327i BGB die „Rechte des Verbrauchers bei Mängeln"[38] eines bereitgestellten digitalen Produkts auf: der Verbraucher kann, wenn die Voraussetzungen der jeweiligen Vorschriften vorliegen, Nacherfüllung verlangen (§ 327l), den Vertrag beenden (§ 327m Abs. 1, 2, 4 und 5) oder den Preis mindern (§ 327n) und Schadensersatz (§ 280 Abs. 1 oder § 327m Abs. 3) oder Aufwendungsersatz (§ 284) verlangen.

Die Aufzählung der gewährleistungsrechtlichen Rechtsbehelfe des Verbrauchers dient der Umsetzung von Art. 14 Abs. 1 DIRL ergänzt um einen Verweis auf die

---

34 Siehe hierzu auch die Erläuterung in Erwgr. 65 DIRL und das dort genannte Beispiel eines Antivirenprogramms, das selbst mit Viren infiziert ist. Kritisch zu der offenen und insoweit unklaren Formulierung einer „schwerwiegenden" Vertragswidrigkeit siehe *Legrand*, Petites Affiches, n° 01 du 1 Juin 2021, 16.

35 Eine dahingehende ausdrückliche Öffnungsklausel findet sich auch im Richtlinientext der Warenkauf-RL, vgl. Art 3 Abs. 7 WKRL (siehe im Rahmen der Warenkauf-RL außerdem die Begründungserwägung 18).

36 Siehe hierzu auch *Stabentheiner*, in: Stabentheiner/Wendehorst/Zöchling-Jud (Hrsg.), Das neue europäische Gewährleistungsrecht, S. 1 (27).

37 Zu diesem Angleichungsdefizit der Digitale-Inhalte-RL siehe allgemein schon Kapitel 3 II.3.

38 Der deutsche Gesetzgeber ersetzt mit dieser Formulierung die Terminologie der Digitale-Inhalte-RL „Abhilfen bei Vertragswidrigkeit".

Regelungen zum Schadens- und Aufwendungsersatz, die nicht Gegenstand der Richtlinie sind.[39]

Die Übersicht der Rechtsbehelfe bei Vorliegen eines Produktmangels ist § 437 BGB nachgebildet. Wegen der Vergleichbarkeit mit den Regelungen im Kauf- und Werkvertragsrecht wird im deutschen Digitalvertragsrecht der richtlinienfremde Begriff der „Nacherfüllung“ synonym für die Terminologie „Herstellung des vertragsgemäßen Zustands“ verwendet.[40]

Das Konzept der Hierarchie der Rechtsbehelfe, das mit dem Vorrang der Nacherfüllung zum Ausdruck kommt, ist im Rahmen des § 327m Abs. 1 BGB umgesetzt.[41]

cc. Umsetzung in Frankreich

Im französischen digitalvertragsrechtlichen Verbraucherrecht zählt Art. L. 224-25-17 S. 1 C. cons. – in hierarchischer Reihenfolge[42] – die Rechte des Verbrauchers im Falle einer Vertragswidrigkeit der bereitgestellten digitalen Inhalte oder digitalen Dienstleistungen auf:

> En cas de défaut de conformité, le consommateur a droit à la mise en conformité du contenu numérique ou du service numérique ou, à défaut, à la réduction du prix ou à la résolution du contrat, dans les conditions énoncées dans le présent paragraphe.

---

39 § 327i Nr. 3 BGB enthält hierfür, anders als § 327i Nr. 3 BGB-E, eine konkrete Aufzählung derjenigen Anspruchsgrundlagen, aus denen sich die Ansprüche des Verbrauchers auf Schadensersatz bzw. Aufwendungsersatz aufgrund einer Mangelhaftigkeit des digitalen Produkts ergeben – durch den ausdrücklichen Verweis auf § 280 Abs. 1 BGB soll sichergestellt werden, dass der Verbraucher einen „Mangelfolgeschaden“ nach dieser Anspruchsgrundlage geltend machen kann; der ebenfalls genannte § 327m Abs. 3 enthält zudem eine Anspruchsgrundlage auf Schadensersatz statt der Leistung, siehe hierzu und insbesondere zu den Änderungen der Entwurfsfassung die Beschlussempfehlung des Ausschusses für Recht und Verbraucherschutz, BT-Drucks. 19/30951, S. 4 sowie den Bericht des Ausschusses für Recht und Verbraucherschutz, BT-Drucks. 19/31116, v. 23.6.2021, S. 9 f. Zum Schadensersatzrecht im Digitalvertragsrecht siehe Kapitel 8 II.2.

40 Siehe hierzu RegE DIRL, S. 66.

41 Siehe hierzu RegE DIRL, S. 66 f. (Nacherfüllung als Rechtsbehelf der „ersten Stufe“).

42 Siehe hierzu näher *Hélaine*, Adaption de la garantie légale de conformité pour les biens et les contenus et services numériques, Dalloz actualité, 5 octobre 2021. Die grundsätzliche Hierarchisierung der Verbraucherrechte im französischen Verbraucherrecht führte die *Ordonnance n° 2005–136* ein, die der Umsetzung der Verbrauchsgüterkauf-RL diente; anfänglich wurde die Hierarchisierung der Verbraucherrechte in Frankreich allerdings kontrovers diskutiert, siehe hierzu etwa *Kaschefi*, Sachmängelhaftung im französischen Kaufrecht vor und nach Umsetzung der Verbrauchsgüterkaufrichtlinie: mit rechtsvergleichenden Hinweisen zum deutschen Recht unter Berücksichtigung von „Weiterfressersachverhalten“, S. 102 ff.

Darüber hinaus verweist Art. L. 224-25-17 S. 2 C. cons. ausdrücklich auf das Recht des Verbrauchers, nach Art. 1219 und 1220 Code civil die Zahlung des Preises oder eines Teils davon oder die Gewährung des vertraglich vereinbarten Vorteils zurückzuhalten,[43] bis der Unternehmer seinen Verpflichtungen nach Art. L. 224-25-12 ff. C. cons. nachgekommen ist.[44]

Dem französischen Recht ist es außerdem möglich gewesen, angesichts der Regelungsoption der Digitale-Inhalte-RL im Hinblick auf spezifische Abhilfen für bestimmte Arten von Mängeln (vgl. Erwgr. 12 DIRL), das Rechtsinstitut der *„garantie des vices cachés"* beizubehalten. Ein entsprechender Verweis auf die Art. 1641 bis 1649 Code civil ist in Art. L. 224-25-29 S. 1 C. cons. enthalten.[45] Die Rechtsbehelfe des Verbrauchers der *„garantie légale de conformité"* aus Art. L. 224 25 12 ff. C. cons. treten mithin neben die Rechte aus Art. 1641 ff. Code civil wegen Vorliegens eines *„vice caché"* ebenso wie jegliche sonstige Rechte aus vertraglicher oder außervertraglicher Haftung. Diese sind kumulativ anwendbar.[46]

Das Recht des Verbrauchers, bei einer Vertragswidrigkeit des digitalen Produkts Schadensersatz zu verlangen, wird in Art. L. 224-25-17 S. 1 C. cons. nicht aufgezählt. Dies steht der Anwendung von anderen Schadensersatzregelungen jedoch nicht entgegen. In Art. L. 224-25-17 S. 3 C. cons. stellt der französische Gesetzgeber

---

43 Zu Art. 1219 und 1220 Code civil siehe bereits unter I.1.c.

44 Wie gezeigt, steht es den Mitgliedstaaten im Rahmen der Digitale-Inhalte-RL ausdrücklich frei, die Rechte von Parteien auf Zurückhaltung der Erfüllung ihrer Verpflichtungen oder von Teilen davon, bis die andere Partei ihre Verpflichtungen erfüllt hat, zu regeln – dies betrifft auch die Möglichkeit der nationalen Gesetzgeber zu bestimmen, ob ein Verbraucher im Falle einer Vertragswidrigkeit Anspruch darauf hat, die Zahlung des Preises oder eines Teils davon zurückzuhalten, bis der Unternehmer den vertragsgemäßen Zustand der digitalen Inhalte oder digitalen Dienstleistungen hergestellt hat (vgl. Erwgr. 15 DIRL). Demgegenüber sieht die Warenkauf-RL in Art. 13 Abs. 6 WKRL im Zusammenhang mit den Abhilfen bei Vertragswidrigkeit ausdrücklich vor, dass der Verbraucher berechtigt ist, die Zahlung eines ausstehenden Teiles des Preises oder eines Teils davon so lange zurückzuhalten, bis der Verkäufer seine Verpflichtungen erfüllt hat, lediglich die Festlegung der Bedingungen und Modalitäten, unter denen der Verbraucher die Zahlung zurückhalten kann, ist den Mitgliedstaaten hier überlassen. Der französische Gesetzgeber hat sich für den Erlass einer parallelen Vorschrift im Rahmen des Digitalvertragsrechts entschieden, siehe hierzu auch *Legrand*, Petites Affiches, n° 01 du 1 Juin 2021, 16; *Legrand*, La garantie de conformité enfin adaptée à l'ère numérique, publié le 16/12/2021.

45 Art. L. 224-25-29 S. 1 C. cons.: *„Les dispositions de la présente section ne privent pas le consommateur du droit d'exercer l'action résultant la garantie des vices cachés telle qu'elle résulte des articles 1641 à 1649 du code civil ou toute autre action de nature contractuelle ou extracontractuelle qui lui est reconnue par la loi."*.

46 Siehe hierzu näher *Legrand*, Petites Affiches, n° 01 du 1 Juin 2021, 16.

insoweit ausdrücklich klar, dass die Bestimmungen des Unterabschnitts die Zuerkennung von Schadensersatz unberührt lassen.[47]

b. Herstellung des vertragsgemäßen Zustands

aa. Europäische Vorgabe, Art. 14 Abs. 2 und 3 DIRL

Die Modalitäten des Anspruchs auf Herstellung des vertragsgemäßen Zustands digitaler Inhalte oder digitaler Dienstleistungen hat der europäische Gesetzgeber in Art. 14 Abs. 2 und 3 DIRL konkretisiert.

Indem sich Art. 14 DIRL auf den hinsichtlich der Vertragsart unspezifischen Oberbegriff „Herstellung des vertragsgemäßen Zustands" beschränkt und die beiden Varianten „Nachbesserung" und „Ersatzlieferung" aus Art. 3 VerbrGK-RL nicht übernimmt, löst sich die Digitale-Inhalte-RL von einem spezifischen Bezug zum Kaufrecht.[48] Anders als im kaufrechtlichen Gewährleistungsregime steht dem Verbraucher auch kein Wahlrecht in Bezug auf die Art der Nacherfüllung zu.[49] Vielmehr ist der Unternehmer bei der Wahl der Mittel zur Mangelbeseitigung vor dem Hintergrund der technischen Diversität digitaler Inhalte und digitaler Dienstleistungen frei: Es ist dem Unternehmer überlassen, wie er den vertragsgemäßen Zustand des digitalen Produkts herstellt, d. h. durch Nachbesserung oder durch erneute Bereitstellung, indem er dem Verbraucher bspw. eine aktualisierte Version oder eine neue Kopie der digitalen Inhalte oder digitalen Dienstleistungen bereitstellt (vgl. Erwgr. 63 DIRL).[50]

Für die Herstellung des vertragsgemäßen Zustands stellt die Richtlinie auf einen „angemessenen" Zeitraum nach Kenntnisnahme durch den Unternehmer ab (vgl. Art. 14 Abs. 3 DIRL). In den Begründungserwägungen zur Digitale-Inhalte-RL hebt der europäische Gesetzgeber hervor, dass es angesichts der Vielfalt digitaler Inhalte und digitaler Dienstleistungen – anders als beim Kauf einer Ware – nicht

---

47 Zum französische Schadensersatzrecht siehe Kapitel 9 II.3.

48 Hierzu auch *Schulze*, ZEuP 2019, 695 (717 f.); *Staudenmayer*, ZEuP 2019, 663 (685 f.); *Staudenmayer*, NJW 2019, 2497 (2499); *Gsell*, in: Kindl/Arroyo Vendrell/Gsell (Hrsg.), Verträge über digitale Inhalte und digitale Dienstleistungen, S. 85 (87 f.).

49 Demgegenüber hat ein Verbraucher gem. Art. 13 Abs. 1 und 2 WKRL für die Herstellung des vertragsgemäßen Zustands von Waren (weiterhin) die Wahl zwischen Nachbesserung und Ersatzlieferung, es sei denn, die gewählte Abhilfe wäre unmöglich oder würde dem Verkäufer im Vergleich zu der anderen Abhilfemöglichkeit unverhältnismäßige Kosten verursachen, siehe hierzu auch Erwgr. 48 WKRL. Zur Umsetzung dieser Vorschrift im französischen Verbraucherrecht in Art. 217-9 ff. C. cons. mit Blick auf den Grundsatz der Wahlfreiheit des Verbrauchers im Kaufrecht und insbesondere die Vorzugsregelung für die Herstellung der Konformität der Ware durch Nachbesserung (i. S. e. Reparatur) gem. Art. 217-13 C. cons. siehe *Pellier*, Recueil Dalloz 2022, 563 (563 f. (Fn. 4)).

50 Siehe hierzu auch *Spindler/Sein*, MMR 2019, 488 (490); *Zoll*, EuCML 2016, 250 (252); *Staudenmayer*, ZEuP 2019, 663 (685).

angemessen sei, feste Fristen für die Wahrnehmung der Rechte oder die Erfüllung der Pflichten festzulegen.[51] Die für Herstellung des vertragsgemäßen Zustands „angemessene Frist" ist jedenfalls unter Berücksichtigung der Art der Vertragswidrigkeit objektiv zu bestimmen.[52]

Die Richtlinienvorgabe verlangt zudem lediglich den Ablauf einer „angemessenen Frist", der Verbraucher muss dem Unternehmer die Frist nicht gesetzt haben. Die Herstellung des vertragsgemäßen Zustands hat zudem unentgeltlich und ohne erhebliche Unannehmlichkeiten für den Verbraucher zu erfolgen; dabei sind die Art der digitalen Inhalte oder digitalen Dienstleistungen und der Zweck, für den der Verbraucher diese benötigt, zu berücksichtigen (vgl. Art. 14 Abs. 3 a.E. DIRL).

Der Anspruch des Verbrauchers auf Herstellung des vertragsgemäßen Zustands besteht nicht in Fällen der Unmöglichkeit oder der Unverhältnismäßigkeit der Nacherfüllung (vgl. Art. 14 Abs. 2 DIRL). Unter Berücksichtigung aller Umstände des Einzelfalls, einschließlich des Werts des digitalen Produkts im vertragsgemäßen Zustand und der Erheblichkeit der Vertragswidrigkeit,[53] ist der Unternehmer gem. Art. 14 Abs. 2 lit. a und b DIRL nicht zu unverhältnismäßig teuren Maßnahmen verpflichtet. Da der Verbraucher gerade kein Wahlrecht zwischen Nachbesserung und Ersatzlieferung hat, handelt es sich bei der Verhältnismäßigkeitsklausel der Digitale-Inhalte-RL – im Gegensatz zu der Vorschrift im Rahmen der Verbrauchsgüterkauf-RL[54] bzw. der Regelung in der Warenkauf-RL in Art. 13 Abs. 2 WKRL[55] –

---

51 Siehe hierzu Erwgr. 64 DIRL. Im Gegensatz dazu eröffnet die Warenkauf-RL den Mitgliedstaaten die Möglichkeit zur Konkretisierung der „angemessenen Frist" zur Herstellung des vertragsgemäßen Zustands: Nachbesserungen oder Ersatzlieferungen sollten innerhalb einer „angemessenen Frist" vorgenommen werden, bei der Umsetzung der Warenkauf-RL sollten die Mitgliedstaaten aber auslegen können, was unter einer „angemessenen Frist" für die Nachbesserung oder Ersatzlieferung zu verstehen ist, indem sie feste Fristen festlegen, die allgemein als angemessen gelten können, so Erwgr. 55 WKRL. Der französische Gesetzgeber hat für den Warenkauf insoweit festgelegt, dass eine „angemessene" Frist nicht mehr als dreißig Tage betragen dürfe (vgl. Art. L. 217-10 C. cons.), siehe hierzu *Legrand*, Petites Affiches, n° 01 du 1 Juin 2021, 16.

52 Vgl. Erwgr. 46 S. 2 DIRL.

53 Diese Umstände waren schon im Rahmen der Verbrauchsgüterkauf-RL zu berücksichtigen (vgl. Art. 3 Abs. 3 S. 2 VerbrGK-RL); das dritte Kriterium, ob die alternative Abhilfemöglichkeit ohne erhebliche Unannehmlichkeiten für den Verbraucher durchgeführt werden könnte, ist in der Digitale-Inhalte-RL nicht übernommen worden, da es wegen des mangelnden Wahlrechts des Verbrauchers keine alternative Abhilfe in diesem Sinne gibt, vgl. *Staudenmayer*, ZEuP 2019, 663 (687).

54 Vgl. Art. 3 Abs. 3 S. 1, 2 VerbrGK-RL.

55 Die Warenkauf-RL statuiert angesichts des Wahlrechts des Verbrauchers zwischen Nachbesserung und Ersatzlieferung in Art. 13 Abs. 2 WKRL eine „relative" Verhältnismäßigkeitsklausel. Während der EuGH im Zusammenhang mit der Verbrauchsgüterkauf-RL die Möglichkeit des Verkäufers, sich auf eine „absolute" Unverhältnismäßigkeit der Nacherfüllung zu berufen, noch verneinte (siehe hierzu EuGH, Urt. v. 16.6.2011, C-65/09 verb. mit C-87/09, ECLI:EU:C:2011:396 – *Weber/*

nicht um eine „relative", sondern um eine „absolute" Verhältnismäßigkeitsklausel.[56] Vor diesem Hintergrund scheidet eine Nacherfüllung im Digitalvertragsrecht oftmals schon aus, wenn bspw. eine Neuprogrammierung oder ein neues Update für eine geringwertige App für den Unternehmer zu kostenaufwändig wäre.[57]

bb. Umsetzung in Deutschland

Entsprechend der Richtlinienvorgabe in Art. 14 Abs. 2 und 3 DIRL legt § 327l BGB die Modalitäten des Anspruchs des Verbrauchers auf Nacherfüllung fest.

Im deutschen Umsetzungsgesetz ist vor allem die Bestimmung des § 327l Abs. 2 BGB von Interesse, die der Umsetzung von Art. 14 Abs. 2 DIRL dient und den Ausschluss des Nacherfüllungsanspruchs des Verbrauchers regelt. Dieser ausgeschlossen, wenn die Nacherfüllung unmöglich (vgl. § 327l Abs. 2 S. 1 Alt. 1 BGB) oder für den Unternehmer nur mit unverhältnismäßigen Kosten möglich ist (vgl. § 327l Abs. 2 S. 1 Alt. 2 BGB).[58] Für ersteres (Unmöglichkeit der Nacherfüllung) hatte der Regierungsentwurf in § 327l Abs. 2 S. 1 Alt. 1 BGB-E einen expliziten Verweis auf § 275 Abs. 1 BGB aufgenommen und im Rahmen der Begründung des Regierungsentwurfs zutreffend erläutert, dass § 275 Abs. 2 und 3 BGB – anders als bislang im Kaufrecht – neben den in § 327l Abs. 2 BGB-E festgehaltenen Leistungsverweigerungsrechten nicht anwendbar sei, da die in § 275 Abs. 2 und 3 BGB vorgesehenen Gründe für den Ausschluss der Leistungspflicht keine Entsprechung in der Digitale-Inhalte-RL finden.[59] In der endgültigen Fassung des § 327l Abs. 2 BGB wurde der rein deklaratorische Verweis auf § 275 Abs. 1 BGB – zu Recht – gestrichen, da § 275 Abs. 1 BGB schon als allgemeine Regel auch für den Nacherfüllungsanspruch aus § 327l BGB gilt.[60] Eine Klarstellung zum Ausschluss der Anwendbarkeit

Putz), sieht Art. 13 Abs. 3 WKRL nun explizit eine solche absolute Unverhältnismäßigkeit der Nacherfüllung vor, sodass der Unternehmer auch im Falle eines Verbrauchsgüterkaufs beide Arten der Nacherfüllung wegen unverhältnismäßiger Kosten ablehnen kann.

56 Ebenso bereits der GEK-Entwurf (vgl. Art. 110 Abs. 3 lit. b GEK) und der Richtlinienvorschlag der Kommission (Art. 12 Abs. 1); siehe hierzu und auch zur (entsprechenden) Regelung der Warenkauf-RL auch *Staudenmayer*, ZEuP 2019, 663 (686); *Gsell*, in: Kindl/Arroyo Vendrell/Gsell (Hrsg.), Verträge über digitale Inhalte und digitale Dienstleistungen, S. 85 (88 f.) (noch zum Kompromissvorschlag).

57 *Spindler/Sein*, MMR 2019, 488 (490).

58 Zur Beurteilung der Unverhältnismäßigkeit sind gem. § 327l Abs. 2 S. 2 BGB insbesondere der Wert des digitalen Produkts in mangelfreiem Zustand sowie die Bedeutung des Mangels zu berücksichtigen – § 327l Abs. 2 S. 2 BGB dient damit der Umsetzung von Art. 14 Abs. 2 lit. a und b DIRL. Da Art. 14 Abs. 2 lit. a und b DIRL, wie gezeigt, Art. 3 Abs. 3 S. 2 VerbrGK-RL nachgebildet ist, kann insoweit bei der Auslegung des neuen § 327 l Abs. 2 S. 2 BGB teilweise auch auf die zu § 439 Abs. 4 S. 2 BGB ergangene Rechtsprechung zurückgegriffen werden, vgl. RegE DIRL, S. 67.

59 Siehe die Begründung zu § 327l Abs. 2 BGB-E im RegE DIRL, S. 67.

60 Siehe hierzu schon *Faust*, Stellungnahme Umsetzung DIRL u. WKRL, S. 9 f.

der § 275 Abs. 2 und 3 BGB findet sich nunmehr ausdrücklich in § 327l Abs. 2 S. 3 BGB.[61]

Im Hinblick auf den Ausschluss des Anspruchs auf Nacherfüllung wegen „unverhältnismäßiger Kosten" gem. § 327l Abs. 2 S. 1 Alt. 2, S. 2 BGB ist zu beachten, dass der Verbraucher – anders als im Kaufrecht – gerade nicht zwischen verschiedenen Möglichkeiten der Nacherfüllung wählen kann und die Unverhältnismäßigkeit der Nacherfüllung daher stets mit Blick auf alle in Betracht kommenden Möglichkeiten zu beurteilen ist.[62] Vor diesem Hintergrund kann es, wie auch die Begründung des Regierungsentwurfs klarstellt, eine „relative" Unverhältnismäßigkeit – anders als im Kaufrecht – nicht geben.[63]

cc. Umsetzung in Frankreich

Die Modalitäten des Anspruchs des Verbrauchers auf Herstellung des vertragsgemäßen Zustands gemäß Art. 14 Abs. 2 und 3 DIRL sind im französischen Verbrauchergesetzbuch in Art. L. 22-25-18 und Art. L. 224-5-19 C. cons. umgesetzt.

Die Formulierung der Herstellung des vertragsgemäßen Zustands „innerhalb einer angemessenen Frist" („*dans un délai raisonnable*") ist vom französischen Gesetzgeber durch den Begriff „*sans retard injustifié*" (sinngemäß übersetzt: „ohne ungerechtfertigte Verzögerung") ersetzt worden (vgl. Art. L. 224-25-18 S. 2 C. cons.).[64] Damit vermeidet das französische Verbraucherrecht zwar die Verwendung des unbestimmten Begriffs einer „angemessenen Frist", ersetzt diesen jedoch durch einen Begriff, der ebenfalls der Auslegung bedarf. Dennoch wird mit der gewählten Terminologie zumindest deutlicher, dass Art. 14 Abs. 3 DIRL lediglich den Ablauf einer (angemessenen) Frist vorschreibt, der Verbraucher diese dem Unternehmer aber nicht gesetzt haben muss.

Der Unternehmer kann die Herstellung des vertragsgemäßen Zustands entsprechend der Richtlinienvorgabe des Art. 14 Abs. 2 DIRL gem. Art. L. 224-25-19

---

61 Anders hingegen im Kaufrecht, vgl. § 439 Abs. 4 S. 1 BGB.

62 Die Unverhältnismäßigkeit der Kosten ist – insoweit übereinstimmend mit § 439 Abs. 4 S. 2 BGB – in wertender Gesamtwürdigung aller Umstände, insbesondere unter Berücksichtigung des Werts des digitalen Produkts in mangelfreiem Zustand und der Bedeutung des Mangels, zu beurteilen (vgl. § 327l Abs. 2 S. 2 BGB).

63 Vgl. RegE DIRL, S. 67.

64 Im französischen Recht unterscheidet sich die Vorschrift damit von der entsprechenden Regelung für den Warenkauf, insoweit Art. L. 217-10 C. cons. für die Herstellung des vertragsgemäßen Zustands einer Ware auf eine angemessene Frist, die nicht mehr als dreißig Tage betragen darf, abstellt („*La mise en conformité du bien a lieu dans un délai raisonnable qui ne peut être supérieur à trente jours suivant la demande du consommateur*", Art. L. 217-10 S. 1 C. cons.). Siehe dazu Kapitel 8 Fn. 51.

S. 1 C. cons. verweigern, wenn sich diese als unmöglich erweist oder unverhältnismäßig hohe Kosten verursacht, insbesondere mit Blick auf die Bedeutung der Vertragswidrigkeit und den Wert des digitalen Inhalts oder der digitalen Dienstleistung in vertragsgemäßem Zustand.[65] Jede Verweigerung des Unternehmers, den vertragsgemäßen Zustand des digitalen Inhalts oder der digitalen Dienstleistung herzustellen, ist darüber hinaus schriftlich oder auf einem dauerhaften Datenträger zu begründen (vgl. Art. L. 224-25-19 S. 3 C. cons.) – diese Anforderung stellt die Richtlinienvorgabe der Digitale-Inhalte-RL nicht.

Für den Fall, dass der Unternehmer die Herstellung des vertragsgemäßen Zustands verweigert, obgleich diese nicht unmöglich ist oder unverhältnismäßig hohe Kosten verursacht, verweist das französische Recht zusätzlich auf Art. 1221 f. Code civil („*L'exécution forcée en nature*"), (siehe den Verweis in Art. L. 224-25-19 S. 2 C. cons.). Nach Mahnung kann ein Gläubiger gem. Art. 1221 Code civil[66] die „Erfüllung in Natur" verlangen sowie unter den Voraussetzungen des Art. 1222 Code civil[67] selbst die Verpflichtung erfüllen. In den genannten Fällen kann der Verbraucher somit nach einer Mahnung des Unternehmers dessen Verpflichtung zur Herstellung des vertragsgemäßen Zustands des digitalen Inhalts oder der digitalen Dienstleistung auf dessen Kosten selbst erfüllen; beispielsweise im Wege der Beschaffung

---

65 Art. L. 224-25-19 S. 1 C. cons. entspricht damit im Wesentlichen der allgemeinen Regelung des Art. 1221 Code civil, der die „Erfüllung in Natur" ausschließt, wenn diese unmöglich ist oder ein offensichtliches Missverhältnis zwischen dem Kostenaufwand des redlichen Schuldners und dem Interesse des Gläubigers besteht.

66 Art. 1221 Code civil: „*Le créancier d'une obligation peut, après mise en demeure, en poursuivre l'exécution en nature sauf si cette exécution est impossible ou s'il existe une disproportion manifeste entre son coût pour le débiteur de bonne foi et son intérêt pour le créancier.*" Deutsche Übersetzung aus *Bien/Borghetti*, Die Reform des französischen Vertragsrechts, S. 289: „Der Gläubiger einer Verpflichtung kann nach Mahnung die Erfüllung in Natur verlangen, es sei denn sie ist unmöglich oder es besteht ein offensichtliches Missverhältnis zwischen dem Kostenaufwand des redlichen Schuldners und dem Interesse des Gläubigers.".

67 Art. 1222 Code civil: „*Après mise en demeure, le créancier peut aussi, dans un délai et à un coût raisonnables, faire exécuter lui même l'obligation ou, sur autorisation préalable du juge, détruire ce qui a été fait en violation de celle-ci. Il peut demander au débiteur le remboursement des sommes engagées à cette fin. Il peut aussi demander en justice que le débiteur avance les sommes nécessaires à cette exécution ou à cette destruction.*" Deutsche Übersetzung aus *Bien/Borghetti*, Die Reform des französischen Vertragsrechts, S. 290: „Nach Mahnung kann der Gläubiger auch innerhalb einer angemessenen Frist und zu vertretbarem Kostenaufwand selbst die Verpflichtung erfüllen oder nach vorheriger Genehmigung eines Richters das vernichten, was unter Verletzung entstanden ist. Er kann vom Schuldner die Rückzahlung der zu diesem Zweck aufgewendeten Beträge verlangen. Er kann sich auch an die Gerichte wenden und verlangen, dass der Schuldner den erforderlichen Betrag für die Erfüllung oder die Vernichtung vorstreckt.".

eines vertragsgemäßen digitalen Produkts von einem Dritten auf Kosten des Unternehmers.[68]

c. Preisminderung

aa. Europäische Vorgabe, Art. 14 Abs. 4 und 5 DIRL

Bei Vertragswidrigkeit hat der Verbraucher – sofern die digitalen Inhalte oder digitalen Dienstleistungen gegen Zahlung eines „Preises“[69] bereitgestellt werden – unter den Voraussetzungen des Art. 14 Abs. 4 DIRL Anspruch auf eine anteilmäßige Minderung.[70] Eine Geringfügigkeitsklausel besteht für den Anspruch des Verbrauchers auf Preisminderung nicht (Umkehrschluss aus Art. 14 Abs. 6 DIRL).

Die Digitale-Inhalte-RL lässt offen, ob für die Minderung eine einseitige Erklärung durch den Verbraucher genügt oder die Minderung durch Klage geltend gemacht werden muss. Eine von Gesetzes wegen eintretende Minderung sieht die Richtlinie jedenfalls nicht vor; dies lässt sich angesichts der Wahlfreiheit des Verbrauchers zwischen Vertragsbeendigung und Preisminderung (vgl. Art. 14 Abs. 4 DIRL) aus Art. 15 DIRL ableiten, der für die Ausübung des Rechts auf Beendigung des Vertrags eine Erklärung des Verbrauchers, die seinen Entschluss zur Vertragsbeendigung zum Ausdruck bringt, vorsieht.[71]

Die Preisminderung bemisst sich gem. Art. 14 Abs. 5 Unterabs. 1 DIRL nach dem Verhältnis des verminderten Werts der dem Verbraucher bereitgestellten digitalen Inhalte oder digitalen Dienstleistungen zu dem Wert, den diese im vertragsgemäßen Zustand gehabt hätten und damit nach der klassischen Berechnungsmethode. Bei Dauerschuldverhältnissen (Bereitstellung über einen Zeitraum) gilt die Preisminderung für den Zeitraum, in dem die digitalen Inhalte oder digitalen Dienstleistungen nicht vertragsgemäß waren (vgl. Art. 14 Abs. 5 Unterabs. 2 DIRL). Demgegenüber wurde die Möglichkeit einer teilweisen Beendigung (Teilkündigung), nach der der Verbraucher nur den Teil des Vertrags beenden können sollte, der dem Zeitraum entspricht, in dem die digitalen Inhalte vertragswidrig waren, aus dem Richtlinienvorschlag der Kommission nicht übernommen.[72]

---

68 Siehe hierzu auch *Legrand*, La garantie de conformité enfin adaptée à l'ère numérique, publié le 16/12/2021.

69 Vgl. die Begriffsbestimmung in Art. 2 Nr. 7 DIRL.

70 Die in Art. 14 Abs. 4 lit. a bis e DIRL aufgelisteten Fälle berechtigen den Verbraucher gleichermaßen zur Preisminderung oder zur Beendigung des Vertrags; eine Untersuchung des Katalogs erfolgt im Rahmen der Besprechung der Vertragsbeendigung unter d.

71 So auch *Spindler/Sein*, MMR 2019, 488 (490 f.); *Gsell*, in: Schulze/Staudenmayer (Hrsg.), EU Digital Law, Art. 14 Rn. 64 m.w.N.

72 Vgl. Art. 13 Abs. 5 und Erwgr. 42 des Richtlinienvorschlags.

Die Erstattung, die der Unternehmer dem Verbraucher aufgrund einer Preisminderung (oder der Beendigung des Vertrags) schuldet, hat gem. Art. 18 Abs. 1 und 2 DIRL unverzüglich und in jedem Fall innerhalb von 14 Tagen ab dem Tag, an dem der Unternehmer über den Entschluss des Verbrauchers, sein Recht auf eine Preisminderung in Anspruch zunehmen, in Kenntnis gesetzt wurde und grundsätzlich unter Verwendung des gleichen Zahlungsmittels zu erfolgen.

Eine anteilmäßige Minderung des Preises ist naturgemäß nicht möglich, wenn der Verbraucher personenbezogene Daten i. S. d. Art. 3 Abs. 1 Unterabs. 2 DIRL bereitstellt.[73] Insoweit verhindert der Ausschluss der Minderung, dass die Gerichte das vereinbarte Äquivalent von Leistung und Gegenleistung ex-post beurteilen und damit auch den Wert der bereitgestellten personenbezogenen Daten beziffern müssten.[74] Im Zusammenhang mit datenbasierten Geschäftsmodellen stehen dem Verbraucher daher weniger Rechte zur Verfügung, als in Fällen, in denen er eine monetäre Gegenleistung erbringt.[75] Kompensiert wird die fehlende Minderungsmöglichkeit aber dadurch, dass der Verbraucher, der personenbezogene Daten bereitstellt, den Vertrag auch dann beenden kann, wenn die Vertragswidrigkeit des digitalen Inhalts oder der digitalen Dienstleistung lediglich geringfügig ist (Umkehrschluss aus Art. 14 Abs. 6 DIRL, ausdrücklich so auch Erwgr. 67 DIRL).

bb. Umsetzung in Deutschland

Die Voraussetzungen und Modalitäten für eine Preisminderung bei einem Vertrag über die Bereitstellung digitaler Inhalte oder digitaler Dienstleistungen hat der deutsche Gesetzgeber in §§ 327n i.V.m. 327m Abs. 1 BGB geregelt, der damit der Umsetzung von Art. 14 Abs. Abs. 4 und 5 DIRL dient.

Das Minderungsrecht ist nach deutschem Verständnis ein sog. Gestaltungsrecht; der Verbraucher kann mithin den Preis „durch Erklärung gegenüber dem Unternehmer“ mindern (vgl. § 327n Abs. 1 S. 1 BGB). Die Norm verweist auf die entsprechende Anwendung der Regelungen zur Erklärung der Vertragsbeendigung nach § 327o Abs. 1 BGB (vgl. § 327n Abs. 1 S. 3 BGB). Die Minderung tritt mithin –

73 Erwgr. 67 DIRL stellt aber klar, dass in Fällen, in denen der Verbraucher sowohl einen Preis zahlt als auch personenbezogene Daten bereitstellt, er auch zur Minderung berechtigt ist. Hierzu ausführlich *Mischau*, ZEuP 2020, 335–365 (347 f.).

74 Vgl. *Sattler*, CR 2020, 145 (152).

75 Zu alternativen Regelungsmöglichkeiten bzw. ein mit der Minderung vergleichbares Recht in Fällen der Bereitstellung personenbezogener Daten und ihren Problematiken siehe *Mischau*, ZEuP 2020, 335–365 (348).

abweichend von § 536 BGB – auch bei mietähnlichen Konstellationen nicht kraft Gesetzes ein (vgl. § 578b Abs. 1 Nr. 1 BGB).

§ 327n Abs. 1 S. 2 BGB stellt zudem ausdrücklich klar, dass eine Preisminderung – im Gegensatz zur Vertragsbeendigung – nicht ausgeschlossen ist, wenn der Mangel „unerheblich" ist.

Gemäß § 327n Abs. 2 BGB berechnet sich die Minderungshöhe in Umsetzung der europäischen Vorgabe in Art. 14 Abs. 5 DIRL anhand der objektiven Wertminderung.[76] Abweichend von den Regelungen im Kauf- und Werkvertragsrecht, bei denen für die Berechnung „die Zeit des Vertragsschlusses"[77] maßgeblich ist, ist der Bezugspunkt für den heranzuziehenden Wert des digitalen Produkts der „Zeitpunkt der Bereitstellung".[78] In Fällen einer dauerhaften Bereitstellung eines digitalen Produkts ist der Preis nur anteilig für die Dauer der Mangelhaftigkeit herabzusetzen (vgl. § 327n Abs. 2 S. 2 BGB), die anteilige Minderung entspricht der Richtlinienvorgabe in Art. 14 Abs. 5 Unterabs. 2 DIRL.

Die Erstattung eines vom Verbraucher entrichteten Mehrbetrags regelt § 327n Abs. 4 BGB, der damit der Umsetzung von Art. 18 Abs. 1 DIRL dient. Der Mehrbetrag ist „unverzüglich, auf jeden Fall aber innerhalb von 14 Tagen" zu erstatten (vgl. § 327n Abs. 4 S. 2 BGB) – die Formulierung ist § 651h Abs. 5 BGB nachgebildet.[79] Der Beginn dieser Frist mit dem Zugang der Minderungserklärung beim Unternehmer (§ 327n Abs. 4 S. 3 BGB) ist an § 355 Abs. 3 S. 2 BGB angelehnt.[80]

Ein Verweis auf § 346 Abs. 1 und § 347 Abs. 1 BGB war (anders als in § 441 Abs. 4 BGB) nicht möglich, da die Digitale-Inhalte-RL einen Nutzungsersatz ausschließt.[81]

cc. Umsetzung in Frankreich

Im Rahmen des französischen Digitalvertragsrechts widmet sich der neu eingefügte Art. L. 224-25-21 C. cons. den Modalitäten einer Preisminderung unter den Voraussetzungen des Art. L. 224-25-20 C. cons.[82]

Über seine Entscheidung zur Minderung des Preises hat der Verbraucher den Unternehmer zu unterrichten (vgl. Art. L. 224-25-21 S. 1 C. cons.).

---

76 Soweit erforderlich, ist die Minderung durch Schätzung zu ermitteln (vgl. § 327n Abs. 3 BGB) – so auch § 441 Abs. 3 S. 2 BGB.

77 Vgl. § 441 Abs. 3 S. 1 BGB und § 638 Abs. 3 S. 1 BGB.

78 Siehe hierzu RegE DIRL, S. 70.

79 Vgl. RegE DIRL, S. 71.

80 Vgl. ebenda.

81 Siehe hierzu ebenda.

82 Eine Preisminderung ist im französischen Recht erst seit der Reform des allgemeinen französischen Vertragsrechts auch nach allgemeinem Vertragsrecht möglich (vgl. Art. 1223 Code civil).

Der Umsetzung von Art. 14 Abs. 5 Unterabs. 1 DIRL, der Richtlinienvorgabe zur Berechnung der Minderungshöhe, dient Art. L. 224-25-21 S. 2 C. cons. Danach berechnet sich die Preisminderung, wie beschrieben, proportional zu der Differenz zwischen dem Wert des bereitgestellten digitalen Produkts und dem Wert, den das digitale Produkt ohne die Vertragswidrigkeit hätte. Demgegenüber legt die Regelung zur Preisminderung im allgemeinen französischen Vertragsrecht (vgl. Art. 1223 Code civil) keine Kriterien für die Verhältnismäßigkeit der Minderung fest.[83] Die spezifische Regelung zur anteiligen Preisminderung bei Verträgen über die dauerhafte Bereitstellung digitaler Inhalte oder digitaler Dienstleistungen für den Zeitraum, in dem die digitalen Inhalte oder die digitalen Dienstleistungen nicht vertragsgemäß waren (vgl. Art. 14 Abs. 5 Unterabs. 2 DIRL), hat der französische Gesetzgeber allerdings versäumt umzusetzen.

Der Umsetzung der Richtlinienvorgabe des Art. 18 Abs. 1 und 2 DIRL zu der Erstattung, die der Unternehmer dem Verbraucher aufgrund einer Preisminderung (oder der Beendigung des Vertrags) schuldet, dient Art. L. 224-25-23 C. cons.

d. Beendigung des Vertrags

aa. Europäische Vorgabe, Art. 14 Abs. 4 und 6 DIRL

Bei Vertragswidrigkeit der digitalen Inhalte oder digitalen Dienstleistungen kann der Verbraucher den Vertrag über die Bereitstellung der digitalen Inhalte oder digitalen Dienstleistungen unter den in der Digitale-Inhalte-RL beschriebenen Voraussetzungen beenden (vgl. Art. 14 Abs. 1 Var. 3, Abs. 4 und 6 DIRL).

Die Fälle, in denen der Verbraucher einen Anspruch auf Vertragsbeendigung (bzw. anteilmäßige Minderung) hat, sind in Art. 14 Abs. 4 lit. a bis e DIRL festgelegt.[84] Ein spezielles „Sonderkündigungsrecht" bei der unbefristeten Bereitstellung digitaler Inhalte oder digitaler Dienstleistungen bzw. bei Verträgen mit einer Laufzeit von mehr als 12 Monaten, welches der ursprüngliche Richtlinienvorschlag der Kommission,[85] der Änderungsvorschlag des Europäischen Parlaments[86] und auch der Kompromissvorschlag des Rates[87] vorsahen, wurde in der endgültigen Richtlinie

83 Siehe hierzu *Houtcieff*, La lettre juridique n° 889 du 6 janvier 2022: Contrats et obligations.

84 Keine Regelungen enthält die Richtlinie hingegen für den Fall, dass der Unternehmer den Vertrag beendet; diese bleiben den EU-Mitgliedstaaten überlassen, siehe hierzu (kritisch) *Spindler/Sein*, MMR 2019, 488 (491); *Metzger*, JIPITEC 2017, 1 (7).

85 Vgl. Art 16 des Richtlinienvorschlags: „Recht auf Beendigung langfristiger Verträge".

86 Vgl. Art. 16 des EP-Bericht DIRL, der nur für Verträge mit einer befristeten Laufzeit von mehr als zwölf Monaten ein solches Sonderkündigungsrecht vorsah.

87 Vgl. Art. 16 des Kompromissvorschlags des Rates und dessen Erläuterungen in Fn. 69 (S. 37), wonach Art. 16 nur für Verträge mit einer befristeten Laufzeit von mehr als zwölf Monaten gelten

nicht aufgenommen. Die Kündigung eines Dauerschuldverhältnisses ohne besonderen Grund bleibt mithin Gegenstand ausschließlich nationaler Regelung.

Den Katalog möglicher Gründe für eine Vertragsbeendigung (bzw. anteilmäßige Minderung) gem. Art. 14 Abs. 4 lit. a bis e DIRL hat der europäische Gesetzgeber mit dem Ziel der Vollharmonisierung gegenüber dem Katalog der Verbrauchsgüterkauf-RL[88] ergänzt:

Der Verbraucher hat Anspruch auf Vertragsbeendigung, wenn die Herstellung des vertragsgemäßen Zustands der digitalen Inhalte oder digitalen Dienstleistungen unmöglich oder unverhältnismäßig ist (lit. a) oder der Unternehmer den vertragsgemäßen Zustand nicht gemäß den beschriebenen Anforderungen hergestellt hat (lit. b). Darüber hinaus kann der Verbraucher den Vertrag über die Bereitstellung des digitalen Produkts beenden, wenn trotz des Versuchs des Unternehmers, den vertragsgemäßen Zustand herzustellen, eine Vertragswidrigkeit eintritt (lit. c) – ausreichend ist in diesen Fällen, dass „eine Vertragswidrigkeit" eintritt, d.h. nicht zwangsläufig dieselbe. Bei einer schwerwiegenden Vertragswidrigkeit kann auch eine sofortige Beendigung des Vertrags gerechtfertigt sein (lit. d); dies ist der Fall, wenn aufgrund der schwerwiegenden Art der Vertragswidrigkeit ein Vertrauen des Verbrauchers in die Fähigkeit des Unternehmers, den vertragsmäßigen Zustand herzustellen, nicht erwartet werden kann.[89] Der Verbraucher ist außerdem berechtigt, den Vertrag über die Bereitstellung des digitalen Produkts zu beenden, wenn der Unternehmer erklärt hat oder aus den Umständen klar zu erkennen ist, dass der vertragsgemäße Zustand der digitalen Inhalte oder digitalen Dienstleistungen nicht innerhalb einer angemessenen Frist bzw. nicht ohne erhebliche Unannehmlichkeiten für den Verbraucher hergestellt wird (lit. e).

Erheblich erweitert sind die Vertragsbeendigungsgründe gegenüber der Verbrauchsgüterkauf-RL damit insbesondere im Hinblick auf die Einbeziehung der fehlgeschlagenen Nacherfüllung sowie der schwerwiegenden Vertragswidrigkeit.[90]

Während der Richtlinienvorschlag der Kommission für den Anspruch des Verbrauchers auf Vertragsbeendigung bei Vertragswidrigkeit qualifizierte Anforderungen an die Vertragsverletzung bzw. eine Beschränkung auf bestimmte Mängel

sollte und nationale Vorschriften über die Beendigung unbefristeter Verträge im Übrigen unberührt bleiben sollten.

88 Vgl. Art. 3 Abs. 5 VerbrGK-RL.

89 Siehe hierzu Erwgr. 65 DIRL; der europäische Gesetzgeber nennt hier beispielhaft den Fall, dass der Unternehmer dem Verbraucher ein Antivirenprogramm bereitstellt, das selbst mit Viren infiziert ist.

90 Siehe hierzu auch *Bach*, NJW 2019, 1705 (1709); *Schulze*, ZEuP 2019, 695 (718 f.).

vorsah,[91] ist eine entsprechende Bestimmung in der endgültigen Richtlinie nicht mehr zu finden. Art. 14 Abs. 6 DIRL legt nunmehr lediglich – und insbesondere weniger spezifisch – fest, dass der Verbraucher, wenn ihm digitale Inhalte oder digitale Dienstleistungen gegen Zahlung eines Preises bereitgestellt werden, nur dann berechtigt ist, den Vertrag zu beenden, wenn die Vertragswidrigkeit „nicht geringfügig" ist.[92] Die Beweislast dafür, dass die Vertragswidrigkeit nur geringfügig ist, trägt der Unternehmer (Art. 14 Abs. 6 S. 2 DIRL). Im Umkehrschluss aus Art. 14 Abs. 6 S. 1 DIRL sollte, wie gezeigt, die Vertragsbeendigung in Fällen, in denen die digitalen Inhalte oder digitalen Dienstleistungen nicht gegen Zahlung eines Preises bereitgestellt werden und der Verbraucher stattdessen seine personenbezogenen Daten zur Verfügung stellt, auch bei geringfügigen Vertragswidrigkeiten möglich sein, da die Abhilfe in Form einer Preisminderung hier nicht infrage kommt, der Verbraucher aber nicht rechtlos gestellt werden sollte.[93]

Noch der Klärung bedarf die Frage, ob die Geringfügigkeitsschwelle Anwendung findet, wenn der Verbraucher neben der Bereitstellung seiner personenbezogenen Daten ergänzend einen Preis gezahlt hat.[94] Allein aus dem Wortlaut des Art. 14 Abs. 6 DIRL lässt sich nicht ableiten, ob der Ausschluss einer Vertragsbeendigung bei Geringfügigkeit der Vertragswidrigkeit auch in diesen Fällen greifen sollte und auch aus den Erläuterungen des Erwgr. 67 S. 3 und 4 der Richtlinie wird nicht klar, ob hier auch auf die Einschränkung des Art. 14 Abs. 6 DIRL Bezug genommen wird, wenn dem Verbraucher, der sowohl einen monetären Preis zahlt als auch personenbezogene Daten bereitstellt, „alle zur Verfügung stehenden Abhilfen" zustehen sollten, sofern „alle anderen Bedingungen erfüllt" sind.[95] Allerdings spricht das Leitprinzip der Digitale-Inhalte-RL eines umfassenden und effektiven Verbraucherschutzes dafür, dem Verbraucher in solchen Fällen unabhängig von

91 Vgl. Art. 12 Abs. 5 des Richtlinienvorschlags: Der Verbraucher sollte den Vertrag nur dann beenden können, wenn „die Vertragswidrigkeit den Funktionsumfang, die Interoperabilität und andere wesentliche Leistungsmerkmale der digitalen Inhalte wie deren Zugänglichkeit, Kontinuität und Sicherheit beeinträchtigt". Siehe hierzu auch *Gsell*, in: Kindl/Arroyo Vendrell/Gsell (Hrsg.), Verträge über digitale Inhalte und digitale Dienstleistungen, S. 85 (91 f.).

92 Zu beachten ist, dass bei digitalen Inhalten oder digitalen Dienstleistungen, die über einen Zeitraum fortlaufend bereitgestellt werden, eine Beendigung des Vertrags auch dann möglich ist, wenn sich kleinere Mängel anhäufen und damit insgesamt eine erhebliche Vertragspflichtverletzung darstellen, wie beispielsweise kurzfristige Unterbrechungen der Bereitstellung, wenn diese mehr als vernachlässigbar oder wiederkehrend sind, vgl. Erwgr. 51 DIRL. Dazu auch *Spindler/Sein*, MMR 2019, 488 (491); *Kumkar*, ZfPW 2020, 306 (314).

93 Siehe hierzu bereits oben unter c.aa.

94 Hierzu auch *Bach*, NJW 2019, 1705 (1710); *Staudenmayer*, ZEuP 2019, 663 (690) und eingehend *Mischau*, ZEuP 2020, 335–365 (348 f.); *Rieländer*, GPR 2022, 28 (33).

95 Vgl. dazu auch *Rieländer*, GPR 2022, 28 (33).

der Geringfügigkeitsschwelle ein Vertragsbeendigungsrecht zu gewähren, jedenfalls wenn der Bereitstellung der personenbezogenen Daten eine (gegenüber der Preiszahlung) für das Austauschverhältnis prägende Bedeutung zukommt.[96] Mit einer verbraucherschützenden Auslegung sollte die Geringfügigkeitsklausel in solchen Konstellationen daher richtigerweise nicht greifen.

Im Übrigen steht dem Verbraucher, wie erörtert, ein Recht zur Beendigung des Vertrags über die Bereitstellung der digitalen Inhalte bzw. digitalen Dienstleistungen zu, wenn eine nachträgliche Änderung der digitalen Inhalte oder der digitalen Dienstleistungen den Zugang zu diesen oder ihre Nutzungsmöglichkeit mehr als unwesentlich beeinträchtigt (Art. 19 Abs. 2, 3 DIRL).[97]

Sein Recht auf Beendigung des Vertrags übt der Verbraucher durch eine einseitige Erklärung aus, die seinen Entschluss zur Vertragsbeendigung zum Ausdruck bringt (vgl. Art. 15 DIRL). Die Richtlinie sieht diesbezüglich keine Öffnungsklausel vor, sodass die nationalen Gesetzgeber aufgrund des Vollharmonisierungsansatzes der Richtlinie auch keine weiteren formalen Anforderungen oder zeitlichen Beschränkungen einführen können.[98]

bb. Umsetzung in Deutschland

Im Hinblick auf das Recht eines Verbrauchers, den Vertrag über die Bereitstellung digitaler Inhalte oder digitaler Dienstleistungen zu beenden, konnte der deutsche Gesetzgeber, wie bereits erörtert, nicht auf die allgemeinen Regelungen zum Rücktritt verweisen, da die in der Digitale-Inhalte-RL vorgesehene Möglichkeit der Vertragsbeendigung gleichermaßen Verträge mit einem einmaligem Leistungsaustausch wie auch Dauerschuldverhältnisse betrifft.[99] Eine differenzierte Anwendung von Rücktritt einerseits und Kündigung andererseits wäre „schwer nachvollziehbar und zudem fehleranfällig“[100] gewesen und wurde daher zu Recht verworfen.

Der deutsche Gesetzgeber hat stattdessen ein einheitliches Vertragsaufhebungsrecht für alle von der Digitale-Inhalte-RL erfassten Verträge geschaffen. Das neue vertragsübergreifende, speziellere Recht auf Vertragsbeendigung bei einem mangelhaften digitalen Produkt nach § 327m BGB verdrängt angesichts der vollharmonisierenden Richtlinienvorgaben zu den Voraussetzungen und Rechtsfolgen

96 So auch *Rieländer*, ebenda (33); ähnlich auch *Mischau*, ZEuP 2020, 335–365 (348 ff.).
97 Siehe hierzu Kapitel 7 III.1.
98 Vgl. *Spindler/Sein*, MMR 2019, 488 (491).
99 Siehe RegE DIRL, S. 67. Siehe hierzu schon unter I.1.b.
100 So die Begründung im RegE DIRL, S. 67.

einer Vertragsbeendigung im Digitalvertragsrecht gesetzliche Rücktritts- und Kündigungsrechte des jeweiligen Vertragstyps.

§ 327m BGB setzt das Prinzip des Vorrangs der Nacherfüllung um. Die Voraussetzungen, unter denen der Verbraucher bei Vorliegen eines Mangels den Vertrag beenden kann, legt § 327m Abs. 1 und 2 BGB fest,[101] der damit der Umsetzung von Art. 14 Abs. 4 und 6 DIRL dient. Die Bestimmung ist an § 323 BGB angelehnt; keine Entsprechung findet allerdings die Regelung des § 323 Abs. 4 BGB, da die Digitale-Inhalte-RL wegen der Regelungen zur Bereitstellung insoweit – anders als die Warenkauf-RL – abschließende Regelungen trifft.[102]

§ 327m Abs. 1 Nr. 1 bis 6 BGB, der die möglichen Gründe für eine Vertragsbeendigung durch den Verbraucher aufzählt, ist im Wesentlichen Art. 14 Abs. 4 lit. a bis e DIRL nachgebildet.[103] Aufmerksamkeit verdient § 327m Abs. 1 Nr. 3 BGB, der auf Art. 14 Abs. 4 lit. c DIRL beruht und dem Verbraucher das Recht zur Vertragsbeendigung für den Fall gewährt, dass sich „trotz der vom Unternehmer versuchten Nacherfüllung ein Mangel zeigt“. Hiervon sind erfolgslose Nacherfüllungsversuche des Unternehmers hinsichtlich des geltend gemachten Mangels ebenso erfasst wie erfolgreiche Nacherfüllungsversuche mit Blick auf den geltend gemachten Mangel, wenn sich anschließend jedoch ein anderer Mangel „zeigt“.[104] Der deutsche Gesetzgeber hat hier die Formulierung der Richtlinie („eine Vertragswidrigkeit tritt (...) ein“) durch die Voraussetzung ersetzt, dass sich „ein Mangel zeigt“. Damit sollte deutlich gemacht werden, dass bei Bereitstellung bereits vorliegende, aber noch nicht erkennbare Mängel erfasst sind.[105] Zudem hat der deutsche Umsetzungsgesetzgeber an dieser Stelle bewusst die gleiche Lösung gewählt,

101 § 327m Abs. 1 BGB ist ebenso für den Schadensersatz- und den Aufwendungsersatz des Verbrauchers nach § 328 m Abs. 3 BGB sowie die Möglichkeit des Verbrauchers, den Preis gem. § 327n BGB zu mindern, maßgebend.

102 Siehe hierzu RegE DIRL, S. 69.

103 Der Umsetzung von Art. 14 Abs. 4 lit a DIRL dient § 327m Abs. 1 Nr. 1 BGB; der Umsetzung von Art. 14 Abs. 4 lit. b DIRL dient § 327m Abs. 1 Nr. 2 BGB; der Umsetzung von Art. 14 Abs. 4 lit. c DIRL dient § 327m Abs. 1 Nr. 3 und der Umsetzung von Art. 14 Abs. 4 lit. d DIRL dient § 327m Abs. 1 Nr. 4; § 327m Abs. 1 Nr. 5 und 6 BGB setzen außerdem die Vorgaben des Art. 14 Abs. 4 lit. e DIRL um – § 327m Abs. 1 Nr. 5 BGB erfasst dabei gleichermaßen die Fälle, in den der Unternehmer eine ordnungsgemäße Nacherfüllung unter den Bedingungen des § 327l Abs. 1 S. 2 BGB berechtigt oder unberechtigt verweigert (ist die Verweigerung berechtigt, geht der Nacherfüllungsanspruch des Verbrauchers unter und die Rechtsbehelfe der zweiten Stufe werden durch § 327m Abs. 1 Nr. 5 BGB eröffnet; im Falle einer unberechtigten Verweigerung des Unternehmers hat der Verbraucher die Wahl, seinen materiellen Nacherfüllungsanspruch durchzusetzen oder die weiteren Rechtsbehelfe geltend zu machen), siehe hierzu RegE DIRL, S. 68 f.

104 Siehe hierzu RegE DIRL, S. 68.

105 Vgl. RegE DIRL, S. 68.

wie bei der Umsetzung der Formulierung „offenbar wird" in Art. 12 Abs. 2 und 3 DIRL, der die Beweislastumkehr betrifft (vgl. § 327k Abs. 1 und 2 BGB).[106] Dies entspricht auch den Formulierungen in der englischen Sprachfassung der Richtlinie, *„appears"* und *„becomes apparent"*, die auf dem gleichen Wortstamm fußen, sowie der Terminologie in der französischen Sprachfassung, die mit dem Begriff *„apparait"* an allen Stellen jeweils das gleiche Wort verwendet.

Der Umsetzung von Art. 14 Abs. 6 DIRL dient § 327m Abs. 2 BGB. Danach ist die Vertragsbeendigung ausgeschlossen, wenn der Mangel „unerheblich" ist (vgl. § 327m Abs. 2 S. 1 BGB). Die Prüfung der Unerheblichkeit erfordert eine umfassende Interessenabwägung unter Berücksichtigung der Art und Dauer des Mangels, dabei kann auf die zu § 323 Abs. 5 S. 2 BGB entwickelten Grundsätze zurückgegriffen werden.[107] Der Ausschluss der Vertragsbeendigung im Falle eines unerheblichen Mangels gilt gem. § 327m Abs. 2 S. 2 BGB nicht für Verbraucherverträge i. S. d. § 327 Abs. 3 BGB, also datenbasierte Austauschverhältnisse. Die Begründungserwägung des Regierungsentwurfs stellt ausdrücklich klar, dass die Schwelle der Unerheblichkeit allerdings nur dann nicht greife, wenn der Verbraucher ausschließlich i.S.d § 327 Abs. 3 BGB mit „seinen Daten bezahlt"; zahle der Verbraucher ergänzend einen Preis, finde die Schwelle der Unerheblichkeit weiterhin Anwendung.[108] Entgegen der Begründungserwägung des deutschen Umsetzungsgesetzgebers erscheint eine verbraucherfreundliche Auslegung der Richtlinienvorgabe in Art. 14 Abs. 6 DIRL aus den genannten Gründen jedoch vorzugswürdig.[109] Eine Klärung dieser Problematik durch den EuGH bleibt abzuwarten.

Im Übrigen stellt § 327m Abs. 4 S. 1 BGB klar, dass sich der Verbraucher, wenn die Voraussetzungen für eine Vertragsbeendigung vorliegen, grundsätzlich im Hinblick auf alle Bestandteile eines Paketvertrags lösen kann,[110] wenn er an dem anderen Teil des Paketvertrags ohne das mangelhafte digitale Produkt kein Interesse hat.[111] Eine solche Regelung erlaubt die Öffnungsklausel der Digitale-Inhalte-RL in Art. 3 Abs. 6 Unterabs. 3 DIRL. Im Hinblick auf alle Bestandteile eines Vertrags nach § 327a Abs. 2 BGB kann sich der Verbraucher bei Vorliegen der Voraussetzungen des § 327m

---

106 Siehe ebenda. Zur Regelung der Beweislastumkehr siehe Kapitel 9 II.2.

107 Vgl. *Rieländer*, GPR 2022, 28 (33).

108 So die Begründung zu § 327m Abs. 2 BGB-E im RegE DIRL, S. 69.

109 Ebenso *Rieländer*, GPR 2022, 28 (33); *Mischau*, ZEuP 2020, 335–365 (348 ff.).

110 Zur Terminologie der „Vertragsauflösung" in diesem Zusammenhang siehe bereits unter I.1.b.

111 Für die Auslegung des Begriffs „Interesse" kann auf die Rechtsprechung zum entsprechenden Tatbestandsmerkmal in § 323 Abs. 5 S. 1 BGB zurückgegriffen werden, so die Begründung im RegE DIRL, S. 69.

Abs. 1 BGB lösen, wenn sich die Sache aufgrund des Mangels des digitalen Produkts nicht zur gewöhnlichen Verwendung eignet (vgl. § 327m Abs. 5 BGB).

cc. Umsetzung in Frankreich

Im französischen Verbraucherrecht enthält Art. L. 224-25-20 C. cons. die Auflistung der Fälle, in denen der Verbraucher das Recht zur Auflösung des Vertrags[112] (bzw. zur Minderung des Preises) hat.[113] Die Regelung setzt ebenfalls das Prinzip der Hierarchie der Rechtsbehelfe um; dies bringt insbesondere Art. L. 224-25-20 S. 2 und 3 C. cons. zum Ausdruck.

Art. L. 224-25-20 S. 1 1° bis 3° C. cons. fasst die Konstellationen, die den Verbraucher nach Art. 14 Abs. 4 DIRL zur Vertragsbeendigung berechtigen – ausgenommen Art. 14 Abs. 4 lit. d DIRL – zusammen, namentlich die Weigerung des Unternehmers, den vertragsmäßigen Zustand herzustellen, eine unberechtigt verzögerte Herstellung des vertragsgemäßen Zustands oder der Umstand, dass diese dem Verbraucher Kosten oder erhebliche Unannehmlichkeiten verursacht sowie ein erfolglos unternommener Versuch zur Herstellung der Konformität.[114] Das Recht des Verbrauchers, den Vertrag bei einer „schwerwiegenden Vertragswidrigkeit" sofort zu beenden (vgl. Art. 14 Abs. 4 lit. d DIRL) hat der französische Gesetzgeber in Art. L. 224-25-20 S. 2 und 3 C. cons. umgesetzt.[115]

---

112 Im französischen Recht konnte eine Vertragsauflösung bis zur Reform des Code civil, anders als im deutschen Recht, grundsätzlich nur gerichtlich erwirkt werden. Mit der Reform im Jahr 2016 wurde sodann eine Regelung in das allgemeine Zivilrecht aufgenommen, nach der die Anrufung des Gerichts für eine Vertragsauflösung bei Vorliegen einer schweren Pflichtverletzung nicht mehr erforderlich ist (vgl. Art. 1224 Code civil) – das französische Verbraucherrecht beinhaltet insoweit keine Abweichung zum allgemeinen Vertragsrecht, vgl. Art. L. 224-25-20 C. cons. („*la résolution du contrat (…) prononcée*").

113 Darüber hinaus statuiert Art. L. 224-25-9 C. cons. eine Sonderregelung für ein Kündigungsrecht des Verbrauchers bei der unbefristeten Bereitstellung digitaler Inhalte oder digitaler Dienstleistungen (Kündigungsfrist von maximal 10 Tagen).

114 Vgl. Art. L. 224-25-20 1°-3° C. cons.: 1° „*Lorsque le professionnel refuse toute mise en conformité du contenu numérique ou du service numérique; 2° Lorsque la mise en conformité du contenu numérique ou du service numérique est retardée de manière injustifiée ou si elle occasionne des frais ou un inconvénient majeur pour le consommateur; 3° Lorsque la non-conformité du contenu numérique ou du service numérique persiste en dépit de la tentative de mise en conformité du professionnel restée infructueuse.*".

115 Art. L. 224-25-20 S. 2, 3 C. cons.: „*Le consommateur a également droit à une réduction de prix ou à la résolution du contrat lorsque le défaut de conformité est si grave qu'il justifie que la réduction du prix ou la résolution du contrat soit immédiate. Le consommateur n'est alors pas tenu de demander la mise en conformité du contenu numérique ou du service numérique au préalable.*" Kritisch zum Begriff „*si grave*", da dieser noch der Auslegung bzw. Konkretisierung durch die Rechtsprechung bedürfe, *Legrand*, Petites Affiches, n° 01 du 1 Juin 2021, 16.

Bedenklich ist die Formulierung in Art. L. 224-25-20 S. 1 3° C. cons., die der Umsetzung des Art. 14 Abs. 4 lit. c DIRL dient. Nach der Richtlinienvorgabe des Art. 14 Abs. 4 lit c DIRL soll der Verbraucher, wie gezeigt, einen Anspruch auf Beendigung des Vertrags haben, wenn trotz des Versuchs des Unternehmers, den vertragsgemäßen Zustand der digitalen Inhalte oder der digitalen Dienstleistung herzustellen, *eine* Vertragswidrigkeit eintritt.[116] Allerdings macht die Formulierung des nationalen französischen Gesetzgebers in Art. L. 224-25-20 3° C. cons., „*lorsque la non-conformité du contenu numérique ou du service numérique persiste en dépit de la tentative de mise en conformité du professionnel restée infructueuse*", und insbesondere die Terminologie „*la non-conformité (…) persiste*" weniger deutlich, dass Art. 14 Abs. 4 lit. c DIRL (im Gegensatz zu Art. 14 Abs. 4 lit. d DIRL) von *einer* Vertragswidrigkeit spricht und somit jedwede Vertragswidrigkeit (also auch eine andere Vertragswidrigkeit) genügt. Vorzugwürdig wäre es gewesen, näher am Wortlaut der Richtlinienvorgabe zu bleiben und im französischen Verbraucherrecht den Begriff „*apparait*" zu übernehmen, welcher in der französischen Sprachfassung der Richtlinie verwendet wird.

Der Vertrag kann nicht aufgelöst werden, wenn die Vertragswidrigkeit geringfügig („*mineur*") ist; hiervon ausgenommen sind Verträge, bei denen der Verbraucher keinen Preis zahlt (vgl. Art. L. 224-25-20 a.E. C. cons).[117] Die Formulierung im französischen Verbraucherrecht spricht dafür, dass im Falle einer ergänzenden Zahlung eines Preises, neben einem anderen Vorteil, den der Verbraucher dem Unternehmer verschafft, die Geringfügigkeitsschwelle weiterhin Anwendung finden sollte. Dies entspricht dem Verständnis des deutschen Umsetzungsgesetzgebers. Nach der hier vertretenen Ansicht einer verbraucherfreundlichen Auslegung des Art. 14 Abs. 6 DIRL sollte indessen jedenfalls für Verträge, bei denen der Verbraucher sowohl personenbezogene Daten bereitstellt als auch einen monetären Preis zahlt und der Bereitstellung der Daten eine prägende Rolle zukommt, die Geringfügigkeitsklausel auch im französischen Verbraucherrecht keine Anwendung finden.

---

116 Die französische Sprachfassung der Richtlinienvorgabe in Art. 14 Abs. 4 lit. c DIRL lautet: „*un défaut de conformité apparaît malgré la tentative du professionnel de mettre le contenu numérique ou le service numérique en conformité*".

117 Art. L. 224-25-20 a.E. C. cons.: „*La résolution du contrat ne peut toutefois pas être prononcée si le défaut de conformité est mineur, ce qu'il incombe au professionnel de démontrer. Le présent alinéa n'est pas applicable aux contrats dans lesquels le consommateur ne procède pas au paiement d'un prix.*" Kritisch zum Begriff „*mineur* („geringfügig"), da dieser wie der Begriff „*si grave*" („so schwerwiegend") noch der Auslegung bzw. Konkretisierung durch die Rechtsprechung bedürfe, siehe *Legrand*, Petites Affiches, n° 01 du 1 Juin 2021, 16.

Des Weiteren stellt Art. L. 224-25-22 I. S. 2 C. cons. klar, dass der Verbraucher bei Verträgen i. S. d. Art. L. 225-25-2 II. C. cons. ein Auflösungsrecht im Hinblick auf alle verbundenen Verträge hat.[118] Das spezielle Auflösungsrecht des Verbrauchers ist hier – anders als im deutschen Recht – an keine weiteren Voraussetzungen geknüpft.

e. Rechtsfolgen bei Beendigung des Vertrags

aa. Europäische Vorgabe, Art. 16 ff. DIRL

Die Digitale-Inhalte-RL widmet sich – im Gegensatz zur Warenkauf-RL – ausführlich den Folgen der Vertragsbeendigung durch den Verbraucher und adressiert die nachträglichen Rechte und Pflichten der Vertragsparteien (vgl. Art. 16, 17 (und 18) DIRL). Diese sollen mit Blick auf die Besonderheiten des Digitalvertragsrechts im Folgenden beleuchtet werden.

Besondere Aufmerksamkeit verdient der Umgang mit Inhalten, die vom Verbraucher bei der Nutzung eines digitalen Produkts bereitgestellt oder erstellt wurden. Im Hinblick auf den Umgang mit personenbezogenen Daten des Verbrauchers stellt sich darüber hinaus die Problematik einer kombinierten Anwendbarkeit des Digitalvertragsrechts und des Datenschutzrechts unter Berücksichtigung der datenschutzrechtlichen Pflichten nach der EU-DSGVO.

(1) Pflichten des Verbrauchers

Die „Rückabwicklung" eines Vertrags über die Bereitstellung eines digitalen Produkts ist in der Regel nicht schlichtweg durch „Rückgabe" des Vertragsgegenstands möglich, da digitale Inhalte meist grenzenlos und ohne Qualitätsverlust kopiert werden können[119] – der Verbraucher könnte daher trotz „Rückgabe" der bereitgestellten digitalen Inhalte diese unter Umständen weiter nutzen; der Unternehmer hat entsprechend regelmäßig gar kein Interesse an einer solchen „Rückgabe".

Art. 17 Abs. 1 DIRL ordnet stattdessen an, dass der Verbraucher nach Vertragsbeendigung dazu verpflichtet ist, die Nutzung der digitalen Inhalte bzw. digitalen Dienstleistungen sowie deren Zurverfügungstellung an Dritte zu unterlassen. Der Unternehmer ist berechtigt, den Zugang des Verbrauchers zu den digitalen Inhalten oder digitalen Dienstleistungen zu sperren, um jede weitere Nutzung durch den Verbraucher zu unterbinden (vgl. Art. 16 Abs. 5 DIRL).

118 Art. L. 224-25-22 I. S. 2 C. cons. bezieht sich darüber hinaus auf Art. L. 224-42-2 C. cons.
119 Siehe hierzu auch *Bach*, NJW 2019, 1705 (1710).

Sind die digitalen Inhalte auf einem körperlichen Datenträger bereitgestellt worden, hat der Verbraucher, auf Aufforderung und auf Kosten des Unternehmers, diesen unverzüglich zurückzusenden (vgl. Art. 17 Abs. 2 DIRL).[120]

Im Übrigen ist der Verbraucher für die Nutzung der digitalen Inhalte oder digitalen Dienstleistungen vor Beendigung des Vertrags in dem Zeitraum, in dem die digitalen Inhalte oder digitalen Dienstleistungen nicht in vertragsgemäßem Zustand waren, gem. Art. 17 Abs. 3 DIRL nicht zahlungspflichtig.[121]

(2) Pflichten des Unternehmers

Die Pflichten (aber auch Rechte) des Unternehmers im Fall der Beendigung des Vertrags durch den Verbraucher adressiert Art. 16 DIRL.

Der Unternehmer muss dem Verbraucher im Fall der Vertragsbeendigung alle im Rahmen des Vertrags gezahlten Beträge zurückerstatten (vgl. Art. 16 Abs. 1 Unterabs. 1 DIRL). Sieht der Vertrag die Bereitstellung digitaler Inhalte oder digitaler Dienstleistungen gegen Zahlung eines Preises und über einen bestimmten Zeitraum vor, hat der Unternehmer dem Verbraucher nur den Anteil des gezahlten Preises zurückzuerstatten, der dem Zeitraum entspricht, in dem die digitalen Inhalte oder digitalen Dienstleistungen nicht in vertragsgemäßem Zustand waren und gegebenenfalls den Teil des Preises, den der Verbraucher im Voraus für den verbleibenden Zeitraum des Vertrags gezahlt hat (vgl. Art. 16 Abs. 1 Unterabs. 2 DIRL). Für die anteilige Rückzahlungspflicht bei Dauerschuldverhältnissen kommt es also nicht auf den Zeitpunkt der Vertragsbeendigung an – die Beendigung des Vertrags wirkt weder *ex nunc* noch *ex tunc* – sondern vielmehr auf den Zeitpunkt, in dem der Mangel entstanden ist.[122] Die Rückzahlung des Entgelts muss unverzüglich und in jedem Fall innerhalb von 14 Tagen und ohne weitere Kosten für den Verbraucher erfolgen (vgl. Art. 18 Abs. 1 und 3 DIRL).

Art. 16 Abs. 1 Unterabs. 2 DIRL betrifft explizit nur die Rückerstattung der Zahlungen, die der Verbraucher bereits erbracht hat, nicht aber die Verpflichtung des Verbrauchers, während der Vertragslaufzeit in bestimmten Abständen Zahlungen zu leisten. Dass diese Verpflichtung entfällt, ergibt sich aber aus der Tatsache

120 Die Aufforderung des Unternehmers muss innerhalb von 14 Tagen ab dem Tag erfolgen, an dem der Unternehmer über den Entschluss des Verbrauchers, den Vertrag zu beenden, in Kenntnis gesetzt wurde (vgl. Art. 17 Abs. 2 S. 2 DIRL).

121 Kritisch zu der ursprünglichen Regelung im Richtlinienvorschlag, nach der der Verbraucher für die Nutzung der digitalen Inhalte vor Beendigung des Vertrags grundsätzlich nicht zahlungspflichtig sein sollte (vgl. Art. 13 Abs. 4 des Richtlinienvorschlags) zu Recht *Faust*, in: Ständige Deputation des Deutschen Juristentages, Verhandlungen des 71. Deutschen Juristentages Essen 2016, Band 1: Gutachten, A 9 – A 92 (A 51).

122 Siehe hierzu *Bach*, NJW 2019, 1705 (1710).

der Vertragsbeendigung, wodurch der vertragliche Anspruch des Unternehmers auf zukünftige Zahlungen entfällt.[123]

(3) Umgang mit Inhalten des Verbrauchers

Hat der Verbraucher bei der Nutzung der vom Unternehmer bereitgestellten digitalen Inhalte oder digitalen Dienstleistungen eigene Inhalte, die nicht personenbezogene Daten sind, bereitgestellt oder selbst erstellt, dürfen diese im Falle der Beendigung des Vertrags vom Unternehmer nicht (weiter) verwendet werden (vgl. Art. 16 Abs. 3 Hs. 1 DIRL). Dies betrifft vor allem sog. *user generated content*, insbesondere in sozialen Netzwerken und Online-Computerspielen.[124]

Von der Regelung ausgenommen sind Fälle, in denen der Unternehmer ein schützenswertes Interesse an der Nutzung der Inhalte hat, dem keine schützenswerten Interessen des Verbrauchers entgegenstehen (vgl. Art. 16 Abs. 3 Hs. 2 lit. a bis d DIRL). Diese Voraussetzung ist gegeben, wenn der Verbraucher die Inhalte ohnehin lediglich in Verbindung mit der Leistung des Unternehmers sinnvoll nutzen kann (vgl. lit. a und b) und/oder ihre Herausgabe nicht oder nur mit unverhältnismäßigem Aufwand möglich ist, weil die Inhalte des Verbrauchers untrennbar mit den Inhalten des Unternehmers verbunden sind (vgl. lit. c) oder sie gemeinsam mit Dritten generiert wurden und andere Verbraucher die Inhalte weiterhin nutzen (vgl. lit. d).[125]

Auf Aufforderung des Verbrauchers ist der Unternehmer – mit Ausnahme der in Art. 16 Abs. 3 lit. a-c DIRL genannten Fälle – verpflichtet, dem Verbraucher alle Inhalte, die nicht personenbezogene Daten sind, welche vom Verbraucher bei der Nutzung des digitalen Produkts bereitgestellt oder erstellt wurden, unter den beschriebenen Anforderungen bereitzustellen (vgl. Art. 16 Abs. 4 DIRL).[126] Eine Verpflichtung des Unternehmers für die Benutzung der nicht personenbezogenen Daten vor Vertragsbeendigung ex post zahlen zu müssen, besteht nicht.[127]

---

123 Siehe hierzu auch *Twigg-Flesner*, in: Schulze/Staudenmayer (Hrsg.), EU Digital Law, Art. 16 Rn. 21.

124 Erwgr. 69 DIRL nennt beispielhaft digitale Bilder, Video- und Audiodateien oder auf mobilen Geräten erstellte Inhalte.

125 Kritisch zu den sehr weitreichenden Ausnahmebestimmungen siehe *Metzger*, JZ 2019, 577 (583).

126 Siehe Art. 16 Abs. 4 Unterabs. 2 DIRL zu den Modalitäten des Rechts des Verbrauchers, die bereitgestellten bzw. erstellten Inhalte kostenfrei, ohne Behinderung durch den Unternehmer, innerhalb einer angemessenen Frist und in einem allgemein gebräuchlichen und maschinenlesbaren Format wiederzuerlangen.

127 Siehe hierzu *Schmidt-Kessel et al.*, GPR 2016, 54 (69); *Staudenmayer*, NJW 2016, 2719 (2724).

(4) Umgang mit personenbezogenen Daten des Verbrauchers – Pflichten gemäß der EU-DSGVO

Im Falle einer Vertragsbeendigung sind hinsichtlich der Pflichten des Unternehmers die Besonderheiten im Zusammenhang mit datenbasierten Austauschverhältnissen hervorzuheben. Eine Rückgabe der bereitgestellten personenbezogenen Daten ist im Gegensatz zu der Rückzahlung eines Preises nicht in vergleichbarer Weise möglich und scheidet in der Regel ebenso aus wie bei der digitalen Leistung selbst.[128] Eine vollständige „Rückabwicklung" ist regelmäßig auch schon deshalb nicht praktikabel bzw. sinnvoll, weil eine Monetarisierung der bereitgestellten personenbezogenen Daten durch Weitergabe oder Nutzung zum Zeitpunkt der Vertragsbeendigung in den meisten Fällen bereits erfolgt ist.[129] Geldersatz für die Nutzung der personenbezogenen Daten anzuordnen könnte unverhältnismäßig sein; der Unternehmer sollte aber jedenfalls die Daten des Verbrauchers im Falle einer Vertragsbeendigung nicht weiter nutzen können.

Vor diesem Hintergrund verpflichtete der ursprüngliche Kommissionsvorschlag den Anbieter der digitalen Inhalte oder digitalen Dienstleistungen im Fall der Vertragsbeendigung dazu, „alle Maßnahmen zu ergreifen, die erwartet werden können, um die Nutzung einer anderen Gegenleistung als Geld zu unterlassen, die der Verbraucher im Austausch für die digitalen Inhalte erbracht hat" (Art. 13 Abs. 2 lit. b des Richtlinienvorschlags).[130] Allerdings kritisierte insbesondere der EDSB die partielle Überschneidung der Bestimmungen des Richtlinienvorschlags personenbezogene Daten betreffend mit den einschlägigen Vorschriften der EU-DSGVO.[131] In seiner Stellungnahme zum Richtlinienvorschlag sprach der EDSB daher die Empfehlung aus, im Zusammenhang mit dem Recht auf Löschung der personenbezogenen Daten des Verbrauchers auf die EU-DSGVO zu verweisen.[132] In der endgültigen Fassung der Digitale-Inhalte-RL wurden die entsprechenden Bestimmungen personenbezogene Daten betreffend gestrichen. Stattdessen verweist die Richtlinie nunmehr im Zusammenhang mit den Pflichten des Unternehmers im Fall der Beendigung des Vertrags darauf, dass der Unternehmer in Bezug auf die

128 Eingehend hierzu *Mischau*, ZEuP 2020, 335–365 (350 ff.); *Metzger*, AcP 216 (2016), 817 (861 ff.).

129 So auch *Staudenmayer*, NJW 2019, 2497 (2500).

130 Siehe auch Art. 16 Abs. 4 lit. a des Richtlinienvorschlags.

131 Vgl. EDSB, Stellungnahme 4/2017 zu dem Vorschlag für eine Richtlinie über bestimmte vertragsrechtliche Aspekte der Bereitstellung digitaler Inhalte (vom 14. März 2017), S. 23 ff. Siehe hierzu auch *Metzger et al.*, JIPITEC 2018, 90 (103 f.); *Spindler/Sein*, MMR 2019, 488 (492).

132 Siehe EDSB, Stellungnahme 4/2017, S. 25.

personenbezogenen Daten des Verbrauchers die gemäß der EU-DSGVO geltenden Verpflichtungen einzuhalten hat (vgl. Art. 16 Abs. 2 DIRL)[133].[134]

Die Erklärung des Verbrauchers, den Vertrag zu beenden, impliziert in der Regel zugleich einen konkludenten Widerruf der Einwilligung in die Datenvereinbarung – nach der EU-DSGVO gilt daher, grob skizziert, Folgendes: Der Verantwortliche verliert (ex nunc) die Berechtigung zur weiteren Datenverarbeitung (Art. 7 Abs. 3 S. 2 EU-DSGVO) und der betroffenen Person steht ein Anspruch auf unverzügliche Löschung der personenbezogenen Daten zu (Art. 17 Abs. 1 lit. b EU-DSGVO).[135]

Für den Zeitraum, in dem der Unternehmer die Daten des Verbrauchers nutzen konnte, schuldet der Unternehmer im Übrigen keinen Nutzungsersatz.[136]

bb. Umsetzung in Deutschland

Die Rechtsfolgen bei Beendigung eines Vertrags über die Bereitstellung eines digitalen Produkts durch den Verbraucher regeln im deutschen Recht die neu eingefügten §§ 327o, 327p BGB.[137]

---

133 Siehe hierzu klarstellend auch Erwgr. 38 DIRL: Die Richtlinie sollte die Rechte unberührt lassen, die für alle personenbezogenen Daten gelten, die im Zusammenhang mit einem vom Anwendungsbereich der vorliegenden Richtlinie erfassten Vertrag dem Unternehmer vom Verbraucher bereitgestellt werden oder vom Unternehmer erhoben werden, wenn der Verbraucher den Vertrag gemäß der Richtlinie beendet hat.

134 Ausführlich zur Bezugnahme der Digitale-Inhalte-RL auf die EU-DSGVO etwa *Spindler/Sein*, MMR 2019, 488 (492); *Mischau*, ZEuP 2020, 335–365 (340); siehe zum Verhältnis von Datenschutzrecht und Verträgen über digitale Inhalte zudem *Schulze*, in: Kindl/Arroyo Vendrell/Gsell (Hrsg.), Verträge über digitale Inhalte und digitale Dienstleistungen, S. 123–141; *Metzger*, AcP 216 (2016), 817 (861 ff.); *Poillot*, in: Combet, Le droit européen de la consommation au XXIe siècle, État des lieux perspectives, S. 301 (328 Rn. 42).

135 Eingehend zum Verhältnis der Vertragsbeendigung und des Widerrufs nach der EU-DSGVO siehe *Bach*, NJW 2019, 1705 (1711).

136 Dazu kritisch *Metzger*, AcP 216 (2016), 817 (862).

137 Die Regelungen der §§ 327o, 237p BGB finden Anwendung bei der Vertragsbeendigung wegen unterbliebener Bereitstellung eines digitalen Produkts (vgl. § 327c Abs. 4 S. 1 BGB) und wegen nicht vertragsgemäßer Bereitstellung (vgl. § 327m Abs. 1 BGB) sowie bei der Geltendmachung eines Schadensersatzanspruchs statt der Leistung (vgl. §§ 327c Abs. 4 S. 2, 327m Abs. 3 S. 3 BGB); eine Ausdehnung der §§ 327o Abs. 2–5, 327p BGB auf die (außer-) ordentliche Kündigung sowie den Rücktritt des Unternehmers sieht der Gesetzgeber nicht vor, siehe aber *Rieländer*, GPR 2022, 28 (33), der eine solche Ausdehnung „aus Gründen systematischer Kohärenz des nationalen Schuldrechts" für geboten hält. Im Übrigen findet § 327p BGB für die Rechtsfolgen des Widerrufs von außerhalb von Geschäftsräumen geschlossenen Verträgen und Fernabsatzverträgen über die Bereitstellung digitaler Produkte gem. § 357 Abs. 8 BGB Anwendung.

Im Rahmen des Digitalvertragsrechts war ein uneingeschränkter Verweis auf die §§ 346 ff. BGB aufgrund der beschriebenen zwingenden Richtlinienvorgaben der Digitale-Inhalte-RL zu den Rechtsfolgen der Vertragsbeendigung und insbesondere aufgrund des Ausschlusses eines Wertersatzanspruchs des Unternehmers durch Art. 17 Abs. 3 DIRL nicht möglich – eine Zahlungspflicht des Verbrauchers für die Nutzung des digitalen Produkts für den Zeitraum vor Beendigung des Vertrags, in dem das digitale Produkt nicht in vertragsgemäßem Zustand war, besteht gerade nicht.[138]

Die Richtlinienvorgaben der Digitale-Inhalte-RL zu den Pflichten des Unternehmers und des Verbrauchers bei Beendigung eines Vertrags über die Bereitstellung digitaler Inhalte oder digitaler Dienstleistungen sind daher in §§ 327o Abs. 2 bis 5, 327p BGB umgesetzt.

Mit der Ausübung des Gestaltungsrechts der Vertragsbeendigung wird der Vertrag (ex nunc) in ein Rückabwicklungsverhältnis transformiert; die wechselseitigen Leistungspflichten der Vertragsparteien erlöschen (vgl. § 327o Abs. 2 S. 2 BGB).

Die Regelungen zu den Pflichten des Unternehmers im Fall der Vertragsbeendigung sind in § 327o Abs. 2 bis 4 BGB festgelegt. Der Unternehmer hat die vom Verbraucher erhaltenen Zahlungen zu erstatten, die der Verbraucher bereits geleistet hat; für Leistungen, die der Unternehmer aufgrund der Vertragsbeendigung nicht mehr zu erbringen hat, erlischt sein Anspruch auf die vereinbarte Preiszahlung (vgl. § 327o Abs. 2 BGB). § 327o Abs. 3 BGB enthält besondere Bestimmungen für Verträge über die dauerhafte Bereitstellung eines digitalen Produkts: Der Anspruch des Unternehmers auf Zahlung des vereinbarten Preises erlischt auch für bereits erbrachte Leistungen, jedoch nur für den Zeitraum, in dem das digitale Produkt mangelhaft war (vgl. S. 1); die Verpflichtung zur Rückerstattung von bereits vom Verbraucher erhaltenen Zahlungen betrifft den Anteil des gezahlten Preises, der dem Zeitraum der Mangelhaftigkeit entspricht (vgl. S. 2).[139] Für den Verbraucher besteht jedoch keine Pflicht zur „Rückgabe“ des digitalen Produkts oder eine Wertersatzpflicht für die Nutzung des mangelhaften digitalen Produkts, da das ausdifferenzierte Rücktrittsfolgenrecht (vgl. §§ 346 Abs. 1, 347 Abs. 1 BGB) angesichts der zwingenden Richtlinienvorgaben auf digitale Produkte, wie gezeigt, keine Anwendung finden kann.

---

138 Siehe hierzu RegE DIRL, S. 71.

139 Sehr kritisch zu § 327o Abs. 2 bis 4 BGB-E zu Recht *Faust*, Stellungnahme Umsetzung DIRL u. WKRL, S. 10 f.: Die Regelung sei nicht verständlich und vermenge die Frage, ob der Verbraucher schon gezahlt hat oder nicht, mit der Frage, wann der Mangel eintritt und was der Verbraucher deshalb schulde.

Für den Zeitraum nach der Vertragsbeendigung fasst § 327p BGB die Richtlinienvorgaben zur weiteren Nutzung des digitalen Produkts bzw. der durch den Verbraucher bereitgestellten oder erstellten Inhalte zusammen. Der Verbraucher ist nach Vertragsbeendigung gem. § 327p Abs. 1 S. 1 BGB dazu verpflichtet, die weitere Nutzung des digitalen Produkts und dessen Weitergabe an Dritte zu unterlassen und der Unternehmer ist spiegelbildlich berechtigt, die weitere Nutzung durch den Verbraucher zu unterbinden (vgl. § 327p Abs. 1 S. 2 BGB). Damit sind die entsprechenden Richtlinienvorgaben aus Art. 17 Abs. 1 DIRL und Art. 16 Abs. 5 DIRL im nationalen Recht richtlinienkonform umgesetzt.

Dem Unternehmer ist es gem. § 327p Abs. 2 S. 1 BGB zudem grundsätzlich untersagt, Inhalte, die nicht personenbezogene Daten sind und die der Verbraucher im Rahmen der Vertragsbeziehung bereitgestellt oder erstellt hat, nach der Vertragsbeendigung weiter zu nutzen; die beschriebenen Ausnahmen der Nutzungsmöglichkeiten regelt § 327p Abs. 2 S. 2 BGB. In Umsetzung der Richtlinienvorgabe des Art. 16 Abs. 4 DIRL bestimmt § 327p Abs. 3 BGB zudem den Umfang und die Modalitäten des Rechts des Verbrauchers auf Übermittlung der von ihm bereitgestellten oder erstellten Inhalte, die keine personenbezogenen Daten sind. Die Norm orientiert sich dabei an der Formulierung des Art. 20 EU-DSGVO, der das Recht auf Datenübertragbarkeit hinsichtlich personenbezogener Daten enthält.[140] Sofern der Unternehmer aufgrund entgegenstehender rechtlicher Vorgaben an der Erfüllung des Anspruchs nach § 327p Abs. 3 S. 1 BGB gehindert ist, kann er sich unter Umständen auf eine rechtliche Unmöglichkeit gem. § 275 Abs. 1 BGB berufen.[141]

Die Pflichten des Unternehmers hinsichtlich der vom Verbraucher bereitgestellten Daten mit Personenbezug ergeben sich abschließend aus der EU-DSGVO, dies gilt insbesondere für die Verpflichtung des Unternehmers zur Löschung der personenbezogenen Daten.

cc. Umsetzung in Frankreich

Im französischen Verbraucherrecht dient Art. L. 224-25-22 II., III. C. cons. der Umsetzung von Art. 16 und 17 DIRL.

Die französische Umsetzungsverordnung übernimmt hier die systematische Aufteilung der Digitale-Inhalte-RL hinsichtlich der Pflichten des Verbrauchers bei Vertragsauflösung einerseits (vgl. Art. L. 224-25-22 II. C. cons.) und den Pflichten des Unternehmers andererseits (vgl. Art. L. 224-25-22 III. 1° bis 4° C. cons.).

---

140 Siehe hierzu RegE DIRL. S. 74 f.; die Ausnahmen von dem in § 327p Abs. 3 S. 1 BGB vorgesehen Anspruch des Verbrauchers, die § 327p Abs. 3 S. 2 BGB umsetzt, haben allerdings keine Entsprechung in der EU-DSGVO.

141 Dies leitet sich auch aus Erwgr. 71 DIRL ab, vgl. RegE DIRL, S. 74.

Die Pflicht des Verbrauchers, eine weitere Nutzung des digitalen Produkts sowie dessen Zurverfügungstellung an Dritte nach Vertragsauflösung zu unterlassen, legt Art. L. 224-25-22 II. Unterabs. 1 C. cons. fest, der damit der Umsetzung von Art. 17 Abs. 1 DIRL dient. Der Unternehmer kann entsprechend die weitere Nutzung des digitalen Inhalts oder der digitalen Dienstleistung verhindern, indem er den digitalen Inhalt oder die digitale Dienstleistung für den Verbraucher unzulänglich macht oder das Nutzerkonto des Verbrauchers deaktiviert (vgl. Art. L. 224-25-22 III. Unterabs. 3 C. cons.).

Der Unternehmer ist verpflichtet, dem Verbraucher den gezahlten Preis zurückzuerstatten und alle anderen Vorteile, die er aufgrund des Vertrags erhalten hat, zurückzugeben (vgl. Art. L. 224-25-22 III. 1° C. cons.). Im Falle einer Bereitstellung über einen bestimmten Zeitraum hat der Unternehmer für den Zeitraum, in dem der digitale Inhalt oder die digitale Dienstleistung nicht vertragsgemäß war, den proportionalen Anteil des Preises zu erstatten und für diesen Zeitraum alle Vorteile zurückzugeben, auch wenn der Verbraucher das nicht vertragsgemäße digitale Produkt während dieses Zeitraums genutzt hat (vgl. Art. L. 224-25-22 III. 2° C. cons.). In richtlinienkonformer Umsetzung der Digitale-Inhalte-RL weicht die Vorschrift vom allgemeinen französischen Recht ab (vgl. Art. 1352-3 Code civil), insoweit der Verbraucher nicht verpflichtet ist, den Wert der Nutzung zu erstatten.

Die Richtlinienvorgabe des Art. 16 Abs. 3 und 4 DIRL zu den weiteren Pflichten des Unternehmers in Bezug auf Inhalte, die nicht personenbezogene Daten sind, setzt Art. L. 224-25-22 III. 3° und 4° C. cons. inhaltlich richtlinienkonform um. Die in systematischer Hinsicht von der Richtlinienvorgabe abweichende Bestimmung bedarf hier allerdings eines sehr aufmerksamen Rechtsanwenders.

In Bezug auf die personenbezogenen Daten des Verbrauchers verweist Art. L. 224-25-22 a.E. C. cons. ausdrücklich auf die Verpflichtungen des Unternehmers nach der EU-DSGVO sowie dem Gesetz Nr. 78 – 17 vom 6. Januar 1978[142].

f. Zusammenfassung und vergleichende Gesamtschau

Als zentraler ein Regelungsschwerpunkt der Digitale-Inhalte-RL werden die Abhilfen des Verbrauchers im Fall einer Vertragswidrigkeit eines bereitgestellten digitalen Produkts sowie die Art und Weise der Inanspruchnahme dieser Abhilfen bestimmt.

Die Rechtsbehelfe des Verbrauchers bei Vertragswidrigkeit folgen in ihrer Grundstruktur der Verbrauchsgüterkauf-RL und entsprechen damit im Wesentlichen auch der neuen Warenkauf-RL: Der Verbraucher hat Anspruch auf Herstel-

---

142 *Loi n° 78 – 17 du 6 janvier 1978 relative à l'informatique, aux fichiers et aux libertés.*

lung des vertragsgemäßen Zustands des digitalen Produkts, auf eine anteilmäßige Preisminderung oder auf Beendigung des Vertrags (vgl. Art. 14 DIRL).

Der europäische Gesetzgeber legt grundsätzlich eine Hierarchie der Rechtsbehelfe im Sinne eines Vorrangs der Herstellung des vertragsgemäßen Zustands gegenüber einer Preisminderung und der Vertragsbeendigung fest. Für den Fall einer „schwerwiegenden" Vertragswidrigkeit, die eine sofortige Minderung bzw. Vertragsbeendigung rechtfertigen kann, sieht die Richtlinie aber ein flexibleres Regime vor und trifft damit auch einen Kompromiss zwischen Rechtsordnungen mit strenger Hierarchie und solchen mit flexibler bzw. freier Wahl der Rechtsbehelfe. Von der Richtlinie gänzlich unberührt bleibt im Zusammenhang mit den Abhilfen bei Vertragswidrigkeit eine Regelung des Rechts auf Schadensersatz des Verbrauchers (vgl. Art. 3 Abs. 10 DIRL).

Im deutschen Rechtssystem dient der Umsetzung von Art. 14 Abs. 1 DIRL die Aufzählung der gewährleistungsrechtlichen Rechtsbehelfe des Verbrauchers in § 327i BGB, ergänzt um einen Verweis auf die Regelungen zum Schadens- und Aufwendungsersatz, die nicht Gegenstand der Richtlinie sind. Ist das bereitgestellte digitale Produkt mangelhaft, kann der Verbraucher, wenn die Voraussetzungen der jeweiligen Vorschriften vorliegen, Nacherfüllung verlangen (§ 327l BGB), den Vertrag beenden (§ 327m Abs. 1, 2, 4 und 5 BGB) oder den Preis mindern (§ 327n BGB) und Schadensersatz (§ 280 Abs. 1 oder § 327m Abs. 3 BGB) oder Aufwendungsersatz (§ 284 BGB) verlangen. Diese Übersicht der Rechtsbehelfe bei Vorliegen eines Produktmangels ist § 437 BGB nachgebildet. Das Konzept der Hierarchie der Rechtsbehelfe, das mit dem Vorrang der Nacherfüllung zum Ausdruck kommt, ist im Rahmen des § 327m Abs. 1 BGB umgesetzt.

Im französischen Verbraucherrecht zählt Art. L. 224-25-17 S. 1 C. cons. – in hierarchischer Reihenfolge – die Rechte des Verbrauchers bei Vertragswidrigkeit eines bereitgestellten digitalen Produkts auf. Die Vorschrift verweist zudem auf die Anwendbarkeit des Zurückbehaltungsrechts nach den Regelungen des Code civil. Darüber hinaus behält das französische Recht das Rechtsinstitut der *„garantie des vices cachés"* bei. Damit treten die digitalvertragsrechtlichen Rechtsbehelfe des Verbrauchers neben die Rechte aus Art. 1641 ff. Code civil wegen Vorliegens eines *„vice caché"*. Der französische Gesetzgeber hat außerdem klargestellt, dass die Bestimmungen zum Schadensersatz unberührt bleiben.

Weiterhin hat der europäische Gesetzgeber in Art. 14 Abs. 2 und 3 DIRL die Modalitäten des Anspruchs auf Herstellung des vertragsgemäßen Zustands digitaler Inhalte oder digitaler Dienstleistungen konkretisiert. Hervorzuheben ist, dass dem Verbraucher – anders als im kaufrechtlichen Gewährleistungsrecht – kein Wahlrecht in Bezug auf die Art der Nacherfüllung zusteht und die Richtlinie demnach keine „relative", sondern eine „absolute" Verhältnismäßigkeitsklausel vorsieht.

Der deutsche Umsetzungsgesetzgeber hat den digitalvertragsrechtlichen Nacherfüllungsanspruchs des Verbrauchers in § 327l BGB geregelt. Im französischen Verbrauchergesetzbuch finden sich die entsprechenden digitalspezifischen Regelungen nunmehr in Art. L. 22-25-18 und Art. L. 224-5-19 C. cons. Hinzuweisen ist auf den zusätzlichen Verweis des französischen Verbraucherrechts auf die Regelungen des Code civil, wenn der Unternehmer die Herstellung des vertragsgemäßen Zustands verweigert, obgleich diese nicht unmöglich ist oder unverhältnismäßig hohe Kosten verursacht. In diesen Fällen kann der Verbraucher unter Umständen die Verpflichtung des Unternehmers zur Herstellung des vertragsgemäßen Zustands des digitalen Produkts selbst erfüllen.

Nach dem Konzept der Digitale-Inhalte-RL hat der Verbraucher bei Vorliegen einer Vertragswidrigkeit der bereitgestellten digitalen Inhalte oder digitalen Dienstleistungen weiterhin die Wahlfreiheit zwischen der Vertragsbeendigung und – sofern das digitale Produkt gegen Zahlung eines Preises bereitgestellt wird – der anteilmäßigen Minderung. Der europäische Gesetzgeber hat einen Katalog möglicher Gründe für eine Vertragsbeendigung bzw. Preisminderung festgelegt (s. Art. 14 Abs. 4 lit. a bis e DIRL). Hervorzuheben ist die Erweiterung der Vertragsbeendigungsgründe gegenüber der Verbrauchsgüterkauf-RL im Hinblick auf die Einbeziehung der fehlgeschlagenen Nacherfüllung sowie der schwerwiegenden Vertragswidrigkeit.

Von Bedeutung sind auch hier die Besonderheiten datenbasierter Austauschverhältnisse im Digitalvertragsrecht. Stellt der Verbraucher statt der Zahlung eines Preises seine personenbezogenen Daten bereit, ist eine Preisminderung naturgemäß ausgeschlossen. Der Ausschluss verhindert, dass in Fällen, in denen der Verbraucher seine personenbezogenen Daten bereitstellt, die Gerichte das vereinbarte Äquivalent von Leistung und Gegenleistung ex-post beurteilen und damit auch den Wert der bereitgestellten personenbezogenen Daten beziffern müssten.[143] Kompensiert wird die fehlende Minderungsmöglichkeit aber dadurch, dass der Verbraucher, der personenbezogene Daten bereitstellt, den Vertrag auch dann beenden kann, wenn die Vertragswidrigkeit des digitalen Inhalts oder der digitalen Dienstleistung lediglich geringfügig ist (Umkehrschluss aus Art. 14 Abs. 6 DIRL, ausdrücklich so auch Erwgr. 67 DIRL).

Die Digitale-Inhalte-RL regelt darüber hinaus auch die Folgen der Vertragsbeendigung durch den Verbraucher sowie die nachträglichen Rechte und Pflichten der Vertragsparteien (Art. 16 ff. DIRL). In diesem Zusammenhang lassen sich einige Besonderheiten des Digitalvertragsrechts im Hinblick auf die Pflichten des Verbrauchers als auch die des Unternehmers bei Vertragsbeendigung festhalten, da

143 Vgl. *Sattler*, CR 2020, 145 (152).

eine vollständige „Rückabwicklung" des Vertrags als Rechtsfolge in der Regel nicht schlichtweg durch „Rückgabe" des Vertragsgegenstands möglich ist. Der Verbraucher ist stattdessen verpflichtet, die Nutzung der digitalen Inhalte bzw. digitalen Dienstleistungen sowie deren Zurverfügungstellung an Dritte zu unterlassen. Der Unternehmer muss dem Verbraucher im Fall der Vertragsbeendigung alle im Rahmen des Vertrags gezahlten Beträge (anteilmäßig) zurückerstatten. Hat der Verbraucher bei der Nutzung der vom Unternehmer bereitgestellten digitalen Inhalte oder digitalen Dienstleistungen eigene Inhalte, die nicht personenbezogene Daten sind, bereitgestellt oder selbst erstellt, dürfen diese im Falle der Beendigung des Vertrags vom Unternehmer nicht (weiter) verwendet werden. Von der Regelung ausgenommen sind Fälle, in denen der Unternehmer ein schützenswertes Interesse an der Nutzung der Inhalte hat, dem keine schützenswerten Interessen des Verbrauchers entgegenstehen. Im Hinblick auf datenbasierte Austauschverhältnisse ist insbesondere der Verweis der Digitale-Inhalte-RL auf die EU-DSGVO hervorzuheben. Der Unternehmer hat im Falle der Vertragsbeendigung in Bezug auf die personenbezogenen Daten des Verbrauchers die gemäß der EU-DSGVO geltenden Verpflichtungen einzuhalten (vgl. Art. 16 Abs. 2 DIRL). Für den Zeitraum, in dem der Unternehmer die Daten des Verbrauchers nutzen konnte, schuldet der Unternehmer im Übrigen keinen Nutzungsersatz.[144]

Um den digitalspezifischen Besonderheiten Rechnung zu tragen, hat der deutsche Umsetzungsgesetzgeber für Verträge über digitale Produkte ein einheitliches vertragsübergreifendes Vertragsbeendigungsrecht des Verbrauchers bei einem mangelhaften digitalen Produkt geschaffen, das angesichts der vollharmonisierenden Richtlinienvorgaben zu den Voraussetzungen und Rechtsfolgen einer Vertragsbeendigung im Digitalvertragsrecht gesetzliche Rücktritts- und Kündigungsrechte des jeweiligen Vertragstyps verdrängt. Ein uneingeschränkter Verweis auf die §§ 346 ff. BGB war im deutschen Recht aufgrund der zwingenden Richtlinienvorgaben zu den Rechtsfolgen der Vertragsbeendigung und insbesondere aufgrund des Ausschlusses eines Wertersatzanspruchs des Unternehmers nicht möglich. Die Voraussetzungen und Modalitäten für der Beendigung eines Vertrags über die Bereitstellung eines digitalen Produkts bzw. eine Preisminderung sind in § 327m BGB bzw. § 327n i.V.m. § 327m Abs. 1 BGB festgelegt. Die Rechtsfolgen bei Beendigung des Vertrags durch den Verbraucher regeln die neu eingefügten §§ 327o, 327p BGB. Die Pflichten des Unternehmers hinsichtlich der vom Verbraucher bereitgestellten Daten mit Personenbezug ergeben sich abschließend aus der EU-DSGVO.

144 Kritisch dazu *Metzger*, AcP 216 (2016), 817 (862).

Im französischen Verbraucherrecht enthält Art. L. 224-25-20 C. cons. die Auflistung der Fälle, in denen der Verbraucher das Recht zur Auflösung des Vertrags bzw. zur Minderung des Preises hat. Die Pflichten des Verbrauchers und des Unternehmers im Fall einer Vertragsauflösung sind in Art. L. 224-25-22 II., III. C. cons. geregelt. In Bezug auf die personenbezogenen Daten des Verbrauchers verweist Art. L. 224-25-22 a.E. C. cons. ausdrücklich auf die Verpflichtungen des Unternehmers nach der EU-DSGVO.

Einer Korrektur bedarf es in beiden Rechtsordnungen möglicherweise im Hinblick auf die Frage, ob der Ausschluss einer Vertragsbeendigung bei Geringfügigkeit der Vertragswidrigkeit auch dann greifen sollte, wenn der Verbraucher neben der Bereitstellung seiner personenbezogenen Daten ergänzend einen Preis gezahlt hat. Nach der hier vertretenen verbraucherfreundlichen Auslegung der Digitale-Inhalte-RL sollte die Geringfügigkeitsklausel, jedenfalls in Fällen, in denen der Bereitstellung der personenbezogenen Daten eine (gegenüber der Preiszahlung) für das Austauschverhältnis prägende Bedeutung zukommt, richtigerweise keine Anwendung finden, um dem Verbraucher in diesen Fällen unabhängig von der Geringfügigkeitsschwelle ein Vertragsbeendigungsrecht zu gewähren.[145] Eine Klärung dieser Problematik durch den EuGH bleibt abzuwarten.

Festgehalten werden kann, dass die zwingenden Richtlinienvorgaben zu den Abhilfen des Verbrauchers bei Vertragswidrigkeit im Übrigen sowohl im deutschen als auch im französischen Rechtssystem weitgehend richtlinienkonform umgesetzt worden sind.

II. Schadensersatzanspruch des Verbrauchers

1. Angleichungsdefizit im Schadensersatzrecht

Nach – richtiger – Ansicht des europäischen Gesetzgebers ist ein wesentlicher Bestandteil von Verträgen über die Bereitstellung digitaler Inhalte oder digitaler Dienstleistungen der Grundsatz der Haftung des Unternehmers für Schäden.[146] Der Verbraucher sollte daher Anspruch auf Entschädigung für die Nachteile haben, die auf eine unterlassene Bereitstellung oder auf eine Vertragswidrigkeit der digitalen Inhalte oder der digitalen Dienstleistungen zurückzuführen sind.[147] Diese Entschädigung sollte den Verbraucher dabei so weit wie möglich in die Lage versetzen,

145 So auch *Rieländer*, GPR 2022, 28 (33); ähnlich auch *Mischau*, ZEuP 2020, 335 – 365 (348 ff.).
146 Vgl. Erwgr. 73 DIRL.
147 Ibid.

in der er sich befunden hätte, wenn die digitalen Inhalte oder digitalen Dienstleistungen ordnungs- und vertragsgemäß bereitgestellt worden wären.[148]

Indessen werden entsprechende Schadensersatzpflichten des Unternehmers durch die Digitale-Inhalte-RL nicht harmonisiert; die Freiheit der Mitgliedstaaten zur Regelung des Rechts auf Schadensersatz bleibt unberührt (vgl. Art. 3 Abs. 10 DIRL).

Die Kommission hatte in ihrem Richtlinienvorschlag zunächst eine sehr grundsätzliche Regelung zum „Schadensersatz“[149] des Verbrauchers vorgesehen. Der Anbieter sollte „für jede wirtschaftliche Schädigung der digitalen Umgebung des Verbrauchers, die durch die Nichteinhaltung des Vertrags oder die nicht erfolgte Bereitstellung der digitalen Inhalte verursacht wurde“ haften (vgl. Art. 14 Abs. 1 S. 1 des Richtlinienvorschlags). Dabei sollte der Schadensersatz den Verbraucher so weit wie möglich in die Lage zu versetzen, in der sich dieser befunden hätte, wenn die digitalen Inhalte ordnungs- und vertragsgemäß bereitgestellt worden wären (vgl. Art. 14 Abs. 1 S. 2 des Richtlinienvorschlags). Die Einzelheiten der Bedingungen für die Ausübung des Rechts auf Schadensersatz sollten die Mitgliedstaaten festlegen (vgl. Art. 14 Abs. 2 des Richtlinienvorschlags).[150]

Die Beschränkung auf unmittelbare Auswirkungen auf die digitale Umgebung des Verbrauchers, also Schäden an Hard- und Software des Verbrauchers, und die Außerachtlassung von Folgeschäden führte zu heftiger Kritik an der Schadensersatzregelung des Richtlinienvorschlags, ebenso wie die fehlende Klarstellung, inwieweit für den Schadensersatzanspruch des Verbrauchers überhaupt ein Verschulden des Unternehmers erforderlich ist.[151]

Während des weiteren Gesetzgebungsprozesses wurde die Vorschrift zum Schadensersatzrecht des Verbrauchers gestrichen und die Regelung des Rechts auf Schadensersatz ausschließlich den Mitgliedstaaten überlassen (vgl. Art. 3 Abs. 10 DIRL). Dies begründet der europäische Gesetzgeber damit, dass ein Schadensersatzanspruch, der den Verbraucher so weit wie möglich in die Lage versetzt, in der er sich befunden hätte, wenn der Unternehmer seine Pflichten ordnungs- und

---

148 Ibid.

149 Den Begriff „Schadensersatz“ definierte der Richtlinienvorschlag als „einen Geldbetrag, zu dem Verbraucher als Ausgleich für eine wirtschaftliche Schädigung ihrer digitalen Umgebung berechtigt sein könnten“ (vgl. Art. 2 Abs. 5 des Richtlinienvorschlags).

150 Siehe hierzu auch Erwgr. 10 und Erwgr. 44 des Richtlinienvorschlags.

151 Zur Kritik an der Schadensersatzregelung des Kommissionsvorschlags siehe etwa *Spindler*, MMR 2016, 219 (222 f.); *Schmidt-Kessel et al.*, GPR 2016, 54 (69 f.); *Gsell*, in: Kindl/Arroyo Vendrell/Gsell (Hrsg.), Verträge über digitale Inhalte und digitale Dienstleistungen, S. 85 (92 f.); *European Law Institute*, Statement of the European Law Institute on the European Commission's Proposed Directive on the Supply of Digital Content to Consumers COM (2015) 634 final, 2016, S. 32; *Westphalen*, BB 2016, 1411 (1411 ff.); *Westphalen*, EuZW 2017, 373 (379); *Ostendorf*, ZRP 2016, 69 (71); *Zoll*, EuCML 2016, 250 (251 f.). Zur Frage des Verschuldens insbesondere *Spindler*, ERCL 2016, 183, 212.

vertragsgemäß erfüllt hätte, bereits in allen Mitgliedstaaten bestehe.[152] Die Digitale-Inhalte-RL sollte daher die nationalen Vorschriften über die Entschädigung von Verbrauchern für Schäden, die sich aus dem Verstoß gegen Vorschriften der Richtlinie ergeben, unberührt lassen.

Damit weist das System der Rechtsbehelfe der Digitale-Inhalte-RL im Hinblick auf ein Schadensersatzrecht des Verbrauchers ein strukturelles Angleichungsdefizit auf.[153] Da sich die Schadensersatzansprüche des Verbrauchers für den Fall einer unterlassenen oder einer vertragswidrigen Bereitstellung digitaler Inhalte oder digitaler Dienstleistungen allein nach dem nationalen Recht der Mitgliedstaaten bestimmen, können potenziell divergierende nationale Regelungen entstehen bzw. beibehalten werden. Insbesondere hinsichtlich der Frage, ob eine Schadensersatzhaftung ein Verschulden des Unternehmers voraussetzt, sowie hinsichtlich der Berücksichtigung eines möglichen Mitverschuldens des Verbrauchers und mit Blick auf die Reichweite der Haftung des Unternehmers für Folgeschäden, können sich Unterschiede in den nationalen Rechtsordnungen abzeichnen. Angesichts der Bedeutung von Schadensersatzansprüchen in der Praxis kann sich eine unzulängliche Ausgestaltung des mitgliedstaatlichen Schadensersatzrechts dabei in besonderem Maße nachteilig auf das Verbraucherschutzniveau auswirken.[154] Im Ergebnis ist daher zumindest nicht auszuschließen, dass mit einem solchen Angleichungsdefizit auch das Ziel des europäischen Gesetzgebers, den digitalen Binnenmarkt und den Verbraucherschutz durch ein unionsweites einheitliches Vertragsrechtsregime für Unternehmer und Verbraucher zu fördern und zu stärken, gefährdet wird.

2. Rechtslage in Deutschland

Der deutsche Gesetzgeber hat versucht, das Schadensersatzrecht im digitalvertragsrechtlichen Gewährleistungsregime durch Einbeziehung der bestehenden nationalen Schadensersatzregelungen ohne Friktionen und konfliktfrei zu lösen. Zur Regelung des Rechts auf Schadensersatz des Verbrauchers im Zusammenhang mit Verträgen über die Bereitstellung digitaler Inhalte oder digitaler Dienstleistungen sind daher die verschiedenen Umsetzungsvorschriften um entsprechende Verweise auf die allgemeinen Vorschriften zum Schadensersatz ergänzt und diese, sofern notwendig, modifiziert worden.

---

152 Vgl. Erwgr. 73 DIRL.

153 Siehe hierzu schon Kapitel 3 II.3. Kritisch zu diesem Angleichungsdefizit bspw. auch *Schulze*, ZEuP 2019, 695 (720 f.); *Spindler/Sein*, MMR 2019, 488 (491).

154 Vgl. *Schulze*, ZEuP 2019, 695 (720 f.).

Für den Fall einer unterbliebenen Bereitstellung des digitalen Produkts kann der Verbraucher bei Vorliegen der Voraussetzungen des § 327c Abs. 1 S. 1 BGB nach den §§ 280 und 281 Abs. 1 S. 1 BGB Schadensersatz oder nach § 284 BGB Ersatz vergeblicher Aufwendungen verlangen, wenn die Voraussetzungen dieser Vorschriften vorliegen (vgl. § 327c Abs. 2 S. 1 BGB).[155] § 281 Abs. 1 S. 1 BGB ist mit der Maßgabe anzuwenden, dass an die Stelle der Bestimmung einer angemessenen Frist die Aufforderung nach § 327c Abs. 1 S. 1 BGB tritt (vgl. § 327c Abs. 2 S. 2 BGB).[156] Da die Digitale-Inhalte-RL die Unmöglichkeit der Bereitstellung nicht regelt, bleiben zudem die Schadensersatzansprüche bei vom Unternehmer zu vertretener Unmöglichkeit der Bereitstellung nach §§ 283 und 311a Abs. 2 BGB uneingeschränkt anwendbar (vgl. § 327c Abs. 2 S. 3 BGB). Im Wesentlichen enthält § 327c Abs. 2 BGB für das Digitalvertragsrecht somit eine Rechtsgrundverweisung auf die allgemeinen Regelungen zum Schadensersatz und modifiziert diese nur sofern nötig.[157]

Bei Mängeln eines digitalen Produkts kann der Verbraucher nach §§ 327m Abs. 3 S. 1 i.V.m. 280 Abs. 1 BGB unter den Voraussetzungen der Vertragsbeendigung Schadensersatz statt der Leistung verlangen. Der Rechtsgrundverweis auf § 280 Abs. 1 BGB bewirkt, dass eine Schadensersatzpflicht nicht besteht, wenn der Unternehmer die mangelhafte Leistung nicht zu vertreten hat (§ 280 Abs. 1 S. 2 BGB). Schadensersatz statt der Leistung kann der Verbraucher im Übrigen nur verlangen, wenn der Mangel nicht unerheblich ist; § 281 Abs. 1 S. 3 BGB ist entsprechend anzuwenden (vgl. § 327m Abs. 3 S. 2 BGB). Entsprechende Anwendung findet auch § 281 Abs. 4 BGB: Der Anspruch auf Leistung ist danach ausgeschlossen, sobald der Gläubiger Schadensersatz statt der Leistung verlangt (vgl. § 327m Abs. 3 S. 2 i.Vm. § 281 Abs. 4 BGB).

Auf eine Bezugnahme auf §§ 283 S. 1 und 311a Abs. 2 S. 1 BGB, wie sie der Regierungsentwurf vorsah,[158] wird im Umsetzungsgesetz verzichtet. Stattdessen verweist § 327m Abs. 3 S. 1 BGB wegen der insoweit erschöpfenden Regelung des § 327m Abs. 1 Nr. 1-6 BGB nunmehr allein auf die Grundnorm des § 280 Abs. 1 BGB.[159] § 327m Abs. 3 BGB ist zentrale Anspruchsgrundlage für alle sich aus der Verletzung

---

155 Siehe hierzu Kapitel 8 I.1.b.

156 Zur Entbehrlichkeit der Aufforderung vgl. § 327c Abs. 3 Nr. 1–3 BGB.

157 Siehe hierzu auch RegE DIRL, S. 50 f.

158 § 327m Abs. 3 S. 1 BGB-E lautete: „Soweit der Verbraucher in den Fällen des Absatzes 1 zur Beendigung des Vertrags berechtigt ist, kann er nach den §§ 280 Absatz 1, 283 Satz 1 und § 311a Absatz 2 Satz 1 Schadensersatz statt der Leistung oder nach § 284 Ersatz vergeblicher Aufwendungen verlangen, wenn die Voraussetzungen dieser Vorschriften vorliegen.".

159 Diese Änderung geht auf die Beschlussempfehlung des Ausschusses für Recht und Verbraucherschutz zurück, siehe hierzu den Bericht des Ausschusses für Recht und Verbraucherschutz, BT-Drucks. 19/31116, v. 23.6.2021, S. 11.

der Pflicht des Unternehmers zur mangelfreien Bereitstellung digitaler Produkte ergebenden Ansprüche auf Schadensersatz statt der Leistung, ein Rückgriff auf die §§ 281, 283 und 311a BGB als Anspruchsgrundlage ist wegen der Spezialität des § 327m Abs. 3 S. 1 BGB ausgeschlossen. Diese Korrektur des Regierungsentwurfs war auch dann erforderlich, wenn man annimmt, dass die ursprüngliche Rechtsgrundverweisung auf §§ 280 Abs. 1, 283 S. 1 BGB und § 311a Abs. 2 S. 1 BGB insoweit fehlerhaft war, als die Vorschriften jeweils voraussetzen, dass der Schuldner nach § 275 Abs. 1 bis 3 BGB nicht zu leisten braucht, ein Anspruch auf Schadensersatz statt der Leistung also nur in Fällen der Unmöglichkeit bestanden hätte, nicht hingegen in den anderen Fällen, in denen § 327m Abs. 1 BGB dem Verbraucher ein Recht zur Vertragsbeendigung gewährt.[160] Andererseits könnte der Verzicht auf eine Bezugnahme auf § 311a Abs. 2 BGB aber problematisch sein, insoweit anfängliche nicht behebbare Mängel nicht unter den Grundtatbestand des § 280 Abs. 1 BGB subsumiert werden und wegen der abschließenden Regelung des § 327m Abs. 3 BGB in diesen Fällen daher überhaupt keine Schadensersatzansprüche gegeben wären.[161] Durch den Verweis in § 327m Abs. 3 auf Abs. 1 Nr. 1 sei jedoch hinreichend klargestellt, dass der Schadensersatzanspruch auch bei anfänglicher Unmöglichkeit der Nacherfüllung in Betracht kommt.[162]

Verlangt der Verbraucher unter den beschriebenen Voraussetzungen Schadensersatz, decken sich die Rechtsfolgen wegen des Verweises in § 327m Abs. 3 S. 3 BGB auf §§ 327o und 327p BGB mit denen der Vertragsbeendigung. § 327m Abs. 3 S. 3 BGB ist das Äquivalent zu § 281 Abs. 5 BGB, auf den wegen der besonderen Bestimmungen der Richtlinie zu den Folgen der Vertragsbeendigung nicht zurückgegriffen werden kann.[163] Neben den von § 327m Abs. 3 BGB erfassten Schadensersatzansprüchen soll die Vertragsbeendigung zudem möglich bleiben, wie der Verweis auf § 325 BGB in § 327m Abs. 3 S. 4 BGB sicherstellt.

3. Rechtslage in Frankreich

Im französischen Digitalvertragsrecht verweist Art. L. 224-25-11 C. cons., der sich den Rechten des Verbrauchers im Fall einer unterbliebenen Bereitstellung digitaler Inhalte oder digitaler Dienstleistungen widmet, ausdrücklich darauf, dass die Zu-

---

160 So *Faust*, Stellungnahme Umsetzung DIRL u. WKRL, S. 10.

161 Ausführlich zu der Problematik des Verzichts einer Bezugnahme auf § 311a Abs. 2 BGB siehe *Rieländer*, GPR 2022, 28 (37 f.).

162 Vgl. nur *Metzger*, in: MüKo-BGB, § 327 Rn. 11.

163 Vgl. RegE DIRL S. 69.

erkennung von Schadensersatz unberührt bleibe (vgl. Art. L. 224-25-11 a.E. C. cons.: *„Les disposition du présent article sont sans préjudice de l'allocation de dommages et intérêts.“*).[164] Damit beschränkt sich das französische Umsetzungsgesetz auf die schlichte Feststellung, dass die durch Art. L. 224-25-11 C. cons. eröffneten Rechte des Verbrauchers bei unterbliebener Bereitstellung des digitalen Produkts dessen möglichen Anspruch auf Schadensersatz nicht berühren.

Auch im Zusammenhang mit den Ansprüchen des Verbrauchers bei einer Vertragswidrigkeit der bereitgestellten digitalen Inhalte oder digitalen Dienstleistungen (vgl. Art. L. 224-25-17 ff. C. cons.) verweist Art. L. 224-25-17 a.E. C. cons. gleichermaßen darauf, dass die Bestimmungen des Unterabschnitts die Zuerkennung von Schadensersatz unberührt lassen.[165]

Den Charakter eigenständiger Anspruchsgrundlagen für einen Schadensersatzanspruch des Verbrauchers haben Art. L. 224-25-11 C. cons. Sowie Art. L. 224-25-17 C. cons. höchstwahrscheinlich nicht.[166] Weil der Code de la consommation das Schadensersatzrecht hier nicht spezifiziert bzw. weitergehende Regelungen trifft, sind die Bestimmungen des Code civil ohne eine differenzierte Verweisungsstruktur anwendbar.[167] Für Verträge über die Bereitstellung digitaler Inhalte oder digitaler Dienstleistungen bestehen insoweit keine Modifikationen. Dem Verbraucher bleibt damit der Rückgriff auf die bestehenden Schadensersatzregelungen des Code civil erhalten und die Grundsätze des Schadensersatzrechts im allgemeinen französischen Leistungsstörungsrecht des Code civil finden Anwendung.

Regelungen zum Ersatz des aus der Nichterfüllung des Vertrags resultierenden Schadens treffen die Art. 1231 bis 1231-7 Code civil. Die Geltendmachung eines Schadensersatzanspruchs setzt voraus, dass der Schuldner gemahnt wurde, innerhalb einer angemessenen Frist zu leisten, sofern die Nichterfüllung nicht endgültig ist (vgl. Art. 1231 Code civil[168]). Hinsichtlich des Ersatzes von Schäden wird

---

164 Eine entsprechende Bestimmung enthält Art. L. 216-6 a.E. C. cons., der sich den Folgen einer unterbliebenen Lieferung einer Ware oder Erbringung einer Dienstleistung widmet.

165 Eine entsprechende Bestimmung enthält Art. L. 217-8 a.E. C. cons., der sich den Rechten des Verbrauchers bei einer Vertragswidrigkeit einer Ware widmet.

166 Zu der strittigen Frage, ob es sich bei Art. L. 211-11 II. C. cons. a.F. (*„Ces mêmes dispositions ne font pas obstacle à l'allocation de dommages et intérêts“*), der im Wege der Umsetzung der Verbrauchsgüterkauf-RL in den Code de la consommation eingefügt worden war, um eine eigenständige Anspruchsgrundlage für einen Schadensersatzanspruch des Verbrauchers handelte, siehe *Witz/ Schneider*, RIW 2005, 921 (921 ff.) m. W.N.

167 Zum Verhältnis zwischen Verbrauchervertragsrechts und allgemeinem Vertragsrecht im französischen Rechtssystem siehe Kapitel 4 I.c.bb.

168 Art. 1231 Code civil: *„A moins que l'inexécution soit définitive, les dommages et intérêts ne sont dus que si le débiteur a préalablement été mis en demeure de s'exécuter dans un délai raisonnable.“*

zwischen Verspätungs- und Nichterfüllungsschäden differenziert (vgl. Art. 1231-1 Code civil[169]). Es muss ein direkter und bei Vertragsschluss vorhergesehener oder vorhersehbarer Schaden entstanden sein, eine Ausnahme davon wird bei grobem Verschulden oder Arglist gemacht (vgl. Art. 1231-3[170], 1231-4[171] Code civil). Der zu ersetzende Schaden besteht in dem Verlust, den der Gläubiger erlitten hat, und dem entgangenen Gewinn (vgl. Art. 1231-2 Code civil[172]); die Höhe des Schadensersatzanspruchs bemisst sich nach dem aktuellen Zustand verglichen mit dem Zustand bei ordnungsgemäßer Vertragserfüllung.

Zu beachten ist, dass im französischen Recht die Verletzung einer Handlungspflicht notwendigerweise zum Schadensersatz führt, es sei denn, die weiteren Voraussetzungen des Schadensersatzanspruchs sind nicht erfüllt. Ausdrücklich ausgeschlossen ist der Schadensersatzanspruch gem. Art. 1231-1 Code civil im Falle der *force majeure*[173], dem wichtigsten Entschuldigungsgrund im französischen

---

Übersetzung aus *Bien/Borghetti*, Die Reform des französischen Vertragsrechts, S. 293: „Sofern die Nichterfüllung nicht endgültig ist, wird Schadenersatz erst dann fällig, wenn der Schuldner zuvor gemahnt wurde, die Leistung innerhalb einer angemessenen Frist zu erbringen.".

169 Art. 1231-1 Code civil: „*Le débiteur est condamné, s'il y a lieu, au paiement de dommages et intérêts soit à raison de l'inexécution de l'obligation, soit à raison du retard dans l'exécution, s'il ne justifie pas que l'exécution a été empêchée par la force majeure.*" Deutsche Übersetzung aus *Bien/Borghetti*, Die Reform des französischen Vertragsrechts, S. 293: „Der Schuldner ist zur Zahlung von Schadensersatz wegen Nichterfüllung oder wegen verzögerter Leistung zu verurteilen, wenn er nicht beweisen kann, das die Leistungserbringung durch höhere Gewalt verhindert wurde.".

170 Art. 1231-3 Code civil: „*Le débiteur n'est tenu que des dommages et intérêts qui ont été prévus ou qui pouvaient être prévus lors de la conclusion du contrat, sauf lorsque l'inexécution est due à une faute lourde ou dolosive.*" Deutsche Übersetzung aus *Bien/Borghetti*, Die Reform des französischen Vertragsrechts, S. 293: „Der Schuldner ist nur zum Ersatz desjenigen Schadens verpflichtet, dessen Eintrittsmöglichkeit bei Vertragsschluss vorhergesehen wurde oder hätte vorhergesehen werden können, es sei denn die Nichterfüllung beruht auf grobem Verschulden oder Arglist.".

171 Art. 1231-4 Code civil: „*Dans le cas même où l'inexécution du contrat résulte d'une faute lourde ou dolosive, les dommages et intérêts ne comprennent que ce qui est une suite immédiate et directe de l'inexécution.*" Deutsche Übersetzung aus *Bien/Borghetti*, Die Reform des französischen Vertragsrechts, S. 293: „Beruht die Pflichtverletzung auf grobem Verschulden oder Arglist, umfasst der Schadensersatz nur die unmittelbaren und direkten Folgen der Nichterfüllung.".

172 Art. 1231-2 Code civil: „*Les dommages et intérêts dus au créancier sont, en général, de la perte qu'il a faite et du gain dont il a été privé, sauf les exceptions et modifications ci-après.*" Deutsche Übersetzung aus *Bien/Borghetti*, Die Reform des französischen Vertragsrechts, S. 293: „Der dem Gläubiger zu ersetzende Schaden besteht generell in dem Verlust, den er erlitten, und dem Gewinn, der ihm entgangen ist, sofern die nachfolgenden Ausnahmen und Modifikationen nichts anderes bestimmen.".

173 Vgl. Art. 1218 S. 1 Code civil: „*Il y a force majeure en matière contractuelle lorsqu'un événement échappant au contrôle du débiteur, qui ne pouvait être raisonnablement prévu lors de la conclusion du contrat et dont les effets ne peuvent être évités par des mesures appropriées, empêche l'exécution de son obligation par le débiteur.*" Deutsche Übersetzung aus *Bien/Borghetti*, Die Reform des französi-

Recht. Demgegenüber legt das deutsche Schadensersatzrecht das Verschuldensprinzip zugrunde: § 280 Abs. 1 S. 1 BGB umfasst grundsätzlich jede Art der Pflichtverletzung und damit sowohl erfolgsbezogene Pflichten als auch verhaltensbezogene Pflichten.[174] Voraussetzung für einen Schadensersatzanspruch des Gläubigers ist aber, dass der Schuldner die Pflichtverletzung auch zu vertreten hat; das Vertretenmüssen des Schuldners wird gem. § 280 Abs. 1 S. 2 BGB widerlegbar vermutet.[175] Für eine Handlungspflicht, die der Schuldner nicht zu vertreten hat, macht sich dieser nach deutschem Recht somit nicht schadensersatzpflichtig.

Neben den allgemeinen schuldrechtlichen Vorschriften finden bei mangelhafter Leistung die Gewährleistungsvorschriften des Code civil Anwendung. Ein Käufer hat bei Vorliegen eines verborgenen Mangels (*vice caché*) unter bestimmten Voraussetzungen auch Anspruch auf Schadensersatz, wenn der Verkäufer den Mangel bei Vertragsschluss kannte (vgl. Art. 1645 Code civil). Art. 1645 Code civil setzt mithin voraus, dass der Verkäufer bösgläubig ist; die Beweislast für die Bösgläubigkeit des Verkäufers trifft grundsätzlich den Käufer. Allerdings wird bei einem gewerblichen Verkäufer nach der französischen Rechtsprechung praktisch unwiderleglich vermutet, dass er alle Mängel der Kaufsache kannte.[176] Diese „Kennenmüssen" des gewerblichen Verkäufers kommt praktisch einer verschuldensunabhängigen Haftung gleich.[177] Der Käufer hat bei einem verborgenen Mangel damit stets einen Schadensersatzanspruch.

Wie im deutschen Recht umfasst der Schadensersatz im französischen Recht in seinem Umfang das positive Interesse. Erfasst werden Schäden der mangelhaften Sache als auch die Schäden, die durch die mangelhafte Sache entstanden sind.

Gem. Art. 1217 Abs. 2 Code civil kann der Gläubiger grundsätzlich auch Rechtsbehelfe kumulieren; einzige Voraussetzung hierfür ist, dass es sich um Rechtsbehelfe handelt, die sich nicht widersprechen.[178] Ähnlich wie im deutschen

---

schen Vertragsrechts, S. 288: „Im Bereich des Vertragsrechts ist vom Vorliegen von höherer Gewalt auszugehen, wenn ein Ereignis, das außerhalb der Kontrolle des Schuldners liegt, das bei Vertragsschluss vernünftigerweise nicht vorhersehbar war und dessen Auswirkungen durch angemessene Maßnahmen nicht verhindert werden konnten, den Schuldner an der Erfüllung seiner Verpflichtung hindert.".

174 Siehe hierzu statt vieler *Riehm*, in: BeckOGK ZivilR BGB § 280 Rn. 6 ff., 345 ff. (Stand: 1.8.2023).

175 Statt vieler *Schulze*, in: HK-BGB, § 280 Rn. 15.

176 Siehe hierzu *Peterl*, Deutsches und französisches Kaufrecht und die EU-Verbrauchsgüterkauf-Richtlinie, S. 136 f.

177 *Peterl*, ebenda, S. 136 f.

178 Vgl. Art. 1217 Abs. 2 Code civil: *„Les sanctions qui ne sont pas incompatibles peuvent être cumulées; des dommages et intérêts peuvent toujours s'y ajouter."* Deutsche Übersetzung aus *Bien/Borghetti*, Die Reform des französischen Vertragsrechts, S. 288: „Rechtsbehelfe, die nicht unver-

Recht steht es dem Gläubiger also frei, die Naturalerfüllung mit einem Schadensersatzanspruch zu kumulieren, sofern er zusätzlich Schäden ersetzt verlangt bzw. die Vertragsauflösung mit einem Schadensersatzanspruch zu kombinieren.[179]

4. Zusammenfassung und vergleichende Gesamtschau

Festgehalten werden kann, dass das Rechtsbehelfssystem der Digitale-Inhalte-RL bei der Materie des Schadensersatzrechts trotz seiner in der Praxis großen Bedeutung defizitär bleibt. Der europäische Gesetzgeber stellt zwar klar, dass der Verbraucher Anspruch auf Entschädigung für die Nachteile haben sollte, die auf eine unterlassene Bereitstellung oder auf eine Vertragswidrigkeit des digitalen Inhalts oder der digitalen Dienstleistung zurückzuführen sind, entsprechende Schadensersatzpflichten des Unternehmers werden durch die Digitale-Inhalte-RL jedoch nicht harmonisiert; die Freiheit der Mitgliedstaaten zur Regelung des Rechts auf Schadensersatz bleibt unberührt (vgl. Art. 3 Abs. 10 DIRL).

Der deutsche Gesetzgeber hat zur Regelung des Rechts auf Schadensersatz des Verbrauchers im Zusammenhang mit Verträgen über die Bereitstellung eines digitalen Produkts die verschiedenen Umsetzungsvorschriften um entsprechende Verweise auf die allgemeinen Vorschriften zum Schadensersatz ergänzt und diese, sofern notwendig, modifiziert (vgl. §§ 327c Abs. 2, 327m Abs. 3 BGB).

Im französischen Digitalvertragsrecht verweist Art. L. 224-25-11 C. cons., der sich den Rechten des Verbrauchers im Fall einer unterbliebenen Bereitstellung digitaler Inhalte oder digitaler Dienstleistungen widmet, ausdrücklich darauf, dass die Zuerkennung von Schadensersatz unberührt bleibe. Gleichermaßen verweist Art. L. 224-25-17 a.E. C. cons. im Zusammenhang mit den Ansprüchen des Verbrauchers bei einer Vertragswidrigkeit des bereitgestellten digitalen Produkts darauf, dass die Bestimmungen des Unterabschnitts die Zuerkennung von Schadensersatz unberührt lassen. Den Charakter eigenständiger Anspruchsgrundlagen für einen Schadensersatzanspruch des Verbrauchers haben Art. L. 224-25-11 C. cons. sowie Art. L. 224-25-17 C. cons. höchstwahrscheinlich nicht. Weil der Code de la consommation das Schadensersatzrecht hier nicht spezifiziert bzw. weitergehende

einbar miteinander sind, können kombiniert werden; Schadenersatz kann stets zusätzlich verlangt werden.".

179 Eine ähnliche Lösung findet sich im deutschen Recht in § 325 BGB für den Rücktritt und den Schadensersatz sowie in § 281 Abs. 4 BGB für das Verhältnis zwischen Vertragserfüllung und Schadensersatz statt der Leistung; gem. § 327c Abs. 4 S. 3 BGB und § 327m Abs. 3 S. 2 und 4 BGB findet § 325 BGB bzw. § 281 Abs. 4 BGB im Rahmen des Digitalvertragsrechts, wie gezeigt, entsprechende Anwendung.

Regelungen trifft, sind die Bestimmungen des Code civil ohne eine differenzierte Verweisungsstruktur anwendbar. Dem Verbraucher bleibt damit der Rückgriff auf die bestehenden Schadensersatzregelungen des Code civil erhalten und die Grundsätze des Schadensersatzrechts im allgemeinen französischen Leistungsstörungsrecht des Code civil finden Anwendung.

Angesichts des Angleichungsdefizits der Digitale-Inhalte-RL im Schadensersatzrecht ist nicht auszuschließen, dass das Ziel des europäischen Gesetzgebers, den digitalen Binnenmarkt und den Verbraucherschutz durch ein unionsweites einheitliches Vertragsrechtsregime für Unternehmer und Verbraucher zu fördern und zu stärken, gefährden wird.

Kapitel 9: Gewährleistungszeitraum, Beweislast und Rückgriff

I. Gewährleistungszeitraum

1. Europäische Vorgabe, Art. 11 Abs. 2 und 3 DIRL

Mit der Begründung, dass digitale Inhalte nicht der Abnutzung unterliegen würden, legte der Richtlinienvorschlag der Kommission zunächst keinen Zeitraum für die Gewährleistung bei vertragswidrigen digitalen Inhalten fest; den Mitgliedstaaten sollte es aber freistehen, auf nationale Verjährungsvorschriften zurückzugreifen.[1]

Dieser Ansatz hat sich zu Recht nicht durchgesetzt. Die endgültige Richtlinie zeichnet nunmehr die vom EuGH angezeigte Unterscheidung zwischen „Haftungsfristen und Gewährleistungsfristen"[2] ab. Sie legt einen einheitlichen Mindestzeitraum fest, während dessen der Unternehmer für eine Vertragswidrigkeit „haftbar" gemacht werden sollte, den Mitgliedstaaten steht es aber weiterhin frei, unter anderem oder ausschließlich nationale Verjährungsfristen zu regeln (vgl. Art. 11 Abs. 2 und 3 DIRL).[3] Allerdings sollten die nationalen Verjährungsfristen die Verbraucher nicht daran hindern, ihre Rechte während des gesamten Zeitraums, in dem der Unternehmer für eine Vertragswidrigkeit haftet, wahrzunehmen. Während der Beginn der nationalen Verjährungsfristen mit der Richtlinie daher nicht harmonisiert werden sollte, sollte dennoch sichergestellt werden, dass solche Verjährungsfristen es dem Verbraucher ermöglichen, seine Abhilfen für eine Vertragswidrigkeit auszuüben, die zumindest während des Zeitraums offenbar wird, in dem der Unternehmer für eine Vertragswidrigkeit haftet.[4]

Der Zeitraum der Haftung des Unternehmers für eine Vertragswidrigkeit eines digitalen Produkts bestimmt sich in Abhängigkeit davon, ob es sich um eine einmalige Bereitstellung bzw. wiederkehrende Leistungen im Sinne einer Reihe einzelner Bereitstellungen oder um eine fortlaufende Bereitstellung über einen Zeitraum (i. S. e. Dauerschuldverhältnisses) handelt (vgl. Art. 11 Abs. 2 und 3 DIRL). Bei

1 Vgl. Erwgr. 43 des Richtlinienvorschlags. Kritisch dazu etwa *Geiregat/Steennot*, in: Claeys/Terryn (Hrsg.), Digital Contents and Distance Sales, S. 95 (153 f.); *Spindler*, MMR 2016, 219 (223).

2 Siehe hierzu das während der Richtlinienverhandlungen gefällte Urteil des Gerichtshofs der Europäischen Union in der Rechtssache C-133/16 (*Ferenschild*), Urteil vom 13. Juli 2017.

3 Siehe auch Erwgr. 56 ff. DIRL.

4 Vgl. Erwgr. 58 DIRL.

https://doi.org/10.1515/9783111488387-013

Verträgen über eine einmalige Bereitstellung oder eine Reihe einzelner Bereitstellungen digitaler Inhalte oder digitaler Dienstleistungen haftet der Unternehmer für jede Vertragswidrigkeit, die zum Zeitpunkt der Bereitstellung besteht (vgl. Art. 11 Abs. 2 Unterabs. 1 DIRL). Haftet der Unternehmer nach nationalem Recht nur für Vertragswidrigkeiten, die auch innerhalb eines bestimmten Zeitraums nach der Bereitstellung offenbar werden, so darf dieser Zeitraum jedenfalls nicht weniger als zwei Jahre ab dem Zeitpunkt der Bereitstellung betragen (vgl. Art. 11 Abs. 2 Unterabs. 2 DIRL)[5] – die Mitgliedstaaten haben mithin die Möglichkeit, darüber hinaus zu gehen. Sofern die Ansprüche nach nationalem Recht unter anderem oder ausschließlich einer Verjährungsfrist unterliegen, haben die Mitgliedstaaten sicherzustellen, dass diese Verjährungsfrist es dem Verbraucher ermöglicht, die Abhilfen bei einer Vertragswidrigkeit, die zum Zeitpunkt der Bereitstellung besteht und innerhalb des in Unterabsatz 2 genannten Zeitraums offenbar wird, in Anspruch zu nehmen (vgl. Art. 11 Abs. 2 Unterabs. 3 DIRL).

Bei der fortlaufenden Bereitstellung digitaler Inhalte oder digitaler Dienstleistungen über einen Zeitraum haftet der Unternehmer für eine Vertragswidrigkeit, die während des Zeitraums der Bereitstellung eintritt oder offenbar wird (Art. 11 Abs. 3 Unterabs. 1 DIRL).[6] Nationale Verjährungsfristen müssen es dem Verbraucher wiederum ermöglichen, die Abhilfen bei einer Vertragswidrigkeit, die während des genannten Zeitraums eintritt oder offenbar wird, in Anspruch zu nehmen (vgl. Art. 11 Abs. 3 Unterabs. 2 DIRL).

Besonders hervorzuheben ist, dass die Öffnungsklauseln in Art. 11 Abs. 2 und 3 DIRL den Mitgliedstaaten erlauben, ihre unterschiedlichen Systeme einer Haftungsfrist bzw. einer Verjährungsfrist beizubehalten. Da der europäische Gesetzgeber den EU-Mitgliedstaaten ausdrücklich die Möglichkeit eingeräumt hat, von den Bestimmungen der Richtlinie abzuweichen und die Mindestfrist von zwei Jahren zu verlängern, ist der Gewährleistungszeitraum der einzige Punkt der Digitale-Inhalte-RL, bei der der europäische Gesetzgeber explizit vom Vollharmonisierungsprinzip des Art. 4 DIRL abweicht und die Richtlinie lediglich eine Mindestharmonisierung vornimmt.[7]

Auf die jeweiligen Umsetzungsvorschriften der nationalen Gesetzgeber ist daher ein besonderes Augenmerk zu richten.

5 Die Regelung entspricht dem Muster von Art. 3 Abs. 1, Art. 5 Abs. 1 VerbrGK-RL und stimmt mit Art. 10 WKRL überein.

6 Kritisch mit Blick auf eine Wertungsunstimmigkeit gegenüber der einmaligen Bereitstellung siehe *Schulze*, ZEuP 2019, 695 (717).

7 Hierzu auch *Staudenmayer*, NJW 2019, 2497 (2500); *Schulze*, ZEuP 2019, 695 (717).

2. Umsetzung in Deutschland

Das deutsche Vertragsrecht kennt die Unterscheidung zwischen einer Haftungsfrist und einer Verjährungsfrist nicht. Wie bislang auch im Kaufrecht sieht der deutsche Gesetzgeber für die Gewährleistungsansprüche des Verbrauchers im Digitalvertragsrecht (ausschließlich) eine Verjährungsfrist vor.[8]

Die Verjährungsvorschrift des § 327j BGB unterlag im Verlauf des Gesetzgebungsprozesses zur Umsetzung der Digitale-Inhalte-RL zahlreichen Änderungen in systematischer und inhaltlicher Hinsicht und bestimmt die Verjährung der Ansprüche des Verbrauchers bei einem mangelhaften digitalen Produkt nunmehr wie folgt:

Die in § 327i Nr. 1 und 3 BGB bezeichneten Ansprüche auf Nacherfüllung, Schadensersatz und Ersatz vergeblicher Aufwendungen unterliegen grundsätzlich einer zweijährigen Verjährungsfrist (vgl. § 327j Abs. 1 S. 1 BGB).[9] Die Verjährung beginnt gem. § 327j Abs. 1 S. 2 BGB einheitlich – auch für Verträge über die dauerhafte Bereitstellung eines digitalen Produkts[10] und ohne Rücksicht auf das Auftreten des Mangels und die Entstehung oder Fälligkeit des Anspruchs – mit der Bereitstellung des digitalen Produkts.[11] Im Falle einer dauerhaften Bereitstellung ver-

---

8 In diesem Zusammenhang sollte auch bewusst von einer „Verjährungsfrist" gesprochen werden – der Ausdruck „Gewährleistungsfrist" ist hingegen unpassend, da dieser den Eindruck erweckt, dass der Unternehmer für jeden Mangel hafte, der während der „Gewährleistungsfrist" auftritt; dies ist gerade nicht der Fall, es handelt sich nicht um eine „Haltbarkeitsgarantie", sondern um eine Verjährungsfrist für die Rechte des Verbrauchers, d. h. der Mangel muss bereits bei Gefahrübergang vorgelegen haben bzw. angelegt gewesen sein, unschädlich ist, wenn sich der Mangel dann erst später zeigt.

9 Siehe zu der Begründung für eine Verjährungsfrist von zwei Jahren auch für digitale Produkte RegE DIRL, S. 62 f.

10 Demgegenüber sah der Regierungsentwurf in § 327j Abs. 2 Nr. 1 BGB-E noch vor, dass die Verjährung im Fall der dauerhaften Bereitstellung erst „mit dem Ende des Bereitstellungszeitraums" beginnen und ab diesem Zeitpunkt die Verjährungsfrist gem. Abs. 1 zwei Jahre betragen sollte. Der Bundesrat hatte in seiner Stellungnahme allerdings kritisiert, dass der Beginn der Verjährungsfrist erst mit dem Ende des Bereitstellungszeitraums zu sehr langen Verjährungsfristen führen würde, die so von der Richtlinie nicht vorgegeben und in der Sache auch nicht angemessen seien, siehe die Stellungnahme des Bundesrates, BT-Drucks. 19/27653, v. 17.3.2021, Anlage 3, S. 98 f.; kritisch dazu auch *Faust*, Stellungnahme Umsetzung DIRL u. WKRL, S. 8 f.

11 Dieser einheitliche Verjährungsbeginn mit dem Zeitpunkt der Bereitstellung wurde im entsprechenden Änderungsvorschlag auch mit einem Verweis auf einen gebotenen Gleichlauf mit der Rechtslage im Verbrauchsgüterkaufvertragsrecht begründet, wo ebenfalls für alle Formen der Bereitstellung von digitalen Elementen einheitlich auf den Zeitpunkt der Ablieferung der Ware mit digitalen Elementen abzustellen ist (vgl. § 438 Abs. 2, 475 Abs. 2 BGB), siehe die Begründung zu der Beschlussempfehlung des Ausschusses für Recht und Verbraucherschutz im Bericht des Ausschusses für Recht und Verbraucherschutz, BT-Drucks. 19/31116, v. 23.6.2021, S. 10.

jähren die Ansprüche aber „nicht vor Ablauf" von zwölf Monaten nach dem Ende des Bereitstellungszeitraums (vgl. § 327j Abs. 2 BGB). Damit ist für diese Fälle eine Ablaufhemmung vorgesehen, deren Lauf mit dem Ende des Bereitstellungszeitraums beginnt.[12]

§ 327j Abs. 4 BGB stellt zudem klar: Hat sich ein Mangel innerhalb der Verjährungsfrist gezeigt, tritt die Verjährung der Ansprüche des Verbrauchers nicht früher als vier Monate nach dem Zeitpunkt ein, in dem sich der Mangel erstmals gezeigt hat.[13] Die Bestimmung dient der Umsetzung von Art. 11 Abs. 2 Unterabs. 3 DIRL, wonach diejenigen Mitgliedstaaten, die eine Verjährungsfrist vorsehen, sicherzustellen hatten, dass eine solche es dem Verbraucher ermöglicht, die Abhilfen bei einer Vertragswidrigkeit auch in Anspruch zu nehmen. Da es insbesondere für technische Mängel einer Software nicht untypisch ist, dass sich Mängel erst am Ende der Verjährungsfrist zeigen und aufgrund des nahenden Endes der Verjährungsfrist die rechtzeitige Geltendmachung der Gewährleistungsrechte vereitelt werden könnte, dient die Regelung hier als verbraucherschützendes Korrektiv. Das Verjährungsregime für digitale Produkte erweist sich damit insgesamt als verbraucherfreundlich.[14]

Von besonderem Interesse ist die Regelung der Verjährungsfrist bei Aktualisierungspflichtverletzungen. Für den Beginn der Verjährungsfrist bei Ansprüchen aufgrund einer Verletzung einer sich aus § 327f BGB ergebenden Aktualisierungspflicht für andere als dauerhafte Bereitstellungen sah der Regierungsentwurf zunächst noch eine gesonderte Bestimmung vor: Der Verjährungsbeginn sollte an den Ablauf des gem. § 327f Abs. 1 S. 3 Nr. 2 BGB maßgeblichen Zeitraums gekoppelt werden, damit im Hinblick auf unterlassene Aktualisierungen gewährleistet sei, dass auch noch Mängel, die nach Ablauf dieses Zeitraums erkannt werden, vom Verbraucher geltend gemacht werden könnten (vgl. § 327j Abs. 2 S. 2 BGB-E).[15] Der Bundesrat beanstandete in seiner Stellungnahme zu § 327j BGB-E jedoch zu Recht, dass die Regelung des Umsetzungsentwurfs zu teilweise außerordentlich langen Verjährungsfristen führen würde, die von der Richtlinie selbst nicht vorgesehen und die auch in der Sache nicht angemessen seien und insbesondere im Hinblick

12 Siehe hierzu ebenda.

13 Anders noch der RegE DIRL (der seinerseits Abweichungen vom RefE DIRL enthielt): § 327j Abs. 3 BGB-E sah unter anderem vor, dass die im Ausgangspunkt zwei Jahre betragende Verjährungsfrist nur um eine weitere Frist von zwei Monaten (anstelle von vier Monaten) ergänzt werden sollte, wenn sich ein Mangel innerhalb der Verjährungsfrist gezeigt hat und wegen des nahenden Endes der Verjährungsfrist eine rechtzeitige Geltendmachung der Gewährleistungsrechte vereitelt werden könnte.

14 So auch *Rieländer*, GPR 2022, 28 (38).

15 Siehe auch die Erläuterungen zu § 327j Abs. 2 S. 2 BGB-E im RegE DIRL, S. 63.

auf die deutlich kürzere Verjährungsfrist etwa für kaufrechtliche Gewährleistungsansprüche bei Sachen ohne digitale Elemente zu Wertungswidersprüchen geführt hätten.[16] Dem erwiderte die Bundesregierung, dass eine im Vergleich zum herkömmlichen Kaufrecht längere Verjährungsfrist bei digitalen Produkten deshalb erforderlich erscheine, weil die Mängel für Verbraucher in der Regel auch schwerer zu erkennen seien und teilweise erst Jahre später bekannt werden würden.[17]

Gelöst hat der deutsche Gesetzgeber diesen Konflikt erneut mit der Einführung einer Ablaufhemmung der Verjährung, die die Interessen des Verbrauchers und des Unternehmers ausgleichen soll. Anstelle der Verlagerung des Verjährungsbeginns lässt das Umsetzungsgesetz nunmehr die Verjährung auch im Hinblick auf die Aktualisierungsverpflichtung stets mit der Bereitstellung des digitalen Produkts beginnen (vgl. § 327j Abs. 1 S. 2 BGB). Die Ansprüche wegen einer Verletzung der Aktualisierungspflicht verjähren jedoch „nicht vor Ablauf" von zwölf Monaten nach dem Ende des für die Aktualisierungspflicht maßgeblichen Zeitraums (vgl. § 327j Abs. 3 BGB).[18]

Der einheitliche Verjährungsbeginn und die Einführung einer Ablaufhemmung der Verjährung bei Aktualisierungspflichtverletzungen ist zu begrüßen. Da sich der Aktualisierungszeitraum in Fällen der einmaligen Bereitstellung oder einer Reihe einzelner Bereitstellungen digitaler Inhalte oder digitaler Dienstleistungen, wie erörtert, nach den objektiven Verbrauchererwartungen richtet und damit abstrakt und auslegebedürftig ist, hätte es zu erhöhter Rechtsunsicherheit geführt, den Beginn der Verjährung an diesen unklaren Zeitpunkt zu koppeln. Im Ergebnis wäre der Gewährleistungszeitraum für Aktualisierungen so noch schwerer zu bestimmen gewesen und die Reglung hätte unter Umständen zu außerordentlich langen Verjährungsfristen geführt.[19]

Im Übrigen können auf die Gestaltungsrechte der Vertragsbeendigung und der Minderung die Verjährungsregelungen des § 327j BGB selbstverständlich keine unmittelbare Anwendung finden. Daher enthält § 327j Abs. 5 BGB für die Ver-

16 Vgl. die Stellungnahme des Bundesrates, BT-Drucks. 19/27653, v. 17.3.2021, Anlage 3, S. 96 ff.

17 Vgl. die Gegenäußerung der Bundesregierung zu der Stellungnahme des Bundesrates, BT-Drucks. 19/27653, v. 17.3.2021, Anlage 4, S. 104.

18 Durch die Formulierung „nicht vor Ablauf von" wird in § 327j Abs. 2 und Abs. 3 BGB jeweils sichergestellt, dass auch in Fällen eines Bereitstellungszeitraums oder einer Aktualisierungsverpflichtung von weniger als zwölf Monaten immer eine Verjährungsfrist von jedenfalls zwei Jahren ab Bereitstellung des digitalen Produkts gilt, siehe den Bericht des Ausschusses für Recht und Verbraucherschutz, BT-Drucks. 19/31116, v. 23.6.2021, S. 10.

19 In diese Richtung auch schon die Kritik des Bundesrates, BT-Drucks. 19/27653, v. 17.3.2021, Anlage 3, S. 98.

tragsbeendigung und die Minderung einen Verweis auf die entsprechende Anwendbarkeit des § 218 BGB, der der Übertragung der gewährleistungsrechtlichen Verjährungsregelungen auf das Gestaltungsrecht des Rücktritts dient.[20]

Darüber hinaus finden auf die in § 327j BGB bestimmten Verjährungsfristen auch die Regelungen des Allgemeinen Teil des BGB über sonstige Aspekte der Verjährung Anwendung, insbesondere hinsichtlich der Hemmung und des Neubeginns der Verjährung.[21]

3. Umsetzung in Frankreich

Der französische Gesetzgeber hat die Richtlinienvorgabe des Art. 11 DIRL zur Haftung des Unternehmers für eine Vertragswidrigkeit eines digitalen Produkts in Art. L. 224-25-12 C. cons. umgesetzt.[22] Die Vorschrift legt eine Haftungsfrist fest, also eine Regelung, innerhalb welchen Zeitraums das Auftreten einer Vertragswidrigkeit des digitalen Produkts die Haftung des Unternehmers begründet und die Ansprüche des Verbrauchers entstehen. Klarstellend betont der französische Gesetzgeber, dass die geltende Frist den Verbraucher nicht seines Rechts auf Aktualisierungen gemäß den Bestimmungen des Art. L. 224-25-25 C. cons. beraubt (vgl. Art. L. 224-25-12 S. 4 C. cons.). Die Ansprüche des Verbrauchers unterliegen darüber hinaus einer Verjährungsfrist nach den Bestimmungen des Code civil (vgl. Art. L. 224-25-12 S. 6 C. cons. i.V.m. Art. 2224 ff. Code civil).

Sieht der Vertrag eine einmalige Bereitstellung digitaler Inhalte oder digitaler Dienstleistungen oder eine Reihe einzelner Bereitstellungen vor, haftet der Unternehmer nach französischen Verbraucherrecht für jede Vertragswidrigkeit, die zum Zeitpunkt der Bereitstellung besteht und innerhalb von zwei Jahren nach Bereitstellung offenbar wird (vgl. Art. L. 224-25-12 S. 2 C. cons.). Sieht der Vertrag eine fortlaufende Bereitstellung digitaler Inhalte oder digitaler Dienstleistungen vor, so haftet der Unternehmer für Vertragswidrigkeiten, die während des Zeitraums der Bereitstellung auftreten (vgl. Art. L. 224-25-12 S. 3 C. cons.); bei einer dauerhaften Bereitstellung deckt sich der Zeitraum der Gewährleistung mithin mit dem Bereitstellungszeitraum.

Die Bestimmung in Art. L. 224-25-12 S. 3 C. cons. steht im Einklang mit Art. 11 Abs. 3 Unterabs. 1 DIRL; sie führt allerdings dazu, dass der Zeitraum, während dessen der Unternehmer für eine Vertragswidrigkeit haftbar gemacht werden

20 Siehe hierzu RegE DIRL, S. 63 f.

21 Siehe hierzu ebenda.

22 Zu beachten ist darüber hinaus Art. L. 224-25-28 C. cons., der die Aussetzung der Frist betrifft.

kann, in Fällen, in denen der Bereitstellungszeitraum weniger als zwei Jahre beträgt, auch entsprechend verkürzt ist. In der französischen Literatur wird in diesem Zusammenhang auf eine fehlende Kohärenz zwischen den Richtlinienvorgaben der Digitale-Inhalte-RL einerseits und der Warenkauf-RL andererseits aufmerksam gemacht[23]: Digitale Inhalte oder digitale Dienstleistungen, die in einer Weise in Waren enthalten oder mit ihnen verbunden sind, dass die Waren ihre Funktionen ohne diese digitalen Inhalte oder digitalen Dienstleistungen nicht erfüllen könnten und im Rahmen eines Kaufvertrags über diese Waren bereitgestellt werden, unterfallen, wie gezeigt, dem Anwendungsbereich der Warenkauf-RL.[24] Sieht ein Kaufvertrag über Waren mit digitalen Elementen die fortlaufende Bereitstellung des digitalen Inhalts oder der digitalen Dienstleistung über einen Zeitraum hinweg vor, so haftet der Verkäufer für jede Vertragswidrigkeit des digitalen Inhalts oder der digitalen Dienstleistung, die innerhalb von zwei Jahren nach dem Zeitpunkt der Lieferung der Waren mit digitalen Elementen eintritt oder offenbar wird (vgl. Art. 10 Abs. 2 S. 1 WKRL); beträgt der Bereitstellungszeitraum mehr als zwei Jahre, haftet der Verkäufer auch für jede Vertragswidrigkeit des digitalen Inhalts oder der digitalen Dienstleistung, die innerhalb dieses Zeitraums eintritt oder offenbar wird, über den der digitale Inhalt oder die digitale Dienstleistung laut Kaufvertrag bereitzustellen ist (vgl. Art. 10 Abs. 2 S. 2 WKRL). Der Unternehmer haftet somit in jedem Fall (mindestens) zwei Jahre für eine Vertragswidrigkeit des digitalen Inhalts oder der digitalen Dienstleistung, sofern diese im Rahmen eines Kaufvertrags über Waren mit digitalen Elementen fortlaufend bereitgestellt werden. Demgegenüber, so die Kritik in Frankreich,[25] statuiert die Digitale-Inhalte-RL für Verträge über die fortlaufende Bereitstellung digitaler Inhalte oder digitaler Dienstleistungen eine solche Mindestfrist von zwei Jahren nicht; vielmehr haftet der Unternehmer hier „nur“ für Vertragswidrigkeiten, die während des Zeitraums, in dem die digitalen Inhalte oder digitalen Dienstleistungen aufgrund des Vertrags bereitzustellen sind, eintritt oder offenbar wird, sodass die Frist, während der der Unternehmer für eine Vertragswidrigkeit haftet, stets an den Bereitstellungszeitraum gekoppelt ist.

Die Umsetzungsvorschrift im französischen Verbrauchergesetzbuch bildet die europäische Richtlinienvorgabe zur Haftungsfrist nach Art. 11 Abs. 3 Unterabs. 1 DIRL mit der Vorschrift des Art. L. 224-25-12 S. 3 C. cons. nach und spiegelt

23 Eingehend hierzu *Legrand*, Petites Affiches, n° 01 du 1 Juin 2021, 16; *Legrand*, La garantie de conformité enfin adaptée à l'ère numérique, publié le 16/12/2021.

24 Zu Abgrenzungsfrage zwischen Digitale-Inhalte-RL und Warenkauf-RL siehe Kapitel 2 I.3.

25 Siehe *Legrand*, Petites Affiches, n° 01 du 1 Juin 2021, 16; *Legrand*, La garantie de conformité enfin adaptée à l'ère numérique, publié le 16/12/2021.

insofern auch eine mögliche Inkohärenz zu der Regelung der Warenkauf-RL wider.[26]

Inwiefern diese Unterschiede zwischen den Bestimmungen der Warenkauf-RL und denen des Digitalvertragsrechts in der Praxis tatsächlich von Relevanz sind und es einer Änderung bedarf, wird sich noch zeigen müssen.

Im Übrigen verweist Art. L. 224-25-12 S. 6 C. cons., wie bereits erwähnt, darauf, dass die Haftungsfrist i.S.d. Art. L. 224-25-12 C. cons. unbeschadet der Verjährungsregelungen in Art. 2224 ff. Code civil gilt.[27] Die Ansprüche des Verbrauchers unterliegen damit auch im französischen Recht einer Verjährungsfrist gemäß dem allgemeinen Vertragsrecht. Indessen wird in der französischen Literatur insbesondere kritisiert, dass das Verhältnis des Art. L. 224-25-12 C. cons. zu Art. 2224 bzw. Art. 2232 Code civil bislang unklar bleibe.[28]

Gem. Art. L. 224-25-12 S. 7 C. cons. beginnt die Verjährung an dem Tag, an dem der Verbraucher Kenntnis von der Vertragswidrigkeit erlangt hat. Die Vorschrift weicht insoweit von der Regelung im deutschen Recht ab (vgl. § 327j Abs. 1 S. 2 BGB). Einen kenntnisabhängigen, subjektiv zu bestimmenden und damit „flexiblen" Beginn der Verjährungsfrist, wie ihn das französische Recht vorsieht, hat der deutsche Gesetzgeber im Wege eines einheitlichen Verjährungsbeginns mit der Bereitstellung des digitalen Produkts vermieden. Eine Harmonisierung des Beginns der nationalen Verjährungsfristen hat der europäische Gesetzgeber aber, wie gezeigt, auch nicht intendiert.[29]

---

26 So *Legrand*, ebenda.

27 Art. L. 224-25-12 S. 6 C. cons.: *„Ce délai de garantie s'applique sans préjudice des articles 2224 et suivants du code civil."*.

28 Vgl. *Legrand*, Petites Affiches, n° 01 du 1 Juin 2021, 16: Art. L. 224-25-12 S. 6 C. cons. könnte einerseits so verstanden werden, dass die fünfjährige Verjährungsfrist des Art. 2224 Code civil gilt, unter Berücksichtigung der gesetzlichen Höchstverjährungsfrist von 20 Jahren gem. Art. 2232 Code civil, welche am Tag des Vertragsschlusses beginnt; anderseits könnte auch eine zweijährige Verjährungsfrist unter Beachtung des Art. 2232 Code civil gemeint sein. Für *Legrand* spricht für die erste Lesart die Unterscheidung zwischen der zweijährigen *Haftungsfrist* des Code de la consommation einerseits und der *Verjährungsfrist* andererseits, was die Formulierung *„sans préjudice des articles 2224 et suivants du code civil"* in Art. L. 224-25-12 S. 6 C. cons. erklären würde, wenngleich dies zur Folge hätte, dass die Verjährungsfrist für Vertragswidrigkeiten von der Verjährungsfrist für die Klage aufgrund eines versteckten Mangels (*vice caché*) abweiche. Für die erste Lesart nunmehr klar *Legrand*, La garantie de conformité enfin adaptée à l'ère numérique, publié le 16/12/2021.

29 Vgl. Erwgr. 58 DIRL.

4. Zusammenfassung und vergleichende Gesamtschau

Die Digitale-Inhalte-RL legt einen einheitlichen Mindestzeitraum fest, während dessen der Unternehmer für eine Vertragswidrigkeit „haftbar" gemacht werden sollte; den Mitgliedstaaten steht es aber weiterhin frei, unter anderem oder ausschließlich nationale Verjährungsfristen zu regeln (vgl. Art. 11 Abs. 2 und 3 DIRL). Diese nationalen Verjährungsfristen sollten die Verbraucher allerdings nicht daran hindern, ihre Rechte während des gesamten Zeitraums, in dem der Unternehmer für eine Vertragswidrigkeit haftet, wahrzunehmen. Mit dieser Konzeption zeichnet die Digitale-Inhalte-RL die vom EuGH angezeigte Unterscheidung zwischen „Haftungsfristen und Gewährleistungsfristen"[30] ab. Die Öffnungsklauseln des Art. 11 DIRL erlauben es den Mitgliedstaaten dabei weiterhin, ihre unterschiedlichen Systeme einer Haftungsfrist bzw. einer Verjährungsfrist beizubehalten.

Der Zeitraum, in dem der Unternehmer für eine Vertragswidrigkeit eines digitalen Produkts haftet, bestimmt sich in Abhängigkeit davon, ob es sich um eine einmalige Bereitstellung bzw. eine Reihe einzelner Bereitstellungen oder um eine fortlaufende Bereitstellung über einen Zeitraum handelt. Da der europäische Gesetzgeber den EU-Mitgliedstaaten ausdrücklich die Möglichkeit eingeräumt hat, von den Bestimmungen der Richtlinie abzuweichen und die in der Richtlinie vorgesehene Mindestfrist zu verlängern, ist der Gewährleistungszeitraum der einzige Punkt der Digitale-Inhalte-RL, bei der der europäische Gesetzgeber explizit vom Vollharmonisierungsprinzip des Art. 4 DIRL abweicht und die Richtlinie lediglich eine Mindestharmonisierung vornimmt.

Das deutsche Vertragsrecht kennt die Unterscheidung zwischen einer Haftungsfrist und einer Verjährungsfrist nicht, daher sieht das deutsche Umsetzungsrecht für die Gewährleistungsansprüche des Verbrauchers im Digitalvertragsrecht – wie bislang auch im Kaufrecht – (ausschließlich) eine Verjährungsfrist vor. Die Ansprüche des Verbrauchers auf Nacherfüllung, Schadensersatz und Ersatz vergeblicher Aufwendungen unterliegen damit grundsätzlich einer zweijährigen Verjährungsfrist, die Verjährung beginnt mit der Bereitstellung des digitalen Produkts (vgl. § 327j Abs. 1 BGB). Für Fälle der dauerhaften Bereitstellung sieht § 327j Abs. 2 BGB eine Ablaufhemmung vor, die Ansprüche verjähren nicht vor Ablauf von zwölf Monaten nach dem Ende des Bereitstellungzeitraums. Hat sich ein Mangel innerhalb der Verjährungsfrist gezeigt, tritt die Verjährung der Ansprüche des Verbrauchers zudem nicht früher als vier Monate nach dem Zeitpunkt ein, in dem sich der Mangel erstmals gezeigt hat (vgl. § 327j Abs. 4 BGB). Die Regelung zur Verjährungsfrist bei Aktualisierungspflichtverletzungen sieht nach einer kontroversen gesetzgeberi-

30 Siehe die sog. *Ferenschild*-Entscheidung (Urteil vom 13. Juli 2017, Rechtssache C-133/16).

schen Debatte ebenfalls eine Ablaufhemmung der Verjährung vor (vgl. § 327j Abs. 3 BGB). Auf die in § 327j BGB bestimmten Verjährungsfristen finden zudem die Regelungen des Allgemeinen Teils des BGB über sonstige Aspekte der Verjährung Anwendung, insbesondere hinsichtlich der Hemmung und des Neubeginns der Verjährung.

Der französische Gesetzgeber hat die Richtlinienvorgabe zur Haftung des Unternehmers für eine Vertragswidrigkeit eines digitalen Produkts in Art. L. 224-25-12 C. cons. umgesetzt. Die Vorschrift legt eine Haftungsfrist fest, also eine Regelung, innerhalb welchen Zeitraums das Auftreten einer Vertragswidrigkeit des digitalen Produkts die Haftung des Unternehmers begründet und die Ansprüche des Verbrauchers entstehen. Dabei werden im französischen Recht die Unterschiede zwischen den Bestimmungen der Warenkauf-RL und denen des Digitalvertragsrechts im Zusammenhang mit Verträgen über eine fortlaufende Bereitstellung digitaler Inhalte oder digitaler Dienstleistungen deutlich. Der Unternehmer haftet bei Verträgen über digitale Inhalte oder digitale Dienstleistungen (lediglich) für Vertragswidrigkeiten, die während des Zeitraums der Bereitstellung auftreten. Werden die digitalen Inhalte oder digitalen Dienstleistungen hingegen im Rahmen eines Kaufvertrags über Waren mit digitalen Elementen fortlaufend bereitgestellt, so haftet der Unternehmer in jedem Fall (mindestens) zwei Jahre für eine Vertragswidrigkeit.

Nach Konzeption des französischen Rechts unterliegen die Ansprüche des Verbrauchers darüber hinaus einer Verjährungsfrist nach den Bestimmungen des Code civil (vgl. Art. L. 224-25-12 S. 6 C. cons. i.V.m. Art. 2224 ff. Code civil). Die Verjährung beginnt an dem Tag, an dem der Verbraucher Kenntnis von der Vertragswidrigkeit erlangt hat. Die Vorschrift weicht insoweit von der Regelung im deutschen Recht ab. Unklar bleibt bislang das Verhältnis der Bestimmungen im Digitalvertragsrecht und den Verjährungsregelungen des Code civil.

II. Beweislast und Beweislastumkehr

1. Europäische Vorgabe, Art. 12 DIRL

Von hervorzuhebender Bedeutung für ein hohes Verbraucherschutzniveau im Digitalvertragsrecht ist die sog. Beweislastumkehr.

Obgleich es grundsätzlich dem Verbraucher obliegt, die Vertragswidrigkeit des bereitgestellten digitalen Produkts nachzuweisen, sollte es ihm jedoch nicht obliegen, nachzuweisen, dass die Vertragswidrigkeit zum Zeitpunkt der Bereitstellung bzw. im Fall der fortlaufenden Bereitstellung während der Vertragslaufzeit bestanden hat.[31] Denn der Beweis, dass ein Mangel, der erst nach der Bereitstellung erkennbar wurde, bereits bei Bereitstellung bestand bzw. angelegt war, ist für die beweisbelastete Partei oftmals schon mit unverhältnismäßigem Aufwand verbunden. Mit Blick auf den besonderen und komplexen Charakter digitaler Produkte kann die Frage, warum ein digitaler Inhalt oder eine digitale Dienstleistung vertragswidrig ist, zudem regelmäßig besser durch den Unternehmer beurteilt werden, weil dieser entsprechende Fachkenntnisse besitzt und Zugang zu Know-how und technischen Informationen hat.[32] Der Unternehmer kann daher in der Regel auch besser beurteilen, ob eine Vertragswidrigkeit auf eine Unvereinbarkeit mit der digitalen Umgebung des Verbrauchers mit den technischen Anforderungen des digitalen Produkts zurückzuführen ist.[33] Im Rahmen der sog. Beweislastumkehr greift daher die Vermutung für das Vorliegen einer Vertragswidrigkeit zum Zeitpunkt der Bereitstellung; der Verbraucher muss lediglich die Mangelhaftigkeit zum Zeitpunkt der Geltendmachung seiner Rechte beweisen.[34] Diese Beweislastumkehr ist in der Praxis oftmals der entscheidende Faktor für die Durchsetzung der Gewährleistungsansprüche des Verbrauchers und daher fundamentaler Bestandteil des Verbraucherschutzrechts.

Im Rahmen des Digitalvertragsrechts greift die Beweislastumkehr im Fall einer einmaligen Bereitstellung oder einer Reihe einzelner Bereitstellungen eines digitalen Produkts, wenn die Vertragswidrigkeit innerhalb eines Jahres nach dem Zeitpunkt der Bereitstellung offenbar wird (vgl. Art. 12 Abs. 2 DIRL).[35] Die sechsmonatige Beweislastumkehr der Verbrauchsgüterkauf-RL[36] ist mithin auf ein Jahr ausgeweitet worden;[37] eine zweijährige Beweislastumkehrfrist konnte sich während des Gesetzgebungsprozesses hingegen nicht durchsetzen.[38]

---

31 Vgl. Erwgr. 59 DIRL

32 Siehe ebenda.

33 Siehe ebenda.

34 Siehe hierzu die Entscheidung des Gerichtshofs der Europäischen Union zu Art. 5 Abs. 3 VerbrGK-RL, EuGH, Urteil vom 04.06.2015 – C-497/13 – (*Faber*), juris, Rn. 53 f.

35 Diese Regelung weicht vom Kommissionsvorschlag ab; dieser hatte dem Anbieter digitaler Inhalte noch stets die Beweislast auferlegt, mit der Ausnahme für den Fall, dass die digitale Umgebung des Verbrauchers nicht mit den digitalen Inhalten kompatibel ist (vgl. Art. 9 und Erwgr. 32 des Richtlinienvorschlags). Damit sah der Richtlinienvorschlag für einmalige Lieferungen zunächst keinerlei zeitliche Beschränkung für die Beweislast des Anbieters vor, mit der Begründung, dass digitale Inhalte nicht der Abnutzung unterliegen würden, siehe die Erläuterung der Kommission zur Bestimmung des Art. 9 des Richtlinienvorschlags, S. 14.

36 Vgl. Art. 5 Abs. 3 VerbrGK-RL.

37 Ausführlich hierzu *Staudenmayer*, ZEuP 2019, 663 (692 f.), für den diese Fristverlängerung eine bedeutende Erhöhung des Verbraucherschutzniveaus im Vergleich zur Verbrauchsgüterkauf-RL darstellt.

In Fällen der fortlaufenden Bereitstellung eines digitalen Produkts trägt der Unternehmer die Beweislast, wenn die Vertragswidrigkeit während der Vertragslaufzeit offenbar wird (vgl. Art. 12 Abs. 3 DIRL). Anders als die Warenkauf-RL[39] enthält die Digitale-Inhalte-RL keine Öffnungsklausel, sodass die Mitgliedstaaten, wie auch Erwgr. 11 DIRL ausdrücklich klarstellt, selbst keine Vorschriften über die Umkehr der Beweislast erlassen dürfen, die sich von den Bestimmungen der Richtlinie unterscheiden.

Die Beweislastumkehr greift gem. Art. 12 Abs. 4 DIRL jedoch nicht, wenn der Unternehmer nachweisen kann, dass die digitale Umgebung des Verbrauchers in Bezug auf die technischen Anforderungen des digitalen Inhalts oder der digitalen Dienstleistung inkompatibel ist und er den Verbraucher vor Vertragsschluss über die Grenzen der Kompatibilität in verständlicher und klarer Weise informiert hat.[40] Der Unternehmer kann insbesondere nicht für Sicherheitsrisiken verantwortlich gemacht werden, die sich durch eine spätere Veränderung der digitalen Umgebung beim Verbraucher ergeben haben.[41]

Um festzustellen, ob die Ursache für die Vertragswidrigkeit der digitalen Inhalte oder digitalen Dienstleistungen zu dem maßgeblichen Zeitpunkt in der digitalen Umgebung des Verbrauchers lag, hat der Verbraucher mit dem Unternehmer zusammenzuarbeiten, soweit dies vernünftigerweise notwendig und möglich ist (vgl. Art. 12 Abs. 5 S. 1 DIRL). Dabei ist das mildeste Mittel zu verwenden, das für den Verbraucher den geringsten Eingriff darstellt. Kommt der Verbraucher seiner Pflicht zur Zusammenarbeit nicht nach und hat der Unternehmer den Verbraucher vor Vertragsschluss in klarer und verständlicher Weise von dieser Pflicht in Kenntnis gesetzt, trägt der Verbraucher – in Anwendung der allgemeinen Grundsätze – die Beweislast dafür, dass die digitalen Produkte zur maßgeblichen Zeit mangelhaft waren (vgl. Art. 12 Abs. 5 S. 2 und 3 DIRL).

---

38 Die Regierungen von Portugal, Frankreich, Italien, Rumänien und Zypern hatten in einer gemeinsamen Erklärung Kritik an der Verkürzung der Frist für die Beweislastumkehr auf ein Jahr geäußert und eine Angleichung an die zweijährige Verjährungsfrist gefordert, siehe hierzu das Ratsdokument 10080/1/17 vom 7.6.2017, Anlage 1, S. 2.

39 Vgl. Art. 11 Abs. 1, 2 WKRL; hierzu etwa *Cauffmann*, Maastricht journal of European and comparative law 2019, 469 (471, 478).

40 Siehe hierzu auch Erwgr. 59 DIRL.

41 *Spindler/Sein*, MMR 2019, 488 (488 f.); *Spindler*, ERCL 2016, 183 (197).

2. Umsetzung in Deutschland

Der Umsetzung der Vorschrift zur Beweislastumkehr bei einem mangelhaften digitalen Produkt dient im deutschen Verbraucherrecht § 327k BGB. Dieser lautet: „Zeigt sich bei einem digitalen Produkt innerhalb eines Jahres seit seiner Bereitstellung ein von den Anforderungen nach § 327e oder § 327g abweichender Zustand, so wird vermutet, dass das digitale Produkt bereits bei Bereitstellung mangelhaft war“ (Abs. 1).[42] „Zeigt sich bei einem dauerhaft bereitgestellten digitalen Produkt während der Dauer der Bereitstellung ein von den Anforderungen nach § 327e oder § 327g abweichender Zustand, so wird vermutet, dass das digitale Produkt während der bisherigen Dauer der Bereitstellung mangelhaft war“ (Abs. 2).

Die Beweislastumkehr erstreckt sich im Falle des § 327k Abs. 2 BGB somit auf die gesamte Dauer des bisherigen Bereitstellungszeitraums; dies ist für den Umfang des Rückzahlungsanspruchs des Verbrauchers bei Minderung oder Vertragsbeendigung bzw. den Zahlungsanspruch des Unternehmers von Bedeutung (vgl. §§ 327n Abs. 2 S. 2, 327o Abs. 3 BGB).

Fraglich ist die Richtlinienkonformität des § 327k Abs. 1 und 2 BGB mit Blick auf den Verweis auf § 327g BGB und damit auf Rechtsmängel, da die Beweislastumkehr des Art. 12 Abs. 2 und 3 DIRL mit dem Verweis auf Art. 11 Abs. 2 und 3 DIRL nur in Bezug auf Vertragswidrigkeiten i. S. d. Art. 7, 8 und 9 DIRL greifen sollte, nicht aber hinsichtlich Art. 10 DIRL. Es ist zumindest zweifelhaft, ob die nach dem eindeutigen Wortlaut des § 327k Abs. 1 und 2 BGB vorgesehene Ausdehnung der Beweislastumkehr auf Rechtsmängel im deutschen Recht haltbar sein wird.[43] Die Erstreckung der Beweislastumkehr auch auf etwaige Rechtsmängel ist im deutschen Recht mit Blick auf eine Gleichstellung von Produkt- und Rechtsmängeln auf Rechtsfolgenseite aber insoweit konsequent.[44]

Die Ausnahmen von den Regelungen zur Beweislastumkehr nach dem Vorbild der Art. 12 Abs. 4 und 5 DIRL setzt § 327k Abs. 3 BGB um. Die Vermutung der Mangelhaftigkeit greift unter anderem nicht, wenn die digitale Umgebung des Verbrauchers mit den technischen Anforderungen des digitalen Produkts „zur

42 Diese widerlegbare Vermutung ist an § 477 BGB angelehnt.

43 Für eine Streichung des Verweises auf § 327g BGB bereits *Faust*, Stellungnahme Umsetzung DIRL u. WKRL, S. 9. Anderer Ansicht im Ergebnis *Rosenkranz*, ZUM 2021, 195 (208); *Rieländer*, GPR 2022, 28 (38 f.).: „keine durchgreifenden Bedenken“ an der Richtlinienkonformität des § 327k BGB mit Blick auf die Bezugnahme auch auf Rechtsmängel. Das gleiche Problem stellt sich bei § 327h BGB, da sich die besonderen Voraussetzungen für eine Abweichung von den objektiven Anforderungen an die Vertragsmäßigkeit nach der Richtlinienvorgabe ebenso nur auf Art. 8 Abs. 1 und 2 DIRL, nicht aber auf Art. 10 DIRL beziehen.

44 Ebenso *Rosenkranz*, ZUM 2021, 195 (208).

maßgeblichen Zeit nicht kompatibel war“ (vgl. § 327k Abs. 3 Nr. 1 BGB). In der Begründung des Regierungsentwurfs wird klargestellt, dass Art. 12 Abs. 4 DIRL zwar darauf Bezug nimmt, dass die digitale Umgebung des Verbrauchers nicht kompatibel „ist“ (und nicht: „war“), aus dem Zusammenhang mit Art. 12 Abs. 5 S. 3 DIRL, der auf den in Art. 11 Abs. 2 bzw. 3 DIRL genannten Zeitpunkt verweist, ergibt sich aber, dass Gegenstand der Beweisführung durch den Unternehmer die zur maßgeblichen Zeit vorhandene Umgebung sein muss.[45] Sachgerechter wäre es allerdings gewesen, den Zeitpunkt als maßgeblich anzusehen, zu dem sich der von den Anforderungen des § 327e BGB abweichende Zustand „zeigt“, denn nur wenn zu diesem Zeitpunkt die digitale Umgebung des Verbrauchers mit den technischen Anforderungen des Produkts kompatibel ist, ist der abweichende Zustand ein Indiz für die vorherige Mangelhaftigkeit.[46]

3. Umsetzung in Frankreich

Die Regelungen zur Beweislastumkehr bei einer Vertragswidrigkeit eines digitalen Produkts sind im französischen Verbraucherrecht in Art. L. 224-25-16 C. cons. umgesetzt.

Der Richtlinienvorgabe entsprechend unterscheidet die Norm zwischen Konformitätsmängeln, die innerhalb von „zwölf Monaten“ nach der (einmaligen) Bereitstellung der digitalen Inhalte oder digitalen Dienstleistungen auftreten und vorbehaltlich des Gegenbeweises vermutet wird, dass der Mangel bereits zum Zeitpunkt der Bereitstellung bestand (vgl. Art. L. 224-25-16 I. S. 1 C. cons.), und Verträgen über die fortlaufende Bereitstellung digitaler Inhalte oder digitaler Dienstleistungen über einen bestimmten Zeitraum, bei denen sich die Beweislastumkehr auf den Bereitstellungszeitraum erstreckt (vgl. Art. L. 224-25-16 I. S. 2 C. cons.). Der Umsetzung der Art. 12 Abs. 4 und 5 DIRL dient Art. L. 224-25-16 II. C. cons.[47]

Die strenge Vorgabe der Digitale-Inhalte-RL auf der einen Seite, die es den Mitgliedstaaten verwehrt, im Rahmen des Digitalvertragsrechts abweichende Vorschriften zur Beweislastumkehr zu erlassen,[48] und die Regelungsoption im Zusammenhang mit der Beweislastumkehr im Rahmen der Warenkauf-RL auf der anderen Seite, führt im französischen Verbraucherrecht allerdings zu divergie-

45 Vgl. RegE DIRL, S. 64.

46 So schon *Faust*, Stellungnahme Umsetzung DIRL u. WKRL, S. 9.

47 Eingehend hierzu *Legrand*, La garantie de conformité enfin adaptée à l'ère numérique, publié le 16/12/2021.

48 So auch ausdrücklich Erwgr. 11 DIRL.

renden Lösungen zwischen Verträgen über die einmalige Bereitstellung digitaler Inhalte oder digitaler Dienstleistungen einerseits und Verträgen über Waren mit digitalen Elementen andererseits. Denn gem. Art. 11 Abs. 2 WKRL steht es den Mitgliedstaaten frei, statt der einjährigen Beweislastumkehr, eine Frist von zwei Jahren ab dem Zeitpunkt der Lieferung der Waren beizubehalten oder einzuführen. Der französische Gesetzgeber hat von dieser Regelungsoption Gebrauch gemacht: Bei Vertragswidrigkeiten, die innerhalb von „24 Monaten" nach der Lieferung einer Ware, einschließlich Waren mit digitalen Elementen, auftreten, wird vorbehaltlich des Gegenbeweises oder der Unvereinbarkeit der Vermutung mit der Art der Waren oder des geltend gemachten Mangels vermutet, dass die Vertragswidrigkeit bereits zum Zeitpunkt der Lieferung bestand (vgl. Art. L. 217-7 S. 1 C. cons.).[49] Die Beibehaltung dieser längeren Frist der Beweislastumkehr im französischen Verbraucherrecht dient dem Verbraucherschutz, sie hat allerdings die (unschöne) Konsequenz, dass sich die 24-monatige Beweislastumkehr für Waren und für Waren mit digitalen Elementen von der 12-monatigen Beweislastumkehr für digitale Inhalte und digitale Dienstleistungen unterscheidet.[50] Der deutsche Gesetzgeber hingegen hat von der Regelungsoption gem. Art. 11 Abs. 2 WKRL, die Beweislastumkehr für Waren auf zwei Jahre zu verlängern, keinen Gebrauch gemacht (vgl. § 477 Abs. 1 BGB).[51] Mithin besteht im deutschen Recht im Zusammenhang mit der Beweislastumkehr bei Waren (§ 477 Abs. 1 BGB) einerseits und bei digitalen Produkten, die nicht dauerhaft bereitgestellt werden (§ 327k Abs. 1 BGB) andererseits eine einheitliche Beweislastumkehr von einem Jahr. Jedenfalls unter verbraucherschützenden Gesichtspunkten erscheint das französische Verbraucherrecht hier allerdings vorzugswürdig.

4. Zusammenfassung und vergleichende Gesamtschau

Abweichend von den allgemeinen Grundsätzen der Beweislastverteilung bestimmt die Digitale-Inhalte-RL eine Beweislastumkehr hinsichtlich des Zeitpunkts des Vorliegens von Mängeln eines digitalen Produkts (vgl. Art. 12 DIRL). Die sechsmonatige Beweislastumkehr der Verbrauchsgüterkauf-RL ist auf ein Jahr ausgeweitet worden. In Fällen der fortlaufenden Bereitstellung eines digitalen Produkts trägt der Unternehmer die Beweislast, wenn die Vertragswidrigkeit während der Ver-

49 Frankreich hatte bereits mit der *Ordonnance n° 2016 – 301 du 14 mars 2016* die Beweislastumkehr für Neuwaren auf 24 Monate erweitert (siehe Art. L. 217-7 C. cons. a.F.).

50 Eingehend hierzu *Legrand*, La garantie de conformité enfin adaptée à l'ère numérique, publié le 16/12/2021.

51 Siehe hierzu die Begründung des Regierungsentwurfs zur Umsetzung der Warenkauf-RL, S. 44.

tragslaufzeit offenbar wird. Ausnahmen bestehen für Fälle, bei denen die digitale Umgebung des Verbrauchers mit den technischen Anforderungen des digitalen Produkts nicht kompatibel war oder dieser die notwendigen Mitwirkungshandlungen unterlässt; den Unternehmer trifft insoweit aber eine Informationspflicht.

Diese Beweislastumkehr bei Mängeln eines digitalen Produkts stärkt den Schutz des Verbrauchers in besonderem Maße, zum einen angesichts des Umstandes, dass das Bestehen der Vertragswidrigkeit schon zum Zeitpunkt der Bereitstellung regelmäßig schwer zu beweisen ist und zum anderen, weil der Unternehmer wegen des komplexen Charakters digitaler Inhalte und wegen seiner besseren Fachkenntnisse die Gründe für eine Vertragswidrigkeit eher beurteilen kann.[52]

Die Digitale-Inhalte-RL enthält im Zusammenhang mit der Frage der Beweislastumkehr – anders als die Warenkauf-RL – keine Öffnungsklausel, sodass den Mitgliedstaaten insoweit kein Umsetzungsspielraum zukommt.

Die Beweislastumkehr im Digitalvertragsrecht ist in Deutschland in § 327k BGB integriert und bezieht sich sowohl auf Produktmängel als auch auf Rechtsmängel. Die Erstreckung der Beweislastumkehr auch auf Rechtsmängel ist im deutschen Recht mit Blick auf eine Gleichstellung von Produkt- und Rechtsmängeln auf Rechtsfolgenseite konsequent.[53] Gleichwohl stellt sich hier die Frage der Richtlinienkonformität der deutschen Umsetzungsnorm.[54]

Die Regelungen zur Beweislastumkehr bei einer Vertragswidrigkeit eines digitalen Produkts sind im französischen Verbraucherrecht in Art. L. 224-25-16 C. cons. umgesetzt. Da in Frankreich – anders als in Deutschland – im Rahmen der Umsetzung der Warenkauf-RL von der Regelungsoption einer Beweislastumkehr von zwei Jahren ab dem Zeitpunkt der Lieferung der Waren Gebrauch gemacht wurde, bestehen im französischen Verbraucherrecht divergierende Lösungen zwischen Verträgen über die einmalige Bereitstellung digitaler Inhalte oder digitaler Dienstleistungen einerseits und Verträgen über Waren mit digitalen Elementen andererseits.[55]

52 Vgl. Erwgr. 59 DIRL.

53 Ebenso *Rosenkranz*, ZUM 2021, 195 (208).

54 Siehe auch *Faust*, Stellungnahme Umsetzung DIRL u. WKRL, S. 9.

55 Eingehend hierzu *Legrand*, La garantie de conformité enfin adaptée à l'ère numérique, publié le 16/12/2021.

III. Rückgriffsansprüche: Regress des Unternehmers

1. Europäische Vorgabe, Art. 20 DIRL

Im Falle einer Vertragswidrigkeit der bereitgestellten digitalen Inhalte oder digitalen Dienstleistungen haftet gegenüber dem Verbraucher stets der letzte Unternehmer als direkter Vertragspartner. Im modernen Wirtschaftsverkehr werden digitale Produkte allerdings in der Regel im Rahmen einer Absatzkette vertrieben. Vor dem Hintergrund, dass eine Vertragswidrigkeit oftmals auf ein Glied innerhalb dieser gewerblichen Vertragskette zurückzuführen ist, sollte daher sichergestellt werden, dass der Unternehmer zur Deckung seiner Haftung angemessene Rückgriffsrechte gegenüber verschiedenen Personen innerhalb der gewerblichen Vertragskette hat.[56] Insoweit stellt sich die Frage nach den Haftungsverhältnissen zwischen verschiedenen Gliedern der Vertragskette.

Die Digitale-Inhalte-RL trifft eine grundlegende Aussage zu Rückgriffsansprüchen des Unternehmers; die nähere Ausgestaltung dieser obliegt allerdings den EU-Mitgliedstaaten (vgl. Art. 20, Erwgr. 78 DIRL). Der Unternehmer, der für die nicht erfolgte oder nicht vertragsgemäße Bereitstellung digitaler Inhalte oder digitaler Dienstleistungen infolge eines Handelns oder Unterlassens einer Person in vorhergehenden Gliedern der Vertragskette haftet, ist berechtigt den oder die innerhalb der gewerblichen Vertragskette Haftenden „in Regress zu nehmen" (vgl. Art. 20 S. 1 DIRL).[57]

Allein aus dem Wortlaut des Art. 20 S. 1 DIRL („der Unternehmer [ist] berechtigt") ist nicht eindeutig erkennbar, ob die Mitgliedstaaten einen verschuldensunabhängigen Aufwendungsanspruch vorsehen müssen. Die Reichweite der Vorschrift ist insofern abhängig von der Lesart des Art. 20 S. 2 DIRL.[58] Gem. Art. 20 S. 2 DIRL bestimmt das nationale Recht, welche Person der Unternehmer in Regress nehmen kann, „sowie die diesbezüglichen Maßnahmen und Bedingungen für die Geltendmachung der Rückgriffsansprüche" (die französische Sprachfassung lautet: „(...), *ainsi que les recours et les conditions d'exercice applicables.*").

---

56 Vgl. Erwgr. 78 DIRL.

57 Die Rückgriffsrechte des Unternehmers sollten sich allerdings auf den „Geschäftsverkehr" beschränken; dies hat der europäische Gesetzgeber insbesondere mit Blick auf digitale Inhalte oder digitale Dienstleistungen klargestellt, die sich aus einer Software zusammensetzen oder auf einer Software aufbauen, die ohne die Zahlung eines Preises im Rahmen einer freien und quelloffenen Lizenz von einer Person in vorhergehenden Gliedern der Vertragskette bereitgestellt wurde (vgl. Erwgr. 78 DIRL).

58 Ebenso *Geroldinger*, in: Stabentheiner/Wendehorst/Zöchling-Jud (Hrsg.), Das neue europäische Gewährleistungsrecht, S. 215 (222).

Diese Formulierungen sind nach hier vertretender Ansicht richtigerweise dahingehend auszulegen, dass die Mitgliedstaaten in jedem Fall einen Aufwendungsersatzanspruch vorsehen müssen und neben den Adressaten der Rückgriffsansprüche vor allem die formelle Ausgestaltung dieser Regressrechte den Mitgliedstaaten überlassen bleibt.[59] Hierfür spricht auch die Erwgr. 78 DIRL, der deutlich macht, dass die Mitgliedstaaten einen solchen Regressanspruch auch vorsehen müssen.[60]

Allerdings besteht für die nationalen Gesetzgeber ein Umsetzungsbedarf des Art. 20 DIRL nur insoweit, als das mitgliedstaatliche Recht die europäische Vorgabe nicht ohnehin schon erfüllt.[61]

Zu kritisieren ist, dass die Regelungsoptionen des Art. 20 DIRL eine harmonisierte Regressregelung hemmen, die bei Verträgen über digitale Produkte eine einheitliche effektive Regeressmöglichkeit bei den verantwortlichen Personen in internationalen Vertriebsketten sicherstellen würde.[62] Stattdessen lässt die Digitale-Inhalte-RL den Mitgliedstaaten – abweichend von Art. 4 DIRL – einen sehr weiten Spielraum bei der Ausgestaltung der Regressregelungen.

Da das jeweilige nationale Recht den Adressaten des Regressanspruchs innerhalb der Vertriebskette bestimmt, kann wahlweise ein Kettenregress entlang der Vertragsverhältnisse festgelegt oder dem in Anspruch genommenen Unternehmer ein Direktanspruch gegen das jeweils verantwortliche Glied in der Vertragskette eingeräumt werden. Die diesbezüglichen Unterschiede zwischen den Rechtsordnungen der einzelnen Mitgliedstaaten werden somit weiterhin – auch im Rahmen des Digitalvertragsrechts – bestehen bleiben.

2. Umsetzung in Deutschland

Der deutsche Umsetzungsgesetzgeber hat unter dem neu eingefügten Titel 2a in einem separaten Untertitel 2 besondere Bestimmungen für Verträge über digitale Produkte zwischen Unternehmern getroffen. Mit Aufnahme eines zweiten Untertitels zum Zwecke der Regelung der Bestimmungen für Verträge über digitale

59 Ähnlich schon *Geroldinger*, ebenda (222 f.).

60 Erwgr. 78 S. 2 DIRL lautet: „Obschon bei Vertragswidrigkeit der letzte Unternehmer gegenüber dem Verbraucher haften sollte, ist es wichtig, sicherzustellen, dass der Unternehmer zur Deckung dieser Haftung gegenüber dem Verbraucher angemessene Rechte gegenüber verschiedenen Personen in der Vertragskette *hat.*" [Hervorhebung hinzugefügt].

61 *Geroldinger*, in: Stabentheiner/Wendehorst/Zöchling-Jud (Hrsg.), Das neue europäische Gewährleistungsrecht, S. 215 (228).

62 Kritisch auch *Rieländer*, GPR 2022, 28 (40).

Produkte zwischen Unternehmern soll zwischen den unterschiedlichen Anwendungsbereichen der jeweiligen Untertitel abgegrenzt werden.[63]

Den Anwendungsbereich des Untertitels 2 definiert § 327t BGB: Auf Verträge zwischen Unternehmern, die der Bereitstellung digitaler Produkte gemäß der nach den §§ 327 und 327a BGB vom Anwendungsbereich des Untertitels 1 erfassten Verbraucherverträge dienen, sind ergänzend die Vorschriften des Untertitels 2 anzuwenden. Unter Untertitel 2 fallen somit sämtliche Verträge, die ein Unternehmer mit einem anderen Unternehmer schließt, um seine eigene Leistungspflicht aus einem dem Anwendungsbereich des Untertitels 1 unterfallenden Vertrag über die Bereitstellung eines digitalen Produkts erfüllen zu können.

§ 327u BGB konkretisiert den Inhalt des Rückgriffsanspruchs des Unternehmers gegen seinen Vertragspartner.[64] Im Wesentlichen beschränken sich die Bestimmungen zum möglichen Rückgriff des Unternehmers dabei auf allgemeine Vorgaben, die denen des Art. 20 DIRL entsprechen.

Im Wege des sog. Unternehmer- bzw. Lieferantenregresses kann der Unternehmer von dem Unternehmer, der sich ihm gegenüber zur Bereitstellung eines digitalen Produkts verpflichtet hat (sog. „Vertriebspartner“[65]), Ersatz der Aufwendungen verlangen, die ihm im Verhältnis zu einem Verbraucher wegen einer durch den Vertriebspartner verursachten unterbliebenen Bereitstellung des digitalen Produkts aufgrund der Ausübung des Rechts des Verbrauchers nach § 327c Abs. 1 S. 1 BGB entstanden sind (vgl. § 327u Abs. 1 S. 1 BGB).[66] Dies gilt unter den Voraussetzungen des § 327u Abs. 1 S. 2 BGB auch für die zum Zwecke der Nacherfüllung nach § 327l Abs. 1 BGB vom Unternehmer zu tragenden Aufwendungen, wenn der vom Verbraucher gegenüber dem Unternehmer geltend gemachte Mangel bereits bei der Bereitstellung durch den Vertriebspartner vorhanden war (Alt. 1) oder in einer durch den Vertriebspartner verursachten Verletzung der Aktualisierungspflicht des Unternehmers nach § 327f Abs. 1 BGB besteht (Alt. 2).

In der Praxis ist insbesondere § 327u Abs. 1 S. 2 Alt. 2 BGB von enormer Relevanz, da die Aktualisierungspflicht gegenüber dem Verbraucher den Unternehmer als direkten Vertragspartner des Verbrauchers trifft, die technische Erstellung einer Aktualisierung aber regelmäßig allein durch den Hersteller des digitalen Produkts vorgenommen werden kann.

---

63 Siehe hierzu RegE DIRL, S. 80.

64 Zu der Regressregelung in § 327u BGB siehe bspw. auch *Spindler*, MMR 2021, 528 (532 f.).

65 Zur besseren Unterscheidung wird der Vertragspartner i.R.d. § 327u BGB als „Vertriebspartner“ bezeichnet und in § 327u Abs. 1 S. 1 BGB entsprechend legaldefiniert, siehe hierzu RegE DIRL, S. 80. Kritsch zu der Bezeichnung als „Vertriebspartner“ *Heydn*, CR 2021, 709 (713).

66 Zur Kritik am Wortlaut des § 327u Abs. 1 S. 1 BGB siehe *Grützmacher*, ITRB 2021, 287 (288).

Der Anspruch des Unternehmers gem. § 327u Abs. 1 S. 2 BGB ist dabei ausschließlich auf Ersatz der zu tragenden Aufwendungen zum Zwecke der Nacherfüllung gerichtet; eine Regressmöglichkeit des Unternehmers bei Ausübung des Minderungs- oder des Vertragsbeendigungsrechts durch den Verbraucher enthält die Vorschrift nicht.[67]

Der Unternehmer hat somit nach § 327u Abs. 1 BGB einen Aufwendungsanspruch gegen den Vertriebspartner für den Fall einer vom Vertriebspartner verursachten unterbliebenen Bereitstellung und einen Ersatzanspruch für die vom Unternehmer getätigten Aufwendungen im Rahmen der Mängelgewährleistung. Im Übrigen bleiben auch die Vorschriften des Abschnitts 8 von Buch 2 auf die entsprechenden Vertragsverhältnisse anwendbar.[68]

Regelungen zur Verjährung der Ansprüche nach § 327u Abs. 1 BGB enthält § 327u Abs. 2 BGB. Vorbild der Vorschrift ist § 445b Abs. 1 BGB.[69] Im Rahmen des Digitalvertragsrechts ist eine Verjährungsfrist der Aufwendungsersatzansprüche von sechs Monaten vorgesehen (vgl. § 327u Abs. 2 S. 1 BGB); diese beginnt erst mit dem Zeitpunkt zu dem der Verbraucher sein Recht ausgeübt hat (vgl. § 327 Abs. 2 S. 2 Nr. 1 BGB) bzw. zu dem Zeitpunkt, zu dem der Unternehmer die Ansprüche des Verbrauchers nach § 327l Abs. 1 erfüllt hat (vgl. § 327u Abs. 2 S. 2 Nr. 2 BGB). Dies ist vor allem im Hinblick auf eine Verletzung der Aktualisierungspflicht relevant, die für den Unternehmer gem. § 327f Abs. 1 BGB faktisch über die Gewährleistungsfrist von zwei Jahren hinaus gegenüber dem Verbraucher bestehen kann.[70] Außerdem sind die Beweislastregelungen des § 327k Abs. 1 und 2 BGB in modifizierter Form entsprechend anzuwenden (vgl. § 327u Abs. 3 BGB), um sicherzustellen, dass der Unternehmer nicht sowohl im Verhältnis zum Verbraucher als auch gegenüber dem Vertriebspartner beweisbelastet ist.[71]

Des Weiteren kann sich der Vertriebspartner nicht auf eine Vereinbarung berufen, die er vor Geltendmachung der beschriebenen Aufwendungsansprüche mit dem Unternehmer getroffen hat und die zum Nachteil des Unternehmers von den Absätzen 1 bis 3 abweicht oder wenn diese durch anderweitige Gestaltungen umgangen werden (vgl. § 327u Abs. 4 BGB). Von der Richtlinie ist eine solche zwingende Ausgestaltung der Rückgriffsansprüche selbst nicht vorgegeben, denn Art. 22 DIRL, der die Unabdingbarkeit der Richtlinienbestimmungen festlegt, betrifft ausschließlich Vertragsklauseln „zum Nachteil des Verbrauchers“. Die zwin-

67 Kritisch dazu *Rieländer*, GPR 2022, 28 (40).

68 Vgl. RegE DIRL, S. 80.

69 Siehe ebenda, S. 81.

70 Hierauf weist schon die Begr. RegE DIRL, S. 81 hin.

71 Siehe hierzu RegE DIRL, ebenda.

gende, nicht abdingbare Ausgestaltung der Regressregelung zum Schutz des Unternehmers begründet der deutsche Gesetzgeber aber damit, dass der Unternehmer im Verhältnis zu den Vertriebspartnern in der Regel die strukturell unterlegene Vertragspartei sei.[72]

Entsprechende Anwendung finden die Bestimmungen des § 327u BGB auch auf die Ansprüche des Vertriebspartners und der übrigen Vertragspartner in der Vertragskette gegen den jeweiligen zur Bereitstellung verpflichteten Vertragspartner, wenn die Schuldner Unternehmer sind (vgl. § 327u Abs. 6 BGB).[73] Den Mitgliedstaaten war es, wie gezeigt, überlassen zu bestimmen, gegen welchen Unternehmer in der Vertriebskette dem Unternehmer der Anspruch auf Aufwendungsersatz zustehen soll – § 327u Abs. 6 BGB folgt insoweit dem Modell des „Kettenregresses entlang der Vertriebskette“.[74] § 327u BGB sichert die Regresskette dabei insbesondere vertragsunabhängig. Die jeweiligen Verträge zwischen den Unternehmern werden nicht typisiert.[75]

Direktansprüche außerhalb der jeweiligen Vertragsverhältnisse, m.a.W. eine Durchgriffshaftung des Unternehmers beim ersten Glied in der Lieferkette (also beim Hersteller) sieht das BGB auch im Rahmen des Digitalvertragsrechts (weiterhin) nicht vor. Die Rückgriffsansprüche sind vielmehr entlang der unternehmerischen Vertriebskette (bis zum Hersteller) ausgestaltet.

3. Umsetzung in Frankreich

Interessant zu sehen ist, wie das französische Recht die in Deutschland komplex ausgestaltete Problematik des Regresses gelöst hat.

Der Umsetzung von Art. 20 DIRL dient die folgende kurze ebenso wie schlichte Regelung in Art. L. 224-25-30 C. cons.:

> Une action récursoire peut être exercée par le professionnel ayant fourni le contenu numérique ou le service numérique, à l'encontre de toute personne en amont dans la chaîne de transactions commerciales, conformément aux dispositions du code civil.

Der Unternehmer, der digitale Inhalte oder digitale Dienstleistungen bereitgestellt hat, kann danach bei jeder Person, die in der Kette von Handelsgeschäften vorgeschaltet ist, gemäß den Bestimmungen des Code civil Regress nehmen – sog. *ac-*

72 Vgl. RegE DIRL, ebenda.
73 Die Vorschrift ist § 478 Abs. 3 BGB nachgebildet, vgl. Begr. RegE DIRL, S. 82.
74 Siehe hierzu RegE DIRL, ebenda.
75 Siehe hierzu auch *Rosenkranz*, ZUM 2021, 195 (209).

tion récursoire. Abweichend von Art. L. 217-31 C. cons.,[76] der der Umsetzung der allgemeinen Regelung zum Regress des Unternehmers beim Warenkauf dient (vgl. Art. 18 WKRL[77]), verweist der französische Gesetzgeber in Art. L. 224-25-30 C. cons. nicht ausdrücklich auf den Hersteller als potenziellen Anspruchsgegner (vgl. demgegenüber Art. L. 217-31 C. cons.: *„y compris le producteur"*).

Obschon die Regressvorschrift in der französischen Umsetzungsverordnung im Grunde in einem Verweis auf die Bestimmungen des Code civil besteht und keine weiteren Angaben zu eventuellen Modifikationen enthält, genügt sie den Richtlinienanforderungen des Art. 20 DIRL, insofern es den nationalen Gesetzgebern freigestellt war, hinsichtlich des Aufwendungsersatzanspruchs des Unternehmers auf die bestehenden nationalen Bestimmungen zurückzugreifen.

Mit der sog. *action récursoire* besteht im französischen Recht eine allgemeine eigenständige Rückgriffsregelung.[78] Eine *action récursoire* des Unternehmers setzt grundsätzlich voraus, dass dieser vom Verbraucher auf Gewährleistung in Anspruch genommen wurde. Daraufhin wird dem Unternehmer die Möglichkeit zum Regress nach den Bestimmungen des Code civil eröffnet und er kann die *action récursoire* gegen seinen Vertragspartner auf Grundlage des Vertragsverhältnisses mit diesem anstrengen. Im Wege der *action récursoire* kann der Unternehmer die Gewährleistungsrechte des Code civil geltend machen und sich auf eine nicht vertragsgemäße Lieferung oder die Haftung für verborgene Mängel (*garantie légale des vices cachés*) stützen. Der Regressanspruch kann auf die bekannten Rechtsbehelfe Rücktritt, Minderung und Schadensersatz gerichtet sein, dabei sind die allgemeinen Voraussetzungen der einzelnen Rechtsbehelfe auch im Rahmen des Regresses stets zu berücksichtigen. Die Gewährleistungs- und Verjährungsfristen des Code civil sind ebenfalls einzuhalten.

Daneben kennt das französische Recht – im Unterschied zu vielen anderen Rechtsordnungen – bei Vertragsketten auch einen Direkt- bzw. Durchgriffsanspruch im Wege der sog., von der französischen Rechtsprechung entwickelten, *action di-*

76 Art. L. 217-31 C. cons.: *„Une action récursoire peut être exercée par le vendeur à l'encontre de toute personne en amont dans la chaîne de transactions commerciales, y compris le producteur, conformément aux dispositions du code civil."*.

77 Nach der Richtlinienvorgabe des Art. 18 WKRL sollte der Verkäufer, der dem Verbraucher aufgrund einer Vertragswidrigkeit infolge eines Handels oder Unterlassens einer Person in vorhergehenden Gliedern der Vertragskette, berechtigt sein, bei den oder dem innerhalb der Vertragskette Haftenden Rückgriff zu nehmen; bei welcher Person der Verkäufer Rückgriff nehmen kann, sowie die diesbezüglichen Maßnahmen und Bedingungen für die Geltendmachung der Rückgriffsansprüche sollte ebenfalls das nationale Recht bestimmen.

78 Eingehend zur *action récursoire* im französischen Recht *Salewski*, Der Verkäuferregress im deutsch-französischen Rechtsvergleich, S. 225 ff.

recte.[79] Mit der *action directe* kann der überragenden Position eines Herstellers im Haftungssystem Rechnung getragen werden. Nach französischem Verständnis ist die *action directe* unter Heranziehung der sog. Zubehörtheorie allerdings nur dann vertraglicher Natur, sofern eine Eigentumsübertragung entlang der Kette stattfindet.[80] Eine Anwendbarkeit des Rechtsinstituts der *action directe* im Rahmen des Digitalvertragsrecht ist mit Blick auf die dogmatische Grundkonzeption der *action directe* zweifelhaft, betrifft das Digitalvertragsrecht doch eine unkörperliche Leistung und nicht die Eigentumsverschaffung an einem körperlichen Gegenstand. Fehlt eine Eigentumsübertragung, wird die *action directe* des französischen Rechts nur als deliktische Klage zuglassen.[81]

4. Zusammenfassung und vergleichende Gesamtschau

Rückgriffsansprüche des Unternehmers im Digitalvertragsrecht sind in der Digitale-Inhalte-Richtlinie nur im Ansatz geregelt. Der Richtlinie stellt lediglich klar, dass der Unternehmer, der für die nicht erfolgte oder nicht vertragsgemäße Bereitstellung digitaler Inhalte oder digitaler Dienstleistungen infolge eines Handelns oder Unterlassens einer Person in vorhergehenden Gliedern der Vertragskette haftet, berechtigt ist, den oder die innerhalb der gewerblichen Vertragskette Haftenden „in Regress zu nehmen" (vgl. Art. 20 S. 1 DIRL). Die nähere Ausgestaltung eines Regressanspruches des Unternehmers obliegt den nationalen Gesetzgebern.

Im deutschen Rechtssystem regeln die §§ 327t, 327u BGB einen selbstständigen, verschuldensunabhängigen Regressanspruch des Unternehmers sowie der weiteren Vertragskette auf Ersatz derjenigen Aufwendungen, die bei der Bereitstellung oder Nacherfüllung entstanden und die durch den Vertriebspartner des Unternehmers verursacht worden sind. Der Anspruch unterliegt einer kurzen Verjährung von sechs Monaten, die Beweislastumkehr gem. § 327k Abs. 1 und 2 BGB gilt entsprechend (vgl. § 327u Abs. 2 und 3 BGB). Die Rückgriffsansprüche des Unternehmers sind im deutschen Recht zudem zwingend ausgestaltet (vgl. § 327u Abs. 4 BGB).

Der französische Gesetzgeber verweist in Art. L. 224-25-30 C. cons. auf die sog. *action récursoire*. Nach dem französischen Modell der *action récursoire* kann der Unternehmer, der digitale Inhalte oder digitale Dienstleistungen bereitgestellt hat,

---

79 Zum Rechtsinstitut der *action directe* in der deutschsprachigen Literatur siehe etwa *Bauerreis*, Das französische Rechtsinstitut der *action directe* und seine Bedeutung in internationalen Vertragsketten; *Salewski*, Der Verkäuferregress im deutsch-französischen Rechtsvergleich, S. 170 ff.

80 Siehe hierzu *Salewski*, ebenda, S. 170 ff., 190.

81 Siehe *Salewski*, ebenda.

daher gemäß den Bestimmungen des Code civil Regress nehmen. Der Unternehmer kann also im Wege der *action récursoire* die Gewährleistungsrechte des Code civil geltend machen und sich auf eine nicht vertragsgemäße Lieferung oder die Haftung für versteckte Mängel (*garantie légale des vices cachés*) stützen. Dieser Regressanspruch des Unternehmers kann unter Berücksichtigung der allgemeinen Voraussetzungen sowie der Gewährleistungs- und Verjährungsfristen des Code civil auf die bekannten Rechtsbehelfe Rücktritt, Minderung und Schadensersatz gerichtet sein. Damit nimmt das französische Recht hinsichtlich des Aufwendungsersatzanspruchs des Unternehmers im Digitalvertragsrecht Rückgriff auf die bestehenden nationalen Bestimmungen. Wie gezeigt, genügt auch dies den Richtlinienanforderungen des Art. 20 DIRL.

Zusammenfassung und wesentliche Ergebnisse

Die Entwicklung des Digitalvertragsrechts soll nun einer Gesamtbetrachtung unterzogen und die wesentlichen Ergebnisse zusammengefasst werden.

Ein Ausblick auf mögliche weitere Entwicklungen des Digitalvertragsrechts soll die Arbeit abschließen.

I. Harmonisierung des Digitalvertragsrechts

Als Teil der von der Europäischen Union verfolgten „Strategie für einen digitalen Binnenmarkt für Europa“ hat der europäische Gesetzgeber mit der Digitale-Inhalte-RL ein harmonisiertes Digitalvertragsrecht verabschiedet. Die Digitale-Inhalte-RL regelt bestimmte vertragsrechtliche Aspekte der Bereitstellung digitaler Inhalte und digitaler Dienstleistungen und legt gemeinsame Vorschriften für bestimmte Anforderungen an Verträge zwischen Unternehmern und Verbrauchern über die Bereitstellung digitaler Inhalte oder digitaler Dienstleistungen fest (vgl. Art. 1 DIRL). Die Richtlinie widmet sich produktbezogenen Problemen digitaler Güter. Sie trifft Regelungen über die Vertragsmäßigkeit digitaler Inhalte und digitaler Dienstleistungen und führt insbesondere Bestimmungen zu Aktualisierungen digitaler Produkte ein. Zudem harmonisiert die Digitale-Inhalte-RL weitgehend die Abhilfen des Verbrauchers bei nicht erfolgter Bereitstellung digitaler Inhalte oder digitaler Dienstleistungen und im Falle ihrer Vertragswidrigkeit sowie die Art und Weise der Inanspruchnahme dieser Abhilfen. Hervorzuheben sind die gesetzgeberischen Neuerungen der Richtlinie wie die Einbeziehung von Daten als Entgelt und damit die Regulierung des Datenerwerbs als Geschäftsmodell im Digitalvertragsrecht.

Regelungstechnisch knüpft der europäische Gesetzgeber mit der Digitale-Inhalte-RL an die (punktuelle) europäische Richtlinienpolitik an.[1] Sie stellt eine bereichsspezifische Ergänzung des europäisch determinierten Verbraucherrechts für den digitalen Bereich dar und leistet damit einen Beitrag zur Angleichung der Kernbereiche des Verbrauchervertragsrechts. Mit einem Gewährleistungsregime für Verträge über digitale Inhalte und digitale Dienstleistungen schließt die Richtlinie eine bislang bestehende Regelungslücke im Verbraucherrecht. Der europäische Gesetzgeber greift mit der Harmonisierung bestimmter vertragsrechtlicher Aspekte der Bereitstellung digitaler Inhalte und digitaler Dienstleistungen insofern präventiv in die Regelung einer Materie von zentraler Bedeutung ein, um der

1 Zur Einordnung der Digitale-Inhalte-RL in den Kontext der Rechtsharmonisierung in der europäischen Union siehe Kapitel 3.

https://doi.org/10.1515/9783111488387-014

Entstehung nationaler Regelungen und einer befürchteten Rechtszersplitterung auf dem Gebiet des Digitalvertragsrechts entgegenzuwirken. Durch die in der Digitale-Inhalte-RL enthaltenen zwingenden gewährleistungsrechtlichen Vorgaben für das nationale Digitalvertragsrecht hat der europäische Gesetzgeber Alleingänge auf nationaler Ebene und damit eine Rechtsfragmentierung durch unterschiedliche einzelstaatliche Vorschriften für den Vertrieb digitaler Produkte (vorerst) verhindern können. Auf dem Gebiet des Digitalvertragsrechts ist den Mitgliedstaaten die Einführung eines weitergehenden oder weniger weitreichenden Verbraucherschutzes nunmehr untersagt (vgl. Art. 4 DIRL).

Hinsichtlich zahlreicher Aspekte des Digitalvertragsrechts hat die Digitale-Inhalte-RL somit eine Rechtsharmonisierung bewirkt. Die Untersuchung hat gleichwohl gezeigt, dass die Richtlinie angesichts ihres beschränkten Anwendungsbereichs und Regelungsinhalts zum einen allgemeine Defizite bei der Angleichung des Digitalvertragsrecht aufweist[2] und zum anderen aufgrund der aufgezeigten Regelungsoptionen und Öffnungsklauseln im Rahmen des Gewährleistungsregimes für digitale Inhalte und digitale Dienstleistungen auch nicht die Voraussetzungen für eine vollständige Harmonisierung des Digitalvertragsrechts im digitalen Binnenmarkt schafft.[3]

Besonders hervorzuheben ist, dass mit der Digitale-Inhalte-RL das Prinzip „Bezahlen mit Daten“ und damit das Geschäftsmodell des Datenerwerbs nunmehr erstmals in einem Rechtsakt aufgegriffen worden sind (vgl. Art. 3 Abs. 1 Unterabs. 2 DIRL).[4] Austauschverhältnisse, bei denen digitale Inhalte oder digitale Dienstleistungen angeboten werden und der Verbraucher für diese keinen monetären oder in Geld zu bemessenden Preis zahlt, sondern dem Unternehmer stattdessen seine personenbezogenen Daten bereitstellt, nehmen einen zentralen Stellenwert im Digitalvertragsrecht ein. Die Anforderungen an die Vertragsmäßigkeit digitaler Inhalte und digitaler Dienstleistungen finden in diesen Fällen ebenfalls Anwendung und dem Verbraucher stehen bei nicht vertragsgemäßer Leistung die gleichen vertragsbezogenen Rechte zu.

Obschon eine rechtsdogmatische Einordnung personenbezogener Daten als „Gegenleistung“ für den Anwendungsbereich des Digitalvertragsrechts keine Rolle spielt, wird nach hier vertretener Auffassung eine anderweitige Einordnung insbesondere der ökonomischen Bedeutung der bereitgestellten personenbezogenen Daten und der gängigen vertraglichen Praxis der wirtschaftlichen Verwertung der Daten nicht gerecht – da personenbezogene Daten insofern vergleichbar mit der

2 Siehe hierzu Kapitel 3 II.3.

3 Siehe hierzu Kapitel 6 bis 9.

4 Siehe hierzu Kapitel 5.

Zahlung eines Preises in Geld die Funktion einer Gegenleistung übernehmen können, ist die Bezeichnung der Daten als „Gegenleistung" sachlich letztlich richtig.[5]

Im Hinblick auf ein potenzielles Spannungsverhältnis zwischen Digitalvertragsrecht und Datenschutzrecht verweist der europäische Gesetzgeber auf die vorrangige Anwendbarkeit des Datenschutzrechts der EU-DSGVO (vgl. Art. 3 Abs. 8 DIRL). Die Untersuchung hat jedoch gezeigt, dass das Zusammenspiel von Vertragsrecht und Datenschutzrecht[6] bislang nicht im Detail geklärt ist.[7]

Festhalten lässt sich, dass die Digitale-Inhalte-RL angesichts der erheblichen Relevanz von Verträgen über digitale Inhalte und digitale Dienstleistungen im digitalen Binnenmarkt weitreichende Bedeutung hat. Die Digitale-Inhalte-RL hat die Entwicklung des europäischen Vertragsrechts in einer kritischen Phase vorangetrieben und auf das Phänomen und die rechtlichen Herausforderungen der Digitalisierung reagiert.[8] Durch eine weitgehende Vollharmonisierung wesentlicher Vorschriften für Verbraucherverträge über die Bereitstellung digitaler Inhalte und digitaler Dienstleistungen ist die Digitale-Inhalte-RL ein erster Schritt in Richtung einer – für die Vollendung des Binnenmarkts gebotenen – Vollharmonisierung des Verbraucherschutzrechts für digitale Produkte. Allerdings ist die Richtlinie auf weite Teile des Gewährleistungsrechts beschränkt; wesentliche Bereiche des Vertragsrechts sind ausgeklammert und die positiven Effekte für den grenzüberschreitenden Handel mit digitalen Produkten sind daher entsprechend begrenzt. Für die Entwicklung eines vollumfänglichen Digitalvertragsrechts macht die Digitale-Inhalte-RL daher nur den Anfang.

---

5 Siehe auch *Schreiber*, Digitale Angebote. Neuer Rechtsrahmen für ihre Entwicklung von der Idee bis zum Vertrieb, Kap. 2 Rn. 57; *Kaesling*, in: Herberger/Martinek/Rüßmann/et. al, jurisPK-BGB, § 327 Rn. 24 (Stand: 24. 5. 2023); siehe ferner *Metzger*, JZ 2019, 577 (579); *Sattler*, CR 2020, 145 (152); *Kern*, in: Stabentheiner/Wendehorst/Zöchling-Jud (Hrsg.), Das neue europäische Gewährleistungsrecht, S. 33 (39); *Schulze*, ZEuP 2019, 695 (701); *Staudenmayer*, IWRZ 2020, 147 (149); *Savin*, Harmonising Private Law in Cyberspace: The New Directives in the Digital Single Market Context (October 2019), Copenhagen Business School, CBS Law Research Paper Series No. 19 – 35, S. 12.

6 Siehe hierzu Kapitel 5 II.3.

7 Siehe hierzu insb. auch *Kumkar*, ZfPW 2020, 306 (325).

8 So auch *Schulze*, ZEuP 2019, 695 (697 ff.).

II. Das digitalvertragsrechtliche Gewährleistungsrecht – Europäische Vorgaben

Der europäische Gesetzgeber bezweckte mit Erlass der Digitale-Inhalte-RL insbesondere eine Harmonisierung der Gewährleistungsrechte eines Verbrauchers bei Verträgen über digitale Inhalte oder digitale Dienstleistungen, ausgenommen eines Schadensersatzrechts.

Es hat sich gezeigt, dass die digitalvertragsrechtliche Richtlinie dabei in weiten Teilen Kontinuität im europäischen Richtlinienrecht wahrt und Vorbilder aus der Verbrauchsgüterkauf-RL übernimmt. Darüber hinaus macht der europäische Gesetzgeber auch Anleihen bei dem (gescheiterten) Entwurf für ein Gemeinsames Europäisches Kaufrecht. Die Digitale-Inhalte-RL offenbart damit in gewissem Ausmaß zwar ein noch kaufrechtlich geprägtes Denken des Gesetzgebers.[9] Das neue Digitalvertragsrecht gilt jedoch vertragsübergreifend und bietet ein – vom Kaufrecht losgelöstes – umfassendes Gewährleistungsregime spezifisch für digitale Produkte. Dafür überträgt die Digitale-Inhalte-RL den kaufrechtlich geprägten Begriff der Vertragsmäßigkeit auf alle Arten von Verträgen über digitale Inhalte oder digitale Dienstleistungen und etabliert den Begriff hin zu einem allgemeinen und einheitlichen Begriff des Vertragsrechts.[10]

Die Art. 6 ff. DIRL legen die Anforderungen an die Vertragsmäßigkeit digitaler Inhalte und digitaler Dienstleistungen fest. Unterschieden wird dabei zwischen der subjektiven (Art. 7 DIRL) und der objektiven (Art. 8 DIRL) Vertragsmäßigkeit. Hervorzuheben ist die „Objektivierung" des Begriffs der Vertragsmäßigkeit. Die Digitale-Inhalte-RL geht insoweit von einer Gleichrangigkeit der subjektiven und objektiven Anforderungen an die Vertragsmäßigkeit des bereitgestellten digitalen Produkts aus.

Die Komplexität des Gewährleistungsregimes für digitale Inhalte und digitale Dienstleistungen ist den besonderen Eigenschaften und Merkmalen digitaler Produkte geschuldet.

Ob sich mit dem ausdifferenzierteren Katalog der Anforderungen an die Vertragsmäßigkeit digitaler Inhalte und digitaler Dienstleistungen das Ziel einer Stärkung des Verbraucherschutzes im digitalen Binnenmarkt in der Praxis tatsächlich realisieren lässt, wird dabei entscheidend von der Konkretisierung der objektiven Kriterien abhängen.[11] Wie gezeigt, erscheint aufgrund der stetigen Neu- und Weiterentwicklung digitaler Produkte die Entwicklung von Mechanismen zur Konkre-

9 So *Tonner*, VuR 2019, 363 (369).

10 Ebenso *Schulze*, ZEuP 2019, 695 (710).

11 Ebenso *Rieländer*, GPR 2021, 257 (266); hierzu insb. auch *Kumkar*, ZfPW 2020, 306 (318).

tisierung von Verbrauchererwartungen oder anderer Regulierungsinstrumente sinnvoll, um einen Bezugsrahmen für die objektiven Vertragsmäßigkeitskriterien zu schaffen und damit zu verhindern, dass sich die Prüfung der Vertragsmäßigkeit mangels greifbarer objektiver Anhaltspunkte zur Bestimmung des objektiven Referenzrahmens letztlich doch an den in AGBs enthaltenden Leistungsbeschreibungen aufhängt.[12]

Hervorzuheben ist auch die Rolle technischer Normen bzw. subsidiär sektorspezifischer Verhaltenskodizes zur Konkretisierung des Kriteriums der Eignung eines digitalen Produkts für den gewöhnlichen Gebrauch (vgl. Art. 8 Abs. 1 lit. a DIRL). Mit dieser Bezugnahme auf außerrechtliche Normen ergänzt die Richtlinie die objektiven Anforderungen an die Vertragsmäßigkeit digitaler Inhalte und digitaler Dienstleistungen um Tatbestände, die auf die Besonderheiten digitaler Produkte ausgerichtet sind.[13] Damit sollte auch der raschen Entwicklung sowie der technologischen Vielfalt digitaler Produkte Rechnung getragen und eine fortlaufende Anpassung der Maßstäbe für die Vertragsmäßigkeit ermöglicht werden.[14] Nicht unproblematisch erscheint in diesem Zusammenhang allerdings die unter Umständen fehlende Legitimation außerrechtlicher (technischer) Normen.[15]

Darüber hinaus sind als Neuerungen bzw. Besonderheiten des Digitalvertragsrechts folgende Punkte festzuhalten:

1.) Digitale Inhalte und digitale Dienstleistungen müssen sachgemäß in die Hard- und Softwareumgebung des Verbrauchers integriert werden (Art. 9 DIRL);
2.) digitale Inhalte und digitale Dienstleistungen sind, soweit für den Erhalt ihrer Vertragsmäßigkeit erforderlich, zu aktualisieren (Art. 8 Abs. 2 und 3 DIRL);
3.) digitale Inhalte und digitale Dienstleistungen können unter bestimmten Voraussetzungen über das zur Erhaltung der Vertragsmäßigkeit erforderliche Maß hinaus durch den Unternehmer einseitig und nachträglich geändert werden (Art. 19 DIRL).

Im Zusammenhang mit der Integration eines digitalen Produkts in die digitale Umgebung des Verbrauchers bleibt, wie gezeigt, vor allem die Frage der Kausalität bei Interoperabilitätsproblemen und die Abgrenzung der Risikosphären weiterhin ungeklärt.[16]

Der zweite Punkt, die Einführung der Aktualisierungspflicht des Unternehmers, hat besondere Relevanz. Soweit ersichtlich hat der europäische Gesetzgeber

12 Siehe dazu *Kumkar*, ZfPW 2020, 306 (318); *Grünberger*, AcP 218 (2018), 213 (254 ff.).
13 Siehe auch *Schulze*, ZEuP 2019, 695 (710 f.).
14 Siehe *Schulze*, ebenda.
15 Siehe hierzu Kapitel 6 III.2. Vgl. insb. die Nachweise in Kapitel 6 Fn. 64.
16 Siehe hierzu Kapitel 7 I.1.

erstmals eine Pflicht zu Aktualisierungen festgelegt, die sicherstellen soll, dass ein digitales Produkt in vertragsgemäßem Zustand bleibt und Sicherheitslücken geschlossen werden.[17] Eine solche Aktualisierungspflicht des Unternehmers trägt den Besonderheiten digitaler Produkte Rechnung, die im Gegensatz zu körperlichen Gegenständen ohne entsprechende Updates jederzeit ihre Funktionsfähigkeit verlieren könnten. Allgemeiner Regelungsbedarf besteht dagegen noch mit Blick auf die Frage der Vertragsmäßigkeit von Aktualisierungen und den Folgen ihrer Vertragswidrigkeit.

Das einseitige und nachträgliche Änderungsrecht, welches dem Unternehmer unter den engen Voraussetzungen der Richtlinie zusteht, dient vornehmlich dem Interessensausgleich zwischen Unternehmern und Verbrauchern aufgrund des Umstands, dass bei dauerhaft bereitgestellten digitalen Produkten häufig das Bedürfnis zur Anpassung besteht.[18]

Ferner harmonisiert die Digitale-Inhalte-RL die Abhilfe des Verbrauchers bei nicht erfolgter Bereitstellung (Art. 13 DIRL) sowie bei Vertragswidrigkeit der bereitgestellten digitalen Inhalte oder digitalen Dienstleistungen (Art. 14 DIRL).

Hinsichtlich der Abhilfen des Verbrauchers bei Vertragswidrigkeit wahrt der europäische Gesetzgeber in weiten Teilen Kontinuität; diese folgen in ihrer Grundstruktur der Verbrauchsgüterkauf-RL. Insoweit übernimmt die Digitale-Inhalte-RL das bekannte System der Hierarchie der Rechtsbehelfe bei Vertragswidrigkeit: Der Verbraucher hat Anspruch auf Herstellung des vertragsgemäßen Zustands der digitalen Inhalte oder digitalen Dienstleistungen und kann unter den beschriebenen Voraussetzungen den Preis anteilmäßig mindern oder den Vertrag beenden (vgl. Art 14 Abs. 1 bis 6 DIRL). Weniger strikt als in der Verbrauchsgüterkauf-RL ist die hierarchische Struktur der Abhilfen mit Blick auf Fälle einer schwerwiegenden Vertragswidrigkeit, die eine sofortige Minderung bzw. Vertragsbeendigung rechtfertigen.[19]

Im Zusammenhang mit dem Anspruch des Verbrauchers auf Herstellung des vertragsgemäßen Zustands des digitalen Produkts löst sich das Digitalvertragsrecht von einem spezifischen Bezug zum Kaufrecht. Das Digitalvertragsrecht unterscheidet – im Gegensatz zur Warenkauf-RL – nicht zwischen „Nachbesserung“ und „Ersatzlieferung“. Dem Verbraucher steht kein Wahlrecht in Bezug auf die Art der Nacherfüllung zu, vielmehr hat der Unternehmer vor dem Hintergrund der technischen Diversität digitaler Produkte die Wahl der Mittel zur Mangelbeseitigung und es ist diesem überlassen, wie er den vertragsgemäßen Zustand des digitalen

17 Siehe hierzu Kapitel 7 II.1.
18 Siehe hierzu Kapitel 7 III.1.
19 Siehe hierzu Kapitel 8 2.a.aa.

Produkts herstellt. Das Digitalvertragsrecht kennt entsprechend – anders als das Kaufrecht – auch keine sog. „relative“ Unverhältnismäßigkeit.[20] Damit ist das System der Rechtsbehelfe des Verbrauchers ebenfalls angepasst.

Hervorzuheben sind außerdem die detaillierten Vorgaben der Digitale-Inhalte-RL zu den Pflichten der Vertragsparteien im Fall der Vertragsbeendigung, die den Besonderheiten von Verträgen über die Bereitstellung digitaler Inhalte oder digitaler Dienstleistungen geschuldet sind. Insoweit konnten die Vorschriften des Verbrauchsgüterkaufrechts nicht als Vorbild dienen. Dies betrifft insbesondere die Nutzung der digitalen Inhalte oder digitalen Dienstleistungen nach Vertragsbeendigung und den Umgang mit Inhalten des Verbrauchers, die nicht personenbezogene Daten sind, sowie personenbezogene Daten des Verbrauchers (vgl. Art. 16 ff. DIRL). Die Rechtsfolgen im Digitalvertragsrecht sind wie folgt ausgestaltet:

1.) Der Unternehmer darf die weitere Nutzung der digitalen Inhalte oder digitalen Dienstleistungen durch den Verbraucher unterbinden (Art. 16 Abs. 5 DIRL);
2.) der Verbraucher hat die Nutzung der digitalen Inhalte oder digitalen Dienstleistungen bzw. deren Zurverfügungstellung an Dritte zu unterlassen (Art. 17 Abs. 1 DIRL);
3.) der Verbraucher ist für die Nutzung der digitalen Inhalte oder digitalen Dienstleistungen vor Beendigung des Vertrags in dem Zeitraum, in dem diese nicht in vertragsgemäßem Zustand waren, nicht zahlungspflichtig (Art. 17 Abs. 3 DIRL);
4.) der Unternehmer darf Inhalte des Verbrauchers, die nicht personenbezogene Daten sind, und die vom Verbraucher bei der Nutzung der vom Unternehmer bereitgestellten digitalen Inhalte oder digitalen Dienstleistungen bereitgestellt oder erstellt wurden, grundsätzlich nicht (weiter) verwenden (Art. 16 Abs. 3 DIRL); der Verbraucher kann diese unter Umständen wiedererlangen (Art. 16 Abs. 4 DIRL);
5.) in Bezug auf personenbezogene Daten des Verbrauchers hat der Unternehmer die Verpflichtungen gemäß der EU-DSGVO einzuhalten (Art. 16 Abs. 2 DIRL).

Abschließend lässt sich festhalten, dass der europäische Gesetzgeber in weiten Teilen Kontinuität im europäischem Richtlinienrecht wahrt und zahlreiche Vorschriften der Verbrauchsgüterkauf-RL in teils modifizierter Form im Digitalvertragsrecht nachbildet. Gleichzeitig versucht der europäische Gesetzgeber, bei den Gewährleistungsrechten des Verbrauchers den Besonderheiten digitaler Inhalte und digitaler Dienstleistungen Rechnung zu tragen und nimmt entsprechende

20 Siehe hierzu Kapitel 8 I.2.b.aa.

Anpassungen vor. Damit sind die Neuerungen der Digitale-Inhalte-RL vor allem den besonderen Eigenschaften und Merkmalen digitaler Produkte geschuldet.

III. Zusammenfassende Betrachtung der Richtlinienumsetzung in Deutschland und Frankreich

Im Hinblick auf die Umsetzung der Digitale-Inhalte-RL in Deutschland und Frankreich ist eine positive Gesamtbilanz zu ziehen.

Grundlegende systematische Unterschiede bestehen hinsichtlich der gewählten Umsetzungstechnik. Das europäische Digitalvertragsrecht ist sowohl in Deutschland als auch in Frankreich überwiegend richtlinienkonform in die nationalen Rechtssysteme umgesetzt worden. Divergenzen zwischen dem deutschen und dem französischen digitalvertragsrechtlichen Gewährleistungsregime bestehen im Wesentlichen (lediglich) dort, wo der europäische Gesetzgeber Regelungsoptionen vorsieht oder Öffnungsklauseln statuiert.

1. Unterschiede in der Umsetzungstechnik

Bei der Umsetzung der Digitale-Inhalte-RL in nationales Recht haben sowohl Deutschland als auch Frankreich an den bekannten Umsetzungstechniken festgehalten – das integrative Umsetzungsmodell in Deutschland (Integrationslösung) einerseits und das auslagernde Umsetzungsmodell in Frankreich ((Sonder-)Kodifikationslösung) andererseits.[21]

Die Schwierigkeit der Umsetzung der Digitale-Inhalte-RL in das deutsche Rechtssystem lag insbesondere darin begründet, dass die Richtlinie in verschiedener Hinsicht Ansätze verfolgt, die sich von der bekannten Systematik des BGB unterscheiden. Vor diesem Hintergrund hat die Materie des Digitalvertragsrechts in Deutschland eine Diskussion über den Umsetzungsstandort der digitalvertragsrechtlichen Richtlinienbestimmungen angeregt. Die Prüfung der verschiedenen Umsetzungsoptionen und -strategien kam aber zu Recht zu dem Ergebnis, dass die Implementierung des Digitalvertragsrechts im Allgemeinen Schuldrecht des BGB vorzugswürdig ist. Ein neu eingefügter Titel 2a („Verträge über digitale Produkte") im Abschnitt 3 des Buches 2 des BGB ergänzt das BGB seit dem 1. Januar 2022 nunmehr um ein Digitalvertragsrecht (§§ 327-327u BGB).

21 Siehe hierzu Kapitel 4 II.

Die Regelungen der §§ 327-327s BGB finden Anwendung auf Verbraucherverträge, welche die Bereitstellung digitaler Produkte durch einen Unternehmer zum Gegenstand haben. Da sich das Digitalvertragsrecht (allgemeinen) produktbezogenen Problemen digitaler Inhalte und digitaler Dienstleistungen widmet und das Ordnungskriterium „digitales Produkt" insoweit auch konträr zu der Systematik der §§ 433-676c BGB liegt, war es richtig, die digitalvertragsrechtlichen Regelungen „vor die Klammer" zu ziehen. Zu Recht hält der deutsche Gesetzgeber eine vertragstypologische Einordnung der von der Digitale-Inhalte-RL erfassten Verträge über digitale Inhalte bzw. digitale Dienstleistungen weder für nötig noch für sachgerecht.[22] Die digitalvertragsrechtlichen Vorschriften finden losgelöst von einem bestimmten Vertragstyp auf das gesamte Recht der Schuldverhältnisse Anwendung.

Die Änderungen im Allgemeinen Teil des Schuldrechts werden zudem durch einzelne Änderungen im Besonderen Teil des Schuldrechts des BGB ergänzt. Diese Änderungen beziehen sich im Kern darauf, dass bei denjenigen Vertragsarten, die besondere Bestimmungen zum Gewährleistungsrecht vorsehen, Regelungen getroffen werden, die den Vorrang der Bestimmungen des neu eingefügten Titels 2a sicherstellen.

In Frankreich hat sich das Verbraucherschutzrecht spätestens mit der Auslagerung in ein zusammenführendes Verbrauchergesetzbuch in Gestalt des Code de la consommation als ein eigenes, wenn auch nicht autonomes Rechtsgebiet etabliert.[23] Vor dem Hintergrund der Entwicklungsgeschichte des französischen Verbraucherrechts und insbesondere in Anbetracht der französischen Einstellung zu ihrem traditionsreichen Zivilgesetzbuch stellte sich – wie schon bei der Umsetzung der Verbraucherrechterichtlinie – die Frage nach der Integration der unionsrechtlichen Verbraucherschutzvorschriften in den Code civil nicht (mehr); die Auslagerung der verbraucherschützenden Vorschriften in den Code de la consommation war bei Umsetzung der Digitale-Inhalte-RL vielmehr prädeterminiert.

Systematisch ist das Digitalvertragsrecht im französischen Code de la consommation in einem neuen Abschnitt 2 *bis* für Verträge über die Bereitstellung digitaler Inhalte und digitaler Dienstleistungen (*Section 2 bis: Contrats de fourniture de contenus numériques et de services numériques*) in Kapitel IV unter dem Titel II im Buch II des Code de la consommation verortet. Die *Ordonnance n° 2021–1247*, die der Umsetzung der Digitale-Inhalte-RL in Frankreich dient, fügt damit eine neue „Vertragskategorie" für digitale Inhalte und digitale Dienstleistungen in den Code de la consommation ein. Die Umsetzungsvorschriften finden sich größtenteils in

22 Siehe hierzu RegE DIRL, S. 24.

23 Siehe hierzu Kapitel 4 I.2.c.bb.

den Art. L. 224-25-1 ff. C. cons., neben grundlegenden Änderungen im einleitenden Artikel (*article liminaire*) zu Beginn des Code de la consommation.

Hervorzuheben ist, dass die Bestimmungen des neuen Abschnitts 2 *bis* betreffend Verträge über die Bereitstellung digitaler Inhalte oder digitaler Dienstleistungen nicht nur für Verträge, die zwischen einem Unternehmer (*professionnel*) und einem Verbraucher (*consommateur*) geschlossen werden, sondern ebenfalls für entsprechende Verträge zwischen *professionnel* und *non-professionnel* gelten (vgl. Art. L. 224-25-31 C. cons.).[24]

Hinsichtlich des allgemeinen systematischen Vergleichs der Umsetzung der Digitale-Inhalte-RL in Deutschland und Frankreich lässt sich festhalten, dass die unterschiedlichen Umsetzungstechniken die systematischen Grundsatzentscheidungen der Integration bzw. Auslagerung des Verbraucherschutzrechts bestätigen und die grundlegenden systematischen und terminologischen Unterschiede in den verschiedenen Rechtstraditionen begründet liegen. Die Herausforderungen der Umsetzung der vollharmonisierenden Richtlinie innerhalb des deutschen Zivilgesetzbuchs waren mit Blick auf den Aufwand der Abstimmungen der ineinandergreifenden Vorschriften möglicherweise komplexer und systematisch anspruchsvoller als die Umsetzung in Frankreich im separaten Verbrauchergesetzbuch – ein besseres Gesamtergebnis folgt hieraus aber nicht.

2. Rechtliche Anerkennung von Daten als „Gegenleistung“ im nationalen Recht

Das Regelungskonzept der Digitale-Inhalte-RL zum Prinzip „Bezahlen mit Daten“ wird in der deutschen und der französischen Rechtsordnung unterschiedlich abgebildet.

Im deutschen Rechtssystem beschränkt sich die Umsetzung im Wesentlichen auf einen Nachvollzug der Richtlinienvorschrift.[25] Der Anwendungsbereich der §§ 327 ff. BGB wird gem. § 327 Abs. 3 S. 1 Hs. 1 BGB auf Verbraucherverträge erstreckt, „bei denen der Verbraucher dem Unternehmer personenbezogene Daten bereitstellt oder sich zu deren Bereitstellung verpflichtet“. Für die Anwendbarkeit der §§ 327 ff. BGB ist unerheblich, wie die Bereitstellung personenbezogener Daten oder die entsprechende Zusage im Rahmen des Schuldrechts einzuordnen ist, ob es

24 Allgemein zum Begriff des *non-professionnel* siehe Kapitel 4 I.2.c.aa.(3); siehe zur Ausdehnung des persönlichen Anwendungsbereichs der Digitale-Inhalte-RL in Frankreich unter Kapitel 4 II.2.b.bb.(2).(d).

25 Siehe hierzu Kapitel 5 III.1.b.

sich hierbei um eine (Gegen-)Leistung handelt und ob diese im Gegenseitigkeitsverhältnis steht oder nicht.[26]

Erst eine schuldrechtliche Bewertung datenbasierter Geschäftsmodelle gibt Aufschluss darüber, inwiefern die Bereitstellung eines digitalen Produkts und die Bereitstellung personenbezogener Daten ein Verhältnis von Leistung und Gegenleistung begründen können. Jedenfalls wenn die personenbezogenen Daten einen ökonomischen Wert haben, können diese als ein „transaktionsspezifisches, typischerweise vermögensmehrendes Äquivalent zur Leistung, welches das Austauschverhältnis prägt"[27], unter den Begriff der „Gegenleistung" fallen. Sofern personenbezogene Daten die Gegenleistung darstellen, ist im deutschen Recht mit der herrschenden Meinung regelmäßig von einer synallagmatischen Verknüpfung auszugehen, die auch die Entgeltlichkeit des datenbasierten Vertrags begründet.[28]

Im Hinblick auf das Verhältnis zwischen Vertragsrecht und Datenschutzrecht ist die fortschrittliche Regelung des § 327q BGB zu den vertragsrechtlichen Folgen datenschutzrechtlicher Erklärungen des Verbrauchers hervorzuheben. Die Trennung und Abstraktion der Regelungsebenen des Vertragsrechts einerseits und des Datenschutzrechts andererseits hält die Schutzinstrumente von Verbraucher- und Datenschutz gelungen auseinander und trägt im deutschen Recht erheblich zur Regelungsklarheit bei.[29]

Der französische Gesetzgeber hat mit der Formulierung *„procure tout autre avantage"* in Art. L. 224-25-2 I. S. 1 Alt. 2 C. cons. die Anwendbarkeit des französischen Digitalvertragsrechts auf Verträge erweitert, bei denen der Verbraucher für die Bereitstellung digitaler Inhalte oder digitaler Dienstleistungen keinen monetären Preis zahlt, dem Unternehmer aber einen „anderen Vorteil" (*„autre avantage"*) verschafft. Nach französischem Verständnis ist die Bereitstellung personenbezogener Daten von dem Begriff *„avantage"* i. S. d. Art. 1107 S. 1 Code civil umfasst.[30] Als ein „Vorteil", den der Unternehmer vom Verbraucher erhält, können personenbezogene Daten „Gegenleistung" im Sinne des Art. 1107 S. 1 Code civil sein und als solche einen Vertrag als „entgeltlich" qualifizieren. Auch dem Bericht zu der französischen Umsetzungsverordnung ist zu entnehmen, dass das französische Recht mit der Bestimmung des Art. L. 224-25-2 I. S. 1 C. cons. den entgeltlichen Charakter datenbasierter Austauschverhältnisse implizit anerkennt. Eine (weitere) Besprechung der Norm in der französischen Literatur bzw. in der französischen Rechtsprechung ist allerdings noch abzuwarten.

---

26 Vgl. Begr. RegE DIRL, S. 35.

27 So *Hacker*, ZfPW 2019, 148–196 (158 f.) m.w.N.

28 Siehe die Nachweise in Kapitel 5 Fn. 266.

29 Vgl. auch *Schmidt-Kessel*, Stellungnahme Kaufrecht und Digitalvertragsrecht, S. 16.

30 Siehe hierzu Kapitel 5 III.2.

Im Hinblick auf das Verhältnis zwischen Vertragsrecht und Datenschutzrecht fehlt es im französischen Verbraucherrecht an einer klarstellenden Regelung, die mit der deutschen Bestimmung des § 327q BGB vergleichbar wäre.

Festgehalten werden kann, dass sich die Einführung des Prinzips „Bezahlen mit Daten" in Deutschland und Frankreich in der rechtsdogmatischen Ausgestaltung unterscheidet. Jedenfalls bei datenbasierten Austauschverhältnissen, die digitale Inhalte oder digitale Dienstleistungen betreffen, werden Verbrauchern aber entsprechend der zwingenden Vorschriften der Digitale-Inhalte-RL im Digitalvertragsrecht einheitliche vertragsrechtliche Rechte gewährt.

Hervorzuheben ist ferner, dass im französischen Recht die Einbeziehung von Konstellationen, in denen der Verbraucher dem Unternehmer anstelle oder zusätzlich zu der Zahlung eines Preises einen „anderen Vorteil" verschafft, nicht auf die neu eingeführte Vertragskategorie digitaler Inhalte oder digitaler Dienstleistungen beschränkt ist. Verträge, bei denen der Unternehmer dem Verbraucher eine Ware liefert und ihm das Eigentum daran überträgt und der Verbraucher dem Unternehmer dafür einen Preis zahlt oder anstelle oder zusätzlich zu der Zahlung eines Preises einen „anderen Vorteil" verschafft, sind ausdrücklich gleichgestellt (vgl. Art. L. 217-1 I. S. 2 C. cons.). Der europäische Gesetzgeber hingegen hat im Rahmen der mit der Digitale-Inhalte-RL gleichzeitig verabschiedeten Warenkauf-RL auf eine mit Art. 3 Abs. 1 Unterabs. 2 DIRL vergleichbare Regelung verzichtet – Waren, die nicht mit Geld, sondern mit Daten „bezahlt" werden, fallen nicht in den Anwendungsbereich der Warenkauf-RL (vgl. Art. 3 Abs. 1 i.V.m. Art. 2 Nr. 1 WKRL). Zum Zeitpunkt des Gesetzgebungsverfahrens war eine solche Praxis – im Gegensatz zu digitalen Produkten – als nicht eben häufig eingestuft worden,[31] weshalb der europäische Gesetzgeber keinen entsprechenden Regelungsbedarf sah. Die implizite Einbeziehung datenbasierter Austauschverhältnisse bei den Regelungen zum Warenkauf im französischen Verbraucherrecht erscheint damit besonders fortschrittlich. Die Ausweitung des in der Digitale-Inhalte-RL angelegten Konzepts auf andere Verträge als solche über die Bereitstellung digitaler Produkte in der französischen Umsetzungsverordnung ist durchaus zu begrüßen, insofern die Bedeutung von Daten als „Zahlungsmittel" zukünftig auch außerhalb des Digitalvertragsrechts noch steigen könnte, wenn auch Waren häufiger mit Daten „bezahlt" werden. Insbesondere mit Blick auf den erheblichen ökonomischen Wert personenbezogener Daten erscheint eine solche Entwicklung realitätsnah. Insoweit könnte die Regelung des französischen Gesetzgebers als Vorbild für andere Rechtsordnungen, einschließlich der deutschen dienen.

---

31 So die Vermutung von *Staudenmayer*, IWRZ 2020, 147 (149).

3. Divergenzen im digitalvertragsrechtlichen Gewährleistungsrecht

Bemerkenswert ist die weitgehend richtlinienkonforme Umsetzung der digitalvertragsrechtlichen Gewährleistungsbestimmungen der Digitale-Inhalte-RL sowohl in Deutschland als auch in Frankreich. Mit Blick auf das Ziel der Harmonisierung des Digitalvertragsrechts für Verbraucher im digitalen Binnenmarkt hat die rechtsvergleichende Untersuchung gezeigt, dass die Divergenzen zwischen dem digitalvertragsrechtlichen Gewährleistungsregime in Deutschland und Frankreich im Wesentlichen (lediglich) dort zu verzeichnen sind, wo der europäische Gesetzgeber selbst Regelungsoptionen vorsieht oder Öffnungsklauseln statuiert.

Sowohl der deutsche als auch der französische Gesetzgeber waren bestrebt, die Richtlinienvorgaben richtliniengetreu umzusetzen und gleichzeitig die Kohärenz der nationalen Rechtsordnungen zu wahren und die digitalvertragsrechtlichen Richtlinienvorschriften „systemtreu" zu implementieren.

Auffällig ist, dass der deutsche Umsetzungsgesetzgeber stets bemüht war, Vorschriften aus dem Kaufrecht im Digitalvertragsrecht nachzubilden und gleichzeitig terminologische Widersprüche zu vermeiden. Schwierigkeiten bereitete hier vor allem, dass angesichts der zwingenden Richtlinienvorgaben für die Beendigung eines Vertrags über die Bereitstellung digitaler Inhalte oder digitaler Dienstleistungen ein Verweis auf die allgemeinen Regelungen zum Rücktritt nicht möglich war. Auch eine differenzierte Anwendung von Rücktritt einerseits und Kündigung andererseits wurde zu Recht als „schwer nachvollziehbar und zudem fehleranfällig"[32] verworfen. Vor diesem Hintergrund hat der deutsche Gesetzgeber für alle dem Anwendungsbereich der Digitale-Inhalte-RL unterfallenden Verträge ein einheitliches und vertragsübergreifendes Vertragsaufhebungsrecht geschaffen, das gleichermaßen sowohl den einmaligen Leistungsaustausch als auch Dauerschuldverhältnisse umfassen soll.[33] Dies gelingt mit der Verwendung des Überbegriffs „Vertragsbeendigung" (vgl. §§ 327c, 327m BGB) gut. Der Ausdruck der Vertragsbeendigung ist neutral, deckt alle Formen einer Beendigung ab und wird so der unterschiedlichen Gestaltung von Verträgen über die Bereitstellung digitaler Produkte gerecht.

Der französische Gesetzgeber wahrt ebenfalls Kontinuität im nationalen Recht. Die Umsetzungsverordnung in Frankreich hat sich, sofern möglich, vor allem um eine parallele Umsetzung der Digitale-Inhalte-RL und der Warenkauf-RL im Code de la consommation bemüht. Ferner „importiert" das französische Verbraucherrecht, soweit erforderlich und angesichts der zwingenden Richtlinienbestimmungen auch

32 Vgl. RegE DIRL, S. 67.
33 Siehe hierzu Kapitel 8 I.2.d.bb.

möglich, Vorschriften aus dem Code civil in das Digitalvertragsrecht und versucht insoweit, Kohärenz im nationalen Rechtssystem zu wahren.[34] Da die Digitale-Inhalte-RL auch ausdrücklich nationale Vorschriften, die nicht speziell für Verbraucherverträge gelten und spezifische Abhilfen für bestimmte Arten von Mängeln, die zum Zeitpunkt des Abschlusses des Vertrags nicht offenbar waren, vorsehen, unberührt lässt (vgl. Erwgr. 12 DIRL), kann im französischen Recht ferner das Rechtsinstitut der *garantie des vices cachés* beibehalten werden. Einen entsprechenden Verweis auf die Art. 1641 bis 1649 Code civil hat der französische Gesetzgeber im Rahmen des Digitalvertragsrechts in Art. L. 224-25-29 S. 1 C. cons. eingefügt. Die Rechtsbehelfe des Verbrauchers der *garantie légale de conformité* aus Art. L. 224-25-12 ff. C. cons. treten mithin neben die Rechte aus Art. 1641 ff. Code civil wegen Vorliegen eines *vice caché* sowie jegliche sonstigen Rechte aus vertraglicher oder außervertraglicher Haftung. Diese sind kumulativ anwendbar.[35]

Mit Blick auf das digitalspezifische Gewährleistungsrecht sind auf Grundlage der rechtsvergleichenden Untersuchung des digitalvertragsrechtlichen Gewährleistungsregimes in Deutschland und Frankreich im Wesentlichen vier Aspekte zu konstatieren, hinsichtlich derer sich Divergenzen aufzeigen lassen: Die Abhilfen bei Rechtsmängeln eines digitalen Produkts, die Ausgestaltung des Gewährleistungszeitraums, das Schadensersatzrecht und die Rückgriffsansprüche des Unternehmers im Digitalvertragsrecht.

Unterschiede zwischen dem deutschen und dem französischen Digitalvertragsrecht bestehen zunächst – aufgrund der in der Digitale-Inhalte-RL vorgesehenen Regelungsoptionen (vgl. Art. 10 DIRL) – für den Fall, dass sich eine Beschränkung, die sich aus der Verletzung von Rechten Dritter ergibt, die Nutzung der digitalen Inhalte oder digitalen Dienstleistungen verhindert oder einschränkt.

Im deutschen Recht sieht § 327g BGB vor, dass sog. Rechtsmängel, bei Vorliegen der beschriebenen Voraussetzungen, Produktmängeln i. S. d. § 327e Abs. 2 und 3 BGB gleichgestellt sind. Dies entspricht der im BGB üblichen Gleichstellung von Sach- und Rechtsmängeln.[36] Für den Verbraucher ergeben sich bei Vorliegen eines Rechtsmangels damit die gleichen Rechtsfolgen wie bei Vorliegen eines Produktmangels und der Verbraucher kann die Rechtsbehelfe nach § 327i BGB geltend machen.

Das französische Verbraucherrecht verweist hingegen darauf, dass der Verbraucher in Fällen, in denen eine Beschränkung, die sich aus der Verletzung von

---

34 Siehe bspw. den Verweis auf Art. 1219 und 1220 Code civil in Art. L. 224-25-11 Unterabs. 1 S. 1 C. cons. Siehe hierzu Kapitel 8 I.1.c. und I.2.a.cc.

35 Siehe hierzu Kapitel 6 I.2.a.cc.

36 Siehe hierzu Kapitel 6 IV.2.

Rechten Dritter ergibt, die die Nutzung der digitalen Inhalte oder digitalen Dienstleistungen einschränkt, die Nichtigkeit des Vertrags oder eine andere Klage vertraglicher oder außervertraglicher Art nach den Bestimmungen des Code civil geltend machen kann (vgl. Art. L. 224-25-29 S. 2 C. cons.).[37]

Diskrepanzen zwischen den deutschen und den französischen Regelungen konnten auch im Hinblick auf den Gewährleistungszeitraum für digitale Inhalte und digitale Dienstleistungen, festgestellt werden, die auf entsprechende Öffnungsklauseln der Digitale-Inhalte-RL zurückzuführen sind (vgl. Art. 11 DIRL).[38] Der Gewährleistungszeitraum ist der einzige Punkt der Richtlinie, bei dem der europäische Gesetzgeber explizit von dem Vollharmonisierungsprinzip gem. Art. 4 DIRL abweicht und die Richtlinie lediglich eine Mindestharmonisierung vornimmt. Den Mitgliedstaaten ist es angesichts der Öffnungsklauseln in Art. 11 Abs. 2 und 3 DIRL erlaubt, ihre unterschiedlichen Systeme einer Haftungsfrist bzw. einer Verjährungsfrist beizubehalten. Insofern zeichnen sich auch zwischen dem deutschen und dem französischen Digitalvertragsrecht Unterschiede ab, die die Ausgestaltung des Gewährleistungszeitraums betreffen: Während das deutsche Vertragsrecht eine Unterscheidung zwischen Haftungsfrist und Verjährungsfrist nicht kennt und die Öffnungsklausel der Digitale-Inhalte-RL nutzt, um (lediglich) eine Verjährungsfrist für das Digitalvertragsrecht festzulegen, übernimmt der französische Gesetzgeber die in der Richtlinie angelegte Haftungsfrist und verweist hinsichtlich einer Verjährungsfrist zusätzlich auf die Bestimmungen des Code civil.

Damit unterliegen im deutschen Digitalvertragsrecht die in § 327i Nr. 1 und 3 BGB bezeichneten Ansprüche auf Nacherfüllung, Schadensersatz und Ersatz vergeblicher Aufwendungen grundsätzlich einer zweijährigen Verjährungsfrist (vgl. 327j Abs. 1 S. 1 BGB). Die Verjährung beginnt gem. § 327j Abs. 1 S. 2 BGB einheitlich mit der Bereitstellung des digitalen Produkts; in bestimmten Fällen dient eine Ablaufhemmung als verbraucherschützendes Korrektiv (vgl. § 327j Abs. 2 bis 4 BGB).

Das französische Recht bestimmt hingegen eine Haftungsfrist, sodass der Unternehmer bei einer einmaligen Bereitstellung digitaler Inhalte oder digitaler Dienstleistungen oder eine Reihe einzelner Bereitstellungen (nur) für eine Vertragswidrigkeit haftet, die zum Zeitpunkt der Bereitstellung besteht und innerhalb von zwei Jahren nach Bereitstellung offenbar wird (vgl. Art. L. 224-25-12 S. 2 C. cons.). Darüber hinaus verweist Art. L. 224-25-12 S. 6 C. cons. darauf, dass die Bestimmung des Art. L. 224-25-12 C. cons. unbeschadet der Verjährungsregelungen der Art. 2224 ff. Code civil gilt. Die Verjährungsfrist beginnt an dem Tag, an dem der

37 Siehe hierzu Kapitel 6 IV.3.

38 Siehe hierzu Kapitel 9 I.

Verbraucher Kenntnis von der Vertragswidrigkeit erlangt (vgl. Art. L. 224-25-12 S. 7 C. cons.).

Im Übrigen sind auch die Abweichungen des deutschen und des französischen Schadensersatzrechts, welches von der Digitale-Inhalte-RL ausdrücklich unberührt bleibt, zu beachten.[39] Der deutsche Gesetzgeber hat versucht, durch eine Einbeziehung der bestehenden nationalen Schadensersatzregelungen das Schadensersatzrecht im digitalvertragsrechtlichen Gewährleistungsregime ohne Friktionen und konfliktfrei zu lösen. Zur Regelung des Rechts auf Schadensersatz des Verbrauchers im Zusammenhang mit Verträgen über die Bereitstellung digitaler Inhalte oder digitaler Dienstleistungen sind daher die verschiedenen Umsetzungsvorschriften um entsprechende Verweise auf die allgemeinen Vorschriften ergänzt und diese, sofern notwendig, modifiziert. Das französische Verbraucherrecht verweist hingegen schlicht darauf, dass die Zuerkennung von Schadensersatz unberührt bleibt. Da der Code de la consommation das Schadensersatzrecht nicht spezifiziert oder weitergehende Regelungen trifft, bleiben die Bestimmungen des allgemeinen Vertragsrechts des Code civil anwendbar.

Nicht harmonisierte Regelungen treffen die nationalen Rechtsordnungen ferner für den Regress des Unternehmers, der für eine nicht erfolgte oder nicht vertragsgemäße Bereitstellung digitaler Inhalte oder digitaler Dienstleistungen haftet.[40] Im Hinblick auf mögliche Rückgriffsansprüche des Unternehmers zur Deckung seiner Haftung gegenüber dem Verbraucher trifft die Digitale-Inhalte-RL lediglich eine grundlegende Aussage zu einem Rückgriffsanspruch des Unternehmers gegen den oder die innerhalb der gewerblichen Vertragskette Haftenden; die Ausgestaltung des Unternehmerregresses obliegt aber den Mitgliedstaaten (vgl. Art. 20, Erwgr. 78 DIRL). Im deutschen Digitalvertragsrecht folgt § 327u BGB dem Modell des „Kettenregresses entlang der Vertriebskette". Der französische Gesetzgeber verweist in Art. L. 224-25-30 C. cons. auf die sog. *action récursoire*.[41] Damit nimmt das französische Recht hinsichtlich des Aufwendungsersatzanspruchs des Unternehmers im Digitalvertragsrecht Rückgriff auf die bestehenden nationalen Bestimmungen. Im Wege der *action récursoire* kann der Unternehmer die Gewährleistungsrechte des Code civil geltend machen und sich auf eine nicht vertragsgemäße Lieferung oder die Haftung für verborgene Mängel (*garantie légale des vices cachés*) stützen.

Nochmals hervorzuheben ist, dass die aufgezeigten Divergenzen zwischen dem digitalvertragsrechtlichen Gewährleistungsregime in Deutschland und Frankreich

39 Siehe hierzu Kapitel 8 II.
40 Siehe hierzu Kapitel 9 III.
41 Siehe hierzu Kapitel 9 III.3.

zum Großteil auf die Regelungsoptionen und Öffnungsklauseln der Digitale-Inhalte-RL zurückzuführen sind. Die unterschiedlichen Regelungen im Rahmen des Digitalvertragsrechts betreffen damit weitgehend Aspekte, die nicht dem Vollharmonisierungsprinzip des Art. 4 DIRL unterfallen bzw. hinsichtlich derer der europäische Gesetzgeber den Mitgliedstaaten durch Regelungsoptionen oder Öffnungsklauseln einen Gestaltungsspielraum überlässt. Insoweit sind nationalen Regelungen im deutschen und im französischen Recht vom nationalen Umsetzungsspielraum gedeckt.

Zusammenfassend lässt sich sowohl für Deutschland als auch für Frankreich festhalten, dass die neuen digitalvertragsrechtlichen Vorschriften überwiegend richtlinienkonform umgesetzt sind und im jeweiligen nationalen Rechtssystem ein (weitgehend) kohärentes Gewährleistungsregime für digitale Inhalte und digitale Dienstleistungen besteht. Die aufgezeigten Divergenzen im digitalvertragsrechtlichen Gewährleistungsregime liegen insbesondere mit Blick auf das Haftungssystem überwiegend in bereits bestehenden Unterschieden zwischen der deutschen und der französischen Rechtsordnung begründet.

IV. Schlussbetrachtung und Ausblick

Mit der Digitale-Inhalte-RL ist das Rechtssystem in einem ersten Schritt an das „digitale Zeitalter" angepasst worden. Die Richtlinie ist ein Meilenstein in der Fortentwicklung des Verbrauchervertragsrechts, denn die traditionellen nationalen Rechtsordnungen sind nunmehr um einen Rechtsrahmen für die moderne Vertragspraxis der Bereitstellung digitaler Inhalte und digitaler Dienstleistungen ergänzt worden. Durch die Einbeziehung von personenbezogenen Daten im Digitalvertragsrecht erreicht das Vertragsrecht eine neue Dimension. Eine langfristige Bedeutung der Digitale-Inhalte-RL könnte darin liegen, Änderungen hinsichtlich der rechtlichen Handhabung personenbezogener Daten im Wirtschaftsverkehr anzustoßen.[42]

Bevor in der Praxis allerdings ein klarer vertragsrechtlicher Rahmen für digitale Inhalte und digitale Dienstleistungen und Rechtssicherheit bei der Durchführung von Verträgen über digitale Produkte besteht, werden durch Rechtsprechung und Lehre noch einige Auslegungsprobleme zu lösen sein. Der Digitale-Inhalte-RL wird dabei selbst nach ihrer Umsetzung in den EU-Mitgliedstaaten weiterhin ein nicht unerheblicher Einfluss auf die Entwicklung des Digitalvertragsrechts zukommen, da die von den nationalen Gesetzgebern auf ihrer

---

42 *Staudenmayer*, IWRZ 2020, 147 (151).

Grundlage geschaffenen Regelungen nicht allein nach Wortlaut, Systematik, Gesetzgebungsgeschichte sowie Sinn und Zweck, sondern zudem europarechtskonform auszulegen sind.

Ein offensichtliches und sehr erhebliches Angleichungsdefizit der Digitale-Inhalte-RL liegt in der Beschränkung ihres Anwendungsbereichs auf Verbraucherverträge (B2C-Verhältnis). Allerdings betont der europäische Gesetzgeber, dass es den Mitgliedstaaten freistehen sollte, die Anwendung der Richtlinienvorschriften auf Verträge auszudehnen, die vom Anwendungsbereich der Richtlinie ausgenommen sind, und den Schutz, der durch die Richtlinie Verbrauchern geboten wird, so auch auf natürliche oder juristische Personen auszudehnen, die keine Verbraucher im Sinne der Richtlinie sind.[43]

Die Mitgliedstaaten haben somit die Möglichkeit einer überschießenden Umsetzung (einiger) Vorschriften in das allgemeine Vertragsrecht, um den Anwendungsbereich des Digitalvertragsrechts auf den unternehmerischen Rechtsverkehr zu erstrecken.

Während der Verzicht auf eine überschießende Umsetzung des Digitalvertragsrechts für Verträge zwischen Unternehmern in Deutschland zum Teil begrüßt wird, da der internationale Wettbewerb im digitalen Zeitalter spürbar zunehme und die Vertragsfreiheit für deutsche Unternehmer essentiell sei, um in diesem Wettbewerb mithalten zu können,[44] sei, nach anderer Ansicht, die Beschränkung auf Verbraucherverträge mit Blick auf kleinere und kleinste unternehmerische Einheiten bedauerlich, weil insoweit ein vergleichbarer Regelungsbedarf bestehe.[45]

Problematisch ist die Beschränkung des Digitalvertragsrechts auf Verbraucherverträge aber vor allem im Hinblick auf die unterschiedlichen Gewährleistungsregeln für B2C- und B2B-Verträge über digitale Produkte.[46] Das allgemeine Vertragsrecht kann auf die produktspezifischen Besonderheiten digitaler Produkte oftmals keine Antworten geben. Eine analoge Anwendung der §§ 327 ff. BGB auf Unternehmerverträge scheidet allerdings aus, weil die Anwendbarkeit dieser Vorschriften ausdrücklich auf Verbraucherverträge beschränkt ist.

Für Verträge zwischen Unternehmern findet daher auch der einheitliche digitalvertragsrechtliche Mangelbegriff keine Anwendung, sondern je nach Vertragstyp ein unterschiedlicher Mangelbegriff, abhängig davon, ob es sich um einen Kauf-, Miet- oder Werkvertrag handelt.[47] Teilweise lassen sich bezüglich des Man-

---

43 Vgl. Erwgr. 16 DIRL.

44 Vgl. *Heydn*, CR 2021, 709 (716 Rn. 56).

45 Vgl. *Schmidt-Kessel*, Stellungnahme Kaufrecht und Digitalvertragsrecht, S. 4.

46 Ebenso *Riehm/Abold*, CR 2021, 530 (540); dahin geht mit Blick die 1:1-Umsetzung der Warenkauf-RL in Deutschland auch die Kritik von *Harke*, GPR 2021, 129 (129 ff.).

47 Siehe hierzu näher *Redeker*, ITRB 2022, 68 (68 f.).

gelbegriffs und der Gewährleistungsrechte zwar Lücken durch die Anwendung der allgemeinen Normen schließen; in Bezug auf die Aktualisierung digitaler Produkte und die Möglichkeit einer nachträglichen Änderung dieser sowie den Aspekt der weiteren Nutzung von Daten im Falle der Vertragsbeendigung besteht diese Möglichkeit jedoch nicht, da diese Besonderheiten in den allgemeinen Normen bislang nicht abgebildet werden.[48]

Für Verbraucherverträge über digitale Produkte gilt demgegenüber stets der einheitliche digitalspezifische Mangelbegriff unabhängig vom Vertragstyp. Infolgedessen finden bei Verbraucherverträgen und Unternehmerverträgen unter Umständen ein unterschiedlicher Mangelbegriff bzw. unterschiedliche Gewährleistungsvorschriften Anwendung.[49]

Sinnvoll erscheint daher der Vorschlag, ein einheitliches Digitalvertragsrecht zu schaffen, das ungeachtet der Unternehmer- oder Verbrauchereigenschaft Anwendung findet, und lediglich diejenigen digitalvertragsrechtlichen Vorschriften auf Verbraucherverträge zu beschränken, die eine spezifisch verbraucherschützende Zielrichtung bzw. Funktion haben.[50]

Einen spezifisch verbraucherschützenden Zweck haben beispielsweise die Anforderungen, die an die Vereinbarung einer von den objektiven Anforderungen an die Vertragsmäßigkeit abweichenden Beschaffenheit zu stellen sind (vgl. Art. 8 Abs. 5 DIRL), die Bestimmungen zur Beweislastumkehr (vgl. Art. 12 DIRL), der Ausschluss eines Wertersatzanspruchs (Art. 17 Abs 3 DIRL) und der zwingende Charakter der Richtlinienbestimmungen, aus der eine Unzulässigkeit abweichender Vereinbarungen zum Nachteil des Verbrauchers folgt (vgl. Art. 22 DIRL).[51] Auch die langen Gewährleistungsfristen sind speziell auf Verbraucherverträge zugeschnitten.[52]

Einer Vielzahl anderer Bestimmungen fehlt aber ein solcher spezifisch verbraucherschützender Charakter. Hierzu zählen insbesondere die Vorgaben zur Vertragsmäßigkeit digitaler Produkte.[53] Die digitalvertragsrechtlichen Neuregelungen bieten hier überwiegend auch für Verträge zwischen Unternehmern angemessene Lösungen.[54]

---

48 Siehe auch *Faust*, Stellungnahme Umsetzung DIRL u. WKRL, S. 2f.

49 In die gleiche Richtung geht auch die Kritik von *Riehm/Abold*, CR 2021, 530 (540); *Redeker*, ITRB 2022, 68 (70).

50 Hierfür plädierte schon *Faust*, Stellungnahme Umsetzung DIRL u. WKRL, S. 2f.; siehe auch *Riehm/Abold*, CR 2021, 530 (540).

51 Siehe umfassend hierzu *Faust*, Stellungnahme Umsetzung DIRL u. WKRL, S. 2f.

52 Ebenso *Riehm/Abold*, CR 2021, 530 (540).

53 Siehe ebenfalls *Riehm/Abold*, CR 2021, 530 (540).

54 Ibid.

Vor diesem Hintergrund erscheint es zweckmäßig, die Anwendung der Regelungen der §§ 327 ff. BGB – mit einigen Modifikationen – auch auf Verträge zwischen Unternehmern zu erstrecken. So könnte der Rechtszersplitterung innerhalb der nationalen Rechtsordnung entgegengewirkt werden. Selbstverständlich sollten, ähnlich dem aus dem Kaufrecht bekannten System, abhängig vom betroffenen Personenkreis zum Teil unterschiedliche Regelungen existieren; diese sollten sich jedoch auf die beschriebenen spezifisch verbraucherschützenden Vorschriften beschränken. Die geringere Schutzwürdigkeit eines Unternehmers angesichts größerer Erfahrungen im Geschäftsverkehr ließe sich mit diesen spezifischen, nur für Verbraucherverträge geltenden Vorschriften gezielt abbilden. Insbesondere ein Verzicht auf die Unabdingbarkeit der Regelungen bei B2B-Verträgen würde im unternehmerischen Rechtsverkehr zu weniger erheblichen Einschränkungen führen und die Wettbewerbsfähigkeit insoweit sicherstellen.[55] Ein digitalvertragsrechtlicher Rechtsrahmen, der die allgemeinen Aspekte des Digitalvertragsrecht übergreifend regelt, könnte im unternehmerischen Rechtsverkehr insofern als Steuerungsmittel dienen und Unternehmern mehr Verlässlichkeit bieten.[56]

Festzuhalten ist: Die Anwendbarkeit des Digitalvertragsrechts sollte – mit einigen Modifikationen – zukünftig auch auf den unternehmerischen Rechtsverkehr erstreckt werden, denn auch insoweit stellen sich hinsichtlich der Besonderheiten digitaler Produkte digitalspezifische (gewährleistungsrechtliche) Fragestellungen.[57] Angesichts der rasanten technologischen Entwicklungen wird sich das Vertragsrecht insgesamt mit weiteren Fragen des Digitalisierungsprozesses auseinandersetzen müssen. Ziel sollte es sein, Verbrauchern und Unternehmern einen passenden Rechtsrahmen zur Verfügung zu stellen und die Ansätze des Digitalvertragsrechts weiterzuentwickeln.

Die Frage bleibt, ob die Weiterentwicklung des Digitalvertragsrechts auf europäischer Ebene erfolgt oder die nationalen Gesetzgeber eigene Wege gehen (müssen).

55 Mit Blick auf eine überschießende Umsetzung der Warenkauf-RL in diese Richtung auch *Harke*, GPR 2021, 129 (136): Von einer überschießenden Umsetzung der Warenkauf-RL gehe für den Wirtschaftsstandort keine Gefahr aus, die eine Beschränkung auf eine 1:1-Umsetzung rechtfertigen könnte.

56 Ähnlich *Schmidt-Kessel*, Stellungnahme Kaufrecht und Digitalvertragsrecht, S. 4.

57 Ebenso *Riehm/Abold*, CR 2021, 530 (540); *Faust*, Stellungnahme Umsetzung DIRL u. WKRL, S. 2 f.; *Schmidt-Kessel*, Stellungnahme Kaufrecht und Digitalvertragsrecht, S. 4; in diese Richtung, wenn auch noch zurückhaltend, auch *Artz*, Stellungnahme Umsetzung DIRL u. WKRL, S. 3. Anderer Ansicht und explizit gegen eine Ausweitung des Digitalvertragsrechts auf Verträge zwischen Unternehmern im Wege einer überschießenden Umsetzung der Digitalen-Inhalte-RL aber *Heydn*, CR 2021, 709 (715 f.).

Literaturverzeichnis

Adelberg, Philipp Nikolaus: Rechtspflichten und -grenzen der Betreiber sozialer Netzwerke. Zum Umgang mit nutzergenerierten Inhalten, Wiesbaden 2020.

Antoniolli Deflorian, Luisa: Consumer Contracts in Italien and Community Law – Patterns of Integration und Desintegration, in: Hans Schulte-Nölke/Reiner Schulze (Hrsg.), Europäische Rechtsangleichung und nationale Privatrechte, Europäisches Privatrecht (Band 9), Baden-Baden 1999, S. 119–172.

Arbeitsgruppe „Digitaler Neustart“: Konferenz der Justizministerinnen und Justizminister der Länder, Bericht vom 15.5.2017, abrufbar unter: <https://www.justiz.nrw.de/JM/schwerpunkte/digitaler_neustart/zt_bericht_arbeitsgruppe/bericht_ag_dig_neustart.pdf> (letzter Aufruf: 24.05.2023).

Arnerstål, Stojan: Licensing digital content in a sale of goods context, GRUR Int. 2015, S. 882–888.

Arroyo Vendrell, Tatiana/*Schulze*, Reiner: Verträge über digitale Inhalte: Einführung, in: Johann Kindl/Tatiana Arroyo Vendrell/Beate Gsell (Hrsg.), Verträge über digitale Inhalte und digitale Dienstleistungen, Europäisches Privatrecht, Band 54, Baden-Baden 2018, S. 21–36.

Artz, Markus: Stellungnahme zu den Gesetzesentwürfen der Bundesregierung zur Umsetzung der Richtlinie über bestimmte vertragsrechtliche Aspekte der Bereitstellung digitaler Inhalte und digitaler Dienstleistungen (BT-Drucks. 19/27653) und zur Regelung des Verkaufs von Sachen mit digitalen Elementen und anderer Aspekte des Kaufrechts (BT-Drucks. 19/27424), v. 3.5.2021, abrufbar unter <www.bundestag.de/resource/blob/839226/5bb6e061f910dec350213b9dc1671ac3/stellungnahme-artz-data.pdf> (letzter Aufruf: 21.01.2024).

Artz, Markus: Vorschlag für eine vollharmonisierte Horizontalrichtlinie zum Verbraucherrecht, in: Beate Gsell/Carsten Herrestahl (Hrsg.), Vollharmonisierung im Privatrecht. Die Konzeption der Richtlinie am Scheideweg?, Tübingen 2009, S. 209–218.

Asfar-Cazenave, Caroline: Le nouveau droit français des contrats, Revue juridique Thémis, 49–3 (2015), S. 717–755.

Aubert de Vincelles, Carole: Droit européen des obligations, RTD Eur. 2010, S. 695–720.

Aubert de Vincelles, Carole: France: Position of the Law of Obligations in National and Supranational Law, in: Reiner Schulze/Fryderyk Zoll (Hrsg.), The Law of Obligations in Europe: A New Wave of Codifications, München 2013, S. 321–341.

Aubert de Vincelles, Carole/*Sauphanor-Brouillaud*, Natacha: Loi du 17 mars 2014: nouvelles mesures protectrices du consommateur, Recueil Dalloz 2014, S. 879.

Aubry, Hélène: Droit de la consommation, Recueil Dalloz 2022, S. 574–584.

Auer-Reinsdorff, Astrid: Mangelhaftigkeit digitaler Produkte aufgrund fehlerhafter Integration oder Anleitung, „IKEA-Klauseln“ der digitalen Produkte nach Umsetzung von DID- und Warenkauf-Richtlinie, ITRB 2022, S. 61–64.

Aynès, Laurent: Presentation, object, but, mais plus de cause?, in: John Cartwright/Bénédicte Fauvarque-Cosson/Simon Whittaker (Hrsg.), La réécriture du Code civil: le droit français des contrats après la réforme de 2016 avec la traduction en anglais de l’Ordonnance et des modifications introduites en 2018 par la loi de ratification, Paris 2018, S. 143–148.

Babusiaux, Ulrike/*Witz*, Claude: Das neue französische Vertragsrecht – Zur Reform des Code civil, JZ 2017, S. 496–507.

Bach, Ivo: Neue Richtlinien zum Verbrauchsgüterkauf und zu Verbraucherverträgen über digitale Inhalte, NJW 2019, S. 1705–1711.

Basedow, Jürgen: Das BGB im künftigen europäischen Privatrecht: Der hybride Kodex, AcP 200 (2000), S. 445–492.

https://doi.org/10.1515/9783111488387-015

Bauerreis, Jochen: Das französische Rechtsinstitut der action directe und seine Bedeutung in internationalen Vertragsketten (zugl. Diss. Freiburg 2000), Berlin 2001.

Becker, Maximilian: Eine Materialisierung des datenschutzrechtlichen Kopplungsverbots, CR 2021, S. 230 – 243.

Beck-online.Grosskommentar zum Zivilrecht, herausgegeben von Beate Gsell/Wolfgang Krüger/Stefan Lorenz/et. al. [zit. als: *Bearbeiter*, in: BeckOGK ZivilR].

Beck'scher Online-Kommentar BGB, herausgegeben von Wolfgang Hau/Roman Poseck, 65. Edition [zit. als: *Bearbeiter*, in: BeckOK-BGB].

Beck'scher Online-Kommentar Datenschutzrecht, herausgegeben von Heinrich Amadeus Wolff/Stefan Brink, 43. Edition [zit. als: *Bearbeiter*, in: BeckOK DatenschutzR].

Bien, Florian/*Borghetti*, Jean-Sébastian (Hrsg.), Die Reform des französischen Vertragsrechts. Ein Schritt zu mehr europäischer Konvergenz?, Tübingen 2018.

Bitkom Bundesverband Informationswirtshaft, Telekommunikation und Neue Medien e.V. (*bitkom*): Stellungnahme Referentenentwurf zur Umsetzung der Digitale Inhalte Richtlinie v. 30.11.2020, abrufbar unter: <www.bitkom.org/sites/main/files/2020-12/20201130_bitkom-stellungnahme-refe-umsetzung-digitale-inhalte-rl.pdf> (letzter Aufruf: 21.01.2024).

Bräutigam, Peter: Das Nutzungsverhältnis bei sozialen Netzwerken – Zivilrechtlicher Austausch von IT-Leistung gegen personenbezogene Daten, MMR 2012, S. 635 – 641.

Brönneke, Tobias: Stellungnahme zum Entwurf eines Gesetzes zur Regelung des Verkaufs von Sachen mit digitalen Elementen und anderer Aspekte des Kaufvertrags (BT-Drucks. 19/27424) v. 25.5.2020, abrufbar unter: <www.bundestag.de/resource/blob/839610/60693fa6d3a3df394656b863a78bbc57/stellungnahme-broenneke-data.pdf> (letzter Aufruf: 21.01.2024).

Brönneke, Tobias/*Schmidt*, Fabian: Der Anwendungsbereich der Vorschriften über die besonderen Vertriebsformen nach Umsetzung der Verbraucherrechterichtlinie, VuR 2014, S. 3 – 9.

Brüggemeier, Gert/*Reich*, Norbert: Europäisierung des BGB durch große Schuldrechtsreform? Stellungnahme zum Entwurf eines Schuldrechtsmodernisierungsgesetzes, BB 2001, S. 213 – 222.

Buchner, Benedikt: Informationelle Selbstbestimmung im Privatrecht (zugl. Habil. München 2005), 2006 Tübingen.

Buchner, Benedikt: Die Einwilligung im Datenschutzrecht – vom Rechtfertigungsgrund zum Kommerzialisierungsinstrument, DuD (34) 2010, S. 39 – 43.

Bülow, Peter: Verbraucherkreditrecht im BGB, NJW 2002, S. 1145 – 1150.

Bunnenberg, Jan Niklas: Privates Datenschutzrecht. Über Privatautonomie im Datenschutzrecht – unter besonderer Berücksichtigung der Einwilligung und ihrer vertraglichen Kopplung nach Art. 7 Abs. 4 DS-GVO, Baden-Baden 2020.

Bureau, Dominique: Remarques sur la codification du droit de la consommation, Recueil Dalloz 1994, S. 291.

Calais-Auloy, Jean: L'influence du droit de la consommation sur le droit civil des contrats, RTD Civ. 1994, S. 239.

Calais-Auloy, Jean: Droit du marché et droit commun des obligations, L'influence du droit de la consommation sur le droit des contrats, RTD Com. 1998, S. 115 – 120.

Calais-Auloy, Jean/*Steinmetz*, Frank: Droit de la consommation, 7. Édition, Paris 2006.

Canaris, Claus-Wilhelm: Systemdenken und Systembegriff in der Jurisprudenz entwickelt am Beispiel des deutschen Privatrechts, 2. Aufl., Berlin 1983.

Canaris, Claus-Wilhelm: Die Reform des Rechts der Leistungsstörungen, JZ 2001, S. 499 – 524.

Cartwright, John/*Fauvarque-Cosson*, Bénédicte/*Whittaker*, Simon (Hrsg.), La réécriture du Code civil: le droit français des contrats après la réforme de 2016 avec la traduction en anglais de l'Ordonnance et des modifications introduites en 2018 par la loi de ratification, Paris 2018.

Castets-Renard, Céline: La proposition de directive relative aux droits des consommateurs et la construction d'un droit européen des contrats, Recueil Dalloz 2009, S. 1158 – 1164.

Cauffmann, Caroline: New EU rules on business-to-consumer and platform-to-business relationships, Maastricht journal of European and comparative law 2019, S. 469 – 479.

Chadelat, Catherine: Concepts de la réglementation communautaire et leurs conséquences pour le droit civil national, in: Wolfgang Heusel (Hrsg.), Neues europäisches Vertragsrecht und Verbraucherschutz: Regelungskonzepte der Europäischen Union und ihre Auswirkungen auf die nationalen Zivilrechtsordnungen, Köln 1998, S. 101 – 112.

Chantepie, Gaël/*Latina*, Mathias: La réforme du droit des obligations. Commentaire théorique et practique dans l'ordre du Code civil, Paris 2016.

Cichon, Caroline: Internet-Verträge: Verträge über Internet-Leistungen und E-Commerce, 2. Aufl., Köln 2005.

Colombi Ciacchi, Aurelia/*van Schagen*, Esther: Conformity under the Draft Digital Content Directive: Regulatory Challenges and Gaps, in: Reiner Schulze/Dirk Staudenmayer/Sebastian Lohsse (Hrsg.), Contracts for the Supply of Digital Content: Regulatory Challenges and Gaps. Münster Colloquia on EU Law and the Digital Economy II, Baden-Baden 2017, S. 99 – 126.

Conrad, Stefanie: Das Konzept der Mindestharmonisierung. Eine Analyse anhand der Verbrauchervertragsrichtlinien, Baden-Baden 2004.

Czajkowski, Nico/*Müller-ter Jung*, Marco: Datenfinanzierte Premiumdienste und Fernabsatzrecht. Warum Google Maps, WhatsApp und Co. fernabsatzrechtliche Informationspflichten treffen, ein Widerrufsrecht aber systemwidrig ist, CR 2018, S. 157 – 166.

Dammann, Ulrich: Erfolge und Defizite der EU-Datenschutzgrundverordnung – Erwarteter Fortschritt, Schwächen und überraschende Innovationen, ZD 2016, S. 307 – 314.

Datenethikkommission der Bundesregierung: Gutachten der Datenethikkommission der Bundesregierung, Bundesministerium des Innern, für Bau und Heimat / Bundesministerium der Justiz und für Verbraucherschutz (Hrsg.), Berlin, Oktober 2019, abrufbar unter: <www.bmi.bund.de/SharedDocs/downloads/DE/publikationen/themen/it-digitalpolitik/gutachten-datenethikkommission.pdf?__blob=publicationFile&v=6> (letzter Aufruf: 21. 01. 2024).

Datta, Amit/*Klein*, Urs Albrecht: Kostenlose Apps – eine vertragsrechtliche Analyse: Warum werbefinanzierte Gratis-Apps nicht verschenkt werden, CR 2017, S. 174 – 181.

Deverre, Louis/*Kieffer*, Frédéric/*Pellier*, Jean-Denis: Quinquennat Macron: quelle évolution du droit civil économique?, Dalloz actualité, 25 mars 2022, abrufbar unter: <www.dalloz-actualite.fr/interview/quinquennat-macron-quelle-evolution-du-droit-civil-economique> (letzter Aufruf: 21. 01. 2024).

DIVSI: Deutsches Institut für Vertrauen und Sicherheit im Internet, DIVSI Studie Daten – Ware und Währung, Hamburg 2014, abrufbar unter: <https://www.divsi.de/wp-content/uploads/2014/11/DIVSI-Studie-Daten-Ware-Waehrung.pdf> (letzter Aufruf: 21. 01. 2024).

Dix, Alexander: Daten als Bezahlung – Zum Verständnis zwischen Zivilrecht und Datenschutzrecht, ZEuP 2017, S. 1 – 5.

Dörner, Heinrich: Die Integration des Verbraucherrechts in das BGB, in: Reiner Schulze/Hans Schulte-Nölke (Hrsg.), Die Schuldrechtsreform vor dem Hintergrund des Gemeinschaftsrechts, Tübingen 2001, S. 177 – 188.

Drabinski, Annika: Die vertragsrechtliche Datenüberlassung und das Kaufrecht (zugl. Diss. Bielefeld 2021), Baden-Baden 2022.

Druschel, Johannes: Die Behandlung digitaler Inhalte im Gemeinsamen Europäischen Kaufrecht (GEKR), München 2014.

Druschel, Johannes: Die Regelung digitaler Inhalte im Gemeinsamen Europäischen Kaufrecht (GEKR), GRUR Int. 2015, S. 125–137.

Druschel, Johannes/*Lehmann*, Michael: Ein digitaler Binnenmarkt für digitale Güter, CR 2016, S. 244–251.

Druschel, Johannes/*Oehmichen*, Mike: Digitaler Wandel 3.0? – Anregungen aus Verbrauchersicht Teil I, Aktueller Stand der Rechtsordnung für digitale Güter auf nationaler und europarechtlicher Ebene, CR 2015, S. 173–180.

Dubarry, Julien: Grundsätze des neuen französischen Leistungsstörungsrechts, in: Florian Bien/Jean-Sébastian Borghetti (Hrsg.), Die Reform des französischen Vertragsrechts. Ein Schritt zu mehr europäischer Konvergenz?, Tübingen 2018, S. 165–180.

Dumollard, Benoît: L'intégration des Directives Communautaires relatives à la Protection des Consommateurs en Droit Privé Français, in: Hans Schulte-Nölke/Reiner Schulze (Hrsg.), Europäische Rechtsangleichung und nationale Privatrechte, Baden-Baden 1999, S. 173–190.

Duve, Thomas: Verbraucherschutzrecht und Kodifikationsgedanke, JURA 2002, S. 793–800.

Ehmann, Eugen/*Selmayr*, Martin (Hrsg.), Datenschutz-Grundverordnung, 2. Aufl. München 2018 [zit. als: *Bearbeiter*, in: Ehmann/Selmayr, DS-GVO].

Eidenmüller, Horst/*Faust*, Florian/*Grigoleit*, Hans Christoph/*Jansen*, Nils/*Wagner*, Gerhard/*Zimmermann*, Reinhard: Der Gemeinsame Referenzrahmen für das Europäische Privatrecht – Wertungsfragen und Kodifikationsprobleme -, JZ 2008, S. 529–550.

Elvy, Stacy-Ann: Paying for Privacy and the Personal Data Economy, Columbia Law Review, Vol. 117, No. 6 (2017), S. 1369–1459.

Engeler, Malte: Das überschätzte Kopplungsverbot, ZD 2018, S. 55–62.

Europäischer Datenschutzbeauftragter (EDSB): Stellungnahme 4/2017 zu dem Vorschlag für eine Richtlinie über bestimmte vertragsrechtliche Aspekte der Bereitstellung digitaler Inhalte, v. 14. März 2017, abrufbar unter: <edps.europa.eu/sites/edp/files/publication/17-03-14_opinion_digital_content_de.pdf> (letzter Aufruf: 24.05.2023).

Europäischer Datenschutzbeauftragter (EDSB): Vorläufige Stellungnahme des Europäischen Datenschutzbeauftragten, Privatsphäre und Wettbewerbsfähigkeit im Zeitalter von „Big Data": das Zusammenspiel zwischen Datenschutz, Wettbewerbsrecht und Verbraucherschutz in der digitalen Wirtschaft, März 2014, abrufbar unter <edps.europa.eu/sites/default/files/publication/14-03-26_competitition_law_big_data_de.pdf> (letzter Aufruf: 21.01.2024).

European Law Institute: Statement of the European Law Institute on the European Commission's Proposed Directive on the Supply of Digital Content to Consumers COM (2015) 634 final, Wien 2016, abrufbar unter: <www.europeanlawinstitute.eu/fileadmin/user_upload/p_eli/Publications/ELI_Statement_on_DCD.pdf> (letzter Aufruf: 21.01.2024).

Faber, Wolfgang: Bereitstellung und Mangelbegriff, in: Johannes Stabentheiner/Christiane Wendehorst/Brigitta Zöchling-Jud (Hrsg.), Das neue europäische Gewährleistungsrecht. Zu den Richtlinien (EU) 2019/771 über den Warenkauf sowie (EU) 2019/770 über digitale Inhalte und digitale Dienstleistungen, Wien 2019, S. 63–110.

Faust, Florian: Digitale Wirtschaft – Analoges Recht: Braucht das BGB ein Update? Gutachten A zum 71. Deutschen Juristentag, in: Ständige Deputation des Deutschen Juristentages (Hrsg.), Verhandlungen des 71. Deutschen Juristentages Essen 2016, Band 1: Gutachten, A 9 – A 92.

Faust, Florian: Stellungnahme zu den Entwürfen eines Gesetzes zur Umsetzung der Richtlinie über bestimmte vertragsrechtliche Aspekte der Bereitstellung digitaler Inhalte und digitaler

Dienstleistungen und eines Gesetzes zur Regelung des Verkaufs von Sachen mit digitalen Elementen und anderer Aspekte des Kaufvertrags, v. 3. 5. 2021, abrufbar unter <www.bundestag.de/resource/blob/839228/267c5fd4597d62ff4809270dd5322e86/stellungnahme-faust-data.pdf> (letzter Aufruf: 21. 01. 2024).

Faust, Florian: Ausschließlichkeitsrecht an Daten?, in: Stiftung Datenschutz (Hrsg.), Dateneigentum und Datenhandel, Berlin 2019, S. 85 – 100.

Fauvarque-Cosson, Bénédicte/*Wicker*, Guillaume (Hrsg.), La réforme du droit français des contrats, Bordeaux 2019.

Franceschi, Alberto de: Digitale Inhalte gegen personenbezogene Daten: Unentgeltlich oder Gegenleistung?, in: Martin Schmidt-Kessel/Malte Kramme (Hrsg.), Geschäftsmodelle in der digitalen Welt, Jena 2017, S. 113 – 138.

Fromont, Michel: La protection juridictionnelle des libertés garanties par la constitution française, in: Fakultätsgruppe Saarbrücken der European Law Students' Association und dem Centre juridique franco-allemand der Universität des Saarlands (Hrsg.), Recht und Gesetz im deutsch-französischem Dialog. Loi et Droit dans le dialogue franco-allemand, Schriftenreihe Annales Universitatis Saraviensis: Rechts- und Wirtschaftswissenschaftliche Abteilung, Bd. 130, Köln u. a. 1997, S. 65 – 79.

Fuchs, Anke/*Meierhöfer*, Christiane/*Morsbach*, Jochen/*Pahlow*, Louis: Agile Programmierung – Neue Herausforderungen für das Softwarevertragsrecht? Unterschiede zu den „klassischen" Softwareentwicklungsprojekten, MMR 2012, S. 427 – 433.

Gansmeier, Johannes/*Kochendörfer*, Luca: Digitales Vertragsrecht Anwendungssystematik, Regelungsprinzipien und schuldrechtliche Integration der §§ 327 ff. BGB, ZfPW 2022, S. 1 – 40.

Gebauer, Martin: Vollharmonisierung und Wertungs-Kohärenz der mitgliedstaatlichen Rechtsordnung, in: Beate Gsell/Carsten Herrestahl (Hrsg.), Vollharmonisierung im Privatrecht. Die Konzeption der Richtlinie am Scheideweg?, Tübingen 2009, S. 163 – 176.

Geiregat, Simon/*Steennot*, Reinhard: Proposal for a Directive on Digital Content. Scope of Application and Liability for a Lack of Conformity, in: Ignace Claeys/Evelyne Terryn (Hrsg.), Digital Contents and Distance Sales. New Development at EU Level, Cambrige, Antwerp, Chicago 2017, S. 95 – 166.

Genicon, Thomas: Défense et illustration de la cause en droit des contrats. À propos du projet de réforme du droit des contrats, du régime général et de la preuve des obligations, Recueil Dalloz 2015, S. 1551 – 1557.

Genicon, Thomas: Nouvelle garantie de conformité dans la vente au consommateur: l'heure des choix (à propos de la transposition de la directive 2019/771/UE), Recueil Dalloz 2021, S. 534.

Geroldinger, Andreas: Die Rolle anderer Glieder der Vertriebskette und Regress, in: Johannes Stabentheiner/Christiane Wendehorst/Brigitta Zöchling-Jud (Hrsg.), Das neue europäische Gewährleistungsrecht. Zu den Richtlinien (EU) 2019/771 über den Warenkauf sowie (EU) 2019/770 über digitale Inhalte und digitale Dienstleistungen, Wien 2019, S. 215 – 239.

Glenn, H. Patrick: Aims of comparative law, in: Jan M. Smits (Hrsg.), Elgar Encyclopedia of Comparative Law, 2nd edition Cheltenham, UK, Northampton, MA, USA 2012, S. 65 – 74.

Golland, Alexander: Das Kopplungsverbot in der Datenschutz-Grundverordnung. Anwendungsbereich, ökonomische Auswirkungen auf Web 2.0 Dienste und Lösungsvorschlag, MMR 2018, S. 130 – 135.

Grigoleit, Hans Christoph: Der Verbraucheracquis und die Entwicklung des Europäisches Privatrechts, AcP 210 (2010), S. 354 – 423.

Grigoleit, Hans Christoph/*Winkelmann*, Thomas: Technische Innovation und Vertragsrecht, in: Stefan Grundmann/Florian Möslein (Hrsg.), Innovation und Vertragsrecht, Tübingen 2020, S. 101 – 136.

Grünberger, Michael: Verträge über digitale Güter, AcP 218 (2018), S. 213 – 296.

Grüneberg Bürgerliches Gesetzbuch, 83. Aufl. München 2024 [zit. als: *Bearbeiter*, in: Grüneberg].

Grützmacher, Malte: Auswirkungen der Umsetzung der Digitale-Inhalte-RL in der Leistungskette. Neue Regeln bei Provider- und Hostingvorleistungen für B2C-Produkte, ITRB 2021, S. 287 – 289.

Grundmann, Stefan: „Inter-Instrumental-Interpretation" – Systembildung durch Auslegung im Europäischen Unionsrecht, RabelsZ, Bd. 75, Heft 4 (2011), S. 882 – 932.

Grundmann, Stefan: Die EU-Verbraucherrechte-Richtlinie: Optimierung, Alternative oder Sackgasse?, JZ 2013, S. 53 – 65.

Grundmann, Stefan: Systemdenken und Systembildung, in: Karl Riesenhuber (Hrsg.), Europäische Methodenlehre, 4. Aufl. Berlin 2021, § 6 S. 243 – 284.

Grundmann, Stefan: Verbraucherrecht, Unternehmensrecht, Privatrecht – warum sind sich UN-Kaufrecht und EU-Kaufrechts-Richtlinie so ähnlich?, AcP 202 (2002), S. 40 – 71.

Grundmann, Stefan/*Hacker*, Philipp: Digital Technology as a Challenge to European Contract Law. From the Existing to the Future Architecture, ERCL 2017, S. 255 – 293.

Grundmann, Stefan/*Medicus*, Dieter/*Rolland*, Walter: Europäisches Kaufgewährleistungsrecht. Reform und Internationalisierung des deutschen Schuldrechts, Köln 2000.

Grundmann, Stefan/*Schäfer*, Marie-Sophie: The French and the German Reforms of Contract Law, ERCL 2017, 13(4), S. 459 – 490.

Grundmann, Stefan/*Thiessen*, Jan: Recht und Sozialtheorie im Rechtsvergleich. Interdisziplinäres Denken in Rechtswissenschaft und -praxis, Tübingen 2015.

Grundmann, Stefan/*Thiessen*, Jan: Religiöse Werte im Recht. Tradition, Rezeption, Transformation, Tübingen 2017.

Grundmann, Stefan/*Thiessen*, Jan: Von formaler zu materialer Gleichheit. Vergleichende Perspektiven aus Geschichte, Kranz der Disziplinen und Theorie, Tübingen 2021.

Gsell, Beate: Vollharmonisierung Verbraucherkaufrecht nach dem Vorschlag für eine Horizontalrichtlinie, in: Beate Gsell/Carsten Herrestahl (Hrsg.), Vollharmonisierung im Privatrecht. Die Konzeption der Richtlinie am Scheideweg?, Tübingen 2009, S. 219 – 245.

Gsell, Beate: Verbraucherrealitäten und Verbraucherrecht im Wandel, JZ 2012, S. 809 – 860.

Gsell, Beate: Abhilfen bei Vertragswidrigkeit nach dem europäischen Digital-RL-Vorschlag vor dem Hintergrund des deutschen Rechts, in: Johann Kindl/Tatiana Arroyo Vendrell/Beate Gsell (Hrsg.), Verträge über digitale Inhalte und digitale Dienstleistungen, Baden-Baden 2018, S. 85.

Gsell, Beate: Der europäische Richtlinienvorschlag zu bestimmten vertragsrechtlichen Aspekten der Bereitstellung digitaler Inhalte, ZUM 2018, S. 75 – 82.

Gsell, Beate/*Herrestahl*, Carsten: Einleitung, in: dies. (Hrsg.), Vollharmonisierung im Privatrecht. Die Konzeption der Richtlinie am Scheideweg?, Tübingen 2009, S. 1 – 12.

Gsell, Beate/*Schellhase*, Hans Martin: Vollharmonisiertes Verbraucherkreditrecht – Ein Vorbild für die weitere europäische Angleichung des Verbrauchervertragsrechts?, JZ, 2009, S. 20 – 29.

Haberstumpf, Helmut: Verkauf immaterieller Güter, NJOZ 2015, S. 793 – 804.

Hacker, Philipp: Daten als Gegenleistung: Rechtsgeschäfte im Spannungsfeld von DS-GVO und allgemeinem Vertragsrecht, ZfPW 2019, 148 – 196.

Hacker, Philipp: Datenprivatrecht. Neue Technologien im Spannungsfeld von Datenschutzrecht und BGB (zugl. Habil. Berlin 2020), Tübingen 2020.

Hacker, Philipp: Regulating the Economic Impact of Data as Counter-Performance: From the Illegality Doctrine to the Unfair Contract Terms Directive, in: Sebastian Lohsse/Reiner Schulze/Dirk Staudenmayer (Hrsg.), Data as Counter-Performance – Contract Law 2.0?, Münster Colloquia on EU Law and the Digital Economy V, Baden-Baden 2020, S. 47 – 76.

Häcker, Birke: La troisième jeunesse du Code civil: un regard allemand sur la réforme française du droit des contrats, in: John Cartwright/Bénédicte Fauvarque-Cosson/Simon Whittaker (Hrsg.), La réécriture du Code civil: le droit français des contrats après la réforme de 2016 avec la traduction en anglais de l'Ordonnance et des modifications introduites en 2018 par la loi de ratification, Paris 2018, S. 419–444.

Harke, Jan Dirk: Zum Regierungsentwurf für die Umsetzung der Warenkauf-Richtlinie, GPR 2021, S. 129–136.

Härting, Niko: Digital Goods und Datenschutz – Daten sparen oder monetarisieren? – Die Reichweite des vom DinhRL-E erfassten Geschäftsmodells, CR 2016, S. 735–740.

Härting, Niko: Internetrecht, 6. Aufl., Köln 2017.

Hartkamp, Arthur Severijn: Einführung in das neue Niederländische Schuldrecht, Teil I: Rechtsgeschäfte und Verträge, AcP 191 (1991), S. 396–410.

Heck, Philipp: Begriffsbildung und Interessenjurisprudenz, Tübingen 1932.

Heiderhoff, Bettina: Grundstrukturen des nationalen und europäischen Verbrauchervertragsrechts. Insbesondere zur Reichweite europäischer Auslegung, München 2004.

Hélaine, Cédric: Adaption de la garantie légale de conformité pour les biens et les contenus et services numériques, Dalloz actualité, 5 octobre 2021, abrufbar unter: <www.dalloz-actualite.fr/flash/adaptation-de-garantie-legale-de-conformite-pour-biens-et-contenus-et-services-numeriques?web=1&wdLOR=c065D2773-2ADA-4A75-AAE7-BB37B0AC4097> (letzter Aufruf: 21.01.2024).

Heldt, Amélie: LG Berlin: Facebook verstößt gegen Impressumspflicht und deutsches Datenschutzrecht, MMR 2018, S. 328–333.

Herberger, Maximilian/*Martinek*, Michael/*Rüßmann*, Helmut, et. al. (Hrsg.), jurisPK-BGB Band 2, 9. Aufl. 2020 / 10. Aufl. 2023 [zit. als: *Bearbeiter*, in: Herberger/Martinek/Rüßmann/et. al, jurisPK-BGB].

Herrestahl, Carsten: Die Schuldrechtsmodernisierung 2002. Modell für die europäische Privatrechtsvereinheitlichung?, in: Markus Artz/Beate Gsell/Stefan Lorenz (Hrsg.), Zehn Jahre Schuldrechtsmodernisierung, Tübingen 2014, S. 279–325.

Herrestahl, Carsten: Die Regelungsdichte von (vollharmonisierenden) Richtlinien und die Konkretisierungskompetenz des EuGH, in: Beate Gsell/Carsten Herrestahl (Hrsg.), Vollharmonisierung im Privatrecht. Die Konzeption der Richtlinie am Scheideweg?, Tübingen 2009, S. 113–161.

Heuer, Dennis: Der Code de la consommation. Eine Studie zur Kodifizierung des französischen Verbraucherrechts, Europäische Hochschulschriften Recht, Bd. 3433 (zugl. Diss. Bielefeld 2001), Frankfurt a. M. u. a. 2002.

Heydn, Truiken J.: Identitätskrise eines Wirtschaftsguts: Software im Spannungsfeld zwischen Schuldrecht und Urheberrecht, CR 2010, S. 765–776.

Heydn, Truiken J: Schuldrechtsreform 2.0: Das neue Gewährleistungsrecht für digitale Produkte in der Praxis. Neue und altbekannte Rechtsbehelfe für Verbraucher und Unternehmen, CR 2021, S. 709–715.

Hiblig-Lugani, Katharina: Neuerungen im Außengeschäftsraum- und Fernabsatzwiderrufsrecht – Teil 1, ZJS 5/2013, S. 441–452.

Hilty, Reto M.: Die Rechtsnatur des Softwarevertrages, CR 2012, 625–637.

Hoofnagle, Chris Jay/*Whittington*, Jan: Free: Accounting for the Costs of the Internet's Most Popular Price, 61 UCLA Law Review (2014), S. 606–671.

Houtcieff, Dimitri: L'ordonnance relative à la garantie légale de conformité pour les biens, les contenus numériques et les services numériques: entre nouvel ordre et désordre, La lettre juridique n° 889 du 6 janvier 2022: Contrats et obligations.

Hunzinger, Sven: Änderungsbefugnisse des Unternehmers nach § 327r BGB. Auslegung und Vertragsgestaltung im Lichte der AGB-Rechtsprechung, CR 2022, S. 349 – 355.

Jäger, Torsten: Überschießende Richtlinienumsetzung im Privatrecht. Zugleich ein Beitrag zur Dogmatik der Mindestharmonisierung, der richtlinienorientierten Auslegung und des Vorabentscheidungsverfahrens, Baden-Baden 2006.

Janal, Ruth/*Jung*, Jonathan: Spezialregelungen für Verträge über digitale Inhalte in Theorie und Praxis, VuR 2017, S. 332 – 340.

Jansen, Nils: Dogmatik, Erkenntnis und Theorie im europäischen Privatrecht, ZEuP 2005, S. 750 – 783.

Juncker, Jean-Claude: Ein neuer Start für Europa: Meine Agenda für Jobs, Wachstum, Fairness und demokratischen Wandel. Politische Leitlinien für die nächste Europäische Kommission, Rede zur Eröffnung der Plenartagung des Europäischen Parlaments, Straßburg, 15. 07. 2014, abrufbar unter: <https://ec.europa.eu/info/sites/default/files/juncker-political-guidelines-speech_de.pdf> (letzter Aufruf: 30. 09. 2022).

Kaschefi, Aris: Sachmängelhaftung im französischen Kaufrecht vor und nach Umsetzung der Verbrauchsgüterkaufrichtlinie: mit rechtsvergleichenden Hinweisen zum deutschen Recht unter Berücksichtigung von „Weiterfressersachverhalten" (zugl. Diss Köln 2006), Frankfurt a. M., u. a. 2008.

Kern, Christoph A.: Die Doing-Business-Reports der Weltbank – fragwürdige Qualifizierung rechtlicher Qualität?, JZ 2009, S. 498 – 504.

Kern, Cornelia: Anwendungsbereich der Warenkauf- und der Digitale Inhalte-RL, in: Johannes Stabentheiner/Christiane Wendehorst/Brigitta Zöchling-Jud (Hrsg.), Das neue europäische Gewährleistungsrecht. Zu den Richtlinien (EU) 2019/771 über den Warenkauf sowie (EU) 2019/770 über digitale Inhalte und digitale Dienstleistungen, Wien 2019, S. 33 – 50.

Kindl, Johann: Verträge über digitale Inhalte – Vertragsnatur und geschuldete Leistung, in: Johann Kindl/Tatiana Arroyo Vendrell/Beate Gsell (Hrsg.), Verträge über digitale Inhalte und digitale Dienstleistungen, Baden-Baden 2018, S. 63 – 84.

Kischel, Uwe: Rechtsvergleichung, München 2015.

Klein, Christian: Die Vertragsrechtsform in Frankreich, RIW 2016, S. 328 – 331.

Klein, Urs Albrecht/*Datta*, Amit: Vertragsstrukturen beim Erwerb kostenloser Apps. Der App-Anbieter als Vertragspartner des Nutzers, CR 2016, S. 587 – 590.

Kleinschmidt, Jens: Der Vertragsschluss im neuen französischen Schuldrecht – Betrachtung aus Sicht des europäischen Vertragsrechts, in: Florian Bien/Jean-Sebastian Borghetti (Hrsg.), Die Reform des französischen Vertragsrechts. Ein Schritt zu mehr europäischer Konvergenz?, Tübingen 2018, S. 83 – 116.

Klinke, Ulrich: Causa und genetisches Synallagma. Zur Struktur des Zuwendungsgeschäfts, Berlin 1983.

Klink-Straub, Judith: Do ut des data – Bezahlen mit Daten im digitalen Vertragsrecht, NJW 2021, S. 3217 – 3222.

Knetsch, Jonas: Der Vertragsschluss im neuen französischen Schuldrecht, in: Florian Bien/Jean-Sebastian Borghetti (Hrsg.), Die Reform des französischen Vertragsrechts. Ein Schritt zu mehr europäischer Konvergenz?, Tübingen 2018, S. 61 – 81.

Kodek, Georg E.: Änderung digitaler Inhalte und digitaler Dienstleistungen (Art. 19 DIRL), in: Johannes Stabentheiner/Christiane Wendehorst/Brigitta Zöchling-Jud (Hrsg.), Das neue europäische

Gewährleistungsrecht. Zu den Richtlinien (EU) 2019/771 über den Warenkauf sowie (EU) 2019/770 über digitale Inhalte und digitale Dienstleistungen, Wien 2019, S. 141 – 151.

Köndgen, Johannes/*Mörsfor*, Oliver: Die Rechtsquellen des Europäischen Privatrechts, in: Karl Riesenhuber (Hrsg.), Europäische Methodenlehre, 4. Aufl. Berlin 2021, § 6 S. 131 – 180.

Kramme, Malte: Die Umsetzung der Digitale-Inhalte-Richtlinie im Schuldrecht AT, RDi 2021, S. 20 – 29.

Krohm, Niclas/*Müller-Peltzer*, Philipp: Auswirkungen des Kopplungsverbots auf die Praxistauglichkeit der Einwilligung – Das Aus für das Modell „Service gegen Daten"?, ZD 2017, S. 551 – 556.

Kühner, Jasmin/*Piltz*, Carlo: Die Updatepflicht für Unternehmen in Umsetzung der Digitale Inhalte Richtlinie – Der Regelungsmechanismus im Referentenentwurf des BMJV v. 3.11.2020 zur Umsetzung der Richtlinie 2019/770/EU, CR 2021, S. 1 – 7.

Kumkar, Lea Katharina: Herausforderungen eines Gewährleistungsrechts im digitalen Zeitalter, ZfPW 2020, S. 306 – 333.

Kuschel, Linda/*Rostam*, Darius: Urheberrechtliche Aspekte der Richtlinie 2019/770, Eine Analyse der Bereiche EULA, Second Hand Market, Overblocking und Nutzung nach Vertragsbeendigung, CR 2020, S. 393 – 400.

Langhanke, Carmen: Daten als Leistung. Eine rechtsvergleichende Untersuchung zu Deutschland, Österreich und der Schweiz (zugl. Diss. Bayreuth 2017), Tübingen 2018.

Langhanke, Carmen/*Schmidt-Kessel*, Martin: Consumer Data as Consideration, EuCML 2015, S. 218 – 223.

Larenz, Karl/*Canaris*, Claus-Wilhelm: Methodenlehre der Rechtswissenschaft, 3. Aufl., Berlin, Heidelberg 1995.

Latina, Mathias: Contrat: généralités, in: Dalloz (dir.), Encyclopédie Dalloz, 2017.

Legrand, Véronique: La garantie de conformité enfin adaptée à l'ère numérique, publié le 16/12/2021, abrufbar unter: <https://www.actu-juridique.fr/affaires/droit-economique/la-garantie-de-conformite-enfin-adaptee-a-lere-numerique/> (letzter Aufruf: 21.01.2024).

Legrand, Véronique: Que devient la garantie de conformité à l'ère du numérique? Transposition de la directive (UE) n° 2019/770 relative à certains aspects concernant les contrats de fourniture de contenus numériques et de services numériques et de la directive (UE) n° 2019/771 relative à certains aspects concernant les contrats de vente de biens, Petites Affiches, n° 01 du 1 Juin 2021, S. 16 – 26.

Leinemann, Franziska: Personenbezogene Daten als Entgelt. Eine Untersuchung anhand schuldvertrags-, datenschutz- und kartellrechtlicher Fragestellungen (zugl. Diss. Münster (Westf.) 2019), Berlin 2020.

Lejeune, Mathias: Verbrauchverträge über digitale Produkte, Gesetzesentwurf zur Umsetzung der EU-Richtlinie 2019/770 über bestimmte vertragsrechtliche Aspekte der Bereitstellung digitaler Inhalte und digitaler Dienstleistungen, ITRB 2021, S. 87 – 94.

Lengert, Nathalie: Die Umsetzung der Verbraucherrechterichtlinie in Deutschland und Frankreich (zugl. Diss. München 2015), Schriften zum Internationalen Recht, Band 214, Berlin 2016.

Lieder, Legal Origins und empirische Rechtsvergleichung, ZVglRWiss 109 (2010), S. 216 – 264.

Limbach, Francis: Die französische Reform des Vertragsrechts und weiterer Rechtsgebiete, GPR 2016, S. 161 – 164.

Linardatos, Dimitrios: Daten als Gegenleistung im Vertrag mit Blick auf die Richtlinie über digitale Inhalte, in: Louisa Specht-Riemenschneider/Nikola Werry/Susanne Werry (Hrsg.), Datenrecht in der Digitalisierung, Berlin 2020, S. 506 – 559.

Lippstreu, Constanze: Wege der Rechtsangleichung im Vertragsrecht. Vollharmonisierung, Mindestharmonisierung, optionales Instrument, (zugl. Diss. München 2013), Tübingen 2014.

Loiseau, Grégoire: À la rencontre du non-professionnel, note sous Civ. 1re, 15 juin 2016, Recueil Dalloz, 2016, S. 1844–1847.

Lölfing, Nils: Die App-Ökonomie des Schenkens. Eine rechtsökonomische Analyse zur Haftung von App-Marktplätzen (zugl. Diss. Münster 2016), Berlin 2017.

Loos, Marco B.M.: Not good but certainly content. The proposals for European Harmonisation of Online and Distance Selling of Goods and the Supply of Digital Content, in: Ignace Claeys/ Evelyne Terryn (Hrsg.), Digital Contents and Distance Sales, Cambridge 2017, S. 3–53.

Mackenroth, Mark-Oliver: Technologie statt Vertrag? Sachmangelbegriff, negative Beschaffenheitsvereinbarung und AGB beim Kauf digitaler Güter (zugl. Diss. München 2014), Tübingen 2015.

Magnus, Ulrich: Das Recht der vertraglichen Leistungsstörungen und der Common Frame of Reference, ZEuP 2007, S. 260–279.

Mayer, Clemens: Vollharmonisierung im Privatrecht – Einfluss und Wirkung auf die Konzeptionen in Österreich, in der Schweiz (über autonomen Nachvollzug) und in Deutschland dargestellt anhand der europäischen Richtlinie über Verbraucherrechte (VRRL) zum Onlinehandel, Hamburg 2013.

Mazeaud, Denis: Droit du marché et droit commun des obligations, RTD Com. 1998, S. 95.

Metzger, Axel: Dienst gegen Daten: Ein synallagmatischer Vertrag, AcP 216 (2016), S. 817–865.

Metzger, Axel: Data as Counter-Performance: What Rights and Duties do Parties Have?, JIPITEC 2017, S. 1–8.

Metzger, Axel: Verträge über digitale Inhalte und digitale Dienstleistungen: Neuer BGB-Vertragstypus oder punktuelle Reform?, JZ 2019, S. 577–586.

Metzger, Axel: A Market Model for Personal Data: State of Play under the New Directive on Digital Content and Digital Services, in: Sebastian Lohsse/Reiner Schulze/Dirk Staudenmayer (Hrsg.), Data as Counter-Performance – Contract Law 2.0? Münster Colloquia on EU Law and the Digital Economy V, Baden-Baden 2020, S. 25–45.

Metzger, Axel/*Efroni*, Zohar/*Mischau*, Lena/*Metzger*, Jakob: Data-Related Aspects of the Digital Content Directive, JIPITEC 2018, S. 90–109.

Michaels, Ralf: Rechtsvergleichung, in: Jürgen Basedow/Klaus J. Hopt/Reinhard Zimmermann (Hrsg.), Handwörterbuch des Europäischen Privatrechts, Bd. II Kauf – Zwingendes Recht, Tübingen 2009, S. 1265–1269.

Michaels, Ralf: Comparative Law by Numbers? Legal Origins Thesis, Doing Business Reports, and the Silence of Traditional Comparative Law, Am.J.Comp.L., Vol. 57, Issue 4 (2009), S. 765–795.

Micklitz, Hans-Wolfgang: The Targeted Full Harmonisation Approach: Looking Behind the Curtain, in: Geraint Howells/Reiner Schulze (Hrsg.), Modernising and Harmonising Consumer Contract Law, Köln 2009, S. 47–83.

Micklitz, Hans-Wolfgang: Brauchen Konsumenten und Unternehmen eine neue Architektur des Verbraucherrechts? Ein Plädoyer für ein bewegliches System, NJW-Beil. 2012, S. 77–81.

Micklitz, Hans-Wolfgang: Verhandlungen des 69. Deutschen Juristentages München 2012, Band I: Gutachten Teil A: Brauchen Konsumenten und Unternehmen eine neue Architektur des Verbraucherrechts?, München 2012.

Micklitz, Hans-Wolfgang: Comparative Law and Legal History, in: Stefan Grundmann/Hans-Wolfgang Micklitz/Moritz Renner (Hrsg.), New Private Law Theory: A Pluralist Approach, Cambridge 2021, Chapter 5, S. 110–128.

Micklitz, Hans-Wolfgang/*Reich*, Norbert: Der Kommissionsvorschlag vom 8.10.2008 für eine Richtlinie über „Rechte der Verbraucher“, oder „der Beginn des Endes einer Ära...“, EuZW 2009, S. 279–286.

Mignot, Marc: Commentaire article par article de l'ordonnance du 10 février 2016 portant réforme du droit des contrats, du régime général et de la preuve des obligations (I), Petites Affiches, 26 février 2016, n° 41, S. 8.

Mischau, Lena: Daten als „Gegenleistung" im neuen Verbrauchervertragsrecht, ZEuP 2020, 335 – 365.

Mittwoch, Anne-Christin: Vollharmonisierung und Europäisches Privatrecht. Methode, Implikationen und Durchführung, Schriften zum Europäischen und Internationalen Privat-, Bank- und Wirtschaftsrecht, Band 47, Berlin 2013.

Morey, Thimoth/*Forbath*, Theodore/*Schoop*, Allison: Customer data: designing for transparency and trust, Harvard Business Review (Vol. 93, Issue 5) 2015.

Müller, Stefan: Auf dem Weg in ein digitales Verbraucherprivatrecht, Zeitschrift zum Innovations- und Technikrecht (InTeR) 1/2020, S. 1 – 2.

Müller-Graff, Peter-Christian: Kodifikationsgewinn durch Inkorporation des Inhalts von Schuldrechtsrichtlinien der EG in das BGB?, GPR 2009, S. 106 – 120.

Münchener Kommentar zum Bürgerlichen Gesetzbuch, herausgegeben von Franz Jürgen Säcker/Roland Rixecker/Harmut Oetker/et. al. Band 4, Schuldrecht – Besonderer Teil I §§ 433 – 534, Finanzierungsleasing, CISG, 8. Aufl. München 2019 [zit. als: *Bearbeiter*, in: MüKo-BGB].

Münchener Kommentar zum Bürgerlichen Gesetzbuch, herausgegeben von Franz Jürgen Säcker/Roland Rixecker/Harmut Oetker/et. al. Band 3, Schuldrecht – Allgemeiner Teil II, 9. Aufl. München 2022 [zit. als: *Bearbeiter*, in: MüKo-BGB].

OECD: Going Digital: Making the Transformation Work for Growth and Well-Being, Meeting of the OECD Council at Ministerial Level, Paris, 7 – 8 June 2017, abrufbar unter: <www.oecd.org/mcm/documents/C-MIN-2017-4%20EN.pdf> (letzter Aufruf: 21. 01. 2024).

Ohly, Ansgar: „Volenti non fit iniuria". Die Einwilligung im Privatrecht (zugl. Habil. München 2001), Tübingen 2002.

Ostendorf, Patrick: Geplanter neuer Rechtsrahmen für Online-Warenhandel und Bereitstellung digitaler Inhalte im Europäischen Binnenmarkt, ZRP 2016, S. 69 – 72.

Paal, Boris/*Pauly*, Daniel (Hrsg.): Datenschutz-Grundverordnung Bundesdatenschutzgesetz, 3. Aufl. München 2021 [zit. als: *Bearbeiter*, in: Paal/Pauly, DS-GVO BDSG].

Pech, Sebastian: Vertragstypologische Einordnung von Verträgen über digitale Inhalte, in: Moritz Hennemann/Andreas Sattler (Hrsg.), Immaterialgüter und Digitalisierung. Junge Wissenschaft zum Gewerblichen Rechtsschutz, Urheber- und Medienrecht, Baden-Baden 2018, S. 121 – 144.

Pellier, Jean-Denis: La dénaturation de l'article liminaire du code de la consommation. À propos de l'ordonnance n° 2021 – 1247 du 29 septembre 2021 relative à la garantie légale de conformité pour les biens, les contenus numériques et les services numériques, Recueil Dalloz 2021, S. 1873.

Pellier, Jean-Denis: Retour sur la liberté du consommateur dans la mise en oeuvre de la garantie légale de conformité, Recueil Dalloz 2022, S. 563 – 564.

Peterl, Romana: Deutsches und französisches Kaufrecht und die EU-Verbrauchsgüterkauf-Richtlinie 2004.

Pfeiffer, Thomas: Die Integration von „Nebengesetzen" in das BGB, in: Wolfgang Ernst/Reinhard Zimmermann (Hrsg.), Zivilrechtswissenschaft und Schuldrechtsreform: zum Diskussionsentwurf eines Schuldrechtsmodernisierungsgesetzes des Bundesministeriums der Justiz, Tübingen 2001, S. 481 – 525.

Pfeiffer, Thomas: Verbraucherrecht mit vielen Säulen – Auf der Suche nach funktionsgerechten Konstruktionsprinzipien eines Rechtsgebiets, NJW 2012, S. 2609 – 2613.

Picod, Yves/*Davo*, Hélène: Droit de la consommation, Editions Dalloz, Paris 2005.

Pizzio, Jean-Pierre: Droit du marché et droit commun des obligations. La protection des consommateurs par le droit commun des obligations, RTD Com. 1998, S. 53 – 69.

Plaza Penadés, Javier: Contract for the Supply of Digital Content, in: Javier Plaza Penadés/Luz M. Martínez Velencoso (Hrsg.), European Perspectives on the Common European Sales Law, Heidelberg u. a. 2015, S. 207 – 224.

Poillot, Élise: La protection des données personnelles par le droit européen de la consommation, in: Mathieu Combet (Hrsg.), Le droit européen de la consommation au XXIe siècle, État des lieux perspectives, Brüssel 2022, S. 301 – 343.

Ranieri, Filippo: Französisches Recht und französische Rechtskultur in der deutschen Zivilrechtswissenschaft: eine unwiderrufliche Entfremdung?, in: Olivier Beaud/Erk Volkmar Heyen (Hrsg.), Eine deutsch-französische Rechtswissenschaft? Une science juridique franco-allemande?, Kritische Bilanz und Perspektiven eines kulturellen Dialogs, Boal critique et perspectives d'un dialogue culturel, Baden-Baden 1999, S. 183 – 196.

Raymond, Guy: Droit de la consommation, 4. Aufl., Wien 2017.

Redeker, Helmut: Vertragsrecht für Internetdienste – Teil 12, in: Thomas Hoeren/Ulrich Sieber/Bernd Holznagel, Handbuch Multimedia-Recht, Rechtsfragen des elektronischen Geschäftsverkehrs, 47. EL., München 2018.

Redeker, Helmut: § 548a BGB – neue Regelung zur Miete digitaler Produkte, Bedeutung, Geltungsbereich, Anwendungsbeispiele, ITRB 2022, S. 187 – 190.

Redeker, Helmut: Beschaffenheitsvereinbarungen bei digitalen Produkten, insbesondere Software, ITRB 2022, S. 68 – 71.

Reich, Norbert: Der Common Frame of Reference und Sonderprivatrechte im „Europäischen Vertragsrecht", ZEuP 2007, S. 161 – 179.

Reich, Norbert: Von der Minimal- zur Voll- zur „Halbharmonisierung". Ein europäisches Privatrechtsdrama in fünf Akten, ZEuP 2010, S. 7 – 39.

Remien, Oliver: Leistungsstörungen nach der Réforme du droit des contrats in deutscher und europäischer Sicht, in: Florian Bien/Jean-Sébastian Borghetti (Hrsg.), Die Reform des französischen Vertragsrechts. Ein Schritt zu mehr europäischer Konvergenz?, Tübingen 2018, S. 181 – 196.

Rheinstein, Max: Einführung in die Rechtsvergleichung, bearb., hrsg. und eingeleitet v. Reimer von Borries, 2. Aufl., München 1987.

Riedl, Kristina: Vereinheitlichung des Privatrechts in Europa. Wissenschaftliche Initiativen im Prozess der Privatrechtseuropäisierung (zugl. Diss Florenz 2002/2003), Baden-Baden 2004.

Riehm, Thomas: Die überschießende Umsetzung vollharmonisierender EG-Richtlinien im Privatrecht, JZ 2006, S. 1035 – 1045.

Riehm, Thomas: Umsetzungsspielräume der Mitgliedstaaten bei vollharmonisierenden Richtlinien, in: Beate Gsell/Carsten Herrestahl (Hrsg.), Vollharmonisierung im Privatrecht. Die Konzeption der Richtlinie am Scheideweg?, Tübingen 2009, S. 83 – 111.

Riehm, Thomas: Daten als Gegenleistung? Datengetriebene Geschäftsmodelle im Schuld- und Leistungsstörungsrecht, in: Louisa Specht-Riemenschneider/Benedikt Buchner/Christian Heinze/Oliver Thomsen (Hrsg.), Festschrift für Jürgen Taeger, Frankfurt a. M. 2020, S. 55 – 77.

Riehm, Thomas: Freie Widerrufbarkeit der Einwilligung und Struktur der Obligation Daten als Gegenleistung?, in: Tereza Pertot/Martin Schmidt-Kessel/Fabio Padovini (Hrsg.), Rechte an Daten, Tübingen 2020, S. 175 – 206.

Riehm, Thomas/*Abold*, Metawi Adrian: Mängelgewährleistungspflichten des Anbieters digitaler Inhalte. Vortrag auf der Arbeitssitzung „Verträge über digitale Inhalte – Überblick und Auswirkungen auf das Urheberrecht" des Instituts für Urheber- und Medienrecht am 10.11.2017 in München, ZUM 2018, S. 82–91.

Riehm, Thomas/*Abold*, Metawi Adrian: Rechtsbehelfe von Verbrauchern bei Verträgen über digitale Produkte. Einführung in das neue Gewährleistungsrecht für die Digitalisierung, CR 2021, S. 530–540.

Rieländer, Frederick: Leistungsstörungen im Digitalvertragsrecht – Teil I: Zur Umsetzung der Digitale-Inhalte-Richtlinie im BGB, GPR 2021, S. 257–271.

Rieländer, Frederick: Service Leistungsstörungen im Digitalvertragsrecht – Teil II: Zur Umsetzung der Digitale-Inhalte-Richtlinie im BGB, GPR 2022, S. 28–41.

Riesenhuber, Karl: System und Prinzipien des Europäischen Vertragsrechts (zugl. Habil. Erlangen-Nürnberg 2002), Berlin 2003.

Rochfeld, Judith: Les ambiguïtés des directives d'harmonisation totale: la nouvelle répartition des compétences communautaire et intern. (à propos de l'arrêt de la CJCE du 4 juin 2009), Recueil Dalloz 2009, S. 2047–2052.

Rochfeld, Judith: Les implications de la méthode de l'harmonisation totale par directives. L'exemple de la proposition de directive du 8 octobre 2008 sur les droits du consommateur, in: Denis Mazeaud/Reiner Schulze/Guillaume Wicker (Hrsg.), L'amorce d'un droit européen du contrat. La proposition de directive relative aux droits des consommateurs, Paris 2010, S. 153–167.

Rochfeld, Judith: Disparitation de la cause: Table rase et noveaux fondements à l'intervention du judge (adhésion, dépendance, erreur)?, in: Bénédicte Fauvarque-Cosson/Guillaume Wicker (Hrsg.), La réforme du droit français des contrats, Paris 2019, S. 87–105.

Rochfeld, Judith/*Houtcieff*, Dimitri: Perspectives de développement du droit communautaire en matière du droit de la consommation, in: Reiner Schulze/Martin Ebers/Hans Christoph Grigoleit (Hrsg.), Informationspflichten und Vertragsschluss im Acquis communautaire, Tübingen 2003, S. 49–81.

Rogosch, Patricia Maria: Die Einwilligung im Datenschutzrecht, Baden-Baden 2013.

Rohlfing-Dijoux, Stephanie: § 9 Umsetzungsüberlegungen zur Kaufgewährleistungs-Richtlinie in Frankreich, in: Stefan Grundmann/Dieter Medicus/Walter Rolland (Hrsg.), Europäisches Kaufgewährleistungsrecht. Reform und Internationalisierung des deutschen Schuldrechts 2000, S. 145–160.

Roos, Phillip: Vertragsrecht für Internetdienste – Teil 12, in: Thomas Hoeren/Ulrich Sieber/ Bernd Holznagel (Hrsg.), Handbuch Multimedia-Recht, Rechtsfragen des elektronischen Geschäftsverkehrs, 57. EL., München 2021.

Rosenkranz, Frank: Spezifische Regelungen der Bereitstellung von digitalen Inhalten im europäischen Recht? – Ein Beitrag zur europäischen Vertragstypenlehre, in: Casper Behme/Matthias Fervers/ Franz Hofmann/et. al. (Hrsg.), Perspektiven einer europäischen Privatrechtswissenschaft, München 2016, S. 235–271.

Rosenkranz, Frank: Eigenverantwortung und Verbraucherschutz bei Verträgen über digitale Inhalte, GPR 2018, S. 28–37.

Rosenkranz, Frank: Spezifische Vorschriften zu Verträgen über die Bereitstellung digitaler Produkte im BGB; Kommentar zum Regierungsentwurf des BMJV zu einem Gesetz zur Umsetzung der Richtlinie über bestimmte vertragsrechtliche Aspekte der Bereitstellung digitaler Inhalte und digitaler Dienstleistungen, ZUM 2021, S. 195–210.

Roth, Wulf-Henning: Der nationale Transformationsakt: Vom Punktuellen zum Systematischen, in: Stefan Grundmann/Dieter Medicus/Walter Rolland (Hrsg.), Europäisches Kaufgewährleistungsrecht. Reform und Internationalisierung des deutschen Schuldrechts, Köln 2000, S. 113–142.

Roth, Wulf-Henning: Europäischer Verbraucherschutz und BGB, JZ 2001, S. 475 – 490.

Roth, Wulf-Henning: Kompetenzen der EG zur vollharmonisierenden Angleichung des Privatrechts, in: Beate Gsell/Carsten Herrestahl (Hrsg.), Vollharmonisierung im Privatrecht. Die Konzeption der Richtlinie am Scheideweg?, Tübingen 2009, S. 13 – 45.

Rott, Peter: The Proposal for a Directive on Consumer Rights: No Single Set of Rules, ZEuP 2009, S. 456 – 488.

Safferling, Christoph J.M.: Re-Kodifizierung des BGB im Zeitalter der Europäisierung des Zivilrechts – ein Anachronismus?, in: Tobias Helms/Daniela Neumann/Georg Caspers/Rita Sailer/et. al. (Hrsg.), Jahrbuch Junger Zivilrechtswissenschaftler. Das neue Schuldrecht, Freiburger Tagung 5. bis 8. September 2001, Stuttgart 2001, S. 133 – 166.

Salaymeh, Lena/*Michaels*, Ralf, Decolonial Comparative Law: A Conceptual Beginning, RabelsZ, Bd. 86, Heft 1 (2022), S. 166 – 188.

Salewski, Sabrina: Der Verkäuferregress im deutsch-französischen Rechtsvergleich. Studien zum ausländischen und internationalen Privatrecht 254, Tübingen 2011.

Sattler, Andreas: Personenbezogene Daten als Leistungsgegenstand. Die Einwilligung als Wegbereiter des Datenschuldrechts, JZ 2017, S. 1036 – 1046.

Sattler, Andreas: Neues EU-Vertragsrecht für digitale Güter – Die Richtlinie (EU) 2019/770 als Herausforderung für das Schuld-, Urheber, und Datenschutzrecht, CR 2020, S. 145 – 154.

Savin, Andrej: Harmonising Private Law in Cyberspace: The New Directives in the Digital Single Market Context (October 2019), Copenhagen Business School, CBS Law Research Paper, Series No. 19 – 35, abrufbar unter <https://papers.ssrn.com/sol3/papers.cfm?abstract_id=3474289> (letzter Aufruf: 21. 01. 2024).

Schantz, Peter: Die Datenschutz-Grundverordnung – Beginn einer neuen Zeitrechnung im Datenschutzrecht, NJW 2016, S. 1841 – 1847.

Scheibenpflug, Andreas: Personenbezogene Daten als Gegenleistung. Ein Beitrag zur rechtlichen Einordnung datengetriebener Austauschverhältnisse (zugl. Diss. Passau 2021), Berlin 2022.

Schmeder, Winfried: Die Rechtsangleichung als Integrationsmittel der Europäischen Gemeinschaft, Köln 1978.

Schmidt-Kessel, Martin: Stellungnahme zu den Entwürfen eines Gesetzes zur Regelung des Verkaufs von Sachen mit digitalen Elementen und andere Aspekte des Kaufvertrags sowie eines Gesetzes zur Umsetzung der Richtlinie über bestimmte vertragsrechtliche Aspekte der Bereitstellung digitaler Inhalte und digitaler Dienstleistungen, abrufbar unter <www.bundestag.de/resource/blob/854468/0047e158059c8d64016946a653d0458e/stellungnahme-schmidt-kessel-data.pdf> (letzter Aufruf: 21. 01. 2024).

Schmidt-Kessel, Martin: Der Vorschlag zur Horizontalrichtlinie im Kontext der Rechtsharmonisierung in Europa, in: Brigitta Jud/Christiane Wendehorst (Hrsg.), Neuordnung des Verbraucherprivatrechts in Europa? Zum Vorschlag einer Richtlinie über Rechte der Verbraucher, Wien 2009, S. 21 – 40.

Schmidt-Kessel, Martin: Zum Stand der Beratungen der Horizontalrichtlinie Verbraucherschutz – Meilensteine auf dem Weg zum legistischen Desaster, GPR 2010, S. 129 – 137.

Schmidt-Kessel, Martin/*Erler*, Katharina/*Grimm*, Anna/*Kramme*, Malte: Die Richtlinienvorschläge der Kommission zu Digitalen Inhalten und Online-Handel – Teil 1, GPR 2016, S. 2 – 8.

Schmidt-Kessel, Martin/*Erler:* Die Richtlinienvorschläge der Kommission zu digitalen Inhalten und Onlinehandel – Teil 2, GPR 2016, S. 54 – 71.

Schmidt-Kessel, Martin/*Grimm*, Anna: Unentgeltlich oder entgeltlich? – Der vertragliche Austausch von digitalen Inhalten gegen personenbezogene Daten, ZfPW 2017, 84 – 108.

Schmidt-Kessel, Martin/*Sorgenfrei*, Ramona: Neue Anforderungen an die Umsetzung verbraucherschützender Richtlinien, Überlegungen aus Anlass des Umsetzungsgesetzes zur Verbraucherrechterichtlinie, GPR 5/2013, S. 242 – 253.

Schmidt-Räntsch, Jürgen: Reintegration der Verbraucherschutzgesetze durch den Entwurf eines Schuldrechtsmodernisierungsgesetzes, in: Reiner Schulze/Hans Schulte-Nölke (Hrsg.), Die Schuldrechtsreform vor dem Hintergrund des Gemeinschaftsrechts, Tübingen 2001, S. 169 – 176.

Schmuhl, Cora: Gemeinsames Europäisches Kaufrecht. Rechtliche Aspekte bei grenzüberschreitenden Verträgen zwischen kleinen und mittleren Unternehmen, Wiesbaden 2016.

Schneider, Jochen: Impulse und Probleme der Digitale-Inhalte-Richtlinie und deren Umsetzung im BGB, ITRB 2021, S. 182 – 189.

Schneider, Jochen: Die komplexe Mechanik der neuen Anforderungen im Mangelregime – Warum die Grenzen der Gleichrangigkeit gesetzlicher Leistungsanforderungen für das geschuldete Leistungsprofil so etwas wie „praktische Konkordanz" fordern, CR 2022, 1 – 9.

Schreiber, Kristina: Digitale Angebote. Neuer Rechtsrahmen für ihre Entwicklung von der Idee bis zum Vertrieb, München 2022.

Schreiber, Kristina: Digitales Vertragsrecht. Neue Anforderungen an die Produkt- und Vertragsgestaltung, ITRB 2022, S. 114 – 116.

Schulte-Nölke, Hans: The Brave New World of EU Consumer Law – Without Consumer, or Even Without Law?, EuCML 2015, 135 – 139.

Schulte-Nölke, Hans/*Twigg-Flesner*, Christian/*Ebers*, Martin: EG-Verbraucherrechtskompendium, Rechtsvergleichende Studie, Bielefeld 2007.

Schulze, Götz: Ökonomik der Vollharmonisierung im Gemeinschaftsprivatrecht, in: Beate Gsell/Carsten Herrestahl (Hrsg.), Vollharmonisierung im Privatrecht. Die Konzeption der Richtlinie am Scheideweg?, Tübingen 2009, S. 63 – 82.

Schulze, Reiner: Gemeinsamer Referenzrahmen und acquis communautaire, ZEuP 2007, S. 130 – 144.

Schulze, Reiner: Changes in the Law of Obligations in Europe, in: Reiner Schulze/Fryderyk Zoll (Hrsg.), The Law of Obligations in Europe: A New Wave of Codifications, München 2013, S. 3 – 24.

Schulze, Reiner: Supply of Digital Content. A New Challenge for European Contract Law, in: Alberto de Franceschi (Hrsg.), European Contract Law and the Digital Single Market, Cambridge 2016, S. 127 – 144.

Schulze, Reiner: Datenschutz und Verträge über digitale Inhalte, in: Johann Kindl/Tatiana Arroyo Vendrell/Beate Gsell (Hrsg.), Verträge über digitale Inhalte und digitale Dienstleistungen, Baden-Baden 2018, S. 123 – 141.

Schulze, Reiner: Die Digitale-Inhalte-Richtlinie – Innovation und Kontinuität im europäischen Vertragsrecht, ZEuP 2019, S. 695 – 723.

Schulze, Reiner: La réforme du droit français des contrats regard allemand, in: Bénédicte Fauvarque-Cosson/Guillaume Wicker (Hrsg.), La réforme du droit français des contrats, Paris 2019, S. 249 – 259.

Schulze, Reiner/*Dörner*, Heinrich/*Ebert*, Ina/et. al. (Hrsg.) Handkommentar Bürgerliches Gesetzbuch, 11. Aufl. Baden-Baden 2022 [zit. als: *Bearbeiter*, in: HK-BGB].

Schulze, Reiner/*Staudenmayer*, Dirk (Hrsg.) EU Digital Law. Article-by-Article Commentary, 1. Aufl. Baden-Baden 2020 [zit. als: *Bearbeiter*, in: Schulze/Staudenmayer, EU Digital Law].

Schwamberger, Sebastian: Reichweite des datenschutzrechtlichen Koppelungsverbots nach alter und neuer Rechtslage, Anmerkung zu OGH 31. 8. 2018 – 6 Ob 140/18 h, GPR 2019, S. 57 – 60.

Schweitzer, Heike: Neue Machtlagen in der digitalen Welt? Das Beispiel unentgeltlicher Leistungen, in: Torsten Körber/Jürgen Kühling (Hrsg.), Regulierung – Wettbewerb – Innovation, Baden-Baden 2017, S. 269 – 305.

Schwenzer, Ingeborg: Development of Comparative Law in Germany, Switzerland and Austria, in: Mathias Reimann/Reinhard Zimmermann (Hrsg.), The Oxford Handbook of Comparative Law 2019, S. 54 – 86.

Sénéchal, Juliette: La fourniture de données personnelles par le client via Internet, un objet contractuel?, AJ Contrats d'affaires – Concurrence – Distribution 2015, 212.

Sénéchal, Juliette: Le retour du droit européen des contrats par le numerique… et par l'harmonisation totale, Revenue de l'Union européenne 2017, S. 485 – 495.

Simitis, Spiros/*Hornung*, Gerrit/*Spiecker gen. Döhmann*, Indra (Hrsg.) NomosKommentar zum Datenschutzrecht. DSGVO mit BDSG, Baden-Baden 2019 [zit. als: *Bearbeiter*, in: Simitis/Hornung/Spiecker gen. Döhmann, NK-Datenschutzrecht].

Specht, Louisa: „Bezahlen mit Daten" – mögliche Auswirkungen des Richtlinienvorschlags über bestimmte vertragsrechtliche Aspekte der Bereitstellung digitaler Inhalte auf das nationale Vertrags- und Datenschutzrecht, OdW 2017, S. 121 – 127.

Specht, Louisa: Daten als Gegenleistung – Verlangt die Digitalisierung nach einem neuen Vertragstyp?, JZ 2017, S. 763 – 770.

Spindler, Gerald: Contracts For the Supply of Digital Content – Scope of application and basic approach – Proposal of the Commission for a Directive on contracts for the supply of digital content, ERCL 2016, S. 183 – 217.

Spindler, Gerald: Verträge über digitale Inhalte – Anwendungsbereich und Ansätze – Vorschlag der EU-Kommission zu einer Richtlinie über Verträge zur Bereitstellung digitaler Inhalte, MMR 2016, S. 147 – 153.

Spindler, Gerald: Verträge über digitale Inhalte – Haftung, Gewährleistung und Portabilität. Vorschlag der EU-Kommission zu einer Richtlinie über Verträge zur Bereitstellung digitaler Inhalte, MMR 2016, S. 219 – 224.

Spindler, Gerald: Ausgewählte Rechtsfragen der Umsetzung der digitalen Inhalte-Richtlinie in das BGB, MMR 2021, S. 528 – 533.

Spindler, Gerald: Umsetzung der Richtlinie über digitale Inhalte in das BGB, Schwerpunkt 1: Anwendungsbereich und Mangelbegriff, MMR 2021, S. 451 – 457.

Spindler, Gerald/*Sein*, Karin: Die endgültige Richtlinie über Verträge über digitale Inhalte und Dienstleistungen. Anwendungsbereich und grundsätzliche Ansätze, MMR 2019, S. 415 – 420.

Spindler, Gerald/*Sein*, Karin: Die Richtlinie über Verträge über digitale Inhalte, Gewährleistung, Haftung und Änderungen, MMR 2019, S. 488 – 493.

Spindler, Gerald/*Sein*, Karin: The new Directive on Contract for Supply of Digital Content and Digital Services – Conformity Criteria, Remedies and Modifications – Part 2, ERCL 2019, S. 365 – 391.

Stabentheiner, Johannes: Hintergründe und Entstehung der beiden Richtlinien, in: Johannes Stabentheiner/Christiane Wendehorst/Brigitta Zöchling-Jud (Hrsg.), Das neue europäische Gewährleistungsrecht. Zu den Richtlinien (EU) 2019/771 über den Warenkauf sowie (EU) 2019/770 über digitale Inhalte und digitale Dienstleistungen, Wien 2019, S. 1 – 31.

Staudenmayer, Dirk: Digitale Verträge – Die Richtlinienvorschläge der Europäischen Kommission, ZEuP 2016, S. 801 – 831.

Staudenmayer, Dirk: Verträge über digitale Inhalte. Der Richtlinienvorschlag der Europäischen Kommission, NJW 2016, S. 2719 – 2725.

Staudenmayer, Dirk: Auf dem Weg zum digitalen Privatrecht – Verträge über digitale Inhalte, NJW 2019, S. 2497–2501.

Staudenmayer, Dirk: Die Richtlinien zu den digitalen Verträgen, ZEuP 2019, S. 663–694.

Staudenmayer, Dirk: Die Anpassung des Privatrechts an die digitale Wirtschaft, IWRZ 2020, S. 147–157.

Staudinger, Kommentar zum Bürgerlichen Gesetzbuch mit Einführungsgesetzen und Nebengesetzen, hrsg. von Julius von Staudinger, Berlin, Buch 2: Recht der Schuldverhältnisse, §§ 312, 312 a-k, Bearbeitung 2019 (Stand: 31.7.2021) [zit. als: *Bearbeiter*, in: Staudinger BGB].

Stieper, Malte: Digital ist besser – Die Bereitstellung digitaler Inhalte als eigenständiger Vertragstypus?, in: Christian Alexander/Joachim Bornkamm/Benedikt Buchner/et. al. (Hrsg.), Festschrift für Helmut Köhler zum 70. Geburtstag, München 2014, S. 729–743.

Stoffel-Munck, Philippe: L'autonomie du droit contractuel de la consommation : d'une logique civiliste à une logique de régulation, RTD Com. 2012, S. 705.

Streinz, Rudolf: Mindestharmonisierung im Binnenmarkt, in: Ulrich Everling/Wulf-Henning Roth (Hrsg.), Mindestharmonisierung im Europäischen Binnenmarkt. Referate des 7. Bonner Europa-Symposions vom 27. April 1996, Baden-Baden 1997, S. 9–31.

Stürner, Michael: Vertragsrechtliche Aspekte der Bereitstellung digitaler Inhalte, JURA 2017, S. 171–178.

Szönyi, Catherine: Das französische Werbe- und Verbraucherrecht – Bemerkungen zum Code de la consommation, GRUR Int. 1996, S. 83–98.

Tacou, Theofanis: Verbraucherschutz auf hohem Niveau oder Mogelpackung? – Der Vorschlag für eine Richtlinie über Rechte der Verbraucher, ZRP 2009, S. 140–143.

Tonner, Klaus: Das Gesetz zur Umsetzung der Verbraucherrechterichtlinie – unionsrechtlicher Hintergrund und Überblick, VuR 2013, S. 443–448.

Tonner, Klaus: Die Umsetzung der Verbraucherrechterichtlinie – Auswirkungen der Vollharmonisierung, VuR 2014, S. 23–27.

Tonner, Klaus: Die EU-Warenkauf-Richtlinie: Auf dem Wege zur Regelung langlebiger Waren mit digitalen Elementen, VuR 2019, S. 363–371.

Tonner, Klaus/*Tamm*, Marina: Der Vorschlag einer Richtlinie über Rechte der Verbraucher, JZ 2009, S. 277–290.

Tournafond, Olivier: De la transposition de la directive du 25 mai 1999 à la réforme du code civil, Recueil Dalloz 2002, S. 2883–2889.

Tournafond, Olivier: La nouvelle „ garantie de conformité „ des consommateurs. Commentaire de l'ordonnance n° 2005–136 du 17 février 2005 transposant en droit français la directive du 25 mai 1999, Recueil Dalloz 2005, S. 1557–1567.

Träger, Tobias: Zum Systemdenken im europäischen Schuldvertragsrecht – Probleme der Rechtsangleichung durch Richtlinien am Beispiel der Verbrauchsgüterkauf-Richtlinie, ZEuP 2003, S. 523–540.

Unger, Oliver: Die Richtlinie über die Rechte der Verbraucher – Eine systematische Einführung, ZEuP 2012, S. 270–304.

Verbraucherzentrale Bundesverband e.V. (vzbv): Vertragsrecht im digitalen Zeitalter angekommen, Stellungnahme des Verbraucherzentrale Bundesverbands e.V. (vzbv) anlässlich der öffentlichen Anhörung des Ausschusses Recht und Verbraucherschutz am 05.05.2021 zum Gesetzentwurf zur Umsetzung der Richtlinie über bestimmte vertragsrechtliche Aspekte der Bereitstellung digitaler Inhalte und digitaler Dienstleistungen, v. 26.4.2021, abrufbar unter <www.bundestag.de/resource/blob/838834/bba0a3045fdfa4fa3e4a60a6fb865415/stellungnahme-gurkmann_vzbv-data.pdf> (letzter Aufruf: 21.01.2024).

Vogel, Alexander von: Verbrauchervertragsrecht im Privatrechtssystem – Zur systematischen Stellung verbrauchervertraglicher Vorschriften im Recht der Europäischen Gemeinschaft und ihrer Mitgliedstaaten, GPR 2005, S. 164 – 172.

Vogel, Alexander von: Verbrauchervertragsrecht und allgemeines Vertragsrecht. Fragen der Kohärenz in Europa, in: Horst Eidenmüller/Stefan Grundmann/et. al. (Hrsg.), Schriften zum Europäischen und Internationalen Privat-, Bank- und Wirtschaftsrecht 2006.

Wagner, Matthias: Das Konzept der Mindestharmonisierung, Schriften zum Europäischen Recht, Band 70, Berlin 2001.

Walker, Matthias: Die Kosten kostenloser Dienste. Personenbezogene Daten als neues Zahlungsmittel (zugl. Diss. Berlin 2020), Berlin 2021.

Wandtke, Artur-Axel: Ökonomischer Wert von persönlichen Daten. Diskussion des „Warencharakters" von Daten aus persönlichkeits- und urheberrechtlicher Sicht, MMR 2017, S. 6 – 12.

Wendehorst, Christiane: Auf dem Weg zu einem zeitgemäßen Verbraucherprivatrecht: Umsetzungskonzepte, in: Brigitta Jud/Christiane Wendehorst (Hrsg.), Neuordnung des Verbraucherprivatrechts in Europa? Zum Vorschlag einer Richtlinie über Rechte der Verbraucher, Wien 2009, S. 153 – 187.

Wendehorst, Christiane: Die Digitalisierung und das BGB, NJW 2016, 2609 – 2613.

Wendehorst, Christiane: Privatrechtsdogmatik und Verbraucherschutzrecht, in: Marietta Auer/Hans Christoph Grigoleit/Johannes Hager/et. al. (Hrsg.), Privatrechtsdogmatik im 21. Jahrhundert: Festschrift für Claus-Wilhelm Canaris zum 80. Geburtstag, Berlin 2017, S. 681 – 708.

Wendehorst, Christiane: Aktualisierungen und andere Dauerleistungen, in: Johannes Stabentheiner/Christiane Wendehorst/Brigitta Zöchling-Jud (Hrsg.), Das neue europäische Gewährleistungsrecht. Zu den Richtlinien (EU) 2019/771 über den Warenkauf sowie (EU) 2019/770 über digitale Inhalte und digitale Dienstleistungen, Wien 2019, S. 111 – 139.

Wendehorst, Christiane: Die neuen Regelungen im BGB zu Verträgen über digitale Produkte, NJW 2021, S. 2913 – 2919.

Wendland, Matthias: GEK 2.0? Ein europäischer Rechtsrahmen für den Digitalen Binnenmarkt. Der Kommissionsvorschlag einer Richtlinie über bestimmte vertragsrechtliche Aspekte der Bereitstellung digitaler Inhalte (Digitalgüter-Richtlinie), GPR 2016, S. 8 – 19.

Wendland, Matthias: Sonderprivatrecht für Digitale Güter. Die neue Europäische Digitale Inhalte-Richtlinie als Baustein eines Digitalen Vertragsrechts für Europa, ZVglRWiss 118, 2019, S. 191 – 230.

Westphalen, Friedrich Graf von: Richtlinienentwurf der Kommission betreffend die Bereitstellung digitaler Inhalte und das Recht des Verbrauchers auf Schadensersatz, BB 2016, S. 1411 – 1418.

Westphalen, Friedrich Graf von: Konsequenzen der RL 2015/634 – Ein zaghafter erster Schritt zum Verbraucherschutz im Zeitalter der Digitalisierung, EuZW 2017, S. 373 – 381.

Westphalen, Friedrich Graf von/*Wendehorst*, Christiane: Hergabe personenbezogener Daten für digitale Inhalte – Gegenleistung bereitzustellendes Material oder Zwangsbeitrag zum Datenbinnenmarkt?, BB 2016, S. 2179 – 2187.

Wicker, Guillaume: Propos introductifs, in: Denis Mazeaud/Reiner Schulze/Guillaume Wicker (Hrsg.), L'amorce d'un droit européen du contrat. La proposition de directive relative aux droits des consommateurs, Paris 2010, S. 7 – 12.

Wissenschaftlicher Dienst des Europäischen Parlaments (EPRS), Negreiro/Madiega: Der digitale Wandel, PE 633.171 – Juni 2019, abrufbar unter: <www.europarl.europa.eu/RegData/etudes/BRIE/2019/633171/EPRS_BRI(2019)633171_DE.pdf> (letzter Aufruf: 21. 01. 2024).

Witz, Claude/*Schneider*, Winfried-Thomas: Die Umsetzung der europäischen Richtlinie über den Verbrauchsgüterkauf in Frankreich, RIW 2005, S. 921 – 928.

Witz, Claude/*Wolter*, Gerhard: Das neue französische Verbrauchergesetzbuch, ZEuP 1995, S. 35 – 44.

Witzel, Michaela: Der neue Mangelbegriff für digitale Produkte, ITRB 2021, S. 289 – 292.

Zahn, Sebastian: Die Anwendbarkeit des Gemeinsamen Europäischen Kaufrechts auf Verträge über digitale Inhalte, ZEuP 2014, S. 77 – 96.

Zech, Herbert: Daten als Wirtschaftsgut – Überlegungen zu einem „Recht des Datenerzeugers". Gibt es für Anwenderdaten ein eigenes Vermögensrecht bzw. ein übertragbares Ausschließlichkeitsrecht?, CR 2015, S. 137 – 146.

Zimmermann, Reinhard: Principles of European Contract Law, in: Jürgen Basedow/Klaus J. Hopt/ Reinhard Zimmermann (Hrsg.), Handwörterbuch des Europäischen Privatrechts, Bd. II Kauf – Zwingendes Recht, Tübingen 2009, S. 1177 – 1780.

Zöchling-Jud, Brigitta: Beweislast und Verjährung im neuen europäischen Gewährleistungsrecht, in: Johannes Stabentheiner/Christiane Wendehorst/Brigitta Zöchling-Jud (Hrsg.), Das neue europäische Gewährleistungsrecht. Zu den Richtlinien (EU) 2019/771 über den Warenkauf sowie (EU) 2019/770 über digitale Inhalte und digitale Dienstleistungen, Wien 2019, S. 197 – 213.

Zöchling-Jud, Brigitta: Das neue Europäische Gewährleistungsrecht für den Warenhandel, GPR 2019, S. 115 – 133.

Zoll, Fryderyk: Der Entwurf des Gemeinsamen Referenzrahmens und die Vollharmonisierung, in: Michael Stürner (Hrsg.), Vollharmonisierung im Europäischen Verbraucherrecht?, München 2010, S. 133 – 141.

Zoll, Fryderyk: The Remedies in the Proposals of the Online Sales Directive and the Directive on the Supply of Digital Content, EuCML 2016, S. 250 – 254.

Zoll, Fryderyk: Personal Data as Remuneration in the Proposal for a Directive on Supply of Digital Content, in: Reiner Schulze/Dirk Staudenmayer/Sebastian Lohsse (Hrsg.), Contracts for the Supply of Digital Content: Regulatory Challenges and Gaps. Münster Colloquia on EU Law and the Digital Economy II, Baden-Baden 2017, S. 179 – 188.

Zweigert, Konrad/*Kötz*, Hein: Einführung in die Rechtsvergleichung auf dem Gebiete des Privatrechts, 3. Aufl., Tübingen 1996.

www.ingramcontent.com/pod-product-compliance
Lightning Source LLC
LaVergne TN
LVHW092152300926
849161LV00002B/255